4정판

행정이론

-행정사와 이론을 중심으로-

김 태 룡

도서출판 대영문화사

4정판 머리말

『행정이론』의 3정판이 출간된 지도 여러 해가 흘렀다. 그런 가운데 2016년은 한국 행정학에 의미있는 한 해였다. 한국행정학회가 창립된 지 회갑이 되는 해였기에 더욱 그러했다. 학회는 이를 기념하기 위해 '한국행정학회 60년: 발전과 과제'라는 좌담회를 개최해 한국 행정학의 지난 과거와 현재를 내다보는 성찰의 시간을 가졌다.

이 좌담회와 60주년 기념사를 주관했던 정용덕 전(前) 한국행정학회 회장은 한국 행정학의 놀라운 성장과 함께 어두운 이면으로 적실성과 과학성의 미진함을 지적했다. 단적으로 말해, 한국의 행정학자들이 지나치게 외국(특히 미국) 행정이론에 의존하는 경향과 불가분의 관계가 있고, 미국의 행정 문제를 해결하기 위해 만들어진 미국 행정이론을 한국에 그대로 적용하는 경향으로 한국 행정에서 중요한 문제를 연구 주제로 선정하는데 장애가 되고 있으며, 한국 행정의 문제를 과학적으로 설명하는 데에도 한계가 있다는 문제 제기가 있었음을 밝히고 있다. 결국 한국 행정에 적실성있는 맥락적인 이론으로서의 한국화가 아직은 요원하다는 비판적 시각이다.

이 책을 처음 쓰게 된 동기도 이와 같은 시각과 무관하지 않았다. 처음부터 이 책은 외국 이론의 무비판적인 수용을 경계하고자 한 데서 출발했다. 그래서 외국 행정이론에 대한 단순한 소개가 아니라, 행정이론들이 출발하게 된 배경을 시대적으로나 이론적으로 꼼꼼하게 살폈으며, 특히 행정이론이 함의하고 있는 문제점이나 한계 등을 지적하면서 이의 적용타당성을 살피는 것을 게을리하지 않았던 것이다. 이에 더해 우리의 행정 문제를 진단하고 처방하고자 등장했던 한국적 행정이론에 대한 소개도 처음으로 당당하게 외국 행정이론과 동등한 반열에 위치해 소개했던 것이다. 그러면서도 보편성이라는 시각에 입각해 행정 현상을 진단하고 처방하기 위해 등장한 외국의 행정이론들을 폭넓게 소개했던 것이다.

4정판은 3정판을 내면서 미진했던 부분들을 대폭 수정하고, 새로운 행정이론의 흐름을 보완하는 데 초점을 두었다. 특히 시간의 흐름에 따라 국가마다 새로 도입된 행정 현상을 반영하고, 그에 따라 변모된 행정이론을 추가적으로 정리하는 데 주력했다.

행정이론의 발달사라는 측면에서 볼 때, 전 세계를 풍미했던 신자유주의적인 개혁모형은 다소 퇴조하는 양상을 보이고는 있지만, 신자유주의적 패러다임의 영향력만큼 지배적인 이론이 등장하고 있지는 않은 듯하다. 대신 경제 위기와 행정을 둘러싼 환경의 복잡성이 증가함에 따라 자유주의적 개입주의가 이를 대체하는 분위기가 엿보이고 있는 점과, 신보호무역주의가 강화될 것으로 예상되는 시점에서 국가의 이익을 강화하려는 국가 중심적인 행정이론의 등장이 예상된다.

이에 따라 4정판에서 역점을 둔 내용을 소개하면 다음과 같다.

첫째, 체제에 큰 변화를 두지 않는 대신, 기존 행정이론에서 변화된 부분들에 대한 과감한 수정을 가했다. 행정이론의 발달사의 경우 최근 유럽과 미국 등에서 진전된 변화를 새로이 추가했다. 행정이론의 유형의 경우도 유사하게 이론들을 둘러싼 최근의 변화된 내용들을 추가했다.

둘째, 새로운 행정이론으로는 자유주의적 개입주의의 시각에서 넛지이론을 추가했다. 행동경제학에 기초한 넛지이론은 정책의 순응성을 담보하는 데 음미해 볼 가치가 있는 이론으로서, 비합리성 영역이 증가하고 있는 한국 행정의 현실에서 어느 정도 적용타당성이 있을 것이라는 생각에서였다.

셋째, 전체적으로 내용이나 문장을 대폭 수정함으로써 독자들의 편의성을 제고하고자 했다.

4정판에서는 이 같은 수정 작업을 통해 독자들의 편의성을 제고하고, 행정이론의 변화 과정에 따른 보완 작업에 치중했다. 그 결과 3정판에서 나타난 문제점은 어느 정도 보완이 되었을 것이라고 위안을 삼고 싶다. 그러나 늘 겪는 일이지만 저자의 무능함으로 출판에 앞서 드는 불만족감은 어쩔 수 없다. 역시 다음의 개정 작업 때 부족한 부분을 반영할 것을 약속드리는 것으로 대신하는 수밖에 없을 성싶다.

이 책의 주된 목적이 보편성과 특수성의 조화라는 관점에서 행정이론에 대한 이해와 이를 통한 한국 행정 현상의 진단과 문제의 치유에 두었지만, 이 책의 많은 부분에서 저자의 의도와는 달리 미흡한 부분이나 논란을 일으킬 소지가 있을 것으로 생각한다. 특히 많은 학자의 논의를 정리하는 과정에서 오류가 있을 수 있으며, 그분들의 의도가 잘못 전달될 수도 있기 때문이다. 따라서 이 모든 것이 저자의 부족함에 기인한다는 점에서 늘 겸허히 비판을 수용하고자 한다.

결실을 맺기까지는 항상 많은 사람의 희생이 따르므로 미안함과 감사함이 교차할 수밖에 없다. 특히 보잘것없는 내용을 읽고 값진 충고와 질책을 아끼지 않는 독자들에게는 더없이 미안하고 감사할 뿐이다. 이번에도 원고 전체를 꼼꼼히 수정하면서 수고를 한 안희정 박사의 노고에 그저 감사할 따름이다. 그리고 함께 시간을 보내지 못한 나희를 향한 미안함은 그런 가운데서도 클 뿐이다.

갈수록 출판 여건이 어려운 가운데서도 흔쾌히 4정판을 출간해 준 대영문화사의 임춘환 사장님과 편집부 여러분께도 다시 한 번 감사드린다.

2017년 정초에

김 태 룡

초판 머리말

행정학은 늘 정체성의 위기에 시달려 왔다. 행정학에서 정체성의 위기론이 제기된 이래 현재에 이르기까지 이 문제가 중요한 이슈로 논의되고 있으나, 아직까지도 만족스러운 해결을 보지는 못하고 있는 듯하다.

행정학이 정체성의 혼란을 겪고 있다는 것은 행정학이 학문의 본질과 범주, 그리고 주제를 연구하고 가르치는 방법이 불확실한 상태에 있다는 것이고, 행정학 고유의 핵심 개념과 이론이 형성되어 있지 못하다는 것을 의미한다.

이처럼 행정의 개념에 대한 합의를 구축하기가 어려운 이유로 행정에는 때와 장소를 초월하는 공통적·보편적 요소가 있는가 하면, 때와 장소의 제약을 받는 고유 요소가 동시에 내재되어 있기 때문이다. 따라서 행정에 대한 개념화는 상황에 따라 달리 정의될 수밖에 없었고, 또한 관점에 따라 동일한 현상조차도 다르게 규정되어 왔다. 그 결과 행정에 대한 개념화는 학자들이 지닌 행정관 내지 접근 방법 등에 따라 달리 정의되어 왔던 것이다.

이런 측면에서 행정학에는 여러 갈래의 이론적 계보들이 형성되어 왔는데, 학자에 따라서 여러 가지 이름으로 지칭하고 있다. 예를 들면 학파(school), 계보(genealogy), 패러다임(paradigm), 접근 방법(approach), 이론(theory) 등이 그것이라 할 수 있다. 그런데 이와 같은 이론적 계보들은 국가별로 혹은 시대별로 발전에 따른 차이가 있다. 특정 국가에서 한때 유행처럼 번성하다가도, 얼마 후에는 또 다른 이론적 계보에 밀려 교체되는 경우가 허다하다.

이 책을 쓰게 된 동기는 이같이 다양하게 전개되어 행정학의 이론적 계보들로 인해 행정학을 공부하는 학생이나 실무자들이 행정학을 이해하기가 힘들다는 현실적 이유에서 비롯되었다. 이에 따라 이 책은 행정이론에 대한 이해를 돕기 위해 두 가지 측면에서 접근했다. 하나는 행정학사의 발달 과정을 통해 행정학 내지는 행정이론에 대한 이해를 높이고자 했다. 또 다른 하나는 행정학의 전개 과정에서 공통적인 패러다임이나 경향을 도출해내는 방식을 통해 행정이론에 대한 이해를 높이고자 했다.

그 결과 이 책은 4부로 구성되었다. 제Ⅰ부는 행정이론에 대한 개념 규정을 위해 행정과 이론에 대한 개념 정의를 고찰했다. 제Ⅱ부에서는 행정이론의 이해를 돕기 위해 행정학사의 발달 과정을 살펴보았다. 이를 위해 유럽 행정이론, 미국 행정이론, 한국 행정이론의 발달 과정을 통해 각국에서 전개된 행정이론의 특성과 영향을 고찰했다. 제Ⅲ부와 제Ⅳ부는 행정이론의 발달 과정에서 형성된 공통적 패러다임이나 경향을 묶어 전통적 행정이론과 현대적 행정이론으로 나누어 이론의 특징적인 부분들을 도출했다. 그리하여 제Ⅲ부의 전통적 행정이론에서는 관리이론, 관료제이론, 행태이론, 체제이론, 비교행정이론, 발전행정이론 등을 통해 행정학 발달 과정의 공통적 경향을 살펴보았다. 제Ⅳ부의 현대적 행정이론에서는 신행정이론, 공공선택이론, 신제도이론, 신공공관리이론, 신공공서비스이론과 한국적 현실에서 구축된 딜레마이론과 시차이론을 살펴보았다.

그런데 이 책에서 다룬 행정이론 외에도 행정학의 발달 과정에서 형성된 이론은 많다. 예컨대 현상론이나 포스트모더니즘이나 사회자본 등이 그것이다. 다만 이번에 이 같은 이론을 모두 소개하지 못한 이유는 우선 지면이 갖는 한계도 있었지만, 이들의 경우 아직은 어느 정도 통일성 있는 모형을 갖추지 못한 때문이기도 했다. 따라서 시간이 흘러 좀 더 정치해진 수준이 되면 소개하고자 한다.

이 책의 주된 목적 중의 하나인 행정이론의 소개가 행정학에 대한 이해를 높이고자 하는 의도에서 시도된 작업이기는 하지만, 이 책의 많은 부분에서 저자의 의도와는 달리 미흡한 부분이나 논란을 일으킬 여지가 있을 수 있으리라 생각한다. 이 모든 것이 저자의 부족한 탓에서 기인하는 것이기에 모든 비판을 겸허히 수용하고자 한다. 특히 잘못된 것 또한 저자의 탓이라는 점을 밝히고자 한다.

역시 결실을 맺는 데는 여러 사람의 희생이 필요할 수밖에 없었다. 항상 곁에서 게으

름을 질책하고 희생을 감내해 준 아내가 그렇고, 대학에 다니는 두 딸아이의 투정도 이런 희생의 큰 범주에 넣을 수 있다. 그리고 자료의 교정과 정리에 애써 준 안희정 박사와 금순봉 학생에게도 감사의 뜻을 표하고자 한다.

끝으로 어려운 출판 여건 속에서도 흔쾌히 출간을 해준 대영문화사의 임춘환 사장님과 보잘것없는 원고를 아름답게 편집해 준 여러분께 다시 한 번 감사를 드린다.

2007년 7월
치악산 기슭의 연구실에서
김 태 룡

차례

제 2 편 분석 지향형 행정이론

제 I 부

행정이론의 발달사

개 요

제 I 부는 행정이론의 발달사를 살펴보기 위해 주요 국가에서 전개되어 온 행정이론의 변천 과정을 살펴보는 데 목적을 두었다. 이에 따라 제 I 부는 행정의 개념과 행정이론의 발달 과정 편으로 구성되었다.

제1편은 행정이론에 대한 이해를 돕고자 이를 구성하는 핵심적 개념인 행정의 개념과 이론에 대한 다양한 논의들을 조망했다. 행정의 개념에 대해서는 첫째, 행정학의 발달 과정에 입각한 시각, 둘째, 행정학의 패러다임에 입각한 시각, 셋째, 행정의 범위와 관련한 시각, 넷째, 행정학의 접근 방법에 입각한 시각이라는 네 가지 초점에서 행정의 다양한 개념들을 살펴보았다. 그리고 이를 토대로 여기서는 행정을 공적 상황에서 독점적 권력을 소유한 일부로서, 공적 문제라는 국가 목표를 실현하기 위한 조직화된 행동으로 개념화했다. 이론에 대해서는 개념과 기능, 그리고 이론과 유사 개념인 모형과 패러다임 등에 대해 살펴보았다. 다만, 행정학이 지닌 패러다임의 수준을 고려해, 행정이론의 설명에서는 차별성을 인정하지 않는 입장을 취했다.

제2편은 주요 국가에서 전개되어 온 행정이론의 발달 과정을 행정학사적인 관점에서 조망했다. 이를 위해 유럽, 미국, 한국 등을 중심으로 행정이론의 발달 과정을 살펴보았다. 행정이론의 발달사에서 엿볼 수 있는 주요 특징으로 첫째, 유럽의 행정이론은 행정학이 지닌 연구 대상으로서의 역사성에도 불구하고 17세기 이전까지 행정학은 독립된 학문 분야로 자리매김을 하지는 못했다. 다만 프러시아의 행정모형인 관방학 모형은 유럽과 미국 등에 일정 부분 영향을 미친 것으로 평가할 수 있다. 그렇지만 유럽의 행정이론은 관방학의 영향에도 불구하고 행정법을 중심으로 전개되었는데, 그 결과 유럽의 행정이론은 제2차 세계대전 이후까지도 법과 분리된 독자적 영역을 확보하지 못한 상태로 있었다. 그렇지만 세계대전 이후에는 주변 사회과학 분야와의 교류와 함께 미국 행정이론의 영향을 받으면서 세계대전 이전과는 질적인 차이를 보이며 현재에 이르고 있다.

이에 반해 미국이라는 특수한 환경에서 출발한 미국의 행정이론은 윌슨 이후 100여 년이 지나면서 다양한 발전 과정을 거쳐 왔다. 유럽과는 전혀 다른 정치 체제와 다학문적인 관점에서 전개되어 온 미국의 행정이론은 정체성의 혼란과 부침을 겪으면서 오늘에 이르렀다. 이런 측면에서 한국에 도입된 미국의 행정이론은 발전국가의 추구라는 시대적 흐름과 행정의 효율성 강화라는 맥락에서 급속하게 확장되기 시작했다. 그렇지만 한국의 행정이론은 기초하고 있는 미국 행정이론이 지닌 정체성의 위기와 함께 이질적인 환경으로 인한 한국화의 문제가 지속적으로 제기되어 왔다. 이에 더해 급격한 거버넌스의 변화에 적응해야 하는 한국의 행정이론은 양적 성장에도 불구하고, 여전히 정체성의 문제와 함께 적실성있는 행정이론의 탐색이라는 어려운 상황에 직면해 있다.

제 1 편

행정이론의 이념

제 1 장

행정이란 무엇인가?

제1절 행정을 보는 시각

학문 분야에 대한 개념 정의를 시도한다는 것은 학문 분야의 경계를 설정하거나 또는 본질이나 특성을 확인하는 작업이다. 어느 학문 분야가 독자적인 분야로 발전하려면, 다른 학문 분야와 구분되는 고유한 핵심 개념과 이론이 존재해야 한다. 이것이 존재하지 않는다면 경계가 모호해지고 다른 학문 분야와 구분이 어렵게 된다. 그래서 행정에 대한 개념 정의는 행정 연구의 최종 산물인 행정이론에 대한 이해와 적용 범위를 이해하는 데 중요하다.

이런 맥락에서 행정학은 늘 정체성 위기(crisis of identity)에 시달려 왔다(Waldo, 1968; Mainzer, 1994). 왈도(Dwight Waldo)가 행정학의 정체성 위기론을 제기한 이래 현재에 이르기까지 중요한 이슈로 논의되고 있으나, 만족스러운 해결에 이르지는 못한 듯하다(Rogers & Rogers, 2000).

행정학이 정체성의 혼란을 겪고 있다는 것은 행정학이 학문 주제의 본질과 범주 및 주제를 연구하고 가르치는 방법이 불확실한 상태에 있음을 의미한다. 이는 행정학에 고유의 핵심 개념과 이론이 형성되어 있지 못하다는 것을 반증한다(박성복, 2002: 514). 따라서 행정학이 정체성의 위기를 극복하고 적실성있는 행정이론을 창출하기 위해서는 대상으로서 행정이라는 현상에 대한 본질적인 개념이 규정되어야만 한다. 하지만 아직까지도 일반적인 합의 수준에 도달한 행정의 개념은 없는 실정이다(Fesler, 1980: 1).

행정의 개념에 대한 합의를 구축하기가 어려운 까닭은 행정에는 때와 장소를 초월하는 공통적・보편적 요소가 있는가 하면, 때와 장소의 제약을 받는 고유 요소가 동시에 내재되어 있기 때문이다. 그래서 행정의 개념화는 상황과 관점에 따라 동일한 현상조차도 달리 규정되어 왔다. 다시 말해, 학자들의 행정관이나 접근 방법에 따라 행정에 대한 개념이 다양하게 묘사되어 왔다는 의미이다.

그렇지만 행정의 개념이 학자마다 달리 정의되어 왔다고 해서, 행정에 대한 공통된 인식이 결여되어 있었던 것만은 아니다. 비록 표현상의 차이가 있기는 하나, 행정의 개념 정의를 둘러싼 이견들은 상호배타적이라기보다는 상호보완적이었다(오석홍, 2005: 3). 이와 같이 행정의 개념은 때와 장소에 따라 또는 학자들의 관점이나 접근 방법에 따라 달리 정의되어 왔다. 그 결과 행정에 대한 기본적인 시각이나 초점을 어디에 두느냐에 따라 개념 정의는 달리 이루어질 수밖에 없었다.

여기에서는 행정의 개념을 규명하기 위해 시도되었던 다양한 시각들을 다음과 같은 유형화를 통해 살펴보고자 한다. 다만 여기에서 시도하는 유형화는 어디까지나 논의의 편의를 위한 것이라는 점과, 유형화에 따른 중첩성 문제는 어느 정도 불가피할 수밖에 없다는 전제 하에서 출발하고자 한다.

1 행정학의 발달 과정에 입각한 시각

행정학의 발달 과정에 입각한 시각은 행정의 개념을 정의하는 데 가장 보편적인 시각이다. 이는 행정학의 발달 과정에서 강조되었던 초점이나 관점의 변화 과정을 중심으로 행정의 개념을 파악하는 시각이다. 학자마다 강조하는 면에 차이가 있기는 하나, 행정학의 발달 시기에 따라 행정의 개념을 묘사했기에 큰 차이는 없다.

1) 역사적 발전 과정에 입각한 시각

박성복(2002: 514-516)은 행정의 개념에 대한 학설들을 역사적인 발전 과정에 따라 시대적으로 강조된 측면이나 초점들을 기초로 행정의 개념을 분류했다.

첫째, 행정관리설의 입장에서 보는 행정의 개념이다. 20세기 전후 행정학 발달의 초창기에 윌슨(Thomas W. Wilson)이나 화이트(Leonard D. White)가 취한 학설로서, 정치・행정이원론 및 경영・행정일원론에 입각한 기술적・전통적 행정학의 입장이다. 공공사무의 관리라는 사회 기술로서 파악된 행정은 이미 결정된 정책을 합리적・능률적으로 집행하는 것으로 간주되었다.

둘째, 통치기능설의 입장에서 보는 행정의 개념이다. 1930년대 후반 디목(Marshall E. Dimock)과 애플비(Paul H. Appleby) 등에 의해 제기되었다. 행정관리설에 반대해 정치・행정일원론에 입각한 기능적 행정학의 입장을 견지했다. 이 시각은 행정의 본질을 정치와 행정의 밀접한 관계성 속에서 찾고, 행정은 단순한 정책 집행만이 아니라 정책 결정까지를 포함하는 것으로 간주했다.

셋째, 행정행태설의 입장에서 보는 행정의 개념이다. 1940년대 사이먼(Herbert A. Simon)에 의해 제시된 것으로서, 행정을 협동적 집단행동인 조직의 의사 결정 과정으로 파악했다. 특히 행정의 과학적 연구를 위해 가치 판단적인 요소를 연구 대상에서 배제하는 행정행태설은 궁극적으로 경영・행정일원론에 입각했다.

넷째, 발전기능설의 입장에서 보는 행정의 개념이다. 1960년대 발전행정론자인 에스만(Milton J. Esman)과 와이드너(Edward W. Weidner)가 제기했다. 행정을 국가의 발전목표를 적극적으로 달성하기 위한 발전정책・발전기획의 형성 및 집행으로 보았다.

다섯째, 거버넌스의 입장에서 보는 행정의 개념이다. 전통적 행정 개념과 차별적 관점에서 프레드릭슨(Horace G. Frederickson) 등에 의해 제기되었다. 행정을 통치나 지배보다는 공적 차원에서 이루어지는 관리적 의미로 간주했다(Frederickson, 1997: 31-43).[1)]

여섯째, 신공공서비스이론의 입장에서 보는 행정의 개념이다. 덴하트(Robert Denhart)와 덴하트(Janet V. Denhart)가 신공공관리이론을 비판하면서 대안으로 제시한 시각으로, 행정과 관료의 새로운 책임성에 강조를 둔 입장이다(Denhart & Denhart, 2000).[2)]

---

1) 거버넌스적 시각에서 보는 행정은 모든 형태의 집단적 공공 활동으로, 능률성・경제성・효과성뿐만 아니라 형평성・공정성의 기준에도 부합되도록 정부・준정부・비정부기관 등을 조직화하며, 정책의 집행과 공공기관의 임무를 비정파적으로 추진함으로써 시민 전체를 위한 체제 가치를 유지하고, 행정인의 창의성과 혁신을 중요시하며, 동태적 변동에 대처하기 위한 절차를 제도화하고, 고객인 시민에 대한 대응성을 높이며, 시민 참여의 폭을 넓히도록 공공조직을 운영하고, 민주주의 사회의 맥락 속에서 시민에 대한 행정인의 궁극적 책임을 확보하는 데 초점을 두고 있다(Frederickson, 1997a: 31-43, 224-235).

2) 신공공서비스이론은 개념적 기초로 민주적 시민정신의 이론들, 지역사회 및 시민사회의 모형들, 인본주의적 조직관과 담론이론(혹은 포스트모더니즘) 등에 토대를 두고 있다.

2) 행정관에 입각한 시각

이 시각은 행정의 개념 속에서 강조되어 왔던 초점과 그에 따른 행정관에 입각해 행정의 개념을 시도하는 입장이다. 행정학사의 발달 과정에서 등장한 고전적 관점과 이에 대한 반발적 시각에서 등장한 신고전적 관점 간에는 차별성이 존재한다는 입장이다. 예컨대 행정에 대한 고전적인 개념 정의에서는 정치·행정이원론, 행정의 집행 기능, 관료제의 공식적 구조와 내부관리 기능, 합리성과 능률 등이 강조되어 왔다. 이에 반해 고전적인 개념 정의를 비판하면서 등장한 개념에서는 정치·행정일원론, 행정의 정책 기능, 행정의 환경, 행정의 가치 내지 목표와 책임, 민주행정, 고객 지향적 사업, 행정의 중하위 관리층 내지 일선 부문, 행정 행태, 발전관리 기능, 의사 결정 등이 강조되고 있다(오석홍, 2005: 3-8).

오석홍은 행정학사에서 강조되어 온 차별성을 중심으로 행정의 개념을 열한 개의 관점으로 나누었다. 첫째, 집행 기능과 수단성을 강조하는 행정의 개념, 둘째, 관리작용을 강조하는 행정의 개념, 셋째, 협동적 행동의 합리성과 능률성을 강조하는 행정의 개념, 넷째, 관료제에 의한 행정을 강조하는 행정의 개념, 다섯째, 의사 결정을 강조하는 행정의 개념, 여섯째, 행정의 정치적·정책적 역할을 강조하는 행정의 개념, 일곱째, 환경과의 연계성을 강조하는 행정의 개념, 여덟째, 행정인의 행태를 강조하는 행정의 개념, 아홉째, 고객 지향적 사업의 성취와 민주행정 등을 강조하는 행정의 개념, 열째, 완전행정을 강조하는 행정의 개념, 마지막으로 종합적 관점에서 행정의 개념을 시도하는 정의가 그것이다.

2 행정학의 패러다임에 입각한 시각

행정학의 패러다임에 입각한 시각은 행정학의 발달 과정에서 보는 시각과 유사한 측면이 많을 뿐만 아니라 중첩되는 측면도 가장 많다. 그럼에도 불구하고 행정학의 패러다임에 입각한 시각을 독립적으로 살펴보는 이유는 패러다임이 지닌 특성 때문이다. 즉, 패러다임을 과학의 주제 문제에 관한 기본적인 생각이자 과학에서 광의의 합의 단위라고 볼 때, 학파나 아류들을 구별하는 근거가 될 수 있기 때문이다(Ritzer, 1973: 7). 이런 측면에서 다소간의 중첩성 문제에도 불구하고, 행정학의 패러다임에 입각한 행정의 개념을 살펴보면 이러하다.

1) 헨리의 행정 패러다임

헨리(Nicholas Henry)는 행정이 개념상의 위기에 처해 있다고 주장하면서 행정학의 학문적 정체성을 규명하고자 했다. 헨리는 패러다임을 구성하는 분석 단위를 행정이 이루어지고 있는 제도로서의 장소(locus)와 행정에서 사용되는 전문화된 목표로서의 초점(focus)으로 구분한 후, 이들 분석 단위를 기준으로 행정학의 흐름을 다섯 가지 패러다임으로 제시했다(Henry, 1975: 378-386).

첫째, 1900년에서 1926년까지 지배적이었던 정치·행정이원론(politics-administration dichotomy)에 따른 행정의 개념이다.

둘째, 1927년부터 1937년까지 지배적이었던 행정 원리(principles of administration)에 따른 행정의 개념이다.

셋째, 1950년부터 1970년까지 지배적이었던 정치학으로서 행정학(public administration as political science)의 관점에서 본 행정의 개념이다.

넷째, 1956년부터 1970년까지 지배적이었던 관리과학으로서 행정학(public administration as administrative science)의 관점에서 본 행정의 개념이다.

다섯째, 1970년 이후 지배적인 공공관리로서 행정학(public administration as public administration)의 관점에서 본 행정의 개념이다.

2) 오스트롬의 민주행정 패러다임

오스트롬(Vincent A. Ostrom)은 1930년대 이후 행정학에 등장한 대다수 패러다임이 행정학의 정체성 위기를 해결하는 데 실패했다고 주장했다. 이에 더해 사이먼(Herbert A. Simon)의 행태주의조차도 그 차별성을 인정하지 않았다. 따라서 1970년대 이전까지의 행정이론에는 오직 윌슨(Thomas W. Wilson)의 패러다임만이 존재할 뿐이라고 주장했다(Ostrom, 1974: 1-22). 오스트롬은 이러한 행정학의 패러다임 위기[3]를 행정학의 지적

---

3) 행정학에서 제기되는 패러다임의 위기 문제에 가장 비판적인 입장을 취하고 있는 학자는 스틸만(Stillman, 1976: 179-192)이다. 그는 행정학에 쿤(Thomas S. Kuhn)의 방법론을 적용하는 문제에 심각한 의문을 제기했다. 예컨대 그는 오스트롬의 견해와는 달리 행정학의 패러다임 위기와 관련해 행정학에는 어떤 지적 위기도 없다고 반박했다.

위기 또는 신뢰성 위기로 간주했다.

다시 말해, 전통적 행정학은 단일한 권력과 책임의 중시, 조직구조의 중앙집권화, 정치·행정이원론, 능률성을 극대화할 수 있도록 전문직업적으로 훈련된 공무원, 계층적 위계 등을 주요 내용으로 하는 윌슨식 패러다임의 지배를 받아 왔다. 그러나 윌슨식 패러다임이 이제는 더 이상 적실성이 없기 때문에, 오스트롬은 이의 한계를 극복하고 행정학의 정체성을 확립할 새로운 대안으로 민주행정(democratic administration) 패러다임을 제안했다.

오스트롬이 제안한 민주행정 패러다임은 하향식을 강조한 윌슨식 패러다임에 반해 상향식을 주창했다. 예컨대 윌슨식 패러다임이 계층적 위계성을 강조함으로써 대규모 행정 체제의 능력을 감소시킨 데 반해, 민주행정 패러다임은 민주행정을 활성화함으로써 권위구조를 분권화하고 공공 부문에서 공공재와 서비스의 생성을 촉진할 수 있다는 입장이다. 결론적으로 오스트롬은 행정 현상을 충실하게 설명할 수 없는 행정학의 학문적 현실을 위기의 원인으로 진단하고, 행정학의 과학적 혁명을 위한 시도로서 민주행정 패러다임을 대안으로 제시했다.

3) 모건의 사회과학 패러다임

모건(Gareth Morgan)은 행정학에서 상호배타적인 패러다임들의 관계를 심도있게 설명할 수 있는 모형을 제시하고자 했다. 그는 사회의 본질을 근거로 사회과학 패러다임을 기능주의(functionalist), 해석주의(interpretive), 급진적 인간주의(radical humanist), 급진적 구조주의(radical structuralist)의 네 가지로 제시했다. 그리고 사회과학 패러다임들을 행정학의 발달 단계에 적용시켜 다음과 같이 그 특징을 기술했다(Morgan, 1980: 606-607).

행정학의 발전은 기능주의 혹은 해석주의라는 두 개의 포괄적인 패러다임을 따르고 있는데, 이 중 합리모형에 근거한 전통적 행정은 전적으로 기능주의적 패러다임의 틀에 의존하는 반면, 하몬(Michael Harmon)의 행동이론은 해석주의적 패러다임을 따르고 있다고 보았다. 예컨대 해석이론에 기초해 행동주의적 패러다임을 주장한 하몬은 행동주의적 패러다임을 행정의 대체적 패러다임으로 인식했다. 하몬은 상호 주관적 이해와 문제 해결의 기초로서 직접 담론에 중점을 두고 미시적 수준에 초점을 맞추면서, 자아의 행동적인 사회적 본성과 분석의 일차적 단위로서 직접 담론, 그리고 간주간적 인식론을 제시했다. 이에 따라 하몬은 행동 지향적인 행정이란 타자의 실존을 이해하고 공유할 수 있는 능력을 지닌, 개인에 의해서만이 가능하다는 입장을 피력했다(Harmon, 1981).

행정의 주류 이론인 합리모형과는 달리 해석주의적 패러다임에 근거한 새로운 이론들은 단순화시킨 행정 현상에서 관찰 가능한 규칙성을 발견하기보다는, 행정 현상의 복잡성을 이해하고 시도했다는 특징을 지닌다. 그래서 합리모형에 대한 해석주의적 패러다임의 공통된 비판은 인간의 논리에 대한 한정된 견해, 지식 획득에 대한 불완전한 이해, 이론과 실제 간의 부적절한 연결 등에 집중되었다. 그렇지만 해석주의 이론가들이 개인과 집단의 상호작용을 통해 행정을 재구성하려고 시도했지만, 이들도 기본적인 질서와 규제에 집착함으로써 변화의 가능성을 묵살했다는 점에서 한계를 드러냈다.

3 행정의 범위와 관련한 시각

행정의 범위와 관련한 시각은 행정 개념을 적용 범위와 관련해 규정짓는 입장으로, 넓은 의미의 행정과 좁은 의미의 행정으로 분류된다(이종수 · 윤영진, 2005: 33).

첫째, 넓은 의미의 행정이란 조직 일반에 적용할 수 있게 인간 협동의 측면에 초점을 맞춘 개념이다. 이 개념은 포괄적인 성격을 띠며, 고도의 합리성을 수반한 인간의 협동적인 노력의 한 형태로 정의할 수 있다. 이때 합리적 행동이란 주어진 공공 목표를 달성하기 위해 기회비용을 최소화시키면서, 그 목표와 관련된 적정 수단을 정확히 선택하는 계산된 행동을 지칭한다.

넓은 의미의 행정은 국가의 제도적 장치 가운데 집행부뿐만 아니라, 입법부와 사법부를 포함한 모든 조직의 관리적 문제가 행정의 범위에 포함된다. 더 나아가서 국가뿐만 아니라 여타의 공공 부문과 사적 부문의 모든 조직의 관리 문제가 또한 행정에 포함된다. 이 경우 조직의 관리 방식에는 관료제적인 것 이외에 다양한 방법이 포함될 수 있다. 이와 같은 개념 정의는 공사(公私) 행정 간의 유사성과 차이성에 대한 논란으로 이루어지는 것이 보통이다.

둘째, 좁은 의미의 행정은 정부관료제를 중심으로 이루어지는 활동을 의미한다. 엄밀하게는 행정부의 구조와 공무원의 활동을 포함하는 개념이다. 따라서 가장 좁게 보자면 국가 제도 가운데 행정부(executive), 그리고 국가 기능 가운데 특히 정책 집행이 행정에 해당한다.

이와 같이 국가 제도의 일부를 구성하고 국가 기능의 일부를 수행하는 행정은 대개 관료제적 특성에 근거한다. 그런데 관료제적 특성을 지닌 여타 국가 제도와 관료제적 특성에 의해 이루어지는 여타 국가 기능도 행정의 범위에 포함시키게 되는 경우에 국가 내부에서 행정이 차지하는 외연은 확대될 수 있다(정용덕, 2001: 12).

4 행정학의 접근 방법에 입각한 시각

이는 행정에 대한 접근 방법의 차이에 입각해 행정의 개념을 살펴보는 입장이다. 샤프리츠와 러셀(Shafritz & Russell, 2000)은 행정학에 대한 접근 방법을 네 가지로 나누고, 접근 방법에 따른 행정의 개념을 고찰했다.[4]

첫째, 정치적 접근 방법은 행정의 정치적 성격에 초점을 두고 행정을 정의하는 방식이다. 이 시각에서 볼 때 행정은 정치적 맥락을 벗어나 존재하기 어려운 것으로 보기 때문에, 공적인 성격을 갖는 행정과 경영은 차이가 있는 것으로 간주한다. 따라서 정치적 접근 방법의 입장에서 보는 행정은 정부가 직·간접적으로 하는 일, 공익의 집행, 개인적으로는 할 수 없는 일을 집합적으로 하는 것으로 정의된다.

둘째, 법적 접근 방법은 행정을 법률이라는 도구에 의해 생성되고 제한되는 것으로 정의하는 방식이다. 행정을 이같이 정의하는 경우 입법과 사법과는 구분되는 개념으로, 행정은 법령의 구체화를 위한 수단, 즉 법의 함수로 간주된다(김규정, 1998: 7-12). 법적 접근 방법은 행정을 정의하는 방식 가운데 가장 오랜 역사성을 갖는다.

셋째, 관리적 접근 방법은 행정을 관리(management)의 일부분으로 보고 관리적 입장에서 정의하는 방식이다. 따라서 이 입장에서 행정은 입법적인 활동을 실행에 옮기는 집행 기능과 관리전문(management specialty) 기능을 수행하는 것으로 간주된다.

넷째, 직업적 접근 방법은 행정을 직업(occupation)으로 인식해 행정의 개념을 정의하는 방식이다. 다시 말해 행정도 하나의 직업적 범주에 속한다는 점에서, 전문직업(profession)이라는 측면에서 행정을 보아야 한다는 관점이다.

---

4) 샤프리츠와 러셀의 시각은 로젠블룸(Rosenbloom, 1989)이 시도한 접근 방법에 한 가지 접근 방법을 추가된 것으로 좀 더 확장된 시각이라 볼 수 있다. 그리고 이들 각 접근 방법에 구체적인 관점을 설정해 모두 열여덟 가지의 행정 개념을 제시하고 있다.

제 2 절 행정의 구성 요소와 개념

1 행정의 구성 요소

행정의 개념은 시대와 사회, 정치·문화적 특징, 발달 과정에서 강조되어 온 특정 초점이나 패러다임 등에 따라 다양하게 정의되어 왔다. 이런 측면에서 특히 미국적 배경에서 발달해 온 행정의 개념 속에는 협동적 집단행동의 합리성·능률성, 집행 기능과 수단성, 물적·인적 관리 작용, 관료제에 의한 행정, 의사 결정, 행정의 정치적·정책적 역할, 환경과의 연계, 행정인의 행태, 행정의 목표·고객지향성·민주행정 등의 요소들이 강조되어 왔다(Waldo, 1955: 4-11; Simon et al., 1973: 4; 오석홍, 1996: 15-21).

행정의 개념 속에는 이처럼 다양하고 이질적인 초점이나 강조점이 존재하는데, 그럼에도 불구하고 행정의 개념 속에는 또한 공통적인 요소들도 내포되어 있다. 예를 들면, 행정은 어느 국가를 막론하고 전통적으로 사회 질서를 유지하고, 국가사회의 체제를 유지하는 기능을 수행해 왔다. 이에 더해 현대 행정국가에서는 전통적인 기능 외에도 국민의 사회적·경제적 생활에 적극적으로 개입하게 되었음은 물론, 정책 결정 기능까지도 수행함으로써 사회적·경제적 변동을 관리하는 역할까지 담당하기에 이르렀다.

이에 따라 행정은 인간의 다른 사회적 활동이나 조직화된 활동(organized activity)과는 다르다고 보아야 하는데, 그것은 개인이나 집단의 사적 노력에 의해서는 해결할 수 없는 사회의 공동 목적을 다루기 때문이다. 물론 사람들이 자발적인 합의에 기초해서 의사를 결집하고 그것에 의해 공동 문제의 해결을 도모하는 수도 있지만, 그것은 행정의 범주에서 제외되어야 할 것이다(박성복, 2002: 517).

2 행정의 개념

행정을 구성하는 다양한 요소들을 중심으로 행정의 개념적 특성이나 속성은 두 측면으로 나누어 볼 수 있다.

첫째, 행정은 국가의 일부로서 공적 상황에서 국가 목표를 추구한다. 행정의 속성 가운데 행정이 국가의 일부라는 것은 행정이 국가를 구성하는 제도적 장치의 일부로서, 국가 기능의 일부를 수행하는 것으로 행정과 국가 간의 긴밀한 관계를 강조하는 의미이다. 그리고 행정이 공적 상황에서 작용한다는 것은 국민의 관심·감시·비판에 노출되어 있다는 뜻이며, 정치 과정과도 긴밀하게 연결되어 있다는 의미이기도 하다. 다시 말해, 정부에 의해 정의가 실현되고 공공의 이익이 유지되기 위해서는 비판적인 여론의 담당자로서 시민의 존재가 필수적이다(Ventriss, 1989: 173-179).

행정이 국가 목표를 추구한다는 측면에서, 행정은 국가 목표에 합치되는 행동을 하도록 규범적으로 요구받아 왔다. 행정 체제는 국가와 정부라는 상위 체제에 속해 있으며, 상위 체제의 목표에 부합되는 활동을 할 것으로 기대되어 왔다. 또한 민주국가에서 국가 목표의 형성은 국민의 의사에 따르도록 되어 있으므로, 행정은 궁극적으로 국민에게 책임을 져야 한다는 것을 의미한다(오석홍, 2005: 9).

그런데 행정이 추구하는 국가 목표라는 맥락에서 볼 때, 무엇을 위한 행정인가라는 문제 의식을 회복해야 한다. 이를 위해서는 행정의 본질을 시민의 삶의 기회(life chance)와 삶의 양식(life style)에 영향을 미치는 공공 목적의 달성과, 사회 정의의 실현을 위한 전체적인 과정으로 이해하지 않으면 안 된다. 사회 전체로서의 공공 목적을 달성하기 위한 집합적 행위인 행정은 주체인 사회적 존재로서의 시민과 시민을 대신해서 집합적 행위를 대행하는 정부의 두 요소로 구성되어 있으므로, 반드시 공공의 이름으로 수행되어야 한다.

둘째, 행정은 공적 문제(public affairs)를 해결하기 위해 독점적 권력을 소유하면서 조직화된 행동을 하는 조직이다. 행정의 속성 가운데 특징적인 것은 행정이 임무 수행에 필요한 독점적 권력을 행사한다는 데 있다. 그리고 권력뿐만 아니라 정보 및 인적 자원·물적 자원 등의 자원을 동원하고 조직화해서 체제를 유지하고 산출 활동을 한다. 또한 행정의 기관적 기초는 거대하고도 복잡한 공식적 조직이라고 할 수 있는데, 이에는 물론 비공식적 요소도 포함된다. 그런데 행정에 비공식적 요소가 증가함에 따라 공식적 행정조직의 경계는 과거에 비해 모호한 경우가 많아졌다. 그 결과 현대 행정조직은 국가의 입법·사법구조와 긴밀히 연관되어 있으며, 민간 부문의 많은 조직 및 개인과 협동적 또는 공동적 활동을 수행한다.

행정의 속성 가운데 행정은 공적 문제를 해결하기 위한 집합적 노력이라는 점이다. 공공성은 시대에 따라 혹은 국가별로 다양하게 정의될 수 있으며, 정의된 공적 문제를 해결하기 위한 국가와 시민사회 간의 분업과 협동도 역시 다양하게 조직화되어 왔다. 행정은 이처럼 다양한 방식으로 정의되고 접근되는 공적 문제의 해결 과정에 역시 다양한 방식으로 참여하게 된다.

과거 행정국가 시대에는 공적 문제의 해결이 국가에 의해 주도적으로 다루어졌으며, 행정은 국가 제도의 일부로서 관료제적인 방식에 의해 공공 문제 해결 과정에 깊이 관여했다. 그러나 최근에 새롭게 대두되는 신행정국가 시대에는 공적 문제를 해결할 때, 국가 역할의 비중이 감소하는 경향이 나타나고 있다. 반면에 시장과 시민사회의 역할이 증대하고 있으며, 행정도 국가뿐만 아니라 시민사회와 연계해서 정의하는 추세에 있다.

끝으로, 행정의 속성 가운데 행정을 조직의 목적을 달성하기 위한 협동적 노력으로 보는 것이다. 협동적 노력의 일환인 행정의 범위에는 국가의 제도적 장치 가운데 집행부뿐만 아니라, 입법부와 사법부를 포함한 모든 조직의 관리적 문제가 포함된다. 더 나아가서 국가뿐만 아니라 여타의 공공 부문과 사적 부문의 조직관리 문제가 또한 행정에 포함된다. 이 경우 조직의 관리 방식에는 관료제적인 것 이외에 다양한 방법이 포함될 수 있다(정용덕, 2001: 12-13; 박성복, 2002: 517-521). 특히 공공의 목적을 추구하는 과정에서 시민사회와 정부의 관계가 점점 더 복잡해져 간다는 것, 국제적인 단체나 체제가 지향하는 방향으로 그리고 지방정부나 지역사회단체들이 지향하는 방향과 부합되게 정부의 책임성이 변모해 간다는 것, 이에 따라 그러한 관계를 관리하기 위해 더 큰 능력이 필요하게 된다는 것 등이 향후 행정이 겪게 될 변화의 핵심적인 요소가 될 것이다(Kirlin, 2001: 141).

이상과 같이 행정을 바라보는 다양한 시각과 구성 요소에 입각해 여기에서는 행정의 개념에 대해 다음과 같은 정의를 시도하고자 한다.

> 행정은 공적 상황에서 독점적 권력을 소유한 국가의 일부로서, 공적 문제라는 국가 목표를 실현하기 위한 조직화된 행동이다.

생각해 볼 문제

■ 행정을 보는 시각

1. 행정을 보는 다양한 시각의 주요 내용을 비교해 보시오.
2. 행정을 보는 다양한 시각의 차이가 발생하는 원인에 대해 생각해 보시오.
3. 행정을 보는 다양한 시각의 타당성에 대해 생각해 보시오.
4. 한국 행정의 변화 과정을 이러한 시각에 입각해 생각해 보시오.

■ 행정의 구성 요소와 개념

1. 행정을 구성하는 요소들을 정리해 보시오.
2. 행정을 구성하는 요소들의 특성에 대해 생각해 보시오.
3. 행정의 구성 요소들의 적실성에 대해 생각해 보시오.
4. 행정의 개념에 대해 생각해 보시오.
5. 우리의 현실에 비추어 여기에서 정의한 행정의 개념에 대한 타당성을 논해 보시오.

제 2 장

이론이란 무엇인가?

제 1 절 이론의 의의와 기능

1 이론의 의의

이론이란 말은 원래 본다는 데서 유래된 것으로 사물을 정확히 본다는 의미이다. 다시 말해 사물을 정확히 보아 설명을 붙이고, 그로부터 연유되는 유사한 상황에 대한 설명이나 시간이 흐른 연후의 설명까지도 가능하게 해보자는 의도가 숨어 있는 것이 이론이다. 그래서 이론은 어떤 현상을 질서있게 또는 체계있게 설명해 줄 수 있다. 설명이 그럴 듯하면 이론은 현실적인 설명력을 갖게 될 것이고, 그렇지 못하면 그것은 허구에 불과하다.

현실적인 설명력이 적합성을 띨 때, 이론은 시간적 차원을 확대시켜 일반성을 띠면서 미래에 대한 예측력을 갖게 된다. 이런 힘을 갖추고 있어야만 이론이라고 할 수 있다(김광웅, 1980: 102). 이론에 대한 의미는 여러 학자에 의해 주장되어 왔으나 주장하는 내용들이 서로 비슷하기 때문에, 여기에서는 카플란(Abraham Kaplan)과 컬링거(Fred N. Kerlinger)의 논의를 중심으로 이론의 의미를 살펴보고자 한다.

카플란(Kaplan, 1964: 295-297)이 주장하는 이론의 의미는 다음과 같이 요약할 수 있다. 이론은 습관을 고치거나 새로운 것으로 대체시키는 데 효과적이 되도록 난처한 상황을 의미있게 만드는 하나의 방법이라고 보면서, 이론을 실제와는 대비되는 상징적인 것으로 보았다. 즉, 이론은 추측적이며 가상적인 특성을 갖는다는 것이다.

이에 반해 컬링거(Kerlinger, 1973: 86-89)는 이론이란 현상을 설명하고 예측할 목적으로 변수들 간의 관계를 구체적으로 밝힘으로써, 현상에 대한 체계적 견해를 제공하는 일단의 상호 관련된 개념·정의·명제들이라고 정의했다. 컬링거에 따르면 이론에는 세 가지 요소가 포함되어 있다.

첫째, 이론은 정의된 개념(또는 변수)들로 구성된 일단의 명제이다.

둘째, 이론은 개념(또는 변수)들 간의 상호 관계로 표현되며 그렇게 함으로써 변수들에 의해 기술되는 현상에 관한 체계적 견해를 제공한다.

셋째, 이론은 하나의 변수가 어떤 변수와 관련되어 있고, 어떻게 관련되었는지를 구체화함으로써 현상을 설명하고, 나아가서 특정 변수로부터 다른 변수를 예측할 수 있도록 한다는 것이다.

이러한 견해를 요약한다면, 이론이란 상호 관련된 개념(사실)들의 연결 관계 또는 규칙성을 나타내는 일반적 진술로 구성된다. 이는 사회 현상을 설명하고 예측하는 데 전제로 쓰이며, 또한 구체적인 가설을 도출할 수 있는 근거로서 경험적 연구의 지침이 된다(남궁근, 2003: 120-121). 다시 말해 이론은 현상을 분석하고 규칙성을 설명하고 이해시키며, 미래를 예언하고 통제하는 역할을 하는 데 지침이 된다.

2 이론의 기능

과학적 탐구를 수행하는 과정에서 이론은 다음과 같은 기능을 수행한다.

첫째, 이론은 법칙의 상위에 존재하면서 더욱 강력한 설명을 할 수 있는 가능성을 제공한다. 경험적 세계에서 발생하는 규칙성은 법칙으로 정립되는데, 이론은 이러한 규칙성이나 법칙을 설명할 수 있다. 즉, 이론은 법칙이나 경험적 일반론이 왜 일어났는지의 근거를 제시함으로써 현상에 대해 좀 더 깊은 설명을 가능케 해준다.

둘째, 이론은 다양한 현상에 대해 체계적으로 통합된 설명을 제공한다. 다양한 현상을 거슬러 올라가서 어떤 심층적 과정을 찾아내고, 여러 경험적 일관성(empirical uniformities)이 어떤 기본 법칙으로부터 표출되는가를 밝혀낸다. 이와 같이 체계화된 통합적 설명을 통해 이론은 궁극적으로 지식을 통합할 수 있는 기능을 수행한다.

셋째, 좋은 이론은 그것이 만들어진 당시에는 알려지지 않았던 현상들을 예측하고 설명함으로써 지식과 이해를 넓힐 수 있다. 따라서 이론의 예측적 성공은 이론에 대한 확신도를 높이는 데 지대한 작용을 한다(오명호, 2004: 97).

3 이론의 유형

이론의 유형은 기준에 따라 다양한 분류가 가능하다. 여기에서는 적용 범위에 따른 분류, 분석 수준에 따른 분류, 추상화에 따른 분류로 나누어 이론의 유형을 살펴보고자 한다.

1) 적용 범위에 따른 분류

이론의 유형은 적용 범위에 따라 소범위이론, 중범위이론, 일반이론으로 분류할 수 있다.

(1) 소범위이론

소범위이론(narrow range theory)은 좁은 범위의 현상에만 적용되는 이론을 말하며, 저수준 이론(lower-level theory)이라 부르기도 한다. 이에는 일상적인 연구에서 사용되는 연구가설(research hypothesis)이나 작업가설(working hypothesis)도 포함된다.

(2) 일반이론

일반이론(general theory) 또는 거대이론(grand theory)은 적용 범위란 측면에서 볼 때 가장 광범위한 것으로, 하나의 학문 분야 또는 전체 학문 분야의 지식을 통합하기 위해 제시된 이론을 의미한다.[1] 다만 일반이론이나 거대이론은 추상성의 정도가 너무 크기 때문에 경험적 연구의 지침이 되기는 어려운 실정이다.[2]

---

1) 예컨대 마르크스(Karl Marx)의 역사적 유물론, 파슨스(Talcott Parsons)의 사회체제론, 이스턴(David Easton)의 정치체제론은 일반이론을 추구하려고 시도한 사례에 해당된다. 이러한 이론은 사회적 행태, 조직 그리고 사회 변화에 관한 모든 관찰된 현상을 설명하려고 시도한다.

2) 머튼(Robert K. Merton)에 따르면, 사회과학 분야에서 학문 발달의 초기 단계에는 학자들이 일반이론을 추구해야 한다는 압력을 받게 된다고 한다. 이같이 압력을 받게 되는 이유는 자연과학 분야와 견주어 학문 정체성을 확립해야 한다는 압박감과, 사회과학도 하나의 과학으로서 모든 사회 문제에

(3) 중범위이론

중범위이론(middle range theory)은 적용 범위 면에서 소범위이론과 일반이론의 중간 단계로서, 사회 현상의 한정된 측면에만 적용되는 이론이라 할 수 있다. 따라서 머튼(Robert K. Merton)은 사회과학자들이 일반이론보다는 한정된 개념적 범위에 적용할 수 있는 중범위이론의 개발에 주력해야 한다고 주장했다. 머튼은 사회학 분야에서 중범위이론의 예로 준거집단이론, 사회적 이동성이론, 역할갈등이론, 사회적 규범의 형성이론 등을 들고 있다. 행정학 분야에서는 사기(士氣)에 관한 여러 가지 이론이 모두 중범위이론에 해당한다고 볼 수 있다.

2) 분석 수준에 따른 분류

이론은 분석 수준에 따라 거시 수준의 이론, 중위 수준의 이론, 그리고 미시 수준의 이론으로 분류할 수 있다.

(1) 거시 수준의 이론

거시 수준(macro level)의 이론은 국가나 사회 등과 같이 거시 수준에서 작용하는 과정에 관한 이론이다.[3] 이러한 유형의 이론은 국가, 경제, 사회계급 등 집계화 및 추상화의 단계가 높은 근본 구조를 탐색하려는 연구에서 전형적으로 사용된다. 그러나 거시 수준의 이론은 집계화와 추상화의 수준이 너무 높기 때문에, 구체적인 특정 영역이나 분야에 관한 경험적 연구에서는 적용 가능성이 제약되는 한계가 있다.

(2) 중위 수준의 이론

중위 수준(meso level)의 이론은 정부기관이나 이익집단 등 집단의 수준에서 작용하는 과정에 관한 이론이다. 예컨대 특정 분야의 정책을 그 결정과 관련된 정부기관의 특성이나 관련 집단의 상호작용 등 중간 단계에서 개입하는 단위의 영향을 받는 것으로 보는 것이다.

(3) 미시 수준의 이론

미시 수준(micro level)의 이론은 개개인의 행동에 초점을 맞춘 이론이다. 예컨대 행

해결 방안을 제시할 수 있어야 한다는 정책결정자와 국민들로부터의 지나친 기대 때문이다.

3) 예컨대 특정 분야의 정책이 복지국가의 성장, 자본주의 경제에서 국가의 역할, 또는 사회에서 권력의 배분과 같은 거시사회적 현상의 결과로 대두된다고 보는 입장이다.

정이나 정책 연구에서 합리적 선택이론가들이 취하고 있는 입장을 들 수 있다. 이들은 공무원, 정치인, 소비행위자 등 개인의 선호와 이해 관계를 분석해서 현상을 설명하려고 시도하는데, 이 같은 유형이 미시 수준에 해당한다(남궁근, 2003: 120-124).

3) 추상화의 정도에 따른 분류

이론은 추상화의 정도(degree of abstraction)에 따라 메타이론, 규범적 이론, 경험적 이론의 세 가지로 분류할 수 있다(Morrow & Brown, 1994: 40).

(1) 메타이론

메타이론(meta theory)이란 과학의 기본적 가정과 선행 조건 등에 관한 이론을 지칭한다. 다시 말해, 메타이론은 서로 다른 존재론(ontologies)이나 인식론(epistemologies)을 둘러싼 이론적 언어로 구성된 고도의 추상성을 띠는 이론이 이에 속한다. 예컨대 비판적 현실주의(critical realism), 현상학(phenomenology), 해석학(hermeneutics), 실증주의(positivism) 등이 이 유형에 속한다.

(2) 규범적 이론

규범적 이론(normative theory)이란 사회에서 무엇이 어떻게 되어야만 하는가에 관한 다양한 생각을 검토하고, 이를 지지하는 이론적 언어와 논쟁으로 이루어진 것을 의미한다. 이런 측면에서 규범적 이론은 도덕적이거나 또는 정치적, 그리고 이데올로기적인 쟁점에 초점을 두는 이론이다. 이런 측면에서 사회과학의 이론은 현실을 새로운 방식으로 이해하고 문제화하고 상대화할 수 있는 수단(tools)을 마련해 줌으로써, 본질적인 규범적 비판을 수행할 수 있게끔 만든다. 그 결과 사회과학은 비판적인 해방적 잠재 능력(critical emancipatory potential)을 지닌다. 예컨대 하버마스(Jürgen Habermas)는 이러한 사회과학의 해방적 잠재 능력을 역설하는 선두에 서 있다.

(3) 경험적 이론

경험적 이론(empirical theory)은 사회적 현실과 관련된 근본적인 특성, 구조, 내부적 관계, 메커니즘 등을 지칭하며, 구체적인 연구 영역에 관한 것과 일반이론의 두 가지로 나뉜다. 예컨대 사회학에서 구체적인 연구 영역에 관한 이론으로서는 실업, 주거 지역, 인종 차별, 약물 남용, 전문화 등이 있을 수 있다. 좀 더 일반적인 이론으로는 미드

(George H. Mead)의 상징적 상호작용이론이나 기든스(Anthony Giddens)의 구조화이론 등이 있다.

제 2 절 • 이론과 유사 개념

이론과 상호 교환적으로 사용되는 유사 개념으로는 모형이나 패러다임과 같은 용어를 들 수 있는데, 이들과 이론은 엄격한 의미에서 볼 때 구분되는 개념이다.

1 모형

1) 의의

모형(model)은 현실 세계의 본질적 특징을 부각시키면서, 현실 세계를 질서있게 정돈하고 단순화한 것이다.[4] 그러나 행정학을 포함한 사회과학 분야의 연구에서 실물 모형이 사용되는 경우는 매우 드물다. 대신에 복잡한 현실의 특징적 국면을 포착해서, 이를 단순화한 개념적 모형(conceptual model)을 사용하는 경우가 많다. 행정학에서 이용되는 모형의 예로는 의사 결정(또는 정책 결정) 과정에 관한 모형을 들 수 있다.

현실 세계에서 이루어지는 의사(정책) 결정의 과정은 매우 복잡한데, 이러한 의사 결정 과정 또는 절차를 단순화시켜서 그 특징을 부각시키기 위해 모형들이 제시되었다. 합리모형, 점증모형, 만족모형, 조직과정모형, 쓰레기통모형, 관료정치모형 등이 그것으로, 이들 모형은 의사 결정 과정을 단순화시킨 모형이다.

2) 기능

모형의 기능으로서 대표적인 것은 사물이나 현상에 대한 인식을 가능케 해주는 일이

4) 예컨대 엔지니어는 항공기, 자동차, 선박 등과 같은 기계 또는 대형 건축물, 교량, 다목적 댐, 공설운동장 등 구조물의 특징을 살리면서 소형화시킨 실물 모형을 제작할 수 있는데 이 같은 실물 모형이 모형의 좋은 예이다.

다. 모형이 이 같은 기능을 갖게 되는 것은 모형이 상징화된 것이기 때문이다. 그리고 과학적 이론에서 모형의 또 다른 기능으로는 모든 상징이 비유적 과정을 포괄하고 있다는 점이다. 상징은 전체를 대표하고 있는 때도 있고, 아니면 부분의 전체에 대한 관계나 또는 부분의 부분에 대한 관계를 나타내고 있는 때도 있다. 그래서 모형은 실체를 대신하려는 기능을 한다. 모형의 기능으로는 이 밖에도 자료를 조직화하거나, 인식 도구로서 기능하거나 또는 의사소통에 도움이 된다(Kaplan, 1964: 268-272).

2 패러다임

1) 의의

쿤(Thomas S. Kuhn)에 의해 제시된 패러다임(paradigm)이라는 용어는 사회과학에 지대한 영향을 미쳤는데, 쿤은 패러다임의 정의를 다음과 같이 두 가지 의미로 밝히고 있다. 첫째, 패러다임은 과학공동체(scientific community)의 구성원들이 공유하고 있는 믿음, 가치, 기술 등과 같은 것들을 의미한다. 둘째, 과학의 연구와 교육에서 범례(examples)로 제시되고 있는 퍼즐놀이(puzzle solutions)로 정의하고 있다(Kuhn, 1970: 175).

다시 말해, 패러다임은 과학의 주체 문제에 관한 기본적인 생각이라 할 수 있다. 패러다임은 무엇을 연구해야 할지, 어떤 질문을 해야 하는지, 그 질문은 어떻게 해야 하는지, 그리고 그 대답을 해석하는 데는 어떤 규칙에 따라야 할 것인지를 결정하는 지침이 된다. 과학에서 패러다임은 광의의 합의 단위이며, 학파나 아류들을 구별하는 근거가 되기도 한다. 한 가지 패러다임은 그 안에 존재하는 범례, 이론과 방법론, 도구를 설명하고 정의하고 상호간의 관계를 제시한다(Ritzer, 1973: 7).

2) 과학혁명: 패러다임의 전이

과학의 역사적 변천과 관련해서 상대주의의 논리를 설득력있게 제시한 쿤은 시대마다 과학자들의 세계관과 연구 방법상의 절차를 좌우하는 패러다임이 존재한다고 보았다. 그리고 패러다임의 변화는 점진적이고 단선적인 것이 아니라 혁명적인 성격을 띤다고 주장했다. 예컨대 천문학에서 천동설로부터 코페르니쿠스 천문학으로, 미립자광학으로부터 파동광학으로의 변환에서 보듯이 과학의 발달은 혁명적인 변화, 즉 과학혁명(scientific revolution)을 통해 하나의 패러다임으로부터 또 다른 패러다임으로 옮아가는 것이, 성숙한 과학의 정상적인 발전적 유형임을 역설했다(Kuhn, 1970: 10-12).[5)]

쿤은 특정 과학공동체, 즉 일단의 과학자들로부터 탄탄한 인정(recognition)을 받고 있는 정상과학(normal science)을 패러다임이 존재하는 것으로 전제하고 있다. 그런데 쿤의 견해 중 가장 논쟁을 불러일으키는 대목은 한 패러다임에서 또 다른 패러다임으로 넘어가는 과학혁명의 단계이다. 패러다임의 교체는 세계관의 변화이자, 경험의 통일적 전체의 변경(gestaltswitch)이기 때문에 과학자의 시야에는 혁명적인 변화가 오게 된다.

패러다임이 바뀌면 그에 따른 개념도 바뀌어 전혀 다른 관찰을 가능하게 만들며, 패러다임 간에 공통되는 중립적인 관찰적 언어(language of observation)를 기대하기가 불가능하다. 그뿐만 아니라 그는 과학혁명 단계에서 서로 경쟁하는 패러다임은 비상응적(incommensurate)이라는 것을 못박고 있다. 서로 경쟁하는 패러다임 간에는 문제의 성격이나 표준 자체가 비상응적이라고 보기 때문에, 그 어느 것이 좋다는 판단을 내릴 수 있는 방법론상의 기준은 있을 수 없다는 것이다.

쿤은 과학자들이 새로운 패러다임을 받아들이게 되는 것은 새로운 패러다임이 더 많은 문제를 해석할 수 있을 것이라는 과학자의 신념(faith) 때문이라는 점을 강조했다. 결론적으로 패러다임의 수용은 궁극적으로 믿음의 문제로 귀결된다는 쿤의 과학철학은 상대주의의 입장을 적절하게 대표하고 있다(Kuhn, 1970: 10-12, 153-159).

이상에서와 같이 이론이나 유사 개념인 모형이나 패러다임은 서로 엄격하게 구분되는 개념이기는 하지만, 행정이론에서 이 같은 구분을 명료하게 하기란 현실적으로 어렵다. 그래서 학자들마다 이론이나 접근 방법으로, 또 다른 경우에는 모형이나 패러다임 또는 접근 방법이라는 용어를 혼용해서 사용하고 있는 실정이다. 아마도 이러한 현상은 쿤이 지적하고 있듯이 행정학이 완전한 정상과학의 위치를 점유하고 있지 못하기 때문이기도 하다. 따라서 여기에서는 행정학에서 논의되고 있는 용어들을 구별하는 것이 큰 실익이 없다는 관점에서, 행정학에서 발전되어 온 이론이나 모형 또는 패러다임 등을 동일한 선상에서 유사한 것으로 간주하는 입장을 취하고자 한다.

---

5) 쿤이 말하는 정상과학이란 하나 또는 그 이상의 과학적 업적(scientific achievements)에 확고한 기초를 두고 있는 연구(research)를 뜻하며, 이러한 업적은 어떤 특정 과학공동체에 의해 일정 기간 동안 실제적 연구 활동의 기반을 제공하는 것으로 인정받는다는 데 의미가 있다.

생각해 볼 문제

■ **이론의 의의와 기능**

1. 이론의 의의에 대해 생각해 보시오.
2. 이론의 기능에 대해 생각해 보시오.
3. 이론의 유형을 비교해 보고, 그 차이점과 특성에 대해 정리해 보시오.

■ **이론과 유사 개념**

1. 모형의 개념에 대해 생각해 보시오.
2. 모형의 기능에 대해 생각해 보시오.
3. 모형과 이론의 차이점과 유사점에 대해 비교해 보시오.
4. 패러다임의 개념과 기능에 대해 생각해 보시오.
5. 이론, 모형, 패러다임의 유사점과 차이점에 대해 정리해 보시오.
6. 행정학에서 이론, 모형, 패러다임적 성격을 여기에서와 같이 동일시해야 하는 이유에 대해 생각해 보시오.

제 2 편

행정이론의 발달 과정

제 1 장 유럽 행정이론의 발달 과정

인류 역사의 발전 과정에서 보듯이 인간들은 정치나 정부 등에 대해 지대한 관심을 가져왔다. 그러나 공공 분야에 대해 다양한 연구와 실천이 이루어져 왔다고 해서, 산발적으로 흩어져 있는 사상들이 독립된 학문 분야를 구축한 것은 아니었다. 공공 분야를 다룬 현명한 조치들이 많이 있었지만, 실제로 행정이 독립된 분야로 연구되기보다는 정치경제나 군사조직 또는 종교 활동의 일부분으로 다루어져 왔을 뿐이다(Caiden, 1971: 29).

행정학이 지닌 연구 대상으로서의 역사성에도 불구하고, 유럽에서 17세기 이전까지 행정학은 독립된 학문 분야로 자리매김을 할 수가 없었다. 행정학에 대한 체계적인 연구가 하나의 독립된 분과 학문으로 정립되기 시작한 때는, 국민국가(nation state)와 근대적 관료제가 형성되기 시작한 때부터였다. 다시 말해 행정학은 교회와 국가가 분리되고, 정부가 사회 전체에 대해 보편적인 권위를 갖게 되었을 때 비로소 분과 학문으로 형성되기 시작했다. 특히 국민국가의 등장으로 관료화가 진행되고, 전문적인 직업관료의 필요성이 제기되면서 근대적 의미의 행정이 등장하기 시작했다.

17세기는 유럽에서 행정이란 용어가 등장하기 시작한 때로서, 군주의 활동 영역이 공공 문제를 다루는 공적 영역과 군주의 개인 영역을 다루는 사적 영역으로 구분되는 시기였다. 또한 교회와 국가가 분리되고 일정한 영토의 범위 내에서 정부가 사회기관에 대해 지배력을 갖게 되는 시기이기도 했다. 이에 따라 정부의 활동이 독자적인 학문적 관심 영역으로 등장하기 시작했다.

예컨대 프러시아에서는 정부 서비스를 수행할 잠재적 관료를 준비시키기 위해 행정에 대한 체계적 연구가 시작되었다. 행정학의 연구에는 절대국가의 통치에 필요한 모든 지식 분야가 포함되었다. 프러시아의 행정모형이라고 할 수 있는 관방학 모형은 이후 유럽 내의 국가와 미국 등에 많은 영향을 끼쳤다. 그렇지만 유럽에서의 행정학 연구는 관방학의 영향에도 불구하고 행정법을 중심으로 형성된 것이어서 제2차 세계대전 이후까지도 법과 분리된 독자적 영역을 확보하지 못한 상태로 남아 있었다(Caiden, 1982: 31).

여기에서는 역사적 맥락에서 유럽 행정학이 발달하게 된 과정을 독일, 프랑스, 영국을 중심으로 살펴보고자 한다.

제 1 절 독일 행정이론의 발달 과정

유럽에서 행정학의 발상지는 18세기의 프러시아였다. 프러시아에서 발달하기 시작한 관방학(官房學, Kameralistik, cameral sciences)은 중상주의와 중앙집권적 통일국가를 지향하는 국가의 목표를 달성하기 위해 관료를 교육하고 훈련시키는 행정기술학(Verwaltung skunstlehre)의 일환으로 출발했다.

그러나 19세기에 접어들면서 유럽 사회를 풍미한 자연법 사상, 자유주의 이념, 관념철학 사상, 법치주의 등의 영향으로 관방학은 퇴조의 길로 접어들기 시작했다. 이에 따라 관료에 대한 교육·훈련 내용은 종래의 사용주의적인 관방학에서, 국가 권력으로부터 국민의 자유권과 재산권을 보호하는 데 역점을 둔 법률학으로 대체되는 양상을 띠게 된다.

법률학으로 대체된 관방학은 20세기에 들어오면서 급속하게 진행된 도시화와 산업화 물결에 직면해 새로운 전기를 맞게 된다. 급속한 도시화와 산업화에 따른 문제들이 폭발적으로 야기되면서 기존의 법률학적인 교육·훈련 방법으로는 이 같은 문제를 해결하기가 어렵다는 공감대가 형성되기 시작했다. 이에 따라 행정학적인 접근 방법이 다시 요구되기에 이른다. 현재의 독일 행정학은 시대적 요구에 따라 한편으로는 미국 행정이론을 받아들이면서, 또 다른 한편으로는 사회학·경영학·경제학·심리학 등과 같은 인접 과학과의 학제간(interdisciplinary) 연구를 꾀하고 있다(박응격, 1984: 11-14).

이상과 같은 독일 행정이론의 발달 과정을 관방학의 등장과 쇠퇴, 행정학의 부활과 발전이라는 측면으로 나누어 살펴보면 이러하다.

1 관방학의 등장과 쇠퇴

1) 관방학의 등장

17세기에 등장한 독일의 행정학은 18세기에 이르면서 절정기를 맞는다. 이 시기의 독일 행정학은 관방학 또는 경찰학(Kameral-und Polizeiwissenschaft)이라는 이름으로 불리었다. 관방학은 근대 국가의 성립과 밀접하게 관련을 맺으며 형성되었으며, 절대주의 군주국가에서 요구되는 통치의 모든 내용을 망라하고 있었다(Caiden, 1971: 31).

17세기에 있었던 30년 전쟁 이후, 프러시아가 강력한 중앙집권적인 체제를 확립해 나갈 수 있었던 이유는 이러했다. 하나는 신분제 사회와 봉건영주제의 몰락이 그 원인이며, 또 다른 원인으로는 훈련된 상비군과 조직적인 행정관료가 존재했기 때문이다. 다시 말해, 강력한 중앙집권적인 체제를 구축하는 과정에서 국가 운영에 소요되는 물적·재정적인 수요와 함께 모병(募兵)과 군수(軍需)가 절대적으로 필요했다. 이로 인해 포괄적이고 능률적인 행정이 요구되었는데, 이것이 관방학이었다.

이에 따라 1727년 빌헬름(Friedrich Wilhelm) Ⅰ세는 관료를 교육·훈련시키기 위해 할레(Halle)대학과 프랑크푸르트 암 오데르(Frankfurt/Oder)대학에 관방학 강좌를 최초로 설치했다. 이 밖에도 관료의 교육과 훈련을 위한 전문적인 관방학교로, 라우테른(Lautern)의 관방학교(Kameral-Hohen-Schule)와 슈투트가르트(Stuttgart)의 카를 슐레(Karl Schule)를 설치했다.

관방학은 이처럼 식민지 획득과 해외 무역이라는 측면에서, 영국과 프랑스에 뒤진 프러시아가 국내의 경제적·사회적 부흥과 이를 통한 군주정치의 강화를 뒷받침하고자 형성되었다. 관방학의 내용은 절대군주제를 유지하는 데 필요한 정치적·경제적·사회적 활동에 관한 모든 영역을 다루었다. 그에 따라 농업·임업·재정학·경제학·경찰학 등에 관한 영역이 포함되었다. 관방학에서 다루어진 교육 내용은 주로 정부의 공식적 기구와 기능을 서술하는 것이었고, 특히 정부관료의 업무와 행동윤리 등에 중점을 두었다.

2) 관방학의 분화와 경찰학의 등장

17세기에 형성된 초기 관방학이 다양한 영역을 포괄하고 있기는 했지만, 관방학은 그 가운데서도 특히 재정학적 성격을 강하게 띠고 있었다. 그러다가 18세기에 들어오면서 계몽전제주의를 배경으로 한 경찰국가 체제의 정비와 함께 초기 재정학 중심의 관방학이 분화 과정을 거치기 시작하는데, 이로부터 경찰학이 하나의 독립된 학문으로 분화하기 시작했다.

경찰학의 토대를 마련한 유스티(Johann Heinrich Gottlob von Justi)는 국가의 목적을 두 가지로 구분했다. 첫째는 국가 재산의 증대와 유지, 둘째는 국가 재산의 유효한 사용이 그것이었다. 유스티는 이 중 국가의 첫째 목적인 국가 재산의 증대와 유지는 정치학과 경찰학이 담당하는 것으로, 그리고 둘째 목적인 국가 재산의 유효한 사용은 재정학의 영역으로 분리시켰다.

유스티는 이어서 국가 재산의 증대와 유지를 담당하는 정치학과 경찰학을 다시 분리했다. 이 중 정치학은 국가 재산 유지의 전제가 되는 대내외적인 안전의 문제를 다루는 학문으로, 그리고 경찰학은 행정 제도에 의거해서 국가 전체의 재산을 유지·증진시키고 이를 통해 복지를 실현시키는 것을 연구하는 학문으로 구분했다. 이에 따라 독일의 경찰학은 국가의 목적이나 이념을 실현하기 위한 합목적적인 국가 활동인 행정으로 인식하게 된 것이다(유훈, 1992: 53). 그 결과 독일의 경찰학은 일종의 행정학으로 인식되었으며, 이후 국가 행정의 형성과 행정학의 완성에 중추적인 역할을 담당하게 되었다.[1)]

경찰학이 확산일로에 있을 무렵 프랑스대혁명이 발발했는데, 프랑스대혁명은 경찰학이 다시 행정법학으로 대체되는 데 결정적인 영향을 끼쳤다. 즉, 프랑스대혁명으로 유럽에 민주적 사상이 확산되기 시작하자, 그동안 소홀히 다루어져 왔던 시민의 권리 문제가 중요한 관심사로 대두했다. 이는 절대군주제의 영향력을 쇠퇴시킴과 동시에, 절대군주제 하에서 발달한 경찰학의 학문적 정당성에도 지대한 영향을 미치게 되었다. 그에 따라 경찰학은 행정법학으로 대체되었다. 행정법학의 등장은 팽배하기 시작한 법치국가의 이념 속에서, 행정에 대한 본격적인 법적 접근의 시작인 동시에 독일 행정학인 관방학의

1) 경찰학은 많은 학자에 의해 연구되었는데, 이 중 특히 베르크(H. V. Berg)의 경찰이론은 관방학을 이해하는 데 많은 시사점을 준다. 베르크의 경찰이론에 따르면 첫째, 국가는 공공복리의 발전에 필요한 조건을 창설하는 데 부족함이 없어야 하며, 둘째, 국가의 임무는 개인의 안전을 도모하는 것이고, 셋째, 일반적 복지라는 명목으로 개인의 이익을 침해한다는 것은 질서있는 국가에서는 있어서는 안 된다는 것이다. 이 같은 베르크의 경찰이론에 따라 통치는 군주에 의한 통치(rule of the man)가 아니라 국가가 제정한 법에 의한 통치(rule of the law)여야 한다는 법치주의가 보편화되는데, 이것은 그의 가장 큰 기여라고 할 수 있다. 다만 베르크의 경찰이론의 한계라고 한다면 입법권과 행정권의 분리를 이루지 못했다는 점을 지적할 수 있으나, 그럼에도 민주주의 국가 발전의 중요한 출발점이 되었다는 점은 높이 평가되어야 할 것이다.

쇠락을 가져왔다.

결국 관방학이란 독일 특유의 중상주의와 절대주의적 계몽주의 사상에 입각한 부국강병제의 소산물로서, 군주의 재산 내지 국고관리를 위해 경제학, 경찰학 및 재정학 등의 내용을 포함한 행정학의 원형이었다.

3) 관방학의 쇠퇴

프랑스대혁명을 기점으로 19세기에 접어들면서 독일의 관방학은 쇠퇴기에 접어들게 된다. 경찰학이 행정법학으로 대체되면서 관방학은 심각한 쇠퇴를 겪게 되는데, 관방학의 쇠퇴를 가져온 요인을 살펴보면 다음과 같다.

첫째, 자연법 사상과 자유주의 사상의 확산으로 국가 이념이 변화했다. 19세기에 이르자 이 같은 사상의 영향으로 국가의 기능이 질서 유지와 안보에 국한됨으로써 국가와 사회의 기능이 분리되기 시작했다. 이에 따라 초기에 강조되었던 계몽적인 복지국가 행정의 기능은 축소되고, 시민의 경제생활에 대한 국가의 간섭 배제와 사유재산권의 보호에 미덕을 둔 자유주의 시대의 국가행정으로 변모했다.

둘째, 관방학적인 실용주의적 사고 유형과는 또 다른 사상으로서 관념주의가 독일의 대학을 지배하게 되었다. 그 결과 대학에서 관방학과 같은 실용주의적인 응용 분야는 점차 그 중요성이 사라지게 되었다.[2)]

셋째, 법치국가에 대한 이념의 확산을 들 수 있다. 이런 측면에서 특히 행정법학은 국가 활동의 한계를 규정하고, 시민의 재산권과 자유를 보호하기 위해 국가의 간섭을 배제하는 데 역점을 두었다. 이와 함께 법치주의의 확산을 가져온 또 다른 요인은 칸트(Immanuel Kant)의 영향이었다.[3)] 그 결과 19세기 후반기의 행정학은 행정법학의 확산에 따라 쇠퇴기를 맞게 되었다.[4)]

그러나 행정법학이 지배적인 분위기 속에서도 행정학의 연구에 기여한 학자가 있었

---

2) 1810년에 설치된 베를린대학의 설치 이념에서 당시의 대학 캠퍼스를 지배했던 관념주의적 학풍을 살펴볼 수 있다. 주로 피히테(Johann G. Fichte)와 훔볼트(Friedrich Humboldt)의 사상이 담긴 베를린대학의 설치 이념은 다음과 같았다: 대학의 사명은 실용적인 것을 가르치는 데 목적이 있는 것이 아니고, 순수한 학문의 종사를 통한 인간의 재발견에 있다. 따라서 대학에서 실용주의적인 응용 분야는 제거되어야 하며, 이러한 기능은 특수학교에서 전담해야 한다.

3) 칸트는 법치국가의 이념을 형성했고, 이에 따라 행정과학에 대한 법학적 연구 방법이 지배적인 분위기를 형성해 나갔다.

4) 이 시기를 대표하는 학자로는 마이어(Otto Mayer)와 옐리네크(Walter Jellinek)를 들 수 있다.

으니 슈타인(Lorenz von Stein)이 그였다. 슈타인은 행정학을 구관방학이나 경찰학과 연관시키지 않고 행정에서 사회 변동의 영향력을 강조했다. 관방학의 근본 개념이었던 경찰을 헌정과 행정의 두 개념으로 분리시킨 것은 그의 업적이었다(박연호, 1991: 16-17). 결론적으로 슈타인은 관방학을 집대성한 학자이자, 행정학을 일반적 연구 체계로, 그리고 독립된 학문 영역으로 개발하고 집대성을 시도한 마지막 학자였다.

(1) 슈타인의 행정학

시민적 법치국가를 구현하기 위해서는 시민사회와의 관계에서 국가의 역할을 규명하는 것이 필요했다. 바로 이 점이 몰(Robert von Mohl)로 대표되는 행정법학에서 슈타인의 행정학으로 관점이 전환된 배경이었다.

슈타인은 국가와 구별되는 시민사회를 이분법적으로 구분해 국가와 사회로 나누었다. 그리고 이에 기초해 국가 원리를 국가 의사 형성으로서의 헌정(Verfassung)과 국가 활동으로서의 행정(Verwaltung)으로 구분했다. 다시 말해, 헌정이 국가라는 유기체를 구성하는 개인이 국가의 의사 결정에 참여하는 국가적 권리라고 한다면, 행정은 국가의 여러 기관에 의해 수행되는 국가 활동을 의미하는 것으로 보았다. 슈타인의 행정학의 기본 틀은 이처럼 국가와 사회의 분리, 그리고 국가의 역할을 완수하기 위한 조직이나 기능으로서 헌정과 행정의 분리에 기초해 형성되었다.

슈타인은 헌정과 행정은 불가분의 상호 의존 관계에 있지만, 각각 독자의 영역을 보유하는 것으로 인식했다. 따라서 슈타인은 헌정과 행정의 관계를 행정법학과 같이 헌정이 행정에 대해 절대적 우월 관계에 있는 것으로 이해하지 않고, 양자 간에 서로가 우위를 점하는 이중의 관계로 설정했다. 슈타인은 이와 같이 헌정과 행정의 밀접한 관계를 인식하면서도, 헌정과 행정을 구별해 행정의 독자성을 주장하고 국가 활동에 관한 분과 학문으로서 행정학의 성립을 주장했다. 슈타인의 헌정과 행정에 대한 이분법적 분리는 20세기에 정치와 행정을 개념적으로 분리한 굿노(Frank J. Goodnow)의 개념보다도 훨씬 정확한 분류라 할 수 있다.

그렇지만 슈타인이 최초로 시민사회적인 행정과학을 창시했음에도 불구하고 행정학은 그의 시대에서 막을 내리고, 독일의 행정학은 정통적 위치를 미국에 양보한 채 전락하고 말았다. 결국 슈타인의 행정학은 독자적인 행정학으로 발전해 나가지 못하고, 마이어(Otto Mayer)에 의한 법률학적 행정법학으로 대체되었다. 그것은 19세기 후반의 독일을 지배하던 법치국가 이념이 지배적인 이데올로기를 형성하고 있었던 데서 기인했다(유

종해, 1985: 41).[5)]

결국 슈타인은 법학적인 접근만으로는 행정 현상을 모두 파악할 수 없다는 입장에서 행정학적인 방법을 역설했으나, 법학적인 고찰의 필요성을 완전히 일축하지는 않았던 것이다.

2 행정학의 부흥과 발전

19세기가 행정 현상에 대한 법학적인 접근 방법이 지배적인 분위기였음에도 불구하고, 한편에서는 슈타인과 같은 행정학의 부흥을 역설하는 조류가 형성되고 있었다. 슈타인의 노력에 힘입어 20세기 초에 이르러서는 행정학이 다시 부활하기 시작했다. 예컨대 슈미트(F. Schmidt)는 1909년 「자립적 학문으로서 행정학의 의의」와, 1918년 「행정학의 진흥」이라는 논문을 통해 행정학의 재건을 강력히 주장했다. 이에 부응하듯 1920년에는 야스트로(J. Jastrow)가 『사회정책과 행정학』을 출간했다.

독일에서 행정학이 부흥의 계기를 맞게 된 이유는 지역사회의 문제로부터 기인했다. 도시의 급격한 산업화와 도시화에 따른 심각한 문제를 해결하는 데 지방정부의 능력만으로는 불가능해지자 중앙정부의 관여가 불가피하게 되었다. 또한 종래의 법학적인 접근 방법으로는 한계가 있게 되자, 행정기술적인 행정학적 접근 방법이 요구되기 시작했다. 특히 행정학이 부흥하는 데 최고의 공헌자는 베버(Max Weber)였다. 베버가 1922년에 『경제와 사회』를 발표한 이래로, 그의 관료제이론은 행정학과 정치학에 지대한 영향을 끼쳤다.

부활의 깃발을 든 독일의 행정학은 이후 제2차 세계대전이 끝나면서 본격적으로 현대적인 행정학으로서의 면모를 형성하기 시작했다. 1947년 고급공무원의 교육·훈련기관으로 출발한 슈파이어(Speyer)행정대학원의 설립으로, 동 대학원은 현대적인 행정학이 정착하는 데 결정적 역할을 담당한다.[6)] 그리고 1930년대에 미국으로 망명했던 독일

---

5) 슈타인이 1870년에 출간한 『행정학강요』의 목차는 총론을 행정조직, 행정명령, 행정법의 3부로 나누었고, 각론은 외무행정, 군사행정, 재무행정, 법무행정, 내무행정의 5부로 구성되었다.

6) 슈파이어 행정대학원의 교육 내용을 살펴보면 1950년대까지는 주로 공법 내지 국가학 중심으로 교과 과정이 이루어졌다. 그러나 1960년대에 들어서부터는 경제학, 재정학, 사회학 등과 함께 행정학이 교과 과정에서 큰 비중을 차지하기 시작했다. 슈파이어 행정대학원은 이후 독일에서 슈파이어 학파를 형성하는 등 행정학 발달에 지대한 공헌을 했다.

태생의 마르크스(Fritz M. Marx) 교수가 1960년대 초에 동 행정대학원으로 교직을 옮김으로써 미국 행정학이 본격적으로 독일의 행정학과 융화되는 기회를 맞이했다.

대학의 학부 과정에서 행정학과 관련한 학과나 강좌가 개설되어 확산되기 시작한 것도 이 시기의 특징이었다.[7] 끝으로 중하위직 공무원의 양성을 위한 공무원의 교육・훈련기관으로 행정전문대학이 설립된 것도 행정학이 비약적으로 확산되는 데 영향을 미쳤다(박우서 외, 2002: 121-124; 이종수・윤영진, 2005: 113-135).[8] 이와 같이 독일의 행정학은 영미 계열의 행정이론과 접목하면서, 미국의 행정이론을 급진적으로 받아들이게 되었다.

이후 1980년대와 1990년대를 거치면서 독일의 행정학은 전 세계를 풍미하던 신공공관리론의 영향 하에 들어가게 된다. 그것은 독일의 행정도 예외없이 관료주의와 정부주의에 대한 비판에서 자유로울 수가 없었기 때문이었다. 이에 따라 행정 개혁 과정에서 과도한 관료주의와 규제에 대한 행정의 간소화, 규제 개혁, 민영화, 성과 제고 등과 같은 신자유주의적인 정책 수단이 도입되었다.

신공공관리론은 특히 동서독이 행정 통합을 하는 과정에서, 국가 재정적자의 심화로 더욱 큰 영향력을 발휘했다. 이 과정에서 대두된 과제는 동서독의 행정 체제 통합에 따른 작은 정부의 추구였다. 따라서 신공공관리론적 개혁 도구는 현실의 장에서 지대한 영향력을 행사하기 시작했다. 예컨대 1991년부터 2000년까지 10년 동안 공공 부문의 인력을 18.1%(1,101,300명)나 축소하는 대폭적인 인원 감축을 단행했다(정재각, 2012: 323-324).[9]

그러나 독일의 행정 영역에서 영향력을 발휘하던 신공공관리론은 콜(Helmut Kohl) 정부가 사퇴함에 따라 방향을 수정하게 된다. 그것은 신공공관리론에 따른 정부 기능과 인

---

7) 1969년에 콘스탄츠(Konstanz)대학에 행정학부가 최초로 설치되었고, 함부르크(Hamburg)대학에는 행정학 세미나가 개설되는 등 행정학과 관련된 강좌나 학과가 확산되었다. 이처럼 학부 과정에서 행정학이 확산되기 시작하는 데 영향을 미친 것은 1969년에 사법관 및 행정관 국가시험에 행정학이 선택 과목으로 채택되었기 때문인데, 이로 인해 독일 대학의 법학부에는 대부분 행정학 강좌가 개설되어 있다.

8) 행정전문대학의 설립과 준비는 1960년대 말부터 면밀한 타당성 검토 끝에 연방정부, 9개의 주정부, 2개의 도시정부에 설립되어 중간관리층 공무원의 능력 향상에 크게 공헌했다.

9) 독일의 공공 부문 인력을 우리나라와 비교하기에는 다소 무리가 있다. 우리의 직업공무원에 해당하는 종신공무원 외에도 전문공무원으로 불리는 계약공무원이 있고, 단순노무직인 노무원 등 체계가 다소 다르기 때문이다. 그리고 실제로 직능별 공무원 비중을 보면 전체 공공 인력에서 차지하는 직업공무원의 비율은 30% 정도밖에 되지 않는 실정이다. 한편 감축된 인원에서 우체국 근무자는 제외한 수치이다.

력의 지나친 축소가 행정의 공백 현상을 초래했기 때문이다. 특히 재정적자 문제를 해결하기 위해 단행되었던 인력 감축의 경우, 실제로 인력 감축이 이루어진데 반해 인건비 지출 규모는 오히려 30% 이상이나 증가해 재정 개혁의 의미가 퇴색한 것도 영향을 미쳤다(정재각, 2012: 363).

이에 따라 1998년에 새로 집권한 슈뢰더(Gerhard F. K. Schröder) 연방정부는 신공공관리론적 관리 방식 대신 시민행정 체제(Burgerkommen)를 구축하고자 했다. 다시 말해, 슈뢰더 정부가 강조한 시민행정 체제는 이전과 같이 국가의 모든 기능을 정부가 주도적으로 담당하는 대신, 핵심적 기능만을 수행하고자 하는 모형이라고 할 수 있다. 이를 위해 시민이나 사회단체의 국정 참여를 적극 권장하고, 이들에게 국정의 일부 기능을 분담하게 하는 일종의 시민과 행정 간의 협력모형을 시도했다(양현모, 2006: 264-270).

이런 추세는 2005년에 집권한 메르켈(Angela Merkel) 총리에게도 유사하게 이어지고 있는데, 그것은 독일 정부가 안고 있는 재정적자가 주된 원인으로 작용하고 있기 때문인 것으로 보인다. 이에 메르켈 정부도 주로 탈규제를 중심으로, 큰 정부보다는 작은 정부를 지향하는 성향을 띠고 있다.

결국 독일의 경우도 과도한 관료주의와 정부재정의 문제로 신공공관리론의 영향을 지대하게 받았다. 다만 현재는 신공공서비스론적 관점에서 시민과 정부가 함께 국가 기능을 수행하는 형태로 전환하고 있다는 점에서, 세계 행정이론의 발달과 크게 무관하지는 않다.

제 2 절 프랑스 행정이론의 발달 과정

독일이 관방학에 연원을 두고 행정학이 태동했다고 한다면, 프랑스의 행정학은 18세기 이래 발달한 경찰학(Science de la police)에 토대한 법학적인 접근 방법을 중심으로 발달해 왔다(임도빈, 1996: 30). 당시의 경찰이란 오늘날의 치안 업무를 담당하는 경찰이라기보다는 합리적인 정부조직과 국가작용을 의미하는 좀 더 광의적인 의미였다. 17~18세기부터 발달하기 시작한 프랑스의 경찰학은 법학에 기초를 두고 있으나, 법 해석에 그치지 않고 국가 행정의 실무적 측면에서 도움이 되는 원리를 제시하려는 경험적인 성격까지 띠고 있었다.

이후 프랑스의 행정이론은 법학적 행정 연구가 주류를 이루고 있는 가운데, 20세기에 들어오면서 페이욜(Henri Fayol)로 대표되는 경영학적 행정 연구[10]와 크로지어(Michel J. Crozier)로 대표되는 사회학적 행정 연구가 등장하게 되었다. 특히 제2차 세계대전 이후 국가 개입주의가 강화되면서, 전통적인 법학적 연구만으로는 더 이상 행정 현실을 올바로 파악할 수 없음을 깨닫고 1960년대에 등장한 새로운 연구 경향이 바로 사회학적 행정 연구이다.

사회학적 행정 연구를 지향한 대표적 학자인 크로지어는 1963년 발간된 『관료제 현상』에서 관료제의 병리 현상을 예리하게 분석했으며, 프랑스 행정학이 법적·제도적 시각에서 벗어나 새로운 지평을 마련하는 데 지대한 기여를 했다. 이처럼 프랑스의 행정이론은 독일의 영향에 따른 법학적 행정 연구에서 사회학적 행정 연구로 전이되는 특징을 보여준다. 여기에서는 프랑스의 행정이론의 발달 과정을 절대주의 시대, 나폴레옹 시기, 제2차 세계대전을 전후한 시기, 지방분권화 시기로 나누어 살펴보고자 한다.

1 절대주의 시대의 행정

프랑스는 15세기 말에서 17세기에 걸쳐 다른 유럽 국가들과 유사하게 지방분권에 기초한 중세의 봉건영주 체제에서, 절대군주의 등장으로 인한 중앙집권적 체제로 변화되는 과정을 경험하게 된다. 그렇지만 동시대의 절대군주제 하의 행정이 그러했듯이, 이 시기의 행정이란 절대군주의 사적인 이익과 국민을 지배하기 위한 통치 수단의 일종으로 이해되었다(Burdeau, 1989: 19).

그러나 1789년 프랑스대혁명은 행정에 대한 이 같은 시각을 전면적으로 변화시키는 계기를 가져온다. 주권의 소재가 군주로부터 국민에게로 이전됨으로써 국민 주권을 제도적으로 구체화하고자 하는 분위기가 형성되었으며, 권력에 대한 시민의 권리를 법률로써 규정하는 등의 큰 변화가 일기 시작했다. 하지만 토크빌(Alexis de Tocqueville)이 프랑스 행정 제도의 특징을 중앙집권적 행정, 감독행정, 행정재판 제도 등으로 규정한

10) 페이욜은 미국의 행정관리론에 비해 시대적으로 앞선 1916년에 최고관리자의 관점에서 관리의 문제를 연구한 『산업 및 일반행정』이라는 저서를 발간했다. 그는 계획, 조직, 명령, 조정, 통제 등 관리의 요소를 확인했으며, 분업, 명령 통일, 집권화, 계층제 등 14개 국면에 관한 관리의 원칙을 제시했다(오석홍, 1990: 23).

데서 볼 수 있듯이, 프랑스의 행정 제도는 절대주의 시대에 이미 상당한 수준으로 완성되어 있었다(Tocqueville, 1984).

2 나폴레옹 시기의 행정

1800년 나폴레옹(Napoléon Bonaparte)이 집권한 이후 루이 보나파르트(Louis Bonaparte)에 이르는 80여 년간의 제정 시대는 절대주의 시대에 형성되었던 정치와 행정 영역에 엄청난 변화를 가져왔다. 그래서 이 시기는 프랑스의 관료 제도가 확립되는 계기를 마련했다는 데 의미가 있다.

로마 행정에 대해 깊은 동경심을 가지고 있던 나폴레옹은 광대한 제국을 다스리기 위한 행정적 원형으로 로마 행정을 선택했다. 나폴레옹은 로마 행정의 골간이 되었던 법제도의 제정과 정비, 강력한 관료집단의 육성과 유지, 참모조직의 체계화, 재정의 체계화, 그리고 인사 제도의 합리적인 운영의 틀을 마련함으로써 근대 행정에서 요구되는 제도적 틀을 완성시켜 놓았다. 나폴레옹 시기에 구축된 행정 개혁의 특징 가운데 핵심은 관료 제도의 확립에 있었는데, 그 가운데서도 특히 행정에 대한 교육훈련은 나폴레옹 시대의 행정 개혁에서 비롯되었다.

나폴레옹은 고위관리를 충원하는 기준으로 능력을 중시하고 선발 과정에 직접 참여했으며, 과학과 수학 그리고 공학 분야의 훈련을 강조하는 등 근대적인 실적주의의 근간을 마련했다. 또한 제도적인 장치로 공직에 전문 직종을 신설하고, 전문가 양성기관을 설립하는 등 많은 개혁을 단행했다. 이에 따라 공무원의 임명권은 장관에게 있었으며, 또한 공무원의 신분을 사법권의 간섭에서 보호하기 위해 행정재판소(conseil d'Etat)가 설치되기도 했다. 이처럼 프랑스 행정의 특징인 중앙집권화는 프랑스대혁명과 나폴레옹 시대를 거치면서 확립되어 나갔다.

그러나 나폴레옹에 의해 구축된 관료집단은 특히 1814년부터 시작된 경기 침체로 야기된 내부 개혁으로부터 보호를 받지 못하는 상태에 처하게 되었다. 이로 인해 국민의 요구와는 관계없이 상관에 대한 맹목적 충성만을 추구하는 특수계급으로 변질되기 시작했다. 하지만 프랑스의 행정은 나폴레옹과 분리해서 생각할 수 없을 만큼 나폴레옹에 의한 영향력은 대단히 컸다는 점을 부인하기는 어렵다(Church, 1981: 289-300).

3 제2차 세계대전기의 행정

나폴레옹에 의해 구축된 관료집단은 시간이 흐름에 따라 국민의 요구와는 관계없이 상관에 대한 맹목적 충성만을 추구했다. 제2차 세계대전 중에는 비시(Vichy) 정권 하에서 독일 점령군에 협력하는 반국민적 행태를 보이는 상황에까지 이르게 되었다. 이 같은 상황에 직면한 국민들은 제2차 세계대전이 종결된 후 공무원 제도에 대한 개혁을 강력히 요구하고 나섰다. 그 결과로 나타난 제도가 1945년에 설립된 국립행정학교(École nationale d'administration: ENA)라는 공무원 전문양성기관이었다.[11)]

다음해인 1946년에는 프랑스 의회에서 '공무원법(statut general)'이 통과되었는데, 이 법은 프랑스 관료 제도뿐만 아니라 행정학계에도 많은 영향을 끼쳤다. 특히 행정이론 분야에도 큰 변화가 나타나게 되는데, 종전까지 주류를 이루던 일반행정이 점차 행정법으로 변모하는 양상을 띠게 된 것이다.[12)]

프랑스의 관료 제도를 살펴보려면 국립행정학교(ENA)가 끼친 영향에 대한 고찰이 대단히 중요하다. 그것은 프랑스 행정 제도의 특징이 공무원의 임용 과정을 엄격한 공개경쟁시험을 거쳐 우수한 인재를 선발한다는 데 있기 때문이다. 프랑스 행정이 최고의 능률성을 발휘할 수 있는 요인 중의 하나는 국립행정학교의 존재 때문이라고 분석하는 학자들이 많은 것도 이 때문이다(Kessler, 1985; Thuillier, 1983).

그렇지만 프랑스에서 국립행정학교가 지니는 순기능에 대한 비판도 만만치 않다. 원래 국립행정학교의 설립은 고급 행정직을 담당할 전문가를 양성하는 교육기관으로 출발했지만, 국립행정학교 출신의 엘리트들이 자유롭게 소속 기관을 바꿈에 따라 행정학교라기보다는 사회 전체를 대표하는 최고 권력 학교라는 이미지가 더 강한 실정이다.[13)]

---

11) 동 행정대학원에 개설된 교과 과정은 법학, 경제학, 사회 문제 연구의 3개 분야로 구성되었다.

12) 1946년도에 제정된 프랑스의 '공무원법'이 지닌 의미는 대단히 크다. 다시 말해, 이 법의 제정으로 프랑스는 국가시험을 통해 실적제에 입각한 공무원 충원 제도를 확립할 수 있었기 때문이다. '공무원법'이 제정되기 전에는 약 1,200여 개의 서로 다른 시험이 개별적으로 시행되었는데, 이것은 공무원을 채용하려고 하는 각 부처에 따라 서로 다른 특별시험을 보게 만들었고, 이에 따른 폐단이 많아서 사회적인 비판의 대상이 되었다.

13) 프랑스의 공무원은 본인이 원하면 언제나 정계에 진출할 수 있고, 또한 정계를 떠나 공무원으로 복귀할 수 있다. 물론 국회의원으로 당선되면 공무원직을 사퇴해야 하나, 선거에 실패하면 다시 공직에 복귀할 수 있다. 특히 제5공화국에서는 공무원이 각료로 많이 진출함으로써 큰 권한을 발휘하고 있으며 그 숫자도 점차 증가하는 추세이다(De Forges, 1989: 110-111). 그 결과 정당정치 부문은 상대적으로 위축되어 있고, 행정관료 부문의 팽창이 두드러진다.

그 결과 중앙집권화된 행정 체제와 엘리트 위주의 관료 제도는 프랑스 사회를 구성하고 있는 큰 축이면서도 동시에 프랑스 사회를 마비시키는 요인이 되어 가고 있다. 다시 말해 중앙집권화된 행정 체제는 국민의 공공 활동을 관료적 기술합리성에 의해 통제할 수 있으며, 엘리트 체제는 정치 · 행정 · 재계의 상층부를 독점함으로써 사회 발전을 저해할 수 있기 때문이다(De Forges, 1989: 115-116).

4 지방분권화 시기의 행정

1980년대에 들어서면서 프랑스는 거대한 정치적 변화를 맞게 된다. 오랜 기간 동안 정권을 잡고 있었던 우파가 좌파인 사회당에 권력을 넘겨주게 된 것이다. 새로이 집권한 미테랑(François Mitterrand) 대통령은 지배 엘리트의 구조화를 막기 위해 기존 체제를 획기적으로 변화시키고자 했다. 이러한 맥락에서 1982년 3월 2일에 '지방자치단체의 권리와 자유에 관한 법률'이 발효되고, 마침내 프랑스는 중앙집권화의 오랜 전통에서 벗어나게 됨으로써 국가는 사회보장과 도시계획 부문 등에서 지방자치단체의 법률적 · 재정적 독립을 보장하게 되었다.

그러나 프랑스식 지방자치가 지향하는 방향은 어디까지나 프랑스는 단일 국가라는 사실을 강조하고 있다는 데 있다. 그래서 국가는 일반 이익의 보장과 국민 통합의 확보라는 기능을 담당해야 한다는 입장이다.[14] 이에 따라 프랑스의 지방행정은 지방의회 산하의 행정기구와, 각급 지방자치단체별로 국가에서 직접 파견된 국가지사(préfet)에 의해 수행되는 국가의 지방행정으로 이원화되었다. 이처럼 현대의 프랑스 행정은 좀 더 진보적이고 전향적인 방향으로 행정 발전을 모색하는 중이다(이병철, 2005: 73-85).[15]

이상에서 보듯이 프랑스 행정이론의 발전 과정도 다른 국가들과 유사하게 지속적인 행정 개혁의 맥락 속에서 이루어져 왔다.[16] 이런 가운데 1995년도에 집권한 우파 계열

14) 지방자치단체와는 별도로 중앙에서 지방까지 국가행정기관을 갖고 있는 프랑스는 지방에 소재하는 국가행정기관에 권한을 이양하는 행정분권화를, 지방자치화를 위해 필요한 동전의 양면과 같은 관계로 본다는 것이다(임도빈, 1994: 107).

15) 결론적으로 영국은 의회민주주의의 발전에 큰 공헌을 한데 반해, 프랑스는 행정 특히 직업공무원 제도의 발전에 큰 업적을 남겼다고 평가할 수 있다.

16) 프랑스는 1989년부터 행정 개혁(réforme administrative)이라는 용어보다는 국가 개혁(réforme l'Etat)이라는 용어를 보편적으로 사용하면서, 과거보다 포괄적인 개혁의 접근 방식을 추구하는 방향으로 진행되고 있다.

의 시라크(Jacques Chirac) 정부는 국영기업의 민영화나 책임운영기관(Agency) 제도 등을 도입하는 등 신자유주의적인 국가 개혁을 추진했다(Minvielle, 2006: 753-762). 이러한 성향은 2007년에 중도우파로서 실용주의적 노선을 지닌 사르코지(Nicolas Sarkozy) 정부가 등장하면서 더욱 강화되었다. 사르코지 정부는 시라크 정부가 추구했던 신자유주의적 개혁모형인 신공공관리론을 국가 개혁의 기본 철학으로 설정해, 독일 정부와 유사하게 공무원의 대폭적인 감축을 통한 효율적이고도 작은 정부를 지향했다(중앙일보, 2008년 1월 25일자; 윤광재, 2009: 287-308).[17]

이에 반해 2012년 17년 만에 집권한 중도좌파적 성향의 올랑드(François Hollande) 정부는 이전 정부들이 추구했던 신자유주의적인 개혁모형에 대한 반발을 의식해서, 대폭적인 정부 개혁보다는 행정의 비효율성을 제거하는 데 초점을 둔 개혁을 추진했다. 따라서 올랑드 정부의 경우 국가 개혁에 따른 명백한 입장이 드러나 있지는 않은데, 프랑스 행정이 지닌 비효율성의 문제는 어떤 정부가 들어서든지 국가 개혁을 할 때 해결해야 할 중요 과제임에는 틀림없다.

결론적으로 프랑스 행정이론의 발전 과정에서 영미형의 신공공관리이론이 다른 국가들에 비해, 점증적으로 그리고 지속적으로 채택되고 있는 점이 특징이라 할 수 있다. 다만 뿌리깊은 중앙집권적인 문화적 전통과 규제 중심적인 통제모형을 채택하고 있는 프랑스의 행정 체제가, 2000년대에 들어서 급격하게 변모했다고 평가하기에는 문제가 있다. 그것은 아직도 강력한 중앙집권적 전통의 영향이 지대하기 때문이다.

제3절 영국 행정이론의 발달 과정

영국은 절대왕조 시대에도 체계화된 공무원 제도가 정착하지 못하고, 국왕에 의한 정실주의가 만연했다. 또한 1688년에 발발한 명예혁명으로 군주에 대한 의회의 우위성이 확립되면서부터는, 반대로 군주 대신에 의회의 유력한 정치가에 의한 정실주의가 성행했다.

그러나 18세기 중엽부터 가속화하기 시작한 산업혁명으로 인해 전문지식과 능률적인

17) 프랑스의 경우 노동인구 대비 공무원 비율은 21.6%로서 전 세계에서 가장 관료주의에 의해 뒷받침되는 관료천국이라는 비판에 직면해 있다.

행정 능력을 갖춘 공무원들이 필요하게 되었다. 이에 따라 19세기 후반부터 관료 제도에 대한 대대적인 개혁을 착수하게 되었다. 즉, 1870년 당시 수상이었던 글래드스턴(William E. Gladstone)이 근대적인 영국 공무원 제도를 확립시킨 '추밀원령(Order in Council)'을 제정함으로써 공개경쟁시험에 의한 공무원 채용 제도와 계급 제도가 정착하기 시작했다(박동서 외, 1995: 154-158).

다만 영국이 정실주의를 벗어나 실적주의에 입각한 공무원 제도의 개혁을 추구했지만, 미국과는 달리 행정에 대한 체계적인 연구나 교육이 시작된 것은 아니었다. 또한 독일의 관방학과 같이 대학에 바탕을 둔 새로운 학문이 등장하지도 않았다. 영국은 독일이나 프랑스와 달리 행정을 하는 데 법률학적 지식이 지배적이라고 생각하지도 않았다. 대신에 법률학적 지식은 물론이고 역사학, 경제학, 정치학 등을 포함해 다양하고 조화된 내용을 가르쳐야 한다고 믿었다.

그 결과 영국의 경우 행정학의 범위에 공직 수행과 관련된 다양한 분야가 포함되어 있으며, 아직도 교양 위주의 행정학 교육의 전통이 남아 있다. 비교적 최근까지도 영국의 대학들은 행정학에 대한 공식적인 교육을 기피하려는 경향마저 있었다. 이와 같은 영국 행정이론의 발달 과정을 행정이론의 구축 시기, 현대 행정학의 등장 시기, 미국 행정학의 도입 시기, 행정이론의 확산 시기의 네 단계로 나누어 살펴보면 다음과 같다.

1 행정이론의 구축 시기

영국에서 행정이론에 대한 연구는 18세기로 거슬러 올라갈 수 있다(Hood, 1987: 504). 이 같은 맥락에서 행정이론의 발달 과정에 영향을 끼친 학자들로는 스미스(Adam Smith)나 벤담(Jeremy Bentham), 그리고 밀(John S. Mill) 등을 들 수 있다. 이들은 오늘날의 의미에서 보자면 조직관리와 인사 영역에 주된 영향을 끼쳤다. 예컨대 조직관리와 관련해서 스미스가 강조한 것은 조직의 규모와 전문화의 정도는 봉사하는 고객의 수에 따라 달라져야 한다는 것이었다. 또한 밀은 조직의 전문화 원리에 입각해 한 부서가 하나의 정책만을 전담하도록 해야만, 그에 따른 책임성과 효과성을 담보할 수 있다고 보았다.

조직관리 외에 이들이 주된 관심을 보인 영역은 공무원의 책임성과 공공 서비스에 대한 효과성을 확보할 수 있는 방안에 집중되었다. 이에 대해 스미스는 경쟁 지향성과 관련해, 공공 서비스의 능률과 소비자의 편익을 증진시키기 위해 경쟁 제도의 도입을 주장했다. 특히 공무원의 보수 체계를 과감히 개혁해 성과급 제도를 도입해야만 무사안일적인 행태를 바꿀 수 있다고 주장했다. 스미스의 주장은 이후 영국의 행정이론, 특히 신공공관리이론의 발전에 이론적 기초를 제공했다.

이에 반해 벤담은 스미스와는 달리 당시의 관료제가 제공하는 공공 서비스가 국민이 내는 공공요금이나 세금에 비해 터무니없이 열악함을 비판하면서도, 이를 해결하는 방안으로 공무원의 보수 수준을 획기적으로 높일 것을 제안했다. 그런데 벤담이 획기적인 보수의 인상을 통해 공공 서비스의 질을 높이려고 했던 이유는 우수한 인력의 확보와 함께 이들을 지속적으로 공공 부문에 묶어둘 수 있으며 부패를 방지할 수 있는 방안이 된다고 보았기 때문이다. 이런 측면에서 벤담은 오늘날 인사행정에서 회자되고 있는 적극적 인사 채용에 영향을 미쳤다.

밀도 인사행정과 관련해 공무원의 채용 과정에서 정치적 임명이 아닌 전문가적 능력이 선발 기준이 되어야 한다고 주장함으로써 실적주의의 정착에 영향을 끼쳤다(Hood, 1990: 108). 이와 같이 영국의 고전적 연구들은 영국의 행정이론이 발달할 수 있게 초석을 놓는 데 기여했다.

2 현대 행정학의 등장 시기

영국에서 현대 행정학이 등장해서 정착한 시기는 대체로 1900년대 초에서 1960년대 말까지로 설정할 수 있다. 이 시기에 영국 행정에서 가장 특기할 만한 현상 중의 하나는 공공 부문의 확대였다. 영국 행정학은 확대일로에 있는 국가기구의 역사, 구조, 기능, 권력 관계 등을 분석하고, 나아가서 이들 국가기구의 작동 원리와 효과성을 연구하는 데 주된 관심을 기울였다.

영국의 현대 행정학은 이처럼 공공 부문의 확장과 함께 출발했는데, 이의 출발점이 된 것이 1921년에 왕립행정학회(Royal Institute of Public Administration)의 창설이었다. 실무에 종사하는 공무원들로 구성된 이 학회는 공무원 교육을 담당하기도 했으며, 1922년부터는 『행정(*Public Administration*)』이라는 학회지를 발간하기 시작했다. 따라서 이 학회의 활동과 학회지 발간은 영국의 현대 행정학을 발전시키는 계기가 되었다(조석준, 1992: 51). 1960년대 말까지를 전통적 행정학(traditional public administration)의 시대로 규정지을 수 있는 영국 행정학은 주된 연구 방법으로 제도적 접근 방법(institutional approach)을 채택하고 있었으며, 특히 사례 연구를 많이 활용했다.

그러나 영국의 전통적 행정학이 이 같은 연구 방법을 통해 현대 행정학으로 발돋움하려는 노력이 있었던 반면, 또 다른 편에서는 사회비판(social criticism)과 행정공학(administrative engineering)을 강조하는 분위기 속에서 영국의 행정학자들은 이론적 개발보다는 실질적이고 구체적인 문제 해결에 더 많은 관심을 기울였다. 그 결과 미국과 달리 영국은 자신의 행정 경험을 이론으로 발전시키는 데는 그다지 많은 노력을 기울이지 않았다(Rhodes, 1996: 507-508).

영국 행정학은 이와 같이 미국과 달리 정치와 행정의 구분을 받아들이지 않았으며 윤리적 이상을 강조했다. 즉, 영국 행정학에서 인지한 행정의 역할은 고차원의 사회를 이루어 나가기 위한 하나의 수단으로, 구체적으로는 양질의 재화와 용역을 제공함으로써 국민의 행복과 안녕을 보장해 주는 수단으로 보았다(Thomas, 1978).

3 미국 행정학의 도입 시기

1960년대에 이르러 현대 행정학의 기틀을 마련한 영국의 행정이론은 1970년대 들어오면서 큰 변화를 맞이하기 시작했다. 변화를 촉진한 주역은 기존 행정 연구에 불만을 느낀 신진 학자들이었으며, 이러한 변화는 미국 행정학의 도입으로 더욱 구체화되었다. 이런 점에서 영국은 독일이나 프랑스에 비해 미국 행정학의 영향을 많이 받았다.

예컨대 이미 현대 행정학의 성립 시기부터 미국의 정치·행정이원론적 사고나 과학적 관리, 행정관리론 등이 영국의 행정학 교과서를 통해 소개되었다. 그리고 1970년대에는 비교행정론, 의사결정론, 정책형성론 등이 교과 내용에 새로 포함되는 등 미국 행정학의 영향은 이전부터 있어 왔다. 이 같은 흐름 속에서 이들 학자가 미국에서 도입하기 시작한 분야는 주로 조직이론과 정책학 분야의 이론들이었다.

조직이론 분야에 도입된 공식적 조직(formal organization)과 관련한 이론들은 전통적 행정학을 포괄하는 연구 영역으로 여겨졌다. 특히 상황이론(contingency theory)의 경우는 적극적으로 수용되어 이후 영국의 경험을 기반으로 한 일련의 연구, 이른바 애스턴(Aston)의 연구를 낳는 데 결정적으로 기여했다.

애스턴은 상황과 조직구조 간의 관계가 상황이론이 제시한 것만큼 그렇게 명확하지 않다는 사실과 함께, 상황이론에서 사용하는 방법론으로는 상징적 행위나 조직의 권력

과정과 같은 부분을 제대로 다룰 수 없다는 사실을 밝혀내는 데 기여했다. 그 결과 1970년대 말에 이르러서는 상황이론의 영향력이 감퇴하기 시작했으나, 조직이론 자체는 행정학의 주요 분야로서 위치를 확고히 다지게 되었다.

조직이론과 더불어 도입된 정책학은 미국에서와 마찬가지로 정책 과정의 기술과 설명, 그리고 예측에 관심을 기울이는 정책 연구(policy studies)와, 실제 정책과 정책 과정을 개선하는 데 목적을 둔 처방적 성격의 정책분석(policy analysis)으로 분화하면서 발전해 왔다. 영국에 도입된 정책학은 이후 영국적인 요소가 가미되면서 미국과는 차별적인 길을 걷기 시작했다. 영국 정책학의 특징은 개별적인 정책 영역에서의 구체화된 연구가 주된 흐름을 형성한 데 반해, 일반적인 수준에서의 추상화된 정책분석 연구는 그리 활성화하지는 못했다.

그런데 1970년대에 영국이 미국 행정학을 도입하는 데 주력한 것은 사실이지만, 영국 나름대로 이론 형성에 기여한 분야가 없었던 것은 아니었다. 예컨대 행정학 형성 당시부터 지방정부에 관심이 높았던 관계로, 정부간 관계를 중심으로 지방행정에 대한 연구는 비교적 심층적으로 전개되었다. 로즈(Rob Rhodes)의 중앙-지방정부 관계에 대한 권력의존모형이나 던리비(Patrick J. Dunleavy)의 중앙-지방관계론 등은 이러한 성과의 대표적인 예라고 할 수 있다.

4 행정이론의 확장 시기

행정이론의 확장 시기로 볼 수 있는 1980년대 이후, 영국 행정이론의 발달 과정의 특색은 지속적인 외국 이론의 수입과 함께 이를 뛰어넘는 자생적인 행정이론의 창출에 있다. 지속적인 외국 이론의 수입이라는 측면에서 도입된 이론은 신마르크시스트 국가이론(neo-Marxist state theory)과 합리적 선택이론(rational choice theory)이었다. 이들 이론은 영국 행정이론의 영역을 확장하는 데 영향을 끼친 것은 사실이나, 영국은 이러한 외국 이론의 수용을 넘어서 자생적인 이론을 개발해내기 시작했다.

예컨대 1970년대에 도입된 조직이론과 정책학을 계승한 학자들은 정책 네트워크(policy networks)이론을 발전시켰다. 그리고 국가이론 계열은 이중국가(dual state)이론과 후기 포드주의(post Fordism) 등의 연구 성과를 창출했으나, 국가이론이 영국 행정 연구의 주류를 형성하지는 못했다(Rhodes, 1986; Grant et al., 1988).

합리적 선택이론도 주류의 위치에 있지 못하다는 점에서는 국가이론과 유사한데, 특기할 점은 미국에서 개발된 관료제 연구를 대체할 만한 연구 성과를 냈다는 사실이다. 이 밖에도 던리비(Dunleavy, 1991)는 관료제의 예산극대화(budget maximization) 모형을 비판하고, 합리적인 관료라면 자신의 부서를 계선 기능에서 참모 기능으로 변화시키는 전략을 채택할 것이라는 내용의 부서 형성 모형(bureau-shaping model)을 제시했다(Dunsire & Hood, 1989; James, 1995; Dowding, 1995).

영국 행정이론의 발달 과정에서 1980년대와 1990년대를 거치며 영국 행정 연구의 주류를 형성한 분야가 신관리주의(new managerialism) 또는 신공공관리이론(new pubic management: NPM)의 영역이다. 이는 1970년대 말부터 주도적인 정치 세력을 형성한 영국의 신우파(new right) 이념을 반영한 분야로서, 신공공관리이론에 대한 아이디어는 실무가, 경영 컨설턴트, 그리고 신우파 계열의 연구소 등에서 나왔다. 이들의 아이디어는 언급한 18세기의 스미스와 벤담 등의 고전적 연구가 미친 영향의 부산물이었다. 다시 말해, 1980년대를 거치면서 자생력을 확보한 영국의 행정이론은 1990년대에 들어서는 신공공관리론에 대한 이론화를 시도하면서(Hood, 1991; Pollitt, 1993), 또 다른 한편으로는 신공공관리론을 비판하며 이에 대한 대안적인 행정 개념을 제시하는 등 발전을 거듭해 왔다(Ranson & Stewart, 1989; Dunleavy & Hood, 1994).

이와 같이 영국의 행정이론은 1970년대 후반부터 특히 보수당인 대처(Margaret Thatcher) 정부가 채택한 신보수주의 이념에 따라, 시장 원리를 활용한 정부 개혁 및 공기업 민영화이론의 영역 등에서 세계를 선도해 나갔다. 그리고 학계에서도 신공공관리이론, 공기업 민영화, 거버넌스(governance) 등에 대한 연구를 활발하게 수행했다. 특히 신공공관리이론과 거버넌스이론은 영국뿐만 아니라 각국에서 시도하는 행정 개혁에 이론적 기초를 제공해 주었다.

그런데 1980년대 후반 동구의 공산사회주의 국가들이 몰락하면서, 자본주의 국가로 전환되는 대변혁은 서구의 영미권에서 전통적인 사회주의 가치를 주장하던 전통 좌파 세력의 인식을 바꾸는 데 결정적 기여를 하게 된다. 전통적 좌파 세력들은 냉전 체제의 해체에 충격을 받았으며, 이들 가운데 상당수는 사회주의의 실패를 수용할 수밖에 없게 되었다.

이들은 당시 영국을 지배하던 신주자유주의를 비판해 왔다. 하지만 동구권의 몰락에서 보듯이 사회주의 이념의 비현실성을 지적하지 않을 수 없는 상황에 직면해, 좌와 우를 초월한 새로운 길을 모색할 수밖에 없었다. 즉, 18년 만에 집권한 영국 노동당의 블레어(Tony Blair) 수상이 기든스(Anthony Giddens, 1994)가 강조한 제3의 길(Third Way)이 자신이 나아갈 방향이라고 천명함으로써 수용과 확산이라는 새로운 길은 본격화되기 시작했다. 이어 브라운(James G. Brown) 수상 또한 제3의 길을 내세워 집권했지만, 구체적인 정책 실현이라는 관점에서 이 노선은 성공을 거두지는 못했다.

이에 '온정적 보수주의'를 기치로 13년 만인 2010년에 다시 등장한 보수당의 캐머런(David Cameron) 정부는 '큰 사회(Big Society)'를 제창했다. 큰 사회의 성격에 대한 논란이 있기는 하지만, 대체로 이를 신자유주의의 수정 노선으로 보는 견해가 일반적이다. 큰 사회론은 정부 효율성을 높이기 위해 정부가 모든 행정 서비스를 제공할 수는 없다는 새로운 관점에서, 정부와 주민이 공동으로 행정 서비스를 전달하는 방식인 공동생산(co-production)을 강화하고자 하는 방향이라고 할 수 있다(OECD, 2011: 26-36).[18] 끝으로 2016년에 집권한 보수당의 메이(Theresa May) 정부는 집권 기간이 짧아서 그런지 아직 뚜렷한 지향점을 찾기는 어려운 실정인데, 좌우파라는 이념적 성향 대신에 정부가 전면에 나서는 새로운 중심지대(center ground)를 강조하고 있다는 측면에서, 지난 보수당 정권들이 정부 개입을 축소해 온 데 반해 정부의 역할 강화를 강조하고 있다는 점에서 차이를 보이고 있다.

결론적으로 영국의 행정이론은 신자유주의에 기초한 신관리주의의 영향 속에서, 제3의 길이 강조하는 좌우를 넘어서는 방향으로의 전환을 모색했지만 구체적인 정책 실현이라는 측면에서 성과를 내지는 못했다. 그리고 다시 집권한 보수당 정부에 의해 정부의 개입을 줄이는 자유주의적 정부관을 표출해 왔으나, 새로이 집권한 메이 정부는 오히려 정부의 역할 강화를 강조한다는 점에서 지배적인 행정관을 찾기는 쉽지 않다.

생각해 볼 문제

독일 행정이론의 발달 과정

1. 독일에서 형성된 관방학의 특성과 쇠퇴 원인을 생각해 보시오.
2. 독일에서 경찰학이 등장하게 된 배경을 생각해 보시오.
3. 슈타인의 행정학의 특징에 대해 생각해 보시오.
4. 관방학, 경찰학, 슈타인의 행정학 간의 차이점을 정리해 보시오.

---

18) 다소 차이가 있기는 하지만 큰 사회가 지향하고자 하는 방향은 1998년에 집권한 독일의 슈뢰더(Gerhard F. K. Schröder) 연방정부의 시민행정 체제(Burgerkommen)모형과 유사하다.

5. 독일 행정에 도입된 신공공관리이론의 적용 사례를 조사하고, 이의 적실성을 정리해 보시오.

■ 프랑스 행정이론의 발달 과정

1. 프랑스의 행정 체제가 형성되는 과정에서 나폴레옹이 미친 영향에 대해 생각해 보시오.
2. 프랑스 국립행정학교(École nationale d'administration: ENA)의 설립 배경과 이 학교가 미친 영향에 대해 생각해 보시오.
3. 프랑스 현대 행정학의 유파와 특성에 대해 생각해 보시오.
4. 영국, 독일, 프랑스 행정이론 간의 내용적 특성에 대해 비교해 보시오.
5. 프랑스에 도입된 신자유주의적 행정 개혁의 사례를 조사해 보고, 이의 적실성에 대해 생각해 보시오.

■ 영국 행정이론의 발달 과정

1. 17~18세기 계몽주의 정치철학자들이 영국의 행정이론의 발달 과정에 미친 영향에 대해 생각해 보시오.
2. 영국의 왕립행정학회(Royal Institute of Public Administration)가 영국의 행정 체제와 행정학의 발달 과정에 미친 영향에 대해 생각해 보시오.
3. 영국에서 특히 신공공관리론이 발전하게 된 시대적 배경과 원인에 대해 생각해 보시오.
4. 영국에서 특히 두각을 나타내고 있는 행정이론의 영역에는 어느 분야가 있는지 조사해 보시오.
5. 영국에서 강조된 제3의 길과 이의 한계에 대해 조사해 보시오.
6. 영국에서 보수당 정부가 재집권하면서 강조된 '온정적 보수주의'의 성격에 대해 생각해 보시오.

제 2 장 미국 행정이론의 발달 과정

제 1 절 미국 행정이론의 발달 과정을 바라보는 시각

행정학에는 여러 갈래의 이론적 계보가 형성되어 왔는데, 학자에 따라 여러 가지 이름으로 지칭한다. 예컨대 학파(school), 계보(genealogy), 패러다임(paradigm), 접근 방법(approach) 등이 그것이다. 그런데 이론적 계보는 국가별·시대별로 발전에 따른 차이가 있으며, 특정 국가에서 한때 유행처럼 번성하다가도 얼마 후에는 또 다른 이론적 계보에 밀려 교체되는 경우가 허다하다.

행정학 분야에서 형성되어 온 이론적 계보는 대체로 그 내용이 서로 유사한 편이기는 하지만, 더러는 다른 기준에 의해 분류되는 경우도 있다. 때로는 서로 다른 준거 기준에 의해 분류될 수 있는 유형을 한데 묶어서 분류한 경우도 없지 않다. 그 이유는 학자들이 행정학의 이론적 계보를 동일한 준거 기준에 의해 구분하지 않았기 때문에 비롯된 것이기도 하지만, 국가별 혹은 시대별로 번성한 이론적 계보가 다른 기준에 의해서도 분류될 수 있는 특징을 담고 있기 때문이기도 하다.

이런 까닭으로 다른 나라와 달리 특히 미국 행정이론의 발달 과정을 체계적으로 정리한다는 것이 쉬운 일은 아니다. 그것은 미국이 독립한 이후 해밀턴(Alexander Hamilton), 제퍼슨(Thomas Jefferson), 매디슨(James Madison) 등과 같은 건국의 아버지들이 미국 행정의 나갈 방향을 고뇌하던 때로부터 200년도 넘는 시간이 지났고, 최소한 윌슨(Thomas

W. Wilson) 때부터 좁게 설정한다 하더라도 100년이 넘는 시간이 흘렀기 때문이다.

또한 이 시기에 행정학자들에 의해 제기된 이론과 방법론 등이 양적으로 많을 뿐만 아니라, 인접 학문 분야에서 차용한 이론이나 방법론, 그리고 그 관계까지를 고려한다면 행정이론의 발달 과정에 대한 이해는 더욱 어려워질 수밖에 없다. 이에 따라 미국 행정이론을 바라보는 시각은 미국 행정학자들 간에도 서로 다를 뿐만 아니라, 한국이나 일본 행정학자들 간에도 매우 다양하다. 미국 행정이론의 전개 과정에서 이론적 계보 간에 차이가 발생하는 이유는 각 계보가 서로 다른 준거 기준에 의거하는 데서 연유한다.

첫째, 인식론이나 방법론 면에서의 차이에서 기인한다. 예컨대 법적·제도적 행태주의, 후기행태주의, 또는 신제도주의 등과 같은 접근 방법은 이러한 기준에 의해 구분된 것이다. 이와 같은 차이는 가정적 이론이나 묘사·설명적 메타이론 등과 관련이 있기 때문이다.

둘째, 행정의 정치경제적 맥락에 대한 이해, 공공성에 대한 강조, 그리고 관련된 이데올로기의 차이에서 기인한다. 예컨대, 정치·행정이원론과 정치·행정일원론, 공행정과 사행정 간의 관계, 행정의 적정한 역할 범위에 대한 차이 등이 그것이다. 이는 국가와 시민사회 간에 관계 맥락에서 차지하는 행정의 의의와 위상에 대한, 이론적 및 경험적인 시각의 차이를 반영하기 때문에 그러하다. 또한 행정에서 강조될 가치나 처방 등과 관련된 규범적·도구적 이론의 상대적 중요성을 반영하는 것이기도 하다.

셋째, 행정학의 연구 대상이 갖는 범위에 관한 차이에서 기인한다. 예컨대 행정학 연구가 행정조직의 내부관리 문제에 초점을 두는 경우, 행정과 정치경제적 환경 간의 관계에 초점을 두는 경우, 행정이 수행하는 공공정책을 중심으로 하는 경우 등에 따라 달라짐을 의미한다.

미국 행정이론의 전개 과정에 대한 학자들의 시각은 이와 같이 서로 다른 준거 기준에 의거하기 때문에 매우 다양하다. 그것은 골렘뷰스키(Golembiewski, 1977: 9-33)가 말하는 것처럼 대상과 초점에 따라 그 기준을 각기 달리하고 있기에, 이론적 계보 간에 시기 구분도 상이할 뿐만 아니라 특성에 대한 기준도 다양할 수밖에 없다. 미국 행정이론의 전개 과정에 대한 이해가 살펴본 대로 여러 이유로 인해 어려움이 있기는 하지만, 그럼에도 행정이론의 발달사를 보는 시각에는 공통점이 내재한다. 즉, 시기와 그에 따른 행정의 대상, 초점 그리고 추구했던 가치에 대해 어느 정도 유사점이 공유되고 있다(안해균, 1983: 67-68; 정용덕, 2001: 172-179; 이병철, 2005: 89-90). 여기에서는 미국 행정이론의 발달 과정에 대한 이론적 계보를 준거 기준에 따라 다음과 같이 살펴보고자 한다.

1 정치 · 정치사상에 기초한 계보

미국 행정이론의 발달 과정을 정치나 정치사상과 관련지어 설명하는 시각이다. 대표적인 학자로 케틀(Donald F. Kettl)을 들 수 있다. 그는 미국 행정이론이 해밀턴, 제퍼슨, 매디슨, 윌슨으로 대표되는 미국의 전통적 정치철학의 융합과 갈등으로 점철된 행정사상의 영향을 받아온 것으로 보고 있다. 그 결과 윌슨 이후 미국 행정학의 발달 과정은 정치 · 행정이원론의 시기(1887~1915년), 과학적 관리론의 시기(1915~1940년), 비판적 자아점검의 시기(1940~1969년), 형식 · 게임이론(formal/game theory), 네트워크이론(network theory), 신공공관리이론 등으로 대표되는 원심 분리의 시기(1969년~현재)를 거치면서 현재에 이르렀다(Kettl, 2000: 7-34).

케틀과 유사한 관점에서 스틸만(Richard J. Stillman Ⅱ)은 특히 1960년대 이후 미국 행정학의 이론적 발전 과정에 대해 심도있는 논의를 진행했다. 그는 미국 행정이론의 발달 과정에서 해밀턴, 제퍼슨, 매디슨의 행정사상이 어느 시기에 주로 영향을 미쳤는가에 초점을 맞추면서 행정이론의 발달 과정을 네 단계로 구분했다.

첫째 단계는 19세기로서 당시의 지배적 패러다임이었던 낭만적 제퍼슨주의(Jeffersonian)가 행정 발전에 지대한 영향력을 행사한 시기이다. 이 시기 국가의 특성은 개인주의적 관점에서 조망되었다.

둘째 단계는 제2차 세계대전 이전까지로서 팽창적이며 통합적인 행정이 이루어진 시기이다. 고전적 해밀턴주의(Hamiltonism)의 영향이 지배적이었고, 이에 따라 국가의 특성은 엘리트주의적 성격으로 간주되었다.

셋째 단계는 제2차 세계대전 이후부터 1968년 미노브루크 회의(Minnowbrook Conference) 이전까지의 후기산업사회 시기이다. 신고전적 매디슨주의(Madisonian)가 행정 발전에 큰 영향을 미쳤다.

넷째 단계는 미노브루크 회의 이후 현재까지 진행되고 있는 시기이다. 이 단계는 낭만적 제퍼슨주의가 부활한 시기로, 국가의 특성은 다원주의적 시각에서 조망되고 있다(Stillman, 1984: 5-24).

세이어(Wallace S. Sayre)도 미국 행정이론이 발달해 온 특징으로 발달 과정마다 독특한 정치・사회・행정 상황이 발생해 왔고, 이에 대처하고자 하는 행정이론이 제기되면서 이론적 발전이 진행되어 온 것으로 보았다. 이에 따라 그는 미국 행정이론의 발달 과정을 네 단계로 구분했다.

첫째 단계는 1787년에서부터 1887년까지로 이 시기를 행정학의 맹아기로 명명했다. 둘째 단계는 1887년부터 1917년까지로 이 시기를 윌슨이 행정학을 주도하는 행정학의 창시기로 간주했다. 셋째 단계는 1917년부터 1940년까지로 이 시기는 정통파 행정이론이 대두된 행정학의 정립기로 설정했다. 넷째 단계는 1940년부터 현재까지로 이 단계는 행정학이론의 비판과 자성(自省), 그리고 다양성의 시기로 나누었다(Sayre, 1957).

이상에서 논의한 학자들과는 다소 차이가 있기는 하지만, 왈도(Dwight Waldo)도 정치적 관점에서 행정이론의 발전 과정을 다음과 같이 구분했다. 첫째, 연방주의자들이 행정을 강조하던 시기, 둘째, 1887년 윌슨의 행정이론이 대두하던 시기, 셋째, 1920~1930년대의 민주성과 절약, 그리고 정치와 행정의 결합 시기, 넷째, 1940년대의 비판과 자성의 시기, 끝으로 1940년대 이후의 비교・발전행정과 사례분석 중심의 행정이론의 발전 시기로 분류했다(Waldo, 1968a: 145-155).

우리의 경우는 박동서(1983)가 미국 행정이론의 발전 과정을 정치와 행정 간의 관계라는 시각에서 정치・행정이원론(기술적 행정학), 정치・행정일원론(기능적 행정학), 새 이원론(행태론), 새 일원론(발전행정)으로 전개되었다고 분류했다.[1] 이에 반해 조석준(1992)은 정치와 행정 간의 관계에 대한 인식이라는 측면에서 미국 행정이론의 발전 과정은 이원론에서 일원론으로 변화해 왔다고 주장했다.

이 같은 부류로 보기에 다소 문제가 있기는 하지만 일본 행정학자인 니시오 마사루(西尾勝, 1993)는 미국 행정학을 행정이론과 조직이론으로 나누어 각각의 이론적 계보를 구분했다. 이 중 행정이론의 계보로는 정치・행정의 분리론, 행정의 관리론, 정치・행정의 융합론, 행정의 책임론 순으로 발전해 온 것으로 보았다.[2]

그런데 행정이론의 발달 과정을 이와 같이 정치와의 연관성에서만 본다면, 그 설명은 부분성과 편향성을 면치 못할 것이라는 주장이 백완기(1998)에 의해 제기되었다.[3] 그뿐

---

1) 박동서는 이 같은 분류 외에도 과학성과 기술성이라는 측면에서 행정이론은 과학화, 기술성의 강조, 과학화에 대한 재집념, 기술성의 재강조 단계를 거쳐 변천해 왔다고 보았다.
2) 한편 조직이론의 계보는 과학적 관리론, 고전적 조직론, 인간관계론, 현대조직론의 순으로 발전해 왔다는 것이다.
3) 정치와 행정 간의 관계가 이원적이냐 아니면 연속적이냐에 설명의 초점을 두어 왔다는 의미이다.

만 아니라 정치와 행정의 분리 가능성이나 통합성에서 행정학의 이론적 계보를 따진다는 것은 무의미까지 하다는 것이다.[4] 그리 되면 행정학의 발달 과정에 대한 전면적이고 포괄적인 설명은 불가능하다는 것이 그의 주장이다.[5]

2 조직이론과 관리적 측면에 기초한 계보

미국 행정이론의 발달 과정을 조직이론이나 관리적 측면과 관련지어 설명하는 시각이다. 이 가운데 미국 행정이론의 발달 과정을 조직이론과 관련지어 설명한 헨더슨(Keith M. Henderson)은 행정이론의 지배적 초점은 조직이론에 있었다는 관점에서, 특히 조직론의 변증법적 발전 과정에 관심을 두었다.

그는 행정이론의 내용을 첫째, 구조적 강조 시기(1881~1945년)로 주로 조직, 인사, 재무 등 고전적 이론 중심의 체계 정비에 주력하던 때로 보았다. 둘째, 행태·환경이론의 발전 시기(1945~1958년)로 조직이론과 관리이론에 대한 심리 행태와 행정이 당면한 생태적 환경에 주력하던 시기로 보았다. 셋째, 조직이론의 강화 및 비교행정에 의한 보편이론의 발전 시기(1958년 이후~)로 구분했다(Henderson, 1966: 7-59).

하몬(Michael M. Harmon)과 메이어(R. T. Mayer)도 조직이론에 초점을 두면서 미국 행정이론의 계보를 분류했는데, 주된 계파로는 고전파, 신고전파, 체제이론, 후기인간관계론, 시장이론, 해석적 및 비판이론, 생성이론을 들고 있다(Harmon & Mayer, 1986).

끝으로 관리적 측면에서 미국 행정이론의 발달 과정을 분류한 케이든(Gerald E. Caiden)을 들 수 있다. 그에 따르면, 미국의 행정이론은 행정국가를 주어진 것으로 전제한 상태에서 발전해 왔다는 것이다. 이에 따라 케이든은 행정국가보다는 좁은 의미의 관

---

4) 학자들 중에는 행정을 정치와 분리시켜 연구해야 한다고 명확히 주장한 사람은 거의 없다는 것이 백완기(1998)의 주장이다. 그는 이에 대한 반증으로 정치·행정이원론의 시조라고 할 수 있는 윌슨마저도 정치로부터 행정의 독립을 주장하지 않았으며, 정치 영역과 행정 영역 간의 적절한 관계에 대해 명확한 설명이 없었다는 것을 들고 있다.

5) 이에 따라 지배적인 사상이나 주제만을 선정해 대표적인 학자들의 이론을 중심으로 이론적인 계보를 다루는 입장에서, 백완기는 행정이론의 발전 과정을 행정학의 여섯 가지 주요 계보와 이에 상응하는 각각의 접근 방법을 병치시키는 유형을 제시하고 있다. 즉, 전통적 접근 방법에 의거한 관리주의, 사회심리학적 접근 방법에 의거한 인간주의, 행태론적 접근 방법에 의거한 행태주의, 생태론적 접근 방법에 의거한 발전주의, 현상학적 접근 방법에 의거한 가치주의, 경제학적 접근 방법에 의거한 공공선택이론으로 구분했다.

리이론에 해당하는 주요 학파들을 제시했다. 예컨대 행정 과정, 실증주의, 인간 행동, 관료제분석, 사회 체계, 의사 결정, 수학적 통합, 그리고 반조류(신행정학) 학파 등이 그것이다(Caiden, 1982).

3 패러다임에 기초한 계보

골렘뷰스키(Robert T. Golembiewski)는 미국 행정이론의 역사적 발전 과정을 행정의 영역 확장과 내용 실체로 구분해, 내용과 범위가 변화되고 결합되는 특징에 따라 발달 과정을 네 단계로 나누었다. 초점(focus)과 대상(locus)의 개념을 통해 행정이론의 발달 단계로, 첫째 단계는 정치와 행정 간에 분석적 구분이 이루어진 시기, 둘째 단계는 정치와 행정 간에 구체적 구분이 이루어진 시기, 셋째 단계는 관리과학의 발생 시기, 넷째 단계는 정책과학의 대두로 공공정책 접근법에 대한 지향성이 강했던 시기로 분류했다(Golembiewski, 1977: 9-33).

한편 헨리(Nicholas Henry)는 행정이론의 발달 단계를 골렘뷰스키가 제시한 초점과 대상을 원용해, 독특하게 부각되는 시기를 중심으로 다섯 가지 패러다임을 제시했다.

첫 번째 패러다임의 시기(1900~1926년)는 정치와 행정의 분리 시기, 또는 정치·행정 이원론적 사조가 지배하던 때이다.

두 번째 패러다임의 시기는 정통파 행정이론의 발전 시기(1927~1937년)와, 정통파 행정이론에 대한 비판과 자성의 성숙 시기(1938~1950년)로 나뉜다.

세 번째 패러다임의 시기(1950~1970년)는 정치학의 관점에서 본 행정학의 시기로, 정치학으로서의 행정학 시기이다. 이 시기는 행정학이 정치학과 결별하지 못한 상태로 정치학으로부터의 영향을 인정하지 않을 수 없는 상황의 시기였는데, 그로 인해 영역에 대한 새로운 재정의가 요구되었다.

네 번째 패러다임의 시기(1956~1970년)는 관리과학으로서의 행정학(public administration as administrative science) 시기이다. 이 시기는 세 번째 패러다임의 시기와 중첩되는 기간으로, 비록 정치학과의 연계를 끊지는 못했지만 행정학자들이 내놓은 학문적 사조의 대안으로서 관리과학이 괄목할 성장을 보인 시기였다.

다섯 번째 패러다임의 시기(1970년~)는 행정학으로서의 행정학(public administration as public administration)의 시기이다. 미래 지향적 관점에서 행정학이 나아갈 방향을 정립하려는 시도가 이루어지고 있는 단계라고 할 수 있다.

헨리는 미국 행정이론의 발전 단계를 이처럼 다섯 개의 패러다임으로 구분했는데 그가 제시하는 패러다임의 특징으로, 앞의 네 개 패러다임이 기존의 발달 과정을 묘사한 반면, 다섯 번째 패러다임은 다가올 미래에 대한 행정이론의 비전을 제시한다는 점에서 의의가 있다(Henry, 1986: 19-47).

한편 우리의 경우는 조석준(1992)이 관점의 차이가 있기는 하지만, 연구 대상이라는 측면에서 미국 행정이론의 발달 과정을 두 범주로 나누었다. 국내 행정관리 문제에서 국외 문제(즉, 비교 및 발전행정의 문제), 그리고 다시 국내 문제(즉, 정책학 및 신행정학의 발전)로 변해 왔다는 것이다.[6] 또한 행정학의 준거 틀이라는 측면에서 체계적 접근 방법, 행동론, 상황조건론, 정책학적 접근 방법, 의사결정론적 접근 방법 등으로 유형화했다.

4 연대기적 관점에 기초한 계보

샤프리츠(Jay M. Shafritz)와 하이드(Albert C. Hyde)는 행정학의 발달과 진화 과정에서, 이정표의 역할을 한 시점을 기준으로 행정이론을 구분했다. 이에 따라 첫 번째 단계는 개척 시기(1776~1917년)로, 두 번째 단계는 세계대전 시기(1918~1941년), 전후 시기(1943~ 1959년), 1960년대 시기(1960~1969년), 1970년대 시기(1970~1979년), 1980년대 시기 이후 등으로 구분했다(Shafritz & Hyde, 1987).

우리의 경우는 유훈(1982)이 유사하기는 하나 좀 더 단순하게 행정이론의 발전 과정을, 제1기(윌슨 이후부터 사이먼 이전까지)와 제2기(사이먼으로부터 정책과학까지)로 구분하면서 각 시기별로 다양한 이론적 계보를 소개했다. 이종수 · 윤영진(2005)도 유사한 시기 구분을 통해 행정이론의 발전 과정을 행정학의 태동기, 정통행정학의 성립발전기, 정통행정학에 대한 반발기, 행정학의 분화 및 다원기(1950년~60년대, 1970년대, 1980년대, 1990년대 이후)로 구분했다.[7]

---

6) 연구 대상을 국외 문제에 둠으로써 등장한 이론으로는 비교 및 발전행정이론을 들 수 있고, 다시 국내 문제에 치중함으로써 대두된 이론으로는 정책학과 신행정학의 등장을 들 수 있다.

7) 백완기(1998)는 특히 시기 구분과 관련해서 주제와 학자들을 중심으로 이론적 계보를 다룬다 하더라도, 100여 년에 걸친 행정학의 발달 과정에서 수많은 주제와 학설이 난립하면서 나타났기 때문에 이 모든 것을 명확히 시대 구분을 해가면서 체계적으로 정리한다는 것은 대단히 어려운 일이라는 입장이다.

표 2-1 행정이론의 이론적 계보

	인식론 · 방법론	공공성	정치 · 경제학적 맥락			연구 목적
	패러다임/ 미시 · 거시이론	공 · 사행정 관계/행정 이념	국가 · 시장	정치 · 행정	국가 특성	
법적 · 제도적 접근법 (1880~1930년대)	기능주의 거시이론	이원론/합법성	–	이원론	다원주의	처방
행정관리학파 (1920~1930년대)	기능주의 미시이론	일원론/효율성	(묵시적) 적극 국가	이원론	다원주의	처방
행태주의 (1940~1960년대)	기능주의 미시이론	일원론/효율성	–	일원론	다원주의	서술
체제이론/구조기능론 (1960~1970년대)	기능주의 거시이론	이원론/효율성	–	이원론	다원주의	서술
비교 · 발전행정론 (1940~1970년대)	기능주의 미시 · 거시이론	이원론/효율성	적극 국가	이원론	다원주의	서술 · 처방
신행정학론 (1960~1970년대)	해석학 · 비판이론 미시이론	이원론/형평성	적극 국가	일원론	신다원주의	서술 · 처방
공공선택론 (1970~1980년대)	기능주의 미시이론	이원론/효율성	최소 국가	일원론	개인주의	서술 · 처방
국가론 (1980~2000년대)	구조주의 미시 · 거시이론	이원론	–	일원론	(다양함)	서술 · 처방
신제도주의론 (1980~2000년대)	구조주의 미시 · 거시이론	– –	–	–	–	서술 · 처방
신공공관리론 (1980~2000년대)	기능주의 미시이론	이원론 효율성 효과성	최소 국가	이원론	개인주의	서술 · 처방
뉴거버넌스론 (1990~2000년대)	구조주의 미시 · 거시이론	일원론 민주성 성과성	–	다양함	신다원주의	서술 · 처방

자료: 정용덕(2001: 179).

이상에서 보는 바와 같이 미국 행정이론의 전개 과정을 바라보는 시각은 매우 다양하다. 그것은 이미 언급한 바와 같이 대상과 초점에 따라 기준이 달라, 시기 구분도 상이하고 특성에 대한 기준도 다양할 수밖에 없다. 다만 이런 다양성을 고려해서 행정이론의 계보를 참고적으로 제시하면 〈표 2-1〉과 같다.

제 2 절 미국 행정이론의 발달 과정

미국의 행정이론은 무국가성(無國家性, statelessness) 또는 약한 국가성을 전제로 발전해 왔다. 그것은 미국인이 유럽식의 국가를 원하지도, 필요로 하지도, 발전시키지도 않았기 때문이다. 그래서 미국에서 국가는 이념으로서나 제도로서나, 그리고 태도 면에서 거의 존재하지 않았다. 그 결과 미국 행정은 다원주의적 국가론에 입각한 행정이론 체계를 발전시켜 왔다(Waldo, 1980; Dunleavy, 1982; 정용덕, 1996: 35).

미국 행정이론의 발달 과정은 자신들의 현실적인 정치·경제·사회적인 문제와, 행정 기능의 변화에 대응하면서 형성되어 왔다. 현실의 문제가 변함에 따라 행정학의 연구 대상(locus)과 초점(focus)이 바뀌고, 이에 부합하는 새로운 이론과 접근 방법이 개발되는 과정을 거쳐 왔다.

이와 같이 미국 행정이론은 정치학에 뿌리를 둔 협의의 행정이론과, 테일러(Frederick W. Taylor)의 과학적 관리론에 뿌리를 둔 조직이론을 양대 축으로 생성되어 왔다. 이때 협의의 행정이론은 정치와 행정 간의 관계나 정치 체제에서 관료제가 차지하는 위상에 관한 이론이고, 조직이론은 관료제와 행정의 내부관리 등에 관한 이론이라 할 수 있다(이종수·윤영진, 2005: 119-138).[8]

1 건국부터 제1차 세계대전기의 행정이론

미국이 1789년에 건국한 이래 한 세기가 흐르는 동안, 미국의 정치 체제는 자유주의와 민주주의 이념을 상징하는 제퍼슨-잭슨철학(Jeffersonian-Jacksonian philosophy)의 영향을 받고 있었다.[9] 다시 말해, 자유주의 정치철학과 이념에 따라 최소의 행정이 최선의 정부라고 믿고 있었기 때문에, 정부의 존재 자체에 대해서는 대단히 회의적일 수밖에 없었다. 제퍼슨주의로 인해 미국 행정은 〈표 2-2〉에서 보듯이, 아마추어리즘과 공직 순

8) 미국 행정이론의 발달 과정을 기술하는 데 고려한 시각은 연대기적 시각과 패러다임에 기초한 기술 방식이다. 그 이유로 연대기적 기술 방법은 시기상의 중첩성이라는 문제에도 불구하고, 역사적 맥락을 이해하고 형성하는 데 유용성이 높기 때문이다. 그리고 패러다임에 기초한 기술 방법은 특정 시기에 대표적 학자들의 철학적 사고와 조류를 이해하는 데 도움이 될 수 있기에 고려했다.

9) 이 시기는 독립을 선포한 1776년부터 1917년까지로 볼 수 있다.

표 2-2 미국 정치철학의 전통과 행정사상

	정치적 권위체	기관 형태	통치 형태	행정 목적	행정부 형태	계층제 형태
제퍼슨주의	시민(people)	풀뿌리 민주주의	분권주의	영역 제한	단순한 행정	상향식 책임성
해밀턴주의	국가(nation)	연방집행부	강력한 지도자형	국가 이익의 증진	강한 행정부	하향식 책임성
매디슨주의	도당(faction)	견제와 균형	대표 공화정	다원적 과정	균형	과정 지향성

자료: Kettl(2000: 17)과 Stillman(1987: 11)에 의거 재작성.

환이 지배하는 양상을 띠게 되었다.

그러나 단순하기마저 했던 초기의 정치 환경은 19세기 후반으로 접어들면서 급격한 산업화와 도시화로 인한 자본주의적 병폐로 사회 전반이 위기를 맞게 되었다. 도시는 이민 온 사람들이 슬럼을 형성하면서 값싼 노동력을 제공하는 장이었던 반면, 또 다른 장에서는 연소자 노동과 장시간 노동 등으로 노동 착취가 심하게 이루어지면서 빈부의 격차는 심화되어 갔다. 더욱 심각한 현상은 건국 이후 미국을 지탱해 온 민주정치가 와해되어 가고 있었다. 뉴 잉글랜드(New England)에 정착되었던 새로운 제도로서의 풀뿌리 민주주의는 신화가 된 지 오래되었고, 일반 시민의 정치 참여는 도시를 중심으로 조직화된 정치 기제(political machine)에 의해 봉쇄되는 등 민주주의 전반에 위기가 조성되고 있었다.

이에 더해 잭슨(Andrew Jackson) 대통령이 1820년대에 대중민주주의와 보통 사람에 의한 행정이라는 이념에 따라 실시한 엽관 제도(spoils system)가 금력으로 관직을 사고 파는 관행으로 타락하면서 그 폐해는 대단히 심각해져 갔다.[10] 엽관 제도의 채택으로 인해 정당에 대한 충성심과 공직을 맞바꾸는 방식으로 정부에 들어온 정당인들은 행정에는 아마추어나 다름이 없었다.

설상가상으로 19세기에 접어들자 급속하게 진전된 산업화와 도시화는 정부의 역할을 확대·강화시켰고, 정부의 업무는 더욱 복잡해지기 시작했다. 그 결과 행정에 대한 전문

10) 1829년 잭슨 대통령은 첫 번째 국회 연두교서에서 엽관 제도에 대한 정당성을 다음과 같이 설파했다. 즉, 공무원의 의무는 이미 정해진 것으로 업무 자체가 대단히 단순하고 평범하기 때문에, 교양인(men of intelligence)이라면 어느 누구라도 업무에 적응하는 데 아무 문제가 없다는 입장이었다. 또한 1832년 상원의원이었던 마시(William L. Marcy)는 처음으로 엽관 제도라는 명칭을 부여하면서, 엽관 제도라는 규칙에는 아무런 문제가 없다면서, 중요한 것은 적의 전리품이 승리자에게 귀속되는 것이라고 설파했다.

성이 없는 정당인들을 공직에 채용하는 엽관 제도는 행정의 비효율을 유발하는 주요 원천으로 전락하게 되었다. 또한 전문성과는 관계없이 정당에 대한 충성심만을 기준으로 공직을 차지하는 과정에서 심각한 부패가 초래될 수밖에 없었다. 관직을 얻는 데 좌절한 사람에 의해 1881년 가필드(James A. Garfield) 대통령이 암살당하는 사건은 당시 문제의 심각성을 보여주는 단적인 예였다.

이에 따라 시대적인 사회 전반의 총체적 위기를 극복하기 위해 일부의 학자, 전문경영자, 변호사, 정치인 등과 같은 지식인들이 중심이 되어 일종의 공직 개혁운동인 진보주의운동(progressive movement)이 출범했다. 민주주의가 맞이한 위기를 극복하기 위해 진보주의 개혁운동가들은 다음과 같은 주장을 펼쳐나갔다.

첫째는 정치적 측면에서 일반 시민의 더 많은 참여를 보장할 수 있도록 정치 제도를 개혁하고, 둘째는 행정적 측면에서 당시 기업 경영에서 유행하던 능률성 위주의 업무 전문화를 도모할 것을 주창했다. 다시 말해, 진보주의자들은 정치 영역에서는 민주화를 가속화해 시민 참여를 촉진시키는 전략을 추구한 반면, 행정 영역에서는 실질적으로 일반 시민의 참여를 제한하는 전문화라는 비민주적 방식을 통해 미국 민주주의의 위기를 극복하고자 했다.

진보주의운동의 결과 정치 영역에는 국민투표와 국민소환과 같은 직접 민주주의적 제도가 도입되었고, 행정 영역에는 펜들턴 법(Pendleton Act)이라는 공무원법이 1883년에 제정되었다. 이로써 행정의 정치적 중립성이 천명되고, 전문성 확보를 위한 채용 시험 제도가 실시되었다(오석홍, 2005: 84-85; 이종수 · 윤영진, 2005: 119-138).

한편, 이러한 배경 속에서 진보주의 개혁운동에 적극적으로 참여했던 이가 바로 윌슨(Thomas W. Wilson)이었다.[11] 당시 '절약과 능률운동'이라고도 불린 개혁운동의 근본 방향은 행정을 가능한 정치로부터 분리시키는 데 있었다. 이 같은 사회적 분위기에 따라 윌슨은 미국이 발전하기 위해서는 정치 제도로서 영국에서 발전한 헌정주의(constitutionalism)와 유럽에서 발전한 정부 업무의 효율적 집행 방법을 비교 연구함으로써, 이들 제도가 지닌 장점을 선별해서 미국에 이식 · 토착화해야 한다고 생각했다(김문성, 2005: 14).

다시 말해, 독일식의 관리 방법을 통해 영국식의 민주주의 정치 제도를 꽃피우는 것

11) 윌슨(T. W. Wilson, 1856-1924)은 프린스턴대학교에 재직하는 동안 미국정치학회 회장을 지냈고, 후에 대통령을 역임했다. 그는 한때 1880년대 중반에는 브린모어(Bryn Mawr) 여자대학교에서 강사 생활을 하기도 했다.

이, 미국이 발전할 수 있는 대안이라고 생각했다. 이 같은 내용을 함축한 것이 바로 1887년에 발표된 「행정의 연구(The Study of Administration)」였다. 윌슨을 필두로 한 이 시기의 대표적인 학자들의 주장과 내용을 살펴보면 이러했다.

1) 윌슨의 「행정의 연구」

(1) 윌슨의 행정관

윌슨은 정치학이 추구해야 할 새로운 방향을 모색하고자 했다. 새로운 정치과학은 기존의 정치학이 탐구했던 정치 격언 등에 몰두하는 대신, 정부를 어떻게 관리해야 할 것인가에 더 많은 관심을 두어야 함을 역설했다. 그 이유는 헌정을 제정하는 것보다 헌정을 운영하는 것이 더 어렵기 때문에 정치과학이 새로운 방향을 모색해야 하는 시점에 도달했다는 것이다. 이를 위해 윌슨은 다른 개혁론자들이 주장했던 인사 문제뿐만이 아니라, 조직과 관리 문제에도 관심을 가져야 함을 주장하면서 정치와 행정 간의 미묘한 구분이 있음을 인정했다.

그런데 정치와 행정 간의 미묘한 구분 시도가 한편으로는 평범하게 보이는 작업이지만, 당시로서는 개혁운동 과정에서 요구되는 필수적인 정치 기법이었다. 왜냐하면 행정 영역에서 인사 문제가 정파주의에 따르기보다는 적합성과 실적에 바탕을 두어야 한다는 주장은 당파적 정치가 갖는 폐해를 극복하기 위해 개혁운동이 지녀야 할 필수불가결한 정치적 전술이었기 때문이다. 따라서 이러한 주장은 정치가 공공 서비스에는 적합하지 않다는 것을 강조한 또 다른 의미이기도 했다.

다시 말해, 이는 행정학이 전통적 정치학과는 분리되는 것을 전제로, 관리과학에 기초한 새로운 지적 영역 속으로 들어가게 된 것을 의미했다(Shafritz & Hyde, 1987: 1-3). 그래서 미국 행정이 가야 할 이정표로 윌슨은 민주행정을 추구했다. 예컨대 공직자는 국민 여론에 민감해야 하고, 전문적인 행정교육 훈련을 받아야 하며, 계층적인 규율에 순응하고, 의무와 소명감을 가지고 국민의 여망에 부응해야 한다고 보았다(정철현, 2005: 113).

(2) 윌슨의 정치·행정모형

19세기까지 정부 업무에 대한 연구는 주로 정치철학이나 제도 또는 법 제정 등이 주류를 이루었다. 그러나 환경의 급격한 변화로 새로운 연구 분야가 요청됨에 따라 정부 업무의 효율적 운영에 초점을 둔 행정학 연구가 강조되기 시작했다.

윌슨은 이 같은 관점에서 정치는 법의 제정이나 정책을 결정하는 것으로, 행정은 법이나 정책의 구체적이고도 체계적인 집행으로 보았다. 윌슨은 정부 형태가 다르다 할지라도 정부 업무의 능률성을 위한 행정 원리는 동일하기 때문에, 정치 제도는 영국식의 입헌주의를 따르더라도 이를 뒷받침할 정부 업무는 유럽식의 행정 원리에 따라야 한다고 주장했다. 이에 따라 행정 영역은 관리의 영역이며, 행정이란 정부의 업무를 기업식(businesslike)으로 다루는 것이라고 정의했다.

그러나 당시에는 윌슨의 행정 개념이 독자성을 인정받지는 못하고, 다만 정치에 예속되어 왔던 행정의 독자성을 처음으로 주장한 것에 불과했다. 그는 절대군주제 하에서 발전해 온 선진적인 유럽 행정을 받아들여 미국의 민주적 정치 체제와 조화롭게 발전시켜 나가는 것이 필요하다고 주장했다. 이처럼 민주적 정치 체제와 비민주적 행정이 결합 가능한 것은 정치와 행정이 분리될 수 있고 또한 분리되어야 하는 것으로 보았기 때문이다. 그래서 윌슨은 정치와 행정의 분리를 의미하는 정치·행정이원론을 최초로 주장한 학자로 간주되고 있다.

윌슨은 이와 같이 행정의 본질을 관리 영역으로 파악해 정치의 영역과 구분을 시도했다. 행정을 관리와 경영의 영역, 그리고 전문적·기술적 영역으로 규정한 것이 그것이다. 이에 따라 행정을 연구하는 목적은 정부가 무엇을 성공적으로 할 수 있으며, 그 일을 어떻게 최소의 비용으로 가장 효율적으로 할 수 있는가를 탐색하는 것이라고 규정했다. 윌슨은 정치와 행정의 분리 필요성을 제시함으로써 행정 연구의 개념적 기초를 제공했으며, 행정학이 정치학으로부터 독립해 분과 학문으로 발전할 수 있는 기초를 다지는 데 공헌했다.[12] 그렇지만 정치와 행정이 분리되어야 한다고 주장하기는 했으나 행정의 범위를 명확하게 설정하지 못한 채, 행정을 정치나 법의 수단적인 관리 도구로 한정짓는 한계를 드러냈다(정철현, 2005: 108).

그런데 윌슨이 주장한 정치와 행정의 분리 필요성과 관련해서 윌슨의 정치와 행정의 분리 필요성이 반드시 행정이 정치와 단절되어야 한다고 본 것은 아니라는 사실이다. 그의 관심은 행정가에게 권력을 실어줌으로써 이를 강화할 수 있다고 믿었던 것이다. 윌슨을 기점으로 많은 행정학자가 정치와 분리된 행정 원리들을 제시했지만, 이들은 효과적

12) 윌슨의 주장은 아이러니하게도 당시 행정 개혁에는 거의 반영되지 못했던 것으로 알려지고 있다(Uveges & Keller, 1998: 5). 오히려 윌슨의 주장은 거의 백 년이 지난 후에 미국행정학회가 행정학의 출발로 간주되는 윌슨의 논문 발표를 기념하기 위한 100주년 의제 프로젝트를 출범시킴으로써 부각되기 시작했다(Carroll & Zuck, 1985).

인 행정을 하지 못하는 민주정부는 좋은 정부가 될 수 없다는 점을 지적했던 것이지, 이 당시의 학자들을 무조건 정치·행정이원론자라고 속단할 수는 없다.

결론적으로 윌슨의 정치·행정이원론은 19세기 후반의 진보주의적 개혁운동의 맥락에서 이해되어야 한다. 정치와 행정이 무관하다는 주장으로 받아들이기보다는, 오히려 민주정치를 위해서는 행정의 역할이 중요하다는 전제가 정치·행정이원론의 논의를 통해 전개되었던 것이다. 따라서 민주정치의 실현을 위해서는 행정이 탈정치적이고 기술적인 모습으로 변화되어야 한다는 역설로 보는 것이 타당할 것이다(김문성, 2005: 14; 오석홍, 2005: 84-85; 이종수·윤영진, 2005: 119-138).[13)]

2) 굿노의 정치·행정이원론

윌슨 이후 정치·행정이원론에 대한 사려 깊은 전개는 개혁운동 과정에서 가장 중심적 인물이었으며 작가이자 1903년에 미국정치학회의 초대 회장을 역임했던 굿노(Frank J. Goodnow)에 의해 시도되었다. 그는 1900년에 비교행정법의 시각에서 서술된 『정치와 행정(*Politics and Administration*)』이라는 저서를 통해 정치와 행정의 차이를 분명히 했다.[14)]

굿노에게 주된 관심은 정부 간의 권력 배분을 다루는 권력분립론과 같은 전통적인 관심을 대체할 새로운 정치적·행정적 기능을 어떻게 설정해야 할 것인가에 있었다. 그는 고전적이기는 하지만 정치와 행정에 대한 차이분석을 훌륭하게 시도했다. 정치와 행정에 대한 구분으로, 국가의 의지 표현과 그 의지의 집행(expression of the will of the state and the execution of that will)이라는 개념으로 차이분석을 시도했다(Shafritz & Hyde, 1987: 1-3). 다시 말해 정치는 국가의 의지를 표명하고 정책을 구현하는 것이며, 행정은 이를 실천하는 것으로 양자를 구별했다.

굿노는 행정에 대한 지나친 정당정치의 개입이 정책의 능률적인 집행을 저해하고 있다고 보았다. 그래서 정쟁(政爭)으로부터 행정이 분리되어야 할 뿐만 아니라, 정책 결정

---

13) 1894년에는 전국도시지방정부연맹(National Municipal League)이 심각한 지방정부의 부패 상황을 치유하기 위해 설치되었으며, 그 후 5년 뒤에는 첫 도시헌장 모형을 제시했다. 이처럼 당시의 부패와의 대립구조 속에서 진보적 분위기가 팽배해지고 있었다고 보아야 할 것이다.

14) 굿노의 업적 가운데 특징적인 것은 그가 행정 연구에서 법적 접근 방법을 추구했다는 데 있다. 이처럼 미국 행정학의 태동 당시에 행정 연구를 법적 측면에서 연구하고자 하는 전통이 있었음에도, 이후 행정관리론을 중심으로 한 행정 연구 경향이 지배함으로써 이 같은 접근 방법은 빛을 보지 못하게 되었다(Rosenbloom, 1983).

과정으로부터도 분리되어야 한다는 정치・행정이원론을 체계화했던 것이다. 이러한 그의 주장은 이후 시정개혁운동의 방향을 설정하는 데 큰 도움이 되었다.[15)]

3) 테일러의 과학적 관리론

윌슨이 관리과학(science of management)의 필요성을 강조하던 같은 시대에, 과학적 관리의 아버지로 불리는 테일러(Frederick W. Taylor)가 행정학의 또 다른 기초이론의 한 축인 과학적 관리론(scientific management theory)을 구축하고 있었다. 테일러의 과학적 관리론은 19세기 후반에서 20세기 초기에 걸쳐 과학적 관리운동으로 확산되면서 미국 사회에 지대한 영향을 미쳤다.

테일러를 유명하게 한 작품은 1911년에 발간된 『과학적 관리의 원리(*Principles of Scientific Management*)』였다. 그런데 흥미로운 사실은 테일러가 이 작품을 발표했음에도 불구하고, 한동안 과학적 관리(scientific management)의 주창자라는 명성은 테일러가 아닌 그의 동료 브랜다이스(Louis D. Brandeis)가 차지하고 있었다. 브랜다이스는 후에 대법원 판사가 된 인물로서, 주정부간상무위원회(Interstate Commerce Commission)가 철도요금의 인상 문제로 청문회를 개최했을 때, 철도회사가 과학적 관리 방식을 적용하면 하루에 백만 달러를 절약할 수 있다는 극단적인 주장을 전개함으로써 유명세를 타게 되었다. 이렇게 되자 이 청문회는 거대한 파장을 일으켰다.

이후 테일러도 전국적인 명성을 얻게 되는데, 1912년 연방하원의 특별위원회가 개최한 과학적 관리에 관한 청문회가 그 계기가 되었다. 이처럼 과학적 관리론은 금세기 초부터 이후 약 60여 년 동안 행정 영역에서 지대한 영향을 미치게 되었는데, 이 같은 운동의 선각자가 테일러였다.

과학적 관리의 핵심은 주어진 작업을 달성하는 데 최선의 방법이 존재한다는 가정에

15) 1870년대부터 시작된 도시정부개혁운동(municipal reform movement)도 행정학의 탄생과 성장을 촉진하는 데 기여했다. 1894년에 도시정부개혁운동의 교류 거점으로 결성된 전국도시정부연맹, 1906년에 설립된 뉴욕 도시정부조사연구소(New York Bureau of Municipal Research) 등은 시정개혁운동을 전개하는 데 큰 역할을 수행했다. 특히 뉴욕 도시정부조사연구소는 좋은 정부를 구현하기 위한 필수 요건으로서 능률과 절약의 실천 방안과 도시정부에 대한 과학적 연구를 수행했다. 또한 테일러의 과학적 관리론을 도시정부에 적용하는 일도 추진했다. 이 연구소는 도시정부를 개혁하는 데 과학적인 근거를 제공했고, 이를 통해서 행정학이 학문적으로 성장하게 된 계기를 마련하게 되었다는 데서 그 의미를 부여할 수 있다. 뉴욕 도시정부조사연구소에서는 각종 행정실무 교본을 발행했고, 1911년에는 공무원 훈련소를 설립하기도 했다. 이 연구소는 1922년에 국가행정연구소(National Institute of Public Administration)로 개편되었다.

서 출발한다. 따라서 과학적 관리는 가장 빠르고, 가장 효과적이고, 가장 적은 피로감을 느끼는 생산 방법을 통해 산출을 증가시키는 방법을 추구한다는 데 있다. 이때 과학적 관리자가 해야 할 업무는 가장 좋은 방법이 발견되면, 모든 작업장에 이러한 절차를 부과하는 것이었다. 이런 측면에서 고전적 조직이론은 테일러의 과학적 관리라는 개념에서 진화되어 왔다. 테일러의 과학적 관리 개념을 원용해 주어진 작업을 달성하는 데 가장 좋은 방법이 존재한다면, 마찬가지로 사회조직의 업무를 달성하는 데도 최상의 방법이 존재할 것이라는 가정이 그것이다.

테일러를 중심으로 한 관리적 관리론은 동시대는 물론 그 이후의 여러 비판에도 불구하고, 행정이론의 발달 과정에 끼친 공헌은 지대하다. 예컨대 과학적인 방법을 사용하는 효시가 되어 이후의 조직 연구에서도 과학적 방법을 사용하는 길을 열었으며, 방법론상으로 행정관리론이나 관료제론과 비교해서 좀 더 귀납적이고 실증적인 연구라는 점이다. 이 밖에도 연구 방향에서 상향식(bottom-up)의 연구로서 그 가치를 인정할 수 있다 (오석홍, 2005: 122).

4) 윌로비의 행정이론의 보편성

윌슨이 정치가로 변신하면서 연구를 중단한데 반해, 굿노(Frank J. Goodnow)와 함께 행정학에서 초기에 활동했던 학자가 윌로비(William F. Willoughby)이다.[16] 그는 누구보다도 행정학의 이슈에 대해 광범위한 저술을 남겼는데, 그의 주된 생각은 행정학은 정부의 모든 기관에 적용되는 보편적인 측면이 있다는 것이었다(Dimock, 1975). 그는 3부작으로 구성된 행정학 교과서를 집필했는데 행정부, 사법부, 입법부를 모두 포괄하는 내용이었다.[17]

이 같은 걸작에도 불구하고 윌로비는 초기에 예산 개혁에 특별한 흥미가 있었던 것으로 보인다. 1918년에 출간된 『예산개혁운동(*The Movement Towards Budgetary Reform*

16) 윌로비는 1912년에 태프트위원회(Taft Commission)의 위원으로서, 나중에는 브루킹스연구소(Brookings Institution)의 일부가 된 정부연구소(Institute for Governmental Research)의 소장을 역임했다. 특히 태프트위원회 위원을 하면서 1921년의 '예산회계법'을 작성하는 데 중요한 역할을 했다.

17) 첫 번째 행정학 교과서는 모두 브루킹스연구소에서 발간된 것으로 1927년에 출간된 책이 『행정의 원리(*Principles of Public Administration*)』였고, 또 다른 두 번째는 1929년에 발간된 사법행정과 관련된 『사법행정의 원리(*Principles of Judicial Administration*)』, 끝으로 1936년에 발간된 책이 입법행정과 관련된 『의회조직과 행정의 원리(*Principles of Legislative Organization and Administration*)』였다.

in the States)』에서, 그는 주정부 수준이기는 하지만 현대적인 예산 제도를 창안하는 데 크게 기여했다. 윌로비는 이 책에서 예산 개혁은 세 가지의 특성이 포함되어야 한다고 주장했다. 첫째는 어떻게 해야 예산을 통해 대중통제를 발전시키고 제공할 수 있는가? 둘째는 어떻게 해야 예산이 입법부와 행정부의 협력을 강화해 나갈 수 있을 것인가? 셋째는 어떻게 해야 예산이 행정적으로 관리 효율성을 보장할 수 있는가에 관한 것이었다.

이상에서 보듯이 윌슨, 굿노, 윌로비 등을 중심으로 주창된 정치·행정이원론은 행정을 정당정치의 오염으로부터 탈출시켜 비효율과 낭비, 부패를 청산함으로써 좋은 정부를 구현하는 데 이론적 초석이 되었고, 행정을 독립된 분과 학문으로 정립하는 토대가 되었다. 또한 정치·행정이원론은 현대적인 공무원 제도와 관료제의 발전에 필요한 기초 이론을 제공하기도 했다.

그러나 정치·행정이원론은 공헌에도 불구하고, 무엇을 위한 행정학인가라는 문제의식의 상실을 가져오게 했다는 점에서 문제가 아닐 수 없었다. 특히 이후 행정학의 발전 과정에서 국가가 지닌 다양한 목적에 대한 관심을 잃어버린 채 조직과 관리 문제에만 관심을 집중시킴으로써 행정의 본질을 축소시키고 한정화하는 결과를 초래했다는 점에서 비판을 면하기 어렵다. 그렇지만 윌슨, 굿노, 테일러, 윌로비 등과 같은 초기 행정학의 창안자에게 가해지는 여러 비판에도 불구하고, 행정학이 영구적인 연구 분야가 될 수 있도록 중요한 테마를 정의하는 데 이들이 기여했다는 점은 부인할 수 없다.

2 제1차 세계대전 이후 시기의 행정이론

제1차 세계대전이 끝난 이후 미국 행정은 엄청난 변화를 겪게 된다.[18] 전쟁이 종결됨에 따라 미국 정부는 외견상 전쟁 이전의 형태로 복귀했지만, 미국인의 삶에 대한 정부의 영향력이 줄어든 것은 아니었다. 이미 이 시기에 미국은 농경국가에서 도시산업국가로 전환되기 시작했는데, 이러한 환경의 변화는 행정에 대해서도 역시 많은 변화를 요구하기 시작했다. 그 결과 이 과정에서 많은 새로운 기능과 프로그램이 만들어지게 되었다. 특히 1920년대의 폭발적인 도시화와 1930년대의 경제공황(great depression)은 연방정부의 역할을 더욱 확대시키는 계기가 되었다.[19]

18) 이 시기는 제1차 세계대전이 종료된 1918년부터 1941년까지로 볼 수 있다.
19) 1920년대 들어 고속도로는 10배의 증가를 가져왔다. 그리고 도시는 폭발적인 교통량의 증가로 교통

이에 따라 엽관제의 병폐를 극복하고 효율적인 행정을 구축하기 위한 실천적인 정치 개혁운동에서 출발했던 미국의 행정학은 이후 과학적 관리론 및 고전적 조직이론과 접목되면서 독자적인 학문 영역을 구축하게 되었다. 여기에 절약과 능률이 좋은 정부의 구현을 지향하는 새로운 가치 개념으로 등장하면서, 미국 행정학은 1920년대에서 1930년대에 걸쳐 능률에 기초한 관리를 주장하는 관리과학으로 특징지어지는 정통행정학으로 그 모습을 갖추게 되었다.

왈도의 지적처럼 제1차 세계대전이 종료되고 제2차 세계대전이 일어나기 전까지로 규정할 수 있는 이 시기는 정통행정학의 시기(period of orthodoxy)로 행정은 급속한 발전을 이룩했다. 이 시기의 사상적 추세는 민주주의와 능률성이 같은 의미이거나 또는 최소한 조화할 수 있는 것으로 간주되었다. 또한 정부의 업무를 의사 결정 영역과 집행 영역으로 분명히 구분할 수 있고, 행정이 원리를 지닌 과학으로 간주되던 그런 시기였다(Waldo, 1965: 206-207). 이 시기의 행정이론은 정치·행정이원론으로 집약되는 당시의 행정이론과 고전적 조직이론이 합류하면서, 행정관리론으로 개화되기에 이른다(이종수·윤영진, 2005: 122). 행정관리론을 중심으로 하는 행정이론은 행정 고유의 영역에 속한 관리 활동의 효율화와, 행정권(executive power)의 통합·강화를 실천 목표로 삼고 일련의 연구 활동을 전개했다.

한편 정통행정학의 형성·발전기에 조직이론 분야에서는 작업의 과학화를 지향하는 과학적 관리론과 조직의 과학화를 지향하는 조직관리론이 등장했다. 관리과학으로서의 정통행정학은 대공황과 뉴딜의 경험을 거치면서 비판에 직면할 때까지, 미국 행정학에서 지배적인 자기 정체성을 유지하는 데 크게 기여했다. 결국 정통행정학의 토대를 이루었던 것은 정치·행정이원론과 행정의 원리라는 두 개의 패러다임이었다.

같은 시기에 행정이론의 발달 과정과 연관해 특징적인 것으로, 시지배인 제도(city manager system)의 발전과 확장을 들 수 있다. 1914년에 시지배인협회(City Manager's Association)가 창설된 이래 시지배인 제도는 지방정부에서 급격히 확산되었다.[20] 시지

관리 시스템을 설치하기 시작했고, 주정부에서는 운전면허 시험을 강요하게 되었다. 특히 도시의 급격한 인구 증가로 인해 공원, 여가, 공공사업, 공중위생, 공공안전의 문제가 중요한 의제로 등장하기 시작했다. 이런 원인과 활동으로 인해 1920년대에 행정은 급속히 발전하게 된다.

20) 이 기구는 1924년에 다시 국제도시지배인협회(International City Manager's Association)로, 그리고 1969에는 명칭이 종래의 지배인에서 관리자(International City Management Association)로 변경되는 등 변화를 거듭했다.

배인 제도의 확산은 동시에 행정대학원의 창설을 가져옴으로써 행정이론의 발달은 물론 전문행정가를 양산하는 계기가 마련되었다.[21)]

특히 전문행정대학원의 설립과 함께 행정학자들의 학문적 공동체인 미국행정학회(American Society for Public Administration)가 1939년에 창립되었으며, 이듬해에는 화이트(Leonard D. White)가 편집장을 담당한 『미국행정학보(*Public Administration Review*)』가 창간됨으로써 행정이론의 발전에 또 다른 이정표를 놓게 되었다.[22)] 이 시기를 대표하는 학자들의 주장과 내용을 살펴보면 이러했다.

1) 베버의 관료제모형

이 시기에 지배적인 특징으로 나타난 관료제(bureaucracy)에 대한 최초의 분석은 독일 사회학자인 베버(Max Weber)로부터 출발했다. 1922년에 출간된 관료제에 대한 분석은 관료제 연구의 출발점이 된 가장 영향력 있는 연구였다. 베버는 죽기 직전인 1920년에 독일 바이마르공화국의 헌법을 제정하는 데 중요한 역할을 담당했다. 그런데 베버가 이 과정에서 체득한 경험은, 윌슨(Thomas W. Wilson)의 고민 주제였던 헌정을 제정하는 것보다 헌정을 운영하는 것이 더 어렵다는 사실에 상당한 힘을 부여해주는 계기가 되었다.

관료제에 대한 베버의 업적은 1946년에야 영어로 번역되었지만 그의 영향력은 매우 컸다. 그것은 베버가 조직론 연구를 발전시키는 데 새로운 방법론을 강조했기 때문이다. 새로운 방법론, 즉 베버가 제시한 관료적 조직의 특성은 이후 정통 행정이론가나 비평가에게 관료적 구조에 대한 긍정적·부정적 효과를 평가하는 데 중요한 준거점을 제공했다. 베버의 관료제이론은 권한구조에 관한 이론에 기초를 둔 것이었다. 베버의 기여는 합리적·법적 권한에 근거한 합리적·법적 관료제의 이념형(ideal type)을 제시한 데서 찾아볼 수 있다. 이때 이념형이란 일종의 관념적 틀을 지칭한다.

베버는 권한(authority)의 유형을 카리스마적(charismatic), 전통적(traditional), 그리고 합리적·법적(rational-legal) 권한으로 분류했다. 이 중 합리적·법적 권한에 기초한 관료제모형이 근대 사회의 대규모 조직을 설명하는 데 가장 적합한 것이라고 보았다. 예컨대 일반적인 법규의 지배, 계층적 구조, 전문화, 전담 직원, 금전으로 지급하는 보수,

---

21) 행정전문가를 양성하는 과정은 1914년에 미시간대학교에 도시행정에 대한 첫 석사 프로그램이 설립되었는데, 이를 시발로 해서 1929년에는 남캘리포니아대학교에 독립된 행정대학원이 처음으로 설립되었다.

22) 이 밖에도 1927년에는 브루킹스연구소(Brookings Institution)가 설립되었다.

사무소와 구성원이 사는 집의 구별, 문서주의(red-tape) 등과 같은 요소와 특성을 지닌 것이 관료제라는 것이다.

관료제는 특정한 목표의 성취를 위해 의식적으로 입안한 수단이나 도구이기 때문에 합리적이고, 권한이 법규와 절차 체계를 통해 행사되기 때문에 법적인 것이 된다고 보았다. 다시 말해, 베버는 합리적 권위를 가진 조직의 지도자가 의사 결정을 하면, 부하들은 자동적으로 신속하고 충실하게 그 명령에 복종하는 관료제를 합리성의 표상으로 제시했다.

베버가 제시한 관료제모형에서 가장 기본적인 가치 기준은 능률이었다. 직위를 관할과 계층에 따라 규정하고, 직위에 전문직원을 배치하며, 활동 유형에 관한 규칙을 제정하고, 보수와 승진 등을 통해 전문직원들의 직무 수행을 자극하도록 입안된 관료제는 임무 수행 시에 정확성, 신속성, 명확성, 통일성, 부하들의 철저한 복종, 마찰의 감소, 인적·물적 비용의 감소 등을 보장함으로써 능률을 높일 수 있다고 믿었다.

베버의 관료제모형은 이후 행정이론에 지대한 영향을 미침과 동시에, 베버가 간과했던 관료제의 비효율성 내지는 병리 현상이 지니는 한계로 인해 많은 비판에 직면했다. 예컨대 능률성이나 복종의 지나친 강조는 오히려 무사안일한 태도를 보이게 만든다든지, 또는 능률성이나 복종 그 자체를 지상 과제로 생각하게 하는 등의 부작용을 낳을 수 있다는 점이나, 관료제의 지나친 규범이 인간 관계를 비인격화시키는 등의 역기능을 초래해 오히려 조직의 비효율성을 증가시킬 수 있다는 비판 등이 그것이다.

그렇지만 베버에 대한 이 같은 비판이나 관료제의 병리 현상이 극복되어야 하는 것이기는 하지만, 그가 이 시기에 관료제에 대한 이념적 모형을 제안할 수밖에 없었던 시대적 상황이나 의도를 이해한다면, 베버에 대한 비판은 또 다른 영역에서 다룰 문제라고 보아야 할 것이다.

베버는 관료제의 옹호자라기보다는 어떤 의미에서는 관료제에 대한 비판자이기도 했다. 그는 관료제화(bureaucratization)라는 시대적 흐름이 언젠가는 자본주의를 압도할 불가항력적인 힘이 될 것으로 예측했다는 사실이 이를 뒷받침한다. 그는 미래에 도래할 관료제적 사회에서 인간이 자칫 노예화의 길을 걷게 될 것을 경고하면서, 관료제화 과정에서 어떻게 하면 개인의 자유와 창의성, 그리고 책임성을 지킬 수 있을 것인가를 고심하고, 거대화되는 관료권을 효율적으로 통제할 수 있는 방안을 모색하고자 했다. 이런 점에서 베버의 관료제모형이 능률성을 추구하기는 했지만, 윌슨의 행정 원리나 테일러의 과학적 관리론과 같은 모형으로 분류하기는 어려운 측면이 있다(김문성, 2005: 19).

2) 테일러 유형과 반테일러 유형의 관리주의

제1차 세계대전이 종료된 이후 공공 영역이나 민간 영역 할 것 없이, 모든 분야에 관리(management)라는 개념이 확산되기 시작했다. 이에 따라 과학적 관리론 또는 테일러주의(Taylorism)는 행정의 모든 영역에서 지배적인 분위기를 형성해 나가기 시작했는데, 이 시기의 대표적 학자로 화이트(Leonard D. White)를 들 수 있다. 행정학의 아버지인 윌슨이 행정 영역이 학문으로서, 그리고 전문적 특수성을 지닌 영역으로서 존재해야 한다는 논리를 개발했다면, 화이트는 행정학의 전제 목표를 설정한 최초의 학자였다. 1926년에 발간된 『행정학 입문(*Introduction to the Study of Public Administration*)』은 이런 점에서 최초의 행정학 교과서였다.

화이트는 행정학 연구에서 기초를 형성하는 데 기본이 되는 네 가지의 중요한 가정을 서문에서 피력했다. 첫째, 행정은 연방정부나 주정부, 지방정부 수준에서 동일하게 연구될 수 있는 단일 과정이다. 둘째, 연구의 기초는 법이 아니라 관리에 있다. 셋째, 행정은 여전히 기술(art)이다. 그럼에도 과학으로 전환하고자 하는 노력은 실행 가능하고 가치 있는 일이다. 넷째, 행정은 현대 정부의 문제 핵심에 이미 존재하고 계속 존재하게 되리라는 것이었다.

화이트는 이처럼 행정의 처방적 접근을 강조하면서, 행정을 무엇보다도 실제 사회와 가장 가까이 남아 있어야 하는 연구 영역으로 인식하고 있었다. 특히 화이트는 정치·행정이원론이라는 논쟁 속에 휩싸이는 대신, 행정의 관리적 측면을 강조했다. 예컨대 행정 자체가 국가의 목적을 형성하는 데 어느 정도나 참여해야 하는가의 문제나 행정행위의 정확한 본질과 같은 문제에 대한 논쟁을 회피했다.

화이트가 강조한 행정의 관리론적 시각은 귤릭(Luther H. Gulick), 어윅(Lyndall F. Urwick), 폴렛(Mary P. Follett)과 같은 원리주의자들에게로 이어진다. 귤릭은 「조직이론에 관한 요해(Notes on the Theory of Organization)」라는 논문을 통해 조직관리에 대한 새로운 접근 방법으로서 원리주의적 접근 방법(principles approach)을 제안했다. 귤릭은 1937년에는 어윅과 함께 『행정과학에 관한 연구(*Papers on the Science of Administration*)』를 편집했다. 이 책은 조직이론의 기법을 설명한 논문들로 구성되었는데, 이 책에서 귤릭은 유명한 관리의 주요 기능인 POSDCoRB(기획, 조직, 인사, 지시, 조정, 보고, 예산)를 소개했다.

한편 귤릭과 어윅 등을 중심으로 한 관리에 관한 과학적 접근 방법에 대한 도전은 1920년대 말에서 1930년대 초에 걸쳐, 시카고 근처에 있는 호손(Hawthorne) 작업장에서 메이요(Elton Mayo)와 그의 동료에 의해 진행되고 있었다. 10여 년간에 걸친 실험의 주된 내용은 작업환경과 생산성 간의 관계를 전통적인 과학적 관리론으로 검증하는 것이었다.[23]

그러나 실험은 뜻밖의 결과를 보여주었다. 오늘날의 시각에서 보자면 대수롭지 않은 것이 당시에는 커다란 파장을 가져왔다. 그것은 노동자들이 전통적인 과학적 관리 기법의 하나인 통제에 의한 관리보다는 동료로부터 받는 사회적 압력에 더 민감하다는 사실이었다. 이로부터 전통적인 과학적 관리론은 호손을 중심으로 한 인간관계학파가 강조하는 사회적 상황이나 심리적 측면이, 생산성을 제고하는 데 또 다른 주요한 원천임을 받아들이지 않을 수 없는 상황에 직면하게 되었다.

전통적인 과학적 접근 방법은 또한 바너드(Chester I. Barnard)에 의해서도 공격을 받게 되는데, 바너드의 입장은 이후 『관리자의 기능(*The Functions of the Executive*)』을 통해 포괄적인 이론으로 발전하게 되었다. 그는 조직을 협동적 체제(cooperative systems)로 간주하면서, 조직의 요구와 노동자의 요구 사이에서 동적 균형을 유지하는 것이 관리자의 기능이라고 보았다. 바너드는 관리자가 그 기능을 제대로 수행하려면, 관리자는 공식적 조직과 비공식적 조직이 상호 의존적 관계에 있다는 속성을 제대로 파악해야 한다는 점을 강조했다. 따라서 바너드의 논의는 전통적인 과학적 접근 방법이 소홀히 했던 비공식적 조직의 중요성을 강조했다는 데서 그 의의를 찾을 수 있다.

3) 프리드리히와 파이너의 행정책임론

행정학이 형성되는 이 시기에 행정이론의 발달 과정이 행정 내부의 문제인 효율성이나 생산성에만 머물러 있었던 것은 아니었다. 다시 말해, 행정이론의 초점이 행정의 내부 문제인 조직 행태와 구조, 예산과 인사 등과 같은 관리의 실행적 측면만이 아니라, 행정책임의 개념과 같은 행정의 외적 측면에도 관심이 놓여 있었다.

행정의 외적 측면에 대한 논의들은 1930대 말부터 1940년대 초까지 프리드리히(Carl J. Friedrich)와 파이너(Herman Finer)에 의해 제기되었다. 행정책임을 확보하는 방안을

23) 호손실험이 종료된 다음해인 1933년에 뉴딜정책이 시작되었다.

놓고 두 사람 사이에 격론이 벌어졌는데, 프리드리히는 전문성이나 전문적 기준 또는 윤리헌장 같은 내부통제 장치들을 통해 행정책임을 확보하는 것이 가장 효과적이라는 주장이었다.[24]

이에 반해 파이너는 행정책임은 입법적·대중적 통제를 통해 유지할 수밖에 없다는 입장이었다. 외부에서의 강제적인 억제와 이를 통한 균형만이 관료의 복종을 유지하는 유일한 방법이라는 것이었다. 이렇게 외부통제가 내부통제보다 더 우월한 이유는 내부권력은 부패를 야기할 수 있기 때문에, 내부통제는 한계가 있을 수밖에 없다는 주장이었다. 따라서 관료의 부패와 부정을 통제하기 위한 외적 통제장치는 선거나 입법부에 의한 철저한 감시권 등에 의해서만 가능하다는 주장이다.

3 제2차 세계대전 전후 시기의 행정이론

1930년대가 지나가면서 경제 공황에 대처하기 위해 등장한 행정국가는 정통행정학에 대해 반발적 기류를 형성하기 시작했는데, 이 같은 분위기는 1940년대에 들어오면서 더욱 가속화되었다.[25] 정통행정학에 대한 반발의 핵심은 정치와 행정이 분리될 수 있는 성질의 것이 아니라는 점과 행정 원리가 지닌 비과학성에 있었다.

정통행정학에 가해진 첫 번째 반발의 핵심인 정치와 행정이 분리될 수 없다는 비판적 견해는 경제 공황의 산물이었다. 경제 공황을 극복하기 위해 뉴딜정책을 십 년 가까이 추진하는 과정에서, 행정 기능의 확대와 더불어 대통령의 리더십을 강화하는 개혁이 잇따르게 되었다. 그 결과 행정의 팽창과 함께 정책 형성 기능이 확대되고 집행상의 재량권도 늘어나게 되었는데, 이 과정에서 입법부와 행정부의 권력 관계가 크게 달라지게 되었다. 과거와 달리 행정부가 정책 입안 기능을 담당함은 물론, 입법부에 대해서도 지도력을 발휘하기에 이른 것이다(오석홍, 1995: 1493).

입법과 행정 간의 관계와 정치와 행정 간의 관계에서 발생한 변화를 목도하면서, 정통행정학의 토대가 되었던 정치·행정이원론은 현실의 행정 실태를 정확히 인식할 수 없을 뿐만 아니라 지나치게 규범에 기초하고 있다는 비판에 직면하게 되었다. 그리하

24) 이 같은 논쟁이 한창 전개되던 1939년에 '정부재조직법(The Reorganization Act)'에 따라 대통령 비서실이 탄생되었다.

25) 이 시기는 제2차 세계대전이 종료되어 가던 1943년부터 1959년까지로 볼 수 있다.

여 행정권의 우월화 현상에 대응하기 위한, 새로운 행정이론으로 정치·행정일원론 또는 정치·행정의 융합론이 등장했다(이종수·윤영진, 2005: 124-130).[26]

정통행정학이 표방한 정치·행정이원론의 비현실성이 이와 같이 비판에 직면했을 무렵, 정통행정학에 대한 또 다른 반발이 야기되었다. 이원론을 전제로 해 가치 중립적인 원리를 탐구했던 행정관리론에 대한 비판이 제기된 것이다. 달(Robert A. Dahl), 왈도(Dwight Waldo), 그리고 사이먼(Herbert A. Simon) 등이 중심이 되어 행정 원리의 보편성과 과학성에 가한 비판이 그것이다. 이 밖에도 1940년대에는 행정이 지향해야 할 가치에 대한 반성도 동시에 제기되었다. 예컨대 왈도는 가치 중립적인 행정 원리가 지닌 정치적 이데올로기성을 폭로했다.

이에 따라 정통행정학에서 지배적인 이념이었던 절약과 능률이라는 이데올로기는 세력이 약화되고, 대신 1940년대에 이르러서는 민주적 가치와 행정 과정의 연계성에 대한 관심이 높아졌다.[27] 행정 원리에 대한 비판과 맥을 같이해, 1940년대에는 행정과학(science of administration)의 적실성(applicability)에 대한 논쟁도 제기되었다. 끝으로, 정통행정학에 대한 비판기에 조직이론 분야에서는 인간관계론, 조직과 환경의 교호작용 등을 연구하는 생태론 등이 등장하기도 했다.[28]

한편 뉴딜정책의 시행에 따라 팽창된 연방 관료제로 인해, 제2차 세계대전 이후 정부의 역할은 급격히 팽창되었다. 이에 따라 행정기구의 비대화와 강화를 위험시하고 경계하는 우려가 점차 확산되어 갔다. 그렇지만 행정을 둘러싼 급격한 환경의 변화에도 불구하고, 이러한 환경을 묘사하고 처방할 수 있는 지배적인 관점이 행정학에서 등장하지 않았던 것이 이 시기의 가장 큰 문제점이었다.

1940년대는 정통행정학에 대한 비판을 통해 그동안 행정학의 정체성을 형성하고 있

---

26) 정치·행정일원론에서는 행정의 정책 형성 기능을 강조하고 있다는 점에서 정치·행정일원론을 기능적 행정학이라고 부르기도 한다. 정치·행정일원론의 등장은 정치와 행정이 교차할 수 있는 영역이 종래 이상으로 확대될 수 있는 현실에 대한 주의를 환기시키게 되었다. 그 결과 행정학의 연구대상이 정치 영역으로까지 확대되었다. 또한 이원론을 전제로 해서 가치 중립적인 원리를 탐구하던 행정관리론에 대한 반성을 촉구하게 되었다. 아울러 일원론의 등장은 정치·행정의 관계에 대한 규범적 논의를 재생시키는 계기가 되었다고 할 수 있다.

27) 당시에는 큰 정부(big government)의 불가피성을 인정하는 분위기가 대세를 형성했으나, 큰 정부가 민주적 가치에 미칠 악영향을 우려하는 주장도 있었다. 그들은 특히 전문 관료에 의한 사회적·경제적 통제가 미칠 해악에 대해 관심을 두었다.

28) 인간관계론은 비공식조직의 생성에 관한 이론으로부터 출발한 것으로, 조직구성원의 내면 심리를 대상으로 관리 기법을 개발하는 데 주안을 두었다.

던 정치·행정이원론과 행정 원리에 입각한 접근 방법을 무력화는 시켰지만, 이를 대체할 만한 지배적인 관점이 등장하지는 않았다. 행정과 행정학의 영역은 확대되었으나, 확대된 행정 영역의 실제와 연구를 통합시킬 수 있는 관점과 접근 방법이 거의 없었다. 지배적인 패러다임의 결여로 인해 1950년대에 행정학은 사회학, 인류학, 심리학, 경영학, 경제학 등 다양한 인접 학문의 영향을 받아 다원화의 길로 접어들게 되었다.

대표적인 예가 1950년대에 사회과학을 지배했던 행태주의(behavioralism) 혁명이었으며, 행정학은 제2차 세계대전 이후부터 본격적으로 행태주의의 영향을 받게 되었다.[29] 이와 동시에 의사결정론 또한 1950년대에 행정학 연구에 또 다른 관점을 제공해 주었다. 특히 사이먼은 바너드의 이론을 계승해 의사결정이론으로 발전시켰으며, 절약과 능률이라는 행정 가치보다 합리적 결정을 더 중요한 것으로 생각했다.

정치·행정이원론이 수정되면서 행정학자들은 과학적 관리를 대신할 또 다른 연구 경향을 발전시켜 나갔는데, 행정의 정치적 환경이나 정치적 현실에 대한 연구에 매진하기 시작한 것이 그것이다. 이 과정에서 구체적인 행정 활동을 탐색하고 확인하기 위한 노력으로 1950년대는 사례 연구 방법이 활발하게 활용되었다. 사례 연구는 기존 행정학이 강조해 왔던 여러 격언(proverb)을 버리고, 문제 해결의 새로운 길을 모색하는 데 크게 기여했다(김광웅, 1983: 120).[30]

끝으로, 1950년대에는 가우스(John M. Gaus)와 리그스(Fred W. Riggs) 등이 생태론적 접근 방법을 활용해, 환경이 행정에 미치는 영향을 연구하기 시작했다. 특히 1950년대 말부터 대두된 비교 및 발전행정은 그동안 미국 행정학이 안고 있던, 문화 기속적 관점(culture-bound perspective)을 타파하게 되었다.[31] 다시 말해, 발전도상 국가에 행정 기술 원조가 전개되는 과정에서 미국 행정학의 문화 기속적 속성과 보편타당성의 한계가

---

29) 행태과학은 주로 사회학자와 심리학자에 의해 소개되었는데, 행정학 분야에서는 사이먼, 스미스버그(Donald W. Smithburg), 톰슨(Victor A. Thompson) 등에 의해 주창되었다(김광웅, 1983: 121). 행태이론은 관리 기술이 아닌 조직 내 개인 간 행태, 즉 행정 행태를 경험적인 조사 방법을 통해 분석하는 것을 연구의 중심 주제로 삼았다. 그리고 이 같은 행태론적 연구는 1955년에 『행정과학논집(*Administrative Science Quarterly*)』이 새로이 창간됨으로써 조직과 행태에 대한 연구가 더욱 확산되기 시작했다. 따라서 『행정과학논집』을 주축으로 한 일단의 행정학자들은 행정 행태의 과학적인 설명에 중점을 두고, 다양한 제도와 구조 속에서 발현되고 있는 행정의 규칙성 탐구를 목표로 행정 원리를 추구해 왔다.

30) 사례 연구 방법은 슈타인(Herold Stein)과 모셔(Frederick C. Mosher) 등이 주도했다.

31) 비교연구의 중요성은 이미 달(Robert A. Dahl)이 1940년대 말에 행정학이 과학적 학문으로 발전하기 위해서는 이를 도입해야 한다고 역설했음에도 불구하고, 별다른 관심을 끌지 못하다가 1950년대 말에 와서야 비로소 개화되었다.

드러나면서, 선후진국을 막론하고 공통적으로 타당한 행정학을 만들기 위해 비교행정 연구가 등장했다. 이같이 비교행정이론은 각국의 행정에 대한 비교 연구를 통해 행정학의 과학성을 높이고 일반화된 행정이론을 개발하기 위한 노력의 일환으로 대두되었다.[32] 이상과 같은 제2차 세계대전을 전후로 한 행정이론의 발달 과정을 대표적 학자들의 입장을 통해 이 시기의 행정이론의 내용과 특성을 살펴보면 이러하다.

1) 머슬로의 욕구계층론

심리학자인 머슬로(Abraham H. Maslow)는 1943년에 『심리학보(*Psychological Review*)』에 「인간의 동기이론(A Theory of Human Motivation)」이라는 유명한 욕구계층론(needs hierarchy)을 발표했다. 이 이론은 1930년대부터 진행되어 온 호손 이론에서 한 발짝 더 나아가, 노동자는 경제적인 존재인 동시에 사회적인 존재임을 밝혔다는 데에 의미를 부여할 수 있다. 그의 연구는 베버의 관료제 구조의 분석만큼이나 새로운 관점에서 발전을 촉진시킨 시점으로 평가할 수 있다.

머슬로의 욕구계층론에 따르면, 인간은 다섯 가지의 목표 또는 기본적인 욕구를 가지고 있다고 한다. 생리적 욕구(physiological need), 안전 욕구(safety need), 사랑 또는 소속에 대한 욕구(belongingingness or love need), 존경에 대한 욕구(esteem need), 그리고 자아실현(need for self actualization)이라는 최종적인 욕구가 그것이다.

욕구계층론에 따르면, 개인은 하위 단계의 욕구가 충족되면 다음 단계의 욕구를 추구하며, 이미 충족된 욕구는 인간의 행동을 유발하는 동기가 되지 못한다는 것이다. 다시 말해, 다음 행동의 동기 유발 요인으로서 작동을 멈춘다는 입장이다. 머슬로의 동기(motivation)에 대한 심리학적 분석은 이후 조직행동에 관한 후속 연구에 커다란 기여를 했다. 예컨대 허즈버그(Frederick Herzberg), 맥그리거(Douglas M. McGregor), 아지리스(Chris Argyris) 등은 머슬로의 이론을 받아들여 동기이론과 조직행동이론으로 발전시켰다.

---

32) 미·소 냉전 체제의 전개 과정에서 미국은 발전도상 국가를 대상으로 공산주의의 침식을 방지하기 위해 경제 원조를 시작했다. 그러나 이들 국가의 행정 능력이 낮아 원조 효과를 충분히 거두지 못하게 되자, 기술 원조 제공의 일환으로 발전도상 국가의 행정 문제를 연구하게 되면서 비교행정은 본격적으로 발전하게 되었다.

2) 애플비의 정치 · 행정일원론

뉴딜정책과 제2차 세계대전은 행정의 이론과 실제 영역에 중대한 영향을 미쳤다. 전쟁에 따른 불황과 압박의 문제는 본래 경제적 · 군사적인 작용이기도 하지만, 또한 거대한 관리적 상황이기도 했다. 그래서 몇 년간의 새로운 경험은 행정의 전형적인 지혜가 무엇인지에 대해 많은 물음을 제기했다. 그중에서도 그간 혁신운동의 전제 조건이었던 정치 · 행정이원론은 실행 가능성을 상실하기 시작했다.

간단히 말해서 행정 과정의 가치중립성(value free)을 받아들이는 것이나, 가치중립성을 정부에 적용시키는 것이 불가능해지기 시작했다는 것을 의미했다. 그동안 많은 개혁운동가의 노력에도 불구하고, 이들이 보는 것처럼 정부가 기업에서 다루는 단순한 사업이 아니고, 또한 가치중립적인 영역도 아니라는 사실이 드러나기 시작했다. 이에 따라 정치 · 행정이원론에 대한 공격이 일기 시작했는데, 대표적인 학자가 애플비(Paul H. Appleby)였다.[33]

애플비는 루스벨트 정부에서 뉴딜 행정가를 역임하고 시러큐스대학교에서 학장을 역임하기도 했는데, 그가 주장하는 요체는 정치와 무관한 정부 과정은 미국이 겪고 있는 경험과 정반대로 역행하고 있다는 것이었다. 애플비는 대표작인 『거대한 민주주의(*Big Democracy*)』에서 행정이 스스로 부과한 정치와 행정 사이의 경계를 허물면서, 정치는 독립적이고 어떻게든 행정과 분리될 수 있다는 것은 허구적인 생각이라고 주장했다. 그는 진보주의 개혁자들의 견해와는 달리, 정부에 대한 정치적 개입을 오히려 좋은 현상으로 보았다. 왜냐하면, 행정에 대한 정치의 개입은 독단적으로 행사하는 관료적 권력을 저지하는 역할을 수행할 수 있기 때문이다. 따라서 애플비는 현실의 정부에서 정치와 행정의 관계는 정합적 · 연속적 · 순환적이기 때문에 양자를 구별하는 것은 적절치 않으며 결합적 관계를 형성해야 한다고 주장했다.

3) 사이먼의 논리적 실증주의

제2차 세계대전이 끝난 1940년대 행정이론의 발달 과정에서 가장 중요한 전환점으로

---

33) 정치 · 행정의 분리에 대한 의문은 이 밖에도 1946년 마르크스(Fritz M. Marx)가 편집한 『행정의 요소(*Elements of Public Administration*)』 속에도 집약되었다. 또한 가우스(John M. Gaus)도 초기 행정학자들이 행정을 너무나 협의로 인식한 나머지, 정치와 행정을 분리시키는 데 너무 집착했었다고 평가했다. 그 결과 행정을 현실과 거리가 먼 것으로 만들었다고 주장했다.

는 행정 현상에 대한 연구에서 진정한 과학적 방법이 사용되어야 함을 주장한 사이먼(Herbert A. Simon)의 논리적 실증주의(logical positivism)를 들 수 있다. 사이먼은 논리적 실증주의의 관점에서 행정 원리의 보편성과 과학성에 대한 비판을 전개했으며, 또한 의사 결정 과정이 행정의 진정한 본질임을 주장했다.

사이먼의 주장은 1946년 『미국행정학보』에 발표된 논문인 「행정의 격언(The Proverbs of Administration)」에서 시도되었다. 사이먼은 이 논문에서 귤릭(Luther H. Gulick) 등의 원리주의자들이 강조한 POSDCoRB를 비판하면서, 이들에 의해 개발된 대표적인 행정 원리인 전문화의 원리, 명령 통일의 원리, 통솔 범위의 원리, 부성화(部省化)의 원리라는 것들이 실제로 원리 간에 상호 모순이 있음을 지적했다. 이에 더해 원리들은 과학적인 실험을 거치지 않은 격언(格言, proverb)에 불과하고, 기껏해야 기준이나 개념에 불과하다고 논박했다. 즉, 이 같은 원리는 행정가들이 직면하는 행정적 상황과 모순됨은 물론 상반되어, 실제로 행정 현장에 적용시키는 것이 부적당함을 증명했다.

사이먼은 이후 1947년에 그의 대표작이라고 할 수 있는 『행정행태론(*Administrative Behavior*)』을 통해 행정의 핵심은 의사 결정에 있으며, 행정 과정은 결정 과정이라는 기본 명제를 제시하면서 의사 결정을 행정 연구의 핵심으로 삼아야 한다고 주장했다. 그리고 사이먼은 바너드(Chester I. Barnard)의 이론적 토대 위에서 제한된 합리성(bounded rationality)이라는 개념을 발전시켰다. 사이먼은 이후 1958년에는 마치(James G. March)와의 공저인 『조직론(*Organization*)』에서 의사결정이론을 더욱 발전시켜 제한된 합리성 모형(bounded rationality model)을 제시했다.

사이먼은 이처럼 연구 방법의 과학화로 행정의 모든 문제를 해결할 수 있다고 믿었던 초기의 학자들과는 달리, 행정학의 과학화에 대한 필요성과 함께 과학화의 어려움을 동시에 인정한 학자였다. 제한된 합리성이라는 용어 자체가 사이먼의 입장을 잘 설명해 주고 있다. 사이먼은 의사결정모형과 조직에 대한 이러한 시도를 통해 1979년에는 비경제학자로는 유일하게 노벨 경제학상을 수상했다. 사이먼이 제2차 세계대전을 전후로 한 시기에 행정학에 지대한 영향을 미친 것은 사실이다. 하지만, 동시에 행정학을 연구하는 데 그의 주장은 다음과 같은 한계를 지니고 있다.

첫째, 사이먼의 관점이 행태론의 입장에서 크게 벗어나지 못했다. 예컨대 사이먼의 권고를 따를 경우 행정학의 연구는 내부 환경, 근무 동기, 비공식적 인간 관계 등만을 분석 단위로 삼게 되어, 극단적으로는 조직이 없는 사람만을 상대로 연구를 수행해야 하는 문제가 있다.

둘째, 존재하거나 드러난 현상의 분석에만 치중하게 되므로 보수성이 강화되는 현상을 초래할 수 있다. 이는 가치판단적인 것을 배제하고 논리적인 것만을 연구한다든지 또는 방법의 신뢰성에만 집중하게 되면, 정치·사회적인 중요성보다는 측정의 신뢰성을 바탕으로 해결할 수 있는 문제만 다루게 되는 보수성에 빠지게 된다.[34)]

특히 보수성은 제한된 합리성이라는 사이먼의 인간 합리성에 대한 기본적 가정과 결합해 새로운 목표나 가능한 대안의 형성을 소홀히 할 우려가 크다는 데 문제가 있다. 그 결과 개혁이나 변화와 같은 것은 자연히 무시되기가 쉽다는 문제를 안고 있다(이준형, 2005: 97-98).[35)]

4) 달의 행정과학

논리적 실증주의자인 사이먼이 경험적으로 확인된 원칙을 발견하자는 주장을 제기하면서 행정학 연구에 자연과학적인 연구 방법의 도입을 강조한 반면, 또 다른 한편에서는 행정과학(science of administration)의 적실성에 대한 심각한 논쟁이 제기되었다. 행정과학의 적실성에 대한 첫 논쟁은 행정과학의 성립 가능성에 심각한 의문을 지녔던 달(Robert A. Dahl)에 의해서였다. 특히 정치·행정이원론이 쇠퇴하면서 정치학과 행정학의 분명한 경계가 무너져 버린 상황에서, 달은 1947년 『미국행정학보』에 「행정학의 과학화(The Science of Public Administration)」를 발표하게 된다.

달은 정치학과 행정학의 경계가 무너져 버린 상황 속에서, 행정학의 과학화 즉 행정학이라는 학문이 독자성을 갖기 위해 다음을 제안했다. 첫째, 인간의 행태(human behavior)적 측면이 갖는 복잡성에 대한 이해가 수반되어야 한다. 둘째, 행정 현상에서 규범적 가치(normative value)의 문제를 다루어야 한다. 셋째, 행정과 사회환경과의 상호 관계를 고려해야 한다고 주장했다.

특히 행정과 사회환경과의 상호 관계에 대한 중요성에 강조점을 두었던 그는, 행정학

34) 사이먼이 가치와 사실의 구분을 주장했다고 해서 정치·행정이원론자로 여겨서는 안 된다. 가치와 사실의 구분론은 정치·행정이원론에서 논의되는 내용과는 전혀 다른 차원의 논리이기 때문이다(백완기, 1992: 60).

35) 이 시기에 의미 있는 조직이 탄생하게 되는데, 그것은 1947년에 집단역학(group dynamic)과 후에 감수성훈련(sensitivity training)을 연구하게 되는 National Training Laboratory for Group Development(후에 NTL Institute for Applied Behavioral Science로 개칭)이 창설되었다. 이 조직의 탄생으로 인해 행태과학이 더욱 발전하게 되는 계기를 가져오게 되었다.

이 비교 연구(comparative study)에 기반을 두지 않는 한 과학으로서의 행정학은 공허한 것이 될 것이라고 극언했다. 달이 예견한 대로 행정학은 1950년대와 1960년대에 걸쳐서 비교행정학을 행정학의 하위 전문 분야로 태동시키기는 했지만, 비교행정학을 교육시키는 행정학과는 적은 편이었다. 그는 또한 행정학이 정치학의 일부로 남아 있고자 할 때 겪어야 할 어려움을 예견했었다.[36]

달은 기본적으로는 행태주의적인 입장을 견지하고 있었으나, 사이먼의 논리적 실증주의적 입장과는 다소 차이가 있었다. 의사결정론적인 측면을 강조하는 사이먼과는 달리, 행정의 대(對)사회적인 관계와 행정이론의 일반화를 위한 비교 연구의 필요성을 강조했다는 점이 그것이다. 다시 말해, 행태론에서 간과하고 있는 사회적·거시적인 측면의 보완을 시도했던 점에서 뚜렷한 차이를 보였다.

달은 이를 위해 비교 연구에 대한 강조와 아울러 행정의 상황적 접근의 중요성을 강조했다. 그는 비교 연구의 필연성을 언급하면서 상이한 현상이나 특성 또는 공통적인 요소를 추출하려는 노력뿐만 아니라, 결과적으로는 유사한 현상이나 특성 또는 상이한 요소를 추출하려는 노력을 모두 강조했다. 이와 함께 행정학 연구에서 규범적인 가치의 위치가 명백해야 한다는 달의 주장은 이후 정책과학이나 신행정학의 등장으로 행정학 내에서 어느 정도 수용되었다. 그러나 달의 이러한 공헌에도 불구하고 그의 주장에는 여러 문제가 내포되어 있다.

첫째, 방법론적 측면에서 행태론적인 접근을 견지하는 한 내재적인 모순은 그대로 존재한다.

둘째, 규범적인 가치의 연구가 달의 연구에 나타난 것처럼 기존의 가치만을 보존·강화하는 것을 의미하는 한, 사이먼 등의 행태론자들이 갖는 보수성과 본질 면에서 유사한 결과를 가져온다는 데 있다.

셋째, 행정 영역에서 인간의 본성과 행동이 잘 이해되고 예측될 수 있어야 한다는 주장은 외견상으로 바람직하다. 그러나 인간의 본성에 대한 견해나 관점을 어떻게 선택하느냐의 문제가 대두된다. 따라서 이러한 문제는 자료와 이론이 서로 독립해 존재할 수 없다는 방법론적인 고민과 궤를 같이한다(이준형, 2005: 80).

---

36) 1970년대에 이르러서는 행정학 프로그램이 정치학과나 경영학과로부터 떨어져 나와 독립적인 학과로 설치되는 경향이 뚜렷해졌다. 그렇지만 미국에서는 아직까지도 행정학 프로그램이 정치학과나 경영학과에서 하나의 전문 영역으로 남아 있는 경우가 적지 않다(Shafritz & Hyde, 1987: 125).

5) 루이스의 예산이론

제2차 세계대전을 전후로 행정학의 과학화와 정체성에 대한 활발한 논의가 전개되고 있을 때, 예산(budgeting) 영역에서도 새로운 기법을 개발하고 동시에 이를 공고화하려는 노력이 일기 시작했다. 이 같은 분위기 속에서 연방 예산담당관으로 근무하던 루이스(Verne B. Lewis)는 1952년에 『미국행정학보』에 「예산이론에 대하여(Toward a Theory of Budgeting)」라는 논문을 통해, 이른바 대안적 예산이론(theory of alternative budgeting)을 발표함으로써 예산 영역에서의 합리성을 제고하려는 시도가 이루어졌다.

루이스는 이 논문에서 12년 전에 키(Vladmir O. Key, Jr.)가 제안했던 공공지출 배분의 결정 근거에 대한 자신의 해법을 제시했다. 다시 말해, 키가 문제 제기와 함께 경제학적 접근에 입각해서 예산을 다룰 필요성이 있다는 점을 제안했다면, 루이스는 키의 제안을 넘어서는 관점에서 예산의 경제학적 분석을 위한 기본 명제를 제시했다. 경제학적 분석에 입각한 예산이 되기 위해서는 예산의 상대적 가치(relative value), 점증적 분석(incremental analysis), 상대적 효과성(relative effectiveness)을 조사하고, 이 세 가지 명제에 입각해서 예산 제도가 운용되어야 한다는 것이다. 이를 위해 루이스는 대안적 예산 제도의 필요성을 제안했다는 데 의미가 있다(Lewis, 1952: 42-54).

루이스가 선호한 해결안인 대안적 예산 제도(alternative budgeting system)는 품목별 통제에 초점을 둔 전통적인 예산회계 방식을 극복하기 위한 수단이다. 그래서 대안적 예산 제도는 종래의 품목별 예산 제도에 비해, 그 초점이 자금의 변화 단계에 맞는 프로그램 서비스나 목표의 수준을 측정할 수 있도록 하는 데 맞추어졌다. 특히 루이스의 예산 이론의 핵심을 이루고 있는 상대적 가치의 개념이라든지 예산 대안의 합리적 비교분석 그리고 예산 삭감의 방법 등은 1960년대의 기획예산 제도(PPBS)나 1970년대의 영기준 예산(ZBB)과 같은 합리적 자원 배분을 위한 예산 제도에 지대한 영향을 주었다.[37]

루이스는 예산 배분의 합리적 결정 근거를 찾는 데, 예산 대안의 비교분석과 선택 과정에 경제학적 명제들이 적용될 수 있음을 보여주었다. 이런 논의는 더 나아가 행정에서 합리성을 제고하는 데 기여한 바가 크다. 이같이 예산에 대한 경제학적 접근을 시도한 루이스의 연구가 지닌 특성은 한마디로, 광의적인 맥락에서는 행정의 합리화를, 협의의

37) 루이스의 논문 발표와 비슷한 시기에 출현해 루이스에게도 지대한 영향을 준 성과주의 예산(performance budget)은 단위비용과 업무량의 측정을 통해 지출과 성과를 연계시킴으로써 예산 편성의 합리화를 도모하려는 제도였다.

맥락에서는 예산 결정과 운영의 합리화를 기하려는 일련의 노력과 맥을 같이한다.

그러나 루이스 자신도 실제로 예산의 결정 과정에서 비경제적 및 비합리적 요인이 완전하게 제거되지 않은 채 개입되고 있음을 인정함으로써 경제적 접근이 지닌 한계를 시인했다. 다시 말해, 현실주의자라고 할 수 있는 루이스는 명백하게 가격, 편견, 지역적 특질, 정치와 같은 요소에 의해 예산 결정이 영향을 받는 것을 인정할 수밖에 없었다. 그렇지만 루이스는 이러한 비경제적이고 비합리적인 요인들을 극복할 수 있는 예산 제도가 출현하기를 희망했다(Shafritz & Hyde, 1987: 177; 유평준, 2005: 496).

6) 왈도의 행정국가론

사이먼을 중심으로 행정 원리의 보편성과 과학성에 대한 비판이 활발하게 전개되던 시기에, 행정 원리에 대한 비판과 실증주의자들이 강조하던 과학성에 대해 문제를 제기한 학자는 왈도(Dwight Waldo)였다.

(1) 효율성에 대한 비판

왈도가 접근한 첫 번째 문제는 정통행정학에 대한 비판이었다. 그는 박사학위 논문을 수정해서 1948년에 출간한 저서 『행정국가론(*Administrative State*)』에서, 제2차 세계대전 이전까지 행정학에서 복음처럼 받들어지던 효율성(gospel of efficiency) 개념에 대해 통렬한 공격을 가했다. 그는 효율성에 대한 복음주의자 가운데 특히 귤릭(Luther H. Gulick)의 사상과 이론을 집중적으로 비판하면서, 정통행정학에 근본적인 결함이 있음을 논증했다. 그 결과 정통행정학에는 참다운 원리가 없음을 폭로했다.

왈도는 전통적인 고전이론들이 갖고 있던 원리주의의 부당성을 통렬하게 비판하면서, 이제는 행정 연구의 초점이 효율성을 추구하는 데서 합리적인 행동(rational action)을 찾는 방향으로 중심 개념이 이동해야 함을 강조했다(Waldo, 1955: 4-11). 이와 함께 행정이 추구해야 할 새로운 가치로서 민주성이, 효율성이나 권위 등과 같은 전통적 가치와 관련해 그 해석이 잘못되고 있음을 환기시켰다.

예컨대 왈도는 새로운 행정 가치로서 민주성이라는 맥락에서, 기본적으로는 메이요(Elton Mayo)를 중심으로 한 호손실험이 과학적 관리론에 기초한 산업조직의 병폐를 개선하기 위해 인간적 측면에서 대안을 찾고자 한 노력으로 이해했다. 그렇지만 종국적으로 조직인본주의나 인간관계론적 연구들은 효율성에 필요한 수단을 강구하려는 노력에 불과한 것으로 보았다(Waldo, 1952: 81-103).

왈도의 생각은 조직인본주의와 같은 관리이론이 비록 자비로운 온정주의(benevolent paternalism)에 근거했다고 하더라도, 그것이 종국적으로는 더욱 강한 전제적 관리(higher despotism)를 추구하는 데 목적이 있는 것이라면, 민주적 관리 체제(healthy functioning democratic system)를 추구하는 것이 아니라고 보았다. 따라서 왈도는 사행정 영역에서 개발된 관리이론의 발달이 민주행정이론의 발전과 일치하는 것은 아니라고 주장했다.[38]

왈도는 공공행정의 영역에서 민주성보다 효율성이라는 개념이 주요한 가치로 인정되어 온 까닭은 사행정에서 강조하는 가치가 아무런 여과 장치 없이 행정의 영역으로 유입한 결과로 보았다. 특히 그렇게 된 이유는 전통적 행정, 즉 진보주의적 개혁운동에서 볼 수 있듯이, 민주성을 희생하고라도 능률성을 추구하는 것이 바람직하다는 생각에서 연유되었다는 것이다. 결론적으로 잘못된 가치 체계를 수정하고 민주행정이론의 발전을 도모하기 위해서는, 목표로서의 민주성과 수단으로서의 효율성 간의 바람직한 연계가 이루어져야 함을 강조했다.

(2) 실증주의에 대한 비판

왈도가 접근한 두 번째 문제는 행정학에 유행하기 시작한 실증주의에 대한 비판으로, 정통행정학자들이 기반했던 가치 중립적인 행정 원리의 정치적 이데올로기성을 폭로했다. 왈도는 행정학을 정통행정학에서 주장하는 것과 같이 가치 중립적이 아닌, 가치 함축적(value loaded) 특성을 지닌 실체로 파악했다. 행정은 이미 가치가 개입된 이념적 성격으로 보아야 하기 때문에 가치를 배제한 행정학은 생각할 수도 없으며, 과학성 위주의 행정학으로는 사회 문제를 해결할 능력이 없다는 입장이다(Waldo, 1965).

왈도는 이에 따라 실증주의에서 강조되던 과학성에 문제를 제기했는데, 과학성의 본질이 일반적인 상식의 확산이나 습득 또는 경험주의 등만으로 이루어지는 것은 아니라고 보았다. 다시 말해, 과학적 이론은 자료의 축적과 사례의 반복으로 이루어지는 것이 아니라, 내면적인 신조가 없이는 이루어질 수 없는 것으로 이해했다. 따라서 왈도는 실증주의자들이 이를 간과하고 있다고 비판했다.[39]

그러나 왈도가 당시에 유행하던 과학성을 비판했다고 해서 자연과학적 방법론을 전

---

38) 왈도는 특히 사기업 부문에서 개발된 원리를 공공 부문에 적용하는 데서 심각한 문제가 발생한다고 보았다.

39) 특히 왈도는 개념과 이론으로부터 구분된 순수한 사실이란 존재하지 않는다고 주장했다.

적으로 부정한 것은 아니다. 다만 인간이 자연 질서 안에 존재하면서 일련의 행정 문제가 자연과학적 방법에 의해 접근될 수 있다는 것은 대부분 인정해야 하지만, 종국적으로 행정이라는 문제는 가치와 깊게 연결될 수밖에 없다는 것을 강조했다. 이러한 가치로는 개인주의, 민주주의, 자유와 평등, 평화 등을 열거할 수 있다.

왈도는 유사한 맥락에서 논리적 실증주의자나 행태주의자들이 주장하는 기계적 능률성을 현실적으로는 인정했다. 그러면서도 가치문화의 특수성을 고려한 상대적 능률성 또한 실존한다는 입장에서, 양자를 절충하고 조화시키는 융화적 능률성(conciliated efficiency) 개념을 주장했다(이병철, 2005: 216-217).

7) 린드블롬의 점증주의

린드블롬(Charles E. Lindblom)의 연구는 전후 시대의 종지부를 찍는 이정표의 역할을 했는데, 그것은 정부의 노력 가운데 가장 중요한 부분이 정책이나 의사 결정 영역이기 때문이다.[40] 린드블롬은 당시 정치학자들이 정치 이념이나 철학·정치 체제·권력구조 등에 관심을 보이며, 주로 결정된 정책(policy output)과 정책 결정 체제(policy making system)에만 주목한데 반해 정책 결정 과정에 지대한 관심을 보였다.

정책 결정은 두 개의 주요한 가치인 능률성과 시민통제에 대한 대응성이라는 상호 모순된 가치를 추구한다. 이 중 능률성은 정책 결정의 분석적 측면을 강조하는 반면에, 시민통제에 대한 대응성은 정치적 측면을 강조한다. 그래서 린드블롬은 정책 결정 과정을 능률성과 대응성 간의 갈등과 조화 속에서 점진적인 성격을 내포하는 것으로 보았다(정철현, 2005: 178-179). 그 결과 린드블롬은 정치에 대한 대안으로서 분석을 강조하는 과학적 정책 결정보다는 오히려, 분석을 정치적 상호작용의 한 요소로 인식하고 이를 정치적 상호작용에 종속시키는 전략적 정책 결정을 지지했다. 이는 인간의 인지 능력의 한계를 인정하고, 정책 결정을 정치 과정으로 파악해야 한다는 것을 의미한다.

린드블롬의 주장은 1959년 『미국행정학보』에 발표된 「점증주의 과학(The Science of Muddling Through)」을 통해 제기되었다. 린드블롬은 이 논문에서 정부에서 강조하는 결정 과정의 합리적 모형에 대해 비판적인 태도를 취하면서, 대부분의 결정이 모든 정보를

40) 1960년에 이르러서는 미국 공무원의 수가 연방 공무원은 240만 명, 주정부 공무원은 150만 명, 지방정부 공무원은 480만 명에 달하게 된다. 그리고 연방 수준에서 정부 지출액이나 소비액은 920억 달러에 도달하는데, 1962년에는 처음으로 1,000억 달러의 예산이 수립된다. 이런 측면에서 1960년대는 현대적인 정부가 수립되는 이정표가 되는 해라고 볼 수 있다.

고려한 합리적 과정에 의해 이루어진다는 주장을 반박했다. 대신 린드블롬은 기본적으로 의사 결정은 정책 수립자의 의지나 의도보다는 정치적 사건이나 환경에 의해 더 많은 영향을 받는다고 보았다.

린드블롬이 강조한 점증주의는 이처럼 현실의 정책 결정을 기술하는 측면뿐만 아니라, 어떻게 결정을 작성해야 하는가에 관한 규범적인 측면도 아울러 내포하고 있다. 다시 말해, 의사 결정에서 제한된 합리성(bounded rationality)의 개념을 발전시켜, 정치 과정 속에서 완벽한 개혁보다는 점진적 변화가 이루어진다는 내용의 점증주의를 주창했다.[41) 린드블롬은 1979년에는 이 논문을 수정한 「점증주의의 지속화(Still Muddling, Not Yet Through)」를 발표함으로써, 그의 점증주의론은 이후 1960년대에 관리과학(management science)과 정책과학(policy science)으로 발전하는 데 초석이 되었다. 또한 린드블롬의 분석적 시각은 정치학과 행정학의 경계에 있는 학문 분야에 대한 연구를 촉진시켰다.

이와 같이 린드블롬이 행정이론에 미친 가장 큰 영향은 점증주의(incrementalism)라고 할 수 있다. 린드블롬은 합리주의적 의사결정이론을 비판하고, 실제 행정 현상에서 이루어지는 정책 결정은 점진적으로 이루어진다는 점을 역설했다. 린드블롬의 점증주의 모형은 합리주의가 지닌 문제점을 지적하고 현실의 정책 결정이 지닌 특성을 반영하는 입장에서 등장했기 때문에, 위험 부담을 감소할 수 있고 또한 정책 체제의 보수성을 담보할 수 있다는 점에서 그 의미를 부여할 수 있다.

그러나 린드블롬의 점증주의 모형은 이 같은 특성에도 불구하고, 점증주의 자체가 기득권의 논리가 될 가능성이 농후해 개혁의 방해 요인이 될 수 있다는 점에서 그 한계를 드러낸다. 특히 일반적으로 이루어지는 정책 결정은 사실상 점진주의적으로 결정되는 것이 많아, 점증주의는 처방적 이론이라기보다는 설명적 이론에 그치고 있다는 비판을 받고 있다.

4 번영기의 행정이론

행정이론의 발달 과정에서 1960년대만큼 행정이 시대적 분위기에 영향을 받은 시기를 찾기란 쉽지 않다. 체제론적 접근 방법(systems approach)이 우세했던 1960년대의 행

41) 1967년에는 에치오니(Amitai W. Etzioni)가 「혼합주사(Mixed-Scanning)」라는 논문을 통해 혼합적 주사 접근 방법을 제안했다.

정은 변화에 대한 요구와 변화를 촉진하는 데 필요한 능력과 기술 등 모든 부분에서 확신에 가득 차 있었다. 그래서 왈도는 1960년대를 과학적·기술적으로 절정의 시대였다고 회고하기도 했다(Waldo, 1984).

1950년대가 가고 1960년대가 되자 일어난 정치적 첫 사건은 케네디(John F. Kennedy) 대통령의 취임이었다. 그는 1961년에 미국인 우주비행사가 1960년대 말까지는 달에 착륙하는 것을 국가 목표로 설정했는데, NASA는 드디어 1969년에 그 목표를 달성할 수 있었다. 이어 등장한 존슨(Lyndon B. Johnson) 대통령은 사회적 개입과 변화라는 측면에서 전례가 없을 정도의 규모로 '위대한 사회(Great Society)' 프로그램을 구체화시켰다.

존슨 행정부가 구체화시킨 사회적 프로그램의 범위는 뉴딜(New Deal)정책과 닮은 점이 많았다. 존슨 행정부는 이 같은 프로그램과 유사한 사업을 동시다발적으로 추진하기 시작했는데, 그것은 세금 감면을 통해 경제를 소생시키려는 일련의 정책이었다. 또한 정부가 재정적·금융적 기술을 통해 국가 경제를 관리할 수 있다는 이른바 케인스주의(Keynesian)에 입각한 경제정책이 추진되었다.

그 결과 1960년대는 표면상으로만 볼 때, 현대 행정국가에 의해 극복되지 않는 장애란 거의 없는 것처럼 보였다. 단지 좋은 정책분석과 기획, 발전된 관리 체제, 새로운 전문적·과학적 기술, 그리고 행정의 실행만이 요구될 뿐이었다. 이와 같이 1960년대는 행정이 급속도로 팽창한 시기였는데, 이에 따라 행정이론도 그 어느 시기보다도 비약적으로 성장·발전한 시기였다.

우선 1950년대 말부터 미국 행정학의 문화 기속적 속성과 보편타당성의 한계가 드러나면서, 선후진국을 막론하고 공통적으로 적용타당성이 있는 행정학을 만들기 위해 등장한 비교행정연구가 1960년대에 들어오면서 더욱 활발한 활동을 전개했다. 비교행정연구는 리그스(Fred W. Riggs)가 주도한 비교행정연구회(Comparative Administration Group)를 중심으로 1960년대에 활동을 전개했다. 리그스의 발전도상국 행정 체제에 대한 프리즘적 살라 모형(prismatic sala model)은 비교행정연구의 대표적인 성과 중의 하나였다.

그런데 리그스가 가우스(John M. Gaus)의 생태론적 접근 방법을 이어받아 발전도상국가의 행정 행태를 사회문화적 맥락에서 파악한 것까지는 좋았으나, 환경의 영향을 지나치게 강조한 나머지 행정의 독자성을 과소평가해 종속변수로 취급한 것은 문제가 있었다. 이에 행정의 독자성을 인정하고 행정이 환경에 미치는 영향도 아울러 고찰할 필요가 인정되면서 발전행정론이 대두하게 되었다(유훈, 1992: 98).

발전행정은 주로 발전도상 국가의 발전 문제와 관련된 행정의 역할 문제를 다루는 데 주된 관심을 기울였다. 즉, 국가 발전을 촉진하기 위한 수단으로서 행정의 역할에 초점을 두고, 어떻게 발전 사업을 선정·관리할 것인가에 관한 전략과 처방을 제시하는 데 연구의 목적이 있었다. 따라서 발전행정은 규범적이고 정책 지향적인 연구 성격을 띠고 있었다(박동서 외, 1995: 9).

이와 함께 1960년대 행정이론의 발전 과정에서 사회과학이 체제론적 접근 방법으로부터 지대한 영향을 받았다는 사실을 강조하지 않을 수 없다. 이같이 1960년대를 풍미한 체제적 개념에 입각해 카츠(Daniel Katz)와 칸(Robert L. Kahn)은 1966년에 『조직의 사회심리학(*The Social Psychology of Organizations*)』을 출간했다. 카츠와 칸은 이 책에서 특히 사회 체제에 대한 기존의 지식을 조직에 적용하고자 했는데, 특징적인 면은 조직 운영에 대한 이해를 돕기 위해 체제적 관점에서 분석 틀(systems framework)을 제시했다.

한편 1960년대의 예산은 기획예산 제도(planning programming budgeting systems: PPBS)에 의해 지배되고 있었다.[42] 기획예산 제도는 케네디 행정부에서 국방부에만 부분적으로 도입되고 있었는데, 당시에는 예산 과정에 대한 합리성을 높였던 것으로 평가되었다. 이에 따라 1965년 존슨 행정부는 모든 연방기구가 기획예산 제도를 도입할 것을 명하게 되었다.[43]

체제론적 접근 방법의 일환으로 도입된 기획예산 제도가 확산일로에 있던 1966년에 쉬크(Allen Schick)는 『미국행정학보』에 「기획예산으로 가는 길: 예산 개혁의 단계(The Road to PPB: The Stages of Budget Reform)」를 발표했다. 그는 이 논문에서 통제와 책임을 고려한 품목별 예산 제도의 특징과 관리의 효과성을 강조한 성과주의 예산 제도, 목표와 기획, 그리고 프로그램 효과성을 강조한 기획예산 제도 등 예산이론의 발달 과정을 연대기적인 측면에서 기술했다. 특히 쉬크는 이 논문에서 기획예산 제도에 대한 개념과 합리성을 추론했으며, 예산 개혁이 어떻게 이루어져 왔는가를 역사적으로 규명했다.

---

42) 노빅(Novick, 1968)에 의해 개발된 기획예산 제도는 국방부에서 놀랄 만한 성공을 거두어 현재까지 이 제도가 사용되고 있는 반면에, 내부 기관들에서는 그 효과성에 대해 많은 의문이 제기되었다. 체제론적 접근의 일환으로서 도입된 기획예산 제도는 이후 많은 주정부에서 채택했다.

43) 이에 따라 모든 기관은 프로그램의 목적과 평가 항목을 상세히 규정해야 하고, 5년 동안의 지출을 미리 예상해야 하고, 비용편익분석과 프로그램의 활동을 영기준(zero base)에 입각해 고찰하기를 요구받게 되었다. 이 같은 기획예산 제도의 적용은 행정에 대한 관리 체제 접근 방법(management systems approach)이 절정에 이른 한 예이다.

이에 따라 공공 예산 분야에서 그의 논문은 하나의 이정표가 되었고, 관리 체제 접근 방법으로 공공 예산을 연구한 대표적 인물로 평가받고 있다.

1960년대 행정에 지대한 영향을 끼친 체제론적 접근 방법과 함께, 동반적 성장이 이루어진 부분이 정책과학의 영역이었다. 1960년대에는 공공 부문에 운영 연구(operation research: OR)나 체제분석(system analysis)과 같은 기법이 본격적으로 도입되어 행정 개혁이 추진되는 등 관리과학의 학문적 체계가 완성된 시기였다.[44] 또한 존슨 행정부가 추진한 위대한 사회 프로그램의 성과에 대한 관심이 높아지면서, 정책 연구라는 새로운 조류가 일기 시작했는데 그 결과 정책학이라는 학문적 체계가 형성되기에 이르렀다.

정책학이라는 용어는 1951년 라스웰(Harold D. Lasswell)이 발표한 「정책지향(Policy Orientation)」이라는 논문을 통해 처음 사용되었지만, 정책학이 본격적으로 발전하기 시작한 것은 1960년대라고 할 수 있다. 초기 정책학의 초점은 정책 결정 과정의 정치와 특정 프로그램의 집행에 맞추어져 있었으나, 1960년대에 이르러서는 정책 관련 전문학술지가 다수 창간됨으로써 정책학의 성장·발전을 위한 지적 토양이 마련되었다.

이 같은 시점에서 특히 정책분석에 대한 중요성은 드로(Yehezkel Dror)에 의해 제기되었다. 1967년에 『미국행정학보』에 발표한 「정책분석가: 정부 서비스 영역에서 새로운 전문적 역할(Policy Analysts: A New Professional Role in Government Service)」은 정책분석에 대한 새로운 시각과 이의 중요성을 환기시키는 데 큰 역할을 했다.

예산이론과 정책이론의 영역에 영향을 미친 체제론적 접근 방법은 조직 영역과 관료의 행태 영역에서도 그 영향력은 뒤지지 않았다. 이를 반증하듯 1967년에는 관료제에 대한 냉철한 분석과 이의 종말을 고하는 두 편의 글이 발표되었다. 하나는 다운스(Anthony Downs)의 『관료제 내부(*Inside Bureaucracy*)』라는 책이었다. 그는 이 책에서 미국 관료제의 분석을 통해 미국의 관청과 관료의 행태를 예측하는 데 도움이 되는 법칙과 명제를 발전시키고자 했다.

다른 하나는 베니스(Warren G. Bennis)가 1967년에 『인사행정』에 발표한 「미래의 조직(Organizations of the Future)」이라는 논문이었다. 베니스는 사회가 관료적 기구와 점점 더 많은 교류를 확산시켜 나가던 시기에, 관료기구의 죽음을 알리는 신호를 보냈다. 그는 예측하기를 향후 미래 사회는 급속한 조직적·기술적 변화, 참여적 관리, 더욱 전

44) 1960년대의 기획예산 제도의 도입은 관리과학의 기법을 활용한 행정 개혁 성과의 대표적인 산물이라고 할 수 있다.

문화된 노동력의 성장 등을 요구하는데, 현재의 조직 형태로는 이 같은 미래에 대처할 수가 없다고 비판을 가했다.

베니스는 미래 조직에 대한 대안으로 비관료적·비구조화를 추구함으로써, 조직이 반응적이며 탄력적으로 재편되어야 할 필요가 있음을 강조했다.[45] 베니스는 또한 이 논문에서 행태과학과 개방체제이론을 통해 얻을 수 있는 교훈을 정리하면서, 동시에 새로운 조직 형태가 가져올 효과에 대해 예측을 시도했다. 그가 열거한 사례는 주로 외적인 것들로서, 무엇보다도 사회에 대한 조직의 영향과 상호작용에 주안점이 주어져야 한다는 입장이었다(Bennis, 1984).[46] 결론적으로 베니스는 인간 행태와 가치, 권력, 조직 형태 등에 대해 과거와는 전혀 다른 미래에 다가올 조직 개념을 구축한 학자로 평가받고 있다.

1960년대는 이처럼 학문 분야에서만이 아니라 정부 영역에 이르기까지, 행정이론이 확장되고 큰 변화가 야기된 시기였다. 단적인 예로 존슨 행정부가 시도했던 위대한 사회 프로그램(Great Society Program)은 주정부와 지방정부에 근무하는 공무원들을 자극해 이들의 학문적 성장이 이루어지도록 각종 지원과 장려를 아끼지 않았다.

그러나 1960년대는 이 같은 성장에도 불구하고 여러 부문에서 많은 의문점을 남겨둔 채로 끝나가고 있었다. 예컨대 베트남전이 그랬고, 그로 인해 형성된 학생들의 전투성이 그러했다. 이에 더해 과거에는 볼 수 없었던 섬세하고 민감한 고객집단이 출현하기 시작했으며, 고용 기회 평등과 대표관료제 같은 개념이 시행되거나 등장하기 시작했다.

행정학에 끼친 이런 문제들이 초래하는 영향에 대해 탁월한 분석을 시도한 학자는 왈도(Dwight Waldo)였다. 그는 1968년 『미국행정학보』에 발표한 「혁명기의 행정학(Public Administration in a Time of Revolution)」에서 시대적 조류를 다루었다.[47] 왈도는 이 논문에서 1960년대가 진정한 혁명의 시기였는지에 대해 의문을 제기하면서, 대신에 동시대 혁명(contemporary revolution)으로 격하시킴으로써 혁명사상을 희석시켰다. 그렇지만 기술과 과학, 관료제와 큰 정부, 그리고 사회에 대한 높은 기대치는 지극히 현실적이

---

45) 이 같은 베니스의 사고를 확장시킨 것이 1968년에 슬래터(Philip E. Slater)와 공저로 출간된 『변화하는 사회(*The Temporary Society*)』이다.

46) 본래 베니스는 민주적인 조직 리더십(democratic organizational leadership)에 주로 관심을 기울였는데, 이 주제는 1980년대에 들어오면서 변혁적 리더십(transformational leadership) 사상으로 발전하게 된다.

47) 왈도는 이후 혁명(revolution)이라는 용어 대신에 혼돈(turbulence)이라는 말을 사용해 1971년에 『혼돈기의 행정학(*Public Administration in a Time of Turbulence*)』을 출간했다.

어서, 이에 대한 심각하고도 포괄적인 대응을 행정에 요구하고 있다고 보았다.

혁명의 시기가 초래한 영향에 대한 왈도의 분석은 이후, 자아 반성(self-examination)에 큰 자극을 제공했다. 왈도의 논문에서 제기된 주제들, 즉 1960년대에 출현한 사회적 형평, 시민 참여의 확대, 조직적 인본주의 등의 내용과 요구는 명백해진 데 반해, 이 시기에 그에 따른 성과는 거의 없었다. 그 결과 1970년대는 왈도가 제기한 이슈들이 행정학에서 주된 논의의 장이 되었으며, 행정을 개혁하려는 시도가 주가 될 수밖에 없었다.

한편 1960년대 말은 베트남전으로 인한 사회적 불안과 행정적 불만으로 특징지어진다. 1960년대에 발전된 일부 관리 체제와 프로그램이 비판의 대상에 오르기 시작하는데, 체제론적 접근 방법의 상징이었던 기획예산 제도가 도마에 오른 것도 이 무렵이다. 기획예산 제도의 무용론에 첫 포문을 연 학자는 윌다브스키(Aaron B. Wildavsky)였다.

윌다브스키는 이미 1964년에 출판된 『예산 과정에서의 정치(*The Politics of the Budgetary Process*)』에서, 예산은 정치적 고려에 의해 점증적 과정으로 형성된다고 주장했었다. 이 같은 연장선상에서 그는 1969년에 『미국행정학보』에 발표한 「기획예산 제도로부터 정책분석의 구원(Rescuing Policy Analysis From PPBS)」을 통해 기획예산 제도에 대해 통렬한 비판과 함께 쓸모없는 계획으로 폄하했다. 윌다브스키는 이 논문에서 기획예산 제도의 분석적 기능과 기획이 예산의 기본적 성격과 어떻게 모순되고 있는지를 보여주었다. 이에 따라 기획예산 제도를 도입했던 연방기구와 대부분의 주정부와 지방정부는 1960년대 말에 이르자 이 제도를 거의 포기하는 상황을 맞았다.[48]

1960년대를 특징짓는 것 가운데 정치운동가(political activist)들의 활동을 빼놓을 수 없다. 이들의 주요 슬로건 중 하나는 시민에게 권력(power to the people)을 돌려주라는 것이었다. 이를 행정적 용어로 말하자면 공공 서비스의 분권화로 불리는데, 물론 최고의 극대화된 분권화 주장은 무정부주의였다. 분권화와 관련해 코프먼(Herbert Kaufman)은 1969년 『미국행정학보』에 「행정분권화와 정치 권력(Administration Decentralization and Political Power)」을 발표했다.

분권화에 대한 코프먼의 관심은 리더십, 관료적 대표성, 그리고 정치적 중립 문제에 놓여졌다. 코프먼은 복잡한 현대 사회에서 국민을 포괄하기 위해서는 새로운 대표제 형태(modes of representation)가 요구되며, 동시에 반응성 있는 행정이 구축되어야 한다고

48) 기획예산 제도(PPBS)가 비록 문제가 있기는 하지만 여전히 주요한 예산 제도로서 영향력을 지니고 있다고 보아야 할 것이다. 다만 초기에 도입된 기획예산 제도라기보다는 변형된 형태로 아직까지도 이 제도는 존재한다고 할 수 있다.

주장했다. 그렇지만 그가 암시하는 이런 내용은 1960년대의 행정 능력으로는 해결이 불가능한 것들이었다. 그래서 그는 대신 공공정책의 결정 시에 행정적 분권화를 통해 지역의 영향력을 더욱 강화할 수 있는 방안을 제시했다.[49]

거대한 변화의 시기인 1960년대를 장식한 마지막 목소리는 로위(Theodore J. Lowi)로부터 나왔다. 그는 1969년에 출간한 『자유주의의 종말: 이데올로기, 정책과 공적 권위의 위기(*The End of Liberalism: Ideology, Policy and the Crisis of Public Authority*)』에서, 민주적 정부에 대한 맹렬한 비판과 함께 이익집단에 기초한 다원주의로 인해 미국의 정책 과정이 무력해지는 것에 대해 통렬한 비난을 가했다. 다만 로위의 비판은 코프먼이 주장한 분권화와는 대립되는 시각을 보여주고 있다는 점에서 차별성이 있다(Shafritz & Hyde, 1987: 276-279).

끝으로 1960년대의 정부개혁, 특히 민권운동과 빈곤퇴치사업 등의 전개는 행정이 개인에게 미치는 영향에 대한 관심을 환기시켰는데, 이러한 배경에서 등장한 것이 신행정학운동(new public administration movement)이었다. 1968년 9월 왈도의 주관 하에 소장학자와 실무가들이 모여 미노브루크(Minnowbrook)에서 회의가 개최되었는데, 그들은 현실적합성(relevance), 참여(participation), 변화(change), 가치(values), 사회적 형평성(social equity) 등에 기초한 행정학의 독자적 주체성을 강조했다.[50]

신행정학운동은 행정학의 실천적 성격과 적실성을 회복하기 위해 정책 지향적인 행정학을 요구했다. 그리고 전문직업주의와 가치 중립적인 관리이론에 대한 집착을 비판하면서 민주적 가치 규범에 입각해 분권화, 고객에 의한 통제(client control), 가치에 대한 합의 등을 강조했다. 또한 행정은 정치적·경제적·사회적으로 불리한 입장에 있는 계층을 위해, 양질의 서비스를 제공해 사회적 형평을 실현해야 한다고 주장하면서 행정인의 적극적인 역할을 강조했다.[51]

신행정학은 이와 같이 정통행정학이 추구했던 능률지상주의를 탈피해 사회적 형평,

---

49) 코프먼도 행정적 분권화의 부작용으로 갈등이 야기될 수 있다는 점을 인정했다. 즉, 경제적·사회적 형평을 도모하고자 하는 국가적 권한의 추구를 방해할 수도 있고, 지방 정부와 프로그램 사이의 비생산적 경쟁이 야기될 수도 있고, 정부 운영 시에 비효율을 야기할 수도 있다고 보았다.

50) 마리니(Marini, 1971)는 신행정학이 지향하는 방향으로 현실적합성이 있는 행정학, 탈행태주의, 격동적 변화에 대한 적응력, 새로운 조직모형, 고객중심주의 등을 제시한 바 있다.

51) 신행정학운동의 대표적 학자 가운데 한 사람인 프레데릭슨(Horace G. Frederickson)은 사회적 형평을 행정봉사의 공평성, 정책의 책임성, 변화 지향성, 시민의 욕구에 대한 대응성 등으로 규정하고 있다.

민주적 가치, 인본주의에 입각한 능동적 행정, 고객 중심 행정을 주창했다. 이를 위해 탈관료제 조직설계를 대안으로 제시했으며, 논리실증주의와 행태주의를 비판하고 현상학적 접근 방법을 제시했다.[52] 결국 신행정학은 가치 중립적이기보다는 규범 지향적이며, 기술적이기보다는 처방적이며, 제도 지향적이기보다는 고객 지향적인 행정과 행정학을 강조했다. 신행정학의 지적 전통은 이후 1980년대를 전후해 등장한 비판행정학이나 행위이론(action theory)으로 그 맥이 이어져 왔다(이종수 · 윤영진, 2005: 130-131).

결론적으로 거대한 약속과 변화의 시기였던 1960년대는 내외적으로 행정에 새로운 저항과 한계를 부여했다. 그 결과 행정의 자기 반성과 개혁을 위한 의제가 형성되었고, 이 같은 주제는 1970년대에 가장 중요한 이슈가 될 수밖에 없었다. 이상과 같은 거대한 변화의 시기로 특징지어지는 1960년대 행정이론의 발달 과정의 특성을 대표적 학자들의 입장을 통해 살펴보면 이러하다.

1) 리그스의 프리즘적 모형

(1) 프리즘적 모형의 출발 동기

리그스(Fred W. Riggs)에 따르면, 규범적 이론으로 행정 개혁이나 행정 발전을 연구하는 데는 두 가지의 지식이 필요하다는 것이다. 하나는 행정 실태와 행정사 간의 관계에 대한 명확한 지식이 있어야 하고, 또 다른 하나는 행정적 변수(administrative variables) 간의 인과 관계를 검증 가능한 가설로 만들 수 있어야 한다. 이런 측면에서 그동안 행정학이나 정치학에서 이용되어 온 모형은 미국이나 영국 등과 같은 유럽 국가들을 연구한 데 따른 결과라는 것이다. 다시 말해, 이들 국가는 환경 요인이 비교적 유사했기 때문에, 환경이나 배경을 무시한 채 독자적인 존재인 것처럼 간주해 행정 제도나 행정 실체를 연구해 왔다는 것을 의미한다.

그런데 비유럽 국가들의 행정을 이러한 제도적 자율성(institutional autonomy)이라는 가설을 지닌 비생태적 모형으로 연구하거나 또는 이 모형으로부터 법칙을 도출해 후진국가에 응용했을 경우, 그 모형이나 학설은 무용지물이 되고 마는 결과를 초래할 수밖에 없다. 그래서 이 같은 결과를 초래하지 않기 위해서는 외국 행정을 연구하는 데 도움이

52) 제1차 미노브루크 회의 소집 후 20년 만인 1988년에 개최된 제2차 미노브루크 회의에서는 종전과 달리 행태과학이 행정학 발전에 기여한 공헌을 높이 평가하는 가운데 공무원 윤리, 사회적 형평, 인간관계론, 행정과 민주주의의 조화 등에 관한 문제들이 논의되었다.

될 수 있는 생태학적인 기초(ecological base)를 가진 모형을 만들 필요가 있다. 하지만 모형을 만든다 해도 현실적으로 전통적 요인과 공업적 근대화가 혼합된 개발도상 국가들을 연구하는 경우, 모형의 적실성을 찾기 어렵다는 데 문제가 있었다.

리그스의 논의의 출발점은 그래서 전통적 요소를 지닌 농경국가도 아니고 근대화가 된 산업국가도 아닌, 제3의 국가 형태인 개발도상국을 연구하는 데 적합한 분석모형을 개발하고자 한 데서 출발했다. 이에 따라 리그스는 전이적 사회(transitional society)의 특성을 지닌 개발도상국을 분석하기 위한 모형으로 프리즘적 모형(prismatic model)을 제안했다.

프리즘적이라는 용어는 구조 기능적 분석에서 빌려온 개념으로 큰 체제의 일부분을 의미한다. 따라서 프리즘적 모형은 전통적이고 후진적 사회를 연구하는 데 도움이 되는 융합적 사회모형(fused society model)과, 발전된 서구의 공업사회를 분석하는 데 유용한 분화적 사회모형(refracted society model)의 중간형이라고 볼 수 있다. 즉, 농업사회와 산업사회 사이의 중간 단계에 머무르고 있는 전이적 사회의 특성을 설명하고자 프리즘적 모형을 설정했다.

프리즘적 사회에서는 그 구조의 다양성 때문에 정치, 행정, 사회, 경제, 종교 체제와 같은 하위모형(sub model)을 만들 수 있다. 이때 프리즘적 사회의 행정적 하위모형을 설명하기 위해 살라모형(sala model)을 만들어 낸 것이다(Riggs, 1960: 1-46).[53]

(2) 프리즘적 사회의 특성

개발도상국의 특성을 분석하기 위한 모형으로, 리그스가 제안한 프리즘적 사회(prismatic society)의 특징을 살펴보면 다음과 같다(Riggs, 1964: 267-285).

첫째, 프리즘적 사회의 특징으로 고도의 이질혼합성(heterogeneity)을 들 수 있다. 이질혼합성이란 전통적이고 융합적인 특성과 현대적이고 분화된 특성이 심하게 혼합되어 있는 상태를 의미한다. 그 결과 프리즘적 사회의 가장 두드러진 행정적 특성은 살라모형에서 찾을 수 있다. 예컨대 프리즘적 사회에서 현대적 의미의 관청(bureau)이나 전통적 의미에서의 조정(court)이 혼합되어 있는 살라 체제가 대표적인 예이다.

53) 살라(sala)는 프리즘적 사회에서 행정적 하위모형을 의미하는 것으로 아시아에서는 사무실(office)이라는 의미로도 사용되나 정자(pavilion), 거실(drawing room) 또는 종교적 모임을 위한 장소로 사용되는 곳을 의미한다. 그래서 분화형 사회에서 살라와 유사한 형태로는 사무소(office)나 관청(bureau)을 들 수 있다. 그렇지만 살라는 융합적 전통사회에서 장소를 의미하는 가정(home)이나 조정(court)과는 다른 의미를 갖는다.

둘째, 프리즘적 사회의 특징으로 고도의 형식주의(formalism)를 들 수 있다. 형식주의란 공식적 규범과 그것의 실제 적용 간에 차이가 많고, 제도와 실제의 차이 내지 불일치의 정도를 의미한다. 살라모형 자체의 가장 큰 특징이 바로 형식주의가 심각하게 만연되어 있다는 데 있다. 다시 말해, 법률과 관리들의 실제 행태가 전혀 별개로 작동하는 예가 그것인데, 형식주의의 심화로 인해 관료의 행정재량이 증가하고, 이는 다시 정실주의나 부패로 연결되기 쉽다는 데 살라모형의 특징이 있다.

셋째, 프리즘적 사회의 특징으로 중첩성을 들 수 있다. 중첩성이란 분화된 사회의 전문화된 구조들이 융합적 사회의 전문화되지 않은 구조와 함께 공존하는 것을 의미한다. 예컨대 프리즘적 사회에서는 정부, 의회, 선거 제도, 학교 등과 같은 새로운 기구가 들어서는 한편, 행정이나 정치, 경제, 교육과 같은 것들은 기능이 분화되지 않은 구조, 즉 가족이나 종교적 집단, 또는 특수 계급이나 분파에 의해 지속적으로 수행된다.

그 결과 분화적인 구조에 적합한 새로운 규범이나 가치 체계는 겉치레 대우만을 받지만, 전통적이고 특수화되지 않은 사회의 오래된 가치는 여전히 강력하게 존재하는 양상이 지속되게 된다. 이에 따라 중첩성은 의식적인 공적 형태와 무의식적인 비공식적 행태 간의 사회적 분열증(social schizophrenia)을 초래한다.

넷째, 프리즘적 사회의 특징으로 다분파성(poly-communalism)과 붕당(clefts)을 들 수 있다. 프리즘적 사회에서는 현실적으로 학연 · 지연 · 혈연 등에 의해 결속되는 공동체가 많아, 대립과 투쟁이 심한 다분파성 현상이 만연되어 있다. 이로 인해 겉으로는 현대적 조직 형태를 갖추고 있지만, 맹목적인 충성만이 강요되는 붕당적 성격을 띠게 된다. 그 결과 살라 체제의 붕당 형성은 분화적 사회의 정부나 관청의 보편적인 규범을 형성하는 데 방해가 될 수밖에 없다. 즉, 중첩성은 살라 체제의 규제적인 규범과 모순되는 형태가 될 가능성이 높다.

다섯째, 프리즘적 사회의 특징으로 바자 캔틴 모형(bazaar-canteen model)의 특성인 가격의 불확정성(price indeterminancy)을 들 수 있다. 바자 캔틴 모형은 프리즘적 사회의 하위 모형이다. 이는 재화의 가격이 정해져 있기는 하나, 실제 거래가격은 판매자와 구매자의 유대 관계나 협상력 또는 권력 등 환경적 요인에 의해 달라지는 사회를 의미한다. 그 결과 바자 캔틴 모형이 지배하는 살라 체제에서는 급료, 구매, 계약, 부수입, 회계검사 등과 같이 돈이 결부되는 곳이면 어느 곳에서나 가격의 불확정성이 개입하게 된다.

여섯째, 프리즘적 사회의 특징으로 다규범성(poly-normativism)과 합의의 결여(lack

of concensus)를 들 수 있다. 분화형 사회의 관청은 모든 참여자, 즉 통제나 봉사의 대상인 고객은 물론 관청의 관리가 함께 납득할 수 있는 기본 원칙이나 공리를 체제의 전제로 삼고 있다.

그런데 반해 프리즘적 사회에서는 이러한 조건이 존재하지 않는다. 즉, 전통적 사회에 기반을 둔 규범이나 신화들이 아직도 영향을 미침에 따라 본질적인 합의를 결여하게 된다. 다규범성은 살라 체제에서 심각한 형태로 나타난다. 예를 들면 관리는 공개적으로는 객관적이고 업적 지향적인 채용 기준, 신분의 평등과 보편적 규범을 고수하는 듯하나 실제로는 주관적이고 신분주의적 기준과 엄격한 신분 계급 및 배타적 규범에 따르고 있는 현실이 이를 보여준다.

(3) 리그스 모형의 한계

리그스가 개발도상국의 특성을 설명하려고 제안한 프리즘적 모형과, 이 같은 사회의 하위행정 체제 모형을 설명하기 위한 모형인 살라 체제는 비교행정 연구의 발전에 지대한 공헌을 했다. 그럼에도 이 모형은 몇 가지 측면에서 문제점을 안고 있다.

첫째, 모형 자체가 구조기능론적 분석에 입각한 균형론이고 정태적 성격을 띰으로써 사회 변동을 충분히 다루지 못하고 있다. 이에 따라 행정을 결정론적 시각에서 환경의 피동적 존재로 보거나, 창조적 엘리트가 환경을 변동시킬 수 있다는 것을 경시했다는 측면에서 상당한 문제를 안고 있다. 특히 새로운 사상과 제도가 도입되었을 경우, 이를 발전으로 유도할 수 있다는 발전 가능성을 간과하고 있다는 점에서 개발도상국의 잠재력을 폄하하고 있다.

둘째, 리그스가 의미하는 프리즘적 사회의 특징이 과연 병폐적 요소들인가 하는 문제이다. 리그스가 제시하고 있는 기준은 어디까지나 서구의 합리적 사고에 근거하고 있는 것이지, 개발도상국의 상황에서 보면 반드시 병폐라고만 할 수는 없다. 이러한 현상은 산업사회에서도 흔히 발견할 수 있다는 데서 문화적 우월성에 입각한 모형이라는 비판에 직면해 있다.

2) 카츠와 칸의 조직의 사회심리학

카츠(Daniel Katz)와 칸(Robert L. Kahn)은 조직에 사회 체제적 시각을 적용하고자 했다. 이들은 체제적 관점에서 분석 틀(systems framework)을 제시했다는 점에서 그 의의를 찾을 수 있다. 카츠와 칸은 체제론적 시각에서 외부 환경이 조직에 어떻게 영향을 미치느냐는 문제를 취급함으로써 환경의 성격을 규정하고자 했다. 이들의 연구는 환경이 조직 변화를 설명하는 데 가장 중요한 변수라는 명제에서 출발한다.

카츠와 칸에 따르면, 조직이 변화를 일으키는 것은 조직 내부에 있는 수평적·수직적 압력이 아니라, 조직 외부에서 가해 오는 압력(input)에 의해 이루어진다는 것이다. 이 압력에 따라 조직은 전략을 수립하게 되는데, 불확실한 환경일수록 폭넓고 다각적인 전략을 세우게 되고 이 전략을 뒷받침하기 위해 구조 변화가 유발된다고 한다. 카츠와 칸의 견해를 이해하는 데는 의사결정점(decision points)이라는 개념을 이해할 필요가 있다. 의사결정점에서 환경의 요구(environment demand)에 대한 조직의 반응이 발생하기 때문에, 이 의사결정점을 관찰하면 적응 상태를 알 수 있다는 것이다. 이러한 의사결정점으로는 네 가지 종류가 있다.

첫째는 전체 환경 가운데에서 어느 특수 분야를 택해 이에 맞는 전략을 수립해야 하는가를 결정하는 영역(domain)의 문제이고, 둘째는 그 전략을 집행하기 위해 적절한 기술(technology)을 택하는 결정, 셋째는 이 전략과 기술을 통제하기 위한 구조(역할)를 수립하는 결정, 그리고 넷째는 조직의 계속성을 확보하기 위한 결정이 그것이다. 그런데 이런 결정은 최고관리층의 영향을 받지만, 환경과 이미 내려진 결정에 의해 제약을 받는다는 점이 그 특징이다(유종해, 2000: 132-133).

이상과 같이 카츠와 칸은 조직의 개방형 체제에 대한 성격 규명을 통해 안정적이거나 통제가 가능하다면 폐쇄 체제나 전통적 관료제적 구조도 상관이 없지만, 조직환경이 점점 역동적이고 불안정해지면 개방 체제가 요구되기 때문에 전통적 방식으로는 조직의 생존에 문제가 있음을 역설했다. 결론적으로 카츠와 칸은 조직을 바라보는 전통적·폐쇄 체제적 시각이 조직과 환경 간의 상호 의존과 상호작용을 올바르게 인식하지 못해 실패하게 되었다면서, 조직이론에 체제이론을 적용할 것을 주장했다.

3) 쉬크의 예산개혁론

(1) 예산에 대한 체제론적 시각

쉬크(Allen Schick)는 1960년대를 풍미했던 체제론적 시각에서 공공예산을 연구한 대표적 인물이다. 그는 1966년과 1969년에 『미국행정학보』에 각각 발표한 「기획예산으로 가는 길 : 예산 개혁의 단계(The Road to PPB: The Stages of Budget Reform)」와 「체제정치와 체제예산(Systems Politics and Systems Budgeting)」이라는 논문에서 관리 체제 접근 방법으로 공공예산에 접근했다.

쉬크는 예산의 3대 기능으로 통제(control), 관리(management), 계획(planning)을 들면서 이러한 세 가지 기능은 예산 제도를 설계하고 운영하는 데 필수적인 규범이라고 보았다. 쉬크는 예산의 세 가지 주요 기능을 중심으로 예산 제도의 발전 단계를 설명했다. 즉, 어떤 예산 제도이든 모든 예산 제도는 이 같은 기능을 내포하고 있지만, 예산 제도의 종류에 따라 특정 기능을 강조하고 있다는 점에서 차이가 있다는 것이다. 예컨대 품목별 예산 제도는 통제 기능을, 성과주의 예산 제도는 관리 기능을, 기획예산 제도는 계획 기능을 특히 강조하고 있다는 점에서 차별성이 있다.

쉬크는 예산 제도의 발달 과정을 설명하는 가운데, 기획예산 제도에 대한 차별적 관점에서 이에 대한 개념과 합리성을 추론했다. 특히 쉬크는 예산 제도의 발달 과정을 통해 예산 개혁이 어떻게 이루어져 왔는가를 역사적으로 규명함으로써 공공예산 분야에서 그의 논문은 하나의 이정표가 되었다. 쉬크의 예산이론이 기여한 바는 예산 제도의 발달 과정을 규명한 것 외에, 1960년대를 풍미했던 체제론적 시각에서 예산 제도에 접근했다는 데 있다. 그는 1969년에 기획예산 제도를 도입한 지 1주년을 맞이해 이를 평가하기 위해 위의 논문을 발표했는데, 이 논문에서 체제론적 관점을 반영한 기획예산 제도가 성공하기 위해서는 정치와 예산 체계가 체제론적 관점에서 새롭게 혁신되어야 함을 강조했다.

다시 말해, 쉬크는 1960년대 중반의 미국 정치 과정의 결점을 지적하고 이를 보완하는 데 기획예산 제도가 도움이 된다는 입장에서, 정치와 예산 운영이 체제론적 관점에서 개혁되어야 함을 주장했다. 이를 위해 미국 사회를 지배하고 있는 점증주의와 다원주의를 비판했으며, 특히 체제론적 관점에서 종래의 과정정치와 과정예산 운영 중심의 한계를 극복해야 함을 역설했다.

(2) 체제론적 예산에 대한 시각의 한계

체제론적 시각에 입각한 기획예산 제도의 도입을 통해 쉬크가 추구하고자 한 사회적·경제적 약자에 대한 배려나 재원의 합리적 배분, 그리고 재원 배분의 효과성에 대한 그의 견해는 상당한 타당성을 지닌다. 다만 쉬크의 주장은 이 같은 타당성에도 불구하고 다음과 같은 문제를 안고 있다.

첫째, 엘리트주의(elitism)에 대한 과신이 그것이다. 체제론이 안고 있는 한계이기도 하지만, 체제론적 관점에서 기관의 목표를 정하고 그것에 따라 정책을 결정하는 체제론적 예산 운영은 중앙집권성을 강조할 경향이 농후하다는 데 문제가 있다. 이런 관점에 따를 경우 예산은 기관 운영의 책임을 담당하는 소수의 최고결정자들에 의해 좌우될 가능성이 높다.

둘째, 체제론적 예산 운영 방식을 강조하기 위해 다원주의와 점증주의를 비판했는데, 이 과정에서 공공선택론이나 정치경제학에 지나치게 의존했다. 쉬크가 의존했던 이론적 개념은 시장의 실패였는데, 시장의 실패에 대한 반론이 만만치 않다는 데 문제가 있다. 예를 들어 보이지 않는 손(invisible hand)이 해야 할 일을 정치기구와 관료제가 대신할 때 야기되는 권력 남용, 부정부패, 형식주의, 경직성 등의 위험이 그것이다. 다시 말해, 권력의 자의성과 관료제의 편의주의가 재원 배분의 비능률을 초래하고, 사회적 형평을 왜곡시킬 수 있다는 점에서 문제가 있다(신무섭, 2005: 533-534).

4) 드로의 정책과학

(1) 정책과학의 재등장

1960년대 행정에 지대한 영향을 끼친 체제론적 접근 방법과 함께, 동반적 성장이 이루어진 부분이 정책분석의 영역이다. 정책분석에 대한 중요성은 드로(Yehezkel Dror)에 의해 이루어졌다. 그는 1967년 『미국행정학보』에 발표한 「정책분석가: 정책 서비스 영역에서의 새로운 전문적 역할(Policy Analysts: A New Professional Role in Government Service)」이라는 논문에서 정책분석의 중요성을 환기시켰다.

정책과학의 필요성이 이미 1951년에 라스웰(Harold D. Lasswell)에 의해 주창되었음에도 불구하고, 이에 대한 학문적 진전이나 관심은 저조했는데 이의 부활을 꾀한 학자가 드로였다. 드로는 정책분석을 정부 기능 중에서도 가장 오래된 기능 중의 하나로, 그리고 전문성을 지닌 새로운 직업 영역으로 소개하면서 정책과학의 부활을 시도했다. 이에 따라 드로는 정책분석을 정책 형성 과정과 정책 내용 모두를 포괄하는 것으로 정의했다.

드로는 정책분석 영역에서 경제적 분석이 중추적 역할을 한다는 점에 대해 인정하면서도, 경제학에 의해 일방적으로 정책이 결정되는 상황에 대해 한계가 있음을 인식했다. 또한 정책 결정에서 점증적 접근 방법을 비판한 드로는 정책분석에서 경제적 역할과 정치적 역할이 균형을 이루어야 한다는 정책학적 접근 방법(policy sciences approach)을 구축한 연구자 중의 하나였다.

(2) 드로의 정책과학의 혁명

드로는 새로운 학문으로서 정책과학은 정책 결정의 개선을 목적으로, 가치 지향적 응용 연구와 사실 지향적 순수 연구가 복합된 것으로서, 초합리적 및 비합리적 과정까지도 연구 대상에 포함시켜야 한다고 주장했다. 드로는 이를 위해 일반체제이론, 체제분석론, 게임이론, 사이버네틱스, 체제공학 등 당시의 모든 과학적 이론을 동원해 통합된 사회과학을 구축해야 한다고 주장했다. 드로는 정책과학이 성숙한 단계에 이르지 못해 과학혁명이 필요한 이유를 두 가지 측면에서 들고 있다.

첫째, 과학 분야가 지니고 있는 본래적인 장애 요소이다. 이는 기존 이론이나 모형에 새로운 변화가 야기되는 경우, 이에 대한 강한 반발을 야기하는 보수성 때문이다.

둘째, 정책 결정 과정에 종사하는 실무자들로부터 기인하는 장애 요소이다. 이는 정책 결정 과정에서의 역할에 대한 인식 차이 때문에 발생하는 문제로, 정책 결정은 오로지 정책결정자만이 할 수 있다는 편협된 사고에서 기인하는 문제이다. 따라서 정책과학의 영역은 단순히 정책결정자가 참고하도록 하는 자료를 준비하는 과정에 머물러서는 안 되고, 정책결정자에게 정책을 결정하는 방법에서부터 민주정치 체제를 강화시키는 모든 영역에 관여해야 한다는 입장이다.

결국 정책과학에 대한 이러한 장애 요소로 인해 정책과학의 발전이 제약을 받고 있다는 것이 드로가 제창하는 과학혁명의 필요성이다.

(3) 드로의 정책 과정

드로는 합리모형과 점증모형이 모두 약점을 지니고 있다는 입장에서, 대안으로 최적모형(optimal model)을 제안했다. 그가 제안한 최적모형은 인간의 직관이나 통찰력을 적극적으로 활용할 필요성을 강조했다. 이에 따라 드로는 최적모형에 입각한 정책 과정을 구체화했다. 드로는 정책 과정을 기본 방침 결정 단계(meta-policymaking stage), 정책 결정 단계(policymaking stage), 정책 결정 이후 단계(post-policymaking stage)의 세 단계로 나누었다. 그리고 이를 다시 18개의 단계로 세분했다.

첫째 단계는 기본 방침 결정 단계로서, 최적의 정책 결정을 위해 특히 중요한 단계이다. 첫째 단계에 포함되는 주요 내용으로는 ① 정책 문제, 문제와 관련된 가치, 그리고 이용 가능한 자원의 확인 및 이의 확보 여부 등이 고려 대상이 되며, ② 정책 결정 체제를 설계·평가·재설계하는 내용이 포함되고, ③ 정책 결정 전략을 결정하는 내용이 포함된다.

둘째 단계는 정책 결정 단계로서, 일반적으로 학자들이 논의하는 정책 결정 단계와 유사하다. 이 단계에서는 자원의 세부적 배분, 세부적 목표와 관련된 가치 확정과 우선순위 결정, 그리고 최선의 대안 선택 작업이 포함된다.

셋째 단계는 정책 결정 이후 단계로서, 정책 집행이 이루어지는 단계이다. 이 단계에서는 모든 단계를 연결시키는 의사전달 기능과 환류 기능이 포함된다(Dror, 1968: 163-196).

(4) 드로의 정책 과정의 문제

드로의 정책 과정 단계는 내용이 치밀하고, 기본 정책이나 기본 방침의 결정 단계 등 중요한 측면을 제시하고 있다는 점에서 높이 평가할 수 있다. 그러나 긍정적 측면에도 불구하고 드로의 과정론이 지니는 문제점은 다음과 같다.

첫째, 기본 정책의 결정은 원래 세부 정책 결정과 본질적으로 차이가 없고 그 영향과 범위에 따라 추상성만이 다를 뿐이다. 그러므로 정책의 결정은 기본 방향의 결정과 구체적인 결정 사이에서 계속해 환류가 일어난다.

둘째, 기본 방침 결정에서 보듯이 설명이 복잡해서 무엇보다도 지나치게 많은 연구와 작업을 요구한다.

셋째, 정책의제 설정에 대한 논의가 전혀 없다(정정길, 1988: 184-185).

5) 윌다브스키의 예산정치과정론

(1) 예산정치과정론

린드블롬(Charles E. Lindblom)으로부터 지대한 영향을 받은 윌다브스키(Aaron B. Wildavsky)는 예산 과정과 재정정책에 관해 많은 저술을 남겼다. 그는 예산 과정, 권력, 문화 등에 관심을 가지고 있었는데, 이 중 특히 예산 과정에 많은 관심을 기울였다. 그는 예산에 대한 의사 결정 과정을 지배하고 있는 법칙으로 정치과정론을 상정하고, 이를 실제적으로 검증하고자 했다. 그 결과 예산 과정, 예산 제도, 예산 편성 모두가 정치적 성격을 내포한 것으로 단정했다.

윌다브스키의 예산 과정에 대한 이런 생각은 1964년에 출간된 그의 대표작인 『예산 과정의 정치(*The Politics of the Budgetary Process*)』에 잘 나타나 있다. 윌다브스키의 예산이론에서 핵심을 이루고 있는 것이 예산정치과정론이다. 즉, 정부의 지출 결정은 모든 대안에 대한 종합적인 분석에 의거해 이루어지기보다는 예산 과정에 참여하는 사람들이

나름대로의 경험과 과거의 예산 등에 기초해 작은 변화만을 정치 과정 속에서 추구한다는 데 있다.

예산정치 과정 속에서 나타나는 참여자들의 이런 행태를 점증적 계산(incremental calculation)이라고 하는데, 이는 인간의 제한된 계산 능력을 전제로 하는 사이먼의 제한된 합리성과 밀접한 관련이 있다. 예컨대 제한된 합리성의 범위 내에서 행동해야 하는 예산담당자들의 경우, 예산 결정은 극히 제한된 계산 능력에 따라서 이루어질 수밖에 없다는 것이다.

그 결과 정부의 예산 결정은 영기준(zero-base)이라고 하는 기존의 예산에 기초하게 되는데, 영기준이란 예산의 배정이 기존의 지출 수준에 매우 가깝게 결정될 것이라는 예산 참여자들의 공통된 기대 수준을 의미한다. 이 과정 속에서 각 예산 참여자는 예산 배정의 정당한 몫(fair share)에 대한 기대를 갖게 되는데, 이러한 정당한 몫에 대한 기대는 예산 과정에서 강력한 안정성(stability)과 조정성(coordination)을 보장하게 된다.

월다브스키가 의미하는 예산정치 과정이란 국민의 필요에 대응해 정부가 해야 할 일을 규명하고 그것들을 인간의 제한된 합리성의 범위 내에서 다룰 수 있는 영역으로 나누어 이에 대해 예산 참여자들이 각기 다른 역할과 전략으로 지출 수준에 대한 합의에 이르는 과정을 의미한다. 이때 역할(role)이란 예산 참여자들의 위치에 따라 각기 다르게 기대되는 예산 행태로서, 예산 결정에서 일종의 분업(division of labor)을 의미한다. 그리고 전략(strategy)이란 예산 참여자들이 각기 다른 역할에 따라 예산 결정 과정에 영향력을 행사하는 형태를 의미한다.

결국 정치가 누가 무엇을 갖는가에 대한 결정이라면, 예산정치는 정부가 제공해야 하는 재원을 누가 갖는가(who gets what government has to give)를 결정하는 것이라고 할 수 있다. 그래서 국민의 각기 다른 선호도에 따른 정치적 갈등의 표출 형태는 예산 연구의 중요한 측면이다. 월다브스키는 이와 같이 예산의 정치적 결정 과정에 영향을 미치는 환경 변수로서 부(富, wealth), 재정자원에 대한 예측성(prediction), 정치 체제를 포함한 정치문화(political culture) 등을 열거했다. 그러면서 이들 변수 가운데 부와 예측성이 예산 형태(budget pattern)를 결정짓는 데 특히 중요한 변수라고 보았다(유병욱, 2005: 497-498).

(2) 예산정치과정론의 문제

월다브스키가 제안한 예산 과정의 점증주의와 정치성은 분석의 장점에도 불구하고 다음과 같은 문제점을 안고 있다. 예컨대 품목별 예산 제도, 성과주의예산 제도, 기획예산 제도(PPBS), 영기준예산 제도(ZBB), 목표예산 제도(TBB) 등은 모두가 합리성을 추구하는 예산 제도이다. 다시 말해, 이들 제도는 기본적으로 예산 과정에서의 환경에 대한 폐쇄성을 전제로 하고 있다.

이에 반해 점증주의적 예산은 예산 과정에서 정치성을 추구하는 것으로, 예산 과정을 둘러싼 환경과의 정치 과정을 중시한다. 이에 따라 점증주의적 예산은 갈등을 최소화하고 사업의 불안정성을 해소할 수 있다. 또한 점증주의적 예산은 형평성을 위해서는 제공되어야 하는 사업이지만 비효율적인 사업이라는 이유로 제거될지도 모르는 사업, 예를 들면 가난한 사람을 보조하는 복지 서비스 예산과 같은 사업이 예산 과정에서 사라지게 될 가능성을 최소화할 수 있다는 데 장점이 있다. 그래서 점증주의적 예산이 적용되기가 가장 좋은 환경은 1960년대와 같이 경제성장기나 다원주의가 지배하는 사회에서라고 할 수 있다.

그렇지만 점증주의적 예산은 경제침체기와 같이 정부재정이 어려운 경우에는 사용하기가 매우 힘들다. 또한 점증주의적 예산모형은 1980년대 이후 복지국가화와 자본에 대한 과세의 어려움 등, 예산 과정을 둘러싼 환경이 급격하게 변화한 곳에서는 사용하기가 어렵다는 한계를 내포하고 있다(정철현, 2005: 206-207).

6) 로위의 민주주의와 정책유형론

행정이론의 발달 과정에서 로위의 기여는 두 측면으로 나누어 볼 수 있다. 미국의 민주주의가 안고 있는 병폐에 대한 진단과 정책학자로서의 역할이 그것이다.

(1) 로위의 사법적 민주주의

거대한 변화의 시기인 1960년대를 장식한 마지막 목소리는 로위(Theodore J. Lowi)로부터 나왔다. 그는 미국을 지배하는 정치·행정 과정의 사상적 기초인 다원적 점증주의와 이익단체에 기반한 자유주의 철학을 근본적으로 배격해야만, 미국의 민주주의가 지켜질 수 있다고 설파했다. 이 같은 그의 생각은 1969년에 출간한 『자유주의의 종말 : 이데올로기, 정책과 공적 권위의 위기(*The End of Liberalism: Ideology, Policy and the Crisis of Public Authority*)』에서 구체화되었다.

로위는 이 책에서 민주적 정부에 대한 맹렬한 비판과 함께, 이익집단에 기초한 다원주의로 인해 미국의 정책 과정이 무력해지는 것을 통렬하게 비난했다. 다시 말해, 로위는 미국 정부의 공적 권한이 이익집단의 수중으로 넘어가 버림으로써 정부의 권한이 취약해졌으며, 분권화된 정부를 추구함으로써 중앙정부가 장기적인 계획을 수립할 수 없는 등 미국 정부가 심각한 상황에 처하게 되었다고 주장했다.

다시 말해, 강력한 권한을 장악한 이익집단이 자신들의 이익을 극대화하는 데는 지대한 관심을 가지면서도, 공익을 증진시키는 일에는 전혀 관심을 보이지 않는데서 문제의 심각성이 있다고 지적했다. 그래서 로위는 다원론적 점증주의에 입각한 정부 활동 전체를 부패라고 보았다. 결국 미국의 자유주의는 진정한 자유를 상실한 채 이익단체 중심의 자유주의로 전락되었으며, 진정한 시민의 참여나 건전한 민주정치는 이익단체 중심의 자유주의로 인해 부패의 길을 걷기 시작했다고 진단했다.[54]

이처럼 미국 사회를 지배하고 있는 이익 중심적인 자유주의로 인해, 그동안 갈등적 가치들 사이에서 어려운 선택을 담당해 왔던 정부가 이제는 더 이상 기능을 수행할 수 없게 되었다고 보았다. 로위는 정부가 갈등 조정 기능을 더 이상 수행할 수 없는 이유로 다양한 이익이 이익집단, 해당 정부기관, 입법부의 위원회 간의 연합을 통해 만들어지고, 이들 간의 상호작용으로 통과되고 있다는 것을 들었다. 그래서 로위는 집단론자들이 주장하는 다원적 이익집단론의 장점을 거부하면서, 규제 담당기관이 피규제집단을 보호해 준다는 것에 대해 비판적 입장을 취했다.

로위의 미국 정부에 대한 비판적 분석은 정확하고 예리한 것으로 폭넓게 받아들여지고 있지만, 로위 자신이 대안으로 제시한 사법적 민주주의(juridical democracy)에 해당하는 법적 또는 입헌민주주의로의 회귀라는 그의 처방은 문제가 있어 보인다. 결론적으로 로위의 미국 정부에 대한 연구는 1960년대의 미국 정부가 안고 있는 특징을 정확하게 끄집어 낸 의미있는 연구로 평가받고 있다(Shafritz & Hyde, 1987: 276-279).[55]

(2) 로위의 정책유형론

로위는 다원주의(pluralism)와 엘리트주의(elitism)를 통합하는 관점에서, 정책 연구에 관한 새로운 방법론적 변화의 필요성을 주창한 학자였다. 그는 이 같은 필요성을 1964년에 발표된 「미국의 기업, 공공정책, 사례연구 및 정치이론(American Business, Public

---

54) 이런 측면에서 로위의 시각은 코프먼(Herbert Kaufman)이 강조하는 분권화와는 대립된 시각이다.
55) 로위의 이 같은 생각은 이후 1976년에 발간된 『미국 정부: 불완전한 정복(*American Government: Incomplete Conquest*)』에 잘 나타나 있다.

Policy, Case Studies and Political Theory)」을 통해 제기했다. 로위는 이 논문에서 첫째로 정책 유형의 상이함에 따라 다양한 정책 문제(policy problem)가 어떻게 제기되는가를 밝히고자 했으며, 둘째는 정책 유형의 상이함이 정책 과정에 미치는 영향과 강도를 분석하고자 했다.

로위의 연구로 인해 정책 연구는 과정 중심의 미시적 논의에서 거시적인 관점으로 전환하게 되었으며, 그 결과 정책 행위의 내용을 독립변수로 취급해 정책 현상을 연구하게 되었다. 다시 말해, 로위는 좀 더 새로운 정책의 비교 연구나 사례분석의 필요성을 강조하고, 분석적 시각의 새로운 지평을 열었다는 점에서 의의가 있다. 로위의 정책유형론은 이처럼 정책유형화에 대한 최초의 본격적인 연구라는 점 외에도, 정책은 정치 과정의 산물이라는 종래의 통념에서 벗어나 오히려 정책이 정치 과정에 영향을 미친다는 명제를 제시했다는 점에서 기념비적이라고 할 수 있다.

로위에 따르면 정치적 관계는 관계되는 정책 유형에 따라 결정되며, 따라서 각 정책에 따라 독특한 유형의 정치적 관계가 형성된다는 것이다. 그것은 정치 참여자들 간의 관계 유형이 그들의 기대(expectation)에 의해 결정되며, 그 기대는 정부 산출물로서의 정책(policy)에 의해 좌우되기 때문이다. 이때 정치적 관계는 권력 관계 또는 장기적으로 보아 권력구조(power structure)로 볼 수 있다. 따라서 정치적 관계가 정책 유형에 따라 결정된다는 명제는 권력구조가 정책 유형에 따라 달라짐을 의미한다.

다시 말해, 로위에게 정책의 장(arena of policy)은 동시에 권력의 장(arena of power)을 의미한다. 이것은 정책이 정치적 관계를 결정한다는 그의 기본 명제를 고려하면 쉽게 이해할 수 있다. 즉, 정책 유형에 따라 각각 독특한 정치구조, 정치 과정, 엘리트 및 집단 간의 상호작용 패턴이 발달하게 된다.

끝으로 로위는 정책 유형을 정책의 사회에 대한 효과나 영향을 기준으로 정책을 분배정책, 규제정책, 재분배정책 및 구성정책으로 구분했다. 하지만 로위의 정책유형론도 일반적으로 유형론이 갖는 문제점을 벗어나는 데는 한계가 있을 수밖에 없다. 한계로서 지적할 수 있는 문제로 정책 유형화에 대한 명확한 기준을 제시해 주는 근거 이론이 취약해 정책 유형의 범주가 사실상 상호 배타적이지 못하다는 점이다. 그리고 실증적으로 검증하기가 어렵고, 특히 규제정책의 경우는 범주가 명확하지 않은 것이 지적된다.

결론적으로 로위의 정책유형론은 한계에도 불구하고, 정책 연구에 중요한 전형을 제시했다는 점에서 의미를 부여할 수 있다(이승종, 2005: 571-575).

5 반전의 행정이론

미국이 맞이한 1970년대는 소용돌이의 시대였다. 민권운동, 베트남전, 워터게이트(Watergate) 사건, 에너지 위기 등의 심화는 정부의 능력과 성과에 대한 불신으로 나타나기 시작했으며, 이전과는 다른 새로운 패러다임을 요구하고 있었다.[56] 다시 말해, 1960년대가 행정의 확장과 성장을 약속한 시기였다면, 1970년대는 모든 것이 반전되고 재검토되는 시기였다.

존슨(Lyndon B. Johnson) 행정부가 야심차게 추진했던 위대한 사회(Great Society) 프로그램이 실패로 끝나고 그 여진이 채 사라지기도 전에, 워터게이트로 인한 닉슨(Richard M. Nixon) 대통령의 사임과 베트남전에서의 실패는 미국을 혼돈의 장으로 몰아넣었다. 이에 더해 주정부와 지방정부가 맞이한 재정적 위기는 감축관리(cutback management)라는 새로운 분위기를 조성했다. 이에 따라 시장실패라는 개념 대신에 정부실패(government failure) 또는 비시장경제의 실패(non-market failure)라는 개념이 등장했으며, 자원난과 재정 위기를 배경으로 한 신보수주의 내지 신자유주의의 영향으로 작은 정부의 이념에 기초한 감축관리론이 확산되기 시작했다(Levine, 1978).

행정이 혁명적인 시기를 맞고 있다는 상황을 인지한 왈도(Dwight Waldo)는 후에 신행정학의 탄생을 가져오는 미노브루크 회의(Minnowbrook Conference)를 1968년에 개최했다. 이후 1971년에는 당시 『미국행정학보』의 편집위원이었던 마리니(Frank Marini)가 이 회의에서 발표된 논문들을 편집해 『신행정학: 미노브루크 관점(*New Public Administration: Minnowbrook Perspective*)』이라는 제목으로 출간했다. 미노브루크 회의에서 다루어진 주된 이슈는 행정의 현실적합성(relevance)에 대한 물음과, 1970년대의 도전에 직면해서 행정학이 어떻게 변화해야 하는가에 있었다.

오스트롬(Vincent A. Ostrom)도 미국 행정학의 지적 위기(intellectual crisis) 문제를 지적하면서, 이를 극복하기 위한 대안으로 공공선택이론(public choice theory)을 행정학에 도입할 것을 제안했다. 그는 행정학의 초점을 전통적 관료제와 윌슨 행정모형에서 서비스 전달 체제로 전환할 것을 제안했다.

한편 존슨 행정부가 추진했던 위대한 사회 프로그램에 대한 비난이 증가하는 가운데

56) 1970년에 환경 문제를 전담하는 기구로 환경보호처(The Environmental Protection Agency)가 신설되었다. 그리고 같은 해 기획예산 제도(PPBS)가 닉슨 행정부에 의해 연방정부에서 폐지되었다.

이에 대한 평가 작업이 활발하게 진행되기 시작했다. 그런데 정부 업무에 대한 평가 작업을 둘러싼 시각은 긍정적 시각과 부정적 시각으로 대별되었다. 대표적으로 윌다브스키 같은 학자는 정부 업무의 독특성으로 평가 작업이 용이한 일이 아니라는 입장에서 부정적인 시각을 보인 반면, 대부분의 학자는 정부 프로그램에 대한 평가 작업에 적극적인 입장을 보였다.

예컨대 윌다브스키는 1972년 『미국행정학보』에 발표한 「자체평가조직(The Self Evaluating Organization)」이라는 논문에서, 역동적인 정치적 환경에서 이루어지는 공공 프로그램에 대한 평가의 어려움을 지적했다. 그에 따르면 평가는 변화를 수반하며, 이는 조직이 가장 싫어하는 것이라고 보았다. 관리자의 입장에서는 평가에 부정적일 수밖에 없고, 그에 따른 내부 전략은 이를 가능한 회피하는 데 집중될 수밖에 없다는 입장이다. 그래서 평가 작업은 의도된 효과를 거두기가 용이하지 않다고 주장했다.

그러나 윌다브스키의 주장에도 불구하고, 정부 업무에 대한 평가 작업은 하나의 대세를 형성해 나가기 시작했다. 이러한 신호탄은 1967년 컬럼비아대학교의 서치맨(Edward Suchman)이 평가이론을 정리한 『평가연구(*Evaluative Research*)』를 출간한 것이었다. 그는 이 책에서 평가는 기본적으로 연구의 분야(field of study)라면서, 평가 연구와 평가 실행은 전문화된 다양한 분야에서 평가의 적용이라는 범위를 넘어선 일반적 맥락의 차원에서 연구되어야 한다고 주장했다.

서치맨의 발표 이래 평가 연구는 1970년대에 다양한 측면에서 활성화되기 시작했다. 바이스(Carol H. Weiss)는 1972년에 『평가연구: 프로그램의 효과성을 평가하기 위한 방법(*Evaluation Research: Methods for Assessing Program Effectiveness*)』을 출간했는데, 이 책은 하위 분야를 가장 잘 소개했다는 평가를 받고 있다.

또한 스타츠(E. Staats)의 영향권에 있던 회계감사원(General Accounting Office: GAO)도 회계의 확장된 범위로서, 활발한 프로그램 평가를 통해 평가 기준을 형성함으로써 프로그램 평가의 질과 가치를 향상시키는 데 크게 기여했다. 많은 주정부가 회계감사원이 추구하는 이념에 동조해서 유사한 조직으로 입법평가위원회를 설치하기 시작했고, 1976년에는 콜로라도 주정부가 일몰법(sunset law)을 제정한 첫 번째 주가 되었다. 이같이 형성·발전되어 오던 평가의 위치는 1970년대 중반에 이르러서는 행정의 필수 영역으로 등장했다.[57]

---

57) 이후 바다크(Bardach, 1977)의 『집행 게임(*The Implementation Game*)』 나카무라와 스몰우드

정책분석(policy analysis) 역시 1960년대에 발생한 실패한 문제들에 대한 대응으로 등장한 영역이다. 프레스만(Jeffrey L. Pressman)과 윌다브스키(Aaron B. Wildavsky)는 오클랜드 시에서 수행했던 연방 프로그램에 대한 사례 연구를 『집행(*Implementation*)』이라는 이름으로 출간했다.[58] 이들의 주장의 요체는, 정책기획(policy planning)과 정책분석이 집행에 따른 어려운 점을 고려하고 있지 않았다는 것이다. 그래서 이들의 주된 관심은 어떻게 하면 정책과 집행 간의 밀접한 맥락이 형성될 수 있는가에 모아졌다.

정책분석이 행정학의 새로운 영역으로 등장할 무렵인 1972년에 워터게이트 사건으로 통칭되는 국가적인 충격 사건이 발생했다. 워터게이트 사건의 여파는 행정적 대통령(administrative presidency)에게 요구되는 것이 무엇인지에 대해 다시 한 번 반추해 보는 계기가 되었다(Nathan, 1975). 즉, 1930년대 이래로 행정 발전은 행정부의 권력 집중과 통제에 맞춰져 왔다. 이 같은 문제가 어느 정도 해결된 상태이기는 하지만, 워터게이트 사건에서 보듯이 만약 중앙집권적 권력이 남용된다면 어떤 일이 벌어질 수 있는지에 대한 교훈과 함께 이를 반성하는 기회가 되었다.[59]

이러한 반응의 일환으로 당시 미국행정학회의 회장으로 있던 모셔(Frederick C. Mosher)는 상원의 요청으로 닉슨 행정부의 집행적·행정적 권한과 권력의 남용을 제재하는 데 목적을 둔, 「워터게이트: 책임성 있는 정부를 위한 제언(Watergate: Implications for Responsible Government)」이라는 보고서를 제출했다. 그런데 이 보고서가 중요한 의미를 갖는 것은, 윤리(ethics)와 공직(public office)이라는 개념이 이 사건 이후 강화되는 계기를 가져왔다는 데 있다. 다시 말해 교육기관이 공공 분야의 윤리 문제에 더 많은 관심과 주의를 기울일 필요가 있다는 것이었다.[60]

1970년대는 또한 희소성과 함께 재정 위기의 시대라고 할 수 있는데, 예산 개혁의 변

(Nakamura & Smallwood, 1980)의 『정책집행의 정치(*The Politics of Policy Implementation*)』, 에드워즈(Edwards Ⅲ, 1980)의 『정책집행(*Implementing Public Policy*)』, 윌리엄스 외(Williams et al., 1982)의 『집행연구: 방법론적 및 행정적 이슈(*Studying Implementation: Methodological and Administrative Issues*)』 등 정책분석과 관련한 책이 계속적으로 나타나게 된다.

58) 이들이 출간한 책의 제목 자체가 전체 내용을 압축하는 듯하다. 이 서적의 원제목은 다음과 같았다. *Implementation: How Great Expectations in Washington Are Dashed in Oakland; Or, Why It's Amazing that Federal Programs Work at All: This Being a Saga of The Economic Development Administration As Told by Two Sympathetic Observers Who Seek to Build Morals on a Foundation of Ruined Hopes.*

59) 1974년 닉슨은 사퇴하고 포드(Gerald R. Ford)가 다음 대통령으로 취임했다.

60) 이의 결과로 1978년에 '정부윤리법(Ethics in Government Act)'이 제정되었다.

화 내용은 다른 시기에 비해 특징적인 면이 많았다. 이런 관점에서 이루어진 예산 개혁의 다음 단계는 영기준예산(zero-base) 제도의 구체화였다.[61] 카터가 주지사로 있을 때 이를 도입했던 피르(Peter A. Phyrr)는 1977년 『미국행정학보』에 「정부예산에 대한 영기준 접근 방법(Zero-Base Approach to Government Budgeting)」을 발표해, 영기준예산 제도의 이론과 방법론을 소개했다.[62]

그러나 영기준예산 제도는 기획예산 제도보다도 더욱 빠른 속도로 실패의 길로 접어들게 된다. 그 이유는 영기준예산 제도가 이전에 이루어졌던 예산 제도에 대한 개혁에 비해 대단히 급진적으로 그리고 가장 성급하게 보급하려 했기 때문이다. 더욱이 심각한 자원의 결핍 시기에, 영기준예산 제도는 효용성이라는 측면에서도 이점을 별로 가지고 있지 못한 것도 실패의 한 원인이었다. 이에 따라 윌다브스키와 쉬크는 이 예산 제도가 실패했다고 주장했다(Schick, 1978).

영기준예산 제도는 카터 행정부가 물러나면서 공식적으로 중앙정부에서 폐지되었다. 다만 주정부나 지방정부의 수준에서는 이 제도의 기법을 부분적으로 사용하기도 했다. 이같이 1960년대가 행정에 대한 낙관적 실험의 시기였다면, 1970년대는 모든 것이 통폐합되고 회의적인 분위기가 팽배해지는 시기였다. 이 시기 행정이론의 발달 과정의 특성을 대표적 학자들의 입장을 통해 살펴보면 다음과 같다.

1) 모셔의 전문가주의

모셔(Frederick C. Mosher)는 1968년에 『민주주의와 공공 서비스(*Democracy and the Public Service*)』를 출간하고, 1971년에는 『미국행정학보』에 「변화하는 사회에서의 공공서비스(The Public Service in the Temporary Society)」를 발표했다. 모셔의 일관된 입장은 실적주의가 지속되는 한 전문가주의는 팽창할 것이고, 미국 행정학의 전문성은 놀랄 만큼 높아졌다는 진단이다. 예컨대 미국 행정학의 경우 양적으로나 질적으로 상당한 수준에 올라와 있는데, 미국 내의 행정학에 대한 수요나 정책 수준이 이를 입증한다는 것이다.

모셔는 1968년에 출간한 책에서 미국 인사행정의 근간을 형성하고 있는 전문가주의

---

61) 카터(Jimmy Carter)가 조지아 주지사로 있을 때 도입한 이 제도는 1976년에 대통령 후보가 되면서 영기준예산 제도를 도입할 것을 선거 공약으로 제시했다. 그리고 1977년 대통령에 취임하자 연방정부에 이를 적용할 것을 명령하게 된다.

62) 영기준예산 제도는 1960년대의 기획예산 제도(PPBS)에 대한 반작용으로 등장한 예산 제도로 볼 수 있다.

(professionalism), 공무원단체, 직업공무원 제도, 평등 고용에 입각한 민주적 가치 등의 변화 과정을 언급하면서, 이들 요소가 실적주의가 지닌 본질과 내용에 어떤 변화를 초래했는가를 고찰했다. 그 결과 이들 간에는 상호 밀접한 연관성이 있음을 밝혀냈는데, 그렇다고 해서 순수한 형태의 실적주의가 가장 바람직한 제도라고는 생각하지 않았다.

또한 거꾸로 실적주의가 능률성이라는 가치 외에 여타의 사회적 가치를 실현하는 수단으로 사용되는 것이 바람직한 것인가에 대해서도 심각한 문제 제기를 했다. 따라서 모셔는 이런 측면에서 인사행정이라는 영역이 단순히 기술적 측면만을 지니고 있는 것이 아니라, 철학적 측면도 아울러 지니고 있음을 강조했다.

한편 모셔는 1971년에 발표한 논문에서, 전문가주의가 현대의 공공 서비스 범주에서 가장 차별되는 분야라고 생각했다. 즉, 전문가주의는 다양한 직업이 사회적·기술적·관리적 문제 등을 극복하기 위한 서로의 필요에 의해 성장해 왔으며, 기능적 상호의존성을 통해 지속적으로 전문성을 발전시켜 왔다는 것이다. 향후 이 같은 추세라면 직접적이든 간접적이든, 미국 정부의 종사자 중 전문가는 전체 구성원의 5분의 2 정도가 될 것이라고 예측했다. 따라서 공공정책의 확대와 이에 따른 인사관리의 전문성과의 관계는 계속적으로 기능적 상호의존성을 높여 나갈 수밖에 없을 것으로 예측했다. 그렇지만 전문가주의는 전문적 기술이라는 차원에서, 자신들의 범주에서조차 점점 더 어려운 압력을 받고 있는 실정이라고 보았다.

2) 프레데릭슨의 사회적 형평성

프레데릭슨(Horace G. Frederickson)은 1968년 왈도가 미노브루크 회의를 주관할 때, 이 회의의 준비를 담당했던 세 위원 가운데 한 사람이었다. 그러나 그는 당시 회의에서 별도의 논문을 발표하지는 않았다. 그러다가 1971년에 마리니(Frank Marini)가 『신행정학: 미노브루크 관점(*New Public Administration: Minnowbrook Perspective*)』을 발간할 때, 신행정학운동에 대한 자신의 견해를 담은 「신행정학적 지향(Toward a New Public Administration)」이라는 논문을 게재했다. 이후부터 프레데릭슨은 신행정학자로, 그리고 새로운 행정학운동의 선구자로서 역할을 담당하게 된다.

프레데릭슨은 이 논문에서 행정이 담당해야 할 새로운 역할로서, 사회적 형평성과 공공 서비스의 전달을 강조했다. 이를 위해 미래의 행정이 지향해야 할 방향으로 높은 대응성, 고객지향성, 처방성, 보편성을 높여야 한다고 주장했다. 그래서 새로운 방향을 지향하는 행정학자들과 행정운동인 제2세대 행태주의(second generation behavioralism)를 신행정학운동(new public administration movement)으로 명명했다.

또한 프레데릭슨은 신행정학운동은 관료주의에서 강조하는 전통적 몰인간적(impersonal) 또는 중립적 관료 대신에, 사회적 형평성을 강력하게 추구할 수 있는 행정가를 요구한다고 주장했다. 조직관의 경우 다른 신행정학자들과 유사하게 새로운 조직이론과 조직 행태에 관심을 두었는데, 이 가운데서도 1960년대부터 베니스(Warren G. Bennis) 등이 강조해 온 분권화된 구조에 지대한 관심을 보였다. 프레데릭슨이 주장하는 행정 가치들은 이후 1980년대의 비판행정학이나 행위이론에 지대한 영향을 끼쳤다. 그중에서도 특히 사회적 형평성 개념은 새로운 행정 이념을 형성하는 데 강력한 영향력을 행사했다.

3) 바이스의 평가 연구

바이스(Carol H. Weiss)는 1972년에 『평가연구: 프로그램의 효과성을 평가하기 위한 방법(*Evaluation Research: Methods for Assessing Program Effectiveness*)』을 출간함으로써 평가 영역의 새로운 지평을 열었다. 그녀는 이 책에서 평가 연구의 목적과 이용에 대한 의문, 그리고 평가의 내적·외적 사이에서 중립성에 대한 선택과 교환 등에 이르기까지 비판적인 많은 이슈를 제기했다.

바이스는 특히 프로그램 평가에서 논란이 되고 있는 방법론적·정치적·행정적 이슈를 제기했다는 데 의미를 부여할 수 있다. 즉, 정책평가 연구가 진정 과학적 연구로서 정책 과정에 반영되고 있는지를 규명하고자 했던 것이다. 바이스가 의도한 내용은 크게 두 가지로 나뉘는데, 하나는 평가의 목적에 대한 규정과 함께 또 다른 것으로 평가가 지닌 한계 내지 문제점에 대한 제기였다.

이 중 평가의 목적에 대해 그녀가 바라보는 평가에 대한 시각의 요체는, 특히 두 번째 장인 '평가의 목적(The Purpose of Evaluation)'에서 명쾌하게 제시되었다. 예컨대 평가 연구의 목적으로 첫째로 기존의 정책이나 프로그램을 경험적으로 평가하고, 둘째로 환류정보를 정책담당자에게 제공하며, 셋째로 평가에 따른 책임성을 확보하는 데 있다는 것이다.

다음으로 제기한 문제가 평가에 따른 문제점 내지 한계에 관한 것으로, 과거의 정책평가 연구가 실제로 과학적 연구로서의 역할과 기능을 수행해 오지 못했음을 지적했다. 이 같은 근거로 정책평가 활동이라는 것이 정치 영역에서 이루어지고 있기 때문에, 정책

평가나 프로그램 평가가 가치 중립적이거나 가치 배제적인 상황에서 이루어지지 못했다는 것이다. 다시 말해, 정책평가 활동이 정치적 영역에서 이루어지는 관계로 인해, 정치적 영향을 배제할 수 없는 것이 정책평가 활동에 가장 큰 장애 요소라고 지적했다. 따라서 정책평가자들이 수행한 정책평가에 대한 결과가 이 같은 정치적 영향이나 요구 조건에 따라 활용될 가능성이 크다는 점을 우려했다.

물론 그녀 자신도 기존에 이루어진 평가 연구가 모두 정치적이라고는 주장하지 않았다. 그렇지만 기존의 평가 연구가 정치성을 탈피하고 있지 못하다는 비관적인 주장을 전개함으로써, 평가 연구가 지녀야 할 객관성이나 과학성이 과소평가될 수밖에 없는 현실적 한계를 지적했던 것이다. 그래서 그녀는 평가 연구의 효용성을 높이기 위한 대안으로, 외부평가보다는 내부평가가 오히려 더 바람직하다는 입장을 피력했다. 바이스는 이처럼 정책평가나 프로그램 평가가 본질적으로 정치적 함축성을 지님으로써 정치성을 탈피할 수는 없다는 전제에서 출발했다. 그래서 평가 연구에서 효용성과 공정성을 제고하기 위해서는 정책이나 프로그램이 형성되고 집행된 제도상의 구조와 과정, 더 나아가서 사회 여건에 관한 좀 더 철저한 이해가 수반되어야 함을 강조했다.

바이스의 정책평가에 대한 관점은 사실 새로운 주장이 아닐 수도 있다. 예컨대 정책평가에서 정치적 함축성의 문제는 정책평가자에게는 현실적인 문제에 관한 것이었다고 할 수 있다. 따라서 그녀가 주장하는 것처럼 평가 연구가 모두 상당한 정치성을 갖고 있다기보다는, 정책이나 프로그램의 내용이 유형에 따라 정치성의 강도가 달라질 수 있다는 점에 유념할 필요가 있다.

이와 함께 그녀는 평가 연구의 정치성을 너무 부각시킴으로써, 평가의 기본 목적 중 하나인 평가 연구에 따른 평가방법론의 개발과 적용을 통해 학문적 발전에 기여할 수 있다는 문제를 소홀히 했다는 점에서 비판을 면하기는 어렵다. 특히 평가 연구의 정치성으로 인해 내부평가를 지나치게 강조함으로써, 외부평가의 기여도를 배제했다는 점에서 평가 연구의 범위를 축소시켰다는 점도 문제가 있다(이윤식, 2002: 562-564).

4) 오스트롬의 행정학의 지적 위기

오스트롬(Vincent A. Ostrom)은 1963년에 뷰캐넌(James M. Buchanan), 털럭(Gordon Tullock)과 함께 정치경제학적 관점에서 “행정학의 이름 없는 분야”라는 주제로 학술회의를 개최하고 이를 『미국행정학보』에 소개했다.

오스트롬은 이후 이러한 새로운 분야를 기존 행정학과 접목시키기 위해 끊임없이 노력해 왔다. 그 결실이 부인인 엘리너(Elinor Ostrom)와 함께 『미국행정학보』에 발표한 「공공선택: 행정 연구에 대한 다양한 접근 방법(Public Choice: A Different Approach to the Study of Public Administration)」이라는 논문이었으며, 2년 후 이 논문을 확장시켜 공공선택이론의 관점에서 출간한 책이 『미국 행정학의 지적 위기(*The Intellectual Crisis in American Public Administration*)』였다.

오스트롬은 기존의 행정학이 지니고 있는 패러다임의 적실성에 대해 끊임없는 의구심과 함께, 새로운 패러다임으로서 공공선택이론의 탐구에 몰두한 학자였다. 오스트롬은 이 책에서 다음과 같은 이유나 징후로 인해 기존의 행정학이 패러다임의 위기를 맞고 있다고 진단했다.

첫째로 지배적인 이론에 대한 이견이 너무 많아졌다는 사실, 둘째로 행정학자들이 방법론적 실험에 참가하려는 의사가 높다는 사실, 셋째로 기존 패러다임에 대한 불만족이 표출되고 있는 현실, 넷째로 근본적으로 인식론적 쟁점에 대해 논쟁이 야기되고 있다는 점을 들어 새로운 패러다임으로서 공공선택론의 필요성과 함께 민주행정 패러다임을 대안으로 모색했다.

오스트롬이 의미하는 행정학의 지적 위기는 전통행정이론에 내재된 패러다임의 한계에 대한 인식에서 출발했다. 1960년대부터 악화되기 시작한 미국의 도시 문제, 환경 문제, 인종 문제, 재정위기 문제 등을 기존의 행정이론이 해결하지 못하는 주된 이유는 이들이 지닌 패러다임이 한계에 봉착해 있기 때문이라는 것이다. 이에 따라 오스트롬은 고전적 행정이론이 지니고 있는 패러다임들에 대한 비판과 함께 공공선택이론에 기초한 민주행정 패러다임을 제시했다.

예컨대 공공재의 다양성과 외부 효과 등을 고려하면서 사회구성원들의 선호가 최대한 반영될 수 있는 조직설계, 즉 관료제 조직의 대안으로서 중첩된 관할권과 권한의 분산이라는 특성을 갖는 다원적 조직 배열을 주장했다.

6 보수주의화와 반작용으로서 반보수주의 행정이론

소용돌이와 같은 1970년대가 지나가면서 정부 영역에서 회자되기 시작한 것은 정부실패(government failure)에 대한 논의였다. 다시 말해, 1970년대 후반기에 이르면서 심각한 자원난과 재정 위기를 배경으로 한 신보수주의 또는 신자유주의의 영향으로, 미국 행정에는 작은 정부의 이념에 기초한 감축관리론과 규제완화론이 확산되기 시작했다. 이른바 레이거노믹스(Reaganomics)라 불리는 정치적·경제적 보수주의적인 흐름에 따른 새로운 개혁은 정부 기능의 민영화와 규제 완화를 중심으로 진행되기 시작했다. 또한 연방정부의 역할을 축소하는 대신에 상대적으로 주정부와 지방정부의 역할과 책임을 증대시키는 신연방주의(new federalism) 정책은 정부 간의 관계를 새로운 시각에서 다시 정립해야 하는 상황을 초래했다.

1980년대부터 일기 시작한 이 같은 환경의 변화로, 미국 행정은 과거와는 다른 관점에서 주된 초점을 민영화와 감축관리, 정부간 관계, 그리고 새로운 인사정책에 두기 시작했다. 그 결과 작은 정부를 구현하기 위한 공무원 인력 감축, 정부 지출 삭감, 규제 완화, 민영화 등에 대한 이론적 논의가 활발하게 전개되었다. 이 중 민영화에 대한 관심은 행정학의 오랜 주제였던 행정과 경영 간의 공통점과 차이점을 다시 환기시키는 계기가 되었다.

이로 인해 1960년대에 제기된 행정학의 위기는 시장과 정부와의 교호작용으로, 다시 한 번 그 경계가 모호해지는 상황에 처하게 된다. 이 같은 관점에서 경영과 행정은 기본적으로 사소한 측면에서 모두 비슷하다는 주장을 최초로 제기한 학자는 세이어(Wallace S. Sayre)였는데, 이에 대한 반기를 든 학자가 하버드대학교의 앨리슨(Graham Allison, Jr.)이었다. 앨리슨은 세이어의 주장에 대해 의문을 제기하면서 세이어의 주장을 반박했다. 앨리슨도 민간 분야와 공공 분야 사이의 차이가 크지 않다는 것과 공공 분야의 관리자와 민간 분야의 관리자 사이의 상호작용이 증가되고 있다는 사실을 인정하기는 했다. 그렇지만 근본적으로 두 분야의 최고관리층이 지닌 인식에는 현저한 차이가 있다는 점을 강조했다. 이와 함께 민영화와 감축관리 측면에서, 윌다브스키(Aaron B. Wildavsky)가 1980년에 출간한 『정부 지출을 어떻게 제한할 것인가(*How to Limit Government Spending*)』와 사바스(Emanuel S. Savas)가 1982년에 출간한 『공공 부문의 민영화(*Privatizing the Public Sector*)』 등은 정부 부문의 성장 억제와 민영화를 추진해야 할 필요성을 강조했다는 점에서 이 시기를 대표한다. 그리고 이러한 민영화의 흐름은 이후 1990년대를 휩쓴 정부재창조(reinvented government) 운동의 촉매제가 되었다는 점에서 의미가 크다.

이 시기를 풍미한 행정의 주된 연구 영역으로 정부간 관계에 대한 것을 들 수 있다.

신연방주의로 인한 주정부와 지방정부의 책임과 역할이 강조되면서 중앙정부와 지방정부 간의 새로운 관계, 즉 정부간의 연구에 초석을 놓은 학자는 라이트(Deil S. Wright)였다. 그는 『정부간 관계의 이해(*Understanding Intergovernmental Relations*)』라는 책의 출간을 통해 1960년대와 1970년대는 정책과 프로그램 간에 강력한 경쟁과 충돌의 시대라고 보았다. 이러한 충돌로 인해 1980년대에 들어오면서부터는 주정부나 지방정부들이 연방정부의 재정 압박에 대항하는 전략을 설계하기 시작했고, 이에 따른 연방정부에 대한 신뢰 약화는 다시 연방정부의 지원을 쇠퇴시키는 원인을 제공하게 되었다고 진단했다.

인사행정의 영역에서는 킹슬리(J. Donald Kingsley)가 주창했던 대표관료제(representative bureaucracy)의 개념을 확대시킨 크리슬로브(Samuel Krislov)의 연구를 들 수 있다. 크리슬로브의 주된 관심은 관료제가 만약 그 사회의 모든 부분을 대표하지 않는다면 어떻게 합법성과 공공 신뢰를 가질 수 있겠는가에 집중되었다. 이후 그가 제안한 대표관료제는 대표관료제가 정착하는 과정에서 시민 참여, 행동의 목표에 대한 긍정적인 이해, 평등한 고용 기회를 제공하는 데 지대한 공헌을 했다.

인사행정 영역에서 특기할 만한 또 다른 흐름으로 공공 문제를 해결하는 공무원의 능력에 대한 불신이 증가하기 시작했다. 이에 따라 공무원의 생산성을 측정하는 기법이 개발되기 시작한 것도 이 시기의 특징으로 들 수 있다. 또한 정부의 역할 증대와 개인의 삶에 미치는 행정의 영향과 강도가 높아지는 가운데, 정부와 직업공무원에 대한 불신이 증가함으로써 행정윤리와 행정의 책임성에 관한 관심이 고조되었다.

이에 미국행정학회에서는 1985년에 공무원 윤리장전을 제정한 바 있고, 최근 행정학 문헌에서도 여전히 행정윤리 문제에 높은 관심을 보이고 있다. 이처럼 1980년대에는 전문가주의(professionalism)와 행정윤리를 직업공무원의 책임성 확보를 위한 핵심적인 장치로 인식하기 시작했다. 이러한 분위기에 따라 카터와 레이건 행정부에서는 직업공무원의 재량권을 축소해 나가기 시작했으며, 정치적 임명직 공무원의 수를 상대적으로 증가시키는 전략을 구사했다.

한편 1980년대에는 스콧(William G. Scott)과 하트(Danielle K. Hart)의 『조직적인 미국인(*Organizational American*)』과 1981년에 발간된 덴하트(Robert B. Denhart)의 『조직의 그늘(*In the Shadow of Organization*)』처럼, 신마르크스주의적 시각에 입각해 관료제에 대한 비판적 연구와 개혁 방안이 제시되기도 했다. 이들은 관료제 혁신의 통로로서 자기반성, 자아의식, 개인적 의사전달, 대면 접촉 등을 제시했다.

이와 함께 행위이론을 주창한 하몬(Michael M. Harmon)은 1981년에 발간된 『행정학을 위한 행위이론(*Action Theory for Public Administration*)』을 통해 기존의 행정이론을 비판했다. 그는 새로운 대안으로 해석사회학, 현상학, 상징적 상호작용주의 및 반실증주의의 입장에서 행정을 다룰 것을 제안했다. 특히 그는 상호의존성, 정의와 형평성 등과 같은 규범적 이론을 강조하면서 행정이 추구해야 할 새로운 가치로서, 책임성이나 반응성 그리고 참여와 같은 행정 가치 등을 제시했다.

1980년대 중반이 지나면서 더욱 가속화되기 시작한 신보수주의화의 물결로 인해 미국 행정부는 과거 그 어느 때보다도 행정의 관리적 측면이 강조되었다. 그 결과 한동안 잠잠했던 정치・행정이원론이 재등장하면서, 행정학의 새로운 접근 방법으로 신공공관리이론(new public management: NPM)이 대두하기 시작했다.[63] 행정에 기업 경영의 논리와 기법을 도입・접목시켜, 행정 성과를 향상시키는 데 목적을 둔 신공공관리론적 정부 개혁은 이미 카터 행정부에서 시작되고 있었다. 카터 행정부는 신공공관리론적 관점에서 공무원 제도를 개혁해 고급관리직 제도를 신설했고, 새로운 근무성적 평정 제도와 실적급 제도를 도입했다.

신공공관리론적 정부 개혁의 속도는 레이건 행정부에 들어오면서 더욱 가속화되기 시작했다. '비용통제에 관한 대통령의 민간 부문 조사'로 명명된 그레이스위원회에서는 민간 부문에 비해 정부 부문이 지나치게 비효율적이라고 평가하고, 민간 부문의 관리 방법의 도입을 통한 능률성의 제고를 강조했다. 이 위원회는 행정관리에 대한 기업식(businesslike)의 접근 방법을 제안하는 가운데, 민영화와 규제 완화를 강력히 주장했다. 또한 공공 서비스에 대한 수요 충족을 위해 민간 부문의 적극적인 역할 수행을 요구했으며, 수익자 부담의 증대도 강조했다(Uveges & Keller, 1998: 23).

1980년대 후반부터 일기 시작한 인사행정 영역에서의 새로운 이론적 경향도 의미있는 변화의 하나였다. 1980년대 이후 행정과 직업공무원제에 대한 불신이 높아지면서 엽관주의적 요소의 도입이 지속적으로 확대되자, 이에 대한 반작용으로 1980년대 후반부터 1990년대 초반에 걸쳐 직업공무원제를 옹호하는 행정재정립운동(refounding movement)이 대두되었다.

---

63) 이 밖에도 시장 지향적 행정(market-based public administration), 기업가적 정부론 등의 명칭으로 불리고 있다.

이와 관련해 스배러(James H. Svara)는 기존의 정치·행정이원론을 재해석함으로써 정책 과정에서 공무원의 적극적인 역할을 옹호했다. 즉, 효과적인 정부를 구현하기 위해서는 미션, 정책, 행정, 관리라는 네 가지 기능이 필요하다는 것이다. 그런데 기존의 정치·행정이원론에서는 정부의 임무를 정립하는 과정에서, 직업공무원의 역할을 간과하는 가운데 정책과 행정 간의 관계만을 다루는 오류를 범했다는 주장을 피력했다.

웜슬리(Gray L. Wamsley)도 또한 1990년에 『행정의 재정립(*Refounding Public Administration*)』이라는 저술을 통해 행정재정립운동을 뒷받침했으며, 테리(Larry D. Terry)와 굿셀(Charles T. Goodsell) 등도 이 같은 운동에 큰 역할을 담당했다. 이들 정부재정립운동의 주창자들은 엽관주의적 인사의 팽창에 대해 경고를 보내는 한편 직업공무원제를 옹호했으며, 정부를 재창조한다기보다는 재발견해야 한다고 주장했다.

그러나 행정재정립운동에 관련된 저작들이 발표된 직후, 오스본(David Osborne)과 게블러(Ted Gaebler)는 1992년에 공저인 『정부재창조(*Reinventing Government*)』를 통해 정부는 오히려 재창조되어야 한다고 주장했다. 또한 이들은 정부를 재구축해야 하고, 민간 부문이 공공 서비스 공급에 참여할 필요가 있다고 강조했다. 이들의 주장은 이후 클린턴 행정부에서 연방정부 개혁전략의 일환으로, 고어(Al Gore) 부통령이 주도해 구성한 국가성과평가위원회(National Performance Review)가 추진한 정부재창조운동(reinventing government movement)에 이론적 기초를 제공했다.

클린턴 정부의 주도로 이루어진 정부재창조운동은 신공공관리론을 행정 개혁에 적용한 것이었다. 그렇지만 1990년대에 정부재창조운동이 확산되면서, 미국에서는 이 운동의 소망성에 대한 의문과 함께 공공 서비스의 제공 면에서 민간 부문 역할의 적실성에 대한 논의가 지속적으로 이루어져 왔다. 이처럼 1980년대 중반 이후부터 규제 완화와 민영화가 확산되면서 점차 정부 부문의 독점성은 파괴되어 왔다. 이제는 정부도 공공 서비스 공급에 하나의 경쟁 주체로서, 민간 부문이나 사회 부문과 동등한 입장에서 경쟁해야 하는 상황이 전개되고 있다.

경쟁자로서 정부(government as competitor) 위상과 역할 변화에 대응해, 1990년대에 접어들면서 "행정이 과연 누구를 위한 것인가?"에 대한 탐색과 고객 중심적 행정(customer-driven administration)에 대한 새로운 연구 경향이 형성되기 시작했다.[64] 또

64) 오석홍(1995: 1504)은 전통적 행정학이 내부 관리 문제를 대상으로 한 공급자 중심주의적 편향을 반영하고 있는 것으로 평가하면서, 최근에 이르러 소비자인 국민의 입장에서 본 행정 연구의 경향과 영역이 확장되고 있음을 보여준다. 그 예로서 공공선택론의 연구 활동(시장경제 논리의 도입을 통한

한 공공 서비스 공급에 민간 부문의 참여가 확대되고 새로운 공공 서비스 전달 체계가 등장하면서, 이러한 문제를 다루기 위한 뉴 거버넌스(new governance)에 관한 연구도 활발히 전개되기 시작했다.

전 세계를 풍미하기 시작한 신자유주의와 세계화의 물결은 미국의 행정이론에 이처럼 거대한 폭풍으로 다가왔다. 그 거대한 물결이란 시민의 고급화된 욕구를 충족시켜 주어야 하고, 민간 부문의 유수한 기업과 선의의 경쟁을 마다하지 않아야 한다는 것이었다(이종수·윤영진, 2005: 131-135; 이병철, 2005: 442).

한편, 거대한 폭풍처럼 다가왔던 행정의 보수주의화는 2000년대에 접어들자 예기치 못한 환경에 직면하게 되었다. 첫째는 보수주의화에 선도적 역할을 해왔던 신공공관리론에 대한 시각의 변화가 그것이고, 둘째는 2008년도에 발생한 리먼 브러더스의 파산에 따른 금융위기가 그것이다.

신공공관리론에 기초한 개혁모형이 클린턴 정부에서 자리매김을 함에 따라, 일단의 행정학자들은 1990년대 중반부터 이 같은 시대적 사조에 반기를 들기 시작했다. 예컨대 1996년에 미국행정학회는 신공공관리모형의 허구성에 대한 비판과 함께, 행정의 새로운 역할로서 공공성을 강조했다. 프레데릭슨을 필두로 이러한 논의가 『미국행정학보』에 특집 주제로 다루어지면서, 시장의 역할로 대신할 수 없는 행정의 역할 모색과 공공 영역과 시장 영역의 차이점에 대한 심도있는 논의가 자리를 잡기 시작했다.

그럼에도 2000년대의 미국 행정이론이 신자유주의적인 물결로부터 완전히 자유롭다고 보기는 어렵다. 프레데릭슨을 비롯한 많은 행정학자가 경영과 차별화된 행정의 특수성을 강조하고 있지만, 이미 시장 지향적이고 기업 지향적인 관리 사조의 물결은 미국 행정이론의 발달 과정에 깊숙이 침투해 있는 실정이다.

또한 2008년도에 발생한 리먼 브러더스의 파산에 따른 시장실패(market failure)는 기존과는 다른 맥락에서 새로운 처방을 요구하고 있다. 다시 말해, 새로운 시장실패가 결과적으로 시장에 대한 정부의 규제를 다시 강화하는 데 정당성을 부여하게 되었다. 이에 더해 날로 심각해져 가는 정부의 재정적자는 기존의 감세정책을 중심으로 했던 보수주의적 재정정책들을 수정해야 하는, 이른바 반보수적인 정책지향성을 강화하는 계기가 되고 있다(O'Leary & Van Slyke, 2010: 56-57).

국민의 선호와 선택 존중), 총체적 품질관리(TQM)에 관한 연구, 국민에게 전달되는 프로그램에 대한 관심(program orientation) 확대, 경영적 사고의 도입, 민·관 공동생산 등을 들고 있다.

이와 함께 오바마 정부에서 특히 의료보험 강제 가입 개혁안에서 보듯이, 정부 개입주의(interventionism)가 강화되고 있는데서 반보수주의적인 정책지향성을 엿볼 수 있다. 그런데 이 과정에서 흥미로운 사실은 정부 개입주의에 대한 저항이 강화되자, 이의 부작용을 완화시킴과 동시에 정부 개입주의의 정당성을 강조하는 자유주의적 개입주의(libertarian paternalism) 개념이 확산되고 있다.

이는 행동경제학에 기초한 탤러(Richard H. Thaler)와 선스타인(Cass R. Sunstein)이 주장하는 개념으로, 기존의 정부 개입주의가 선택의 자유를 배제한 개념이었다면 자유주의적 개입주의는 반대로 선택의 자유를 과감하게 반영한다는 데 있다. 이들에 따르면, 정부 개입주의에 대한 불편함을 해소하는 방법은, 인간의 행동을 간파해서 이들의 옆구리를 찔러 좋은 결정을 내리게 해주는 넛지(nudge)를 행하면 된다는 것이다(Thaler & Sunstein, 2003: 174-179). 자유주의적 개입주의는 정부 개입주의가 지닌 한계를 극복하고자, 주로 행동경제학에 기초한 경제정책 분야에서 강조된 개념이다. 다만 이 개념이 아직은 인간의 자유로운 선택에 불필요한 강요를 낳아, 획일화를 조장할 수 있다는 점을 간과하고 있다는 점에서 비판을 받고 있다.

한편 반보수적인 정책지향성이라는 맥락에서 살펴보아야 할 또 다른 흐름으로, 신보호무역주의(new protectionism)의 강화 현상이다. 이는 세계화로 야기된 신시장실패(new market failure)에 대응하고자, 미국 등 선진국들이 무역이나 외화에 대한 규제 조치를 강화하면서 등장한 선진국 중심의 보호무역주의라 할 수 있다. 다시 말해, 신보호무역주의는 미국이 안고 있는 브레튼우드 체제(Bretton Woods System)[65]의 붕괴, 오일 쇼크,

65) 브레튼우즈 체제(Bretton Woods System)는 미국 뉴햄프셔 주의 브레튼우즈에서 제2차 세계대전이 종료되기 직전인 1944년에 44개 연합국 대표가 참석해, 전쟁으로 황폐화된 선진국 경제의 부흥과 개발도상국의 지원을 목적으로 전후의 국제 통화에 대한 질서를 마련하기 위해 출범했다. 이 협정에서 논의된 핵심적 내용은 미국의 달러화를 기축으로 한 '고정환율 제도'를 도입하는 것이었다. 이에 따라 국제통화 제도를 관장하는 국제통화기금(IMF)과 세계은행(IBRD)이 설립되고, 두 기관을 중심으로 국제금융 체제가 작동하는 세계 질서를 마련했다는 의미를 부여할 수 있다. 그러나 미국이 1960년대에 베트남과의 전쟁으로 발생한 부족한 예산을 보충하기 위해 달러를 무차별적으로 발행함에 따라, 달러를 금으로 바꾸어 줄 수 없게 된 닉슨 대통령은 1971년에 향후부터는 금과 달러를 교환하는 것을 중지하는 내용의 '달러화에 대한 금태환을 정지하는 긴급선언'을 발표하기에 이른다. 이후 이 문제를 해결하기 위해 1971년에 10개 선진국들이 스미스소니언 박물관에 모여 '스미스소니언 조약'을 체결했지만 국제 통화를 안정화시키는 데는 역시 실패했다. 이에 따라 브레튼우즈 체제는 폐기되고, 1976년에 자메이카의 킹스턴에서 다시 선진 10개국이 참석해 새로운 금융체계로 소위 '킹스턴 체제(Kingston System)'를 체결했다. 주된 내용은 앞으로는 국제통화기금(IMF) 회원국들이 자국 경제 상황에 적합하게 자유로운 환율을 결정할 수 있도록 하는 변동환율 제도로 이행할 수 있게 했다.

그리고 만성적인 국제수지 적자 등으로 야기된 미국 경제의 침체를 막기 위해 등장한 것이다.

그런데 미국의 경우 신보호무역주의가 최근에 등장한 정책 사조가 아니라는 사실이다. 이미 일찍부터 자국의 경기 부양을 위해 미국 내에서 이루어지는 대규모의 공공사업에는 반드시 미국에서 만들어진 제품들만을 의무적으로 사용해야 한다는 소위, '바이 아메리칸(Buy American)' 조항을 강화한 때부터 신보호무역주의는 비롯되었다.

이에 더해 새로이 미국 대통령으로 당선된 트럼프(Donald Trump)가 선거공약으로 자국 경제를 보호하고자 하는 신보호무역주의를 강화하겠다고 함으로써, 전 세계는 다시금 자유무역주의에 기반한 세계화 대신 19세기의 보호무역주의로 회귀하는 양상을 보이고 있다. 그간 전 세계가 하나의 경제권으로 묶여 있다는 믿음이었던 세계화의 신화는 폐기될 운명에 처하게 되었다. 이에 따라 신보호무역주의의 강화로 이어지는 새로운 국제 질서는, 신자유주의가 지배하던 때와는 판이하게 다른 새로운 행정 패러다임을 요구하고 있다.

이렇듯 1980년대 이후부터 현재에 이르는 동안, 미국의 행정이론은 보수적 물결에서 다시 반보수주의로 반전하는 양상을 띠고 있다. 이 시기 행정이론의 발달 과정의 특성을 대표적 학자들의 입장을 통해 살펴보면 이러하다.

1) 사바스의 민영화이론

1980년대는 정부 부문의 역할 감소와 함께 감축관리가 하나의 대세를 이룬 시기였다. 이 시기에 사바스(Emanuel S. Savas)는 1982년에 『공공 부문의 민영화 : 정부를 감축시키는 방법(*Privatizing The Public Sector: How to Shrink Government*)』과, 1987년에 『민영화: 더 나은 정부로 나아가는 열쇠(*Privatization: The Key to Better Government*)』라는 두 책에서 시대적 흐름인 정부 서비스의 민영화를 주장했다.

사바스는 민영화의 필요성에 대한 인식과 함께 민영화의 필요성을, 민간 부문과 정부 부문 간의 역할 분담이라는 새로운 관점에서 접근했다. 그에 따르면, 민영화(privatization)란 공공 서비스의 제공이나 이를 위한 재산의 소유에서 정부의 영역을 줄이고 민간의 영역을 늘리는 것으로 보았다. 재화와 서비스의 생산 영역을 민간에게 맡김으로써 정부의 부담을 줄이자는 것이 민영화라는 것이다. 이와 같은 관점에서 사바스는 민영화가 필요하게 된 배경을 다음과 같이 들고 있다.

첫째, 민영화에 따른 실용적인 측면에서의 필요성을 들고 있다. 신중한 민영화를 통해 공공 서비스의 제공에 절약과 능률을 기할 수 있기 때문이라는 것이다. 따라서 민영화가 더 좋은 정부 실현에 기여할 수 있다는 주장이다.

둘째, 작은 정부라고 하는 이데올로기적인 측면에서의 필요성을 들고 있다. 현대 정부는 이미 너무 비대하고 강력해서 국민들의 사생활을 침해할 우려가 있어, 민주주의의 실현에 방해가 되고 있다는 것이다. 그 결과 큰 정부의 결정은 원초적으로 정치적인 것이어서, 개인들 간의 평등한 관계에서 이루어지는 결정보다 진실성이 적다고 보는 입장이다.

셋째, 상업주의적인 측면에서의 필요성을 들고 있다. 이는 정부의 영역을 줄임으로써 민간이 더 많은 기업 경영을 할 수 있다는 점에서 민간에게 도움이 된다는 측면이다.

넷째, 더 나은 사회를 이룩한다는 입장에서 대중주의자들(populists)의 주장을 들고 있다. 이들은 공공 서비스를 결정할 때 주민들이 좀 더 넓은 결정권을 가져야 한다고 주장한다. 예컨대 공공 서비스가 정부관료제에 의해 공급되는 것보다, 주민과 가까이 있는 가족이나 자선기관과 같은 지역사회 기관에 의해 공급되는 것이 바람직하다고 보는 입장이다.

결론적으로 사바스는 민영화를 지지하는 입장에서, 정부의 영역을 줄이고 유인(誘因, incentive)과 경쟁에 기초한 민간 부문의 역할을 늘리는 것이 더 나은 사회를 위해 바람직하다는 입장을 견지하고 있다. 민영화를 확대해야 하는 이유가 언급한 대로 사회에서 얼마간의 공공 서비스는 집단적 의사 결정 과정을 통해서만 공급될 수 있지만, 많은 서비스는 이런 과정을 거치지 않고도 제공될 수 있다는 것이다.

다시 말해, 대규모의 서비스 공급은 정부를 통해서만 이루어질 수 있으나, 소규모의 경우는 자발적 기관을 통해서도 이루어질 수 있다는 논리이다. 따라서 정부의 영역 확대는 이런 자발적 공공 서비스의 공급을 저해할 수 있기 때문에, 경쟁의 원리에 기초하지 않은 정부의 공공재 생산은 민간 부문보다 열등할 수 있다는 것이 사바스 주장의 요체이다(김석태, 2005: 226-234).

2) 라이트의 정부간 관계

전통적 행정이론들이 주로 중앙정부의 조직과 구성, 인사와 재무, 정책 결정 과정과 집행과 같은 현상에 관심을 기울여 왔다면, 라이트(Deil S. Wright)의 정부간관계론(intergover nmental relations: IGR)은 그동안 도외시되어 온 지역과 지방정부(regional and local government) 문제에 관심을 쏟게 하는 데 지대한 기여를 했다. 라이트의 관심은 이와 같은 맥락에서 서로 다른 수준의 정부 간 관계를 체계적으로 설명할 수 있는 분석 틀을 수립하고자 하는 데 있었다. 라이트의 정부간관계론은 연방제 형태의 미국 정부 체제가 지닌 구조와 기능의 본질과 운영상의 특성을 설명하기 위한 개념 틀로서, 종래의 연방주의론(federalism)과는 여러 측면에서 차이가 있다. 라이트의 논의는 정부간관계론과 연방주의론과의 차이를 기술하는 데서 출발했다.

라이트에 따르면 정부간관계론은 연방주의론을 대체하는 단순한 용어가 아니라, 연방주의론 속에 포함되지 않은 일련의 현상과 행위를 다루는 용어로 정의했다. 이에 따라 정부간관계론은 연방정부와 주정부 간의 관계만을 다루지 않으며, 각 정부 간의 계층적 관계를 전제로 하지 않는 대신 광범위한 정책 과제들을 취급한다. 그래서 정부간관계론이 연방주의론보다 훨씬 더 중립적인 개념이라는 것이다. 라이트는 연방주의론과 정부간관계론 간의 차이점을 다음과 같이 주장했다.

첫째, 연방주의론은 역사적으로 연방정부와 주정부와의 관계를 강조해 왔다. 이에 반해 정부간관계론은 모든 형태와 수준의 정부 간에서 일어나는 상호작용을 분석하는 데 초점을 두고 있다.

둘째, 연방주의론은 법적 권한이나 공식적 행위 등 법적 접근 방법에 주로 의존해 왔다. 이에 반해 정부간관계론은 법적인 초점을 넘어 비공식적이고 보이지 않는 행위와 활동, 그리고 행위자들의 인지에 더 많은 관심을 부여한다.

셋째, 연방주의론은 계층제적인 권한 관계를 전제로 한 이론이다. 이에 반해 정부간관계론은 각종 정부 간의 권한 관계에 따른 상하 관계를 가정하지 않는다. 다시 말해, 각각의 정부를 수평적인 관점에서 접근한다는 의미이다.

넷째, 연방주의론은 정책 문제에 커다란 비중을 두지 않는다. 이에 반해 정부간관계론은 정부 간에 정책이 형성되고 집행되는 방식과, 그에 따른 결과가 초래할 내용에 대해 지대한 관심을 갖는다.

다섯째, 연방주의론은 오랫동안 서로 다른 정치적 목적을 지닌 사용자들에 의해 남용되어 개념의 분석적 효용이 감소했다. 이에 반해 정부간관계론은 좀 더 제한적이고 엄격한 의미를 지닌 개념으로서 중립적 성격을 지닌다. 그래서 어떠한 감정적 의미도 내포하지 않는다는 점에서 차별성이 있다.

라이트가 강조하는 정부간관계론은 독립된 이론 체계를 수립하려는 데 있는 것 같지는 않다. 그보다는 각종 정부들에서 실제적으로 일어나는 운영 측면(operational aspects)을 분석·기술하는 데 더 많은 중점을 두고 있다. 따라서 라이트의 정부간관계론은 분석틀로서의 가치보다는 탐구되어야 할 주제를 제시한다는 점에서 의의가 있다. 다만 라이트의 정부간관계론은 연방제 국가 형태가 아닌 경우 이론의 적용 가능성이 매우 낮고, 내용상의 정교함에서도 문제점이 있다(김익식, 2005: 246-254).

3) 굿셀의 관료제 옹호론

굿셀(Charles Goodsell)은 1985년에 출판된 『관료제를 위한 옹호: 행정학적 반론(*The Case for Bureaucracy: A Public Administration Polemic*)』을 통해, 관료제에 가해진 비판에 대해 상당한 설득력과 체계성을 가지고 미국 정부관료제를 옹호했다는 데서 의의를 찾을 수 있다.

굿셀의 관료제에 대한 옹호는 세 가지 순서에 의해 진행되었다. 첫째는 관료제에 대해 지금까지 이루어져 온 비판을 수집·정리하고, 둘째는 이들 비판에 대해 이론적·경험적 관점에서 재비판을 통해 관료제의 긍정적인 면을 부각시키고, 셋째는 그럼에도 불구하고 관료제가 부정적으로 조명되고 있는 이유를 추적하는 방식으로 진행되었다.

(1) 관료제에 가해지고 있는 비판에 대한 재비판

굿셀은 관료제에 대해 가해지고 있는 비판의 요체를 낮은 성과, 권력지향성, 그리고 인간성 상실로 정리했다. 그리고 관료제에 가해지고 있는 비판에 대한 재비판을 다음과 같이 시도했다.

첫째, 관료제의 낮은 성과에 대해 가해지고 있는 비판에 대한 재비판이다. 정부관료제가 비능률적이라는 경제학자들의 주장은 상반된 증거들이 동시에 존재하고 있음에도 불구하고, 관료제를 무조건 열등하다는 식으로 연역적 추리를 하는 것은 심각한 문제라고 지적했다. 또한 사회학자들이 특히 관료제의 역기능적인 측면을 비판하고 있으나, 이것도 지나친 단순화에 따른 오류를 범하는 것이라고 반박했다.

둘째, 관료제의 지나친 권력지향성에 가해지고 있는 비판에 대한 재비판이다. 관료제가 기득권층의 이익을 위해 존재한다고 하나, 관료제가 이들의 이익을 위해 조직화된 것은 아니라는 것이다. 특히 관료들의 정책지향성을 살펴보아도 일반 국민과 별 차이가 없는 것이 이를 반증하는 예라는 것이다. 그리고 관료제는 기능적으로도 일반 국민의 이익을 잘 대변해 오고 있다는 입장이다.

다시 말해, 미국 사회의 불평등은 과거부터 존재해 왔고 지금도 여전히 존재하지만, 이러한 불평등이 전체 사회가 안고 있는 죄이거나 역사의 유산이지, 유독 관료제만이 비난을 받아야 할 이유는 아니라는 점을 강조했다. 오히려 관료제는 시장경제에 맡겨둘 경우 발생하는 경제적 불평등을 해소하기 위해 조직화되었다는 사실을 강조하면서, 관료제가 이를 위해 노력하고 있다는 편이 오히려 더 적절한 설명이라는 것이 굿셀의 주장이다.

셋째, 관료제의 인간성 상실에 가해지고 있는 비판에 대한 재비판이다. 관료적 성격이 따로 있다고 하나, 조사에 따르면 관료들이 일반 시민과 전혀 다른 성격을 지닌 것은 아니라는 사실이다. 특히 관료가 고객을 규칙대로 그리고 비인격적으로 대한다고 하는데, 이 또한 사실이 아니라고 반박했다.

(2) 관료제에 가해지고 있는 비판의 유래와 결과

결국 정부관료제는 실제로 만족스러운데도 불구하고, 관료제를 부정적으로 이해하게 된 이유는 실제와 추상적 이미지 간의 간격 때문이라는 것이 굿셀의 핵심적 주장이다. 다시 말해 그는 이러한 간격이 일종의 신화에서 발생되었다고 보고 있다.

미국 사회는 오랫동안 모든 문제를 해결해 온 신화가 있었다. 그리고 해결할 수 있다는 낙관적 믿음을 계속해서 가지고 있었다. 그런데 이러한 분위기 속에서 설정한 목표가 달성되지 않으면 무엇인가 잘못되었다고 생각하는데, 그 잘못을 관료제에서 찾고자 한 데서 이런 간극이 발생했다는 것이다. 이 밖에도 나쁜 관료제의 신화는 정부관료제와의 접촉 과정에서, 개인적 목표를 성취하지 못한 사람들의 변명과 한풀이로 확대재생산되었다는 점을 들고 있다.

이에 따라 굿셀은 정부관료제에 대한 비판이 균형 감각을 상실한 것이 대부분이기에, 정부관료제를 정확하게 이해하고 이를 적극적으로 옹호하는 학문 세계의 활동이 필요하다는 입장이다. 그리고 정부관료제도 상호간에 간격이 생기지 않도록 직접적인 접촉의 영역을 증가시킬 필요가 있으며, 균형잡힌 언론 보도의 중요성을 강조했다. 결국 굿셀의 관료제에 대한 옹호는 부정적 시각으로 점철된 관료제에 대해, 균형적인 담론을 제시했다는 측면에서 그 의의를 찾을 수 있다(김병섭, 2005: 657-667).

4) 오스본의 정부재창조론

오스본(David Osborne)과 게블러(Ted Gaebler)가 1992년에 공동 집필한 『정부재창조: 기업가적 정신이 공공 부문을 어떻게 전환시키는가(*Reinventing Government: How the Entrepreneurial Spirit is Transfoming the Public Sector*)』는 1990년대 이후 신보수주의 물결 속에 진행된 미국의 정부 개혁에 지대한 영향을 미쳤다.

특히 오스본은 고어(Al Gore) 부통령이 운영하는 정부혁신사업단(reinventing government task force)의 구성체인 국가과학아카데미(National Academy of Sciences)와 진보정책연구소(Progressive Policy Institute)의 회원으로 활동하면서, 거의 모든 정부 업무에 대해 자문과 상담을 통해 기업가 정신을 통한 정부 혁신을 주도해 왔다.

(1) 기업가적 접근 방법의 특징

오스본은 행정에 대한 접근 방식으로 관료제적 접근이 아닌, 기업가적 접근이라는 새로운 거버넌스 유형을 제시했다. 오스본은 새로운 거버넌스로서 기업가적 접근이 갖는 차별성을 통해 관료의 사고 방식과 행동 양식이 변화되어야 함을 역설했다.

첫째, 정부의 새로운 역할로서 종래와 같이 노를 젓기보다는 방향을 잡아주어야 한다.

둘째, 정부의 활동으로서 종래와 같이 서비스를 제공하기보다는 관료에게 권한을 부여해 주는 방향으로 전환되어야 한다.

셋째, 서비스의 공급이라는 측면에서 종래와 같이 서비스의 독점보다는 서비스의 제공에 경쟁 개념을 도입해야 한다.

넷째, 관리 방식으로서 종래와 같이 규칙이나 역할 중심에서 사명 지향적으로 전환되어야 한다.

다섯째, 예산 제도라는 측면에서 과거의 투입 중심적인 예산 제도에서 성과와 연계한 예산 배분 방식으로 바뀌어야 한다.

여섯째, 행정 가치라는 측면에서 과거와 같은 관료제 중심에서 고객 지향적으로 전환되어야 한다.

일곱째, 과거의 지출 위주 방식에서 수익 창출 위주로 전환되어야 한다.

여덟째, 정부의 행위라는 측면에서 종래의 치료 중심적 정부에서 예방적 정부로 바뀌어야 한다.

아홉째, 행정 주체가 과거와 같은 계층조직에서 앞으로는 팀워크와 참여를 중시하는 체제로 전환되어야 한다.

열째, 운영 기제로서 과거와 같은 조직 지향 중심에서 시장 지향적인 정부로 변모해야 한다.

열한째, 행정 방식이라는 측면에서 과거와 같은 명령과 통제 중심에서 협의와 네트워크 형성을 통한 행정 방식으로 전환되어야 한다는 것이다.

(2) 시장 지향적 접근 방법에 따른 새로운 정부 형태

오스본은 시장 지향적인 개혁을 통해 정부를 새로운 형태로 전환시켜야 할 것을 주장했는데, 그가 주장한 새로운 정부 형태는 이러하다.

첫째, 정책 집행보다는 정책 조정에 치중하는 촉진적 정부(catalytic government)가 되어야 한다. 촉진적 정부는 작지만 강한 정부를 의미하며, 일을 적게 하는 것이 아니라 지역사회를 위해 더 많은 정책을 담당하며 제도를 움직이는 정부를 의미한다.

둘째, 지역사회가 주도하는 지역사회 지향적 정부(community owned government)를 창출해야 한다. 지역사회 지향적인 정부란 주민에게 서비스를 제공하는 데 치중하는 정부라기보다는 주민에게 더 많은 권한을 이양하는 정부를 의미한다. 그 이유는 지역사회단체는 지역사회의 발전에 대해 어느 누구보다도 많은 관심을 가지고 있기 때문이다. 따라서 이러한 관심은 자신들의 생활에 영향을 미치는 많은 문제를 스스로 해결하려고 하고, 이는 곧 참여민주주의의 실현을 앞당길 수 있기 때문이다. 이런 점에서 지역사회 지향적인 정부는 참여민주주의라는 가치를 지향한다.

셋째, 경쟁적 정부(competitive government)를 구축해야 한다. 이는 정부 서비스를 전달할 때 과거와 같은 독점적 방식을 벗어나 경쟁 제도를 도입해야 한다는 의미이다.

넷째, 사명 지향적 정부(mission driven government)를 만들어야 한다. 이는 규칙이나 법규 중심을 지향하는 정부가 아니라, 사명을 지향하는 조직으로 거듭나야 한다는 의미이다. 이 같은 정부는 내부 규칙을 제거하고 행정 체제를 단순화해서 관료제 내부의 규제를 완화하려는 정부라고 할 수 있다. 따라서 사명 지향적 정부의 성공 여부는 사명 지향적인 예산 제도와 성과측정 제도를 어떻게 개발하고 결합하느냐에 달려 있다.

다섯째, 성과 지향적 정부(result oriented government)를 지향해야 한다. 관료제로 구성된 정부의 목표 달성 여부는 정확한 성과측정을 통해서만 가능하다는 것이다. 이를 위해 관료제의 업무 성과를 측정할 수 있는 측정 도구를 개발해야 한다.

여섯째, 고객 지향적 정부(customer driven government)를 구축해야 한다. 고객 지향적 정부는 비정치적이며 혁신을 자극한다는 데 그 의의가 있다. 이에 따라 고객 지향적 정부는 서비스 중에서 고객이 원하는 서비스를 선택할 수 있도록, 낭비를 줄이고 고객의 참여를 유도하며 폭넓은 평등 기회를 창출해야 한다. 특히 소품종 대량 생산의 포디즘 시대에서 다품종 소량 생산의 포스트포디즘(post Fordism) 시대의 맞춤형 행정이 곧 고객 지향적 정부의 목적이라 할 수 있다.

일곱째, 기업가적 정부(enterpreneurial government)를 지향한다. 이는 지출보다 수입을 강조하는 정부를 의미한다. 이런 점에서 기업가적 정부는 돈벌이를 위한 정부가 아니라, 돈을 절약하기 위한 프로젝트의 투자 가치를 따져보자는 것이다.

여덟째, 미래를 준비하는 정부(anticipatory government)여야 한다. 이는 문제가 발생한 후 이를 시정하기 위해 서비스를 전달하기보다는, 문제를 사전에 예방하려는 정부를 의미한다. 미래를 대비하는 정부를 구축하기 위해서는 정책결정자들의 행태를 변화시킬 유인책을 마련해야 한다. 예를 들면 기업가적 정부에서는 예산 제도의 변경, 회계 제도의 변경, 지역 경계를 넘는 행정, 선거 제도 개혁 등을 통해 유인책을 변화시키려고 노력해야 한다.

아홉째, 분권적 정부(decentralized government)를 구축해야 한다. 이는 계층제보다 참여와 팀워크를 중시하는 정부로서, 고객과 직접 대면하는 공무원들이 의사 결정을 할 수 있도록 권한을 이양한 정부를 의미한다. 그 결과 분권적 정부는 중앙집권적 정부보다 유연성이 있고 변화하는 환경과 소비자 요구에 대응이 유리하다고 할 수 있다. 또한 분권적 정부는 과업 지향적 성격을 지닌다고 할 수 있는데, 과업 지향적인 정부는 복합적이고 변화하는 환경에 잘 대처할 수 있다는 점에서 의의가 있다.

열째, 시장 지향적 정부(market oriented government)를 구축해야 한다. 이는 문제를 해결하기 위해 서비스의 직접 전달이나 명령, 그리고 통제적 규제와 같은 행정적 메커니즘을 활용하기보다는 민간 부문의 시장을 활용해 문제를 해결하는 정부를 의미한다.

이상과 같이 오스본이 주장한 시장 지향적인 정부모형은, 특히 클린턴 정부의 개혁 방향에 지대한 영향을 끼쳤다. 그러나 오스본이 강조한 시장 지향적인 정부모형은 시장과 정부와의 차이점을 지나치게 단순화하거나 소홀히 다룸으로써, 정부의 목적을 폄하하거나 격하시키는 결과를 초래했다. 그 결과 1990년대 중반부터 시장 지향적인 정부모형은 거센 비판에 직면하게 된다(Osborne & Gaebler, 1992: 246-250; 정철현, 2005: 389-405).

5) 탤러와 선스타인의 자유주의적 개입주의

신자유주의적 물결의 퇴보와 함께 2008년도에 미국 경제를 강타한 리먼 브러더스(Lehman Brothers)의 파산은 그간 정부에 대한 시장의 우월적 시각을 바꾸는 결정적 계기였다. 미국 경제와 행정이 직면한 이른바 신시장실패(new market failure)는 다시금 정부의 규제 강화라는 정부 개입주의(paternalism)에 정당성을 부여하게 되었다. 이에 더해 오바마 정부에서 내놓은 의료보험 강제 개입의 개혁안을 둘러싸고도 정부의 개입주의에 대한 논쟁이 치열하게 전개되고 있다.[66]

그런데 정부 개입주의에 대한 저항의 핵심은 개인의 선택이 타인의 이익에 반하지 않는 한 이를 최대한 존중해야 한다는 자유주의의 기본 신념과 배치된다는 데 있다. 이에 따라 정부 개입주의에 대한 부작용을 완화하고 동시에, 정부 개입주의의 정당성을 강조하기 위해 등장한 것이 행동경제학이 추구하는 사회철학으로서 자유주의적 개입주의(libertarian paternalism)이다.

탤러(Richard H. Thaler)와 선스타인(Cass R. Sunstein)은 자유주의적 개입주의의 개념을 전개하기 위해 다음과 같은 가정을 하고 있다. 즉, 개인이 바람직한 선택을 하지 못하는 이유는 개인이 합리적 판단에 필요한 충분한 정보와 자기통제 능력을 갖지 못한 데서 연유한다는 가정이다. 따라서 개인이 바람직한 결정을 할 수 있도록 충분한 정보와 환경을 제공해 개인의 선택에 영향을 주자는 관점이 자유주의적 개입주의이다(Thaler & Sunstein, 2003: 175-179).

자유주의적 개입주의는 이처럼 윤리적으로는 보수적 입장을 견지하면서, 철학적으로는 자유주의를 신봉하는 입장을 견지하고 있다. 이에 따라 자유주의적 개입주의는 밀(John S. Mill)의 자유주의 철학에 바탕을 두면서, 사이먼(Herbert A. Simon)의 제한된 합리성과 카네만과 트버스키(Kahneman & Tversky, 2000) 등이 강조한 불확실성 하에서 의사 결정이 지니고 있는 비합리성의 가정과 같은 개념에 기초하고 있다.

그 결과 자유주의적 개입주의는 개인의 선택이 합리적이라는 가정 대신, 정부의 정보 제공이나 간접적인 개입 수단을 통해 인간의 행태를 변화시킬 수 있다는 행태주의적 가정을 도입하고 있다. 그래서 자유주의적 개입주의는 행동경제학이 가정하는 인간의 비

66) 정부 개입주의에 대한 반대론자들은 정부가 모든 인간을 보험에 강제적으로 가입시킬 권한이 없다는 주장인 반면, 정부는 강압적인 권위를 내세워 자신들이 세운 원칙이 보편적인 상식인 것처럼 강요하고 있다는 것이다.

합리성에 기저하고 있다. 자유주의적 개입주의가 지니는 장점으로는 무엇보다도 정부가 직접 개입함으로써 초래할 수 있는 개인의 자유를 제약하는 위험을 줄임으로써 저항을 감소시킬 수 있고 정책 비용을 절감할 수 있다. 특히 이 과정에서 개인의 행태 변화를 자발적으로 유도함으로써 정책의 순응성을 높여 정책 효과를 지속적으로 유지할 수 있다는 데 모아지고 있다.

그러나 자유주의적 개입주의는 장점에도 불구하고, 가장 본질적이고도 근원적인 문제라 할 수 있는 바람직한 선택의 문제인지를 누가 판단하는가에 대해서는 침묵하고 있다는 점이다. 즉, 정부가 판단한 선택이 개인이 선택한 판단보다 우월하다는 근거가 미약하다는 것이 그것이다. 그래서 자유주의적 개입주의란 단지 정부의 가치를 개인에게 강요하는 것 이상의 그 무엇도 아니라는 비판에 직면해 있기도 하다.

결국 글래서(Glaeser, 2006: 133-156)의 비판처럼 개인이 잘못된 의사 결정을 하듯이 정부도 잘못된 의사 결정을 할 수 있다는 가능성을 고려한다면, 자유주의적 개입주의는 상당히 위험할 수 있다는 것이다.

생각해 볼 문제

■ 미국 행정이론의 발달 과정을 바라보는 시각

1. 미국 행정이론의 발달 과정을 바라보는 시각에는 어떤 것이 있는지를 생각해 보시오.
2. 미국 행정이론의 발달 과정을 정치·정치사상에 기초한 계보로 보는 경우와 패러다임에 기초한 계보로 보는 경우의 차이점에 대해 생각해 보시오.
3. 미국 행정이론의 발달 과정을 조직이론과 관리적 측면에 기초해 보는 경우의 특색에 대해 생각해 보시오.

■ 미국 행정이론의 발달 과정

1. 윌슨(Thomas W. Wilson)의 행정이론이 등장하기 이전, 미국 행정이론의 특징에 대해 생각해 보시오.
2. 제1차 세계대전을 전후로 한 시기에 형성된 미국 행정이론의 발달 과정의 특징에 대해 생각해 보시오.
3. 제2차 세계대전 이후 형성된 미국 행정이론의 발달 과정의 특징에 대해 생각해 보시오.
4. 혼돈의 시대로 불리는 1960년대 미국 행정이론의 발달 과정의 특징에 대해 생각해 보시오.
5. 신자유주의적 이데올로기가 지배하게 된 이후, 미국 행정이론의 발달 과정에 대해 생각해 보시오.
6. 미국의 건국의 아버지들이 미국 행정이론의 발달 과정에 미친 영향에 대해 생각해

보시오.
7. 미국 행정이론의 발달 과정에서 환경의 변화가 미친 영향에 대해 조사해 보고, 이들 간의 상관성에 대해 생각해 보시오.
8. 미국 행정이론의 발달 과정에서 유럽의 행정이론이 미친 영향에 대해 생각해 보시오.
9. 최근 미국에서 일고 있는 반보수주의적 행정이론의 경향과 그 내용의 적실성에 대해 생각해 보시오.

제3장 한국 행정이론의 발달 과정

제1절 한국 행정이론의 발달 과정을 바라보는 시각

60여년의 역사를 지니고 있는 한국 행정학의 발달 과정을 체계적으로 정리한다는 것이 쉬운 일은 아니다.[1] 다만 미국 행정이론의 발달 과정에 비해 우리는 다소 역사가 짧고 준거 기준이 복잡하지 않아 그나마 발달 과정을 바라보는 시각을 용이하게 해준다. 여기에서는 한국 행정이론의 발달 과정을 행정학자들이 준거한 기준에 따라 살펴보고자 하나, 분류에 따른 중복성의 한계가 내재함을 전제하고자 한다.

1 학문의 발전 단계에 기초한 계보

이는 행정이론의 학문적 발전 단계에 따른 분류로서, 한국 행정학자들이 가장 많이 이용하는 분류 방식이기도 하다. 이 분류 기준에 따라 한국 행정이론의 발전 단계를 분석한 최초의 학자는 박동서였다. 박동서(1997: 31-56)는 한국 행정을 올바르게 이해하기 위해서는 역사적 고찰과 함께 외국과의 비교 연구를 통해 한국 행정의 특성을 파악할 것을 강조했다.

1) 2016년은 한국행정학회가 1956년에 창립한 지 환갑이 되는 해이기도 했다.

그렇지만 한국의 역사를 전부 소급할 필요는 없고, 현대 행정에 영향을 미쳤다고 생각되는 시점까지로 한정하는 것이 바람직하다고 보았다. 이에 따라 조선시대 이상까지는 소급하지 않았고, 미군정 시기의 행정도 한국 행정과의 연계가 미약해 맥락 속에서 제외했다(이한빈 외, 1969: 531). 그 결과 박동서(1978: 69)는 현대적인 한국 행정학의 출발 연대를 1955년으로 설정한 후, 1955년부터 1960년대 중엽까지를 행정학의 도입기로 그리고 1965년부터는 주체기 또는 반성기로 설정했다.

이종범(1986; 2006: 17)은 50여 년에 걸친 한국 행정학의 역사를 학문의 발전 단계에 따라 도입기(단순모방기), 적응모방기, 창조(태동)기, (학문)성숙기로 나누고, 이에 따라 학계의 활동을 분석하는 방식을 시도했다.[2] 이 중 도입기는 1950년대와 1960년대가 이에 해당하며 주로 관리이론과 발전행정이 소개되던 시기로 보았다. 그리고 1970년대와 1980년대는 적응모방기로 모방과 정교화가 이루어진 때로, 1990년대와 2000년대는 창조기로 행정이론의 발달 과정에서 큰 변화가 일어난 시기로 구분했다.

2 패러다임이나 개념사에 기초한 계보

이는 행정이론의 발전 단계를 패러다임(paradigm)의 변천이나 개념사(conceptual history)에 입각해서 그 변천 과정을 파악하는 방식을 의미한다.

강신택(1971: 135-144)은 이 같은 관점에서 행정학의 발전 단계를 가정된 원형, 이론 발전, 이론과 사실의 대비, 사실의 묘사와 발견이라는 준거 틀(framework)에 따라 분석을 시도했다. 강신택은 정치학자인 정인흥이 1955년에 발간한 『행정학』을 한국 행정학의 기원으로 보았으며, 서울대학교 행정대학원이 설립된 1959년을 한국에서 행정학이

2) 그런데 이종범이 1979년에 『한국정치학회보』에 발표한 논문에서는 학문의 발전 단계를 동일하게 보았으나 그 시기 구분과 특징은 현재와 상이했음을 알 수 있다. 즉, 이종범은 학문의 발전 단계를 단순모방기, 적응모방기, 창조태동기, 학문성숙기의 네 단계로 구분하면서, 한국 행정학은 이제 단순모방기에서 적응모방기로 이전하는 단계에 있다고 규정지었다. 그리고 이 두 단계에 걸친 한국 행정학의 발전 과정을 다시 다음과 같이 네 단계로 세분화했다. 첫 단계는 1950년대 말부터 1960년대 초까지를 초창기(단순모방기)로 분류하면서, 이 시기에는 주로 처방적 속성을 갖는 관리이론이 중심이었다고 보았다. 다음 단계는 1960년대 중반으로 행태과학을 중심으로 하는 과학적 측면으로서의 행정이론이 도입된 시기로 보았다. 셋째 단계로는 1960년대 말부터 1970년대 초까지로 이 시기는 발전 및 비교행정이론의 도입 시기로 보았다. 끝으로 넷째 단계는 1970년대 중반 이후로 보면서, 정책과학과 관리과학이 도입되어 전파된 시기로 보았다(이종범, 1979: 28).

토착화하는 출발점으로 설정했다. 이에 따라 출발하기 시작한 한국 행정학의 토착화는 이후 이한빈이나 박동서 등에 의해 체계화 과정을 거치면서 한국 행정학의 토대가 형성되었다고 평가했다.

그런데 강신택은 2005년에 출간된 『한국 행정학의 논리』에서 한국 행정의 변천 과정을, 이와는 다른 기준인 개념사의 견지에서 분석했다. 즉, 한국의 시대별 발전 단계에서 조직, 인사, 예산, 지방정부 등 한국 행정학의 하위 영역을 구성하고 있는 학문 분야의 기본적인 견해가 무엇이었는가를 부각시키는 방식으로 진행되었다(강신택, 2005: 20-21). 이런 측면에서 강신택의 분석 시각은 시대별 특징에 따른 분류 방식과 다소 중복되는 감이 있다.

패러다임의 입장에서 한국 행정이론의 발전 단계를 시도한 분류 방식으로는 이병철(2005)을 들 수 있다. 그는 과정에 내재된 공통된 인식을 근거로 한국 행정학의 토착화 과정을 패러다임적 개념을 통해 단계적으로 분석했다. 이에 따라 한국 행정이론의 변천 과정을 첫째는 민주적 관리·능률적 행정학이 지배하던 패러다임의 시기로 1940년대 후반부터 1960년대까지가 이에 해당하는 것으로 보았다. 그는 이 시기를 다시 한국 행정학의 발아기 또는 맹아기, 한국 행정학의 유년기로 분류했다. 둘째는 신행정학 및 정책과학이 지배하던 패러다임의 시기로 1970년대가 이에 속한다. 셋째 단계는 한국 행정학이 성숙한 단계에 이른 패러다임의 시기로 1980년대와 1990년대를 들고 있다.

3 시대적 특성에 기초한 계보

이는 행정이론이 시대성에 민감하다는 특성을 반영해, 행정학의 발전 단계를 시대의 변화적 특성에 입각해 행정 연구의 성격과 특성을 파악하는 방식이다.

시대성에 민감한 행정 연구의 성격을 감안해, 한국 행정학의 발전 단계를 분석한 입장으로는 박종민(2006: 45-51)을 들 수 있다. 그는 지난 반세기 동안 한국 사회가 경험한 혹은 경험하고 있는 세 가지 변화의 물결인 근대화, 민주화, 세계화에 주목해 각 물결에 상응하는 시기의 행정 연구의 성격과 특징을 분석했다. 그에 따르면 이러한 구분은 단순한 시간적 변화 이상을 의미하며, 시기마다 행정학자들이 강조했던 주제적 관심이 다양했다는 점과 핵심 개념과 이론적 정향도 다를 수밖에 없었다는 점에 주안점을 두었다.

이에 따라 행정이론의 발달 단계를 근대화 시기, 민주화 시기, 세계화 시기의 세 단계로 나누고, 각각의 특성을 분석하는 방식을 채택했다. 첫째 단계인 근대화 시기에는 발전과 행정이 핵심 개념이자 이론적 정향성인 특징을 보였다. 둘째 단계인 민주화 시기에는 행정의 정향성이 권력과 행정에 집중되었는데, 이 시기의 행정 연구의 화두는 국가 권력과 정부 권력의 재구조화와 관련되어 있었다. 셋째 단계인 세계화 시기에는 이론적 정향성이 경쟁적 협력과 행정에 집중되었다고 보았다.

4 연대기적 관점에 기초한 계보

이는 행정학의 발달과 진화 과정에서 이정표의 역할을 한 시점을 기준으로, 행정이론의 발달 과정을 연대기 중심으로 살펴보는 방식이다. 안병영(1983: 141-166)이 이 같은 입장을 취했다. 그는 행정 발전의 주요 계기 및 대표적 저자들의 연구 내용과 방법론에 유의해 연대기적 관점에서 한국 행정학의 전개 과정을 네 단계로 분류했다.

첫째 단계는 현대 행정학의 출발 기점인 1955년부터 1960년대 중반까지로, 이 시기는 주로 미국 행정학이 한국에 도입되는 시기로 보았다. 이 시기에 행정학이 다룬 주요 주제로는 전통적 행정학이 다룬 고전적 관심 영역이었다. 그리고 방법론적 입장은 역사적·규범적 접근 방법이 지배적인 분위기였다.

둘째 단계는 1960년대 후반기로 볼 수 있다. 이 시기의 특징이나 정향성으로는 지금까지의 무비판적 수용과 모방에 대한 스스로의 반성과, 나름대로 한국 현실을 포용할 수 있는 일반이론을 탐색하는 데 치중했다. 그리고 한국 현실에 적합한 토착화된 중범위이론의 정립 가능성을 조심스럽게 탐색하는 시기로 정의했다.

셋째 단계는 1970년대 초반으로 볼 수 있다. 이 시기는 기존의 규범적 연구방법론에 대한 불만과 함께, 서술적인 접근에서 실증주의적·과학적 연구 방법으로 정향성이 변모했다.

넷째 단계는 1970년대 후반부터 현재까지가 이에 해당한다. 이 시기는 관리과학과 정책과학의 대두와 함께 새로운 토착화를 위한 진통기로 보았다. 특히 한국 사회에 적실성이 높은 이론 수정을 위한 필요성과 노력을 기울이는 시기였다는 점을 특징으로 들었다.

이상에서 보듯이 한국 행정이론을 바라보는 학자들의 시각도 매우 다양함을 알 수 있다. 여기에서는 이러한 시각의 다양성을 고려해, 한국 행정이론의 발달 과정을 연대기적 관점과 패러다임에 기초한 방식을 혼용해 서술하고자 한다. 이와 같은 기술 방법을 택한 이유는 미국 행정이론의 발달 과정과 동일한 분석 기준에 의거해 한국 행정이론을 분석하는 경우, 양국의 행정이론의 변화 과정에 따른 특징을 비교하는 데 편리성이 있기 때문이다.[3)]

제 2 절 한국 행정이론의 발달 과정

1 건국부터 초기 개발 연대 시기의 행정이론

한국 행정에서 건국부터 초기 개발 연대(1948~1969년)에 이르는 동안은 근대화가 본격화한 시기였다. 이 시기에 행정 연구의 최대 화두는 행정의 근대화 혹은 국가 발전과 관련된 행정의 역할이었다(박종민, 2006: 44-46). 발전과 행정이라는 화두에 따라 행정 연구의 초점은 근대화를 위한 행정의 역할 모색, 행정의 후진성에 대한 설명, 그리고 행정의 합리화에 놓여졌다.

근대화 시기에 해당하는 이 시기의 주류 행정 연구는 근대화 이론의 기본 가정과 핵심 개념 및 정책적 함의를 반영할 수밖에 없었다. 따라서 이러한 주제적 관심은 당시 한국 사회가 직면한 시대적 상황에 대한 지적 반응이기도 했다. 가난하고 분단된 신생국으로서 국가 생존은 시대적 과제였고, 이를 위한 정부기구의 구성과 운영은 시대적 명령이었다. 따라서 이 시기 행정학자들의 지적 관심이 근대 국가행정의 발전과 산업화를 위한 정부행정의 역할에 있었음은 자연스러운 것이었다.

결국 행정 제도와 관행의 근대화 혹은 합리화가 중요한 화두였고, 이를 위해 우리보다 앞선 외국의 행정 제도와 관행을 소개하는 데 주력할 수밖에 없었다.[4)] 근대화 시기

3) 여기에서 시기별로 다루고 있는 한국 행정학자들의 대표적인 저서나 논문에 대한 구체적 내용과 평가에 대해서는 강신택(2005), 백완기(2005), 한국행정학회(2006) 등에 의해 거의 분석되어 있다. 따라서 여기에서는 이들 각각에 대한 평가보다는 전체적이고 포괄적인 맥락에서 한국 행정이론의 발달 과정을 살펴보고자 한다. 따라서 한국 행정학자들의 연구 내용에 대한 구체적 기술은 가능한 한 생략했음을 밝혀둔다.

4) 한국 행정학에 대해 미국 행정학은 두 가지의 지적 전통이 영향을 미쳤다고 할 수 있다. 첫째는 행정의 중립적 능력을 강조하고 능률성의 가치를 지향한 행정 연구이고, 둘째는 집행적 리더십을 강조

초반에 이루어진 행정 연구는 한국의 행정 제도와 과정에 대한 서술과 설명보다는 처방과 개혁에 치중했다. 따라서 이렇게 이루어진 처방은 우리의 역사와 맥락에 대한 깊은 고려 없이 이루어질 수밖에 없었다. 이는 다음에 설명하고자 하는 토착화의 문제와 관련해, 한국 행정학이 지닌 규범적 지향성과 외생적 기원으로 말미암아 겪게 되는 어려움을 의미한다.

다시 말해, 행정은 국가 운영에 관한 것이므로 행정학은 국가 발전에 기여해야 한다는 강한 규범적 지향성을 가지고 있는데, 우리가 도입한 행정학은 미국이라는 외국의 특수한 공공 행정학이기 때문이었다. 즉, 보편적 이론을 수용한 것이 아니라 특정 국가의 특수한 이론을 도입했기 때문에, 한국 실정에 맞는 독자적인 이론을 발전시키려는 노력이 계속될 수밖에 없었다. 결국 미국의 특수이론으로부터 보편적 원리를 찾아, 한국의 실정에 맞는 특수한 이론을 개발하려는 노력이었다(강신택, 2005: 24).

1) 한국 행정학의 태동

이 같은 시대적 배경에 따라 특히 1950년대는 행정학이 도입되어 발아하기 시작한 때로, 이 시기의 특징은 주로 미국의 행정이론을 단순하게 소개하고 제도를 모방해 도입하는 데 있었다.[5] 이러한 맥락에서 볼 때 현대적인 의미에서 한국 행정학이 탄생된 시기는 규정하기에 따라서 다를 수 있겠지만, 1955년을 기점으로 추정하는 것이 보편적이다(백완기, 2005; 권경득, 2006).[6] 한국 행정학의 출발점에 대한 논거를 살펴보면 다음과

하고 정책통합성의 가치를 지향한 행정 연구를 들 수 있다. 국가수반에 의해 통제되고 발전 목표에 몰입된 행정기구의 선도적 역할에 관심을 두었던 근대화 시기의 한국 행정 연구는 이러한 지적 전통을 결합해 행정 원리나 관리 기법만이 아니라 기관 형성, 리더십, 기획과 예산통제 등을 다루게 되었다.

5) 건국 초부터 1950년대 중반 이후까지 일정 기간 동안 행정법적 행정학이 지배적이었다는 사실을 언급하지 않을 수 없다. 이같이 이 시기에 행정법적 행정학이 지배적이었던 이유는 민주국가를 건설했음에도 불구하고, 해방과 전쟁의 와중에서 일제 치하의 관료제적 유산이 남아 있었고 또한 일제 치하의 유산으로서의 관료제는 행정법적으로 운영되어 연구가 이루어졌기 때문이다(강신택, 2005: 26).

6) 그러나 이 같은 주장과는 달리 행정학과의 설치를 기준으로, 행정학의 출발 연대를 좀 더 소급해야 한다는 주장에도 일리는 있다. 즉, 이병철(2005)은 1946년 8월에 국립서울대학교 설립에 관한 법령에 의거해 미국의 학제를 모방한 행정학과(정원 60명)가 서울대학교 법과대학 내에 설치되고, 이어 1948년에 부산대학교 법과대학에 행정학과(정원 20명)가 설치되었다는 사실을 들고 있다. 또한 1950년대 초에 조효원이나 이한빈 등이 이미 서울대 문리대 정치학과, 연세대 정치외교학과와 상경대 등에서 경영관리와 행정관리 등을 강의했다는 측면에서 시기의 소급을 주장하는 면에도 일리는 있다.

같다.

첫째, 1955년은 한국에 대한 미국의 행정 기술 원조가 확대되기 시작한 시점이라는 것이다. 이 해에 미국의 국제협력처(ICA)가 한국에 대한 기술원조사업의 일환으로, 대한민국 정부와 서울대학교 그리고 미국 미네소타대학교 간의 교환 프로그램을 체결했다는 사실이다. 이 교환 프로그램에 따라 이듬해인 1956년에는 미네소타대학교 공공행정센터(Public Administration Center)의 행정학과 교수인 워프(G. A. Warp)가 내한해서 구체적인 원조계획에 관한 조사연구를 수행했다.[7)]

그 결과 1959년에는 고급공무원을 양성할 목적으로 서울대학교 행정대학원이 설치되었으며,[8)] 동시에 총무처 산하에 있는 중앙공무원 훈련기관인 국립중앙공무원교육원의 확충에 대한 원조계획도 추진되었다. 이런 측면에서 볼 때, 1955년은 한국 행정학의 출발 시점으로 중요한 의미를 갖는다.

둘째, 행정학 교과서의 효시라고 볼 수 있는 정인흥의 『행정학원론』이 출간된 해라는 것이다. 그리고 이듬해인 1956년에는 행정학자들의 학문적 공동체라고 할 수 있는 한국행정학회의 전신인 한국행정연구회가 창립되었다.[9)] 이어 1958년에는 김동원・이한빈 등이 공동으로 화이트(Leonard D. White)의 *Introduction to the Study of Public Administration*을 번역해 『행정학 입문』이라는 이름으로 발간했다. 이에 따라 행정학을 독자적으로 교육시키는 학과의 신설이 본격적으로 이루어지게 되었다. 즉, 서울대를

---

7) 교환 프로그램에 따라 1957년과 1958년에는 향후 서울대학교 행정대학원과 중앙공무원교육원의 교수요원 후보자로 11명이 선발되어 미네소타대학교에 파견되었다. 특히 미네소타대학교에서 수학하고 돌아온 교수요원들은 1959년부터 강의와 연구 활동을 시작했는데, 이들로 인해 한국에서 미국 행정학은 급속도로 파급되기 시작했다.

8) 서울대학교에 행정대학원을 설치하는 사업은 미국이 후진국에 제공한 기술 원조의 한 유형이었다고 볼 수 있다. 당시 미국 행정학계는 후진국에 미국 행정학을 수출하는 것에 대해 의문을 갖고 있었지만, 그럼에도 불구하고 기술 원조의 차원에서 이를 진행했던 것이다. 당시 미국이 교수요원들에게 전수한 행정학 내용들로는 과학적 관리론, 행정관리론, 인간관계론 등이 주를 이루었다. 그리고 추가적으로 인사행정, 재무행정, 독립규제위원회, 이익단체, 정치・행정일원론, 행정통제 등이 가미되었다. 따라서 학문의 내용이 당시의 한국 행정과는 유관성이 별로 없었다고 볼 수 있다(조석준, 1986: 38-39).

9) 한국행정연구회는 리그스(Fred W. Riggs)의 자문과 협조로 1956년 10월 12일에 행정학과 관련이 있는 학자와 행정 실무에 종사하는 공무원 등 약 80여명이 모여 국립공무원훈련원에서 출범했다. 설립 목적으로 행정 일반에 관한 학리와 실태를 조사 연구하는 것으로 설정한 한국행정연구회는 1961년 11월 19일 한국행정학회로 개칭되었다(한국행정학회, 1966: 9). 한국행정학회는 이후 1967년에 『한국행정학보』를 창간할 즈음에는 회원이 200여 명에 이르는 양적 팽창을 하게 된다(한국행정학회, 1996).

비롯한 부산대, 고려대, 중앙대 등에 행정학과가 출현한 것을 그 반증으로 들 수 있다.

2) 미국 행정이론의 본격적 도입과 확산

행정학이 본격적으로 도입·확산되던 1960년대는 박정희 대통령이 경제 개발을 대대적으로 추진하기 시작하던 시기였다. 그러나 당시 행정부에는 경제개발계획을 정책화하고, 이를 효율적으로 집행하기 위한 기획과 자원 배분 및 관리 등을 담당할 수 있는 관료들이 대단히 부족한 실정이었다. 현대적 관리 기법이나 논리와는 거리가 먼 사변적·연역적 논리 중심의 법학이 고시 과목의 핵심이었고, 그나마 고시 합격자의 수는 극소수에 불과한 실정으로, 거의 모든 관료가 실질적으로 인사권자와의 인연이나 뇌물에 의해 채용되고 발탁되던 환경이었다.

박 대통령이 무능하고 부패한 구관료들을 교육·훈련시킬 목적과 경제 발전의 주역이 될 관료를 신규 채용하기 위해 당시로서는 최신의 기획·관리 기법이나 논리를 취급하는 관리론 중심의 행정학을 강조하게 된 것은 어찌 보면 자연스러운 현상이었다(정정길, 1994). 이에 더해 박 대통령의 쿠데타 동지였던 군부 지도자들이 미국의 군사영어학교 등에서 유사한 훈련을 받아 이를 충분히 이해하고 있었다는 점도 관리론 중심의 행정학을 강조하게 된 요인의 하나였다(이한빈, 1968).

이에 따라 1960년대는 미국에서 관리론 중심의 행정학을 공부한 1세대 행정학자들을 중심으로 행정학이 도입·소개되기 시작했으며, 정부의 적극적인 관심 속에 전국의 각 대학에 행정학과가 설치되면서 행정학은 획기적으로 팽창하게 되었다(정정길·이달곤, 1997: 1-2). 이처럼 1960년대는 박정희 정부가 추진한 근대화 전략으로 인해, 한국 사회가 탈정치화하면서 동시에 효율적 행정관리와 개발 수단을 필요로 했다.

다시 말해, 당시의 박정희 정부는 종래의 법 집행과 동일시하던 행정의 개념을 관리적인 것으로 전환시켰고, 모든 공무원을 대상으로 행정학 교육을 실시했다는 것이다. 모든 과정에서 행정학의 1세대 교수들이 중심이 되어 행정학 지식, 특히 행정관리 지식과 비교·발전행정 이론을 소개했고, 행정은 필요한 제도를 도입했다(박동서, 2004: 26; 강신택, 2005: 169-171).

(1) 한국 행정학의 팽창 요인

행정이론의 발달 과정에서 1960년대에 한국 행정학이 이처럼 팽창하게 된 원인에 대해 김운태(1969: 31-66)는 다음과 같은 네 가지를 이유로 들고 있다.

첫째, 대중민주제의 대두로 행정에 대한 국민의 비판적 자세가 증가했기 때문이다.

둘째, 미국의 대한 원조의 일환으로 행해진 행정 기술의 도입을 들 수 있다.

셋째, 국민의 행정에 대한 관심 고조와 행정의 전문적 기술에 대한 수요의 증가이다.

넷째, 초창기 학자와 실무자의 학구적 활동 때문에 한국 행정학이 급격하게 팽창하게 되었다.

한국 행정학의 팽창 원인에 대한 진단 시기는 다소 다르지만, 정용덕(1996: 1-17)도 유사한 관점에서 네 가지 요인을 들고 있다. 첫째로 지적·제도적 요인, 둘째로 기능·진화적 요인, 셋째로 정치·제도적 요인, 넷째로 지배적인 이해관계적 요인들 때문이라는 것이다. 정용덕의 주장의 요체는 초창기의 행정학자들이 행정학을 연구하고 이를 후진에게 전수하고자 노력한 지적 탐구자들의 노력과 지적 전통, 대학에서의 행정학과의 설치와 교육, 사회적 필요성, 그리고 시대적 필요성과 행정학자들의 지적 탐구를 연계하는 매개변수로 작용한 한국의 국가 제도 등에 의해 한국 행정학이 이 시기에 급속하게 팽창되었다는 설명이다.

(2) 행정이론의 발달 과정상 특징

미국 행정이론의 본격적 도입과 확산으로 대변되는 이 시기의 행정이론의 발달 과정상 특징을 살펴보면 다음과 같다.

첫째, 이한빈이 1968년에 발표한 논문인 「시관(時觀)에 관한 연구」를 제외하면 대부분의 저술이 행정학을 소개하기 위한 것이었다. 특히 이 시기에 행정학원론 교과서들이 많이 발간되었다는 특징을 지적할 수 있다(이문영, 1968; 윤재풍, 2004: 70).

둘째, 이론적인 측면에서 이한빈, 박동서, 박문옥 등에 의해 도입된 비교·발전행정론을 들 수 있다. 그러나 비교·발전행정론은 이 시기의 한국 행정학이 지닌 한계처럼, 시대적 상황에서의 발전에 대한 본질적 의미라든가 또는 발전 목표와 상위 논리 내지 기본 정책 형성 등에 대한 폭넓은 논의는 없었다. 더욱이 정치적 리더십에 의해 권위적으로 설정된 과업 성취에만 관심을 기울임으로써, 발전행정의 본질에 대한 이해와 장점을 충분히 살리지 못했다는 한계를 안고 있었다.

또한 미국 행정이론의 지방주의(parochialism)를 극복하고 더 높은 수준의 이론화와 과학화를 지향해, 후진국 행정 문제에 깊은 관심을 표명할 수 있는 비교행정으로 승화시키지 못했다는 비판 또한 피할 수는 없다. 대신에 본질을 왜곡하고 경시함으로써, 이러한 모형을 통해 한국적 행정 현상을 주체적으로 이론화하려는 작업이 시도되지 못했다는 비판도 이 시기의 한계로 지적할 수 있다(이병철, 2005).

셋째, 그 결과 1960년대 후반에 오면서 미국 행정이론에 대한 무비판적 수용과 모방에 대한 반성과, 한국적 현실을 포괄할 수 있는 일반이론이나 또는 적어도 한국적 현실에 적합한 토착화된 중범위이론의 정립 가능성에 대한 탐색이 시도되기 시작했다. 그런데 이 시기에 이루어졌던 토착화를 위한 얼마간의 노력은 정부의 발전 지향적 논리의 제한과 이론적 차원에서의 토착화라는 복합적 현상, 그리고 과정에 대한 이해와 관심의 저조로 큰 결실을 맺지는 못했다.

또한 결실이 크지 못했던 다른 이유로는 행정학을 도입한 기간이 짧았던 까닭에 양적인 팽창에 질적 향상이 따라가지 못했다는 것이다(안병영, 1983: 152). 따라서 이 시기의 행정이론에서는 철학, 과학, 처방 간의 균형적 발전이나 창조적 업적 또는 독창적 교육은 기대할 수도 없는 형편이었다. 다만 1969년에 이한빈과 박동서 등이 공동으로 편집한 『한국 행정의 역사적 분석』은 한국의 행정 현상을 인식 대상으로 역사적 분석을 시도했다는 측면에서 의의를 부여할 수 있을 정도이다.

결론적으로 1960년대는 이론화 작업의 부진에도 불구하고, 짧은 시기이지만 상당한 업적의 축적을 바탕으로 공무원을 양성하고 후학을 양성할 수 있는 토양을 구축했다(이종범, 2006: 17-18).[10] 따라서 한국 행정이론의 발달 과정에서 1960년대는 미국 이론과 제도를 단순히 모방해 소개하는 행정학의 도입기이면서, 동시에 이를 교육시키는 데 주력했던 확산기라고 볼 수 있다.

2 개발 연대 중기부터 민주화 이전 시기의 행정이론

한국 행정이론의 발달 과정에서 이 시기는 개발 연대 중기부터 1987년 6·29 민주화 선언 이전(1971~1987년)까지로 볼 수 있는데, 이 시기에 한국 행정학은 대단히 큰 변화를 맞이한다.

---

10) 특히 행정학 지식에 대한 수요가 폭발적으로 급증하는 데 기여한 또 다른 요인으로, 1962년에 행정고등고시 과목에 행정학이 필수과목으로 지정된 것을 들 수 있다. 또한 1962년에는 서울대학교 행정대학원과 고려대학교 행정문제연구소가 『행정논총』과 『법률행정논집』을 발간했고, 1967년에는 『한국행정학보』가 발간되었다. 이처럼 학자들이 공식적으로 학술 논문을 발표할 기회를 갖게 된 것은 행정이론을 구축하는 데 지대한 영향을 미치게 된다.

1) 행정학의 이식 그리고 갈등: 모방과 토착화

행정학을 둘러싼 1970년대의 환경은 수출을 주도하고 새마을사업을 일으킴으로써 근대화 작업이 가속화되던 시기였다. 이 시기에 지배적인 행정이론으로서 발전행정론과 행정관리론은 이 같은 환경의 전위부대이자 안내자의 역할을 담당해 왔다. 특히 1970년대의 행정 주도 현상은 행정학이 성장하고 발전할 수 있는 비옥한 토양을 제공하고 마련해 주는 데 주된 역할을 담당했다(백완기, 2005: 21).

행정학을 둘러싼 우호적 환경이 절정에 달했던 1970년대는 행정학의 이식과 갈등, 즉 미국 행정학에 대한 모방과 그에 대한 반발로 나타난 한국 행정학의 토착화에 대한 시도가 꿈틀거린 시기였다. 1960년대가 1세대 중심적인 행정학의 도입 시기라고 한다면, 1970년대는 2세대 학자들이 귀국하면서 주요 대학에 정착하기 시작했고, 국내 학위 과정에서 배출된 인력도 이에 가담하면서 새로운 전기를 맞이한 시기였다.

다시 말해, 1970년대에 접어들면서 1세대 행정학자들은 미국 이론과 제도의 도입 과정에서 나타나는 변이와 제도의 부적합성을 인식하기 시작했는데, 이것은 한국의 실정에 맞는 이론과 제도의 탐색으로 이어질 수밖에 없었다. 이 시기는 철학-과학-처방의 균형적 발전보다는 미국 이론과 제도를 도입하면서 이의 현실적합성의 탐구에 많은 노력을 기울인 시기로서, 한국적 문제의 탐색과 그것이 연구의 결과물로 나타나는 시기이기도 했다. 이런 점에서 한국 행정이론의 발달 과정에서 1970년대는 1960년대의 시발적 노력을 기반으로 한국 행정 현실을 조망하고, 도입된 미국 행정이론을 새로운 각도에서 성찰하기 시작한 시기였다.

그러나 아직도 독자적인 한국 행정이론들이 개발되지 못하고, 원용과 부분적 적용이라는 조건부적 발전을 이루고 있던 때이기도 했다. 그렇지만 한국에 대한 관심, 즉 이 땅의 행정학을 한국적인 것으로 토착화하려는 관심과 열의는 높았다고 볼 수 있다. 특히 이 시기에는 행정학 교육이 법학교육으로부터 탈피하는 한편 대학원 교육이 점차 정착되기 시작했다. 따라서 이론의 발달 과정상 창조기라고 하기에는 연구의 양이나 질적 측면에서 부족한 면이 많았다(이병철, 2005; 이종범, 2006: 18-19). 1970년대의 한국 행정이론의 발달 과정에 따른 특징을 요약하면 다음과 같다.

첫째, 1960년대와 유사하게 미국의 행정이론을 소개하는 수준에서 행정학 관련 서적, 특히 교과서인 개론서가 많이 출간되었다(윤재풍, 2004). 이 시기에 출간된 교과서는 박동서의 『한국행정론』을 시작으로 김운태의 『행정학원론』, 유훈의 『행정학원론』, 최창욱·정세욱의 『행정학』, 유종해의 『현대행정학』, 김규정의 『신행정학원론』 등이다.

이들 개론서는 주로 미국의 초기 행정이론인 관리이론이나 정치·행정이원론에 입각한 관리론적인 내용으로 구성되어 있었다. 다만 이들 가운데 박동서의 『한국행정론』만이 기존의 관리·능률적인 내용을 넘어서서, 행정의 정책적인 면을 부각시키고자 노력했다. 예컨대 공익이론이나 과정모형 등과 같은 개념이나 모형은 기존의 관리론적 입장에서는 찾아볼 수 없는 것들이었다(김광웅, 1979: 229).

또한 1973년에 출간된 조석준의 『조직론』은 비록 각론서이기는 하지만 장 말미에 논제를 한국 행정의 차원에서 재조명하고 있고, 새로운 관심 영역인 정책과학에 대해서도 언급했다는 점에서 의의를 부여할 수 있다. 이와 함께 기존의 관리과학이 배제한 가치의 문제는 정책과학이라는 학문에 의해 보완되었는데, 이에 대한 소개가 1976년에 유훈 등에 의해 『정책학개론』으로 출간된 것도 특징적이었다.

둘째, 이 시기의 또 다른 특징으로 한국 행정이론에서 패러다임의 변화가 일기 시작했다. 1970년대에 들어서면서 기존의 관리·능률 지향적인 패러다임에서 벗어나려는 움직임이 있었는데, 신행정학과 정책학적 패러다임의 영향을 받기 시작한 것이 그것이다. 그러나 이러한 움직임이 곧 패러다임의 직접적 전이를 의미하는 것은 아니었으며, 변이 과정이라는 과도기를 거치면서 패러다임의 전이가 이루어지게 된다.

예컨대 1968년에 미국에서 등장한 신행정학이 당시 미국 행정학계에는 많은 영향을 끼쳤지만, 1970년대와 1980년대의 한국 행정이나 정책 연구에는 암묵적인 영향만을 주었을 뿐이고, 단지 행정학 교과서에 반영되는 정도에 그친 것이 이를 반증한다(이종범, 2006).[11]

셋째, 1970년대에 활발하게 전개되었던 토착화에 대한 논의가 다시 일기 시작했다. 문화적 차이를 무시한 미국 행정의 무분별한 이식으로 인한 수정 요소를 고려하고자 시도되었다. 이에 따라 한국의 특수성을 탐색하려는 학자들도 많이 생기게 되었고, 한국에 필요한 문제를 발견하고 그것을 분석하려고 하는 시도가 이루어졌다(강신택, 1971; 박동서, 1972; 이종범, 1977; 이문영, 1980; 조석준, 1980; 백완기, 1981).[12]

---

11) 다만 신행정학이 추구하고자 하는 가치들은 한국이 민주화됨에 따라 시차를 두고 1990년대에 사회적 약자를 위한 행정과 행정절차법과 관련된 과정에 많은 영향을 미쳤는데, 이는 한국에서 민주주의가 정착되면서 비로소 의미를 갖게 되었다.

12) 그런데 이 같은 행정의 토착화 문제에 대해 박종민(2006)은 대단히 비판적이다. 이에 대한 그의 결론은 간결하다. 이 시기를 포함해서 논의된 모든 한국적 이론 혹은 이론의 토착화 주장은 자기 모순적이라는 것이다. 이론은 일반화를 지향하는 데 '한국적' 혹은 '토착화'라는 용어는 특수화를 지향하

넷째, 행정 연구에서 방법론상의 변화를 들 수 있다. 근대화를 위한 처방과 개혁에 초점을 둔 1960년대의 행정 연구들과는 달리 서술과 설명에 초점을 둔 유형의 연구가 1970년대부터 주목받기 시작한 것과, 1960년대에 비해 계량적·실증적인 접근 방법의 비중이 상대적으로 증대한 것이 그것이다.

이들 연구는 특히 한국 행정의 후진적 성격 혹은 전근대적 행정 형태에 대한 설명과 이해에 초점을 두고 이론적 접근을 시도했다. 대표적인 연구로 백완기(1975)의 「한국 행정의 근대화에 대한 문화심리학적 접근법」은 한국 행정의 전근대적 형태를 설명하기 위한 이론적 시도였다. 김봉식(1968)의 「한국인의 사고 방식을 통해 본 한국 행정문화」나 윤우곤(1973)의 「한국 관료의 행태론적 분석」 등도 한국 행정의 비합리적 행태를 설명하기 위한 시도였다.

그러나 전통과 근대를 이분법적으로 구분한 문화 근대화론에 의존한 이들 연구는 유교적 전통문화가 근대 행정에 주는 역기능을 강조한 반면 순기능의 가능성은 간과했다는 비판에 직면했다(박종민, 2006). 유사한 맥락에서 이들이 지향했던 행정문화론에 대한 강도 높은 비판은 한영환에 의해서도 행해졌다.

그는 서구의 학자들이 서구 중심적 문화 요소군의 비합리적 극단에다 한국 전통문화를 놓고 평가했기 때문에, 그것이 모두 비합리적으로 보이고 합리주의로 가야 할 과제로 보는 경향이 있었는데 아직도 이러한 논조가 계속되는 것은 잘못이라는 것이다. 이제는 미국에 의존하거나 특정 문화를 부정하는 잘못에서 벗어나, 우리 스스로의 문화적 특성을 파악하는 것에서부터 출발해야 한다는 주장이다. 즉, 유교문화적 요소에서 창조적인 대안을 찾을 수 있다는 것이다(강신택, 2005: 33).

2) 행정이론의 외연 확장

유신정권 말기부터 1987년 6·29 민주화 선언 이전까지로 규정할 수 있는 이 기간은 고도의 경제 성장이 20여 년간 지속된 시기였다. 이 시기는 소득 수준의 향상과 급속한

기 때문에 그렇다는 것이다. 궁극적으로 '좋은' 이론은 개별 기술적 설명이 아니라 일반 법칙적 설명을 지향하기 때문이다. 그래서 한국에 맞는 행정이론을 개발해야 한다는 주장은 자칫 오도적일 수 있다. 외국 이론이 한국의 행정 현상을 제대로 설명하지 못한다면 한국에 적합한 이론을 개발할 수도 있다. 그러나 이것이 한국에만 맞는 이론이 되어서는 곤란하다. 한국적 행정이론이라도 다른 나라에 적용될 수 있는지 평가해 이론의 적용 범위를 확대해 나가야 한다. 이러한 점에서 행정이론의 토착화는 자칫 오도적인 좌표가 될 수 있고, 한국 행정학자들을 학문적 쇼비니즘의 함정에 빠뜨릴 수 있다는 것이다.

산업화·도시화로 행정상의 핵심 과제는 행정의 대(對)경제 및 대(對)사회와의 관계에 관한 것으로 변모하기 시작했다. 또한 내부적으로는 실적 제도나 새로운 관리 방식이 어느 정도 정착하기 시작한 시기이기도 하다.

그러나 유신정권 하의 박정희 대통령은 물론이고 전두환 대통령도 독재 체제를 구축하면서 제도권 정치를 행정으로부터 철저하게 배제시켰다. 이때 관료의 손에 장악된 정치 기능은 정책 결정 기능으로 이해할 수 있으나, 행정 속에 내재되어버린 정치 기능을 외부에서는 관찰하기가 힘든 형편이었다. 특히 행정이 담당한 정치 기능은 정치 활동 없이 수행되었으므로 더욱 관찰이 힘든 것이었다(정정길·이달곤, 1999: 2-4). 그 결과 행정학자들에게 남긴 지적 과제 중 가장 지대한 것은 발전을 위한 행정이론의 형성이었는데, 1980년대 행정이론의 발달 과정의 특징을 살펴보면 다음과 같다.

첫째, 행정이론의 외연이 확장되기 시작한 것을 들 수 있다. 개발 연대의 부작용의 증가와 함께 이의 치유책으로서 정책이론이 확산되기 시작했다. 예컨대 1970년대까지는 관리학과 비교·발전행정 연구가 주류를 이루었으나, 1980년대에는 정책이론이 폭발적으로 소개되었다.

1980년대는 경제 성장의 결과로 사회가 복잡해지고, 개발 연대의 부작용과 관련된 문제들이 급증했다. 그러나 기존의 방법으로 문제들을 해결하는 데는 한계가 있었는데, 이에 대한 대안으로 소개된 것이 정책학이었다. 이는 미국의 현실 문제를 해결하기 위한 지식으로 등장한 정책학이, 한국 사회의 문제를 해결하는 데 필요한 지식으로 작용하게 되었음을 의미한다. 그런데 정책학의 도입은 특히 정책학에 대한 훈련을 받은 학자들이 1980년대에 대거 귀국하게 됨에 따라 가속화되었는데, 이러한 흐름은 한국의 문제를 해결하는 데 행정학이 필요하다는 것을 재인식하도록 하는 데 일조했다(이종범, 2006).

둘째, 1970년대에 시도되었던 행정의 토착화 논의에 대한 새로운 재해석 움직임이 자리를 잡기 시작했다. 1980년대에 들어오면서 외국의 행정이론을 수입하더라도, 그것을 한국의 실정에 합당하게 적용해야 한다는 인식이 점차 높아졌을 뿐 아니라 스스로 한국의 것을 구축하고자 했다.

조석준의 『한국행정학』은 이러한 노력을 반영한 것이었다. 토착화 논의에 대한 새로운 재해석 움직임은 조석준이 『한국행정학보』의 머리말에서 제기한 의견에서도 엿볼 수 있다. 그는 한국을 강조하는 부분이 많다고 해서 그것이 한국적 쇼비니즘은 아니라는 전제 하에, 한국 행정학계에도 온당한 비례 의식(sense of proportion)이 있어야 함을 주장했다.[13] 토착화에 대한 논의는 이후 김번웅(1987)이 제기한 가능성의 모형을 중심으로 한국 행정이론의 토착화 문제가 심도있게 다루어졌는데, 이후부터는 한국 행정학에서 토착화 문제는 거의 등장하지 않고 있다.

그런데 토착화에 대한 논의가 실종하게 된 원인에 대한 백완기(2005: 44-45)의 설명은 이러했다. 토착화에 대한 논의를 하지 않는 것은 우리 학자들이 토착화 문제를 다룰 능력이 없어서라기보다는 토착화에 대한 논의가 별로 필요하지 않은 수준까지 우리 학문이 성숙했다는 것을 의미한다는 것이다. 즉, 우리 학문이 우리의 현실을 연구의 출발점과 대상으로 삼을 때에 토착화의 논의는 자연스럽게 사라지게 된다는 입장이다.

셋째, 1980년대를 거치면서 산업화(발전)와 국가(정부) 간의 관계를 정치경제학적 시각에서 설명하는 경험 연구들이 나타나기 시작했다(김석준, 1990). 이들 연구는 행정보다는 추상성이 높은 국가라는 개념을 사용했고, 전통적인 행정관리론이나 발전행정론이 아니라 비교정치의 발전국가론이나 정치경제론에 논거를 두었다.

이런 점에서 볼 때 행정문화론이 한국 행정의 저발전의 원인을 전통문화에서 찾으려 했다면, 발전국가론은 한국의 경제 발전의 원인을 국가(정부)에서 찾으려 했다는 점에서 차이가 있다. 특히 발전국가론은 근대화를 위해 행정의 주도적 역할을 처방한 초기 연구들과는 달리, 설명 지향적인 연구 방식을 채택했다는 점에서도 차이가 있었다. 그렇지만 행정문화론이나 발전국가론 모두 주제적 관심은 발전과 국가(정부) 간의 관계에 있었다.

3 민주화 이후 시기의 행정이론

1990년대를 전후로 한국의 정치, 사회, 경제 등 모든 분야는 엄청난 변화를 경험하기 시작한 시기였다. 가장 대표적인 것은 1987년 6·29 민주화 선언 이후의 민주화 과정과 1992년의 지방자치의 실시였다. 그리고 민주화에 따라 그동안 축적되었던 사회 문제, 특히 노동과 사회 보장에 대한 요구가 폭발적으로 분출되었다.

한편 1989년 소련을 중심으로 한 동구권의 몰락과 1997년의 IMF 관리 체제는 세계

---

13) 조석준은 이를 위해 첫째로 외국의 이론을 수입하더라도 한국의 대상에 적용하는 연구를 많이 해야 하고, 둘째로 외국 이론에 관해서도 온당한 비례 의식을 가져서 미국에 편중되는 현실의 사정에서 탈피해야 하며, 셋째로 외국의 아이디어에 지나친 의존에서 벗어나 한국 학자들의 독창적인 아이디어가 제시되어야 하고, 넷째로 국내 학자 간에 공동 관심사에 대한 토론과 연구의 장이 필요하며, 다섯째로 생산적인 비판 의식이 싹트는 학풍이 이루어져야 한다고 주장한다.

화의 표준이나 요구에 부응하라는 신호이자, 동시에 한국 내의 체제 개혁을 요구하는 신호이기도 했다. 그 결과 사회 문제를 해결하려는 과정에서 정부만이 아닌 시장-시민사회-정부 간의 경쟁과 협동에 의한 거버넌스 체제로의 변화가 요구되었다(이종범, 2006).

다시 말해 1990년대 이후로 가속화되기 시작한 후기자본주의 사회나 정보화 사회의 도래로 인해, 한국 사회에 대한 성격 규정이 이전 시기와는 확연하게 구분되는 양상을 띠기 시작했다. 이 같은 정치사회의 변화로 인해 시장경제의 원리와 기업가 정신을 강조하는 신공공관리(new public management)와 같은 이론을 수용하면서 작은 정부를 강조하는 분위기와 함께, 제3차적 규제(third order regulation) 방식이라고 할 수 있는 시민사회와의 네트워킹을 포함한 공동 규제 방식으로 거버넌스이론이 등장했다.

민주화 이후 한국 행정을 둘러싼 환경은 세계화·정보화·지방화라는 사회경제적 격랑을 맞아 국가 기능을 재편성하고 재발명해야 하는 상황에 직면해 있었다. 이와 같은 사정으로 인해 과학적 언명(scientific statement)에 대해 특권적 지위를 인정하지 않는 담론의 시대이면서도, 진솔한 담론(authentic discourse)이 잘 이루어지지 않는 시기가 민주화 이후의 한국 행정을 둘러싼 분위기라고 할 수 있다(강신택, 2005: 91-110).

결론적으로 한국에 서구의 행정학이 도입된 이래, 한국 행정학이 맞고 있는 분위기를 박종민 외(2009)는 다음과 같이 평가하고 있다. 지난 60여 년간 한국 행정 연구가 상당한 수준의 발전을 이루었지만 그럼에도 학문 경계의 모호성, 규범 및 비판이론과 반자연주의 인식론에 대한 몰이해, 이론 지향적 실증 연구의 빈곤, 정량분석이 지배하는 방법론의 편협성, 해석 연구의 결여, 역사와 맥락의 중요성에 대한 인식 부족 등으로 인해 적실성에 심각한 위기를 맞고 있다고 진단하고 있다. 민주화 이후의 한국 행정이론의 발달 과정에 따른 특징은 다음과 같다.

1) 민주화와 행정이론

1987년 6·29 선언을 기점으로 본격화된 민주화 시기에 행정 연구의 관심은 정부 권력의 재구조화에 초점을 맞추게 된다. 중앙집권적인 권위주의 통치구조에서 도구적 합리성을 표방한 행정기구는 대의 제도의 통제 없이도 발전사업의 합리적 기획과 자원 배분 및 능률적 집행을 추진할 수 있었다. 그러나 다원적 질서를 정당화하는 정치적 민주화는 다양한 차원에서 정부 권력의 재구조화를 요구하게 되었고, 이러한 시대적 과제를 반영해 행정 연구의 주된 관심은 변하기 시작했다.

이에 따라 정책 과정의 역동성을 이해하기 위해 주요 정부 제도 간의 상호작용이 행정 연구의 주된 관심으로 등장했다. 이 같은 맥락에서 1992년의 지방의회 구성은 지방자치에 대한 새로운 패러다임을 요구하게 되었고, 동시에 확산되기 시작한 시민사회와 시장 영역의 확대도 새로운 거버넌스를 요구하게 되었다. 이 같은 경향으로 인해 1990년대 이후 지방행정 연구가 활발히 이루어지기 시작했고, 거버넌스와 시민단체에 관한 연구가 새로운 영역으로 등장하기 시작했다(이종범, 2006; 박종민, 2006: 49).

첫째, 권력과 행정은 민주화 시대가 남긴 주요한 화두였다. 그럼에도 지난 반세기 동안 이루어진 한국의 행정 연구 가운데서 권력과 행정에 대한 이론적 접근을 시도한 것은 별로 없었다. 다만 이문영(1980), 김광웅(1986), 김영평(1988), 최병선(1992) 등의 연구만이 이 같은 주제를 다루었을 뿐이다. 특기할 만한 것으로는 박동서(1988)가 행정 연구의 핵심을 행정권의 통제와 민주화, 그리고 분권에 두어야 한다면서, 민주화와 행정권의 통제를 위한 처방 연구를 강조한 것을 들 수 있다. 그럼에도 민주주의에 적합한 행정 제도와 과정에 대한 처방 연구는 그다지 활발하지 못했다.

둘째, 민주화의 결실로서 나타난 지방자치의 도래로 인해 지방화는 새로운 학문적 시대를 열어 나가기 시작했다. 이와 관련된 많은 학문적 결과물이 발표되었는데, 조창현의 『지방자치론』이나 손재식의 『현대지방행정론』, 노정현·박우서 등의 『지방자치시대의 도시행정』, 이달곤의 『한국지방정부론』 등의 단행본과 각종 학회보에 게재된 다양한 논문은 이러한 저간의 학문적 사정을 보여주고 있다.

셋째, 시민단체(NGO)를 중심으로 하는 거버넌스이론이 만개했다는 것을 들 수 있다. 이는 의회를 중심으로 하는 대의제적 민주주의를 뒷받침해 온 대리인모형의 쇠퇴와 맞물려, 강력한 시민 참여적인 민주행정 체제를 정립하는 데 이론적·방법론적 논리를 뒷받침해 주었다.

김석준 외가 공동으로 저술한 『뉴거버넌스 연구』(2000)는 1990년대에 이루어진 다양한 거버넌스 연구 결과를 정리한 것이었다. 또한 안문석의 『정부와 기업 그리고 시민사회』(2001)도 같은 맥락으로 이해할 수 있다. 그리고 김정렬(2000)의 「거버넌스의 구현과 정부간 관계의 미래」나 김영래의 「비정부조직(NGO)과 국가와의 상호작용 연구」(1999) 등과 같은 논문은 이러한 경향을 반영한 결과로 보인다(이병철, 2005).

2) 세계화와 행정이론

한국 사회가 경험하기 시작한 세계화의 물결은 그동안 한국이 채택해 왔던 발전국가 모형의 한계에서 비롯된 경제 위기의 여파로 급속하게 퍼져 나가기 시작했다. 이는 세계화로 인해 자본, 인력, 기술, 정보 등이 국경을 넘어 자유롭게 이동하게 되면서 탈국민국가화가 촉진되고, 국가 간 상호의존성이 높아지는 동시에 이들 간의 무한경쟁이 심화되는 상황을 한국 정부가 맞이하게 되었음을 의미한다.

개방경제에서 국가 생존과 번영을 위해서는 특히 정부의 경쟁력이 중요해짐에 따라 경쟁력은 곧바로 행정학자들의 화두가 되었다. 세계화 시대에는 정부의 정책 능력과 자원·정보 동원 능력은 한계가 있을 수밖에 없다. 그래서 정부가 모든 문제를 단독으로 해결할 수 없기 때문에 효과적인 국정 운영을 위해 비정부 행위자와의 협력적 통치(shared governance)가 요구되는데 이것이 주제적 관심으로 등장하게 된 것이다. 자율적이고 경쟁적인 민간 부문 행위자들과 정부 간의 조정과 협력이 행정 연구의 주요한 관심으로 등장했다.

세계화 시대의 행정 연구는 전통적인 행정관리나 접근보다는, 공동선을 달성하기 위한 통치 제도와 과정에 초점을 두기 시작했다. 따라서 정책 네트워크, 레짐(régime), 민영화, 민간위탁, 탈관료제, 시민사회와 NGO, 작은 정부, 정부실패 등이 주요한 개념으로 등장하게 되었다. 민주화 시기의 행정 연구가 사회통제와 지배의 측면에서 권력의 배분에 관심을 두었다면, 세계화 시기의 행정 연구는 공동선을 위한 사회 생산의 측면에서 권력의 행사에 관심이 집중되었다(박종민, 2006: 47-49).

첫째, 지배적인 이론 체계의 이동으로 패러다임의 대이동이 일어나기 시작했다. 예컨대 공공선택이론이나 신제도주의이론은 1980년대 이후 줄기차게 담론적 연구 과제로 회자되어 왔다. 특히 공공선택이론은 한국 행정학에서 시장실패 등 사회 문제를 해결하는 이상적인 존재인 정부에 대한 환상을 벗어나게 하는 데 기여했다(이명석, 2016: 50-63). 또한 신제도주의론은 종전의 구제도주의적 입장과 궤를 달리하는 차별화된 접근 방식을 통해 구제도주의가 가지고 있던 장점을 부각시키는 접근으로 좀 더 새로운 적실성과 시의성을 지닌 이론 및 방법론 체계로 다가왔다. 정용덕 외(1999)에 의해 출간된 『합리적 선택과 신제도주의』와 『신제도주의연구』는 이 같은 경향을 반영한 연구 결과였다.

이 시기의 학문적 패러다임의 이동과 관련해 특기할 만한 것으로, 특히 민주화가 가속화되면서 비판이론이 높은 적실성을 앞세우면서 확산되기 시작했다(강신택, 2005:

171). 비판주의적 입장에서 문태현(1992)은 실증주의에 바탕을 둔 정책분석의 도구성과 전문기술성이 성찰적 판단을 마비시키고 학자들의 사회적 책임을 감소시키고 있다는 비판을 제기한다. 김세진·라영재(2003)도 유사한 맥락에서 개발독재가 물러가자, 가치 문제가 중요해졌다는 측면에서 규범적 접근의 필요성을 강조하는 등 비판론적 관점이 증대했다.

패러다임의 이동과 관련해 특기할 만한 또 다른 특징으로, 기존의 학문적 패러다임에 대한 해체주의적 사고가 팽배하기 시작했다. 패러다임으로서의 적실성과 시의성을 상실하고 있을 뿐만 아니라 현상에 대한 설명 능력까지 상실하고, 나아가 문제 해결 능력조차 잃어버린 학문적 실체에 대한 회의와 의구심이, 결국 기존 학문 체계를 해체적 관점에서 이해하려는 포스트모던적인 접근 사고까지 낳게 했다(강신택, 2005). 이 같은 관점에서 정성호(2001)는 행정학의 실용성과 실천성을 되찾으려면, 미국식 훈련 체계와 금지기호 및 지적 규율 체제의 삼각관계망이 해체되어야 한다고 주장하면서 포스트모더니즘적 접근 방법을 제안했다.

둘째, 이 시기는 세계화와 지방화, 그리고 정보화라는 시대적 조류에 적응하기 위해 공공 부문의 생산성 증대와 경쟁력 강화가 강조되기 시작했다. 그 결과 이를 위한 방법론으로 기업이나 민간 부문의 조직 혁신 방안이 급격하게 도입·수용되었다.[14] 예를 들어 신자유주의 물결의 확산에 따라 생존을 위한 국가 혁신 전략으로 신공공관리이론 같은 새로운 관리적 패러다임이 강조되면서, 이에 대한 적실성에 대한 논의가 이루어지게 된 것도 이 시대의 흐름과 결코 무관하지 않다.

김태룡이 2000년에 발표한 「행정학의 신패러다임으로서 신공공관리모형의 적실성에 관한 연구」나 2003년에 발간된 『한국의 정부개혁: 이론과 실제』 등은 이러한 일면을 반영한 결과물이었다. 유사한 맥락에서 임도빈(2000)이 신공공관리이론이 한국에서 한정된 적용성밖에 없다는 비판적인 입장을 견지한 것이나, 배용수(2000)가 한국에서 적실성을 갖기 위해서는 신자유주의 패러다임의 수용이 선행되어야 함을 강조한 것들이 이 같은 분위기를 반영하는 연구였다.

이러한 흐름은 개발 연대에서 요구되던 기능주의적 관점과 달리, 국가재편성기에 들어와서는 신공공관리이론의 영향으로 행정학보다는 경영학의 수요가 더 커졌음을 의미

14) 제3섹터의 강조와 공생산(coproduction), 그리고 경영혁신 기법들 예컨대 리엔지니어링(reengineering), 벤치마킹(bench-marking), 아웃소싱(out-sourcing), 민간위탁기업, 다운사이징(downsizing), 총체적 품질관리(TQM) 등이 공공 부문에 많이 도입되었다.

하는 것이었다. 그래서 방법론적 개체주의에 기초한 실증적 이론이 여전히 제공되면서도, 또 다른 측면에서는 기능주의적 방법론이 상대적으로 실효성을 인정받지 못하는 상황에 직면하게 되었다(강신택, 2005: 107, 190-191).

다만 김동원(2016: 2-20)은 최근 들어 신공공관리이론에 관한 논의의 열기가 식어가는 데 대해 우려를 표하고 있다. 즉, 누군가는 꾸준히 논의를 이어나가야 하고, 환경의 급속한 변화에 따라 신공공관리론이론이 어떻게 진화해 나갈 것인지에 대해서도 진단이 필요하다는 입장이다. 그 이유는 한국적 맥락에서 관리주의에 대한 경계를 느슨히 해서는 안 되는데, 중요한 점은 정부 내에 시장 논리를 강화해야 하는가 혹은 완화해야 하는가의 문제가 아니라 어느 쪽이라도 사회적 능률 또는 민주주의에 부합한다면 그것을 따라야 하기 때문이라는 것이다.

한편 거버넌스 영역의 확장이라는 측면에서 시민사회와 NGO에 대한 연구가 활발해진 것도 이 시기의 하나의 특징으로 들 수 있다. 이를 반영하듯 김준기의 『정부와 NGO』(2006)는 정책 과정에서 NGO의 역할에 주목했고, 김태룡 외의 『현대사회와 NGO』(2010)는 한국의 시민사회와 NGO의 실체를 해부하는 데 주력했다. 끝으로 한국의 대외 원조능력이 향상됨에 따라 ODA사업이 활발해지면서, 이에 대한 연구 영역이 넓어지고 있는 것도 한국 행정학의 외연을 넓히는 징표가 되어가고 있다. 이와 함께 세월호 사건이 발발한 후에는 안전이나 치안 문제에 대한 관심의 증가로 위기관리 연구가 강조되고 있는 것도 새로운 경향이라 할 수 있다.

3) 연구 방법의 다양화와 조직의 성장

민주화 이후 한국 행정학이 맞이한 또 다른 특징으로 접근 방법의 다양화와 연구 방법의 세련화를 들 수 있다. 행정학에 대한 접근 방법이 균형적으로 발전되었다고 보기는 어렵지만 과거에 비해 많이 다양해졌으며, 구체적인 연구 방법의 경우는 한층 정교해졌다. 예컨대 접근 방법의 경우 경험적·실증주의의 전통에 속하는 관리이론 등과 같은 객관주의적 방법이 아직도 많이 활용되고 있으나, 주관주의적 방법에 해당하는 해석학이나 비판이론이 많이 활용되지는 않고 있다.[15] 다시 말해 강신택(2005)이 지적하듯이

15) 과거에 비해 해석학의 영역에 해당하는 행정사나 행정사상, 철학과 행정윤리, 행정문화에 대한 연구는 그래도 있으나 비판이론적 범주로 볼 수 있는 거버넌스이론은 최근에야 논의되는 분야이고, 아직도 담론이론은 행정학 영역 밖의 논제로 생각하는 경향이 있다(강신택, 2005).

중간 맥락과 거시 맥락에 대한 연구가 부족한 것은 사실이나, 이에 대한 중요성은 점차 인식되기 시작했다.

연구 방법의 다양화와 함께 한국 행정학이 양적으로 팽창되는 양상을 지속하고 있다는 것도 이 시기의 특징으로 지적할 수 있다(이종범, 2006: 21-27; 박종민, 2016: 1-33; 정용덕, 2016: 10-11). 1967년 9월 창간호를 발행하기 시작해서 2016년 12월의 50권 4호에 이르는 동안 2천 편이 넘는 논문이 발표되어, 연구공동체의 양적 성장은 가히 폭발적이었다. 1955년 당시 4개의 대학에 행정학과가 설치되어 있었던 것이 2016년 현재에는 178개 대학 가운데 231개(관련 분야 포함) 대학에 학사과정 프로그램, 149개 대학에 석사과정 교육 프로그램, 그리고 80개 대학에 박사과정 프로그램이 운영되고 있다는 것이 반증이라 할 수 있다.

끝으로 행정학 연구 인력의 변화를 들 수 있다. 1990년대 전후를 기점으로 학위를 마치고 귀국한 유학생의 수가 급증했고, 한편으로는 국내 대학도 행정학 박사를 많이 배출했다는 사실이다. 이것은 한국행정학회 회원의 증가로 나타나는데, 1989년부터 회원 수가 급격히 증가하기 시작해 2017년에는 2,000명을 넘어섰다.

또한 이들의 학위 종류도 다양해지고 있는데, 과거의 정치학 중심의 박사학위로부터 행정학과 관리학 내지 정책학 중심의 박사학위로 그 구성이 변하고 있다. 따라서 이러한 현상은 연구 경향의 변화 가능성을 의미하는 것이기도 하다. 한편 늘어난 학회와 연구기관은 대부분 독자적인 전문학술지를 창간하거나 증간함으로써 행정학자들의 논문 발표 기회를 급증시키는 결과를 가져왔고, 이는 행정학의 팽창에 기여하고 있다.

다만 한국 행정학이 양적으로는 가히 세계적인 성장을 이루어 낸 것으로 자부하기에 모자람이 없지만, 정용덕(2016)의 지적처럼 질적 성장이라는 측면에서 적실성과 과학성의 미진함은 핵심 사안으로 지적된다. 이에 대해 박종민(2016)은 과학의 핵심 요인이라는 측면에서 한국 행정학은 지난 60여 년 동안 인과이론의 구축을 위한 집합적 노력이 적어도 외관상 지속적으로 증가는 되어 왔지만, 과학적 지식의 저생산 및 인과이론의 저발전에 자괴감을 떨쳐버릴 수는 없다는 것이다.

생각해 볼 문제

한국 행정이론의 발달 과정을 바라보는 시각

1. 한국 행정이론의 발달 과정을 바라보는 시각이 다양한 이유에 대해 생각해 보시오.
2. 학문의 발전 단계에 기초한 계보와 패러다임이나 개념사에 기초한 계보 간의 차이점

에 대해 생각해 보시오.
3. 시대적 특성에 기초한 계보와 연대기적 관점에 기초한 계보 간의 차이에 대해 생각해 보시오.
4. 한국 행정이론의 발달 과정을 분석한 또 다른 계보를 조사해 보시오.

■ 한국 행정이론의 발달 과정

1. 한국 행정이론의 발달 과정을 분석하기 위해 구분한 시기의 적절성에 대해 생각해 보시오.
2. 한국 행정이론의 발달 과정에서 개발 연대 시기에 형성된 행정이론의 특징에 대해 생각해 보시오.
3. 한국 행정이론의 발달 과정에서 민주화 시기에 형성된 행정이론의 특징에 대해 생각해 보시오.
4. 한국 행정이론의 발달 과정을 시기별로 그 특징을 비교해 보시오.
5. 한국 행정을 둘러싼 환경 변화를 예측해 보고, 이에 적합한 행정이론은 무엇이 되어야 하는지를 생각해 보시오.

제 II 부

행정이론의 유형

개 요

제Ⅱ부는 행정학의 발달 과정에서 형성된 행정이론의 유형을 고찰하는 데 목적을 두었다. 이를 위해 가치 지향형 행정이론과 분석 지향형 행정이론의 두 편으로 구성되었다.

제1편은 행정의 가치나 패러다임을 추구하거나 극대화하는 데 초점을 둔 가치 지향형 행정이론으로 구성되었다. 가치 지향형 행정이론의 범주에는 관리이론, 관료제이론, 비교행정이론, 발전행정이론, 신행정이론, 신공공관리이론, 신공공서비스이론, 넛지이론 등이 포함되었다. 이 가운데 관리이론이나 신공공관리이론 그리고 넛지이론은 시대적 배경만이 다를 뿐, 행정이 추구하는 기본적 가치인 효율성을 극대화하는 데 그 목적이 있다. 또 다른 맥락에서 관료제이론, 신행정이론, 신공공서비스이론 등은 행정의 추구 가치인 정당성, 형평성, 민주성을 제고하는 데 그 목적이 있다. 따라서 가치 지향형 행정이론들은 시대적 상황이나 환경적 차이에도 불구하고, 근본적으로 행정이 추구하고자 하는 가치를 극대화하고자 형성된 이론들이다.

제2편은 행정 현상을 분석하거나 진단하는 데 초점을 둔 분석 지향형 행정이론으로 구성되었다. 분석 지향형 행정이론의 범주에는 행태이론, 체제이론, 공공선택이론, 신제도이론, 현상학이론, 포스트모더니티이론, 카오스이론, 사회자본이론, 딜레마이론, 시차이론 등이 포함되었다. 분석 지향형 행정이론의 특징을 단적으로 논의하기에는 논란의 여지가 있지만, 분석 지향형 행정이론은 주로 실증주의와 반실증주의로 구분된다. 행태이론, 체제이론, 공공선택이론들이 실증주의적 경향이 강한 반면 현상학이론, 포스트모더니티이론, 카오스이론은 반실증주의적 관점에서 등장한 이론으로 볼 수 있다. 또 다른 관점에서 딜레마이론과 시차이론은 대부분의 이론과 달리, 한국적 상황에서 정책이나 행정이 의도한 효과를 거두지 못한 원인을 탐색하기 위해 시도된 접근 방법이라는 점에서 의의가 있다.

제 1 편

가치 지향형 행정이론

제 1 장 관리이론

제 1 절 관리이론의 등장 배경

1 시대적 배경

윌슨(Thomas W. Wilson)이 행정의 효율성을 제고하기 위한 대안으로 1887년에 관리과학(science of management)의 필요성을 주창하고 있을 무렵, 미국의 경제 환경 또한 급속한 산업화의 물결 속에서 능률성을 강조하고 있었다.

1860년대의 남북전쟁을 계기로 시장 규모가 커지고 대량생산 체제가 가능해지자, 미국의 기업들은 급속히 대규모화하기 시작했다. 그리고 1880년대에 들어서는 공장 제도가 본격적으로 보급되었다. 그런데 대량 생산에 기초한 공장 제도는 분업화라는 새로운 생산 방식을 도입했는데, 이로 인해 노동자들은 기계에 예속되는 상황에 직면하게 되었다. 이에 따라 새로운 임금 제도와 관리 방법에 반발하는 노동자들의 조직적 태업(systematic soldiering)이 빈번하게 발생했다.

노동자들의 조직적 태업이 빈번하게 발생하게 된 원인은 분업화와 기계화에 따른 생산의 증가가 결국은 노동자들의 실업으로 이어질 것이라는 잘못된 믿음 때문이었다. 이에 반해 사용자들은 노동자들의 조직적 태업을 막기 위해 노동자들의 힘을 약화시키는 데 주력했다. 예컨대 사용자들은 조직적 태업과 같은 정치 투쟁을 벌이는 노동자들을 무력화시키는 한편, 유럽에서 대량으로 이주한 농민들을 훈련시켜 생산 현장에 투입함으로써 기존의 숙련노동자를 대체하고자 했다(Clegg & Dunkerley, 1980).

위기에 직면한 미국의 경제 환경은 기계화와 분업화에 따른 노동자의 실업과 저임금에 대한 우려를 불식시키고, 노동자와 기계화가 대립적인 관계가 아니라 상호 보완적인 관계에 있음을 확신시켜 줄 필요가 있었다(김병섭 외, 2003: 62). 그래서 이 같은 문제를 해결하기 위해 1880년에 미국기계기사협회(American Society of Mechanical Engineering)가 발족되었다. 이 협회를 중심으로 능률증진운동(efficiency movement)이 일어나고, 이 운동은 관리과학화로 전개되어 나갔다.

능률증진운동이 관리과학화로 전환되던 시점이 바로, 테일러(Frederick W. Taylor)가 필라델피아 철강회사에서 첫 실험을 진행하고 있을 때였다. 테일러는 당시 관리 방식이 비능률적이어서 양자의 대립이 발생한다고 생각했다. 그는 관리(management)라는 해결책을 통해 생산 능률을 제고하는 것이 모두에게 이익이 된다는 것을 보여주고자 했다. 테일러의 과학적 관리론이 성립된 배경에는 당시 미국의 경제적 환경이 크게 작용했다.

능률 증진은 이처럼 생산 방법의 합리화로만 달성되는 것이 아니라, 생산 방법의 효율적인 관리와 결부될 때에 비로소 가능해진다는 점이다. 이리하여 능률증진운동은 과학적 관리의 발달로 결실을 맺게 되는데, 그 중심에 테일러의 과학적 관리론(scientific management theory)이 자리하고 있었다. 테일러의 과학적 관리론은 능률성을 중시하던 당시 미국의 사회분위기 속에서 과학적 관리운동이라고 지칭될 정도로 사회적 호응을 얻었다.

이후 과학적 관리론은 단순한 관리 방법이 아닌 사회적 이념 내지는 사회철학의 위치를 점유하면서, 동시에 행정에서 능률성을 추구하던 당시의 정부 업무에 지대한 영향을 끼쳤다(Waldo, 1948: 49). 요약컨대 테일러를 중심으로 한 과학적 관리론은 공장이나 운영적 수준에서 최적의 관리를 위한 노력, 즉 생산 방법의 합리화를 추구하고자 한 것이었다. 따라서 과학적 관리론은 일종의 미시적 접근 방법(micro approach)이었다.

한편 이와는 대조적으로 윌로비(William F. Willoughby)가 『행정의 원리(*The Principle of Administration*)』를 1927년에 출간한 이후, 발전하기 시작한 일련의 지식 체계는 좀 더 조직적 수준에 적용할 수 있는 행정 원리나 조직 원리를 제시하기 시작했다. 이들 행정 원리나 조직 원리는 과학적 관리론이 강조해 왔던 미시적 시각과는 달리, 거시적인 관점에서 여러 개념을 발전시켜 왔다. 마치와 사이먼은 거시적 관점에서 운위되던 이런 개념들을 호칭해서 행정관리론(administrative management theory)이라 명명했다(March & Simon, 1958: 41; 윤재풍, 1985: 15).[1)]

결론적으로 과학적 관리론이 작업장 수준에서 노동자의 생산성을 향상시키는 방안에 치중한 이론이었다고 한다면, 행정관리론은 조직의 상층부에서 관리자가 조직구성원을 통합해 능률성을 극대화하기 위한 이론이었다. 따라서 양 이론은 적용 수준에 따른 차이점을 제외하고는, 공통적으로 능률성이라는 속성을 추구했다는 점에서 관리이론(management theory)으로 통칭하고자 한다.

2 이론적 배경

과학적 관리론과 행정관리론은 시차를 두고 발전해 왔다는 점과 분석 수준에서 차이가 있어 양자를 별개의 이론으로 분류할 수도 있다. 그렇지만 두 이론은 이 같은 차이점을 제외하면, 기본적으로 능률성을 추구하고자 했다는 점에서 관리이론이라는 공통점을 지니고 있다. 오석홍(2005: 13-15)은 관리이론에 내재된 공통적 속성을 다음과 같이 설명하고 있다.

첫째, 관리이론으로 통칭할 수 있는 과학적 관리론과 행정관리론은 단일의 가치 기준으로서 능률성을 추구했다. 이들 관리이론은 조직이 추구해야 할 가장 중요한 가치를 능률성이라고 생각했다. 예컨대 테일러의 주된 관심이 능률성에 있었다는 점과, 행정관리론자들의 관심도 자원을 가장 능률적으로 활용하는 데 있었다는 측면에서 양자는 유사한 목적을 추구한 관리이론이었다.

둘째, 관리이론은 조직의 능률성을 향상시키는 데 공식적 구조와 과정을 중시했다. 관리이론이 조직의 비공식적인 측면을 전혀 몰랐다고는 할 수 없지만, 조직의 능률성을 제고하는 데 그리 중요한 요인으로 보지 않았던 것만은 사실이었다. 대신에 관리이론은 조직구조의 적실성이 능률성을 달성하는 데 주된 성공 요소로 보았다는 점에서 차이가 있다.

셋째, 관리이론은 환경의 영향을 고려하지 않는 폐쇄 체제적 관점에서 조직을 파악했다. 이같이 조직을 폐쇄 체제적 입장으로 본 주된 이유는 당시의 시대적 환경이 상대적

---

1) 에치오니(Etzioni, 1964: 22-25)는 이들을 고전적 조직이론(classical organization theory)으로 명명했다.

으로 안정적이었기 때문이다.

넷째, 관리이론이 가정하고 있는 인간관은 합리적·경제적 인간이었다. 관리이론에서 보는 경제적 인간이란 인간이 다른 욕구보다 경제적인 욕구를 가장 우선으로 고려하는 존재라는 의미이다. 또한 합리적 인간이라는 의미는 경제적 욕구를 실현할 때 최선의 대안을 선택하는 과정을 고려한다는 의미로 해석할 수 있다.

이상에서 보듯이 과학적 관리론과 행정관리론은 다소 간의 차이점에도 불구하고, 기본적으로 폐쇄 체적인 입장에서 조직의 능률성을 향상시키는 것을 가장 주된 목적으로 설정했으며, 능률성을 향상시키는 데 공식적 구조와 과정을 중시했다는 측면에서 공통점이 있다. 따라서 두 이론을 관리이론이라는 범주로 묶는 데 큰 무리는 없다.

제 2 절 관리이론의 내용과 특성

과학적 관리론과 행정관리론으로 구성된 관리이론의 주요 내용과 특성을 살펴보면 다음과 같다.

1 과학적 관리론의 내용과 특성

1) 이론적 배경

테일러를 중심으로 한 과학적 관리론은 인구가 급격히 팽창하고 산업화가 촉진되던 1900년대 경제 상황의 산물이었다. 당시 공장의 관리인들은 대체로 경험이 없는 노동자들을 고용해서 관리를 담당해야만 했다. 과학적 관리론은 이 같은 상황에서 인력을 좀 더 능률적으로 활용함으로써 생산성을 올리는 데 주력했다. 이를 위해 과학적 관리론은 생산율을 높이기 위한 방법으로 분업화를 세분하는 데 중점을 두었다. 즉, 분업화를 통해 능률적이고 경제적인 방법으로 작업을 완료하는 데 주된 목표를 두었다.

테일러와 그의 후계자들은 또한 계획(planning)을 강조했다. 예컨대 테일러는 노동력의 육체적 조건, 특히 노동자의 육체적인 능력을 엄밀히 검사하는 데 주력했다. 테일러는 특정 작업에 적합하다고 판단되는 노동자를 선택해 다양한 속도로 일을 시켜 보고, 최적의 작업 속도와 휴식 시간을 발견하고자 했다. 다시 말해 테일러는 '시간 및 동작에 관한 연구(time and motion study)'를 통해 과학적인 방법으로 최선의 방법을 찾고자 노력했다.

과학적 방법은 이와 같이 인간의 동기이론과 노동자와 조직의 이해가 서로 공통적일 것이라는 기본적 가정에서 출발했다. 당시 공산주의자들은 자본주의를 대단히 비난했는데, 이의 핵심적 요체는 자본가가 노동자의 이익을 수탈하거나 착취하고 있다는 데 있었다. 그렇지만 테일러는 자본가와 노동자는 공산주의자의 주장과 같이 대립 관계에 있는 것이 아니라 동일한 이해 관계에서 출발한다고 보았다.

테일러는 인간은 본질적으로 돈을 벌고자 하는 욕망이 있기 때문에 능률을 올리기 위해서는 임금의 고하를 생산성에 직결시켜야 한다고 생각했다. 테일러는 이성적인 노동자라면 자기의 수입을 최대로 확보하려 할 것이고, 그 최대 수입은 노동자의 신체적 능력에 따라 결정된다고 믿었다. 경영자의 경우도 생산율이 높아지면 전체 임금은 낮아지고 이익이 늘 것이며, 이는 다시 노동자의 임금을 올려줄 수 있는 근거가 되기 때문에 경영자에게도 도움이 될 것으로 보았다. 이런 까닭에 노동자는 좀 더 큰 임금에, 그리고 경영자는 좀 더 큰 이익에 목적이 있었기에 경영자와 노동자의 이해는 일치할 수밖에 없을 것으로 테일러는 생각했던 것이다.

결국 테일러와 그의 후계자들을 중심으로 한 테일러주의(Taylorism)는 청교도적 윤리(protestantism ethics), 경제이론의 합리주의 그리고 공학적 사고 등의 영향을 받아 형성된 이론이었다. 다시 말해, 과학적 관리학파는 힘든 일을 열심히 하는 행동의 미덕, 경제적 합리성, 개인주의적 가치 등을 존중하는 바탕 위에서 출발했다(유종해, 2000: 41-43; 오석홍, 2005: 20).

2) 과학적 관리론의 목적

과학적 관리론이 출범하게 된 테일러의 저작인 『과학적 관리의 원리(*The Principles of Scientific Management*)』는 1911년에 출간되었는데,[2] 이 책의 출간 목적은 다음과 같았다. 조직의 관리와 운영에서 전통적인 관리 방식이었던 주먹구구식을 탈피하고 주어진 작업

2) 이 책의 첫 문장은 다음과 같이 시작하고 있다: "관리의 주된 목적은 노사의 최대 번영과 함께 종업원의 최대 번영을 창출하는 데 있다."

을 달성하는 데 가장 좋은 방법이 존재한다면, 조직의 업무를 달성하는 데도 최상의 방법이 역시 존재할 것이라는 가정에서 출발했다. 그는 시간과 동작 연구를 통한 과학적 원리를 찾아내어 인간과 기계적 능률을 극대화하고자 했다.

그런데 테일러의 과학적 관리론이 특히 공공 부문에서 폭발적인 명성을 얻게 된 계기는 1912년 연방 하원 특별위원회가 개최한 '과학적 관리에 관한 청문회'에서 테일러가 증언을 하게 된 데서 기인했다.[3] 이 위원회에서 테일러는 과학적 관리에 함축되어 있는 네 가지 원리를 강조함으로써 과학적 관리론은 이후 하나의 관리철학으로 자리를 잡는 계기가 되었다.

테일러가 주창했던 과학적 관리론의 네 가지 원리는 관리자를 위한 일종의 가이드라인이라 할 수 있는데, 그 내용은 다음과 같다.

첫째, 노동자의 작업 요소를 측정하고 관리하는 과정에서 과거의 주먹구구식의 관리 방식을 지양해 좀 더 체계적이고 과학적인 방법으로 이를 대체해야 한다.

둘째, 업무를 수행하는 과정에서 과학적으로 작업자를 선발하고, 선발된 작업자를 훈련·교육시켜 잠재력을 개발해야 한다.

셋째, 과학적 원리를 적용하기 위해서는 노동자의 협력을 얻어내는 것이 무엇보다도 중요하다.

넷째, 관리자와 노동자 간에 일과 책임이 균등하게 배분되어야만 관리에 따른 갈등을 최소화할 수 있다.[4]

테일러는 청문회에서 관리자들을 위한 일종의 가이드라인을 제시함과 동시에, 과학적 관리라는 원리가 추구하는 목적을 다음과 같이 제시함으로써 이의 필요성을 부각시켰다(Taylor, 1911: 7).

첫째, 과학적 관리의 목적은 일상적인 활동에서 야기되는 비능률을 제거함으로써 국가 전체의 손실을 예방하는 데 있다.

---

3) 테일러를 유명하게 한 작품이 1911년에 출간된 『과학적 관리의 원리』이기는 하지만, 과학적 관리(scientific management)라는 이름으로 이미 주가를 올린 사람은 테일러가 아닌 그의 동료였던 브랜다이스(Louis D. Brandeis)였다. 그는 후에 대법원에서 재판관을 역임한 인물이기도 했는데, 브랜다이스는 1910년부터 시작된 청문회에서 철도회사가 과학적 관리 방법을 적용한다면 하루에 백만 달러씩을 절약할 수 있다는 극단적인 주장을 전개했다. 이 같은 주장이 대중의 폭발적인 관심을 일으키면서 과학적 관리 방법은 일반인에게까지 확대되기 시작했다.

4) 과학적 관리론에서 제시된 핵심적 기법들로는 시간 및 동작 연구(time and motion study), 도구의 표준화(standardization of tools), 과업관리(task management), 차별적 성과급 제도(differential-piece-rate system) 등을 들 수 있다.

둘째, 비능률을 제거하는 데 가장 좋은 방법은 천재성을 지닌 인간의 발상보다는 과학적인 관리 방식에 의해 방법을 고안해야 한다.

셋째, 최선의 관리는 명료하게 정의된 법칙이나 원리에 입각해 진실된 과학이라는 점을 증명해야 한다.

넷째, 과학적 관리는 단순한 개인의 작업 수준에서부터 고도로 협동을 요구하는 대규모 수준의 활동에 이르기까지 모두 적용될 수 있다는 확신을 공유하고 있어야 한다.

결국 테일러가 과학적 관리론을 주장했던 가장 주된 목적은 당시에 지배적이었던 주먹구구식 관리를 지양하고, 이를 과업관리(task management)로 대체하고자 한 데 있었다. 따라서 테일러는 작업 능률과 작업 방법을 향상시킬 수 있는 최선의 방법을 과학적으로 탐구하고자 했다. 또한 과학적 방법은 생산성을 향상시켜 경영자와 근로자 모두에게 이익이 되어 심각한 노사 갈등을 해소하는 데 기여할 수 있을 것으로 보았다.

3) 과학적 관리론의 내용

테일러의 과학적 관리론은 살펴본 바와 같이 관리자가 지켜야 할 의무 사항뿐만이 아니라, 일과 직장과 관련해 다음과 같은 원리에 입각한 관리가 이루어져야 함을 주장했다. 다시 말해, 과학적 관리를 위한 처방과 원리를 살펴보면 다음과 같다.

첫째, 직무를 수행하는 단 한 가지의 최선의 방법(a single best method)을 강구하기 위해 시간 및 동작에 관한 연구를 해야 한다. 이때 최선의 방법이란 일일 생산율을 가장 극대화할 수 있는 대안을 의미한다.

둘째, 근로자가 최선의 방법으로 직무를 수행할 수 있도록 금전적인 혜택을 제공해야 한다. 근로자에게 금전적인 혜택을 제공하는 방법으로는 생산성에 따른 차별적 성과급제도(differential-piece-rate system)를 도입하는 것이 바람직하다.

셋째, 소수의 전문가집단을 구성해 노동자의 업무를 둘러싸고 있는 여러 가지 상황에 도움을 주어야 한다.[5)]

넷째, 표준생산율을 자의적으로 수정하지 못하도록 하는 원칙을 세워야 한다(Taylor, 1911: 40-42).

테일러의 과학적 관리론은 이 같은 처방과 원리가 성공하기 위해서는 동시에 정신혁

5) 근로자가 업무와 관련해서 직면하는 상황으로는 일의 방식, 업무의 속도, 연장이나 기계, 업무의 우선순위, 규율, 품질관리 등이다.

명(mental revolution)이 이루어져야 함을 강조했다. 즉, 과학적 관리의 요체를 사고 방식의 대전환인 정신혁명이라고 보았는데, 테일러는 두 가지 방식을 통해 정신혁명을 일으킬 수 있다고 주장했다.

첫째, 생산 증진을 위한 노사 협력이 대단히 중요함을 강조했다. 기업주와 근로자는 기왕에 얻은 기업 잉여를 분배하는 데만 몰두해 서로 더 많은 몫을 차지하려고 다툴 것이 아니라, 기업 잉여를 늘리는 데 관심을 모으고 노사가 서로 협조할 필요성을 깨닫는 위대한 정신혁명을 일으켜야 한다고 주장했다. 테일러는 이처럼 과학적 관리를 노사 갈등의 해결과 노사의 조화를 촉진할 수 있는 새로운 사고 방식이라고 생각했다.

둘째, 과학적 사고를 배양하는 것이 중요하다는 점을 강조했다. 테일러는 모든 일 처리에 과학적 방법을 활용하려는 정신혁명이 또한 필요하다고 보았다. 근로자와 관리자 모두가 과학적 방법만이 유일하고도 건전한 관리의 기초라는 사실을 받아들인다면, 노사 간의 갈등도 해소되고 생산 활동의 능률도 향상될 것으로 보았다(오석홍, 2005: 20-21).

2 행정관리론의 내용과 특성

1) 이론적 특성

과학적 관리론은 분석 수준이라는 측면에서, 작업장 수준의 근로자에게 초점을 맞춘 미시적 접근 방법(micro approach)이었다. 따라서 조직의 전체적인 효율성을 증가시키고자 하는 경우, 과학적 관리론과 같이 작업장 수준의 개선만으로는 조직 전체의 합리화로 이어지는 데는 한계가 있었다. 그것은 조직의 목적을 생산 현장에 연결시키는 과정의 합리화가 요구되는 것은 물론, 관리자의 생산성도 그에 못지않게 중요했기 때문이다. 이런 측면에서 관리자의 관리 문제를 최초로 제기한 것이 행정관리론이다. 그래서 행정관리론은 과학적 관리론과 보완적 관계로 등장한 이론이라고 볼 수 있다.

다시 말해 행정관리론은 행정(administration)은 정부 부문이나 민간 부문을 막론하고, 그것이 어디 있건 동일한 행정이라고 보았다. 행정의 공통적 속성을 전제하고 어디서나 적용할 수 있는 행정이나 관리의 보편적 원리를 발견하고자 한 것이다. 행정관리론은 이처럼 조직의 관리 기능을 중시하고, 관리층에서 맡아야 할 조직과 관리작용의 원리를 개척하는 데 주력했다.

행정관리론은 이에 따라 능률을 기본적 가치로 채택하고 조직 단위의 구조적인 관계, 관리 기능의 유형, 관리의 과정, 분업과 조직에 관련된 원리 등을 연구하는 데 치중했다. 행정관리론에서 발전시킨 이른바 원리들은 대개 조직 활동의 분화(분업)와 통합(조정)에 관한 것이었다.

행정관리론은 합리적인 분업(전문화)과 분업화된 일의 집단화(부성화), 그리고 조정에 의해 능률을 높일 수 있다고 믿었다. 또한 분업과 조정을 조직관리의 핵심적인 요소로 보고 이와 연관된 분업의 원리, 명령 통일의 원리, 통솔 범위의 원리, 조정의 원리, 계층화의 원리, 부성화(部省化)의 원리, 참모조직의 원리 등을 발전시키는 데 주력했다(김병섭 외, 2003: 67; 오석홍, 2005: 18-19).

행정관리론의 입장에서 원리들을 제안한 학자로는 페이욜(Henri Fayol), 폴렛(Mary P. Follett), 귤릭(Luther H. Gulick), 어윅(Lyndall F. Urwick), 무니(James D. Mooney), 라일리(Alan C. Reiley) 등을 들 수 있다.

2) 행정관리론의 주요 내용

(1) 페이욜의 관리 원리

관리이론의 선두 주자는 프랑스의 경영자 출신인 페이욜이었다. 그는 프랑스의 광산 기술자로 출발해 30대 초반에 경영자가 된 후, 정년까지 광산회사에서 평생을 보낸 사람이다. 따라서 그가 75세 되던 1916년에 출판한 『일반 및 기업관리(*Administration Industrielle et Génrale*)』는 다른 학자들과는 달리 그의 경영 체험에 따른 결과물이었다.

그런데 페이욜이 관리이론의 선두 주자로서 출발했음에도 불구하고, 그의 영향력이 확산되기 시작한 때는 테일러와는 달리 20여 년이 경과한 후부터였다. 그 이유는 페이욜의 저작이 1930년대에 이르러서야 미국에서 번역되었고, 1949년에 가서야 저서가 『일반 및 기업관리(*General and Industrial Management*)』로 번역·소개되었기 때문이다.

페이욜이 주창한 관리이론의 핵심은 관리 원칙의 보편성을 찾고자 한 데 있었다. 그는 오랜 관리자로서의 경험을 통해 사실을 원리화하고자 했다. 비록 페이욜이 제시한 관리 원리가 심오한 관리철학을 구축했다든지 또는 논리적인 이론 체계를 형성한 것은 아니지만, 그가 제시한 관리의 일반 원칙과 요소는 오늘날에도 대단히 중요한 것으로 간주된다. 이런 점에서 페이욜은 무엇보다도 관리의 보편성을 탐구하는 데 공헌했고, 이후 조직관리이론에 많은 영향을 끼쳤다.

페이욜의 관리이론은 기업이 수행하는 활동에 대한 분류에서 출발했다. 그는 기업이 수행하는 활동으로 기술 활동, 영업 활동, 재무 활동, 보안 활동, 회계 활동, 관리 활동 등을 열거했다. 그러면서 이 중 앞에 열거한 다섯 가지 활동을 계획(planning)하고 조직화(organization)해서 조정(coordination)과 통제(control)를 하는 활동을 관리 활동이라고 정의했다.

페이욜은 기업이 수행하는 활동 가운데 특히 관리 활동의 중요성을 강조하면서, 관리 활동이 효율적으로 수행되기 위해서는 관리 원리에 따라 운영되어야 함을 역설했다(Fayol, 1949: 19-42). 페이욜이 제안한 14개의 관리 원리(Fayol's fourteen principles)는 이러했다(Fayol, 1978: 24-37).

첫째, 분업(division of labor)의 원리이다. 이는 업무의 전문화를 꾀하는 것이 바람직하다는 의미이다.

둘째, 권한과 책임(authority and responsibility)의 원리이다. 이는 업무에 대한 권한이 있는 곳에는 반드시 책임이 수반되어야 한다는 의미이다.

셋째, 규율(discipline)의 원리이다. 이는 사용자와 근로자 사이의 협약에 의해 만들어진 규율은 근로자나 사용자 모두가 지켜야 한다는 의미이다.

넷째, 명령 통일(unity of command)의 원리이다. 이는 여러 상급자로부터의 명령이 업무에 혼선을 가져오기 때문에, 근로자는 반드시 한 사람의 상관으로부터만 명령을 받아야 한다는 의미이다.

다섯째, 지휘 통일(unity of direction)의 원리이다. 이는 업무의 목적이 동일한 사업은 한 사람의 책임자에 의해 추진되어야 한다는 의미이다.

여섯째, 전체 이익 우선(subordination of individual interests to general interests)의 원리이다. 이는 회사라는 전체의 이익이 근로자 개인이나 집단의 이익에 우선한다는 의미이다.

일곱째, 보수(remuneration)의 원리이다. 이는 노동의 대가로서 보수는 공정해야 하며, 노력에 상응하도록 지급함으로써 근로자의 의욕을 제고할 수 있어야 한다. 따라서 합리적인 수준을 넘거나 부족하게 지불되어서는 안 된다는 의미이다.

여덟째, 집중화(centralization)의 원리이다. 이는 회사나 조직에서 권한의 집중화나 분권화의 문제는 절대적 개념이 아니라 상대적인 비율의 문제로서, 관리자의 경험 등에 따라 달라질 수 있다는 의미이다.

아홉째, 계층제에 입각한 서열(scalar chain)의 원리이다. 이는 최고관리층으로부터 최하위 계층까지 이어지는 명령은 하나의 연쇄 관계를 형성해야 한다는 것이다. 그렇지만 모든 의사소통이 이 같은 계층제에 입각한 서열에만 의존해서는 안 되고, 상급자의 이해와 동의를 전제로 하급자 간에 이루어지는 수평적 의사 전달도 가능해야만 바람직한 의사소통이 형성된다는 의미이다.

열째, 질서(order)의 원리이다. 이는 조직 내의 모든 것은 질서정연해야 한다는 것을 의미한다.

열한째, 평등(equality)의 원리이다. 관리자는 모든 근로자가 평등하게 자신이 대우받고 있다는 인식이 들도록 대해야 한다는 의미이다.

열둘째, 신분 보장(stability of tenure of personnel)의 원리이다. 이는 근로자가 안정된 신분 보장이 이루어진 상태에서 근무할 수 있도록 해주어야 조직의 생산성이 증가할 수 있다는 의미이다.

열셋째, 자발성(initiative)의 원리이다. 이는 조직이 성공하기 위해서는 무엇보다도 근로자가 솔선수범하는 자발성이 제일 중요하다는 의미이다.

열넷째, 단결(esprit de corps)의 원리이다. 조직 내에서 구성원의 조화와 단결은 조직의 보이지 않는 힘이라는 것이다. 따라서 모든 구성원은 이러한 단결을 위해 노력해야 한다는 의미이다.

(2) 귤릭과 어윅의 POSDCoRB

1930년대 영미 학계에 소개된 페이욜의 관리 원리는 이후의 행정관리론자들에게 심대한 영향을 끼쳤다. 귤릭(Luther H. Gulick)과 어윅(Lyndall F. Urwick)은 1937년에 발표한 『행정과학에 관한 연구(*Papers on Science of Administration*)』에서, 이들의 관리 원리에 페이욜의 영향이 컸음을 밝힌 것이 이를 입증한다. 귤릭과 어윅은 1920년대와 1930년대에 걸쳐 기업 경영과 정부 운영에 참여했던 경험을 바탕으로, 관리에 대한 정의와 원리를 밝혀내고자 했는데 이에 대한 결과물이 1937년에 발표한 이 책이었다.

귤릭과 어윅이 편집한 『행정과학에 관한 연구』에 발표된 논문은 대체로 조직관리에 대한 원리나 기준에 관한 내용이었다. 예컨대 주된 내용은 관리자의 기능, 부성조직의 원리와 기준, 분업과 전문화의 원리, 명령 통일의 원리, 통솔 범위의 원리, 조정의 원리 등에 관한 것으로 페이욜이 주장하는 바와 큰 차이는 없다.

귤릭은 이 책에서 최고관리자가 수행해야 하는 기능으로 계획(planning), 조직(organizing), 인사(staffing), 지휘(directing), 조정(coordinating), 보고(reporting), 예산(budgeting)을 열거했다. 그리고 이러한 기능은 이후 머리글자를 따라 POSDCoRB라 지칭하게 되었는데, 이는 관리자의 기능을 표시할 뿐만 아니라 이후 행정학의 연구 범위와 대상을 지칭하는 것으로 간주되어 왔다(Gulick & Urwick, 1937: 11).

그런데 귤릭은 이 책에서 부처 조직과 부성 편성의 기준, 다시 말해 조직 내의 분업화에 지대한 관심을 기울였다. 그는 분업은 조직의 기초이자 조직의 존재 이유라는 관점에서, 분업화 과정에서 요구되는 기준으로 다음과 같은 네 가지 요소를 제시했다(Gulick & Urwick, 1937: 24-25). 첫째로 분업화에 필요한 목적과 기능(purpose), 둘째로 사용되어야 하는 과정(process) 이나 절차, 셋째로 다루어야 하는 일(things)과 사람(person), 넷째로 활동이 이루어지는 장소(place) 또는 지역에 따라 분업화가 이루어져야 함을 강조했다.

(3) 무니와 라일리의 원리

무니(James D. Mooney)와 라일리(Alan C. Reiley)는 GM 자동차 회사의 경영자로서, 조직관리에 대한 실무적 경험을 통해 행정관리론의 발전에 지대한 영향을 미쳤다. 이들은 자동차 회사에서의 실무 경험과 함께 정부조직에 대한 역사적 평가나 특히 가톨릭교회와 군대조직에 대한 연구 자료들을 기초로, 1931년에 『미래의 기업(*Onward Industry*)』을 발간했다. 무니와 라일리는 역사적인 맥락에서 관리와 관리사상의 발전 과정을 상세하게 설명했으며, 행정관리론에 대한 철학적·역사적 토대를 구축했다는 평가를 받고 있다. 무니와 라일리는 관리라는 개념 속에 내재된 일반적 원리를 다음과 같이 들고 있다.

첫째, 조정의 원리(coordination principle)이다. 이는 조직 내의 활동은 공통적인 목적을 달성하기 위해 조정되어야 한다는 의미를 함축한다. 따라서 조정을 위해 명령의 통일이 이루어져야 하고, 명령의 통일을 위해서는 통솔의 범위가 유효할 수 있도록 적절한 규모로 편성되어야 한다.

둘째, 계층제의 원리(scalar principle)이다. 이는 조직 활동이 수직적으로 분업화되어야 한다는 의미이다. 따라서 조직은 계층제의 모습을 갖추어야 한다.

셋째, 기능적 원리(functional principle)이다. 기능이란 조직 내에서의 활동이 수평적으로 분업화되어야 한다는 의미이다. 다시 말해 조직 내에서 수행하는 활동, 예컨대 생산, 판매, 홍보 등과 같이 활동의 내용에 따라 달리 조직화되어야 한다.

넷째, 막료의 원리(staff principle)이다. 조직에는 직접적 지시를 담당하는 계선과 최고관리자를 보좌하거나 조언을 담당하는 참모로 구성되어 있는데, 이때 참모나 막료는 계선에 대해 명령권은 행사할 수 없다는 의미를 내포한다.

무니와 라일리는 이처럼 관리라는 개념 속에 함축되어 있는 주요 원리를 강조하면서, 특히 이 가운데서도 조정의 원리가 관리 중에서 가장 중요한 원리임을 강조했다. 그 이유는 조정의 원리로부터 여타 원리들이 출발하는 것으로 보았기 때문이다. 무니와 라일리의 관리의 원리는 이후 조직에서 공식적인 기구도표나 조직편람을 발전시키는 데 큰 영향을 끼쳤다.

제 3 절 관리이론의 적실성

1 관리이론에 대한 비판

1) 과학적 관리론에 대한 비판

과학적 관리론의 공헌은 무엇보다도 능률과 생산 그리고 이윤 추구를 기본 이념으로 추구하는 산업조직에서, 최선의 방법으로 생산 과정에 적용할 수 있는 기술과 지식 체계를 확립했다는 점에 있다. 그것은 시간과 동작의 연구를 통해 인간의 생산 활동을 정확히 측정하고 분석해, 그에 입각한 관리가 가능하다는 사실을 보여주었다는 것이다. 그 결과 과학적 관리론은 급속하게 미국의 산업조직과 정부조직에 보급되었다.

그렇지만 과학적 관리론은 이러한 기여에도 불구하고, 근본적으로 인간적이라기보다는 기계적 원리(mechanistic principles)에 입각해 조직구성원을 관리하고자 한 데 문제가 있었다. 감정적 · 비합리적 · 정서적 성격을 지닌 인간을 단순히 기계적 · 합리적 · 비인간적인 도구로 취급함으로써 오히려 자발적인 생산성을 저하시킨다는 비판에 직면하게 되었던 것이다(윤재풍, 1989: 15). 이와 같이 과학적 관리론에 가해진 비판의 요체를 간략히 살펴보면 다음과 같다.

첫째, 인간에 대한 가정에 대해 가해지고 있는 비판이다. 주로 인간관계론자들에 의해 가해지고 있는 비판으로, 과학적 관리론은 인간을 지나치게 경제적 이익만을 추구하는 존재로 이해했다는 점이다. 또한 인간의 본성을 본질적으로 게으른 존재로 파악하고 따라서 당근과 채찍을 통해 일을 하도록 유인 체제를 마련해야 한다는 점에 대해서도 인간관계론자들은 인간은 자기 일을 스스로 알아서 할 줄 아는 존재라는 측면에서 과학적 관리론자들이 인간의 본성을 잘못 진단했다는 비판이 그것이다. 다시 말해, 이는 과학적 관리론자들이 근로자의 동기 유발에 대해 지녔던 가정에 결정적 문제가 있었음을 의미한다. 인간의 동기 유발은 실제로 화폐 이상의 다양한 욕구들, 예컨대 안전이나 사회적 성취감 같은 비물질적 화폐 등에 의해서도 유발된다는 점을 간과했다는 데 모아지고 있다.

둘째, 근로자들로부터 가해지고 있는 분업화에 대한 비판이다. 요약컨대 과학적 관리론은 노동력을 착취하려는 이론이라는 것이다(Perrow, 1973). 과학적 관리론에서 강조한 것 가운데 하나가 생산성을 위해 분업화를 강조했다는 점인데, 이 같은 과도한 분업화로 인해 노동자는 오히려 업무로부터 더욱 비전문화의 길로 접어들게 되었다는 비판이다. 따라서 비전문화로 인해 자본가의 입지는 강화된 반면, 노동자의 교섭력은 약화되었다는 입장이다(Knott & Miler, 1987).

특히 과학적 관리론의 채택으로 분업이 확대 실시되면 결과적으로 조직의 조정과 통제 비용이 증대되고, 더 중요한 것은 종업원 간의 사회적 상호작용이 감소하게 되어 분업의 확대를 통해 얻는 이득보다는 손실이 더 많다는 데 문제가 있다. 그 결과 과학적 관리론은 노사 양쪽으로부터 모두 비난을 받았다. 사용자는 기업가의 권위가 기술자의 지식에 의해 대체된다고 비판적이었으며, 근로자는 사람을 기계의 부속품으로 보는 비인간적인 이론이라고 비판했다(Mouzelis, 1975; 김병섭 외, 2003: 65-66).

2) 행정관리론에 대한 비판

행정관리론의 공헌은 무엇보다도 조직의 보편적 원리를 탐구하고 그것을 정립하고자 한 데 있다. 그러나 행정관리론도 과학적 관리론과 유사하게 이들이 제시한 명제와 원리에 대해 많은 비판이 가해졌다.

첫째, 관리를 보는 시각에 대한 비판이다. 행정관리론자들은 관리를 정태적이고 비인간적인 과정(static and dehumanized process)으로 파악함으로써 인간적 요인이 배제되는 결과를 초래했다.

둘째, 관리의 보편성이 지닌 문제점이다. 조직의 특성에 따라 전문성이 강조될 수도 있고 관료제적 특성이 강조될 수 있는데, 이와 같은 차이점을 무시하고 관리의 보편성을 지나치게 강조했다. 예컨대 대학이나 연구소와 같은 전문적 조직(professional organization)에 비해, 생산 업종이나 운송 업종과 같은 기업조직은 좀 더 관료제적이라 할 수 있다. 따라서 관료제적 특성을 많이 갖는 조직에서는 규칙이나 절차 또는 권위 등이 전문적 조직에 비해 더욱 강조될 수 있다. 요컨대 행정관리론자들이 주장하는 원리는 다분히 계층적 규범 등에 주로 의존함으로써 문화나 상황적 맥락을 경시한 한계가 있다.

셋째, 행정관리론자들이 강조하고 있는 원리에 대한 정의가 불분명하다. 예컨대 어떤 행정관리론자는 계층제의 원리에서 보듯이 원리를 단지 현상을 기술하는 데 사용하고 있는 반면, 다른 학자는 변수들 간의 관계를 설명하는 데 사용하는 등 원리에 대한 정의가 서로 다르다는 문제점을 안고 있다. 즉, 행정관리론자들이 제시하는 원리가 구체적인 상황에 따라 수정이 불가피하며, 경험적으로 검증되지 않은 명제들이 대부분이라는 한계가 그것이다.

넷째, 행정관리론자들이 강조하는 원리가 과연 모든 경우에 적용될 수 있는 법칙적인 지식인가 하는 문제이다. 다시 말해 원리의 보편성 정도에 대한 비판인데, 행정관리학자 간에도 의견이 서로 다르다. 예컨대 그라이쿠너스(Vytautas A. Graicunas)는 원리를 모든 경우에 적용되는 법칙이라고 보는 반면(Graicunas, 1937), 어윅은 원리란 부분적으로 적용되는 것이지 모든 경우에 적용되는 법칙은 아니라고 본 것이 그것이다. 따라서 행정관리론자들이 강조한 원리에 가해지고 있는 비판의 요체는 원리가 보편성이 없으며, 원리라는 개념이 모호하기도 하고 서로 모순적이기까지 하다는 데 있다(윤재풍, 1989; 김병섭 외, 2003; 오석홍, 2005).[6)]

2 관리이론의 적용 가능성

과학적 관리론과 행정관리론에 대한 비판은 이상에서 보듯이, 인간의 본성에 대한 이해 부족과 검증되지 않은 추상적 원리에 대해 가해지고 있다. 이처럼 과학적 관리론과 행정관리론이 많은 한계를 가지고 있는 것만은 사실이지만, 또 다른 한편에서 볼 때 이들 이론이 행정이나 조직관리에 미친 영향은 매우 크다. 행정이론 특히 조직이론의 발달

6) 대표적인 예가 명령 통일의 원리인데, 이는 전문화의 원리나 자발성의 원리와 모순된다는 점이다.

과정에 미친 영향도 지대할 뿐만 아니라, 실제적인 측면에서 이들이 미친 영향은 부인할 수 없다.[7)]

예컨대 과학적 관리론은 생산성을 증대시킬 수 있는 구체적인 과학적 방법을 제시했다는 점이다.[8)] 오늘날 관리 현장에서 시간관리나 초(秒)관리가 유행하고 있는 것이 그 반증이다. 특히 조직에서 생산성을 높이기 위해 실시하는 조직진단의 경우 직무분석(job analysis)을 실시하고 있는데, 이것도 테일러의 과학적 관리론의 주요 내용이다.

그런데 더욱 중요한 것은 테일러의 진실된 의도는 분업화를 통해 노동자들을 소외시키려고 했던 것이 아니라, 분업화를 통해 생산성을 제고함으로써 사용자와 관리자가 진실로 공생할 수 있는 길을 모색하고자 했다는 데 있었다. 따라서 테일러의 진실된 의도가 부각된다면, 과학적 관리론이 추구하고자 했던 순기능은 관리 영역에서 지속될 수밖에 없다.

끝으로 행정관리론자들이 주장한 관리와 원리라는 개념 또한 이후 사이먼(Herbert A. Simon)을 비롯한 많은 학자에 의해 검증되지 않은 격언에 불과하다는 비판에 직면했지만, 이들이 주창했던 이론 또한 관리 영역에서의 경험을 통해 구축된 개념이라는 점이다. 따라서 원리들이 지닌 한계가 부분적으로 존재하기는 하지만, 이 원리들의 가치가 사라진 것은 아니다. 여러 가지 원리는 오늘날에도 여전히 적용되고 있는 것이 현실이다. 이런 측면에서 행정관리론 또한 문제점에도 불구하고, 이론으로서의 가치는 존속하고 있다고 볼 수 있다.[9)]

---

7) 오석홍(2005)은 과학적 관리론이 행정이론의 발달 과정에서 다음과 같은 영향을 미쳤다고 평가한다. 첫째, 경영조직을 연구하는 연구방법론에서 과학적인 방법을 사용하는 효시가 되어 이후의 조직연구에서도 과학적 방법을 사용하는 길을 열었다. 둘째, 테일러의 이론은 조직이론 연구의 대상 가운데 주로 물리적 작업에 치중한 연구라고 할 수 있다. 따라서 이것은 작업자와 작업과의 관계, 인간과 기계와의 관계를 강조한 조직이론으로서 이 분야의 연구에 크게 기여했다. 셋째, 과학적 관리론은 경영관리론이나 관료제론과 비교해서 좀 더 귀납적이고 실증적인 가치가 인정되고 있다는 것이다.

8) 실제로 GM 자동차의 한 자회사는 테일러의 시간 및 동작 연구를 통해 자회사 중 생산성이 가장 열악한 회사에서 가장 높은 회사로 변신했다(Adler, 1993).

9) 이런 매락에서 관리이론은 이후에 신테일러주의(neo Taylorism)로 탈바꿈해 그 영향력을 지속해 오고 있다.

생각해 볼 문제

관리이론의 등장 배경

1. 관리이론이 등장하게 된 시대적 배경에 대해 생각해 보시오.
2. 관리이론에 대한 이론적 배경에 대해 생각해 보시오.

관리이론의 내용과 특징

1. 과학적 관리론의 내용과 특징들을 정리해 보시오.
2. 과학적 관리론을 구성하는 이론적 배경에 대해 생각해 보시오.
3. 과학적 관리론이 등장하게 된 원인과 그 목적에 대해 생각해 보시오.
4. 과학적 관리론을 구성하고 있는 주요 내용에 대해 생각해 보시오.
5. 행정관리론의 등장 배경에 대해 생각해 보시오.
6. 행정관리론의 이론적 특성에 대해 생각해 보시오.
7. 행정관리론을 주장했던 학자들의 원리를 비교해서 그 특징을 설명해 보시오.

관리이론의 적실성

1. 과학적 관리론에 가해진 비판 내용을 정리해 보시오.
2. 행정관리론에 가해진 비판 내용을 정리해 보시오.
3. 과학적 관리론의 기여와 공헌에 대해 생각해 보시오.
4. 행정관리론의 기여와 공헌에 대해 생각해 보시오.
5. 오늘날 관리 현장에서 존속하고 있는 관리이론의 사례를 조사해 보시오.
6. 테일러주의(Taylorism)와 신테일러주의(neo Taylorism)의 공통점과 차이점에 대해 조사해 보시오.

제 2 장

관료제이론

제 1 절 관료제이론의 등장 배경

1 관료제의 어원

관료제(官僚制, bureaucracy)라는 용어는 1745년에 구르나이(Jean C. M. V. de Gournay)가 처음으로 사용한 데서 그 연원을 찾을 수 있다. 구르나이에 따르면 책상과 사무실을 의미하는 'bureau'라는 단어에, 통치(rule)를 의미하는 그리스어 접미어인 'cracy'를 붙여서 관료제가 되었다는 것이다. 이에 따라 관료제는 관리들의 통치를 의미하는 개념으로 사용되기 시작했다(Albrow, 1970: 16).[1]

관료제는 이처럼 18세기에 국가 권력의 증대와 이에 수반하는 신흥 세력으로서 관료 집단의 대두 현상이 반영되면서 나타난 개념으로, 군주제나 귀족제와 대조되는 통치 형태(form of government)의 하나로서 등장했다. 따라서 당시 유럽 국가에서 발간된 사

1) 관료제의 개념이 그리스의 고전적 정치 형태 분류와의 연관 속에서 정식화되었다고 하는 사실 때문에, 관료제는 유럽 국가의 언어 속으로 침투하는 데 큰 역할을 했다. 즉, 정치 형태에 대한 그리스적 개념이 오래전부터 주요한 유럽 언어로 받아들여져 있었기 때문에, 관료제라는 새로운 언어를 다른 나라의 언어로 바꿔 쓰는 것도 쉽게 할 수 있었던 것이다. 이에 따라 프랑스어에서는 'bureaucratie'로, 독일어에서는 'bureaukratie'로, 이탈리어에서는 'bureaucrazia'로, 영어권에서는 'bureaucracy'로 쓰여지면서 국제적 어휘의 하나로 정착되었다.

전에 등장하는 관료제에 대한 정의는 구르나이가 보는 입장과 유사하게, 정부관청이나 관리집단이 갖는 권력이나 세력이라는 의미와 관계가 있었다.

2 관료제 개념의 확산

독일이 관료제라는 용어를 접하게 된 것은 프랑스대혁명에 대한 신문 보도를 통해서였지만, 관료제가 본격적으로 정치학 연구에 등장하기 시작한 때는 19세기 초기였다. 관료제 개념의 보급에 지대한 역할을 했던 사람은 괴레스(Johan Görres)였다.

괴레스는 관료제 개념이 규율, 승진, 집단으로서의 체면 및 중앙집권화 등과 같은 원리에 입각하고 있기 때문에, 지배자와 피지배자 간의 신뢰 관계의 결여에서 오는 간극을 메울 수 있는 행정기술로 보았다. 그래서 관료제를 상비군과 유사한 문관(文官) 제도라고 명명했다. 또한 그는 관료제가 복종의 원리를 자체의 유기적 조직체로부터 신민(臣民)으로까지 확대시키는 한편, 인간의 가치가 그들 자신으로부터가 아니라 지위로부터 도출되는 것으로 규정하고 있기 때문에 대중을 통합해 나가는 데 성공할 것으로 보았다.

그러나 괴레스와 같은 학자들의 개념화 노력에도 불구하고, 독일에서 사용되던 관료제 개념은 혼란의 와중 속에서 부정적 이미지만 부각되었다. 예컨대 19세기에는 독일에서 관료제가 통치 형태를 의미하는 것 이외에, 행정 제도(administrative arrangements)나 비능률적인 정부를 지칭하는 의미로도 사용되었다(Albrow, 1970: 29-30).

프랑스대혁명의 여파로 관료제 개념이 독일로 전파되었다면, 영국은 주로 독일 문헌을 통해 관료제 개념을 도입했다. 영국이 관료제 개념을 도입한 초기에 관료제 개념에 대한 입장은 밀(John S. Mill)의 견해에 나타나 있다. 그는 관료제가 영국에는 존재하지 않으며, 영국에는 민주주의가 견고하게 정착해 있기에 불필요하다는 입장이었다. 밀은 관료제가 사회의 능력과 행동력을 독점하는 것이야말로 정치 생활을 무능력하게 만들 뿐만 아니라, 통치자나 피통치자 모두가 관료제의 노예가 된다고 주장함으로써 관료제를 자유와 민주주의의 적으로 단정지었다.

그러나 19세기 말에 이르자 영국에서도 관료제의 문제는 현실로 다가오고 있었다. 1870년대에 단행된 공무원 제도의 개혁으로 관료제는 현실의 문제로 다가왔다. 개혁의 추진자였던 노스코트(Stanford H. Northcote)가 공무원 제도를 개혁함에 따라 1884년부터는 종신 관리가 공무를 지배하게 될 것이라고 보았다. 그 결과 의회는 하는 일이 거의 없어질 것이라고 하면서 관료적 전제정치에 경고를 가했다. 이처럼 영국에서의 관료제는 의회민주주의의 위기를 가져오는 원인으로 간주되었다.

이상과 같이 19세기에 확산되기 시작한 관료제 개념은 그 특징에 따라 세 가지로 유형화할 수 있다. 첫째, 구르나이와 밀과 같이 관료제를 군주제나 민주제 그리고 귀족제와 비교되는 정치 형태의 한 유형으로 보는 시각이다. 둘째, 하인젠(Karl Heinzen) 등과 같은 독일의 행정이론가들에게서 보듯이 관료제를 19세기 독일 행정 제도의 특수 형태와 관련시켜 파악하는 유형이다. 셋째, 몰(Robert von Mohl)이나 플레이(Frederic Le Play)와 같이 유급 공무원의 행동에서 관료제의 본질을 찾으려고 하는 유형이다.

3 관료제 개념의 전환

19세기에 확산되기 시작한 관료제 개념은 20세기에 들어오자 거의 모든 문헌에서 자취를 감추거나 무시되기 시작했는데, 이의 원인으로는 다음을 들 수 있다(Albrow, 1970: 16-31).

첫째, 정치적 개념에 입각했던 초기 관료제 개념이 모스카(Gaetano Mosca)나 미첼스(Robert Michels)를 거쳐 베버(Max Weber)로 이어지는 동안 사회학적 시각으로 전환되었기 때문이다. 즉, 정치적 측면에서 조망되던 관료제 개념이 사회학적 시각으로 전환되면서 그때까지 발전해 온 관료제이론의 기원을 은폐하는 결과가 초래되었다. 실제로 베버에 의해 형성된 관료제에 대한 조직론적 관점이, 이후 관료제이론의 전개 과정에 끼친 영향은 매우 크다. 그 결과 정치적 관점에서 운위되던 관료제는 베버의 논의 이래로 사라지게 되었고, 대신에 관료제 조직론이나 사회학적 조직론이 활발하게 전개되었다.

둘째, 19세기를 지배했던 이데올로기 체계 속에서 관료제의 문제가 중요한 위치를 점유하지 못했다는 사실이다. 헤겔(Georg W. F. Hegel)이나 마르크스(Fritz M. Marx)의 지대한 영향으로, 어느 경우에도 관료제가 국가나 경제 질서와 구분되는 독자적 요소로 간주되지 않았다. 따라서 관료제 자체가 분석의 주제가 되는 경우가 거의 없었는데, 베버에 이르러서야 비로소 관료제는 이 같은 주제의 지위를 다시 확보하게 되었다.

셋째, 관료제가 문제가 되는 또 다른 이유는 민주주의와 상충적인 관계에 있기 때문이다. 관료제라는 현상은 민주주의가 지닌 가치와의 관계 속에서 분석 주제로 등장했을 뿐만 아니라, 민주주의 가치와의 충돌 때문에도 해결을 요하는 문제였다. 예컨대 민주주의의 가치와 관련시켜 볼 때, 관료제의 개념은 민주주의가 추구하는 목표를 손상시키는 데 주도적인 역할을 하는 관료의 행동에 초점을 두고 있기 때문이다.

제 2 절 • 관료제이론의 내용과 특성

1 관료제의 개념

관료제의 개념은 다양성과 불안정성으로 이에 대한 개념을 규정하기가 쉽지 않다. 이를 반증이나 하듯 동일한 학자에게서조차도 관료제의 개념이 달리 정의되고 있다. 예컨대 베버조차도 관료제를 어떤 경우에는 일련의 구조적 특질과 기능 양식을 현저하게 갖춘 조직으로 규정했는가 하면, 또 다른 경우에는 관리 능률을 극대화하는 사회기구로서 관료제를 규정했다. 그래서 블라우(Peter M. Blau)는 사회 제도의 속성과 그 결과 간의 관련성은 경험적 검증에 따라야 할 사실의 문제이지 정의의 문제는 아니라고 보았다(Blau, 1963: 251).

관료제의 개념이 이처럼 불안정한 것은 관료제라고 하는 동일한 명칭을 사용하는 전혀 다른 개념이 존재하기 때문이다. 현대적인 맥락에서 관료제의 개념은 일곱 가지나 서로 다른 경우로 사용되고 있는 것이 이를 입증한다(Albrow, 1970: 84-105). 예컨대 합리적 조직으로서 관료제(Blau, 1956), 비능률적인 조직으로서 관료제(Crozier, 1964), 관료에 의한 지배로서 관료제(Finer, 1945), 중립적 행위인 행정으로서 관료제(Marx, 1957), 관료에 의한 관리로서 관료제(Bendix, 1956), 대규모 조직으로서 관료제(Heady, 1966), 현대 사회 그 자체로서 관료제(Presthus, 1966) 등이 그것이다.

마르크스(Fritz M. Marx)도 현대에서 사용되고 있는 관료제에 대한 다양한 정의를 네 가지로 분류했다(Marx, 1957). 특정한 조직 형태로서의 관료제, 조직의 병폐로서의 관료제, 거대한 정부로서의 관료제, 그리고 고발 대상인 정부로서의 관료제가 그것이다.

그런데 관료제에 대한 이 같은 다양한 개념 정의에도 불구하고, 베버가 관료제이론을 전개한 이후 관료제 개념을 둘러싼 보편적 현상 가운데 하나는 관료제 개념을 조직구조의 특성이라는 관점에서 접근하기 시작했다는 데 있다. 따라서 여기에서는 관료제를 둘러싼 다양한 개념적 시각 가운데서, 특히 베버의 시각에 입각한 관료제의 개념 정의를 따르고자 한다. 즉, 관료제에 대한 베버의 시각으로, 관료제를 일련의 구조적 특질과 기능 양식을 갖춘 조직으로 관리 능률을 극대화하는 사회기구로 보고자 한다.

2 베버의 관료제이론

베버의 관료제이론을 시발점으로 베버의 추종자들(Weberians)이 구축해 놓은 이론의 양과 질은 이후 대규모 조직분석을 하는 데 이론적 모형이 되어 왔다.[2)]

1) 관료제이론의 명제와 전제

베버가 주장한 관료제이론의 근본적 명제는 관료제에 정당성(legitimacy)을 부여하는 권위(authority)의 근거가, 전통적이거나 카리스마(charisma)에 있는 것이 아니라 합리성에 기초한 합법성에서 나온다는 데 있다(Gerth & Mills, 1948).[3)] 다시 말해 업무를 수행할 때 조직은 다음과 같은 세 가지 권위 유형에 의존한다는 것이다.

첫째, 카리스마적 권위(charismatic authority)이다. 이는 특정 인물이 소유하고 있는 비범한 자질에 대한 믿음 때문에 그로부터의 명령이 정당화되는 경우이다.

둘째, 전통적 권위(traditional authority)이다. 이는 전통이나 관습에 의해 명령이 정당화되어 왔기 때문에 이에 복종하게 되는 경우이다.

셋째, 법적 권위(legal authority)이다. 이는 법규에 규정되어 있기 때문에 명령에 복종하는 경우인데, 베버는 이 같은 법적 권위에 기초한 조직 형태를 관료제로 보았다.

그런데 앨브로(Martin Albrow)는 조직에서 법적 권위가 구성원에 의해 수용되는 이유는 다음과 같은 신념이 있기 때문에 가능하다는 것이다(Albrow, 1970: 43).

첫째, 조직은 구성원에게 복종을 요구할 수 있는 규정을 만들 권리가 있다.

---

2) 이념형(ideal type)이란 사회 현상이 복잡하고 유동적이어서 특징이나 모습을 파악하기가 힘들기 때문에, 개념적으로 통일된 모양을 설정한 것을 의미한다(Shils, 1949). 따라서 베버의 관료제모형이나 이론도 특정한 사회 현상을 설명하는 데 사용된 하나의 이념형이라고 할 수 있다.

3) 베버는 19세기 말의 독일이 신속한 산업사회로 발전하기 위해서는 카리스마적인 정치인의 지배를 배제하는 동시에 전통적 융커(Junker: 대지주 · 귀족)의 지배에서 벗어나야 한다고 보았다. 그래서 이에 대한 대안으로 법과 합리성이 지배하는 관료제 조직이 이를 대체하는 것이 바람직하다고 보았다.

둘째, 법규는 조직의 이익을 실현하기 위해 집행된다.

셋째, 권위를 행사하는 사람 또한 이러한 비인격적인 지시에 복종해야 한다.

넷째, 구성원의 자격을 가지고 있을 때에만 법규에 복종한다.

다섯째, 복종을 하는 이유는 권위를 지닌 인물이기 때문이 아니라 그에게 지위를 부여한 비인격적 지시 때문이다.

결론적으로 베버는 이러한 정당성 개념을 기초로 합법적 권위 체제를 지닌 조직으로 관료제를 상정했다.

끝으로 근대 국가에서 합법적 권위 체제를 지닌 관료제가 성립하게 된 전제 내지 근거로 첫째, 화폐경제의 발달, 둘째, 행정사무의 양적 증가와 질적 변화 요인, 셋째, 관료적 조직이 지니고 있는 기술적 이점, 넷째, 가속화된 행정 수단의 중앙집중화 현상과 사회적 차별의 평등화를 들 수 있다. 결국 베버는 이 같은 요인으로 인해 근대 국가에서 관료제가 형성되었다고 보았다.

2) 관료제의 특징

합리성에 기초한 합법적 권위 체제를 지닌 조직 형태로서의 관료제는 다음과 같은 특징을 지닌다(Gerth & Mills, 1958: 196-198; Merton, 1952: 18-20).

첫째, 관료의 권한은 법과 규칙에 의해 엄격하게 정해진다. 다시 말해 이는 조직 목적을 달성하기 위해 수행되는 활동은 공식적 임무로서, 규정에 따라 배당되어야 한다는 것을 의미한다. 동시에 임무 수행에 필요한 명령권 역시 명확하게 할당되어야 하며, 부여된 강제 수단 또한 법규에 따라 엄격하게 한계가 정해져 있어야 한다. 이러한 특성은 현대적인 정부조직에서는 거의 예외 없이 존재하지만, 기업의 경우에는 가장 발달한 자본주의 제도에서만 나타난다.

둘째, 직무조직은 계층제의 원칙을 따른다. 모든 직위는 계층제에 의해 상위 계층은 명령하고 하위 계층은 복종하는 상명하복의 체제를 형성한다. 따라서 상관은 정해진 규정에 따라 부하의 결정을 관할하고 감독하는데, 이것이 곧 부하의 관할권이 전혀 없다는 의미는 아니다. 부하에게도 나름대로의 권한이 부여되어 있으며 이것은 영속적이라고 본다.

셋째, 직무의 집행은 서류나 문서에 의거해서 행해지며 조직의 재산과 사유재산은 구별된다. 따라서 문서는 원본이나 초안의 형태로 보존되며, 문서철은 사무실의 한 구성 요소로 간주된다.

넷째, 직무의 수행은 전문화되어 있어 전문가로서 훈련을 받은 자만이 그 일을 담당할 수 있다. 즉, 관료제 내의 관료는 직무에 숙달한 전문성을 가지고 있어야 한다는 의미이다.

다섯째, 업무를 수행할 때 전체적인 능력이 요구된다. 다시 말해 관료제에서 업무를 행하는 관료는 부업으로서 행할 수 있는 성질의 직업이 아니라는 의미이다. 과거에는 겸직 등으로 사무실의 일은 이차적인 일로 간주되었기 때문에, 시간과 능력을 사무실에 전적으로 배정하지 않았다. 그러나 정부조직이든 사기업이든 간에 발달된 관료제 조직에서는 맡은 바 일을 수행하는 데 전임성(專任性)이 요구된다.

여섯째, 업무의 수행은 안정적이고 세밀하게 이루어져야 하며, 규칙과 표준화된 운영절차에 따라 이루어지도록 되어 있다. 따라서 이념형으로서의 관료는 직무를 수행하는데, 증오나 애정과 같은 감정을 갖지 않는 비정의적(impersonality)이며 형식 합리성의 정신에 따라 수행해야 한다.

3) 관료제 내에서 관료의 지위

관료제 내에서 종사하는 관료의 지위는 다음과 같이 볼 수 있다(Gerth & Mills, 1958: 198-204).

첫째, 관직은 하나의 직업(vocation)이다. 관직이라는 직업을 가지기 위해서는 명확히 규정된 교육이나 자격을 소유하거나 특정한 시험을 통과해야 한다. 그래서 관직은 자신의 모든 능력을 발휘해서 종사해야 하는 전임성이 요구된다. 또한 관료는 전임성으로 인해 관직으로 생계를 유지할 수 있게 된다.

둘째, 관료제 내에서 관료의 지위는 다음과 같은 형태로 나타난다. 순수한 형태의 관료제에서는 관료가 상관에 의해 임명되며, 관료는 높은 사회적 존경을 향유한다.[4] 따라서 임명된 관료의 지위는 종신적이며, 고정된 봉급과 연금을 받는다. 그런데 이때 지급되는 봉급은 수행한 일에 의해 결정되는 것이 아니고, 지위와 근무 기간에 따라 주어진다.[5] 특히 관료는 계층제에서 경력직으로 인식되는데, 그것은 관료가 하위직에서 상위직

---

4) 만일 관료가 선거에 의해 임명되면, 상관에 대한 계층제적 복종을 어렵게 할 개연성이 높아진다.

5) 관료의 봉급과 관련해 관료의 봉급은 낮게 책정되는 것이 일반적인데, 그것은 사회적 존경을 받을 뿐 아니라 수입이 안정적이기 때문에 관직에 대한 열망이 높다는 데서 기인한다.

으로 상승 이동할 수 있기 때문이다.

이상에서 설명한 특성을 지니는 조직 형태를 관료제라고 하는데, 관료제 형태가 이 세상에 존재하는 모든 조직의 평균적인 모습은 아니다. 그렇다고 해서 관료제의 이념형이 실제 현실에서 존재하지 않는 것도 아니다. 다만 현상을 설명하기 위해 만들어진 것이 이념형이기 때문에, 이념형을 통해 실제 현실의 특정한 모습을 추상적으로 유추해 볼 수 있다는 점에서 그 의의가 있다.

3 관료제의 역기능

베버는 합리성에 토대를 둔 합법적 권위 체제를 지닌 관료제 모형을 설정함으로써 조직의 능률과 객관성·일관성, 그리고 안정성과 질서를 추구할 수 있을 것으로 예측했다. 그러나 이 같은 목적에서 구축된 관료제 모형은 베버가 의도하지 않은 역기능(dysfunction)적 상황에 직면하게 되었다. 관료제의 특성 자체로부터 발생하는 역기능으로 인해, 관료제는 의도했던 효과를 얻지 못함은 물론 오히려 조직 성과에 해가 되고 있다는 비판이 그것이다.

관료제의 역기능에 대한 논의는 머튼(Robert K. Merton), 셀즈닉(Philip Selznick), 굴드너(Alvin W. Gouldner), 톰슨(Victor A. Thompson) 등을 비롯한 많은 학자에 의해 제기되었다. 여기에서는 이들이 규명하고자 했던 관료제의 역기능 모형을 살펴보고, 종합적인 관점에서 관료제가 안고 있는 한계를 살펴보고자 한다.

1) 관료제의 역기능 모형

(1) 머튼의 모형

관료제가 지닌 역기능이라는 측면에서 관료제를 연구한 최초의 학자는 머튼이었다. 그는 관료제의 역기능이 최고관리층의 통제 욕구(demand for control)에서 비롯된다고 보았다. 다시 말해, 조직 내에서 최고관리층은 조직구성원의 책임과 행동에 대한 예측성을 담보하기 위해 조직을 통제한다. 이에 따라 최고관리층은 조직구성원의 행태 일관성과 신뢰성 확보를 요구하게 되는데, 조직은 신뢰성을 확보하기 위해 표준운영절차(standard operating procedures: SOP)와 규칙을 제정하고, 조직구성원이 이를 따르고 있

는가를 확인하고 시정하기 위해 통제를 행한다는 것이다.[6)]

그런데 이와 같이 표준운영절차나 규칙 등을 통해 통제를 가하게 되면, 조직구성원은 정해진 규칙대로만 움직이기 때문에 오히려 행태의 경직성만을 초래하게 된다. 따라서 이러한 행태의 경직성은 다시 고객의 불만을 높이는 부작용으로 작용함으로써 문제는 더욱 악화된다. 그리고 고객의 불만감은 다시 조직의 경직성을 강화하는 요인으로 되돌아온다는 데 또한 문제의 심각성이 있다.

이에 따라 고객의 요구를 반영하기 위해 최고관리층은 다시 교정행위나 통제를 하게 되지만, 그것은 또다시 의도하지 않은 그릇된 방향으로 악순환만을 거듭하게 된다는 것이다. 결국 최고관리층의 지나친 통제 욕구로 인해 조직이 의도하지 않은 부작용을 초래하게 된다는 것이 머튼의 역기능론의 요체이다(Merton, 1940: 560-568).

(2) 셀즈닉의 모형

셀즈닉(Selznick, 1949)은 머튼이 통제의 필요성으로 규칙과 표준운영절차를 강조한 데 반해, 권한의 위임을 강조했다는 점에서 차별성이 있으나 셀즈닉의 모형 역시 조직 상층부의 통제 필요성에서 출발한 모형이다. 다시 말해, 통제의 필요성에 따라 조직은 권한위임(delegation of authority)을 제도화한다는 것이다. 이 같은 조직의 하부로의 권한위임은 조직구성원의 전문 능력을 연마하고, 이를 통해 조직의 목표 달성을 촉진하게 된다.

그러나 권한위임은 하위조직으로 올수록 번거로운 부문주의(部門主義)를 초래하게 되고, 이해 관계의 분립(bifurcation)을 야기한다. 즉, 하위조직은 조직의 목표보다는 자신들이 속해 있는 조직의 이익에 더욱 몰두하게 된다. 이에 따라 하위조직은 조직의 상위 목표보다는 자신들의 목표를 내면화하는 데 더욱 신경을 쓰게 되며, 또한 조직 내의 분립 현상은 하위조직 간의 갈등 증가를 유발하는 부작용을 야기한다.

그 결과 조직 내에서 이루어지는 의사 결정의 내용은 하위조직의 이익을 극대화하기 위한 내부전략에 따라 결정될 가능성이 높아진다. 이에 따라서 조직의 목표 달성에 차질이 발생하게 되나, 조직은 계속적으로 권한위임을 가속화한다. 이때 하위 목표의 내면화와 하위조직 중심의 의사 결정 내용은 조직 참여자들이 조직 목표의 내면화 정도가 낮을

6) 신뢰성을 확보하기 위한 기술로는 첫째, 관료의 직무 혹은 역할 간의 관계에서 사적인 관계의 양(amount of personalized relationships)을 감소시킨다. 둘째, 조직구성원에게 조직규칙을 내면화시킨다. 셋째, 의사 결정 기술의 유형화를 증가시켜 대안에 대한 넓은 탐색 활동을 감소시킨다.

때 더욱 촉진되며, 조직 목표의 조작성(operationality)에도 영향을 받는다. 그래서 조직 목표의 조작성에서의 변이(variations)는 일상적인 의사 결정의 내용에 영향을 미치고, 이는 다시 하위조직 목표의 내면화 정도에 영향을 미친다는 것이다.

결국 통제의 필요성 때문에 이루어진 권한위임이 조직의 전체적인 목표 달성에 기여하는 것이 아니라, 오히려 하위조직 간의 부문주의에 의해 자신들의 목표 내면화에 기여한다는 것이 셀즈닉의 지적이다. 따라서 관료제가 안고 있는 부문주의로 인해 권한위임은 원래의 의도를 달성하지 못하고, 하위조직의 하위 목표만을 내면화하는 데 기여하는 이른바 역기능이 발생하게 된다는 것이 요체이다.

(3) 굴드너의 모형

굴드너 역시 머튼이나 셀즈닉과 유사한 입장에서, 조직구조를 유지하기 위한 관료적 지배의 중요성에 관심이 있었다. 그는 조직 내에서 하위 체제의 균형을 유지하기 위해 고안된 통제 기술이 어떻게 조직 전체의 균형을 깨뜨리며, 그것이 어떻게 조직의 하위 체제에 다시 환류되는가를 분석했다.

굴드너에 따르면, 최고관리층은 조직구성원을 통제하기 위해 비인간적인 규칙을 사용한다는 것이다. 이러한 규칙 사용은 집단 내에서 권력 관계의 가시성(可視性)을 감소시키는 순기능을 하게 된다. 그런데 조직구성원을 통제하기 위해 규칙을 강조하게 되면, 조직구성원은 규칙에 비추어 그들이 수락할 수 있는 최소한의 행태 내에서 규칙이 정한 수준까지만 성과를 내고 그 이상은 일을 하지 않으려는 부작용이 발생하게 된다. 그렇게 되면 조직 목표와 조직구성원의 업적 간에는 불균형과 차질이 발생하게 된다.

차질이 발생하게 되면 관리자는 과거보다 더욱 철저한 감독을 하게 된다. 그 결과 의도치 않은 권력 관계의 가시성은 다시 증가하고, 조직 내의 대인 관계에는 긴장감이 증가하게 된다. 따라서 조직의 균형이 파괴되므로 관리층은 다시 더욱 엄격하게 규칙을 적용하게 되는 악순환이 반복되는 것이다. 결국 권력 관계의 가시성을 감소시켜 조직 목표를 달성하고자 한 규칙이, 목표 달성은 고사하고 오히려 조직 내의 대인 관계에 긴장감마저 조성하는 역기능을 가져온다는 것이 굴드너 모형의 요체이다(Gouldner, 1954: 181-322).

(4) 톰슨의 모형

톰슨은 관료제의 역기능이라는 용어 대신에 관료제 병리(bureaupathology)라는 용어를 사용했다. 톰슨은 관료제의 병리 현상으로, 첫째로 조직 목표와 개인 목표 간의 갈등에서 비롯되는 개인이 겪는 불안, 둘째로 조직에서 요구되는 표준운영절차(SOP)에서 초래되는 조직의 경직화, 셋째로 관례적인 행태의 준수에서 비롯되는 변화에 대한 저항, 넷째로 고객에 대한 무관심과 거만함, 그리고 그들과의 갈등, 다섯째로 권한만을 주장하는 현상 등을 제시했다(Thompson, 1977: 463-475).

2) 관료제의 역기능

관료제의 순기능에 역점을 두었던 베버의 관료제모형은 관료제가 안고 있는 내적 특성으로 인해, 베버가 예측하지 못했던 역기능이나 문제점을 야기했다. 관료제가 안고 있는 역기능이나 문제점을 정리하면 다음과 같다.

첫째, 형식주의(formalism)가 증가하는 문제점을 들 수 있다. 관료제에서는 행태의 신뢰성과 적합성(reliability and conformity)이 요구되는데, 이를 위해 관료제는 형식적인 규칙과 절차에 집착하게 된다. 그 결과 조직 목표의 달성보다는 규칙이 더 중요시되는 형식주의에 빠지게 되는 문제점이 야기된다. 이와 같이 규칙과 목표가 대치되는 상황 속에서는 오직 기술주의나 문서주의(red tape) 또는 형식주의가 팽배함으로써 조직 목표의 달성은 우선순위에서 이들에게 뒤로 밀리게 되는 현상이 발생하게 된다.

둘째, 가능한 최대의 권한을 축적하고자 하는 관료가 발생한다. 이러한 관료는 전형적으로 자신을 가장 확실한 의사결정자라고 여기며, 자신의 능력을 과시하려고 권한을 최대한으로 축적하려 한다.

셋째, 책임을 회피하거나 분산시키려는 분위기가 확산된다는 문제이다. 업무에 대한 규정과 절차가 정해지면, 이에 따라 조직구성원의 책임이 결정된다. 그런데 관료적 책임은 능률을 위해 고안되었던 관료의 기술에 의해 쉽게 회피될 수 있다는 문제를 안고 있다. 규정 속에 포함된 정신보다는 표면적 문구 해석에 입각해서 의사 결정이 이루어지며, 이른바 문서주의가 지배하게 되는 것을 들 수 있다.

또한 책임과 의사 결정을 회피하기 위해 상관의 권위에 의존하거나 부하에게 책임을 돌리는 방법으로, 혹은 선례답습의 방식으로 책임의 전가 현상이 이루어진다(Dubin, 1958: 382). 그뿐만 아니라 관료제 내의 여러 단위 간의 빈번한 회의와 협상 등을 통해 책임의 분산마저 이루어짐에 따라, 원래 의도했던 관료적 책임은 사라지는 문제가 야기된다.

넷째, 의사 결정의 지연에 따른 문제가 발생한다. 현대 조직은 대규모 조직으로 복잡하고 고도로 상호 의존적이다. 따라서 이러한 대규모 조직에서 의사 결정 과정의 복잡성은 신속한 결정을 어렵게 만드는 요소가 된다.

다섯째, 관료의 방해 행위에 따른 문제를 들 수 있다. 관료의 방해 행위는 대체로 관료제가 확립한 규칙의 테두리 안에서 야기된다. 예컨대 부하들이 감독자에 대해 행하는 방해 행위의 유형으로는, 부하들이 감독자에게 중요한 정보를 제공하지 않거나 너무 많은 정보를 주어서 그들이 결국 활용하지 못하도록 하거나 또는 감독자가 시키는 일만을 기술적으로 처리하고 그 밖에는 일절 행동하지 않는 방법이 있다. 따라서 관료는 이 같은 방식을 통해 조직 내에서 방해 행위를 함으로써 조직 목표의 달성에 장애를 초래한다.

여섯째, 관료는 자기가 속한 조직만을 중요하게 생각하고 다른 부서에 대한 배려는 없어, 결과적으로 조정과 협조가 어려워지게 하는 할거주의(sectionalism) 현상이 야기된다. 이것은 관료가 장기간 단일 부서에만 속해 있어서 다른 부서에 대한 이해 부족이 생기거나, 부서 간에 자기에게 유리한 자원의 획득을 위한 경쟁에서 발생한다.

일곱째, 관료제가 기본적으로 지니고 있는 속성으로서 변화에 대한 저항성이다. 관료제가 변화에 대한 저항을 보이는 주된 원인은 관료제가 본질적으로 선례답습적이며 현상 유지적인 데 있다. 그러므로 의도적·계획적인 노력을 하기 전에는 관료제의 변화를 유도하거나 촉진하기란 대단히 힘들다.

끝으로, 관료제의 역기능이나 문제점은 이외에도 예컨대 권한을 위임하지 않으려는 행태, 극단적인 비밀주의, 권력에 대한 욕구, 공공 이익의 망각, 동조과잉(overconformity) 현상 등을 들 수 있다(윤재풍, 1989: 27-33).

제 3 절 • 관료제이론의 적실성

1 관료제이론에 대한 비판

관료제이론에 대한 평가는 무수히 많은데, 그중에서도 특히 베버의 관료제모형에 대한 평가는 이론적인 것과 실천적인 것으로 나누어 볼 수 있다(오석홍, 1990). 그런데 베버에 대한 평가는 이 가운데 이론적인 면에만 두어야지, 실천적인 측면에 대해 비판을 가하는 것은 적절치 않다는 주장이 있다. 다시 말해 관료제의 이념형에 대한 비판은 이념형 그 자체에 대한 비판에 초점을 맞추어야 한다는 것이다(Mouzelis, 1975).

그렇지만 이론적인 측면에만 비판의 초점을 맞춘다는 데에도 문제는 있다. 이론과 실천이 유리되는 경우는 문제가 없겠으나, 양자가 쉽게 유리되지 않는 경우에 이것은 어디까지나 논리적인 구분에 불과할 수가 있기 때문이다. 여기에서는 베버의 관료제모형을 중심으로 이론적인 측면에서 문제점을 살펴보고, 이어서 관료제이론의 한계를 살펴보고자 한다. 다만 베버의 관료제모형에 대한 문제점은 모형의 역기능을 통해 상세하게 살펴보았기 때문에, 중복을 피해 베버에 대한 비판을 다음과 같이 두 측면으로 나누어 살펴보고자 한다.

첫째, 이념형의 내용과 관련된 문제로 베버의 이념형에는 서로 모순되는 주장이 뒤섞여 있다. 예컨대 권한이 직위에 의해 결정된다고 하면서, 또 다른 한편에서는 권한이 전문기술적 능력에 달려 있다는 서로 모순된 주장을 전개하고 있다. 따라서 상관이 더 높은 전문적 기술을 가지고 있다면 갈등은 해소되겠지만, 그렇지 않은 경우에는 전문성과 계층제에서의 상관의 권위는 충돌하기 쉽다(Albrow, 1970).

둘째, 베버의 이념형이 지니고 있는 구성상의 문제이다. 베버의 관료제 이념형에서 요소 간에 일관성과 논리를 제공해 주는 특성은 합리성이다. 즉, 모든 특성은 합리성을 지향한다는 의미이다. 그런데 관료제에 내포된 특성이 반드시 최상의 능률성을 보장하는 것은 아니라는 데 문제가 있다. 관료제적인 특성은 상황에 따라서 능률적일 수도 있지만 비능률적일 수도 있기 때문이다(김병섭 외, 2003: 76-77).

다시 말해, 베버의 관료제에서 이념적 기초가 되는 기능적 합리성이나 목적적 합리성은 기본적으로 조직이 추구하는 목표와 가치의 달성이 중요하다. 그 결과 관료제를 구성하고 있는 인간의 목표나 가치는 도외시된다는 데 문제가 있다.

2 관료제이론의 적용 가능성

19세기 초에 등장한 관료에 의한 지배라는 정치적 의미의 초기 관료제 개념은 19세기 말에 이르면 사회학적 개념으로 바뀌면서 새로운 모습으로 등장하게 된다. 이 같은 시대적 상황에 따라 사회학적 맥락에서 등장한 관료제가, 베버가 의미하는 합리성에 기초하면서 합법적 권위에 의해 지배되는 새로운 조직 형태라는 사실이다.

베버의 관료제모형은 이처럼 사회가 어떻게 결속하고 기능하는가를 규명하고자 하는 문제 의식에서 출발했다. 베버는 권위에 근거한 국가의 정통성에 관심을 집중시킨 결과, 개별적 권위는 각각의 지배적인 문화적 환경 속에서 자체의 역동적인 힘과 모양을 갖는다는 사실을 밝혀냈다. 베버가 주장하듯이 관료제 조직은 다른 어느 형태의 조직보다도 기술적으로 우월하고, 잘 발달된 관료제 조직을 다른 조직과 비교하는 것은 마치 기계와 비기계적인 생산 방식을 비교하는 것과 같다고 주장했던 것이다(박기영, 1986).

무릇 사회과학이론이 시대적 상황에서 출발했듯이 베버의 관료제이론 또한 본래 프러시아의 군대조직을 모형으로 하면서, 독일의 상황 속에서 출발한 이론이었다. 다시 말해, 관료제이론이 19세기 말 이후 당시의 상황에서 요구되던 목적합리적 조직의 탐구에서 비롯되었다. 따라서 시대가 변함에 따라 관료제에 대한 수정론은 계속해서 전개될 수밖에 없었다(Bennis, 1973: 161-184).

베버의 관료제모형을 포함한 기계적 관료제이론의 공헌은 안정적 환경 속에서, 일상적이고 정형적인 문제를 능률적으로 다루어야 하는 상황에 가장 적합한 조직 형태를 제공했다는 데 있다. 급격한 환경의 변화가 예상되는 미래에서는 관료제모형이 적용상의 한계가 있겠지만, 정형적인 문제를 능률적으로 관리해야 하는 환경 속에서는 관료제모형의 필요성은 존속할 것이다. 특히 그동안 관료제모형에 대한 수정모형이 많이 제시되었지만, 관료제모형을 완전하게 대체할 수 있는 조직모형이 등장하지 않았다는 측면에서 관료제모형의 적용 가능성을 엿볼 수 있다.

생각해 볼 문제

관료제이론의 등장 배경

1. 관료제의 어원적 배경에 대해 생각해 보시오.
2. 관료제 개념의 확산 과정을 조사해서 비교해 보시오.
3. 관료제 개념의 전환 과정에서 각국의 특징을 비교해 보시오.

관료제이론의 내용과 특성

1. 관료제 개념을 둘러싼 혼란상과 그 이유에 대해 생각해 보시오.
2. 베버의 관료제이론이 등장하게 된 원인에 대해 생각해 보시오.
3. 베버의 관료제이론이 미친 영향에 대해 생각해 보시오.
4. 학자들이 제시한 관료제의 역기능모형들을 비교하고, 그 특징에 대해 생각해 보시오.

■ 관료제이론의 이론적 적실성

1. 관료제에 가해지고 있는 비판들을 유형별로 나누어 정리해 보시오.
2. 관료제에 가해지고 있는 비판들에 대해 재비판을 해보시오.
3. 관료제조직과 여타 조직들 간의 장단점을 비교해 보시오.
4. 관료제조직을 대신하기 위해 제시된 다양한 조직모형을 조사해 보시오.
5. 관료제조직을 대신할 수 있는 새로운 조직모형을 구상해 보시오.
6. 한국 관료제에서 야기되고 있는 관료제의 역기능적 측면을 조사해 보고, 이에 대한 해결 방안을 모색해 보시오.

제 3 장 비교행정이론

제 1 절 비교행정이론의 등장 배경

1 비교행정이론의 등장 배경

행정학에서 비교 연구에 대한 관심이 증폭되기 시작한 때는 제2차 세계대전 이후부터라고 할 수 있다. 그 이전에는 대부분의 국가가 주로 국내적인 문제를 중심으로 행정의 효율성 향상에 초점을 두었기 때문에, 국가 간의 비교 연구에는 관심이 거의 없었다.

하지만 제2차 세계대전이 끝나자 상황은 달라지기 시작했다. 식민 통치를 받던 많은 국가가 새로 독립했고, 강대국의 세력 판도도 완전히 달라졌다. 대전 중에 연합전선을 형성했던 미국과 소련은 이념의 차로 갈라져 이른바 냉전시대로 접어들게 되었다. 세계는 미 · 소를 중심으로 동 · 서 양 진영으로 재편성되기에 이르렀고, 강대국은 신생국을 자기 세력권에 넣고자 경쟁을 벌이게 되었다. 이에 따라 신생국의 정치 체제 및 행정 제도에 대한 관심은 크게 고조될 수밖에 없었다.

신생국을 서로 자신의 영향권 하에 두려는 동 · 서 양 진영의 경쟁은 이들 국가의 정치 체제와 행정구조를 형성하는 과정에서부터 격렬하게 전개되었다. 소련은 공산주의 이념과 체제를 신생국 내에 정착시키기 위해 혈안이 되었고, 미국을 비롯한 서방 국가들도 민주주의 체제를 보급하기 위해 여러 가지 지원을 제공했다. 행정조직이나 제도 면에서도 선진 강대국은 신생국에 자국의 모형을 채택하도록 하는 데 경쟁적인 노력을 기울였으며, 특히 미국은 경제 원조를 배경으로 큰 영향력을 행사했다.

그러나 경제 원조와 행정 지원은 소기의 성과를 거두기보다는 여러 가지 예상하지 못했던 문제에 직면하게 만들었다. 막대한 규모의 원조는 신생국의 경제 개발이나 생활 개선에 활용되기보다는 부정 · 부패 등 낭비적인 요소를 부추기는 데 악용되는 사례가 많았고, 선진국의 정치 · 행정 체제는 신생국의 여건에 맞지 않아 부작용과 시행착오를 가져왔다.

이에 따라 서구적인 행정이론이나 선진국의 행정 체제에 대한 의구심과 재검토의 필요성을 느끼게 되었다. 과연 그것이 가장 합리적이며 발전된 이론과 체제인가에 관해 회의를 갖지 않을 수 없게 된 것이다. 한 걸음 더 나아가 서구적 행정 유형과 이론이 신생국이나 개발도상국에서는 제대로 기능을 발휘하지 못하는 요인이 무엇인가에 관해 관심을 갖기 시작했다. 요인들을 규명하기 위해 특히 아시아 · 아프리카 국가의 문화적 전통과 행정 행태에 대해 더욱 깊은 이해와 지식을 필요로 하게 되었다.

필요성이 절실해진 상황에서 신생국 내지 후진국의 행정에 경험을 가진 학자들이 늘어남으로써 비교행정 연구는 활발히 추진될 만한 여건이 조성되기 시작했다. 유엔을 비롯한 국제기구와 미국 등 강대국의 후진국에 대한 군사 원조 및 경제 · 기술원조 계획에 여러 분야의 학자들이 참여해 외국의 행정을 실제로 관찰하고 체험하게 되었기 때문이다. 특히 미국의 대외 원조를 받던 국가들은 이른바 기술 원조의 일환으로, 많은 학자가 행정자문이나 교육훈련에 참여할 기회를 가졌다. 이들은 신생국에 대한 원조가 효율적으로 활용되기 위해서는 물질적인 지원에 그치지 않고 행정 능력과 관리 기술의 향상이 필수적 과제임을 통감하게 되었다(박동서 외, 1982: 10-12).

2 비교행정이론의 발전 요인

비교행정 연구의 대두 배경과 함께 비교행정 연구가 하나의 운동(movement)으로 발전하게 된 주요 요인을 살펴보면 다음과 같다.

첫째, 행정의 과학화 노력이다. 종래의 행정은 주로 미국적인 경험을 바탕으로 기술적 · 정태적 · 규범적 방법으로 연구가 이루어져 왔다. 그러나 이에 대한 비판이 제기되면서 새로운 이론의 모색이 비교행정 연구를 자극했다. 이와 함께 미국의 행정을 개발도상국 행정에 적용시켜 본 결과, 예상과는 달리 크게 다르다는 것을 알게 되었다. 이에 따라 각국의 역사적·정치적·사회적 조건에 따라 행정의 특수성이 형성되므로, 행정도 종합적·비교적으로 연구할 필요가 부각되었다.

둘째, 미국의 대외원조 계획의 확산이다. 제2차 세계대전 이후 미국이 개발도상국에 대해 경제 원조와 기술 원조를 하게 되면서, 대상국의 행정 문제에 대한 지식이 필요하게 되었다. 이러한 원조계획에는 많은 행정전문가가 참여했고, 그에 따라 비교행정에 대한 관심이 고조되었다.

셋째, 비교정치론의 영향이다. 제2차 세계대전 이후 비교정치론은 제도적 접근 방법에서 기능적 접근 방법으로 전환되었다. 연구 초점도 서구 중심에서 개발도상국으로 이동되었다. 우선 비교정치론이 시기적으로 비교행정론보다 먼저 연구가 이루어졌으므로 자료 면에서 도움을 받을 수 있었고, 정치 제제의 비교 연구에도 행정 체제의 비교가 포함되어 비교정치론이 비교행정론의 발전을 자극했다. 다시 말해, 비교행정이론은 비교정치이론의 분석 방법을 대체로 답습했다. 예컨대 의식적이든 무의식적이든 비교정치론의 이론모형과 개념을 도입했으며, 동일한 학자들이 이론 구성에 참여하고 있었다.

넷째, 비교행정연구회의 활동을 들 수 있다. 미국행정학회의 분과 학회인 비교행정연구회(Comparative Administration Group: CAG)는 포드재단(Ford Foundation)의 지원을 받아, 리그스(Fred W. Riggs)의 지도 하에 매년 여름 세미나를 개최하면서 비교행정 연구에 기여했다(김종희, 2005: 59; Heady, 1979: 10).

제 2 절 비교행정이론의 내용과 특성

1 비교행정이론의 개념

비교행정이론에 대한 개념 정의를 시도하는 데 사전적으로 다음과 같은 두 가지 측면이 고려되어야 한다.

첫째, 비교행정의 영역에 관한 문제이다. 이는 비교행정의 범위가 비교적 광범위하고 다양한 대상에 걸쳐 수행될 수 있다는 의미이다. 이런 관점에서 비교행정이론은 논리적이라기보다는 우발적인 이유로 인해, 인접 문화나 인접 국가의 행정 연구와 같은 뜻으로 취급되어 왔다. 물론 행정에 관한 비교 연구가 단지 서로 다른 문화적 환경이나 국가의 행정 체제만을 비교하는 데 국한될 수는 없다. 그렇지만 비교행정의 초점이 문화횡단적(cross-cultural)인 차원에서 각국의 행정 제도와 행정 행태를 비교하는 데 놓여 있다는 현실을 부인할 수만은 없다.

둘째, 연구의 접근 방법에 관한 문제이다. 이는 비교행정을 어떻게 규정할 것인가에 대한 문제를 제기한다. 이런 맥락에서 비교행정의 의미는 단순히 여러 국가의 행정 제도의 실태를 나열하는 데 그치는 것은 아니라는 사실을 함축한다. 이와 관련해 리그스는 비교라는 개념은 엄밀한 의미에서 경험적(empirical) 내지는 일반법칙적(nomothetic) 연구에만 국한시켜 사용되어야 한다고 주장했다. 비교를 바라보는 리그스의 시각이 지나치게 편협한 측면이 있기는 하지만, 올바른 이론 정립을 위해서는 비교 연구가 과학적 접근을 채택해야 한다는 주장은 타당하다(박동서 외, 1982: 5-6).

이런 측면을 고려해 볼 때 비교행정(comparative administration)에 대한 개념은 광의의 의미와 협의의 의미로 나누어 볼 수 있다. 광의의 맥락에서 시도된 비교행정에 대한 개념화는 미국행정학회의 하위 분과로 설치되었던 비교행정연구회(CAG)의 개념 정의이다. 이 연구회는 비교행정의 개념으로 다양한 문화와 여러 국가의 제도에 응용될 수 있는 행정이론과, 이러한 이론으로 검증할 수 있고 발전시켜 나갈 수 있는 사실적 자료의 집합체로 규정했다(Heady, 1962: 3). 이에 반해 협의의 맥락에서 본 비교행정에 대한 개념화는 실증적 · 일반 법칙적 연구에 국한되어 있다. 즉, 규범적 · 개별적 연구는 엄격한 의미의 비교 연구라고 할 수 없고, 비교라는 용어는 인접 국가와의 문화횡단적인 연구에만 사용할 수 있다는 입장이다(Riggs, 1962: 9-15).

결론적으로 비교행정은 이와 같이 여러 국가의 행정 체제와 행태를 연구함으로써, 일반성있는 이론 정립과 행정 개선을 위한 전략을 추출해 내려는 학문적인 노력이다.

2 비교행정이론의 연구 목적

라파엘리(Nimrod Raphaeli)는 비교행정이론의 연구 목적으로 다음의 여섯 가지를 제시했다(Raphaeli, 1967: 4).

첫째, 각국의 행정 체제를 비교해 일반적 특성을 추론하는 데 있다.

둘째, 국가에 따라서 다르게 작용하는 행정 특성과 그 요인을 탐색하는 데 있다.

셋째, 행정 체제의 성패에 영향을 미치는 문화적·정치적·사회적 요인을 검증하는 데 있다.

넷째, 국가별·문화별로 관료제가 보이는 행태의 차이를 설명하는 데 있다.

다섯째, 관료제의 능력을 개선하려면 어떤 변동을 유도해야 하고 이를 어떻게 유도할 수 있는가를 밝히는 데 목적이 있다.

여섯째, 각국의 자세한 사실에 관한 지식보다는 개념적 지식을 정립하는 데 목적이 있다.

3 비교행정이론의 발전 과정

비교행정이론의 발전 과정은 준비기, 전성기, 쇠퇴기의 세 단계를 거치면서 오늘에 이르렀는데, 이를 살펴보면 이러하다.

첫 단계는 준비기로 1945년부터 1962년까지가 이에 해당한다. 이 시기는 비교행정의 태동기로 볼 수 있다. 제2차 세계대전이 끝난 후 미국이 국제무대에서 주도권을 장악하고 개발도상국에 대한 원조를 시작하던 때로, 비교행정에 대한 필요성이 제기되던 시기였다. 그렇지만 이 시기에는 아직 비교행정 연구가 본격적으로 다루어지지는 않았다.

둘째 단계는 전성기로 1962년부터 1971년까지가 이에 해당한다. 이 시기는 미국행정학회의 분과 학회인 비교행정연구회에 대한 포드재단의 지원이 시작된 1962년부터, 지원이 중단된 1971년까지로 규정할 수 있다. 이 기간에 비교행정연구회는 듀크(Duke)대학교출판부와 공동으로 다수의 논문집을 발행했고, 세이지(Sage)출판사와도 『비교행정저널』이라는 학술지를 발간했다. 그리고 여러 대학에서 비교행정론이 개설되어 강의되기 시작했다. 이 시기에 비교행정연구회는 리그스(Fred W. Riggs)가 회장직을 맡아 10여 년간 이끌면서 괄목할 만한 성장을 한다. 그 결과 1968년경에는 회원이 5백 명에 달할 정도로 확장되었다. 또한 비교행정연구회는 비교행정에 대한 관심을 자극하기 위해 여러 활동도 함께 전개해 왔다. 초기에 역점을 둔 것은 일련의 하계 세미나였으며, 후기에는 실험적인 교육 프로그램에 대해서도 보조금을 지불하는 방법을 통해 연구의 활성화에 주력했다.

셋째 단계는 쇠퇴기로 1971년 이후부터가 이에 해당한다. 이 시기에는 비교행정연구회에 지대한 후원을 제공해 왔던 포드재단의 지원이 종료되고, 이에 더해 미국의 대외원조마저 감소하면서 비교행정 연구는 소홀해지는 분위기로 접어들었다. 그 결과 아직까지 일부 대학에서 비교행정론 강의가 유지되고는 있으나, 그 존재 가치는 과거와 달리 상당히 약화되었다(유훈, 1993: 89-91). 특히 이 기간에 비교행정을 이끌어 왔던 비교행정연구회는 없어지고, 미국행정학회의 국제비교행정분과(section on international and comparative administration)에 통합되었다.

4 비교행정 연구를 위한 접근 방법

비교행정 연구는 각국의 국가적 · 사회적 특수성을 초월해 행정 체제를 비교할 수 있는, 또한 권력(forces)과 제도(institution) 간의 인과 관계에 대한 경험적 이론의 구성을 가능하게 하는 모형을 필요로 한다(Siffin, 1957: 12).

비교행정을 연구하기 위해 필요한 이론모형으로는 여러 가지가 있을 수 있고, 또한 학자마다 각기 다른 모형을 제시하고 있는 실정이어서 획일적인 이론모형을 찾기가 쉽지는 않다. 다만 비교행정 연구를 위한 이론모형의 변화 경향을 고려해 볼 때, 일반적으로 가장 많이 사용되는 이론모형이나 접근 방법으로는 체제론적 접근 방법(general system approach), 일반법칙적 접근 방법(nomothetic approach), 그리고 중범위이론적 접근 방법(middle range theory approach) 등이 있다.

비교행정 연구에서 사용되는 다양한 접근 방법 가운데 여기에선 리그스(Fred W. Riggs)와 헤디(Ferrel Heady), 그리고 헨더슨(Keith M. Henderson) 등이 제안한 접근 방법을 간략히 살펴보고자 한다.

1) 리그스가 제안한 접근 방법

리그스는 비교행정 연구를 위한 이론모형이나 접근 방법에 대한 경향을 다음과 같이 설명하고 있다.

첫째, 규범적 접근 방법(normative approach)에서 경험적 접근 방법(empirical approach)으로 연구 경향이 이동하고 있다. 이때 규범적 접근 방법은 행정의 이념이나 가치를 전제로 이를 달성하기 위한 방법을 연구하는 것이고, 이에 반해 경험적 접근 방법은 가치나 이념의 전제 없이 사실에 기초한 연구 경향을 의미한다.

둘째, 개별적 접근 방법(idiographic approach)에서 일반법칙적 접근 방법으로 접근 방식의 변화가 야기되고 있다. 개별적 접근 방법은 특정한 국가나 특정한 사례를 중심으로 연구하는 것인데 반해, 일반법칙적 접근 방법은 여러 나라의 행정 일반을 비교 연구하는 방법을 의미한다.

셋째, 비생태적 접근 방법(nonecological approach)에서 생태적 접근 방법(ecological approach)으로 접근 방법이 이동하는 특징을 보이고 있다. 비생태적 접근 방법은 환경적 요인을 고려하지 않고 행정 제도 등을 독립적으로 연구하는 데 초점을 둔 반면, 생태적 접근 방법은 행정과 환경의 상호 관계에 중심을 둔 연구이다(Riggs, 1962: 9-15).

2) 헤디가 제안한 접근 방법

헤디는 연구 대상이나 초점에 따라 비교행정 연구를 위한 접근 방법으로 다음을 들고 있다.

첫째, 수정된 전통적 접근 방법(modified traditional approach)이다. 이 접근 방법은 과거 지역 지향적(parochially oriented) 접근 방법과 유사한 점이 있기는 하지만, 차이점은 연구의 중점이 행정 체제 상호간의 비교분석으로 이동했다는 데 있다. 따라서 비교행정에 관한 많은 문헌이 이에 속한다. 대체로 행정조직 · 인사행정 · 재무행정 등과 같이 행정학의 일반적 주제를 비교론적 관점에서 다루거나, 서구 행정의 조직과 제도를 서술적인 방법으로 비교하고 고찰하는 방식을 취하고 있다.

둘째, 발전 지향적 접근 방법(development oriented approach)이다. 이는 발전 목표의 달성을 위한 행정적 필수 요건이 무엇인가에 관심을 두고 연구하는 방법이다. 이 접근 방법은 종래의 비교행정 연구가 사회적 변화를 고려하지 않고 지나치게 포괄적 · 추상적 · 종합적이라고 비판하면서, 발전행정을 별개의 연구 대상으로 할 것을 주장하는 입장이다. 대표적으로 와이드너(Edward W. Weidner)와 에스만(Milton J. Esman)과 같은 발전론자들이 강조하는 접근 방법이다.

셋째, 일반체제론적 접근 방법(general system approach)이다. 이 접근 방법은 수정된 전통적 접근 방법에 비해, 비교분석의 목적을 위한 유형(typology)과 모형(model)의 형성에 더 많은 관심을 가지고 문화횡단적이며 포괄적인 이론 구성을 시도하고자 하는 접근 방법이다. 따라서 이 접근 방법은 특정한 행정 체제에 영향을 주고받는 중요한 환경적 요소를 비롯해, 인사행정・재무행정・지방행정 등 행정의 전반적 국면을 하나의 체제(system)라는 관점에서 분석하고 고찰한다.

대표적으로는 사회학자로 분류되는 파슨스(Talcott Parsons)와 레비(Marion Levy) 등에 의해 발전된 구조-기능분석(structural-functional analysis) 개념을 응용해 활용한 리그스를 들 수 있다. 또한 투입-산출 체제분석에 입각한 균형이론에 의해 정보에너지 모형(information-energy model)을 정립한 도시(Julian T. Dorsey) 등이 이에 속한다(김규정, 1983: 32-35).

넷째, 중범위이론적 접근 방법(middle range theory approach)이다. 이는 일반체제이론모형이 지나치게 포괄적이고 추상적이어서 실증적 자료에 의한 뒷받침이 어렵기 때문에, 연구 대상을 좁혀 집중적으로 연구하는 것이 더 효과적일 것이라는 입장에서 제시된 접근 방법이다. 예컨대 베버(Max Weber)의 관료제모형은 이러한 중범위모형에 가장 적합하다는 것이다(Heady, 1979: 11-14).

3) 헨더슨이 제안한 접근 방법

헨더슨은 미국 행정학의 연구 분야를 문화행정・비교행정・발전행정으로 구분하면서, 비교행정의 접근 방법을 다섯 가지로 구분했다(Henderson, 1983: 66-99).

첫째, 관료 체제 접근 방법(bureaucratic system approach)이다. 이 접근 방법은 주로 관료제와 정책에 초점을 두고 비교행정을 연구하는 것이다. 그것은 관료제가 모든 국가에 공통적으로 존재할 뿐만 아니라, 다양한 행정 체제의 비교 연구를 위한 체계화된 개념이 될 수 있기 때문이다. 그리고 이후에는 정책에 대한 관심이 고조되면서 정책적 접근 방법이 추가되었다. 이 접근 방식은 종래와 달리 정책 형성과 참여 기능에도 많은 관심을 둔다.

둘째, 투입-산출 체제 접근 방법(input-output system approach)이다. 이 접근 방법은 시민의 요구와 지지가 체제에 투입되어 산출(정책)로 나타나는 관계를 연구하는 데 초점을 둔다.

셋째, 구성 요소 접근 방법(component approach)이다. 이 접근 방법은 각국의 행정조직・예산 제도・행정위원회・일선행정기관 등 행정을 구성하는 요소를 비교하는 데 초점을 두고 있다. 헤디가 제안했던 수정된 전통적 접근 방법이 이에 해당한다.

넷째, 발전적 접근 방법(development approach)이다. 이 접근 방법은 헤디가 제안했던 발전 지향적 접근 방법과 동일하다.

다섯째, 조직의 비교연구 접근 방법(comparative study approach)이다. 이 접근 방법은 각국의 관료제나 공기업을 비교하는 것뿐만 아니라, 공장·노동조합·병원·연구기관 등과 같은 조직을 비교함으로써 특징적인 차이를 발견하고자 하는 방법이다(김규정, 1983: 32-35; 김종희, 2005: 58-63).

제 3 절 비교행정이론의 적실성

1 비교행정이론에 대한 비판

비교행정이론은 학문적인 요청과 실제적인 필요에 부응해 대두된 이래 하나의 학문 분야로서 정착되기에 이르렀다. 그러나 행정 현상에 대한 비교 연구를 수행하는 데는 여러 가지 현실적인 문제에 직면하게 되었다. 이러한 문제점은 행정 연구에 수반되는 비교 연구, 특히 국가 간의 비교 연구에서 공통적으로 존재하는 것들이다.

첫째, 독자적인 연구 대상을 획정하기가 어렵다. 여러 국가의 행정 체제를 비교할 때, 이를 정치 체제와 명확하게 구분한다는 것은 거의 불가능하다. 따라서 비교행정론의 연구 대상은 비교정치론의 연구 대상과 중복되거나 그 일부에 해당한다는 사실을 어느 정도 인정하지 않을 수 없다. 특히 비교정치론의 관심과 접근 방법이 과거의 제도 및 구조 중심에서 정치 과정 중심의 기능적 접근으로 전환됨에 따라, 비교행정과의 중복 가능성은 더욱 높아졌다. 결과적으로 정치 체제의 한 구성 요소인 행정 측면을, 하나의 독립된 연구 분야로 구분해 내기가 어렵다는 문제점에 직면해 있다.

연구 대상의 중복 문제는 행정학 내부에서도 제기된다. 예컨대 비교공무원제도론, 비교공기업, 비교조직론 등은 인사행정, 재무행정, 조직론의 한 분야이다. 그러므로 비교행정론의 독자적인 연구 영역은 사실상 획정하기 어려우며, 행정학 연구에서 하나의 접근 방법이나 입장에 불과하다고 볼 수도 있다. 이러한 중복은 비교정치론의 경우처럼 심각한 문제는 아니지만, 비교행정론이 독자적인 학문 분야로서 성립할 수 있는가 하는 의문을 제기하는 것만은 분명하다. 비교행정론은 이에 따라 독자적인 학문 분야로서 그 범위와 이론 체계가 정립되지 못했고 충분한 경험적 연구가 이루어지지 못했기 때문에, 흔히 정체성 위기(identity crisis)로 표현되듯이 사실상 비교행정의 범위에 들지 않는 분야가 없을 정도로 지나치게 포괄적이며 산만하다는 것이 문제이다.

둘째, 비교행정 연구에서 편견 또는 편향(bias)이 개재되기 쉽다. 편견은 문제의 발견, 자료의 수집 및 취사선택, 결과의 해석 등 각 단계에서 작용할 수 있다. 편견을 가져오는 가장 큰 요인은 인종 차별적 성향(ethnocentrism)이다. 외국의 행정 체제와 행태를 관찰하고 비교하는 과정에서, 문화적 환경과 가치 체계가 판이한 곳에서 성장해 온 연구자의 편견이 영향을 미칠 가능성은 충분히 있다.

예컨대 비교행정 분야에서는 서구 선진국의 행정 체제를 무조건 발전된 형태로 보는 편견이 없지 않다. 이에 더해 행정 행태 면에서도 비정의적(impersonal), 보편주의적(universal), 자유주의적(liberal) 경향을 무조건 긍정적인 것으로 보는 경향이 있다. 어떤 행정 유형이 바람직한 것인지는 그 나라의 문화적 전통과 현실 여건을 감안해서 해석해야 함에도 불구하고, 외국을 대상으로 하는 연구에서는 연구자의 편견이 개재될 가능성이 농후하다. 이는 가치 중립적인 연구를 지향하는 비교행정에서 대단히 중요한 문제이다. 이와 관련해서 제기되는 비판으로 연구 방법 면에서 과학적·경험적 접근이 부족하다는 지적이다. 후진국의 경우 이용할 만한 자료가 별로 없고 실증적인 연구를 하기에 제약이 따르는 것도 사실이지만, 비교행정은 다른 인접 분야보다도 연구 방법 면에서 뒤떨어져 있다는 비판이 그것이다.

셋째, 비교행정의 연구 대상을 어떤 차원으로 설정할 것인가의 문제가 있다. 가설을 설정해 실증적인 검증을 시도하는 과정에서 각 국가를 사례나 표본으로 하는 경우, 그렇게 해서 추출된 이론이 얼마나 실효성이 있을지는 의문이다. 개념상으로는 일반이론에 해당한다 하더라도 타당성과 실제 적용 가능성이 낮다면, 그것은 연구를 위한 연구에 지나지 않는다. 그러므로 비교 연구의 대상을 어떤 차원까지 확대해서 검증을 시도할 것인지는, 이론의 일반화와 실용화라는 두 측면에서 일종의 딜레마라고 할 수 있다.

넷째, 비교행정에 대한 연구의 유용성에 관한 비판이다. 비교행정연구회의 구성이 순수학자 중심이어서 실제와 유리된 상아탑의 성격을 벗어나지 못했고, 연구 결과도 행정 현장에 별로 도움이 되지 못했다는 지적이 그것이다. 이러한 적실성을 높이기 위해 발전행정이라는 개념이 이후 제시되었지만, 실제 행정 문제 해결에 크게 기여하지 못한 것은 유사하다는 지적이다(박동서 외, 1982: 8-21).

2 비교행정이론의 적용 가능성

비교행정이론의 앞길이 한때 융성했던 시절처럼 밝지만은 않다. 대규모의 기술 원조가 끝났고 활동 주체였던 비교행정연구회도 해체되었으며, 그들이 시작했던 프로그램도 끝났거나 중단되었다. 비교행정 연구를 통해 개발도상국의 행정 개혁에 기여할 수 있다는 기대도 많이 낮아졌으며, 학계에서도 비교행정은 여러 비판에 직면해 있다.

그러나 이러한 비판은 비교행정의 필요성이나 연구 실적에 관해서라기보다는 대부분 우선순위나 방법론에 관한 것이라고 할 수 있다. 비교행정 연구가 활성화되어야 하지만 그 성격이나 접근 방법이 재정립되어야 한다는 데는 별로 이의가 없는 것 같다. 비교행정이론에 가해지고 있는 많은 비판에도 불구하고, 비교행정이론이 행정이론의 발달 과정에서 중요한 기여를 한 것만은 틀림없다.

첫째, 미국 중심의 국내 행정 영역을 외국으로 확장함으로써 행정이론의 지평을 확대했다는 데 있다. 다시 말해 서구 중심의 행정 연구에서 요인과 환경이 서로 다른 신생국으로 연구 대상의 변환을 가져왔다.

둘째, 제2차 세계대전 이전까지 이루어져 왔던 다른 국가와의 비교 연구는 연구 방법론상 주로 제도론적 접근 방법에 의존했었다. 그런데 반해 비교행정 연구는 상대적으로 기능적 접근 방법 등으로 전환함으로써 비교를 위한 합리적·과학적 기준을 제고하는 데 기여했다.

셋째, 비교행정 연구가 추구했던 보편성의 확대를 들 수 있다. 비교행정은 이전까지 행정의 특수성이 강조되어 오던 학문적 분위기에 일대 혁신을 가져왔다. 그것은 시공(時空)을 초월한 행정이론의 구축을 모색하고자 한 데 있었다.

결론적으로 비교행정 연구가 처해 있는 환경적 조건이 과거에 비해 열악해진 것만은 사실이지만, 또 다른 측면에서 비교행정 연구의 필요성은 행정이론의 보편성 확대와 과학성에 기초한 비교 연구라는 시대적 요구에 직면해서 새로운 탈바꿈을 시도하고 있다. 이에 부응하듯 과거와는 다른 차원에서 행정학의 영역에서 비교행정 연구에 대한 수요가 꾸준하게 증가하고 있는 것이 이를 입증하고 있다.

생각해 볼 문제

비교행정이론의 등장 배경

1. 비교행정이론의 대두 배경과 한국에서의 이의 대두 원인에 대해 생각해 보시오.
2. 비교행정이론의 발전 요인을 비교적 시각에서 생각해 보시오.

비교행정이론의 내용과 특징

1. 비교행정이론을 여타 행정이론의 개념과 비교론적 관점에서 생각해 보시오.
2. 비교행정이론의 연구 목적에 대해 생각해 보시오.
3. 비교행정이론의 발전 과정을 시기별, 국가별로 구분해 비교하고 그 특징을 추출해 보시오.
4. 비교행정 연구를 위한 다양한 접근 방법을 비교론적 관점에서 생각해 보고, 각 접근 방법의 적실성에 대해 생각해 보시오.

비교행정이론의 적실성

1. 비교행정이론의 한계에 대해 생각해 보고, 이를 극복할 방안을 모색해 보시오.
2. 비교행정이론이 행정학과 행정 실무에 기여한 측면을 조사해 보시오.
3. 비교행정이론의 미래를 생각해 보고, 여타 이론과의 정합성을 조사해 보시오.
4. 비교행정이론의 관점에서 최근 한국의 발전 경험이나 기법이 개발도상국에 전이되고 있는 현상에 대해 생각해 보시오.

제 4 장 발전행정이론

제 1 절 발전행정이론의 등장 배경

1 발전행정이론의 등장 배경

1950년대는 비교 연구의 시대 또는 과학화에 진일보한 시대라고 할 정도로 기능주의(functionalism)에 입각한 비교 연구가 전성기를 맞이했다. 원래 비교 연구에 대한 관심을 증대시킨 동인은 신생국의 발전을 돕고, 이를 촉진시키려는 실천적이며 실용주의적인 면에 있었다.

그러나 비교의 기준을 기능(function)에 두게 됨에 따라 약점인 이념(idea)의 문제는 큰 무리가 없었으나, 기능주의가 원래부터 지니고 있던 보수성은 문제가 될 수밖에 없었다. 또한 각 하위 체제 간의 관계를 밝힌다고 하나 이도 막연한 점이 있으며, 과학화의 전제가 되는 가설 정립을 한다고 하나 그 또한 특수성을 지니고 있지 못한 경우가 많았다. 따라서 비교 연구는 실험과 실증의 가능성이 희박해, 현실적으로 이론 구성적인 측면에서는 별로 도움이 되지 않는 실정이었다(Flanagen & Fogelman, 1967: 80-81).

비교 연구에 가해지는 비판에 대해서는 기능주의가 본래적으로 내포하고 있는 것도 있지만, 이에 종사하는 학자들에게도 내재적인 원인이 있었다. 그것은 학자들이 실제 적용 가능성이 있는 중범위이론(middle range theory)이나 최소범위이론(narrow range theory)을 중점적으로 연구·구상하거나 검증하려고 하지 않고, 적용 가능성과 과학성이 검증되기 곤란한 일반이론이나 가설적인 성격을 띤 것에 열중했기 때문이다. 이에 더해 무엇보다도 문제가 되는 것은 신생국의 변화 발전을 촉진시키려는 실무자이자 변혁담당자(change agent)의 필요성과는 거리가 먼 상황이었다.

1960년대에 들어서자 이에 대한 비판이 맹렬히 제기되면서, 기능주의를 둘러싼 비판과 논쟁이 가속화되기 시작했다. 기능주의에 입각한 비교 연구가 긍정적 측면에서 보자면 과학화에 공헌하고 과학지향성을 높였다고 볼 수도 있으나, 기본적으로 정태성을 지니고 있음은 의심의 여지가 없었다. 그 결과 이에 대한 반발과 비판으로서 정책적·규범적이며 동태성을 띤 행정 연구의 필요성에 따라 등장한 것이 발전행정(development administration)이었다. 그런데 이러한 경향은 비단 행정 측면에서만이 아니라, 다른 영역에서도 유사하게 제기되기 시작했다(Henderson, 1969: 68).

한편 발전행정의 출발 동기에도 불구하고 상기해야 할 부분은, 발전행정의 모색이 기능주의에 대한 반발로 등장한 것과는 별개로 본래 신생국의 발전을 돕기 위한 수출용으로 구상되었다는 사실이다. 다시 말해, 발전행정론은 주로 후진국 행정의 발전 문제와, 발전에서 행정의 역할 문제를 다루고 있다는 점이다. 따라서 발전행정론은 선·후진국에 공통되는 행정의 발전 문제를 다루고 있는 것이 아니라, 후진국의 행정 문제만을 다루고 있기 때문에 이론의 보편성을 결하고는 있으나 행정이론의 발달 과정에서 중요한 위치를 점하고 있다.[1)]

결론적으로 비교행정이론은 이론적으로 발전행정이론을 위한 중간 역할을 했다. 발전행정이론은 언급한 대로 비교행정이론과 중복되는 면이 있기는 하나, 독립적이며 어떤 면에서는 상호 경쟁적인 연구 분야로 볼 수 있다. 두 이론의 특성을 살펴보면 〈표 4-1〉과 같다(박동서 외, 1974: 119-126; 백완기, 1993; 김종희, 2005).

1) 백완기(1993)는 행정학의 발달 과정에서 비교행정론(또는 비교주의)과 발전행정론(발전주의)과의 관계를 다음과 같이 보고 있다. 비교주의에는 선진국 행정 체제 간의 비교 문제를 다루는 경우도 있으나, 대부분 선진국과 후진국 간의 비교 문제를 다루고 있기 때문에 발전주의에 포함시켜 설명할 수 있다고 보고 있다. 다시 말해, 비교주의도 발전을 전제로 한 선·후진국 행정 체제 간의 비교이기 때문에 발전주의에 포함시켜 설명할 수 있다는 것이다. 그 결과 발전주의자들의 연구 초점은 후진국의 행정 현상 분석과 발전을 추진하는 데 행정의 역할에 두었다는 것이다. 이 같은 입장은 헤디(Ferrel Heady)의 입장과 유사한 것으로, 그는 비교행정과 발전행정은 동전의 양면처럼 그 속성을 거의 공유하는 것으로 보고 있다. 그러나 여기에서는 비교행정과 발전행정의 차이점을 인정하는 입장에서 양 이론을 분리해서 보고자 한다.

표 4-1 비교행정과 발전행정의 비교

구분	비교행정	발전행정
이념	보편성 · 일반성 · 능률성 강조	특수성 · 전문성 · 효과성 강조
이론적 성향	균형이론(정태적 · 보수적)	변동이론(동태적 · 쇄신적)
행정인 자질	지식과 정보	발전지향성과 쇄신성
방법론	기능주의	실용주의
시기	1950년대	1960년대

2 발전행정이론의 전개 과정

발전행정이라는 용어가 국제적으로 처음 사용되기 시작한 때는 1956년에 포드재단의 일원이었던 간트(George F. Gant)가 발전행정의 유용성을 제안한 데서 비롯되었다(Gant, 1979). 즉, 발전행정에 대한 관심은 후진국이 선진국의 행정 체제 수준까지 도달해야 한다는 열망에서 출발했다.

그러나 발전행정이론의 근원은 1930년대 경제 대공황 때 정부가 실업자를 구제하기 위해 설립한 테네시개발공사(Tennessee Valley Authority: TVA) 인사처가 발전 지향적 행정가를 모집해 테네시 계곡의 사회적 · 경제적 · 기술적 발전을 도모했던 데서 비롯되었다. 그리고 제2차 세계대전 이후 미국의 대외 원조 당시 비교행정이 대두되었다가 큰 도움이 되지 못하자 새로운 이론을 모색하게 되었는데, 이것이 발전에서 체제의 역할을 강조하는 이른바 발전행정이론이라 할 수 있다. 발전행정이론의 전개 과정을 살펴보면 다음과 같다.

첫째, 유엔기술지원계획(UN Technical Assistance Program)이 추진되던 시기이다. 1948년 유엔총회는 신생국에 대한 원조의 필요성을 인식하고, 경제사회이사회로 하여금 원조계획을 수립해 행정자문 · 훈련 · 시설 지원 등을 시행하도록 했다. 이에 따라 1962년까지 60여 개 국가가 혜택을 받았는데 당시의 계획에 발전행정이론의 요소가 내포되어 있었다.

둘째, 미국국제개발처(USAID)가 추진했던 계획 시기이다. 이 시기에 극동지역 신생국에 대한 미국의 경제 원조 및 행정 기술 지원을 위한 계획이 추진되었다. 이러한 계획의 영향으로 각국에서 미국의 행정학을 공부한 사람이 많아졌다.

셋째, 포드재단의 원조계획이 추진되던 시기이다. 1971년까지 지속된 이 시기에 인도・파키스탄・서아프리카 지역에 대한 경제 원조와 행정 기술 지원이 추진되었다. 포드재단은 대학과 비교행정연구회(CAG) 등 학술단체를 재정적으로 후원하며 학술 활동을 장려했다.

넷째, 하와이대학 동서문화센터가 연구교수와 장학생 제도를 통해 발전행정의 연구와 보급에 주력한 것을 들 수 있다(김종희, 2005: 63-66).

제 2 절 발전행정이론의 내용과 특성

1 발전행정의 개념

1) 발전의 개념

과거에는 국가 발전을 경제 발전에 국한시키는 경향이 많았다. 그러나 현재는 그 달성 과정에서 비경제적 요소의 중요성을 인식하게 되었고, 발전(development)의 개념이 내포하고 있는 범위도 정치・사회・문화 등 사회 전반에 걸친 포괄적인 것으로 확대되었다. 이에 따라 사회과학 분야에서는 발전에 대한 개념을 정의할 때 정치 발전, 국민 형성, 권력과 가치의 배분, 참여 등의 용어를 사용한다. 행정학에서도 학자마다 사회 분화, 변화 대응 능력의 증진, 자율성의 증진, 환경 개선 능력의 증진, 계획된 변화 등을 사용해 개념을 정의하고 있다(유훈, 1993: 99-101).[2)]

발전이라는 개념은 이처럼 매우 다의적으로 사용되나, 일반적으로는 현재보다 더 나

2) 발전은 근대화・서구화・공업화 등과 같은 개념과 유사하게 혼용해 사용되기도 하는데 이들 간에는 다음과 같은 차이가 있다. 우선 특정 시대를 한정하지 않는 발전과는 달리, 근대화(modernization)는 일정한 시대의 현상을 의미한다. 즉, 17~19세기의 서구의 발전적 특성이 19~20세기에 개발도상국으로 파급되는 과정을 말한다. 그러나 발전을 근대화와 동일시하여 국가 발전을 근대화된 국가의 특징(산업화・도시화・출산율 저하・기계화・개인 소득 증가 등)을 가지고 측정하기도 한다. 또한 서구화(westernization)는 선진국이 개발도상국에 주는 영향을 지칭할 때 사용된다. 끝으로 산업화(industrialization)는 기술혁명의 직접적인 결과인 경제적 성장 측면을 강조하는 개념이다. 산업화라는 개념에서는 정치・사회・문화 발전은 고려되지 않기 때문에 발전과 동일시할 수는 없고, 근대화보다는 협의의 개념이라 할 수 있다.

은 바람직한 상태로의 변화를 의미한다. 발전이라는 개념은 본래 다면적 속성을 지니고 있으므로 평가 기준・시간・공간 등의 요소를 고려해야 한다.[3] 특히 현대 사회에서 발전이라고 하면 질적인 변동(change)과 함께 양적인 성장(growth)을 포함하는, 동태적・가치 지향적인 사회적 변동의 한 국면으로서 이해된다. 그래서 이는 가치・행태・사회구조・경제조직・정치와 행정 과정 등에 많은 영향을 미친다(Esman, 1966: 59).

결론적으로, 발전이라는 개념은 질적인 변화와 양적인 성장을 수반하는 가치 지향적・목표 지향적인 성격을 지닌다. 따라서 발전은 어느 시점에서 끝나는 것이 아니라 언제까지나 계속되는 동태적 과정의 개념이다.

2) 발전행정의 개념

발전행정을 개념화할 때 고려할 점은 발전행정과 사회 발전과의 관계를 어떻게 볼 것이냐의 문제이다. 다시 말해, 사회 발전의 산물로 발전행정을 볼 것이냐, 아니면 사회 발전을 유도하는 동인으로 볼 것이냐의 문제가 그것이다.

리그스 같은 경우는 수동적인 입장에서 발전행정을 사회 발전의 한 산물로 보았다(Riggs, 1964). 반면에 와이드너는 발전행정이 어떠한 방식에 의하든지, 권위적으로 결정된 정치적・경제적・사회적 목적을 달성하기 위해 조직을 이끌어 가는 과정이라고 봄으로써, 다른 분야의 발전을 적극적으로 유도하는 동인으로 보았다. 따라서 발전행정은 행정 체제가 국민 형성과 사회경제적 향상이라는 국가 발전 목표를 달성하기 위한 행동계획을 수립하고, 지속적인 사회 변동에 대한 적응 능력을 배양시키는 것을 의미한다(Weidner, 1962: 98; 이한빈, 1969: 18).

이에 발전과 행정과의 연관 속에서 발전행정의 개념을 시도해 보면, 발전행정은 발전사업의 관리(administration of development)와 행정의 발전(development of administration)을 함께 내포하는 개념이다. 즉, 발전행정이란 국가 발전을 이룩하기 위한 국가의 모든 발전사업을 행정이 주도적으로 수행하며, 또한 그러한 역할과 기능을 수행하기 위해 자체의 능력 내지 역량을 발전시키는 것을 의미한다. 그런데 발전행정에 내포되어 있는 두 개념은 개별적인 것이 아니라, 상호 보완적 관계에 있다고 보아야 한다(Weidner, 1962: 98).[4]

---

3) 여기에서 다면성이란 하나의 발전에 포함된 복합적 요소와 이들 상호간에 나타나는 호혜적 또는 배타적 관계를 말한다. 예컨대 인간의 발전을 논할 때는 지식의 발전, 체력의 향상, 권력이나 부(富)의 증대 등 여러 측면에서 설명할 수 있다.

4) 발전행정에 대한 개념화와 함께 살펴보아야 할 것이 발전행정과 행정 발전과의 관계이다. 발전행정

2 발전행정의 특징

발전행정에서는 환경을 의도적으로 개혁해 나가는 행정인의 창의적 · 쇄신적인 능력을 중요시한다. 또한 행정을 독립변수로 간주해 행정의 적극적 기능을 강조한다. 종래의 행정이론과 차별되는 발전행정이 지닌 특징적 요소를 살펴보면 이러하다.

1) 정책 결정 기능

발전행정은 정치 · 행정이원론 대신 정치 · 행정일원론의 입장을 취하고 있다. 따라서 행정을 국가 발전 목표의 달성을 위한 정책과 계획의 수립 · 집행 과정으로 파악하며, 행정인의 정책 결정 능력 향상을 중요시한다.

2) 효과성의 중시

발전행정은 사회 변동에 대응하기 위한 행정 체제의 능력을 증진시켜서, 행정의 능률성 · 형평성 · 효과성 등을 향상시키려는 활동을 포함한다. 이런 측면에서 발전행정은 발전사업의 목표 달성에 치중하므로, 추구하는 행정 이념으로서 종래에 강조되어 오던 능률성과 함께 목표달성도를 의미하는 효과성을 중시한다.

3) 발전행정인의 역할 강조

발전행정에서는 발전 지향성 · 창업가 정신 · 성취 욕구를 가진 행정인의 독립변수적

은 발전을 위한 행정이라는 적극적 개념인데 비해, 행정 발전은 행정 그 자체의 발전을 의미하는 소극적 개념이라 할 수 있다. 발전행정의 개념에서는 행정이 환경에 미치는 독립적 영향이 강조되는데 반해, 행정 발전의 개념에서는 환경이 행정에 영향을 미치는 종속적 영향이 강조된다. 발전행정을 위해서는 행정 발전이 선행되어야 하는데 결과적으로 관료제가 강화될 수밖에 없다. 그런데 발전행정을 위해 관료제나 행정권이 강화되는 것이 과연 자유민주주의의 원리에서 볼 때 바람직한가 하는 문제는 판단하기가 어렵다. 예컨대 이에 대해 리그스는 정치적 · 경제적으로 발전된 사회에서는 관료제를 제대로 통제할 수 있기에 관료제 강화가 발전행정에 순기능으로 작용하지만, 정치적 · 경제적으로 낙후된 사회에서는 강화된 관료제가 오히려 역기능을 가져올 수 있다는 측면에서 우선적으로 관료제를 통제할 수 있는 정치 발전이 선행되어야 한다고 주장했다(Riggs, 1967: 43–47). 그렇지만 에스만은 관료제에 대한 통제는 행정 발전을 오히려 저해할 가능성이 있기 때문에, 우선적으로 관료제의 행정 능력을 증대시켜야 한다고 주장했다(Esman, 1971: 62).

역할을 인정하는 입장이다. 따라서 발전행정에서는 무엇보다도 행정인의 문제 해결 능력·자원 동원 능력·위기관리 능력 등의 향상에 관심을 가진다.

그런데 발전행정이론에서는 행정 변수로서 행정인을 강조하는데, 행정인을 변수로서 고려한다는 점에서 인간관계론과 유사한 면이 있기는 하다. 그러나 인간관계론에서는 인간의 불합리성이나 감정의 영향도 중요하다는 의미의 행정인을 강조했다면, 발전행정에서는 행정인의 발전 지향적 가치관을 특히 강조한다는 측면에서 차이가 있다(김규정, 2000: 102-105).

3 발전행정의 접근 방법

발전행정이 취하는 접근 방법은 두 가지로 나누어 볼 수 있다.

첫째, 국가 발전을 위해 근대적인 행정구조나 관료제가 선행되어야 한다는 점을 강조하는 행정 체제적 접근 방법(administration system approach)이다. 행정 체제적 접근 방법의 시각에서는 사회의 다른 분야와 행정 문제를 분리시켜 보고 있다. 그 이유는 서구 산업사회의 발전 과정에서 행정 체제가 큰 비중을 차지했던 사실에 배경을 두고 있기 때문이다. 따라서 이 접근 방법은 합리성과 경제성을 증대시킬 수 있는 조건과 가능성에 초점을 둔다.

둘째, 사회를 구성하는 여러 하위 체계 간의 상호의존성에 중점을 두어야 한다는 사회 체제적 접근 방법(social systems approach)이다. 사회 체제적 접근 방법은 행정 체제를 사회 체계를 구성하는 하나의 하위 체계로 보고, 다른 하위 체제와의 상호 관계를 중요시하는 입장이다.

1) 행정 체제적 접근 방법

행정 체제적 접근 방법은 행정 발전의 전략을 모색하는 입장에 따라 두 가지 유형으로 나뉜다. 균형적 행정발전형과 불균형적 행정발전형이 그것이다.

첫째, 균형적 행정발전형이다. 행정 발전을 꾀하기 위해 시도되고 있는 행정 개혁은 일반적으로 부분적·단편적인 관점에서 볼 때는 효과가 크지 않다. 따라서 강력한 추진력에 의해 행정 전반에 걸친 동시적·전면적인 발전 노력이 추진되어야 한다. 다시 말해, 인사행정 · 재무행정 · 기획 제도 · 조직관리 등을 동시에 발전시켜야 하고, 또한 그렇게 해야만 상호 보완적일 수 있고 시너지 효과를 기대할 수 있다는 것이다. 이는 애플비(Paul H. Appleby) 등이 취하는 입장이다.

둘째, 불균형적 행정발전형이다. 이 유형은 근대화된 행정 체제가 확립되지 못하고 기술 · 자원 · 행정 능력이 빈약한 나라에서는, 균형적 행정발전전략이 비현실적이라는 관점에서 출발했다. 이 입장은 특정한 주요 국면의 행정 발전을 우선적으로 추진하고, 그것을 기반으로 삼아 전체적인 발전을 도모하자는 시각이다.

2) 사회 체제적 접근 방법

사회 체제적 접근 방법은 사회 체제를 구성하는 하나의 하위 체제로 행정 체제를 인식하는 입장이다. 따라서 행정 체제는 다른 여타의 하위 체제인 사회 체제 · 정치 체제 · 경제 체제 등과 밀접한 의존 관계를 유지하고 있다. 그래서 하나의 하위 체제가 변동되면, 다른 사회 변동의 단계에서는 또 다른 행정 체제가 존재하게 된다는 입장을 취한다.

사회 체제적 접근 방법은 국가 사회 발전을 이룩할 때, 행정 체제를 사회 · 정치 · 경제 등 다른 체제들에 대해 종속변수적 입장에 중점을 두는 균형적 사회 발전 전략과, 독립변수적 입장에 중점을 두는 불균형적 사회 발전 전략으로 나뉜다.

첫째, 균형적 사회발전형이다. 균형적 사회발전형은 기본적으로 여러 사회 체계 간의 상호 관계를 중시한다. 정치 · 경제 · 사회 영역 등이 발전해야 행정도 발전할 수 있다는 입장이다. 따라서 사회 내에 건전한 경제 체제, 강력한 정치 체제, 기능적으로 분화된 압력단체 등이 결여되어 있다면, 관료제가 사익을 위해 자원 배분을 왜곡시킬 수 있다는 점에서 균형적 사회 발전의 중요성을 강조한다.

이와 함께 권력이 관료에게 집중되면 다른 분야는 약화되고 의존적인 경향을 띠게 된다는 것이다. 요컨대 행정만의 발전은 정치와 경제 발전을 저해하는 역기능을 나타내므로, 모든 체제가 함께 발전해야 된다는 관점이다. 이는 리그스와 파이(Lucian W. Pye) 등이 취하는 입장이다.

둘째, 불균형적 사회발전형이다. 이 유형은 행정 체제와 다른 체제 사이에서 상호 의존 관계를 완전히 배제하는 것이 아니지만, 행정 체제가 주도적인 역할을 해서 다른 분야의 발전을 유도해야 한다는 입장이다. 그래서 이 유형은 행정 체제의 독립변수적 성격을 인정하는 입장을 취한다.

이 유형이 강조되는 이유는 특히 발전도상국과 같이 자원이 제한된 나라는 균형적 발전을 이룩하기 어렵기 때문에, 행정관료제의 의도적 노력에 의해 사회 발전을 유도하고 국가 발전 목표를 달성케 하는 것이 타당하다고 보기 때문이다. 이러한 입장은 와이드너(Edward W. Weidner)와 에스만(Milton J. Esman) 등에 의해 주도되었다(Ilchman, 1965: 315-318; Gant, 1979: 20-21; 김종희, 2005: 60-68; 이명재, 2005: 48-54).

제 3 절 • 발전행정이론의 적실성

1 발전행정이론에 대한 비판

비교행정이론의 주요 구성 요소로서 또는 비교행정과의 동의어로까지 이해되고 있는 발전행정은 기본적으로 후진국이 선진국의 행정 체제 수준까지 도달하게 해야 되겠다는 열망에서 출발했다(Gant, 1979: 3-6). 발전행정이 행정이론의 발전에 기여한 공헌은 적지 않으나, 또한 발전행정에 가해지고 있는 비판도 만만치 않다. 발전행정에 가해지고 있는 비판은 비교행정과 마찬가지로, 주요 관심사에서 벗어나고 있다고 보는 것이 일반적이다. 그 이유는 여러 가지가 있겠지만 대체로 다음과 같은 문제점을 가지고 있기 때문이다(김규정, 1987: 128-129).

첫째, 발전행정은 주관적·규범적 성격을 지니고 있어서 과학성이 결여되고 경험적 검증을 거친 이론이 드물다는 사실이다.

둘째, 발전은 가치판단의 문제로서 그 개념이 다의적이고 모호해 서구 문화와 서구식 가치 위주의 발전 개념이 우선될 우려가 많다. 특히 발전이라는 가치 체계는 전부 서구 산업사회의 가치 체계에서 유래된 것이어서, 행정 발전 역시 서구 행정 가치 체계에 많은 영향을 받을 수밖에 없기 마련이다. 따라서 발전행정에서 추구하는 발전의 가치 체계에는 서구의 지나친 편견이 작용하고 있다는 것이 문제이다(이병철, 2005: 244).

셋째, 개발도상국의 관료제는 대규모의 피라미드 조직과 권력을 가지고 정치적 기능까지 담당하는 경우가 많아 정치 발전을 저해하기가 쉽다. 일반적으로 관료는 국민보다 상급자를 의식하는 경우가 많은데, 이러한 관료가 주도적 역할을 하는 발전행정은 행정의 비대화와 독주를 초래하기 쉽다. 그리고 사회 전체의 발전을 위한 비관료적 집단의 능동적 역할이나 문제 해결 능력을 저해하기 쉽다.

넷째, 발전행정은 필연적으로 정부 기능의 확대를 초래하기 때문에 행정기구·예산·공무원 수를 지나치게 팽창시키게 된다. 특히 목표 달성을 강조하므로 외형적인 목표 달성에 주력해 행정의 형식화를 가져오고, 사회복지와 민주화보다는 자원 분배에 치중하게 되어 공정성·형평성의 문제를 초래하기 쉽다. 이와 관련해 발전행정은 발전 목표 달성과 체제의 산출(정책이나 계획)에 지나치게 치중함으로써 정책 결정에서 참여와 관련된 투입 기능이 소홀하게 다루어질 개연성이 높다.

다섯째, 현실적인 측면의 문제로 발전행정이 결과적으로 후진국이나 개발도상국에 도움을 주지 못하고 오히려 사태를 더욱 악화시키는 결과를 초래했다는 비판도 있다. 이들이 주장하는 논거는 결과적으로 발전행정이 후진국이나 개발도상국의 독재정치화에 기여했다고 보는 것이다.

발전행정이 국가 발전을 명분으로 정권을 탈취한 군부 독재자에게 개발독재를 통해 상실된 정치적 정통성을 만회할 수 있게 하는 이론적·방법론적 도움을 주었다는 것이 그것이다. 이런 측면에서 미국의 제3세계에 대한 민주정치 체제의 수출이, 결코 미국이 의도한 대로 순조롭게만 이루어진 것은 아니라는 사실이 이를 보여준다(Montgomery, 1986: 26).

2 발전행정이론의 적용 가능성

발전행정에 가해지는 비판은 이론적 측면에서나 실제적 측면에서 상당히 부정적인 요소가 많다. 특히 현실적인 측면에서 발전도상국의 개발독재를 정당화하는 데 기여했다든지, 후진국의 관료제를 비대화함으로써 투입 기능의 발전을 저해했다는 비판 등은 발전행정이 미국의 의도처럼 민주정치 체제를 구축하는 데 성공하지 못했다는 반증이기도 하다. 그렇지만 발전행정에 대한 이런 비판에도 불구하고, 발전행정이 행정이론의 발전 과정에서 긍정적으로 기여한 부분도 만만치 않다.

첫째, 발전도상국가에서 보듯이 비록 발전행정이 군부독재의 정당화에 동원되기는 했지만, 그래도 발전행정론은 개발도상국의 국가 발전을 위해 현실적인 전략이나 정책을 개발하는 데 크게 기여했다. 다시 말해 발전행정이 후진국이나 개발도상국에 커다란 발전의 동인을 제공해 주었을 뿐만 아니라, 그에 대한 수단과 도구를 제공했다는 점을 부인할 수는 없다.

둘째, 국가 발전을 성취시키기 위한 행정의 역할이나 기능을 체계화하는 데 이론적인 측면에서 일정한 역할을 담당했다. 또한 발전행정은 조직의 기관 형성이나 관료의 의식 구조 등을 모형으로 체계화함으로써 발전모형을 구축하는 데 기여했다.

예컨대 발전행정은 조직 개편, 관료의 의식 행태, 관리 개발 등에 내용의 초점을 맞추면서, 구조 기능적 접근 방법이나 체제론적 접근 방법 등과 같은 다양한 분석 방법으로 모형이론을 체계화시켰다. 특히 행정학의 방법론 측면에서도 형이하학적이며 실증적이고 계량적인 접근 방법을 분석도구로 사용함으로써 방법론의 영역을 확장하는 데 일정한 기여를 했다.

생각해 볼 문제

발전행정이론의 등장 배경

1. 발전행정이론의 등장 원인을 생각해 보시오.
2. 발전행정이론의 전개 과정에서 특징적인 면을 생각해 보시오.
3. 비교행정이론과 발전행정이론의 등장 원인의 차이점에 대해 생각해 보시오.

발전행정이론의 내용과 특성

1. 발전행정이 지닌 개념의 특수성에 대해 생각해 보시오.
2. 발전행정의 특징을 생각해 보고, 이 같은 특징이 발생하게 된 원인에 대해 생각해 보시오.
3. 발전행정에 대한 접근 방법 중 행정 체제적 접근 방법과 사회 체제적 접근 방법의 차이점에 대해 비교해 보시오.

발전행정이론의 적실성

1. 발전행정이론에 가해진 비판에 대해 재비판을 해 보시오.
2. 발전행정이론이 행정이론의 발달 과정에 끼친 순기능에 대해 생각해 보시오.
3. 비교행정이론과 발전행정이론의 융합적 결합에 대해 생각해 보시오.
4. 한국의 개발연대에서 발전행정이론이 미친 영향에 대해 사례를 조사해 보시오.

제 5 장 신행정이론

제 1 절 신행정이론의 등장 배경

1 신행정이론의 등장 원인

신행정이론(new public administration theory)의 등장 원인은 이러했다.

첫째, 이론적 측면에서는 현실적 적합성이 낮은 기존 행정이론들에 대한 반발적 조류로 신행정이론이 태동하게 되었다고 할 수 있다.

둘째, 실제적 측면에서는 특히 1960년대에 접어들면서부터 미국에 내재된 문제들이 한꺼번에 폭발하면서, 기존 행정이론들이 문제를 치유할 능력을 결여하고 있다는 비판과 함께 이의 대안이론으로 등장했다.

1) 이론적 측면에서의 등장 원인

신행정이론이 등장하게 된 이론적 측면에서의 배경은 이러했다. 당시에 행정 영역에서 풍미했던 지배적 행정이론들은 비교·발전행정론과 행태주의였다. 그러나 이들 행정이론이 지닌 이론적 적합성(theoretical relevance)에 대한 끊임없는 회의와 그에 따른 한계에 대한 반발적 분위기가 조성되고 있었다.

첫째, 행정학의 과학화에 기여한 비교행정론과 발전행정론은 행정학의 학문적 실체를 풍요롭게 하는 데 많은 역할을 수행해 왔다. 특히 두 이론은 행정학의 과학화에 대한 기여와 함께 좀 더 적실성있고 세련된 방법론을 행정 현상에 적용함으로써 행정학을 성숙한 학문적인 실체로 변모시키는 데 크게 기여했다. 그러나 비교·발전행정론은 이런 기여에도 불구하고, 본래부터 내재된 문제점과 모순으로 그 한계를 드러내기 시작했다.

둘째, 1960년대 후반부터 일기 시작한 후기행태주의(post behaviorialism) 열풍은 학문의 과학화를 위해 지나친 행태적 접근이나 계량적이고 몰가치적인 학문적 노력의 당위성에 대해 제동을 가하기 시작했다. 예컨대 행정은 그 자체가 가치 함축적인 개념이기 때문에, 행정학 연구에서 가치를 배제해야 한다는 행태이론의 주장은 내용이 없는 그릇과 같은 것이라고 비판을 가했다. 결국 기존의 행정학, 특히 논리적 실증주의를 중심으로 한 행태이론은 이러한 이유들로, 현실 행정에서 일어나는 절박한 문제를 해결할 능력이 없다는 데 모아졌다.

2) 현실적 측면에서의 등장 원인

신행정이론이 등장하게 된 현실적 측면에서의 배경은 이러했다. 제2차 세계대전 이후 미국 내에 잠복해 있던 사회 문제들이 1960년대에 들어오면서 한꺼번에 분출되기 시작했다. 예컨대 베트남전의 개입과 확전에 따른 국민적 합의의 도출 실패, 도시 폭동과 인종분규, 소득불균형의 심화 등으로 미국은 격동의 장(turbulent field)을 맞이하게 되었다.

그런데 문제를 해결하고자 1965년부터 시행된 존슨(Lyndon B. Johnson) 행정부의 '위대한 사회(Great Society)' 프로그램은 장밋빛 환상으로 막을 내렸다. 정부와 행정에 대한 국민의 불신과 실망은 급기야 새로운 가치를 조성해야 할 필요성을 증폭시켰고, 이를 극복하기 위한 새로운 행정 패러다임을 요구하게 되었다. 다시 말해 당시에 행정 영역에서 지배적 행정이론이었던 비교·발전행정론과 행태주의가 지닌 현실적 적합성의 한계에 따른 반발적 분위기가 그것이었다.

이와 같은 사회적 분위기는 행정학의 영역에도 지대한 영향을 끼쳤다. 그 결과 소장학자를 중심으로 한 행정에 대한 새로운 인식 전환과 계량적 접근이 지닌 몰가치성(沒價値性)의 한계에 대한 공감대 형성, 그리고 변화를 수용할 수 있는 새로운 학문적 체계를 집대성해야 한다는 필요성이 자연스럽게 제기되었다(이병철, 2005: 263-280; 이명재, 2005: 55-56).

2 신행정이론의 전개 과정

미국이 안고 있는 심각한 사회 문제는 행정이론의 발달에도 지대한 영향을 끼쳤다. 언급한 대로 논리적 실증주의에 기초한 행태주의가 안고 있는 몰가치적인 학문적 태도는 사회 문제를 치유하는 데 이미 적합성을 상실한 상태였다. 비교·발전행정론 또한 미국이 안고 있는 문제를 더 이상 치유할 이론이 될 수 없는 상황이었다. 미국 사회가 배태한 이러한 문제들은 정치·행정학자들로 하여금 그들의 관심을 발전도상국으로부터 미국 사회 내부의 발전 문제로 다시 이동하게 하는 동인이 되었다.

이러한 가운데 1967년에 행정학 분야에서 지도적 위치에 있던 학자들이 회의를 개최했는데, 이때 의장을 담당했던 이가 찰스워스(J. C. Charlesworth)였다. 그에 따르면 당시 회의의 목적은 행정학에 대담한 접근 방법을 시도해 보고, 철학적 맥락에서 행정학의 중요성을 확인해 보고자 하는 데 있었다(Waldo, 1968: ix). 그러나 이 회의에서 내린 결론에 대해 소장 학자와 실무자들이 날카로운 비판을 제기했고, 그 불만이 신행정학운동(new public administration movement)을 촉발시키는 계기가 되었다(Frederickson, 1980: x).

이에 미국행정학회는 미국이 맞이한 시대적 상황과 학계 및 행정 현장에 만연된 위기를 타개하기 위해 다각적인 노력을 시도했다. 이의 일환으로 제1차 미노브루크 회의(Minnowbrook Conference)가 1968년에 개최되었다. 다시 말해, 미국이 안고 있는 심각한 도시 빈민과 인종 분규의 문제 등과 연계된 분배적 정의 문제 등을 해결하고자 왈도(Dwight Waldo)를 구심적으로, 뉴욕 주의 시러큐스(Syracuse) 근교에 있는 미노브루크에서 소장 학자를 중심으로 시대가 요구하는 새로운 패러다임의 정립을 위한 회의가 개최되었다. 이에 따라 시대적 상황에 부응하는 신행정이론이라는 행정학의 새로운 패러다임이 창출되었던 것이다.

왈도의 주재로 개최된 '행정 문제에 관한 미노브루크 회의'에서, 소장 학자들은 현실적 문제에 대한 기존 행정이론의 사회적 처방 능력 부족을 매섭게 비판했다. 특히 행정의 정체성 위기(identity crisis) 문제를 제기하면서, 이에 대한 새로운 대안으로 사회적 형평성, 인본주의적 철학, 적실성있는 행정 연구, 사회 변동에의 대응성 등을 강조하는 규범적 이론을 중심으로 한 새로운 방향 설정이 제안되었다.

이 회의가 종료된 후 결과물로 세 개의 중요한 문헌이 출간되었다. 이들 문헌에서 여러 주제가 언급되었는데, 그중 몇 가지 주제는 신행정학을 이해하는 데 핵심이 되는 내용이 포함되었다.[1] 예컨대 마리니(Frank Marini)는 미노브루크 회의에서 제안된 핵심적 주제는 현실적합성, 후기실증주의, 소용돌이 환경에의 적응, 새로운 형태의 조직, 고객 중심의 조직이라고 지적했다(Marini, 1971).

신행정이론은 이처럼 전통적인 행정이론과 현실적 상황에 불만을 가진 소장 학자와 실무자들의 주도로, 새로운 관점을 모색하고자 한 운동(a new public administration movement)으로 출발했다. 그러나 운동 초기에 나타난 정신이나 접근 방법 및 관점(outlook)은 통일성을 갖추었다기보다는 다양성을 띠고 있었기 때문에, 그것을 포괄적·단일적으로 설명하는 것은 곤란한 과제였다.

그렇지만 1970년대에 접어들면서 어느 정도 이론 체계를 구축한 신행정이론은 하나의 새로운 패러다임으로서 기존 이론을 완전히 대체했다고 보기는 어렵지만, 행정학의 모든 분야에 강력한 영향력을 미치면서 기존 이론 체계와 융화되어 갔다.

제 2 절 신행정이론의 내용과 특성

1 신행정이론의 개념

신행정학운동은 1968년에 왈도의 후원으로, 소장 학자와 실무자들이 참가한 미노브루크 회의에서 태동했다. 다음해에 개최된 미국행정학회의 한 회의에서 이를 재확인함으로써 하나의 운동으로 확산되기 시작했다. 왈도에 따르면, 두 회의에 참가한 학자들이 정통행정학에 대해서는 공통적으로 불만을 표출했지만, 주장하는 내용은 놀랄 만큼 차이가 있었다고 진술했다(Waldo, 1971). 따라서 왈도의 진술은 신행정학의 성격이 대단히 다양한 견해를 포함하고 있어 통일적이지 못했음을 의미한다.

프레데릭슨(Horace G. Frederickson)도 왈도와 유사하게 신행정학이 지닌 관점의 다

1) 미노브루크 회의가 끝난 후 출간된 대표적 문헌으로는 마리니(F. Marini)가 1971년에 편집한 『신행정학적 지향(*Toward a New Public Administration*)』과 왈도(D. Waldo)가 1971년에 출간한 『혼돈의 시대에서의 행정학(*Public Administration in a Time of Turbulence*)』 그리고 프레데릭슨(H. Frederickson)이 1973년에 출간한 『1970년대의 주민통제(*Neighborhood Control in the 1970s*)』를 들 수 있다.

양성을 언급했다. 그렇지만 프레데릭슨은 신행정학이 관점의 다양성을 갖고는 있지만, 특정한 신행정이론이 따로 존재하는 것은 아니라고 보았다. 그래서 신행정학은 전통적인 행정이론과 규범을 완전히 무시하면서까지, 신행정이론에 대한 합의를 도출한 것은 아니라는 점을 강조했다(Frederickson, 1973: 13-14).

그렇다면 신행정학이 지닌 이질성과 다양성 속에서, 패러다임으로서의 새로움의 본질은 무엇인가? 이를 위해 신행정학자들로 분류되는 학자들은 미노브루크 회의에서 논의된 신행정학의 관점을 어떻게 바라보고 있는지를 살펴보면 이러하다.

신행정학자 가운데 대표격인 마리니(Frank Marini)는 미노브루크 회의에서 논의된 신행정학의 관점으로 행정학의 적합성(relevance) 지향, 탈실증주의, 소용돌이 환경에의 적응, 새로운 형태의 조직, 고객 지향적인 조직 등이 새로운 관점으로 제기되었다고 평가했다(Marini, 1971: 348-353).

페이지(Richard S. Page)는 특히 기존의 행정학이 행정학자나 실무자 및 시민들에게 처방적 조언(prescriptive advice), 즉 건전한 규범적 가치를 제시하지 못했다는 전제 하에 다음과 같은 내용이 논의되었다고 평가했다(Page, 1969: 304). 미노브루크 회의에 참가한 행정학자와 실무자들은 첫째, 가치 문제에 대해 심사숙고해야 하고, 둘째, 그에 따라 행동해야 할 책임을 지며, 셋째, 공조직이나 행정 또는 정책이 함축하고 있는 규범적 문제(normative shortcomings)에 관해 분명한 통찰력을 지녀야 한다는 점을 인식했다.[2]

끝으로 왈도(Dwight Waldo)는 새로움의 본질을 규범이론, 철학, 사회적 타당성, 행동주의(activism)로 규정했다(Waldo, 1971). 따라서 이는 소극적인 측면에서 보자면 실증주의와 과학주의(scientism)를 극복하는 것을 의미하며, 적극적인 측면에서 보자면 실존주의(existentialism)나 현상학(phenomenology)의 입장에서 적절한 가치를 발견하고 이를 실현하고자 하는 것으로 이해할 수 있다.

미노브루크 회의에서 논의된 신행정학의 내용에 대한 학자들의 관점을 요약해 볼 때, 신행정론자들은 규범적 이론의 추구와 함께 적절한 규범적 가치를 확인하고 그 가치의 실현을 위한 정책적 수단으로서 변동(change)을 강조했던 것이다. 그런데 행정학에서 의미하는 규범적 이론이란 행정학이 추구해야 할 가치 목표(value goal)에 관한 이론이다. 다시 말해, 행정학자나 실무자들이 무엇을 해야 하는가, 그리고 실무자에게 무엇

2) 신행정이론은 행태이론에 대한 반대적 성향이 강해 가치주의·탈(脫)행태이론·후기행태이론·제2세대 행태이론이라고도 하며, 프레데릭슨은 이를 신행정이론이라고 명명했다(Frederickson, 1971: 315-316).

을 추천해야 하는가와 관련된 이론이라 할 수 있다(Baily, 1968: 128-129). 이에 따라 규범적 이론을 추구하고자 하는 신행정학자들은 처음부터 어떤 가치를 추구해야 하는지를 결정할 필요가 있었다.

그렇지만 가치 문제에 대해 신행정학자들의 태도가 처음부터 명료했던 것은 아니었다. 다만 프레데릭슨만이 처음부터 신행정학이 추구해야 할 가치 문제에 대해 일관성있는 태도를 견지했다(Frederickson, 1971: 309-331).[3] 신행정학운동의 주창자들은 이처럼 기존 행정학이 시대적인 이슈를 회피하고 있다는 비판에서 출발했다. 그리하여 신행정론자들은 행정학이 시대적인 상황을 정확하게 인식하고, 그에 대한 처방을 제시할 수 있도록 현실적합성이 높은 학문이 되어야 한다고 주장했던 것이다.

결론적으로, 신행정이론이란 기존 행정학에 불만을 품은 소장 학자들이 행정의 정체성과 행정학의 방법론에 대한 새로운 방향 설정을 모색함으로써 등장한 패러다임이다. 한편 또 다른 관점에서 볼 때 신행정이론의 대두는 행정학의 관심이 비교행정이론과 발전행정이론으로 대변되는 후진국 문제에서, 다시 미국 내의 문제로 회귀한 신고립주의(neo-isolationism)적 현상으로 볼 수 있다.

2 신행정이론의 특성

신행정이론의 성격은 왈도의 진술처럼 통일적이지 못하고 대단히 다양한 견해로 구성되어 있다. 신행정이론의 의미를 좀 더 구체적으로 살펴보기 위해, 신행정이론의 특성을 중심으로 이를 살펴보면 이러하다.

1) 규범적 측면에서 본 신행정이론

쉬크(Allen Schick)는 규범적 측면에서 신행정이론의 특성을 규정했다. 그에 따르면 신행정이론은 사회적 형평성을 극대화하기 위해, 현실적합성을 높이면서 적절한 사회

3) 프레데릭슨은 사회적 형평성(social equity)이라는 가치를 강조하면서도, 행정학의 전통적 가치인 절약과 능률을 완전히 무시하는 것은 아니라는 입장을 취하고 있다. 1970년대 이후 신행정론자들은 프레데릭슨의 이 같은 주장에 대부분 동조하는 입장을 취했다. 예를 들면 벨론(Bellone, 1980: 4)은 신행정론자들이 행정학의 전통적 가치들과 새로운 가치를 동시에 강조하는데, 특히 중요한 새로운 가치로는 사회적 형평을 들고 있다. 그러므로 신행정이론의 특징은 무엇보다도 규범적 측면인 사회적 형평성을 강조하는 데서 찾을 수 있다.

변동을 추구하려는 새로운 패러다임이라는 것이다(Schick, 1975: 64, 161-165).

(1) 규범적 성격

신행정이론은 가치중립적인 입장을 취한 행태이론이나 절차적 중립성을 강조해 온 전통행정학을 배격하고, 행정이론이 추구해야 할 새로운 방향으로 규범적 성격을 강조하는 입장이다. 다시 말해, 행정학은 사회의 병폐를 치유해야 하는데, 이를 위해 신행정학은 무엇보다도 가치 부여를 우선시하는 규범주의를 지향해야 한다는 입장이다. 신행정이론이 이처럼 학문의 규범적 성격을 강조하는 이유로 첫째는 행정학이나 정치학이 가치중립성을 유지한다는 것은 불가능하며, 둘째는 행정학자는 사회에서 소외받는 계층의 옹호자가 되어야 하기 때문임을 들고 있다.

(2) 현실적합성

현실적합성(現實適合性, relevance)이란 행정이론이 사회 문제에 대처하거나 또는 이를 해결할 수 있는 능력을 의미한다. 행정이론이 현실적합성을 높이려면 사회가 처해 있는 다양한 사회 문제를 다룰 수 있어야 하며, 또한 행정조직도 사회 문제들을 해결하기 위해 형태의 완벽함보다는 사회 변동에 적합한 융통성과 적응성을 발휘할 수 있도록 구성되어야 한다. 이런 측면에서 미노브루크 회의에서 강조된 것 역시 기존의 행정이론이 현실적합성이 낮다는 것이었다. 그래서 신행정이론은 기존 행정이론이 실천적 성격과 적실성을 상실했기 때문에, 급변하는 현대 사회에 대응할 수 있도록 행정의 역량을 키워 나가야 한다는 주장을 전개했다.

(3) 사회적 형평성

신행정이론은 특히 사회적 형평성(social equity)을 강조했다. 그 이유는 과거 정부기관으로부터 제공되는 행정 서비스가 특정 집단이 지닌 접근 능력에 의해 좌우됨으로써 불평등이 야기되었기 때문에, 이제는 행정이론이 행정 서비스의 균등한 혜택을 보장할 수 있는 제도적 장치를 마련해야 한다는 입장이다. 다시 말해, 행정은 사회적 불평등을 제거해야 할 의무가 있으므로, 사회적 · 정치적 · 경제적으로 불리한 입장에 처해 있는 계층을 위해 더 나은 서비스를 제공함으로써 사회적 형평성을 추구해야 한다는 시각이다.

(4) 변동의 강조

신행정이론은 사회적 형평성을 달성하기 위해 모든 부분에서 변동(change)이 촉발되어야 함을 강조했다. 현재와 같이 사회를 유지해 나간다는 것은, 결국 지배계층에게만 유리한 환경을 그대로 조성하는 결과를 초래하기 때문이다. 따라서 이 같은 환경을 바꾸고 지배계층의 예속으로부터 행정이 벗어나기 위해서는 제도의 변동이 필요하다는 입장이다. 신행정이론은 변동의 방식으로 계층제와 관료제도론을 중심으로 하는 전통적 조직이론에 반발하면서, 분권화와 참여의 확대를 지향하는 반계층적・비관료제적 조직모형으로의 조직 개편을 주장했다.

2) 신행정이론과 전통행정이론과의 차별성

신행정이론과 전통행정이론과의 비교를 통해 신행정이론이 지닌 차별적 특성을 살펴보면 이러하다.

(1) 가치 문제

행정학이 추구해야 할 가치 문제와 관련해, 신행정론자들은 가치중립적인 입장을 취하는 행태주의와 실증주의를 강력하게 비판했다. 따라서 신행정론자들은 기존의 행태주의자들과는 달리 적극적으로 가치를 확인・창조하고, 이를 실현해야 한다는 후기행태주의(post-behaviorialism)나 현상학적・실존주의적 입장을 취하고 있다.

(2) 현실적합성

신행정론자들은 행정학의 현실적합성과 관련해, 정치 체제 속에서 최소 수혜 계층이 불평등한 차별 대우를 받고 있는 것을 기존 행정이론이 묵과해 왔다고 비판한다. 다시 말해, 기존 행정 체제와 행정이론이 현상 유지의 수단으로서 최소 수혜 계층에 대한 사회 정의를 거부해 왔다는 것이다. 따라서 신행정론자들은 사회 정의의 차원에서 최소 수혜 계층에게 적실성있는 행정이론을 모색해야 함을 주장했다.

(3) 사회적 형평성

신행정이론은 가치와 현실에 대한 시각을 통합시켜, 정부의 사회적 목적과 관련된 가치인 사회적 형평성을 강조해야 한다는 입장이다. 즉, 행정학자와 실무자들이 최소 수혜 계층의 이익을 위해 노력해야 한다는 주장이다. 이를 위해 사회적 형평성을 실현시킬 수 있는 정책 수단, 조직구조, 관리 방안들을 개발해 적용해야 하고, 사회적 형평성의 이념과 방향이 행정이론과 실제는 물론 행정학 교육과 공무원 교육에 반영되어야 한다고 강조했다(남궁근, 1984: 221-225).

3 신행정이론의 위치

신행정이론이 처한 위치(location) 문제 또는 기존 행정이론과의 관계 설정과 관련해 신행정이론이 기존 행정이론이나 규범과 차별성이 있다고 해서 이들을 전적으로 부인할 수는 없다. 또한 신행정이론이 추구하는 가치도 학자에 따라 상이하기에 하나로 합의된 신행정이론을 규정한다는 것도 어려운 일이다. 따라서 신행정이론에 담겨 있는 내용은 과거 행정을 지배해 온 여러 가치에서 연유한 것이기 때문에, 신행정이론은 전통적 행정학의 발전 맥락 속에서 이해되어야 한다.

예컨대 고전적 관료모형(classical bureaucratic model)에서 강조해 왔던 능률과 절약의 가치도 신행정이론에 당연히 포함되어 있다. 문제는 가치 자체에 있는 것이 아니라, 가치를 성취하는 방법과 양태에서 차이가 존재한다. 예컨대 능률과 절약과 같은 가치가 전통적 행정모형에서 취하고 있는 계층제, 관리통제, 권위, 그리고 집권화와 같은 방식을 통해서만 성취되는 것은 아니기 때문이다. 대신에 느슨한 통제, 느슨한 관료제, 그리고 탈권위주의적 리더십에 의해서도 실현될 수 있는 것이기에 그러하다.

또한 신관료모형(neo-bureaucratic model)에서 강조되는 의사 결정의 합리성도 신행정이론에 내포되어 있다. 그 밖에도 인간관계모형(human relations model)과 공공선택모형(public choice model)에서 강조하는 근로자 만족, 개인 성장, 개인적 품위 유지, 시민의 선택과 같은 가치들도 신행정이론과 연관되어 있다. 결국 이 같은 전통적 행정 가치는 사회적 형평성이라는 가치와 융합되면서 신행정이론의 모형을 이루고 있다.

4 신행정이론의 추구 가치

전통행정이론에서 강조되던 능률성, 절약, 생산성과 같은 가치는 어떤 조건 하에서도 행정이 추구해야 할 지배적인 가치이다. 이런 측면에서 신행정이론도 이를 추구하기 위해 일련의 가치 체제에 의해 지배되고 있는데, 그것은 무엇보다도 가치 중립적인 행정인과 행정이론을 배격하는 행정 가치를 지향한다는 데 있다. 그리고 이 같은 행정 가치는 상호 경쟁적이면서도 나름대로 명확한 존재 이유를 갖고 있음을 인정한다.

1) 신행정이론이 추구하는 가치

신행정이론을 특징짓는 규범이나 가치로는 대응성, 근로자와 시민의 참여, 사회적 형평성, 시민의 선택 그리고 행정책임 등을 열거할 수 있다. 이들은 미국의 정치와 행정에서 시급히 요구되는 가치이자, 규범적으로나 경험적으로 지지를 확보하고 있다. 그런데 신행정이론이 추구하려는 가치는 사회적 형평성이라는 용어로 집약될 수 있는데, 사회적 형평성은 행정윤리와 도덕을 설파하기 위한 개념이라기보다는 행정이론과 실무를 이전과 다른 시각에서 접근하려는 개념이다.

사회적 형평성은 이런 측면에서 현대 행정을 이해하는 데 핵심적인 개념이다. 따라서 능률, 절약, 생산성과 마찬가지로 사회적 형평성도 공무원의 행태와 의사 결정을 평가하고 행정의 효과성을 측정하는 기준이 되어야 한다. 그 이유는 중요한 정책 결정의 대부분에는 윤리적 내용이 포함되어 있는데도 불구하고, 공무원의 윤리적 행동 기준이 명확히 설정되어 있지 않기 때문이다. 윤리 문제에서 유일한 행동 기준이란 존재할 수 없다. 다만 주어진 재원으로 극대의 효과를 얻으면서 부정적인 부수 효과를 최소화하는 방향으로 결정이 내려져야 한다. 또한 정치와 행정이 개방적이고 국민 지향적이며 참여를 용납할 때, 행정의 도덕성은 최대로 보장될 것이며 행정은 사회적 형평성을 실현할 수 있기 때문이다.

신행정이론에서는 공공 서비스를 통해 사회적 형평성이 제고되고 있는지 여부가 중요한 문제이다. 일반적으로 국민을 동질적 존재로 가정하고 개인 간의 이질성을 인정치 않는 경향이 있는데, 이러한 동질성의 가정은 편리할 수는 있지만 논리적으로나 현실적으로 옳지 않다. 현대 사회에서 보듯이 부(富)와 빈곤, 고용과 실업, 건강과 질병, 지식과 무지, 희망과 절망은 도처에서 발견되고 있는데, 현대 행정이 이질적 상황을 전제하지 않는다는 것은 어불성설이다.

특히 다원주의적 정부는 관료제나 특정 소수에게 우호적인 반면에, 정치적 및 경제적 자원을 소유하고 있지 못한 소수집단에게는 차별적이다. 불평등이 어느 체제에서나 발견되는 현상이기는 하지만, 행정이 불평등을 해결하지 못한다면 오히려 피박탈자를 억압하는 수단으로 악용되기 쉽기 때문에 신행정이론이 형평성을 강조하는 또 다른 이유이기도 하다.

사회적 형평성은 향후 정책 결정 과정에서 핵심적 문제가 될 것이다. 공무원은 형평성의 기준과 측정치를 개발하고 이들의 타당성을 입증해야 하는 한편, 공공 서비스가 시민의 인간적 존엄과 복리에 미치는 영향들을 이해하고 있어야 한다. 이에 따라 공무원 교육은 사회적 형평성의 개념을 이해시키는 방향으로 구성되어야 하며, 공무원은 자기 업무가 초래할 사회적 결과를 고려하면서 업무를 수행해야 한다. 이를 위해 공무원의 참여를 허용하고, 선거직 공무원이나 입법부와 일상적으로 상호작용하면서 시민의 요구를 파악하고 있어야 한다.

또한 공무원은 사회적·경제적 및 정치적 변화에 대한 행정적 대응책을 강구하고 조정하는 역할을 수행해야 한다. 공무원의 리더십은 선거직 공무원이나 입법부와 더불어 변화 과정을 체계적으로 계획하고, 정부의 적절한 기능과 서비스 수준을 염두에 두면서 합리적으로 업무를 수행해야 한다.

2) 가치 실현을 위한 구조적 수단

신행정이론이 추구하는 가치를 구체화시킬 수 있는 구조적 수단으로는 분권화, 주민통제, 근로자의 정책 결정에의 참여, 서비스의 균등 배분, 계약, 권한위임 등이 있다. 그리고 관리적 수단으로는 직원과 고객과의 상호작용, 교육훈련, 근로자 참여 윤리의 수용, 조직 발전 훈련, 형평성에 입각한 직업윤리헌장의 채택, 소수자 보호의 실천, 특정 서비스의 독점 완화, 사회계층별 성과측정 등을 들 수 있다. 시대 상황적인 맥락 속에서 신행정학이 추구하는 가치 실현을 위해 현실적 대안으로 제시된 주요 수단의 특성은 이러하다.

첫째, 신행정이론에서 의미하는 목표 설정과 집행 과정에서 참여란 한 번의 투표행위로 끝나는 것이 아니라 광의적인 개념으로 사용되고 있다. 즉, 행정기관의 의사 결정 과정에 대한 참여 문제는 행정적 능률성을 희생하더라도 반드시 이루어져야 한다는 입장이다.

둘째, 신행정이론에서는 행정적 평등성을 강조함으로써 분배적 측면에 중점을 둔다. 따라서 신행정이론에서는 기획예산제도(PPBS)라든가 비용편익분석 또는 체계분석 등이 지니는 계량적 접근의 한계에 불만을 가지면서도 가능한 많은 변수를 감안하려고 한다. 그 결과 능률성에 의한 전통적 평가에 비해 훨씬 높은 평가를 하고 있으며, 이런 의미에서 비용편익분석에서 비용효과분석으로의 전향이나 정책산출분석이 각광을 받고 있는 것은 신행정이론이 추구하는 바를 그대로 시사해준다.

셋째, 신행정이론은 조직 내부의 분배 과정 시 발생하는 외부와의 갈등이 점진적 타협이나 절충에 의해 해결되기보다는, 어느 정도 진퇴를 분명히 하는 행정가에 의해 직접적 대결로 해결되기를 요구한다. 따라서 가치 중립적이라기보다는 가치 지향적인 관료의 태도를 옹호한다.

넷째, 신행정이론은 권위와 조직 속에 존재하는 계층제를 어떻게 보느냐는 측면에서 전통적 행정학과 뚜렷한 차이를 보인다. 신행정이론 역시 완전한 계층제가 없는 사회를 상정하는 것은 아니다. 다만 이론적인 면에서나 실제적인 면에서 전통적 계층제를 수정하고자 하는 입장이다. 대안으로 사업조직(project organization)이나 행렬조직(matrix organization)과 같은 조직 형태를 강조한다.

다섯째, 신행정이론은 개방 체제적 이론모형으로부터 많은 영향을 받았다. 그래서 조직과 환경 간에 개방성이 최대한으로 확보되어야 한다는 가정 하에, 조직 참여자에 대한 감수성 훈련과 같은 조직 발전(organization development)을 하나의 개혁 방안으로 제시했다(이병철, 2005: 283-285).

결론적으로 신행정이론은 전통 행정학에서 강조해 온 능률이나 절약과 같은 가치의 중요성을 부인한 것이 아니다. 신행정이론은 비록 능률적이고 절약하는 정부라 할지라도, 여전히 빈곤과 불평등과 불의를 갖고 있을 수 있음을 강조했다는 데서 그 중요성을 찾을 수 있다. 그래서 신행정이론은 공공 서비스의 윤리적 차원에서, 사회적 형평성의 중요성을 어느 이론보다 더 강조했다는 점에서 의미가 있다(유평준, 2005: 111-113).

제 3 절 신행정이론의 적실성

1 신행정이론에 대한 비판

거대하게 비대화된 관료제 조직에 대한 재조명과 그에 대한 축소 지향의 처방, 그리고 행정 가치와 윤리의 문제를 개입시키지 않고는 해결될 수 없는 시대적 딜레마의 상황에서 등장한, 신행정이론은 출생 배경이라는 측면에서 시대적 타당성을 지닌 듯하다. 특히 해결하기 어려운 빈곤 문제와 부(富), 자원, 기회의 왜곡된 배분 문제, 파생되는 사회적 형평성의 왜곡 문제와 인권 유린 등 모든 시대적 사회 문제는 새로운 처방과 시각을 필요로 하고 있었다.

신행정이론은 이 같은 시대적 상황 속에서, 기존의 행태주의를 비판함과 동시에 가치주의를 표방하면서 등장했다. 이들은 행정학 연구에서 가치 문제를 제일의 과제로 삼고, 가치 문제를 떠난 행정학이란 생각할 수도 없다는 입장이었다. 왈도의 평가처럼 신행정학은 분명 시대적 산물로서 나타난 잠정적 처방전으로서, 기존 행정학에 커다란 충격을 안겨주었다(Waldo, 1972: 328).

그러나 신행정이론이 주장하는 가치주의가 아직은 이론으로서 축적된 것이 별로 없고, 연구 결과 또한 큰 성과를 내지 못하고 있다. 기세는 당당하나 내용의 부실성과 공허성을 면치 못하고 있다고 할 수 있다. 즉, 방법론이 결여되고 핵심이 없는 수사학적(rhetoric)인 방향으로 흐르고 말았다는 데 있다(Waldo, 1971: 257-286; 백완기, 2003).[4)]

특히 신행정이론이 1960년대와 1970년대의 시대 상황에 대한 인식에 기초해 이론을 피력하고 있기 때문에, 당시와 같은 급변적인 소요 상황이 계속되지 않는 시점에서 신행정론자들이 주장하는 모든 내용이 여전히 의미를 갖고 있는지 생각해 보지 않을 수 없다. 또한 신행정이론은 완전한 의미에서 '신'행정이론이기보다는, 행정 현상을 과거와는 다른 시각에서 접근하고자 했던 노력에 불과하다는 비판에도 일리가 있다.

끝으로 신행정론자들이 주장하는 규범적 견해가 지닌 이상적인 상태를 부인할 수 없다. 예컨대 대응성이나 시민 참여와 같은 가치들이 바람직하지만, 이런 가치를 현실적으로 구체화시키는 데 많은 난관이 있음을 간과해서는 안 된다는 점에서 신행정이론의 한계를 엿볼 수 있다(유평준, 2005: 117).

2 신행정이론의 적용 가능성

신행정이론은 가치 중립적이기보다는 규범적인 관점에서, 기술적이기보다는 처방적

4) 제1차 미노브루크 회의가 있은 후 몇 년간 여러 학자에 의해 논리적 실증주의를 대체할 수 있는 철학적 대안의 윤곽이 드러났다. 덴하트(Robert B. Denhardt)나 하몬(Michael M. Harmon) 등은 연구와 탐색을 위한 해석학적이고 분석비판적인 접근을 하나의 대안으로 제시했다. 그러나 이러한 대안은 이후 1988년에 개최된 제2차 미노브루크 회의에서 광범위하게 논의되지는 못했다. 조직이론 연구를 위한 기준으로서 의사결정주의(decisionism)에 대한 하몬의 비판 외에는 제2차 미노브루크 회의에서 후기실증주의 이론 개발을 이끌어낼 그 어떤 것도 나타난 것이 없었다. 다시 말해, 신행정이론은 1970년대와 1980년대에 걸쳐 실제로 일어났던 많은 사건에 대해 보잘것없는 해결 능력을 노출함으로써 낙관적이었던 순진한 믿음은 산산이 깨져버렸다.

인 입장에서, 제도 지향적이라기보다는 고객 지향적인 행정과 행정학을 강조함으로써 전통 행정학의 패러다임에 도전했다. 동시에 신행정이론이 지닌 규범적 정향성은 1980년대를 전후해 등장한 비판행정학이나 행위이론(action theory)과 무관하지 않다. 특히 신행정이론이 강조하는 사회적 형평성의 가치는 전통 행정학이 소홀히 다루어 왔던, 행정이 추구해야 할 가치정향성에 일대 방향 전환을 가져왔다.

다시 말해, 행정이 추구해야 하는 가치 가운데 평등과 형평, 그리고 현실적합성 등이 능률성이나 효과성 그리고 합리성에 못지않게 중요한 행정적 가치라는 점을 강조했다는 측면에서 신행정이론의 이론적 적용 가능성은 실로 크다. 또한 인간 삶의 궁극적 가치를 실현시키기 위해 사회적 평등과 형평의 실현이 이루어져야 함을 강조했다는 측면에서 신행정이론의 타당성은 재론의 여지가 없다.

다만 신행정이론은 행정철학의 새로운 패러다임으로서 그 자신이 지니고 있는 능력과 한계를 겸허하게 수용하면서, 다시 새로운 시대의 행정이 요구하는 가치 실현을 위해 자리매김해야 한다. 또한 이를 통해 정체성의 위기에 직면한 행정학을 좀 더 대응성있는 학문 체계로 격상시켜 나가는 데 기여함으로써, 행정학의 학문적 지평을 넓혀 나가는 데 도움을 줄 수 있어야 할 것이다(이병철, 2005: 270-272).

생각해 볼 문제

신행정이론의 대두 배경

1. 신행정이론의 등장 원인을 이론적인 측면에서 생각해 보시오.
2. 신행정이론의 등장 원인을 현실적인 측면에서 분석해 보고, 그 당위성에 대해 생각해 보시오.
3. 신행정이론의 전개 과정에서 고려된 당시의 시대적 상황을 조사해 보시오.

신행정이론의 내용과 특징

1. 신행정이론을 둘러싼 개념의 복잡성에 대해 생각해 보시오.
2. 신행정이론의 특성을 규범적 측면에서 생각해 보시오.
3. 신행정이론과 전통 행정이론과의 차이점에 대해 생각해 보시오.
4. 신행정이론이 추구하는 가치들의 적실성에 대해 분석해 보시오.
5. 신행정이론이 추구하는 가치들이 다른 이론과 어떤 연계를 지니고 있는가를 생각해 보시오.

신행정이론의 적실성

1. 신행정이론의 이론적 한계와 현실적 처방성에 대해 생각해 보시오.
2. 신행정이론이 행정이론의 발달 과정에서 차지하는 의의에 대해 생각해 보시오.

3. 신행정이론이 패러다임으로서 자리를 구축하기 위한 대안을 모색해 보시오.
4. 오늘날 한국 행정이 맞고 있는 위기적 상황에서 신행정이론의 현실적실성에 대해 생각해 보시오.

제 6 장 신공공관리이론

제 1 절 신공공관리이론의 등장 배경

민주적 제도들에 대한 책임성을 확보하기 위해 진보주의 시대에 도입되었던 관료적 패러다임(bureaucratic paradigm)은 1970년대 후반부터 반정부 · 반관료주의 · 반조세로 특징지어지는 후기관료적 패러다임의 도전에 직면했다.[1] 이에 따라 행정에서 과연 이런 흐름이 관료적 패러다임을 대체할 정도의 새로운 패러다임이 될 수 있겠는가의 문제와, 그에 따른 효과성과 적실성을 둘러싼 논쟁이 중요한 이슈로 등장했다.

신자유주의에 기반을 두고 집권한 보수적 정부와 학자들에 의해 제기된 새로운 흐름은 취약한 이론화의 정도에도 불구하고 변화를 향한 잠재적인 힘은 대단히 컸다. 영국을 중심으로 한 신관리주의(new managerialism)와 미국을 중심으로 한 기업가적 정부모형(entrepreneurial government model)으로 대별되는 이 같은 흐름은 경쟁적인 시장 메커니즘과 유사한 방식과 대중주의적 접근 방식을 통해 효율성과 대응성이라는 행정의 근본적 가치를 달성하고자 했다. 정부는 이에 따라 새로운 보상과 유인 체계를 창출해야 하고, 이를 추구하기 위해 시민과 관료들에게 새로운 권한을 부여해야 하는 상황에 직면

1) OECD에서는 신관리주의, 후기관료적 패러다임, 기업가적 정부모형 등과 같은 조류(潮流)를 묶어 신공공관리(new public management: NPM)라는 용어로 사용하고 있다. 이 장에서는 OECD의 용례에 따라 신공공관리이론이라는 통일된 용어를 사용하고자 한다.

했다. 또한 유인 체계를 강요하기 위해 서비스를 제공받는 사람에게 선택권을 부여해야만 했다. 그 결과 새로운 패러다임의 초점은 고객 중심적 · 결과 중심적 · 경쟁 유도적인 정부에 모아지고 있다(Kettl, 1994: 175-180).

한편 실무적인 측면에서는 시장 메커니즘에 익숙한 실무자들이 이론 형성에 참여했고, 이를 개혁 과정으로 전환하는 데 필요한 지도자들의 강력한 지지가 중요한 몫을 차지했다. 이와 같은 신공공관리이론(new public management theory)의 등장 배경을 환경적 측면과 이론적 측면으로 나누어 살펴보면 다음과 같다.

1 신공공관리이론의 환경적 배경

영국과 미국을 포함한 각국에서 신공공관리이론이 등장하게 된 환경적 요인을 살펴보면 이러하다.

첫째, 1970년대에 접어들면서 선진국이 안고 있던 과중한 복지 비용 부담과 공공 부문의 비효율성이다. 이로 인해 유권자들은 재정적자에 대해 강력한 개혁 요구를 제기하기 시작했다. 다시 말해, 경제성장률의 둔화, 경상수지 적자의 확대, 재정적자와 공공부문에서의 누적 채무의 증대로 1970년대 초까지 번성했던 큰 정부에 대한 개혁은 시대적 요청이 되었다.

둘째, 민영화와 외부계약제의 도입 등에서 보듯이 공공 부문의 생산성이 민간 부문에 비해 뒤떨어져 공공 부문의 성과가 저조하다는 점이다. 또한 정부가 모든 상황에 대해 더 이상 해결책을 제시할 수 없다는 정부 개입의 효과성에 대한 의문, 그리고 어려운 환경에 적응할 수 있는 새로운 능력에 대한 요구가 이 모형을 선택하게 되었다.

셋째, 세계화의 추세에 따라 각국의 공통 관심사인 국가경쟁력의 강화에 대한 욕구이다. 정부생산성이 총체적인 국가경쟁력에 대해 미치는 영향은 지대하므로 국가경쟁력의 강화라는 상황이 각국으로 하여금 신공공관리론의 도입을 강요하게 되었다.

이 밖에도 공공 부문이 민간 부문에 불필요한 부담을 주고 발전에 걸림돌이 된다는 우려, 전통적 처방으로는 더 이상 정부가 안고 있는 경제사회 문제를 해결할 수 없다는 정부 능력에 대한 기대 저하, 높은 대응성과 선택 여지의 확대, 행정 서비스의 질에 대한 시민의 요구 증대, 공공 부문 내부 직원의 변화 욕구 팽배, 정보 기술의 발달 등도 모형 선택의 환경적 요인이다(김태룡 · 이병헌, 1999: 620-621; Hugh, 1994: 63-66).

2 신공공관리이론의 이론적 배경

신공공관리이론의 이론적 토대는 민간 영역에서 발달한 신관리주의와 경제학이다(Howard, 1999: 268; Terry, 1999: 274; Kaboolian, 1998: 190; Boston, 1991: 2).

첫째, 신공공관리이론의 이론적 토대 가운데 하나인 신관리주의는 신테일러주의(neo-Taylorism)와 상호 교환적으로 사용되고 있다. 이는 공공 영역에 기업식 관리주의(business-type managerialism)를 적용한 새로운 사조를 의미한다.

둘째, 신공공관리이론에 영향을 미친 경제학은 주로 미시경제학(신제도주의 경제학과 조직경제학)이다. 이에는 공공선택이론(public choice theory)과 주인-대리인이론(principal-agent theory), 거래비용이론(transaction cost theory) 등이 포함된다. 따라서 신공공관리이론의 이론적 토대는 관리주의와 공공선택이론, 주인-대리인이론, 거래비용이론 등이 상호 혼합된 복잡한 양태를 띠고 있다(Self, 1993).

이와 같이 다양한 이론적 토대로 구성된 신공공관리이론은 국가에 따라 이론적 발전 과정에 약간의 차이가 있다. 예컨대 영국을 중심으로 한 신관리주의나 미국에서 발전된 기업가적 정부모형 간에 차이가 나는 것이 그것이다. 하지만 신공공관리이론에 바탕을 둔 개혁운동이 국가에 따라 폭과 깊이 그리고 성공 여부에 차이가 있기는 하지만, 추구하는 목표와 사용하는 기술은 대저 유사하다. 운동의 핵심은 관료에 의해 운영되어 온, 비대응적인 행정기구의 생산성과 능률성을 극대화하는 데 초점을 두고자 했다는 데 있다(Nagel, 1997).

제 2 절 신공공관리이론의 내용과 특성

1 신공공관리이론의 개념

행정학에서 새로운 영역을 구축한 신공공관리이론은 시장이론에 대한 기대가 시대적으로 풍만했던 1970~1980년대 영・미 정부 개혁의 형태를 통해 등장했다. 그리고 1990년대 들어 고어(Al Gore) 부통령이 국가성과평가위원회(National Performance Review) 보고서에 오스본(David Osborne)과 게블러(Ted Gaebler)의 정부재창조 개념을 반영하면서, 신공공관리이론은 국제적인 흐름으로 확산되기 시작했다.

정부혁신운동의 일환으로 전 세계에 확산된 신공공관리이론은 후드(Christopher Hood)에 의해 처음으로 사용된 이래(Hood, 1991: 3), OECD에서는 이를 국내외적으로 진행되는 새로운 혁신으로 규정했다(OECD, 1995a, 1995b). 신공공관리이론은 이 밖에도 시장지향적 행정, 기업가적 정부, 공공관리, 관리주의, 정부혁신 등 다양한 명칭으로 불린다. 그러나 명칭의 다양성에도 불구하고, 신공공관리이론은 시장이나 경쟁 원칙과 같은 민간 경영에 적용되는 관리 기법을 행정 부문에 도입하고자 하는 운동으로, 정부 부문의 성과와 실적을 중시하고 관리자의 개인적 책임을 강조한다는 점에서는 대체적으로 동의가 이루어지고 있다.[2)]

신공공관리이론은 이런 측면에서 과거에 행해진 개혁과는 차원을 달리한다. 과거의 개혁이 비용을 감소하는 데 주로 초점을 맞추었다면, 신공공관리이론은 이론과 실제에서 좀 더 구체적인 프로그램을 가지고 작동한다는 데 차이점이 있다. 또한 신공공관리이론은 전통적인 행정모형을 대체하고자 하기 때문에, 공공 부문과 정부와 사회 간의 관계를 전환시키는 데 주된 목적을 둔다(Hugh, 1994: 66-74).

공공 영역에서 나타난 개혁의 모습은 국가마다 정치적·경제적 체제의 차이에 따라 다양하고, 정부개혁운동 또한 국가에 따라 그 폭과 깊이 그리고 성공 여부가 다르기는 하다. 하지만 모든 나라의 개혁운동에 공통적인 점은 정치와 행정의 관계에 대해 시장경제모형(economic market as a model)을 사용하고 있고, 이를 추구하는 목표와 사용하는 기술이 유사해지고 있다(Nagel, 1997: 349-350).

2 신공공관리이론의 유파

신공공관리이론은 미국을 중심으로 한 기업가적 정부모형(entrepreneurial government model)과 영연방을 중심으로 한 신관리주의모형(neo-managerialism model)으로 대별된

2) 신공공관리이론은 기업가적 정부(entrepreneurial government)(Osborne & Gaebler, 1992: 23; 이종범, 1995: 24-26; 김병섭, 1996), 공공관리(유훈, 1995: 20; 정철현, 1998: 147), 시장 지향적 행정(market-based public administration)(Zyiyong & Rosenbloom, 1992: 535), 정부혁신운동(reinventing government movement)(Kamensky, 1996: 251), 신관리주의(Terry, 1998: 194), 관리주의(managerialism)(Pollitt, 1990) 등 다양한 명칭으로 불리고 있다.

다. 내용 면에서 다소의 차이에도 불구하고, 행정환경의 변화에 대응해 정부의 성과 향상과 관리의 효율성을 제고하고자 한 지향점은 유사하다. 다시 말해, 독점성, 권력성, 경직성 그리고 획일성으로 요약되는 기계적 효율성에 집착하면서 규칙과 절차를 중시하는 통제 중심의 관료적 패러다임(bureaucratic paradigm)으로는 변화에 대응할 수 없다는 것이 신공공관리이론의 시각이다(김태룡, 2000: 2-3).

이는 바즐레이(Barzelay, 1992)가 제시한 이른바 후기관료적 패러다임(post-bureaucratic paradigm)과 유사한 맥락으로, 시민들이 인정하는 가치를 산출하는 결과 지향적 행정, 질과 가치의 중시, 생산 개념의 도입, 규범의 자발적 준수 확보, 조직의 목표 지향성 회복, 자발적인 행정책임 풍토의 조성, 문제 해결 중심의 행정을 지향하는 정부혁신 모형이 필요하다는 것이다. 그 결과 신공공관리이론이 추구하는 궁극적 지향점은 경쟁 지향적 · 성과 지향적 · 고객 지향적인 시장모형을 행정에 도입하자는 것으로 요약된다.

그러나 신공공관리이론은 이와 같은 성격에도 불구하고, 시대별 · 국가별 · 지역별로 다양하게 발전되어 온 까닭에 공통적인 형태로 특정하기가 쉽지 않다. 여기서는 신공공관리이론의 형태를 일차적으로 발달 순서와 국가 간 비교를 통해 살펴보고, 이어서 대표적으로 영 · 미의 형태를 고찰하고자 한다.

1) 발달 순서와 국가 간 비교에 따른 신공공관리이론의 유파

(1) 발달 순서에 따른 신공공관리이론의 유파

펄리(Ewan Ferlie)는 신공공관리이론이 발달해 온 순서에 따라 그 형태를 네 가지로 분류했다.

첫째, 모형 I 은 효율 추구형(efficiency drive)이다. 이 모형은 1980년대 초 · 중반, 특히 대처(Margaret Thatcher) 정부 시대의 영국에서 지배적인 경향이었다. 이 모형의 특징은 공공 부문을 민간기업과 유사하게 보아, 목표를 명확히 설정해 재정적 통제 및 회계감사를 강화하고 계층제에 의한 통제를 강화하며 고객에 대한 대응성을 중시하는 입장이다.

둘째, 모형 II는 감축과 분권형(downsizing and decentralization)이다. 이 모형은 공공 부문과 민간 부문에서 공통적으로 등장한 포스트포디즘적 특성, 즉 조직 감축 및 유연성의 증강, 계약의 증가, 전략과 예산상 책임성의 분산 등 일반적인 조직 발전(organizatian development: OD)에서 기인한 것들이다. 따라서 공공 부문 내의 자원 배분 과정에 있어, 기존의 시장 중심적 사고로부터 좀 더 유연한 준시장적 메커니즘(quasi markets mechanism)으로의 전환과 위탁계약을 통해 조직의 규모를 줄이고 제공하는 서비스의 형태를 더욱 다양하게 바꾸는 노력이 특징적이다.

셋째, 모형 Ⅲ은 장점 탐색형(in search excellence)이다. 이 모형은 인간관계론을 공공 서비스 제공에 응용해 모형 Ⅰ이 지니고 있는 지나친 합리적 접근을 거부하고, 조직원의 자기 발전과 참여를 중시해 가치, 문화, 상징 등과 같은 조직문화에 초점을 맞추는 형태이다. 모형 Ⅲ은 다시 상의하달(top down) 형태와 하의상달(bottom up) 형태로 세분할 수 있다. 상의하달 형태는 지식 개발과 학습에 중점을 둔다. 그래서 조직원을 단결케 하는 데 접착제 구실을 하는 조직문화를 변혁시키고자 카리스마적 리더십의 역할을 강조한다. 이에 반해 하의상달 형태는 조직문화를 내발적(內發的)으로 변화시키는 데 중점을 둔다. 주로 협동훈련 프로그램의 실시와 의사소통 전략, 인적 자원 관리, 광범한 분권화에 관심을 둔다.

넷째, 모형 Ⅳ는 공공 서비스 지향형(public service orientation)이다. 이 모형은 공공서비스의 사명을 명확히 하고, 민간 부문의 높은 질적 관리를 받아들여 이를 공공 부문의 상황에 맞도록 응용함으로써 공공 부문이 과거의 병리에서 벗어나 재활성화되도록 하는 데 초점을 두고 있다. 주요 관심사는 서비스의 질적 수준이며, 관리 과정에서 사용자의 관심이나 가치가 반영되도록 선거에 의해 선출된 관료에게 힘을 실어주고자 하는 것이 특색이다(Ferlie, 1996: 10-15).

(2) 국가 간 비교에 의한 신공공관리이론의 유파

나스콜드(Frieder Naschold)는 국가 간 비교를 통해 신공공관리모형을 세 가지 유형으로 구분했다.

첫 번째 유형은 계약 모형이다. 이 유형의 특징은 규칙에 의존한 전통적 관료제의 지배로부터 탈피해, 조직 운영상의 새로운 핵심 요소로 업적이나 성과에 의한 지배를 강조한다는 데 있다. 이 유형에는 스웨덴, 노르웨이, 핀란드 등과 같은 국가가 포함된다.

두 번째 유형은 소비자 선택 모형이다. 이 유형의 특징은 정부나 공기업 같은 공공부문에 의한 서비스 제공으로부터 탈피해, 시장이나 민간기업 또는 시민단체 등과 같은 경쟁적 제공자를 활용할 것을 강조하고 있다는 데 있다. 이 유형에는 영국과 뉴질랜드 등과 같은 국가들이 포함된다.

세 번째 유형은 시장 중심 모형이다. 이 유형의 특징은 순수 공공재를 제외한 거의 모든 부문에서, 시민과 시민단체(NGO)가 함께 참여하는 직접민주주의를 추구하고자 한다는 데 있다. 이 유형에는 덴마크와 네덜란드가 포함된다(Naschold, 1996: 131-135).[3]

2) 신공공관리이론의 유파로서 영연방형과 미국형

신공공관리모형은 발달 과정이나 국가에 따라, 다양한 형태로 발전되어 온 관계로 통일된 형태를 찾기가 어렵다(오승은, 2002: 526-527). 따라서 다양하게 발전되어 온 신공공관리모형의 형태를, 영연방 중심의 신관리주의와 기업가적 정부모형으로 대별되는 미국의 모형을 중심으로 살펴보면 이러하다.

(1) 미국 모형

듀브닉(Melvin J. Dubnick)은 1970년대 후반부터 미국에서 관료적 패러다임에 대한 반발로 등장한 이론적 경향으로 최소정부론, 규제완화론, 정부재창조론 등을 들고 있다. 이 같은 경향은 〈표 6-1〉에서 보듯이 대체적으로 후기관료적 패러다임의 범주에 포함된다(Dubnick, 1994: 259-260). 미국을 중심으로 한 후기관료적 패러다임은 정치적 이념과 전략적 차이에 따라 세 유파로 나뉜다.

첫째, 최소정부론(minimal state theory)은 정부의 목적을 공공재의 공급으로만 한정해야 한다는 입장이다. 그리고 행정의 성격에 대해서는 부정적인 입장을 견지했다. 예컨대 행정의 속성에 대해서는 합리적이기는 하지만, 이기적으로 자신의 이익과 조직의 예산 극대화를 추구하는 존재로 간주했다. 따라서 행정을 시장과 같은 경쟁적인 조직으로 탈바꿈시켜야 하며, 이를 위한 접근 방식으로 비용최소화 전략과 소비자 중심적인 관리 방식으로 전환해야 할 것을 제시했다.

둘째, 규제완화론(deregulating government)은 민영화와 규제 완화를 무엇보다도 강조하는 입장이다.[4] 세 학파 중에서 가장 정교한 이론을 구축했다는 평가를 받고 있는 이 학파는 정부의 주된 목적을 공공 문제의 해결에 두었다. 선호하는 조직 형태로 느슨한 계층제를 제시했으며, 관리 정향으로는 중재자의 입장에서 통제와 유연성 간의 균형을

---

3) 국가 간 비교 외에도 부캐어트(Bouckaert, 2000)는 신공공관리이론의 유형을 노르웨이와 같은 현상유지형(maintainers), 스웨덴과 같은 현대화형(modernisers), 호주와 뉴질랜드 등의 시장형(marketisers), 그리고 최소국가형(minimal state) 등으로 구분했다.

4) 규제완화학파의 내용은 1989년에 작성된 볼커(Volcker)보고서에 그 방향이 총체적으로 요약되어 있다.

표 6-1 관료적 패러다임과 후기관료적 패러다임의 비교

성격	관료적 패러다임	후기관료적 패러다임		
		최소정부론	규제완화론	정부재창조론
정부 목적	국가 의사 집행	공공재 서비스 제공	공공 문제 해결사	시민 기대 부응
공무원	중립	합리적 이익극대화	공공성	기업가
업무조직	엄격한 계층제	경쟁적 시장적 다원조직	느슨한 계층제	느슨한 조직
관리 방법	엄정한 감독 표준운영절차	최소비용 고객지향적 관리	조정관리 균형과 탄력성	효율적 질관리

중시한다(DiIulio, 1994: 12-36; Dubnick, 1994: 249-287; Kettl, 1996: 175-197).

셋째, 가장 최근에 등장한 정부재창조론(reinventing government model)은 이론의 부족을 앞의 두 이론에 근거하고 있다는 약점에도 불구하고, 실무자의 경험을 중심으로 생동적인 개혁 방안을 제시한다는 데 장점이 있다. 오스본(David Osborne)과 게블러(Ted Gaebler)로 대표되는 신자유주의자와 신보수주의자들에 의해 주창된 기업가적 정부모형은 신관리주의와 유사하게, 공공 서비스의 제공을 위해 강력한 시장접근법과 개인적 선택이라는 메커니즘에 의존하고 있다. 이 모형이 취하고 있는 조직의 유형으로는 적합한 조직 형태를 추구하며, 관리 양태로는 조장적(助長的)인 것을 강조한다.

이상으로 미국에서 대두된 신공공관리모형은 내용 면에서 약간씩 차이를 보이고는 있으나, 대체적으로 시간의 흐름에 따라 세 모형의 특성이 혼합적으로 결합해 작동하는 양상이다.

(2) 영연방 모형

영국을 중심으로 한 영연방 국가에서 발전된 신관리주의는 신우파적 사고에 기초하면서, 시장적 개인주의(market individualism)가 내재된 기업모형을 공공 부문의 핵심적 가치에 이식시키거나 이와 일치시키려는 흐름이다(Self, 1993: 1-20; Mascarenhas, 1993: 320-321; Hood, 1995: 129). 1990년대에 들어오면서 한층 강화되기 시작한 영국의 신관리주의는 관점에 따라 다르기는 하지만, 정부의 기업화를 더욱 창의적 가치로 심화시켰다는 평가를 받기도 했다. 신관리주의는 공공사업의 원리와 고객의 인지를 중시하고 조직관리의 주요 목표인 경제성(economy), 효율성(efficiency), 효과성(effectiveness)의 3E

를 달성하는 데 초점을 두었다.

신관리주의는 전통적 행정학의 기본적인 가정인, 공공행정의 특수성과 절차 및 규칙의 중요성을 거부하는 입장이다. 대신, 도구적 활동인 관리가 공사조직 모두에 적용될 수 있다는 가정 하에, 사회경제적 문제들이 관리의 개선으로 치유될 수 있다고 주장한다. 이런 점에서 신관리주의는 종래의 관료적 후견주의를 탈피하고 조직의 개편, 분권화, 사기 진작, 보상 체계의 개선, 감량관리, 반응성 증대, 기업문화의 동태성 등을 추구하려는 관리 스타일이다. 영국을 포함한 영연방 국가에서 신관리주의적인 행정 개혁을 단행하게 된 공통적 요인은 다음과 같다(Wright, 1994: 104-108).

첫째, 경기 침체와 재정 압박으로 인해 예산 적자가 심각해졌다.

둘째, 큰 정부에 대한 신우파(new right)의 불신과 국가 경계가 축소되어 가는 시대적 상황이 초래되었다.

셋째, 행정에 새로운 압력을 초래한 유럽화 현상을 들 수 있다.

넷째, 비효율적인 정부 성과에 대한 국민의 불만이 고조되고 있었다.

다섯째, 세계적으로 신공공관리모형과 같은 경영적 관리 사조가 유행하게 되었다.

여섯째, 정보 기술의 발달로 신공공관리적 개혁 방식을 도입하는 데 유리한 환경이 조성되었기 때문이다.

결론적으로 영국의 강력한 정부 개혁의 이론적 토대는 신관리주의와 신제도주의 경제학에 뿌리를 두었다고 볼 수 있다(Hood, 1991: 5).[5)]

3 신공공관리이론의 구성 내용

영국과 미국 등 서구 자본주의 사회에서 신보수주의 정부가 추진한 공통적인 변화의 방향은 뉴거버넌스(new governance)라는 신념을 구축해 정부를 좀 더 효과적이고 반응적으로 만들려는 노력이었다. 이에 따라 신공공관리적 정부 개혁에 대한 논의 중에서 공통적으로 지적되는 것이 고객 만족의 추구, 문서주의(red tape)의 제거, 자율성의 부여,

5) 신제도주의 경제학의 관점에서 이루어진 정부개혁은 대체로 세 유형으로 나뉜다. 첫째는 책임운영기관화와 같이 관료제를 분해하는 유형, 둘째는 구매자와 공급자를 분리하거나 시장성 테스트 제도와 같은 경쟁과 시장 기제를 도입하는 유형, 셋째는 행정 서비스 품질을 향상시켜 고객에 대한 반응성을 높이는 유형이 그것이다.

비용 절감과 수익 추구 등이다. 이 가운데 고객 만족은 그동안 공급자 편의 위주의 행정을 시정한다는 의미가 있으며, 문서주의의 제거는 공무원과 시민을 옭아매고 있는 각종 규정과 제도를 정비하는 데 의미가 있다. 또한 자율성의 부여는 통제 위주의 조직관리를 지향하고, 공무원의 능력을 제고할 수 있는 근로 생활의 질을 향상시켜 행정의 수월성을 높이는 데 의미가 있다. 끝으로 능률성 제고를 위해 부처 통폐합과 수익사업을 추구하는 것으로 요약할 수 있다(이종범, 1995; 김병섭, 1996; 김태겸, 1998; 이혜훈, 1998).

4 신공공관리이론의 특성

전통적 행정모형의 비적합성에 대한 반응으로 1970년대 후반에 등장한 신공공관리이론은 전통적인 관료적 모형의 문제점을 완화시키는 동시에 공공 부문의 작동 방식에 큰 변화가 일고 있음을 의미한다. 따라서 후드(Christopher Hood)가 언급했듯이, 신공공관리이론의 등장 배경은 후기 산업사회와 포스트포디즘에 따른 사회적인 조건 변화에 대한 대응 양식이기도 하다(Hood, 1991).

신공공관리이론은 국가나 지역에 따라 혹은 시대에 따라 차이가 있을 뿐만 아니라, 명칭이나 범위 또한 다양한 만큼 특징을 도출하기가 쉽지는 않다. 그럼에도 신공공관리이론에는 고찰한 대로 경쟁 원리의 도입, 일선기관으로의 권한위임, 성과에 의한 관리 등과 같은 공통적인 구성 요소들이 내포되어 있다. 이 같은 관점에서 신공공관리이론이 지니고 있는 공통적인 구성 요소를 중심으로 특징을 살펴보면 이러하다.

첫째, 경쟁 원리의 도입을 강조한다. 이를 위해 시장과 유사한 메커니즘이나 민간에서 발달한 관리 기법의 도입을 주장하는데, 경쟁 원리의 도입은 전통적 관료제모형과 가장 차별성이 있는 특징적 요소이다.

둘째, 일선기관으로의 권한위임이나 정부 기능의 축소를 강조한다. 이는 신공공관리이론이 분권적 요소나 관료제의 해체를 통한 생산성의 향상에 초점을 두고 있다는 의미이다. 이와 함께 성과에 의한 관리는 경쟁 원리의 도입과 맥락을 같이하는 특징적 요소로서, 이 또한 기존의 관료제가 행한 지나친 투입 위주의 통제 방식에 따른 성과주의의 소홀에 대한 반작용의 결과이다.

셋째, 성과 중시와 품질 향상을 강조하면서 행정 서비스를 이용하는 고객의 요구에 반응적인 소비자 중심주의를 지향하고 있다.

이 밖에도 관료제가 지나친 규칙과 통제 위주로 운영되어 온 결과, 시민인 고객의 요구에 대한 반응성에 심각한 문제가 있음을 지적한 것도 신공공관리이론의 중요한 특징적 요소이다. 신공공관리이론은 이를 위해 고객인 시민의 권력을 강화해야 할 필요성을 제기했다.

이상과 같이 신공공관리이론이 지닌 특징적 요소들을 전통행정이론의 그것과 비교해 보면 〈표 6-2〉와 같다. 표에서 보듯이 신공공관리이론은 전통행정이론과 달리 경제이론에 기초한 경제인을 추구한다. 그래서 관료의 반응 대상도 전통행정이론이 유권자에

표 6-2 전통행정이론과 신공공관리이론의 비교

관점 \ 유파	전통행정이론	신공공관리이론
이론과 인식의 토대	• 초기의 사회과학	• 경제이론 • 실증적 사회과학에 기초한 정교한 토의
합리성모형과 행태모형	• 개괄적 합리성 • 행정인	• 기술적 · 경제적 합리성 • 경제인 또는 자기 이익에 기초한 의사결정자
공익에 대한 입장	• 법률로 표현된 정치적 결정	• 개인들의 총이익
관료의 반응 대상	• 고객과 유권자	• 고객
정부의 역할	• 노젓기(정치적으로 결정된 단일 목표에 초점을 맞춘 정책의 입안과 집행)	• 방향잡기(시장의 힘을 활용한 촉매자)
정책 목표의 달성 기제	• 기존의 정부 기구를 통한 프로그램	• 개인 및 비영리기구를 활용해 정책 목표를 달성할 기제와 유인 체제를 창출
책임에 대한 접근 양식	• 계층제적 – 행정인은 민주적으로 선출된 정치지도자에 반응	• 시장 지향적 – 개인 이익의 총화는 시민 또는 고객집단에 바람직한 결과 창출
행정재량	• 관료에게 제한된 재량만을 허용	• 기업적 목적을 달성하기 위해 넓은 재량 허용
기대하는 조직구조	• 조직 내에 상명하복으로 움직이는 관료조직과 고객에 대한 규제와 통제	• 기본적 통제를 수행하는 분권화된 공조직
관료의 동기 유발	• 임금과 편익 • 공무원 보호	• 기업가 정신 • 정부 규모를 축소하려는 이데올로기적 욕구

자료: Denhardt & Denhardt(2000: 554)에서 재구성.

게 주로 초점을 맞추는 반면, 신공공관리이론은 고객이라는 기업적 시각에 의존한다. 이에 따라 정부의 역할도 정치적으로 결정된 목표에 따른 정책의 입안이나 집행적 기능이 아닌, 시장의 힘을 이용한 촉매자로서 방향잡기를 강조한다.

또한 정책 목표의 달성을 위한 기제도 정부 기구만이 아닌 유인 체제의 중요성을 강조한다. 책임과 재량의 문제에서도 신공공관리이론은 정치지도자에게 책임을 지는 것이 아니라 고객에게 얼마나 바람직한 결과를 창출했는가에 의해 결정되며, 이를 위해 폭넓은 재량과 분권화된 조직이 주어져야 한다는 입장이다. 특히 바람직한 결과를 창출하기 위한 동기 유발의 경우도 기업가적 정신에서 발현되어야 한다는 입장이다.

결론적으로, 신공공관리이론의 특징은 전통적 행정모형이 효율적으로 작동하지 않았다는 전제 하에, 전통적 정부모형이 추구해 왔던 기본 가정에 도전을 했다는 데 있다. 이에 따라 신공공관리이론은 전형적인 행정가보다는 경제학자나 관리훈련을 받은 사람을 선호하며, 민간 부문으로부터 관리 기법을 도입하고, 비용 감소를 위해 공사 부문의 경계를 무너뜨리고, 더 이상 필요치 않은 시스템 내부의 작업 조건을 변화시킴으로써 정부의 생산성을 높이고자 하는 데 특징이 있다.

제 3 절 • 신공공관리이론의 적실성

1 신공공관리이론에 대한 비판

영국과 미국 등 서구 문화에 기반을 두고 발달해 온 신공공관리이론은 긍정적 요소와 많은 기여에도 불구하고, 모형에 대한 적실성과 효과성을 둘러싸고 논쟁 또한 가열되고 있다(Frederickson, 1997: 88; Sundquist, 1995: 398-399). 신공공관리이론에 대한 적극적 수용론의 관점에서부터 비판적 수용에 이르기까지 그 스펙트럼은 다양한데, 여기에서는 모형의 적실성이라는 관점에서 다음과 같이 살펴보고자 한다.

1) 정치철학적 적실성

정치철학적 관점에서 볼 때, 무엇보다도 신공공관리이론이 주장하는 시장모형이 과연 민주적 가치와 양립할 수 있느냐는 문제에 직면해 있다(Williamson, 1990; Bellon & Frederick, 1992; Moe, 1994; Rosenbloom, 1994; Ingraham & Romzek, 1994; 김태룡, 2000a, 2000b). 이는 민주적 가치를 실현해야 할 행정 체제가 기업에서 활용되는 방식을 도입할 경우, 문제를 해결하는 것이 아니라 오히려 또 다른 문제를 야기할 뿐만 아니라 행정이 추구하는 가치와의 양립 가능성도 별로 없다는 비판이다. 또한 행정이 기업적 관리 방식을 지나치게 선호할 경우 행정이 정치로부터 분리될 수 있다는 위험성과 함께, 환경이 전혀 다른 행정 체제에 무비판적으로 기업가적 경영 방식을 강요하게 되면, 전통적으로 행정이 소중하게 고려해 온 형평성이나 정직성 등과 같은 공직 가치관에 부정적인 영향을 미친다는 점이다.

비판론자들의 공격은 계속해서 신공공관리이론에서 주창하는 것처럼 정부를 단순한 서비스의 제공자로만 인식하게 된다면, 시민의 집합적 선택을 요구하는 중요한 국가적 과제는 정부의 역할에서 배제될 가능성이 높다는 데 모아지고 있다. 따라서 집단이나 계층 또는 지역의 이해 관계와 결부된 정책 결정을 내려야 하는 경우, 이 모형은 별다른 해답을 줄 수 없다는 입장이다.

특히 민주주의 국가를 전제로 한 계약형 시스템의 책임성(accountability) 확보도 중요한데, 이는 신공공관리이론을 둘러싼 가장 근본적인 과제이기도 하다. 그것은 아무리 능률적인 정부라도 공적인 책임을 다하지 않는다면, 정부로서 기능한다고 볼 수는 없기 때문이다. 따라서 지나친 기업형 정부의 추구는 도구적 합리성을 증가시킬 수는 있으나, 잘못하면 본질적 합리성을 저해하는 결과를 초래할지도 모른다(이종범, 1995: 33).

끝으로 신관리주의의 특징 중의 하나인 분권화가 의도하지 않았던 문제를 발생시킨다는 문제이다. 다시 말해, 기능 분담으로 인해 분권화가 이루어질수록, 정치지도자는 더 많은 통제를 갈망하면서 중앙집권적 방향으로 개입을 강화하는, 이른바 신관리주의의 역설(paradox)이 발생할 개연성이 크다(Maor, 1999: 5-6).

2) 신자유주의적 이데올로기의 적실성

정치 이데올로기적 관점에서 이 모형에 가해지고 있는 또 다른 논쟁은 모형이 기초하고 있는 신자유주의에 대한 입장이다. 신공공관리론자들의 입장에서 볼 때, 정부의 목적은 공공재와 용역의 공급이라는 면에 한정되어야만 한다. 이를 위해 정부는 경쟁적이며 시장 지향적인 구조로 전환해야 하며, 관리 접근으로는 비용극소화와 소비자 중심적인 관리 방식을 채택해야 한다는 입장이다(Dubnik, 1994: 249-260; Kettl, 1994: 175-177). 이에 따라 신자유주의자들은 변동을 가져올 수 있는 가장 강력한 수단으로 예산과 인력을 삭감함으로써 관료들이 경쟁력을 갖추도록 해야 한다는 시각이다.

그러나 신자유주의적 정치철학에 대한 옹호에도 불구하고 반대론도 만만치 않다. 비판의 요체는 국가경쟁력 강화를 위해 특정 계층의 권리가 유보되고, 권위주의적 통치 행태가 합리화되는 상황이 되어서는 안 된다는 것이다. 신자유주의에서 추구하는 경쟁력 강화란 극단적으로 기업의 경쟁력 강화가, 종국적으로 국민의 생활을 개선시켜 준다는 전제 하에서만 존재의 의미를 지닌다. 이런 점에서 경쟁 지향적인 시장에 대한 무조건적 신봉이 정치적 민주화를 포함한 모든 문제를 해결해 줄 수 있는지는 고려해 볼 필요가 있다는 입장이다.

신자유주의적 이데올로기에 대한 낙관적 시각과 함께 생각해 보아야 할 또 다른 문제로, 이러한 이데올로기에 기초한 신공공관리론적 정부 개혁이 현실적으로 효과가 있는 것처럼 여겨지고 있다는 사실이다. 최소정부론에서 현재의 기업가적 패러다임에 이르기까지 미국 정부에서 이루어진 개혁모형에 자리 잡고 있는 신자유주의적 영향이 과연 의도된 효과를 거두었는가 하는 문제와 함께, 이런 각도에서 발전도상국의 환경에 적합한 이데올로기로 보아야 하느냐의 문제가 야기된다. 예컨대 신자유주의의 주창자였던 레이건 정부에서 빈부의 차가 가장 크게 발생했다는 점을 고려한다면, 신자유주의에 바탕을 둔 기업가적 패러다임은 심각한 문제를 야기할 수도 있다.

3) 문화적/정향성에 대한 적실성

영국과 미국 등의 서구 유럽에서 개발된 관리 기법이 다른 문화권에 그대로 적용될 수 있는가에 대해서는, 문화 중립적(culture-free) 입장과 문화 기속적(culture-bound) 입장 간에 차이가 있기는 하다(Negandhi, 1975; Hofstede, 1980; 김병섭 · 박광국, 1999: 241-242).

하지만 개발도상국에게 작은 정부론에 기초한 신공공관리모형의 적용은 문화적으로 많은 문제점을 낳고 있다. 개인주의 문화가 발달한 서구에서 제시된 방안이, 집단주의 문화가 발달한 개발도상국과 같은 국가에 그대로 적용될 수 있을지에 관한 의문이 그것이다. 다시 말해, 개인주의 국가에서는 개인별 성과평가가 가능하고 장려되지만, 집단주의 문화에서는 이것이 부정되고 오히려 집단 속에서의 개인이 강조된다는 데 있다(김병섭, 1996: 24-25).

또 다른 관점에서 기업가적 정부는 기본적으로 능률성을 가장 중요한 가치로 전제하고 있다. 그러나 시민사회의 기본 구조가 약한 경우 능률의 논리에 따른 정부의 행동은 국민의 권리를 침해하거나 정당한 절차를 어길 가능성이 높을 수밖에 없고, 민주성의 원리는 심각히 훼손될 가능성이 많다(이종범, 1994: 22-45). 결국 능률의 추구나 경쟁 개념의 도입, 결과 중심의 평가, 사명 중심의 조직 운영 등 기업형 정부가 추구하고 있는 목표는 민주주의의 기본 원리인 정당한 절차나 국민의 기본 권리 보장 등과 상충할 가능성이 높다는 데 문제의 심각성이 있다.

신공공관리론이 추구하는 정향성이나 접근 양식에 대한 적실성과 관련해서도, 예컨대 고객이나 성과 또는 경쟁 지향성의 개념이라든지 시장 지향적인 인센티브 제도 등과 같은 것들에 대한 논쟁이 끊이지 않고 있다(Schachter, 1995; Frederickson, 1997; Cohn, 1997; Balfour, 1997; 김병섭, 1996; 박천오, 1997; 김태룡, 2000). 비판의 요체는 정부조직의 특성을 고려하지 않은 채, 검증되지 않거나 또는 행정환경에 적합하지 않은 기법을 단순히 기업경영 기법이 행정의 그것보다 우월할 것이라는 기대 속에 적용한 결과, 공무원의 사기 저하와 공직 경험의 이탈 같은 부작용이 발생했다는 것이 그것이다.

이런 관점에서 부시 행정부에서 예산감독관을 지낸 다먼(R. Darman)은 최근에 일고 있는 신신주의(新新主義, neoneoism)를 일시적인 운동에 불과한 것으로 평가했다. 그러면서 그는 이보다는 정부가 좀 더 폭넓은 가치, 예컨대 형평성, 대표성, 그리고 반응성이라는 가치를 위해 봉사해야 하며, 헌법은 경쟁이 아니고 공공 부문을 위한 범주라는 점을 강조했다.

결론적으로 문제는 정부와 기업 간의 차별성이 그것인데, 이 차별성을 무시하고 기업과 정부를 동일시하는 개혁 전략은 문제가 있을 수밖에 없다. 따라서 정부가 무엇이든지 잘할 수 있다는 가정에 따라, 정부가 오직 조정적 내지 기업가적이어야 한다고 가정한다면 이는 대단히 잘못된 것이다(Wilson, 1994: 39).

2 신공공관리이론의 적용 가능성

신공공관리이론은 정치철학적 배경이나 이데올로기, 문화적 환경, 정향성, 접근 양식의 적실성 등에 대한 논란으로 대단히 부정적인 평가에 처해 있다. 이미 신관리주의의 출범지인 영국에서는 1994년에 『행정(*Public Administration*)』에서 이에 대한 문제점이 조명되기 시작한 이래, 『미국행정학보』에서도 1998년부터 이 문제를 특집으로 다루면서 논쟁이 가속화되었다. 이에 더해 발전도상국에 적용된 신공공관리모형의 이식에 대한 평가도 실패했다는 결론을 도출했다(McCourt, 1998: 172-187; Common, 1998: 59-76).

결국 중립적이지도 못한 채 일련의 신념이나 선호를 포함한 이데올로기로 구성된 신공공관리모형은 발전도상국을 포함한 후진국을 어떻게 발전시켜야 하며, 체제 능력을 어떻게 배양해야 할 것인가와 같은 문제보다는, 선진국의 관심 대상인 비용 절감이나 세금 감소 등에 주로 초점을 맞추어 온 모형에 불과했다는 비판에 직면해 있다(Minogue, 1998: 17-37).

그러나 신공공관리이론에 가해지고 있는 이 같은 비판에도 불구하고, 이 패러다임이 정부의 개혁모형으로 확산되고 있는 이면에는 다음과 같은 것이 자리하고 있다. 그것은 이 이론을 지지하는 열정이 바로 정부가 해결하지 못한 것에 대한 진짜 문제의 표현일 수도 있다는 점이고, 시민이 정부의 소유주임에도 불구하고 시민들도 역시 고객처럼 대접을 받기를 원한다는 사실이다.

결론적으로 지난 40여 년간에 걸쳐 신공공관리이론이 강하게 확산된 이유는 기업가적 사고를 부각시키게 만든 행정환경의 변화에 행정이 적절하게 대응하지 못했다는 반증이기도 하다. 현재의 반정부적인 분위기가 주어진 상황이라면, 신공공관리이론은 약점과 과장에도 불구하고 실용 노선을 추구하는 정부에 확산될 가능성이 크다. 그것은 고객서비스를 향상시킴으로써, 정부에 대한 인식과 문제 해결을 위한 환경을 창출하는 데 어느 정도의 진보는 이루어 낼 수 있기 때문이다(Kettl, 1994: 181; 김태룡, 1999: 14).

생각해 볼 문제

■ 신공공관리이론의 등장 배경

1. 신공공관리이론의 등장 배경을 환경적 측면에서 생각해 보시오.
2. 신공공관리이론의 이론적 배경을 생각해 보시오.

■ 신공공관리이론의 등장 배경

1. 신공공관리이론의 등장 배경을 환경적 측면에서 생각해 보시오.
2. 신공공관리이론의 이론적 배경을 생각해 보시오.

■ 신공공관리이론의 내용과 특성

1. 신공공관리이론과 공공관리이론 간의 개념적 차이에 대해 생각해 보시오.
2. 신공공관리이론과 거버넌스이론 간의 개념적 차이에 대해 생각해 보시오.
3. 신공공관리이론의 개념적 특성에 대해 생각해 보시오.
4. 신공공관리이론의 유파를 조사해서 비교해 보시오.
5. 신공공관리이론의 유파로서 영연방형과 미국형의 차이점과 유사점에 대해 비교해 보시오.
6. 신공공관리이론의 구성 내용과 특성에 대해 생각해 보시오.

■ 신공공관리이론의 적실성

1. 신공공관리이론에 가해지고 있는 비판의 유형에 대해 생각해 보시오.
2. 신공공관리이론이 함축하고 있는 정치철학과 이데올로기에 대해 생각해 보시오.
3. 신공공관리이론이 함축하고 있는 문화적·정향성의 적실성에 대해 생각해 보시오.
4. 신공공관리이론이 확산될 개연성에 대해 생각해 보고, 그 이유를 조사해 보시오.
5. 한국 행정에 도입된 신공공관리론적 개혁 도구들의 실태를 조사해 보고, 이의 적실성에 대해 생각해 보시오.

제 7 장 신공공서비스이론

제 1 절 신공공서비스이론의 등장 배경

1970년대 후반부터 반정부·반관료주의·반조세(反租稅)의 기치 아래 등장한 후기 관료적 패러다임으로서, 신공공관리이론(new public management theory)이 심각한 도전에 직면해 있다(Frederickson & Johnston, 1999: 1-9). 신공공관리이론에 가해지고 있는 변동의 핵심은 정부의 효율성과 대응성을 제고하는 데, 정부의 소유주인 시민이 배제되어 있다는 데 놓여 있다. 또한 정부라는 배를 두고 관료들이 방향잡기와 노젓기 중 어디에 치중해야 하는가와 같은 문제에만 관심을 두어온 결과, 오히려 관료들의 권력만을 강화시켜 왔다는 비판이 그것이다.

행정 영역에 가해지고 있는 새로운 변동이란, 신공공관리이론의 영향으로 시민은 배제된 채 관료에게만 집중되었던 권력을 정부의 소유주인 시민에게 되돌려 주어야 한다는 것이다. 그래서 새로운 패러다임은 신공공관리이론이 주력해 왔던 관료 중심의 권력 배분적 시각이 아닌, 정부의 소유주인 시민의 관점에서 다시 출발해야 한다는 입장이다.

관료로 하여금 자신에게 집중되었던 권한을 소유주인 시민에게 위임하고, 소유주인 시민을 위해 봉사하게 하며, 시민 중심의 공직 제도를 구축하도록 하는 데 행정의 초점을 두어야 한다는 신공공서비스이론(new public service theory)이 제기되고 있다 (Leftwich, 1993; Minogue, Polidano, & Hulme ed., 1998; McKevit, 1998; Denhardt &

Denhardt, 2000; Rhodes, 2000).

1 신공공서비스이론의 시대적 배경

반응성과 효율성을 제고할 목적으로 비용 절감과 세금 감소 등과 같은 관리적 수단에 의존했던 신공공관리이론은 선진국 내에서도 효과가 별로 없었으며, 발전도상국의 경우는 심각한 부작용만을 초래했다. 신공공관리이론은 테일러(Frederick W. Taylor) 등을 중심으로 한 과학적 관리론의 부활을 넘어서, 과연 국가 능력을 제고할 새로운 거버넌스가 될 수 있느냐는 비판에 직면해 있다.

이와 함께 또 다른 비판으로 신공공관리이론이 거버넌스로서의 위상을 가지고 있다고 해도, 이의 효용을 극대화하려면 제한된 기관이나 지역에 시도를 한 이후에 그 결과를 확산시키는 유기적 접근을 시도했어야 한다는 것이다. 그럼에도 지나치게 포괄적이고 급진적인 접근을 시도한 결과, 오히려 국가 능력만을 감소시키는 결과를 초래했다는 데 모아지고 있다(Tendler, 1997; Minogue et al., 1998).

신공공서비스이론은 이처럼 신공공관리이론의 잘못된 시각과 처방에 대한 반작용과 함께, 국가에 가해지고 있는 새로운 변화에 대한 응전(response)으로 등장했다. 이 중 특히 국가에 가해지고 있는 새로운 변화를 살펴보면 이러하다.

첫째, 수십 년 동안 진행되어 온 민영화와 정부 축소와 같은 시장 지향적인 논의에서 벗어나, 정부가 이제는 좀 더 중요한 정책 결정을 해야 하는 상황에 놓이게 되었다. 그간 정부는 안보 문제에서부터 복지 개혁에 이르기까지 재화와 용역을 전달하는 데 영리조직과 비영리조직에 상당 부분을 의존해 왔다. 그런데 이들 조직은 대체로 지방정부와 연결되어 있기에 지방정부의 역할은 종래와 비교할 수 없을 정도로 중요해졌다. 이에 따라 중앙정부와 지방정부 간에 역할의 변화에 따른 새로운 권한 배분이 요구되고 있다.

둘째, 새로운 변화로 말미암아 공공 서비스를 제공해 오던 정부와 시민단체의 능력이 제약을 받기 시작했다. 그 결과 기능적 전문화와 과정 통제에 기반을 두고 운영되어 오던 정부 기구들은 지역에 기반을 둔 문제가 발생할 때마다 조정상의 어려움을 겪어 왔다. 다시 말해, 서비스를 직접 전달한다는 가정 하에 만들어진 계층적 관료제가 여러 시민단체를 경유하면서 전달되는 서비스의 증가에 어떻게 대응할 수 있느냐와 함께, 전통적 관료제 하에서는 제대로 작동하던 예산통제 과정이 시민단체로부터 정보를 수집하거나 그들을 동기 부여하는 데는 효과적이지 못하다는 사실이다(Pollit, 1993; Kettl, 2000: 488).

그 결과 새로운 의제로 등장한 세계화(globalization)와 이양(devolution)이라는 두 개념이 전통적인 관료제 구조는 물론이고, 국가의 기능과 역할에 지대한 영향을 미침에 따라 새로운 거버넌스를 구축해야 할 필요성이 제기되고 있다(Kettl, 2000: 490-495).

첫째, 적응의 문제로 세계화와 이양이라는 도전에 적합하게 전통적 수직적 체계를 새로운 수평적 체계와 통합해 나가는 것이다.

둘째, 변화된 환경 속에서 효과적으로 국정을 관리할 수 있도록 정부 능력을 제고하는 일이다. 정부의 서비스 체제는 서비스를 직접 전달한다는 가정 하에 구성되어 있어 계약에 의존하는 전문 관리자집단을 개발하고 보상해야 하는 상황에서는 취약하다(Hesselbein ed., 1997: 139-145).

셋째, 이양과 관련된 역할의 배분 문제로서 중앙정부와 지방정부가 해야 할 일을 명료하게 분류할 필요가 있다. 세계화의 추세와 함께 지방정부와 정책 집행에 참여하는 시민단체(NGO)의 중요성은 커지고 있다. 이에 따라 이양과 관련해 중앙정부가 해야 할 새로운 역할 정립이 요구되고 있다.

이처럼 세계화와 이양이라는 변화에 직면해, 새로운 거버넌스로서 신공공서비스이론은 국가 능력을 제고하는 데 초점을 두게 되었다. 이를 위해 신공공관리이론이 강조해 왔던 구매자-공급자모형 대신, 다원주의적인 서비스 공급모형에 입각해 개인과 지역공동체에 기초한 책임성을 강화해야 한다는 입장이다. 또한 변화에 적합한 대응 능력을 제고하기 위해 중앙정부, 지방정부, 그리고 시민단체의 관계를 역동적으로 구축해야 한다는 것이다.

결론적으로 신공공관리이론은 사회, 문화, 가치 체계를 배제시키는 데 치중해 왔다. 그렇기에 신공공서비스이론은 신공공관리이론과 달리 이들 요소를 포함해 체제 능력의 제고와 변화에 따른 대응의 실현성이나 방향을 결정하는 데, 경제적 관점이 아닌 정치적 맥락이 중심적인 역할을 해야 함을 강조하고 있다(Tendler, 1997; Turner, 1998: 249-259; Christoplos, 1999: 260-277).

2 신공공서비스이론의 이론적 배경

신공공서비스이론의 이론적 토대는 신공공관리이론이 배제해 왔던 맥락에 대한 소생으로, 최근의 정치사회이론에서 중요한 영역을 차지하는 민주적 시민이론, 지역공동체와 시민사회모형, 조직인본주의와 담론이론, 그리고 포스트모더니즘에 기초한다(Denhardt & Denhardt, 2000: 552-553).

첫째, 신공공서비스이론이 기초하고 있는 민주적 시민이론(democratic citizenship)은 대의민주정치가 지니고 있는 문제점에서 출발한다. 공공선택론자들이 주장하는 바와 같이 대의민주주의 정치는 투표 제도에 기초한다. 그런데 시민들 개개인의 이익을 극대화하려는 전략에서 출발한 공공선택론적 가정에는 문제가 있다. 따라서 이제는 단순히 개인 이익의 극대화라는 근시안적인 시각을 버리고, 사익보다는 공익적인 관점에서 전체의 거버넌스를 위해 시민이 참여해야 한다는 입장이다. 이를 위해 공공 문제에 대한 장기적인 시각의 소유와 함께, 지역사회에 대해 소속감을 갖는 민주적 시민성이 요구되는 시점이라는 것이다.

둘째, 신공공서비스이론은 새로운 지역공동체의 개념과 이에 따른 시민사회모형에 바탕을 두고 있다. 이는 지나친 다원화에 따른 원자적 사회에 대한 대안으로, 이를 통합하고 종합할 수 있는 새로운 모형으로 지역공동체 모형이 요구된다. 새로운 모형으로서 공동체주의는 단순히 분쟁을 해결하기 위한 절차로서 민주주의가 아닌, 인간의 삶에 영향을 미치는 중요한 의사 결정 과정으로서 민주주의가 구축되어야 함을 강조한다. 그리고 의사 결정 과정에서 시민이 적극적으로 참여해야 한다는 것을 아울러 강조한다. 이런 점에서 정부의 역할 중 특히 지방정부가 지역공동체를 유지하고 형성하는 데 중요한 역할을 담당해야 한다(Coombes, 1998: 424-425).

셋째, 신공공서비스이론은 조직인본주의(organizational humanism)에 바탕을 두고 있다. 조직인본주의는 전통적 조직이론이 주로 상의하달식의 계층적 관료제 조직을 통해 조직구성원의 객관화·비인간화 및 통제 중심의 조직 운영을 강조한 반면, 인간 행태에 대해서는 제한된 견해를 가졌다고 비판한다. 그래서 조직인본주의는 공공 서비스가 객관적인 효율성에 의해서만 평가될 성질의 것이 아니며, 관료의 도덕적·자율적 판단에 따른 사회적 형평과 대응성의 상호작용이 커다란 의미를 가짐을 강조한다.

이런 측면에서 신공공서비스이론은 신행정학(new public administration)이 강조했던 행정의 사회적 평형성과 대응성을 강조하면서, 관료는 공공 서비스가 사회적 형평성과 시민의 안녕에 미치는 영향을 측정할 수 있는 기준과 수단을 개발해야 한다고 주장한다(오석홍, 2005: 816-817).

넷째, 행정 영역에서 두 개의 대안이 정통 행정학을 대체하려는 경향이 있다. 신제도주의와 공동체주의가 그것인데, 폭스와 밀러(Fox & Miller, 1995: 73-128)는 여기에 제3의 대안으로 담론이론(discourse theory)을 제시했다. 폭스(Charles J. Fox)에 따르면, 헌정주의와 공동체주의는 둘 다 행정을 정당화하는 데만 관심이 있기 때문에 적절하지 못하다는 입장이다. 특히 공동체주의자들의 경우는 주권에 대한 소유자로 입법부가 아니라 시민 자신이라는 측면만을 정당화하는 데 관심을 두고 있기 때문에 문제가 있다는 입장이다. 그래서 포스트모더니즘적(post-modernism) 조건을 고려할 때, 이런 흐름만으로는 공동체의 이상이 실현될 가능성이 희박해 담론이론이 필요하다는 입장이다.

제 2 절 신공공서비스이론의 내용과 특성

1 신공공서비스이론의 개념

신공공서비스이론은 정부로 하여금 기업가를 닮으라며 지나치게 능률성 이념을 강조해 온 신공공관리적 사조에 대한 반작용으로 등장한 패러다임이다. 이에 따라 신공공서비스이론은 행정 서비스의 위상과 가치를 제고하기 위해서는 관료와 시민의 공동적 참여와 민주적인 방식에 의해 정부가 운영되어야 한다는 입장이다. 그래서 관료는 민주적 원칙에 입각해서 공공 서비스를 제공해야 한다. 이에 더해 공익, 거버넌스 과정, 민주적 시민 의식의 확대와 같은 민주적 이상을 실현하는 데 관심을 기울여야 함을 강조했다. 이를 위해 관료는 시대적 도전의 복잡성을 인식하는 동시에 시민을 존중하면서, 정책 개발과 집행에 필요한 새로운 기술을 배워야 한다. 특히 관료의 태도와 관련해 말하기보다는 듣기를, 조정보다는 봉사에 더 무게를 두어야 한다.

이에 반해 시민들은 거버넌스 과정에 적극적으로 참여함으로써, 관료와 시민 간의 상호 협력과 호혜적인 입장에서 공공 문제를 정의하고 찾아내는 데 공동의 노력을 기울여야 한다는 입장이다. 행정에서 중요한 정신은 행정이 공익을 증진시키고 시민에게 봉사하는 데 있는 것이며, 행정이 얼마나 효율적으로 수행되었느냐가 아니라 시민의 삶의 질을 향상시키는 데 어떤 기여를 했느냐가 더욱 중요하다는 견해이다(오석홍, 2005: 816-817).

결론적으로 신공공서비스이론은 이론적 기반을 정통 대의민주주의이론이 내세우는 통제모형의 한계를 지적하면서, 사회과학에서 발전되어 온 공동체이론과 담론이론에 기초한 시민민주주의이론에 기초하고 있다. 이에 따라 신공공서비스이론은 지역공동체에 기초한 시민정신과 시민민주주의에 토대를 둔 담론들이 강조해 온 민주성과 형평성에 기초해, 정부의 소유주인 시민의 권리를 회복시키고 지역공동체 의식을 복원하고자 하는 데 초점을 둔 패러다임이다. 그래서 신공공서비스이론은 시민사회가 중심이 된 민주적 공동체를 구축하고자 하는 시대적 사조의 반영물이라 할 수 있다.

2 신공공서비스이론의 구성 내용

신공공서비스이론은 추구하는 내용 면에서 기존의 행정 패러다임이나 신공공관리이론과는 명료하게 차별성이 존재한다. 신공공서비스이론을 구성하고 있는 내용들을 통해 차별성을 살펴보면 이러하다(Denhardt & Denhardt, 2000: 553-557).

1) 행정의 역할에 대한 시각

신공공서비스이론은 행정의 역할에 대해 신공공관리이론이 주장하는 것처럼 방향잡기에 두지 말고, 서비스를 제공하는 데 초점을 두어야 함을 강조한다. 그 이유로 과거에는 정부의 주된 역할이 방향을 잡는 데 있었지만, 미래 사회는 매우 복잡해서 그런 역할이 적합하지도 않을 뿐만 아니라 불가능하기 때문이다. 이에 따라 정부와 관료에 대한 역할도 바뀌어야 한다는 것이 신공공서비스이론의 주장이다.

(1) 정책에 대한 시각

신공공서비스이론에서는 정부가 내린 의사 결정 과정의 결과가 정책이라고 생각하는 것은 의미가 없을 수도 있다는 주장을 제기한다. 예컨대 사회와 정치 영역에서 방향을 제시해 주는 정책과 사업계획이란 것이, 실제로는 다양한 여론과 이익의 혼합물인 동시에 다양한 집단과 조직의 상호작용의 결과로 나타난 것이기에 그렇다는 것이다.

또한 신공공서비스이론에서는 집단과 이익 간의 복잡한 상호작용의 결과, 예측할 수 없는 방식으로 정책이 나타날 수도 있다는 점을 강조한다. 그렇기 때문에 정부는 사회를 움직이는 과정에서 중요한 역할을 담당하는 하나의 행위자에 불과하므로, 정부가 정책에 대한 책임을 전적으로 감내할 필요가 없다는 입장이다.

(2) 관료의 역할에 대한 시각

신공공서비스이론에서 강조하는 관료의 역할은 과거와 같이 시민을 통제하고, 사회를 새로운 방향으로 이끌어 가는 데 그 임무가 있는 것이 아니라는 시각이다. 대신에 시민이 공동의 이해 관계를 표명할 수 있고, 그에 따라 충족할 수 있도록 돕는 데 있다는 것이다.

다시 말해, 행정의 주된 역할이 과거와 같이 규제나 법령을 통해 공중의 행위를 제한하거나 혹은 규칙과 인센티브 등을 만드는 데 있는 것이 아니라는 사실이다. 대신에 지역사회가 직면한 문제를 해결하기 위해 의사일정을 마련하고, 관련 당사자를 한 자리에 모아 해결 방안을 촉진하고 협상과 중재를 모색하는 데 있다. 이러한 역할을 담당하기 위해 새로운 도구로서 관리통제와 같은 기법이 아닌, 중재와 협상 또는 갈등 해결에 필요한 기술 등이 요구된다.

2) 공익에 대한 시각

(1) 공익에 대한 시각

신공공서비스이론에서는 행정이 추구해야 할 공익에 대한 시각으로, 공익을 행정의 부산물이 아닌 목적으로 보아야 한다는 점을 강조한다. 공익에 대한 시각을 이와 같이 행정의 목적으로 설정하기 위해서는 모든 사람이 공유할 수 있는 공익 개념을 구축해야 할 의무가 관료에게 있다는 것이다. 이처럼 신공공서비스이론에서 보는 공익이란 공공선택론자들이 주장하는 것처럼 개인의 이익을 단순히 합산해 놓은 것이 아니라, 공유하고 있는 가치에 대해 대화와 담론을 통해 얻은 결과물로 보고 있다. 이러한 관점에서 신공공서비스이론은 사회가 추구해야 할 목표나 비전을 설정하는 과정이 단순히 선출된 정치 지도자나 임명직 관료에게만 주어져서는 안 되고, 폭넓은 공적 담론과 논의를 통해 이루어져야 함을 강조하고 있다.

(2) 공익과 관련한 정부와 관료의 역할

신공공서비스이론은 공동체, 정부 혹은 국가에 대한 광범위한 비전만이 미래를 인도하는 이념이 될 것이라는 측면에서, 정부의 역할은 사회가 나아가야 할 방향에 관해 진실한 담론이 가능할 수 있도록 분위기를 조성하는 데 있다고 보고 있다. 또한 정부의 이러한 촉진적 역할에 더해, 정부는 해결 방안이 정의와 공정성이라는 규범에 일치되도록 도덕적 의무도 져야 함을 강조했다. 예컨대 정부는 공적인 문제의 해결을 위해 노력하기도 하지만, 이런 해결 방안이 본질과 과정이라는 양 측면에서 공익과 일치되도록 책임도 져야 하기 때문이다. 정부의 역할은 공익의 해결 방안과 형성 과정이, 정의나 공정성 또는 형평성과 같은 민주적 규범과 일치한다는 점을 보증해야 하는 데까지 이르러야 한다는 것을 의미한다.

결론적으로 관료는 시민들이 담론을 통해 공유된 가치(shared values)를 표명할 수 있게, 그리고 공익에 대한 집단적 의미로 발전시킬 수 있도록 활동의 장을 만드는 역할에 치중해야 한다. 관료의 역할은 상이한 주장을 단순히 타협시키는 데 있는 것이 아니라, 시민으로 하여금 서로가 상대방의 이익을 이해하게 하고 또한 지역공동체와 사회적 이익에 대한 장기적이고도 폭넓은 감각을 받아들이게 하는 데 있다.

3) 전략적 사고와 민주적 행동에 대한 시각

(1) 비전 실현에 대한 정부의 역할

신공공서비스이론이 강조하는 또 다른 행정의 역할로 전략적 사고와 민주적 행동에 관한 것이다. 합의된 비전(vision)을 실현하기 위해서는 그에 따른 역할과 책임을 설정하고, 공유된 목적을 향해 움직일 구체적인 행동 단계를 개발해야 한다. 비전의 실현 과정에서 중요한 것은 단순히 비전을 만든 연후에 그 집행에 대한 책임을 관료에게만 맡기지 말고, 사업계획이 진행되는 과정에 관련 당사자를 모두 참여시켜야 한다.

이 과정에서 정부에 요구되는 역할은 시민교육과 관련된 프로그램에 시민을 참여시키거나 지도자를 폭넓게 배양시켜 시민의 자긍심과 책임감을 고양시키는 일이다. 그래서 모든 당사자가 지역공동체를 위해 참여하고 협동하는 기회를 함께 만들어 나감으로써 이에 따른 시민의 자긍심과 책임감이 참여 의지로 발전하기를 기대할 수 있다(Coombes, 1998: 424).

(2) 비전 실현에 대한 정치지도자의 역할

분위기를 고양하기 위해 정치지도자에게 요구되는 역할은 시민의 책임을 강화하고, 지역공동체의 결속을 다지며, 관련된 집단과 개인을 지원하는 일이다. 이처럼 정부가 지원적 역할을 담당하는 것은 정부가 지역공동체를 직접 창출할 수는 없기에, 정부나 정치

지도자는 책임있는 시민 행동에 필요한 토대를 마련해야 할 의무가 있다.

그런데 조장적 또는 지원적 역할이 성공하기 위해서는 정부가 시민의 요구를 충족시키기 위해 존재한다는 인식을 부여해야 한다. 이를 위해 정부가 항상 공개되어 있음은 물론, 항상 접근 가능하다는 사실을 시민에게 인식시켜야 한다(Heller et al., 1998: 242-248).

4) 시민과 정부에 대한 시각

(1) 시민에 대한 시각

신공공서비스이론은 신공공관리이론의 입장과 달리, 시민을 고객으로 대하지 말고 봉사하는 입장에서 출발해야 한다는 입장이다. 그래서 관료는 단지 고객이라는 손님의 요구에 반응해야 하는 것이 아니라, 시민에게 신뢰와 협동 관계를 구축하는 데 초점을 두어야 함을 강조한다.

이런 점에서 신공공서비스이론은 정부와 시민과의 관계가 기업과 고객과의 관계와는 다르다는 점을 대단히 강조한다. 그 이유로 정부는 시민에게 직접적으로 서비스를 공급받는 고객보다 더 많은 봉사를 해야 하기 때문이다. 정부는 적극적으로 서비스를 구하지는 않지만 이를 필요로 할 것이라고 생각되는 사람이나, 미래 세대의 서비스 수혜자와 심지어는 원치 않는 사람에게까지도 서비스를 제공해야 한다. 이처럼 정부는 법적인 의미를 넘어선 시민에게까지 서비스를 제공해야 한다.

다만 신공공서비스이론의 입장에서 볼 때, 정부가 공공 서비스의 질을 개선하고 고객에게 제공하는 것보다 더 많은 봉사를 해야 하는 것이 중요하기는 하다. 그렇지만 이기적이거나 단기적인 고객의 이해 관계까지, 정부가 미리 나서서 배타적으로 반응하는 것은 좋지 않다는 입장이다.

결론적으로 신공공서비스이론에서 강조하는 정부의 모습은 고객의 입장이 아닌, 시민의 욕구와 이해 관계에 반응해야 하는 실체여야 한다는 것이다. 신공공서비스이론에서 강조하는 덕목은 그래서 더 많은 사람이 지역공동체의 시민으로서 책임을 다할 것을 요구하고 있고, 정부 또한 시민의 요구에 민감해야 할 것을 요구한다(Coombes, 1998: 424).

(2) 정부의 책임

신공공서비스이론은 정부의 책임으로 신공공관리이론이 강조했던 이윤 추구 이상의 범주를 요구한다. 정부가 수행해야 할 책임의 범주로는 단순히 이윤 추구를 달성하는 데 있는 것이 아니라 헌법, 법률, 공동체 가치, 정치 규범, 전문직업적 기준, 시민의 이해 등에 이르기까지 광범위하다.

아울러 신공공서비스이론에서 규정하고 있는 정부의 책임을 둘러싼 성격 또한 대단히 복잡하다. 예컨대 관료는 상충되거나 중첩된 규범 속에서 가치 혼동에 휘말리는 경우가 많다. 신공공서비스이론은 이런 경우에 관료가 상황을 있는 그대로 받아들이면서, 시민과 공익에 어떻게 봉사할 수 있고 또한 어떻게 봉사해야 하는지를 심각하게 고려해야 한다는 입장이다.

그런데 이러한 상황에서 제일 중요한 것은 관료가 정책 결정을 독자적으로 하지 말라는 것이다. 대신에 문제의 해결을 대화나 중재 또는 권한을 위임받은 시민의 광범위한 관여를 통해 풀어나갈 필요가 있다는 측면에서 관료의 협상 능력의 중요성을 강조하고 있다. 결국 여러 상충적인 변수를 시민에게 알림으로써 현실이 담론 과정의 일부가 되도록 하는 것이 관료의 역할이라 할 수 있다. 이렇게 하는 것만이 현실적인 해결을 가능하게 하고, 시민정신과 책임성을 구축하는 첩경이라고 보고 있다.

5) 인간과 가치에 대한 시각

(1) 인간에 대한 시각

신공공서비스이론을 구성하고 있는 내용에서 시민과 함께 강조되는 것이 인간에 대한 새로운 시각이다. 신공공서비스이론은 사람보다 생산성을 중시하는 신공공관리이론의 시각을 비판하면서, 생산성보다는 사람에게 가장 높은 가치와 초점을 부여하기를 권고한다. 기본적으로 조직은 인간을 존경하는 가운데, 협동 과정과 공유된 리더십을 통해 운영될 때만이 성공할 수 있다. 신공공서비스이론도 신공공관리이론이 강조하는 생산성의 개선이라든가, 업무 과정의 재설계 또는 성과 측정 등과 같은 요소가 관리 체계를 설계하는 데 중요한 도구라는 점을 부인하지는 않는다.

그럼에도 관리 체계에서 중요한 것은 사람을 통한 관리가 무엇보다 중요하다는 것이다. 따라서 조직에서 개인에 대한 가치와 이해 관계에 충분한 관심과 주의를 기울이지 않는다면, 인간의 행위를 통제하려는 합리적인 시도는 장기적으로 보아 실패할 것이라고 예견하고 있다(Everaert, 1997: 275-286).

다시 말해, 정부조직에서 관료가 존경심을 가지고 시민을 대하게 하려면, 정부조직을 관리하는 사람들이 존경심을 가지고 관료들을 대해야 한다. 전통적 행정에서 강조하듯이 관료는 관료조직의 안전만을 원하는 것도 아니고, 그렇다고 신공공관리론자들이 언급하듯이 시장에의 참여자도 아니다. 관료는 오히려 안정된 봉급 이외의 요소, 예컨대 동기 부여나 보상과 같은 심리적인 요소를 중히 여기는 사람들이라는 점에서 다른 사람과 구별되기를 원한다(Denhardt, 1993; Vinzant, 1998).

이런 측면에서 공유된 리더십이라는 개념은 공무원과 시민이 공공 서비스에 대한 동기와 가치를 확인하고, 이에 입각해서 행동할 수 있는 기회를 제공하는 데 중요하다(Walsh, 1997: 295-302). 신공공서비스이론에서 강조하는 공유된 리더십은 조직과 사회가 추구하는 목적이나 가치 또는 이념에 초점을 두고 있는데, 이는 상호간의 존경과 수용, 그리고 지원으로 특징지어진다. 사람을 통해 사람과 함께 행해지는 리더십은 참여자를 변화시키고, 좀 더 상위 가치로 이전하는 데 중요한 역할을 한다(Burns, 1978).

결국 신공공서비스이론이 추구하는 인간에 대한 핵심적 개념은 생산성 중심의 관리체계가 효율성의 제고라는 결과를 가져올 수는 있지만, 시민정신(citizenship)에 충실하면서 책임있게 일에 몰두하는 관료와 시민을 양성하는 데는 실패할 것이라는 데에 있다.

(2) 가치에 대한 시각

신공공서비스이론은 기업가적 정신보다 시민정신과 공공 서비스가 지니는 가치가 좀 더 상위 개념임을 강조한다. 신공공서비스이론은 관료가 기업가처럼 생각하고 행동하기를 기대한 결과, 오히려 추구해야 할 목표를 축소시키는 어리석음을 범하지 말아야 한다고 주장한다.

신공공서비스이론은 관료의 책임으로 공공자금의 관리자로서, 공공조직의 유지자로서, 시민정신과 민주적 담론의 촉발자로서, 공동체가 성립하게 하는 촉매자로서, 그리고 일선 업무의 지도자로서의 역할을 수행함으로써 시민에게 봉사하는 것이라고 규정하고 있다(Terry, 1995; Denhardt & Gray, 1998; Vinzant & Crothers, 1998). 이 같은 가치 문제와 관련해, 신공공서비스이론은 관료가 당면하는 도전과 책임의 형태에 의미있는 시사점을 제공하고 있다.

첫째, 관료는 사업이 요구하는 내용과 자원 이상의 것을 이해하고 관리해야 한다. 만일 과거와 같이 협소한 시각을 탈피하지 못한다면, 행정기관의 이해와 상충 관계에 있는 시민들에게 별 도움이 안 된다는 것이다. 항상 그런 것은 아니지만 시민들이 당면하는 문제는 다면적이거나 유동적이어서, 행정기관의 업무 영역과 쉽게 일치하지 않는다. 따라서 관료가 시민에게 봉사하기 위해서는 행정기관의 업무 과정에 지역공동체를 연계시켜야 한다는 입장이다.

둘째, 관료가 감당해야 하는 위험 부담은 기업가가 지는 위험 부담과 차원이 다르다는 사실이다. 신공공서비스이론에서 강조하는 관료의 위험 부담과 기회는 시민과 함께 지는 공동 책임의 틀 안에 존재한다. 그래서 신공공서비스이론이 추구하는 담론과 시민의 개입이 항상 이루어지는 조건, 즉 기회와 잠재적 위험 부담이 인지되었을 때 고려해야 할 중요한 요소는 이러하다. 그 기준으로 기회가 왔을 때 관료가 취할 위험한 행동에 따른 편익이, 신뢰나 협동 그리고 공동 책임감에 대한 비용을 능가할 수 있을 때라는 점이다.

3 신공공서비스이론의 내용적 특성

신공공서비스이론이 지니고 있는 내용적 특성은 세 측면으로 나누어 살펴볼 수 있다.

1) 이론적 특성

신공공서비스이론은 관료의 권한과 통제를 중시했던 전통적 행정이론이나 관리를 기업과 같이 할 것을 주장했던 신공공관리이론과는 달리, 민주주의이론에 입각한 공동체이론과 담론이론에 기초하고 있다. 신공공서비스이론은 패러다임으로서 인식론적 기반을 실증주의, 해석학, 비판이론 그리고 포스트모더니즘을 포괄하는 다양한 지식 체계에 두면서, 민주주의 정신을 새롭게 부활시키고자 하는 데 특성이 있다. 이에 따라 민주주의 정신을 부활시키기 위해 신공공서비스이론은 특히 공익의 형성 과정에서 신공공관리이론에 의해 훼손된 담론의 중요성을 소생시켰다. 그리고 담론의 실천장으로 공동체정신에 기초한 시민정신의 정립을 제안했다는 데 그 의미가 있다.

2) 정부의 역할과 시민관에 대한 특성

신공공서비스이론은 정부의 역할관으로 공익을 실천하기 위해 정부가 해야 할 역할이나 책임은 신공공관리론자들의 주장처럼 관료가 노젓기를 해야 하는가 아니면 방향잡기를 해야 하는가와 같은 수준에서 벗어나 시민에 대한 봉사의 주체임을 강조한다.

새롭게 부활한 봉사의 개념은 이것이 단순히 신공공관리이론에서 운위되던 고객에 대한 직접적 서비스가 아닌, 공유된 가치관을 창출하고 시민과 지역공동체들 간에 이익을 중재하고 협상하는 데 기여해야 한다는 의미를 함축하고 있다. 신공공서비스이론에서 등장시킨 정부의 새로운 역할로서 봉사의 개념이 지니는 의의는 이 개념이 사회의 역동성을 적실성있게 반영한다는 데 있다.

3) 정책과 관료관에 대한 특성

신공공서비스이론은 정책 목표를 달성하는 데 중요한 역할을 담당해 온 하향적 집행기구도, 이제는 전통행정이론이나 신공공관리이론에서 강조해 오던 개인의 동기 부여를 통한 인센티브 제도 등과 같은 수단이 아닌 조직 간의 연합을 통해 목표를 달성해야 함을 강조했다. 특히 책임성의 문제에 관해서도 미시적 의미에서 계층적 책임을 강조한 전통행정이론이나 시장 지향적인 측면에서 이윤 추구에 초점을 둔 신공공관리이론에 반해, 신공공서비스이론은 책임의 다면성을 강조함으로써 책임의 소재가 무한대임을 강조했다.

권한과 책임을 행사하는 조직구조에 대해서도 민주주의 정신에 입각한 협력적 구조를 강조했다. 아울러 관료의 동기 유발에 대한 원천도 단순한 수입이나 기업가 정신이 아닌, 공공 서비스의 제고에 둠으로써 사회에 대한 기여에 초점을 두었다는 데 특색이 있다. 신공공관리이론과 신공공서비스이론에서 강조하고 있는 내용적 특성을 비교해서 정리하면 〈표 7-1〉과 같다.

결론적으로 신공공서비스이론의 특성은 다른 모형에 비하면 규범적 모형에 속한다. 다시 말해 신공공서비스이론은 그동안 다른 모형이 강조해 온 효율성이나 생산성과 같은 가치에 밀려, 소홀히 다루어져 왔던 민주적 시민정신이나 공익 같은 가치들을 부활하려 한다는 측면에서 민주주의에 토대를 둔 규범적 모형이라 할 수 있다. 이에 따라 신공공서비스이론은 관료에게 집중되었던 권한을 시민에게 되돌려주고, 공익이나 시민 간의 담론을 통합하는 기능에 관료의 역할이 맞추어져야 함을 강조했다는 점에서 그 의의를 찾을 수 있다.

표 7-1 신공공관리이론과 신공공서비스이론의 비교

관점 \ 유파	신공공관리이론	신공공서비스이론
이론과 인식의 토대	• 경제이론 • 실증적 사회과학에 기초한 정교한 토의	• 민주주의 이론 • 실증주의 · 해석학 · 비판이론 · 포스트모더니즘을 포괄하는 다양한 접근
합리성모형과 행태모형	• 기술적 · 경제적 합리성 • 경제인 또는 자기 이익에 기초한 의사결정자	• 전략적 합리성 • 정치적 · 경제적 · 조직적 합리성에 대한 다원적 검증
공익에 대한 입장	• 개인들의 총이익	• 공유 가치에 대한 담론의 결과
관료의 반응 대상	• 고객	• 시민
정부의 역할	• 방향잡기(시장의 힘을 활용한 촉매자)	• 봉사(시민과 지역공동체 내의 이익을 협상하고 중재, 공유 가치의 창출)
정책 목표의 달성 기제	• 개인 및 비영리기구를 활용해 정책 목표를 달성할 기제와 유인 체제를 창출	• 동의된 욕구를 충족시키기 위한 공공기관, 비영리기관, 개인의 연합체 구축
책임에 대한 접근 양식	• 시장 지향적-개인 이익의 총화는 시민 또는 고객집단에게 바람직한 결과 창출	• 다면적-공무원은 법, 지역공동체 가치, 정치 규범, 전문적 기준 및 시민의 이익에 참여
행정 재량	• 기업적 목적을 달성하기 위해 넓은 재량 허용	• 재량이 필요하지만 제약과 책임이 수반
기대하는 조직구조	• 기본적 통제를 수행하는 분권화된 공조직	• 조직 내외적으로 공유된 리더십을 갖는 협동적 구조
관료의 동기 유발	• 기업가 정신 • 정부 규모를 축소하려는 이데올로기적 욕구	• 공공 서비스 • 사회에 기여하려는 욕구

자료: Denhardt & Denhardt(2000: 554)에서 재구성.

제 3 절 신공공서비스이론의 적실성

1 신공공서비스이론에 대한 비판

신공공서비스이론은 급증하고 있는 시민 참여의 확대, 공익의 다원성에 대한 논의,

민주적 거버넌스가 활발하게 논의되고 있는 상황에서, 행정의 역할을 규범적으로 제시하고 있다는 점에서 그 의의를 찾을 수 있다. 특히 장기적인 민주주의의 실현에 기여해야 하는 역할자로서, 관료의 의무와 시민 의식의 발휘가 공동체 사회의 발전에 핵심적인 성패 요인으로 작용하고 있음을 지적했다. 이런 점에서 신공공서비스이론은 참여행정과 민주행정의 실현에 의미있는 기여를 할 것으로 보인다.

그러나 신행정서비스이론이 지향하고자 하는 행정의 규범적 특성과 가치가 지나치게 강조됨으로써, 행정에서 요구되는 전문성 · 효율성 등과 같은 실천적 또는 수단적 가치의 유지를 위한 상호 관계의 재정립에 대해서는 논의가 부족하다. 바로 이 점이 신행정서비스이론에 가해지고 있는 주된 비판의 요체라 할 수 있다. 오늘날 우리 사회가 지식기반 사회 · 정보화 사회 · 무한경쟁 시대를 맞고 있는 시점에서, 행정은 국민의 의사에 기초한 공익을 실현하는 과정인 동시에 다양한 정보, 시민 참여, 다방향성의 의사전달 체계를 적극적으로 활용해 공익을 좀 더 효율적 · 효과적으로 실현하는 전문성도 동시에 요구되기 때문이다(오석홍 외, 2005: 826).

2 신공공서비스이론의 적용 가능성

정부조직이 시대의 요구에 따라 만들어지고 그에 따른 다양한 가치가 추구되었지만, 특정한 패러다임이 지배적인 지위를 누리는 동안에도 다른 패러다임이 전적으로 무시되었던 것은 아니었다. 한 패러다임이 특정한 시기에 우월적인 지위를 향유하는 동안, 다른 패러다임도 크지는 않지만 의미있는 역할을 담당해 왔다.

유사한 맥락에서 1970년대 말부터 신공공관리이론이 전 세계를 풍미하면서 정부 영역에서 우세한 가치로 자리 잡아 왔지만, 그렇다고 해서 민주적 시민의 지위나 공익에 대한 관심이 완전히 시들어버린 것은 아니었고 나름대로 보조적인 역할을 수행해 왔다. 이러한 사실은 신공공서비스이론의 적실성을 논의하는 데 대단히 중요한 시사(示唆)를 제공한다.

그것은 행정이 추구해야 할 가치로서 효율성이나 생산성 못지않게, 우선순위를 놓아야 하는 가치가 존재한다는 것이다. 다시 말해, 행정 가치로서 효율성보다는 민주주의적 가치인 시민정신이나 공동체 의식과 같은 덕목이 우선되어야 하며, 급격하게 이루어지고 있는 사회의 다양성을 조화롭게 수용해야 하는 행정문화나 제도도 정착되어야 한다.

정부가 추구해야 할 공유된 가치관의 부재와 이로 인한 행정에 대한 높은 불신, 그리고 정치 지도자 중심의 일방적인 대중주의나 선동주의에 의해 목표를 강요받는 현실 정치에서, 신공공서비스이론은 시민과 정부와 사회의 모든 집단이 공동의 목표나 가치를 어떻게 도출해야 하는가에 대한 새로운 지평을 여는 데 도움이 될 수 있다. 또한 공유된 가치를 도출하기 위한 정부의 협력적 구조나 이를 집행하는 관료가 지녀야 할 무한대의 책임성을 강조하는, 신공공서비스이론의 구성 내용은 소극적인 행정책임마저 회피하려는 행정문화를 지닌 국가에 중요한 시금석이 될 것으로 보인다.

특히 정부의 역할로 봉사에 대한 새로운 의미는 그동안 권력 지향적이고 시민에 대한 반응에 익숙하지 않던 전통적 관료모형에 새로운 역할 설정을 요구한다는 점에서 중요성이 있다. 향후 많은 논의와 내용이 새로운 패러다임에 추가되겠지만, 현재는 모든 역량을 결집해 시민정신에 기초한 담론과 공익을 기반으로 시민들에게 민주적인 공공 서비스를 제공해 나가야 할 필요가 있다(김태룡 · 윤영진, 2002: 224-238).

생각해 볼 문제

신공공서비스이론의 등장 배경

1. 신공공서비스이론이 등장하게 된 시대적 배경에 대해 생각해 보시오.
2. 신공공서비스이론이 출현하게 된 이론적 배경에 대해 생각해 보시오.

신공공서비스이론의 내용과 특징

1. 신공공서비스이론과 신공공관리이론의 개념적 차이를 생각해 보시오.
2. 신공공서비스이론에서 보는 행정의 역할에 대해 생각해 보시오.
3. 신공공서비스이론에서 보는 공익에 대한 시각에 대해 생각해 보시오.
4. 신공공서비스이론에서는 공익과 관련한 정부와 관료의 역할을 어떻게 보는지 비교해 보고, 이의 적실성에 대해 생각해 보시오.
5. 신공공서비스이론에서 강조하고 있는 전략적 사고와 민주적 행동에 대해 생각해 보시오.
6. 신공공서비스이론에서 강조하고 있는 시민과 정부의 역할에 대해 생각해 보시오.
7. 신공공서비스이론에서 가정하고 있는 인간과 가치에 대해 생각해 보시오.
8. 신공공서비스이론의 이론적 특성에 대해 조사해 보시오.

신공공서비스이론의 적실성

1. 신공공서비스이론이 지닌 한계에 대해 생각해 보고, 이를 보완할 방안에 대해 조사해 보시오.
2. 신공공서비스이론이 행정이론의 발달 과정에서 지닌 이론의 적실성에 대해 생각해

보시오.
3. 신공공서비스이론을 실제 행정에 적용할 경우 발생할 수 있는 문제점에 대해 생각해 보시오.
4. 한국의 행정 현실에서 신공공서비스이론이 기여할 영역을 조사해 보고 이를 생각해 보시오.

제 8 장 넛지이론

2008년도에 탤러(Richard H. Thaler)와 선스타인(Cass R. Sunstein)에 의해 『넛지: 건강, 부, 행복에 관한 유익한 결정(*Nudge: Improving Decisions About Health, Wealth, and Happiness*)』이 출간되면서 넛지이론(nudge theory 또는 nudge doctrine)이 전 세계적으로 주목을 받고 있다. 행동경제학과 사회심리학에 근거를 둔 넛지이론이 행정의 효율성을 담보할 새로운 거버넌스로 부상하고 있다.

제 1 절 넛지이론의 등장 배경

1 넛지이론의 환경적 배경

부시(George W. Bush) 정부가 퇴장할 무렵인 2008년도에 발생한 리먼 브라더스(Lehman Brothers)의 파산은 그간 정부에 대한 시장의 우월적 시각을 바꾸는 결정적 계기인 동시에, 신자유주의에 대한 환상을 여지없이 무너뜨리는 계기가 되었다.

미국 경제와 행정이 직면한 이른바 신시장실패(new market failure)는 정부의 규제 강화라는 정부 개입주의(paternalism)에 다시금 정당성을 부여하게 되었다. 이에 더해 오바마(Barack H. Obama) 정부에서 내놓은 의료보험의 개혁안을 둘러싸고도 정부의 개입주의에 대한 논쟁이 치열하게 전개되고 있다. 이에 따라 정부의 개입에 따른 정당성을 확보하고자 등장한 사회철학이 자유주의적 개입주의(libertarian paternalism)인데,[1] 탤러와 선스타인이 자유주의적 개입주의의 전략 양태로서 넛지이론을 제안했던 것이다. 탤러와 선스타인이 넛지이론을 제시하게 된 시각의 일단을 살펴보기 위해, 탤러 교수와 행한 인터뷰의 내용을 옮기면 이러했다.

> "넛지는 적은 비용으로 효과를 내는 정책인데 왜 마다하겠어요? 위기의 재발을 막으려면 이젠 이콘(Econs)이 아니라, 인간을 위한 정책을 만들어야 해요. 캐스와 오바마 대통령, 벤 버냉키, 래리 서머스 모두 한 단어를 공유합니다. 바로 '실용주의'지요. 오바마 대통령은 결코 이념에 사로잡히지 않고 효율성을 추구합니다. 벤 버냉키 FRB 의장을 재임용한 것만 봐도 알 수 있어요. 버냉키 역시 탈정치적인 인물이지요.
>
> 우리는 이 책을 쓸 때 좌도, 우도 아닌 중도의 공공정책을 추구했습니다. 이 책에 관심을 가진 이명박 대통령은 보수파, 데이비드 캐머런도 보수파지요. 오바마는 민주당입니다. 좌우를 떠나 정책결정자들이 이 책이 유용하다고 생각하고 있다는 증거지요. 심지어 중국에서도 관심을 보이고 있어요……(중략).
>
> 우리가 책을 쓸 때의 목표는 크게 두 가지였어요. 첫째는 행동경제학의 아이디어를 좀 더 중요하다고 생각되는 세계 문제에 적용해 보려고 했어요. 두 번째 목표는, 공공정책과 관련된 철학을 만들 때 왼쪽도 오른쪽도 아닌 중간에 있는 철학을 만들자는 것이었지요. 정부가 너무 강해지면 어떤 위험이 있는지를 우리 모두 알고 있어요. 민주주의를 좋아하는 이유는 정부의 힘이 제한되어 있기 때문입니다. 우리가 원하는 것은 효율적인 민주주의이고, 이 책의 목적도 바로 강압적이지 않으면서도 부드럽고 효율적인 정부를 만들자는 데 있습니다"(조선일보, 2009년 9월 12일자).

넛지이론은 인터뷰에서 보듯이 큰 정부 또는 작은 정부 그리고 우파정부 또는 좌파정부를 둘러싼 수사적(rhetoric)인 논쟁을 뛰어넘어, 인간의 더 나은 삶을 위해 최선의 정책 수단에 대한 탐구와 경험적 증거에 기저해서 정책이 제대로 작동하는지에 집중하는 새로운 길(new path)을 개척할 필요가 있다는 입장이다. 다시 말해, 정책결정자들은 사회의 이익뿐만이 아니라 시민들의 이익이라는 관점에서 행태적 변화를 증진시킬 수 있는 의사 결정 맥락(decision-making contexts)을 정비할 필요가 있다는 것이다. 이에 따

---

1) 'libertarian paternalism'에 대한 번역에 관한 문제로, 국내에서 소개되는 번역서나 언론 등에서는 이를 '자유주의적 개입주의'로 주로 번역해 사용하고 있는데 반해, 홍훈 교수 등은 '자유 온정주의'라는 용어로 번역해 사용하고 있다. 번역된 용어가 지니는 의미상의 차이는 없으나, 이 장에서는 비교적 활용 빈도가 높은 '자유주의적 개입주의'로 통일해 사용하고자 한다.

라 새로운 거버넌스가 지향하는 방향은 인간이 제한된 합리성을 지닌 존재이기에, 세심한 정책설계와 함께 사려 깊은 방식으로 그들을 인도(directing)해 합리적 시장을 만들어 나가는 데 있다. 그래서 선택의 자유는 유지한 채, 인간의 행동 특성을 반영한 넛지를 통해 실용적 측면에서 인간의 삶을 개선할 수 있게 하자는 것이다(Thaler & Sunstein, 2008: 13-14).

선택설계학이라는 아이디어를 내포한 넛지이론은 미국의 오바마 전 대통령과 영국의 전 수상인 캐머런(David Cameron) 등이 정책에 활용하면서, 이들이 주창한 새로운 길(new path)은 정부 정책에 접목되는 실용성을 과시하기 시작했다. 그야말로 넛지의 시대가 도래한 것이다. 넛지의 시대를 여는 데 첫 주자는 선스타인이었다. 그는 오바마 정부에서 대통령 비서실 정보규제국장으로 2009~2012년 동안 재직하면서 넛지이론의 확산에 주력했다.

그렇지만 넛지이론은 초기에는 미국보다 오히려 영국과 유럽에서 더욱 활성화되었다. 영국의 캐머런 내각은 탤러 교수의 자문에 힘입어 넛지팀(nudge team)으로 알려진 행동통찰팀(Behavioural Insights Team: BIT)[2]을 구성했고, 행동경제학자인 헬펀(David Halpern)을 팀장으로 임명하면서 넛지이론의 확산을 꾀했다. 이런 노력의 결과 일련의 보고서와 함께 금연, 조세, 에너지 정책, 장기 기증, 소비자 보호, 공공도덕 등의 정책 분야에서 성과가 나타나기 시작했다(Jones et al., 2003: 159-182). 예컨대 영국 정부는 넛지 접근 방법에 기초해 2010년에 『*MINDSPACE Report*』를 출간했으며, BIT는 첫 『*Behavioural Insights Team Annual Update 2010-2011*』을 발간했다.

프랑스 정부의 경우는 전략분석센터(the Centre for Strategic Analysis for the Prime Minister of France)에서 『*Green Nudges Report*』를 발간했으며, 유럽위원회(European Commission)는 『*Nudging Lifestyles for Better Health Outcome*』이라는 보고서를 발간했다(Hansen & Jespersen, 2013: 3). 특히 영연방의 일원인 호주도 러드(Kevin Rudd) 내각 때부터 국세청과 지방정부에서 조세 징수와 관련해 넛지 접근 방법을 활용해 오다가, 턴불(Malcolm B. Turnbull) 내각이 들어선 2015년부터는 영국과 유사하게 하버드대학의 히스콕스(Michael Hiscox) 교수를 팀장으로 하는 행동경제학팀(Behavioural Economics Team: BET)을 창설했다(*The Sydney Morning Herald*, 2015년 11월 23일자).

---

2) 행동통찰팀(BIT)은 영국 정부와 각종 혁신을 후원하는 단체인 NESTA와 공동 소유 형태로 설립된 사회적 기업의 일종으로 출발했다. 행동통찰팀은 런던 다우닝가 10번지에서 출발해, 현재는 응용행동과학을 연구하는 세계 최초의 정부기관이 되었다.

이후 미국의 오바마 정부도 2014년부터 근로자들을 위한 저축 장려책으로, 넛지의 개념을 가미해 설계한 점진적 저축 증대 프로그램(Save more tomorrow)을 통해 이의 확산에 주력하고 있다. 미국도 영국과 유사하게 넛지이론을 연료와 에너지 효율, 환경 보호, 건강관리, 비만 문제를 해결하는 데 활용하고 있다.[3)]

행동 변화에 초점을 둔 새로운 거버넌스로서 넛지이론이 날로 확산되는 추세이기는 하지만, 이에 비례해 넛지이론이 추구하는 접근 방법에 대해 정치적, 실무적, 그리고 윤리적 측면에서 가해지는 비판의 강도 또한 만만치 않다. 이를 입증이나 하듯이 영국에서는 자유주의적 블로그인 'Spiked'가 넛지와의 전쟁을 선포한 것이 그것이다(Hansen & Jespersen, 2013: 4-5).

2 넛지이론의 이론적 배경

1) 행동경제학

신고전이론(new classical theory)은 시장과 개인의 의사 결정 영역을 동일시하면서, 공사 부문을 막론하고 정책 결정의 핵심 영역을 수십 년간 지배해 왔다. 그렇지만 신고전이론이 강조해 온 경제이론과 합리성모형(rationality model)은 여러 측면에서 이상 현상을 드러내기 시작했다. 그것은 이 모형들이 개인의 행태를 정확하게 예측하지 못한다는 데 있었다. 그 결과 개인의 행태를 좀 더 잘 이해하기 위한 노력의 일환으로 새로운 대안적 학문이나 원리들이 나타나기 시작했는데, 이 가운데 하나가 사회심리학과 경제학이 결합된 행동경제학(behavioral economics)이다(Camerer et al., 2003a).

1970년대부터 심리학자 카네만(Daniel Kahneman)과 트버스키(Amos Tversky)가 주도한 행동경제학은 인간의 합리성에 대한 비판을 통해, 기대효용이론(expected utility theory)을 기반으로 하는 신고전학파 경제학과 보수적인 사회과학에 이의를 제기하기 시작했다. 이와 같이 주류경제학이 가정했던 경제적 인간관에 대한 비판적 관점으로부터 출발한 행동경제학은 인간 내부에 존재하는 비합리적 요소를 통해 경제 현상을 분석하고자 하는 경제학의 한 분야이다. 행동경제학은 인간 행동의 실제, 원인, 경제사회에 미

3) 우리의 경우 영국 등과 같은 특별한 조직을 창설하지는 않았지만, 넛지이론에 근거한 정책 수단이 중앙정부는 물론이고 지방자치단체 차원에서 최근 들어 활발하게 활용되고 있다.

치는 영향, 사람들의 행동을 조절하기 위한 정책 등을 체계적으로 규명하는 것을 목표로 삼는다는 점에서, 새로운 대상이나 영역을 개척하는 학문이라기보다는 기존의 관점과는 다른 시각에서 경제를 연구하는 새로운 프로그램의 일종이라 할 수 있다.

전통경제학에서 가정하는 인간의 본성은 이익을 극대화하는 그래서 인센티브에 반응하는 '호모 에코노미쿠스(homo economicus)'에 근거한다.[4] 인센티브에 반응하기 위해서는 합리적인 판단이 절대적으로 중요한데, 이는 학습에 기초해 이루어진다. 그러나 학습 효과가 제대로 이루어지지 않는다면 합리적인 판단이 이루어지지 않게 되어 인센티브에 반응하지 못하게 된다. 혹은 합리적으로 인센티브에 반응하고 있다고 믿더라도, 실제로는 잘못된 판단에 근거해 인센티브에 반응하고 있을 수도 있다. 그렇기 때문에 합리적인 판단을 내릴 수 있는 능력과 의지가 중요하고 능력의 핵심에는 학습 효과가 있어야 한다.

그런데 만약 학습 효과를 방해하는 요인이 존재한다면 합리적인 판단은 불가능해지기 때문에 제대로 된 결정을 내리지 못하게 된다. 경제학적 설명에 의한다면 인간의 본성에는 이익을 극대화하는 부분도 분명 존재하지만 그것이 전부가 아니며, 학습을 방해하는 요인 역시 상존하기 때문에 인간의 본성은 비합리적인 특성을 함께 내포한다고 주장한다. 이런 맥락에서 행동경제학은 기존 경제학 전체를 부정하는 것이 아니라 기존 경제학의 보완적 역할을 수행한다.

이때 학습을 제약하는 요인이란 경제 주체들이 문제를 해결하거나 결정을 할 때 사용되는 휴리스틱(heuristics: 어림짐작으로 판단한다는 의미)을 지칭한다. 다시 말해 휴리스틱은 합리적인 의사 결정을 하는 데 방해가 되는 것으로 판단되는 비합리성의 패턴이다. 의사 결정 과정에서 요구되는 판단과 선택에서 휴리스틱이 작용하면 종종 편견이나 편향적 행동을 이끌어 내고, 결국에는 이성적 판단이 제한을 받으면서 불가피하게 비합리적인 의사 결정을 하게 되는 것이다(이규상 · 홍훈, 2009).

편향적 행동을 유발하는 휴리스틱의 종류는 여러 개가 있는데, 기준점 효과와 조정

4) 행동경제학에서 가정하는 인간은 비합리적이고, 완벽하게 이기적이지도 않으며, 자신의 효용을 극대화하는 계산기도 아니어서 체계적으로 오류를 범하는 존재이다. 다만, 행동경제학에서 인간의 합리성이나 자제심 또는 이기심을 부정하고는 있지만, 그렇다고 해서 인간이 완전히 비합리적이고 비자제적이며 비이기적이라는 것을 의미하지는 않는다는 것에 유의할 필요가 있다. 대신 인간이 완벽하게 합리적이라든지 자제력이 있거나 이기적이라는 측면만 부정할 뿐이다. 그래서 행동경제학에서 의미하는 비합리성의 개념은 터무니없거나 정형화되지 않은 행동 경향이 아니라, 합리성의 기준에서 벗어난다는 의미에서 비합리적이면서도 일정한 경향성을 보인다는 점에서 예측 가능하다(도모노 노리오, 2007: 35-36).

(anchoring effect and its adjustment), 패턴화 현상(herd behavior), 대표적 편향(representativeness bias), 자기과신(overconfidence), 프레임 효과(frame effect) 등이 있다(Ariely et al., 2003: 73-105; 이시형 · 이효찬, 2010: 3-8; 강은숙 · 김종석, 2014: 198). 이처럼 행동경제학의 기본적인 개념에서는 이중 프로세스(dual process theory)와 휴리스틱 그리고 편향(bias)이 그 바탕을 이루고 있다.[5)]

일반적으로 확립된 이론이나 패러다임에 반하는 사례를 이상 현상이라고 볼 때, 행동경제학의 발전 단계는 두 단계로 나누어 볼 수 있다. 제1단계는 초기 단계로 주류경제학에 대한 이상 현상에 착안해 사람과 경제적 인간의 차이점을 체계적으로 수집하는 과정이었다. 그리고 현재는 행동의 체계화와 이론화를 도모해 경제에 미치는 영향을 분석하고 정책 입안을 제언하는 제2단계에 진입해 있다(도모노 노리오, 2007: 45-46; 김진영 · 신용덕, 2011: 6-8). 이 단계에서 행동경제학은 이론에서 정책이나 이념으로 이동하면서 자신의 사회철학으로 자유주의적 개입주의(libertarian paternalism) 혹은 비대칭적 개입주의(asymmetric paternalism)를 주장하는 수준에 이르렀다(Thaler & Sunstein, 2003; Camerer et al., 2003b: 1211-1253).[6)]

2) 자유주의적 개입주의

행동경제학이 이론에서 정책이나 이념으로 옮아가면서, 자신의 사회철학으로 자유주의적 개입주의 혹은 비대칭적인 개입주의를 내세우고 있다. 행동경제학이 현상을 설명한다면, 여기서 파생되지만 정책이나 예측 등 현실적인 변화와 관련된 입장이 자유주의적 개입주의라 할 수 있다(Thaler & Sunstein, 2003). 자유주의적 개입주의는 인간의 합리성이 완벽하지 않으므로, 정부의 개입이나 제3자의 도움을 필요로 한다는 입장을 취한다. 자유주의적 개입주의는 개인의 합리성 → 개인의 합리적 행동 → 시장의 조정 →

5) 이에 대한 논의는 후술하는 제2절 넛지이론의 내용과 특성 부분에서 구체적으로 기술되어 있다.

6) 인간의 제한된 합리성(bounded rationality)을 인정하는 행동경제학의 휴리스틱(heuristic)과 편향(bias) 개념은 개념 그 자체로는 오래전부터 진지하게 받아들여져 온 반면, 이러한 개념이 현실 정책에 어떻게 적용될 것인가에 대한 논의는 상대적으로 적었던 것이 사실이다. 지난 2005년 OECD 소비자정책위원회는 행동경제학이 소비자정책 수립의 이론적 토대가 된다고 보고 '소비자정책을 위한 경제학(Economics for Consumer Policy)' 보고서를 2년간의 회원국 워킹그룹 활동을 통해 발간했다. 그리고 미국 연방거래위원회(US FTC)에서도 2007년 4월에 '행동경제학과 소비자정책(Behavior Economic and Consumer Policy)' 콘퍼런스를 개최해, 행동경제학의 논거가 소비자정책 집행의 효율성을 높이는 데 크게 기여할 것이라고 평가했다(배순영, 2008: 38-54).

정부 개입의 최소화라는 신고전학파의 추론 단계에서, 중간 고리가 아니라 첫 단계를 의심하기 때문에 개입을 요구한다.

한편 행동경제학은 무엇보다도 선택 상황에 대한 서술이나 설정이 선택에 영향을 미친다는 점을 강조한다. 이에 근거한 자유주의적 개입주의는 초기치(default)나 초기 대안 혹은 출발점(starting point)의 설정, 적극적 선택에 대한 강제, 냉각 기간이나 마감 시한과 같은 절차적 제약의 부과, 이탈에 대한 조건 제시와 같은 내용적 제약의 부과, 이탈에 대한 높은 벌금 부과 등과 같은 것을 구체적인 정책들로 내세운다(Thaler & Sunstein, 2003: 1188-1190).[7] 따라서 이 중에서도 초기치나 초기 대안을 무엇으로 하느냐에 따라 의사 결정이 달라지는 현상이 대단히 중요하다.

그런데 신고전학파에서 생각하는 것처럼 사람들이 합리적이라면, 선택 상황을 어떻게 설정하든지 결과에 유의미한 차이가 나타나지 않았어야 한다. 예컨대 의료보험과 관련해 불참을 선언하지 않으면 자동 가입으로 간주하는 탈퇴 선언의 방식(opt-out)과 참여를 명시하지 않으면 불참으로 간주하는 가입 선언의 방식(opt-in)이 있다고 하자. 그런데 기대효용이론의 예상과 달리 이런 차이가 영향을 주어 후자보다 전자에서 높은 가입률을 기록했다.

이런 결과에 의존해 자유주의적 개입주의는 사적 기관이든 공적 기관이든 간에 선택설계사(choice architect)가 선택 상황의 우선적인 대안이나 초기치를 정하는 데 개입하되, 그 이후의 선택은 강요하지 않고 전적으로 개인에게 맡기자고 주장한다(Thaler & Sunstein, 2003: 1162). 이 경우 사적 기관에서의 선택설계사는 친지나 기업의 고용주 등이 될 수 있으며, 공적 기관에서의 선택설계사는 각급 정부가 된다. 결론적으로 대안들에 우선순위를 정해 초기치를 결정하는 데 개입하므로 개입주의이지만, 선택과 결정은 궁극적으로 개인의 몫이어서 자유주의라 할 수 있다. 따라서 자유주의적 개입주의란 이러한 두 가지 개념이 합해져서 만들어진 것으로, 이때 개입이 의미하는 바는 소극적인 개입이므로 찔러주기(nudge)가 제안된 것이다(Thaler & Sunstein, 2008; 이규상 · 홍훈, 2009: 175-177).

이처럼 자유주의적 개입주의의 개념을 제시한 탤러와 선스타인은 일부에서 제기되고 있는 이 두 개념의 결합 속에 모순이 있다는 주장을 정면으로 반박하고 있다. 그것은 개

---

7) 비대칭적 개입주의도 이와 비슷하게 초기 대안 설정, 상세 정보 공개, 냉각 기간 부과, 마감 시간 등과 같은 소비자 선택에 대한 제한을 들고 있다(Camerer et al., 2003b: 1224-1250).

입주의(paternalism)가 복지를 향상시킬 목적으로 개인의 선택을 안내하거나 유도(guide)하는 기능을 하기는 하지만, 자유주의적 특성 속에서 공정한 선택이나 결정을 하는 데 각 개인의 자유를 최대한 존중하고 있기 때문에 개입에는 아무런 문제가 없다는 주장이다. 그래서 자유주의적 개입주의가 추구하는 접근 방법은 복종 외에는 다른 대안이 없는 규제(regulation)와는 근본적으로 차원이 다르다고 주장한다(Sunstein & Tahler, 2003a: 175-179; Sunstein & Tahler, 2003b: 1159-1202).

이런 맥락에서 탤러와 선스타인은 자신들이 제안한 자유주의적 개입주의를 상대적으로 약하고(weak), 부드럽고(soft), 비강요적(nonintrusive)인 개입주의의 형태로 정의했는데, 그 이유는 선택이 봉쇄되거나 또는 그 선택에 구속되지 않고 부담을 지우지 않기에 그렇다는 것이다(Tahler & Sunstein, 2008).

결론적으로 자유주의적 개입주의는 윤리적으로는 보수적 입장을 견지하면서, 철학적으로는 자유주의를 신봉하는 입장을 견지하고 있다. 이에 따라 자유주의적 개입주의는 밀(John S. Mills)의 자유주의 철학에 바탕을 두면서, 사이먼(Herbert A. Simon)의 제한된 합리성과 카네만(Daniel Kahneman)과 트버스키(Amos Tversky) 등이 강조한 불확실성 하에서의 의사 결정이 지니고 있는 비합리성의 가정과 같은 개념에 기초하고 있다(Kahneman & Tversky, 1984). 극단적으로 표현하자면 사회주의가 인간을 시장으로부터 보호하고, 자유주의가 개인을 타인이나 국가로부터 보호하는 데 목표를 두었다면, 자유주의적 개입주의는 개인을 자기 자신으로부터 보호하는 데 치중하는 패러다임이라고 볼 수 있다(이규상 · 홍훈, 2009: 185).

제 2 절 넛지이론의 내용과 특성

1 넛지이론의 개념

강제적인 규제정책이나 유인정책보다 부작용이나 비용이 별로 들지 않으면서 정책의 순응성을 높일 수 있는 정책 수단으로, 넛지이론(nudge theory 또는 doctrine)이 뉴거버넌스(new governance)로 등장하고 있다.

넛지(nudge)의 개념은 원래 '주의를 끌기 위해 팔꿈치로 슬쩍 찌르다'는 사전적 의미를 갖는 용어인데, 이를 부드러운 개입을 통해 타인의 행동을 바꾸는 개념의 넛지로 전환시킨 것이 탤러(R. H. Thaler)와 선스타인(C. R. Sunstein)이다. 이들은 넛지가 지닌 사전적 의미에다가 또 다른 개념을 부여해 경제학적 방법론에 선택설계학이라는 새 지평을 열었는데, 그것은 넛지를 선택설계사가 취하는 방식의 한 형태로 보고 있다는 점에서 그러하다. 따라서 넛지란 사람들을 현재보다 자유롭고 건강하고 행복한 삶을 영위케 하는 방향으로 갈 수 있게끔 의사 결정을 돕는 기능을 지닌 개념으로, 강제적인 명령이나 지시와는 명백하게 다르다는 입장이다. 다시 말해, 넛지는 인간 행동에 대한 적절한 이해를 바탕으로, 금지나 인센티브 없이도 원하는 결과를 얻어내는 힘이자 현명한 선택을 유도할 수 있는 부드러운 힘이라는 것이다.

이와 같은 개념을 지닌 넛지의 효과를 높이기 위해서는 넛지 형태의 간섭을 회피하는 것이 용이해야 하고 비용도 최소한으로 들어야 한다. 특히 넛지의 효과를 극대화하기 위해서는 선택설계사의 태도가 대단히 중요한데, 중립적이고도 공익을 추구하고자 하는 철학이 태도의 바탕을 형성해야 한다. 선택설계사가 지닌 태도나 철학이 중요한 이유는 이러하다. 특히 선택설계사는 선택을 둘러싼 환경이나 여건을 구성하는 조건을 결정하는 기능을 담당하는데, 이를 위해서는 개인들이 결정을 내리는 배경이 되는 정황이나 맥락을 정확하게 이해해야 하기 때문이다. 그것은 한 개인이 어떤 선택을 했다 하더라도, 근본적으로 이런 선택 과정에는 이를 설계한 선택설계사의 보이지 않는 철학이나 의도가 개입할 여지가 있기에 그러하다.

넛지이론은 기본 철학으로 자유주의적 개입주의에 기초하고 있다. 이때 자유주의적 개입주의란 강제하기보다는 자연스럽게 바람직한 선택을 하도록 개인들을 인도함으로써 개입에 따른 저항과 비용을 최소화하고자 하는 목표를 지향한다. 그래서 자유주의적 개입주의는 자유주의자로서 방임하거나 또는 직접적인 규제를 가하기보다는, 사람들의 자유 의지(free will)를 최대한 존중하면서 동시에 선택 가능성을 보장해 주는 일종의 선택적 기획을 추구하는 철학이다.

유사한 맥락에서 자유주의적 개입주의는 개인이 모든 결정을 직접 할 수 있다고 해서 좀 더 자유로워지고 행복해지는 것은 아니라는 입장이다. 거창하고 추상적인 의미를 담고 있는 선택의 자유(freedom of choice)와 같은 개념보다는 대신에, 구체적인 사례나 상황에 따라 비용과 편익을 분석하고 이를 기초로 넛지를 이용한 정부 개입이 이루어져야 한다는 것이다. 다만 위험에 처할 가능성이 큰 개인의 실수를 막기 위해 정부가 개입할 경우에는, 개인들이 자체적으로 목표를 달성하는 방향으로 도움을 제공해야 하는데 선택설계사로서 현명한 정부가 그래서 필요하다.

결국 넛지이론은 개인을 둘러싼 환경이 급격하게 전문화하고, 세분화하고, 시스템화하면서 나타난 복잡한 환경 속에서 선택의 용이성을 확보하기 위한 필요성으로 등장한 이론이다. 그러므로 넛지이론의 목적은 복잡함(complexity)을 단순화(simplification)시키는 단순화 과정 속에서, 개인들이 강요 없는 상태에서 자유롭게 그리고 자동적이면서 직관적으로 더 나은 것을 선택하도록 돕는 데 있다(Thaler & Sunstein, 2008: 4-6).

2 넛지이론의 발생 원인

전통경제학에서 가정하는 개인은 항상 합리적인 선택을 하는 데 이러한 인간들을 이콘(econs)이라 칭한다. 이에 반해 행동경제학에서 가정하는 개인은 비합리적이고 실수도 해서 비합리적 선택을 반복하는 경향을 지닌 인간(humans)으로 칭한다. 그래서 이콘과 인간의 두 부류로 나뉜다. 그리하여 행동경제학에서 가정하는 인간의 경우 선택설계사를 통해 예상 가능한 방향으로 행동을 변화시키는 넛지를 가한다면 바람직한 선택을 하는 데 도움을 줄 수 있고, 궁극적으로는 인간의 삶의 질을 제고하는 데도 기여할 수 있다는 입장이다(Thaler & Sunstein, 2008: 6-8). 넛지는 이런 맥락에서 볼 때 행동경제학에서 가정하는 인간의 선택에 도움을 주고자 하는 수단인데, 여기서는 인간이 비합리적 선택을 반복하는 이유나 원인을 살펴보고자 한다. 즉, 인간들이 지닌 비합리성의 원인이 넛지이론이 필요한 이유이기도 하다.

1) 자동 시스템 vs. 숙고 시스템

행동경제학에서 가정하는 인간(humans)이 체계적으로 문제를 다르게 인식하는 근본적인 이유는 사물을 인식하고 판단하는 체제(system)에 문제가 있기 때문이다. 사람들이 사물을 판단하는 경우 〈표 8-1〉에서 보듯이 두 가지 방식의 인식 시스템을 활용한다(Thaler & Sunstein, 2008: 19-22). 하나는 자동 시스템(automatic system)적 방식으로 이는 자동적이며 직관적인 인식 방식으로 사고 행위를 수반하지 않는 반면, 또 다른 방식

표 8-1 인간의 인식 시스템 유형

자동 시스템(automatic system)	숙고 시스템(reflective system)
통제가 불가능하다	통제가 가능하다
노력이 불필요하다	노력이 필요하다
결합적이다	연역적이다
신속하다	느리다
무의식적이다	의식적이다
숙련화가 필요하다	규칙지향성이다

인 숙고 시스템(reflective system)적 방식은 합리적 판단을 위해 사려 깊게 사고하는 것이 그것이다. 따라서 모든 여건이 충족되어 숙고 시스템적인 인식 방식으로 의사 결정을 한다면 선택에 따른 어려움 없이 최적의 의사 결정을 할 수 있다.

그렇지만 현실적으로 숙고 시스템적 인식 방법은 사물을 판단하는 경우 시간상으로나 물리적으로 작동하기가 쉽지 않다. 이에 따라 이를 보완할 인식 시스템으로 자동 시스템이 원활하게 작동한다면, 개인들이 하는 선택의 질은 개선될 수 있고 나아가 삶의 질 또한 나아질 수 있다. 그런데 이 과정에서 발생하는 문제는 자동 시스템이 원활하게 작동하는 것을 막는 장애 요인이 존재한다는 데 있다. 넛지이론은 바로 자동 시스템이 작동하는 데 장애가 되는 편향을 제거하기 위해, 선택설계사를 통해 넛지를 활용함으로써 의사 결정에 따른 실수를 완화할 수 있다고 보는 입장이다.

2) 편향을 초래하는 요인들

자동 시스템(automatic system)은 편향을 초래하는 여러 요인으로 인해 잘못된 의사 결정을 반복하게 되고, 그 결과 의사 결정 과정에서 심각한 실수를 야기하게 된다. 따라서 넛지는 이러한 편향(bias)으로부터 발생하는 오류를 최소화 하고 합리적 판단을 유도하기 위해 필요하다. 일반적으로 이러한 편향을 초래하는 요인으로는 어림짐작(rule of thumb or heuristic), 비현실적 낙관주의(optimism and overconfidence), 이익과 손실의 틀(gains and losses), 현상 유지 편향(status quo bias), 틀 짜기(framing) 등이 있다(Thaler & Sunstein, 2008: 22-39).

(1) 어림짐작

어림짐작은 문제를 해결하거나 불확실한 사항에 직면해서 판단을 내려야 하는 경우, 이에 대한 판단의 명확한 근거를 찾기 어려울 때 사용하는 편의적인 방법의 하나이다. 그래서 어림짐작은 일반적으로 주로 경험이나 추측 등에 의지해 문제를 해결하거나 판단하는 방법을 의미한다. 예컨대 서울에서 부산까지의 거리가 얼마인지를 판단할 때, 정확한 정보에 기초하지 않고 대략적인 추측으로 얼마라고 어림짐작으로 판단하는 경우이다. 따라서 어림짐작에 의한 판단이 때로는 유용하기도 하지만, 체계적인 편향이나 오류를 심각하게 초래할 수 있다는 점에서 편향의 대표적인 요인이라 할 수 있다.

카네만과 트버스키(Kahneman & Tversky, 1981, 1984)는 어림짐작의 방법으로 기준점 효과(anchoring effect), 이용 가용성(availability), 대표성(representativeness)의 세 가지를 제시했다. 그런데 어림짐작의 세 가지 방법은 상호 관련되어 있을 뿐만 아니라, 최근에는 이런 편향들이 숙고 시스템과 자동 시스템 간의 상호작용으로부터 기인하고 있음도 강조되고 있다.

① 기준점 효과

사람들은 의미가 별로 없는 임의적 정보를 가지고, 이를 의미 있게 반영해 의사 결정을 내리려는 경향이 있다. 즉, 임의적 정보라도 그 정보가 각인(imprinted)되면 향후 의사 결정에서 그 정보가 중요하게 작용하는데, 이런 경향은 불확실한 상황일수록 가능성이 높아진다. 기준점 효과 또는 닻 내리기 편향(anchoring effect)은 이와 같이 임의적으로 일관성(coherence)을 유지하려고 하는 경제 주체들의 성향으로 인해 발생한다(Ariely et al., 2003: 73-105). 따라서 불확실한 사건에 대해 예측할 때 처음에 설정한 기준점에 휘말려 적절한 조정을 하지 못해 편향을 초래하게 된다(도모노 노리오, 2007).[8]

기준점 효과의 예를 살펴보기로 하자. 예컨대 위스콘신 주에 있는 밀워키 시의 인구를 추정한다고 가정할 때, 시카고에 사는 사람들은 시카고 인구가 대략 300만 명이고 밀워키는 위스콘신 주에서 가장 큰 도시이지만 시카고보다는 훨씬 작다는 것을 알고 있다. 그렇다면 밀워키 시의 인구는 시카고의 1/3에 해당하는 대략 100만 명 정도일 것으로 추정할 수 있다. 이처럼 어림짐작으로 인구를 추정하는 과정을 기준선 설정 및 조정

8) 상품 겉면에 희망소매가격 2,500원, 판매가격 2,300원과 같은 표시를 해두면, 소비자는 상품의 가치를 기초로 한 적정가격은 알 수 없지만 기준점(희망소비가격)보다 낮은 판매가를 보고 싸게 느끼는 경우이다.

과정(anchoring and adjustment)이라고 하는데, 이 과정에서 시카고 사람은 시카고 인구를 기준으로 밀워키 시의 인구를 추정했다. 이처럼 자신이 알고 있는 인구를 기준으로 추정한 결과, 오류가 그 기준에 따라 커지거나 작아지는 경향이 발생하게 된다.

기준점 효과는 이와 같이 의사 결정 시 자신이 얻은 첫 번째 정보의 가치를 너무 과대평가하거나 과소평가해서 이후의 사고나 판단에 닻을 내려 정착시키는 역할을 한다. 기준점 효과는 합리적이고 정확한 예측을 하는 데 도움이 되기도 하지만, 대개는 과거의 사건에 너무 가중치를 많이 두고 다른 요인을 너무 과소평가하는 경우가 발생한다. 특히 시장이나 상황에 급격한 변화가 있는 경우 과거에 의존한 기준이나 닻은 부정확한 예측을 초래하고 결과적으로 잘못된 선택을 하게 한다(이성우, 2013: 133). 기준점 효과나 닻 내리기 편향은 이 외에도 문제가 전혀 관계가 없는 경우에도 작동하기도 한다.

② 이용 가용성

이용 가용성 또는 편리성(availability)에 의한 편향은 일반적으로 관련 사례들이나 과거의 사건에 대한 기억으로부터 쉽게 영향을 받는 것을 의미한다. 예컨대 관련 사례나 과거의 기억들이 쉽게 떠오를수록 더 많은 걱정을 하게 되어 문제를 더욱 심각하게 생각하는 경향을 보이는 경우이다. 따라서 통계 등이 제시하는 객관적 사실을 무시하고 기억이나 관련 사례에 지나치게 의존하는 경우, 이용가용성으로 인한 편향은 정책 결정에 심각한 영향을 초래한다.[9]

③ 대표성

대표성 편향은 일반적으로 고정 관념이나 선입관에 의해 의사 결정을 왜곡하는 경우 발생한다. 사람들은 대체로 대표성이나 전형적인 특성을 기반으로 하는 추측 과정에서 선입관이나 고정 관념을 만들게 되는데, 이러한 편견이 오류를 발생하게 하는 원인이 된다. 다시 말해 특정 사안의 발생 가능성을 판단하기 위한 과정에서 다양한 새로운 정보를 받아들일 때, 특정 정보를 사안의 대표성으로 인지해 판단의 오류를 범하는 경우이다(이시영 · 이효찬, 2010: 1-20).[10] 예컨대 동전을 세 번 던졌을 때 앞면이 연속해서 나오면 무언가 하늘의 계시가 있다든지 또는 행운이 따른다고 생각하게 되는 경향을 들 수 있다. 그러나 이러한 결과는 확률론적인 관점에서 언제든지 발생할 수 있는 경우의 수일

---

9) 미국에서 자살과 타살 중 어느 쪽이 더 많을 것인지를 물어보면 타살이 더 많다고 응답하는데, 이는 매스컴에서 자살보다 타살 뉴스를 더 많이 접하는 데 따른 것이다.

10) 다양한 제품을 생산하는 회사의 경우 대표 제품으로 그 회사의 특성을 평가하는 것을 들 수 있다.

뿐이지 하늘의 계시와는 아무런 관련이 없다.

(2) 비현실적 낙관주의

비현실적 낙관주의(optimism and overconfidence)는 낙관주의와 자기 확정적 증거의 함정의 두 경향을 포함하는 내용으로, 비현실적 낙관주의는 자만감과 자기 확정적 증거의 함정에 빠질 개연성이 대단히 높다. 이 중 낙관주의는 자신을 평균 이상이라고 믿거나 또는 자신의 능력에 대해 높은 평가를 하려는 경향을 의미한다. 대부분의 인간은 측정이나 예측에 정통하지 않음에도 불구하고, 정확도에 대해 지나치게 자만하는 경향이 있다. 이런 자만감은 때때로 판단의 실수를 초래하고 결과적으로 나쁜 의사 결정을 유도하게 된다.

이에 반해 자기 확정적 증거의 함정은 의사 결정 과정에서 자기에게 유리한 증거에 편향되는 경향에 의해 발생한다. 이런 편견으로 인해 본능이나 자신이 원하는 쪽의 방향을 지원해 줄 정보를 획득하도록 요구하는 반면, 반대되는 방향의 정보 획득은 피하도록 유도한다. 자기 편향적 증거의 편견은 관련된 증거를 모으는 데 영향을 주는 것은 물론, 얻은 정보의 해석에도 영향을 미친다. 그 결과 자신의 생각을 지지하거나 일치되는 정보는 가중치를 높게 두는 반면, 그 반대의 정보는 가중치를 낮게 두는 경향을 초래한다(이성우, 2013: 139-146). 이와 같은 자기 확정적 증거의 함정은 직접적인 선택, 연속적 결과, 업무의 친숙성, 정보의 양, 참여 형태, 과거의 성공 사례 등에 의해 발생되는 경향이 많다(Nofsinger, 2016). 한편 이와 반대되는 현상으로 과도한 비관주의나 과도한 대응 역시 같은 맥락에서 바람직하지 않은 영향을 미친다.

(3) 이익과 손실의 틀

일반적으로 사람들은 손해를 보는 것을 대단히 싫어하는 경향(loss aversion)이 있다. 그 이유는 자동 시스템이 손해를 보는 것에 대해 감성적으로 예민한 반응을 보이기 때문이다. 그래서 사람들은 이익이 가져다 주는 행복에 비해 손실이 초래하는 불행이 두 배나 불행하다고 느낀다는 것이다. 같은 액수의 이익보다 손실이 초래하는 손해가 훨씬 더 크게 느껴지는 특성 때문이다. 이처럼 손실에 대한 기피 본능은 현재의 상태를 지속적으로 유지하고자 하는 욕구에 지대한 영향을 미치는 기능을 한다.[11]

---

11) 1,000원의 손실이 주는 불만족은 1,000원의 이익이 주는 만족보다 2배에서 2.5배나 큰 것으로 나타났다.

(4) 현상 유지 편향

현상 유지 편향(status quo bias)은 친숙한 것을 바꾸지 않고 현재의 상황을 고수하려는 경향을 의미한다. 현상 유지 함정의 근원은 우리의 마음속 깊은 곳에, 자아가 손상당하는 것을 보고 싶지 않다는 욕망 속에 자리하고 있다. 현 상태를 깨뜨린다는 것은 새로운 조처를 필요로 한다. 조처를 하게 되면 책임을 져야 하는데, 이는 자신이 비판이나 후회에서 벗어날 수 없다는 것을 의미한다. 현상 유지에 집착하는 이유는 이처럼 심리적으로 덜 위험한 상태를 원하기 때문이다. 따라서 사람들이 아무것도 하지 않는 이유를 찾으려고 애쓰는 것은 어찌 보면 당연한 일이기도 하다(이성우, 2013: 135-136). 이 밖에도 현상 유지의 원인으로는 관심의 부족이라든지 주의력의 결여 때문이기도 하다. 현상 유지 편향을 제거하기 위한 대안으로 디폴트 옵션은 강력한 넛지의 역할을 할 수 있다.

(5) 틀 짜기

틀(frame)이란 상황이나 문제에 대한 표현 방법을 의미하는 것으로, 틀에 따라 선택이 달라지는 것을 틀 짜기 효과(framing effect)라고 한다. 전통경제학에서는 선호(preference)는 주어진 것이기 때문에 불변의 원칙을 기정 사실로 받아들이는 데 반해, 행동경제학에서는 틀에 따라 사람들의 선택이 달라질 수 있다는 입장이다. 따라서 틀의 효과가 존재한다면, 틀에 따라 사람들의 선택이 달라질 수 있기 때문에 사람들의 의견이나 평판을 교묘히 조정하거나 조작할 수 있다(이시영 · 이효찬, 2010: 8).

의사 결정에서 첫 단계는 질문의 틀을 만드는 작업인데, 가장 위험한 단계의 하나이기도 하다. 그것은 문제의 틀이 어떻게 만들어져 있는가가 선택에 중요한 영향을 미칠 수 있기 때문이다. 틀의 함정은 다양한 형태를 지닐 수 있다. 그것은 종종 심리적 함정과도 밀접한 관련이 있다. 예컨대 하나의 틀은 현상 유지 또는 닻을 유도할 수 있다. 또한 틀은 매몰비용의 함정이나 자기 편향적 증거의 함정으로 인도할 수도 있기 때문이다(이성우, 2013: 141).

틀 짜기는 사람들이 사려 깊은 생각이 없이 수동적인 의사 결정을 하는 경우에 작동한다. 문제에 대한 틀 짜기가 다양한 대안을 창출할 수 있는가에 대한 심사숙고한 검증이 없이, 의사 결정에서 숙고 시스템보다 자동 시스템을 사용하는 데서 기인한다. 결국 틀 짜기가 효과를 발휘한다는 것은 사람들이 지각 없이 수동적으로 결정을 내리는 경향이 있기 때문이다.

3) 타성의 원인

숙고 시스템의 작동을 방해하고 잘못된 자동 시스템을 작동시켜 사람들을 타성이나 관성(inertia)에 빠지게 하는 원인은, 앞에서 살펴본 편향(bias)을 야기하는 요인 외에도 여러 측면에서 살펴볼 수 있다(Thaler & Sunstein, 2008: 53-62).

(1) 유혹과 자기통제

사람의 의식구조는 계획하는 자아(planner)와 행동하는 자아(doer)라는 두 종류의 준자율적인 자아(semi-autonomous selves)로 이루어져 있다. 장기적이며 원시안적인 계획을 지향하는 자아(planner)는 숙고 시스템을 대변한다. 따라서 계획하는 자아는 매사 장기적인 관점에서 계획하고 노력하며, 행동하는 자아(doer)가 범하기 쉬운 유혹과 변덕스런 감정에 대처하는 기능을 수행한다.

이에 반해 미시적이며 근시안적인 행동을 지향하는 자아는 주로 자동 시스템에 영향을 받는다. 그래서 흥분이나 감정을 동반하는 유혹에 노출될 개연성이 매우 높고, 특히 습관성이나 본능적 욕구에도 매우 취약하다. 통상 두 종류의 자아는 지속적으로 갈등을 야기하고 대치 상태를 초래한다. 따라서 혼자의 힘으로 유혹을 억제하기 어려울 경우 외부의 도움이나 율리시즈(Ulysees)의 지혜와 같은 자기통제(self control)가 필요하다.[12]

(2) 무의식적 선택

사람들은 무의식적으로 타성에 젖어 행동하거나 깊은 사려 없이 선택 행위(mindless choosing)를 하는 경우가 많다. 타성에 젖어 있거나 깊은 사려가 없는 상황에서 사람들은 적극적으로 주의를 기울이거나 숙고 시스템적 사고를 하지 않는다. 그래서 타성에 빠져 무의식적인 행동을 하는 경우에는 유혹을 견디어 내기가 어렵다. 이런 경우에는 계획하는 자아(planner)를 강화하는 훈련이나 노력이 필요하다.

(3) 집단 압력

집단 압력(peer pressure)은 동료나 주변 다른 사람들의 말이나 행동에 쉽게 영향을 받거나 또는 이들로부터 받는 심적 압력으로 숙고 시스템이 장애를 받는 상황을 의미한

---

12) 율리시즈의 지혜란 그리스 신화에 나오는 마녀인 사이렌(Siren)에서 유래된 설화이다. 사이렌은 항해하는 선원들을 아름다운 노래로 유혹해 배를 난파시키기로 유명한 마녀였다. 이에 율리시즈는 선원들이 마녀의 노래에 유혹당하지 않도록 귀를 막고 율리시즈 자신은 돛대에 자신의 몸을 묶도록 해서 지혜롭게 사이렌의 유혹을 억제하고 항해를 했다는데서 유래되었다.

다. 이 같은 집단 압력이 조직적으로 행해지거나 범위가 확대되면 사회적 집단 압력(social pressure)으로 변질된다. 사회적 압력 때문에 잘못된 믿음을 갖는 경우, 나치즘이나 사이비 종교에서 보듯이 집단적인 히스테리 행태가 발생하기도 한다. 하지만 사회적 집단 압력이 때때로 사회에 부정적 영향을 미치기도 하나, 긍정적인 측면에서 사회에서 요구되는 공중도덕을 지킨다든지 혹은 사회 규범을 강화함으로써 전체 사회를 유지하는 데 중요한 역할을 담당하기도 한다.

(4) 다원적 무지

다원적 무지(pluralistic ignorance)는 여론의 형성 과정에서 사회적 쟁점에 대해 소수의 의견을 다수의 의견으로, 또는 다수의 의견을 소수의 의견으로 잘못 인지하는 현상이다. 따라서 다원적 무지는 현상에 대한 객관적이고 정확한 이해를 약화시켜 잘못된 선택을 하는 데 심각한 편향을 초래한다. 따라서 숙고 시스템적 훈련을 통해 다원적 무지를 극복하는 노력이 필요하다.

(5) 조명 효과

조명 효과(spotlight effect)란 사회 규범이나 유행에 동조하기 위해 노력하는 이유가, 나의 행동에 대해 다른 사람들이 지대한 관심을 보인다고 생각하기 때문에 발생하는 효과이다. 그러나 실제로는 다른 사람들은 자신에게 별로 관심을 갖고 있지 않은 것으로 나타났다. 따라서 조명 효과는 의사 결정 과정에서 무의미한 시간과 노력을 낭비하는 결과를 초래해 바람직한 선택을 방해하기도 한다. 다만 조명 효과도 다원적 무지와 유사하게 때로는 사회 유지에 순기능으로 작용하기도 하는데, 그것은 사회적 이탈을 막고 사회 규범을 강화하는 데 도움을 주기도 한다.

3 넛지가 필요한 상황

탤러와 선스타인(Thaler & Sunstein, 2008: 72-80)은 넛지가 필요한 상황을 다음과 같이 들고 있다. 이는 다음과 같은 선택환경(choice environment)이 주어졌을 때 넛지의 작동이 필요하다는 의미이기도 하다.

첫째, 선택과 그에 따른 결과(consequence)가 일정한 시차를 두고 발생함에 따라 그 내용을 정확히 알 수 없어 선택에 곤란(fraught choice)을 느끼는 상황이다. 이런 상황은 대체로 편익과 비용이 시차를 두고 발생하는 경우, 선택에 어려움(degree of difficulty)을 겪는 경우, 선택의 빈도(frequency)가 별로 없는 경우로 나누어 볼 수 있다. 편익과 비용이 시차를 두고 발생하는 상황의 대표적인 예로는 다이어트(diet)를 해야 하는 선택 상황이다. 다이어트를 할 때 처음에는 시간과 경비가 소요되는데, 그에 따른 혜택은 상당 시간이 경과한 후에나 발생하게 된다. 또한 선택에 어려움을 겪는 상황은 자동 시스템에 의해 결정하는 선택 상황보다는, 집을 구매한다든지 투자를 해야 하는 경우와 같이 숙고 시스템이 작동하지 않으면 선택에 어려움을 느끼는 경우이다. 끝으로 대학시험이나 결혼과 같이 선택 빈도가 한두 번밖에 없는 경우 선택에 어려움을 느낄 수밖에 없다.

둘째, 연습이나 훈련 등과 같은 피드백(feedback)을 가질 기회가 없거나 갑작스럽게 결정을 해야 하는 선택 상황이다. 예컨대 낯선 외국을 여행하는 경우 그 지역의 음식에 대해 먹어본 경험이나 지식이 없을 경우 직면하는 선택 상황이 그것이다. 이런 경우 식당의 주방장이 선택설계사의 역할을 담당함으로써 넛지의 역할을 수행한다면, 곤란한 선택 상황을 극복하는 데 도움을 줄 수 있다.

셋째, 선택 대상에 대해 내용을 잘 알지 못해 무엇을 원하는지 모를 경우이다. 이 상황은 선택 상황이 가장 바람직하지 않은 경우이다. 예컨대 비싼 보석을 구입해야 하는데 어떤 종류의 보석을 구입해야 하는지도 모르는 상황을 들 수 있다. 이 상황에서 보석이라는 선택 대상도 잘 알지 못할 뿐만 아니라, 어떤 종류의 보석을 원하는지에 대한 선호도 없기 때문이다.

끝으로 넛지를 발생시키는 편향의 원인에서도 살펴본 대로, 비합리적이고 무의식적이며 충동적인 오류를 반복하는 경우 넛지는 행태 변화를 이끌 수 있는 좋은 수단이 된다. 특히 이런 선택 상황에서는 자기 통제를 필요로 하는 경우가 많은데, 적절한 강제수단이나 선택을 쉽게 하는 전략과 함께 적절한 유인책이 요구된다.

4 넛지의 기본 원리

선택 상황에 직면해 있는 사람들에게 넛지가 바람직한 결과를 유도하기 위해서는 선택설계사의 역할이 무엇보다 중요하다. 그것은 선택설계사의 의도가 넛지 과정(nudging)에 개입될 여지가 있기 때문에, 넛지를 주도하는 선택설계사의 세심한 역할과 주의가 요구된다. 여기서는 넛지 과정에서 선택설계사가 추구해야 할 선택 설계(choice design)의 원리를 살펴보고자 한다(리처드 탤러 · 캐스 선스타인, 2009).

그런데 선택설계사가 추구해야 할 선택설계에서 반드시 유념해야 할 원칙은 선택설계의 내용은 반드시 자극-반응 일치성(stimulus response compatibility)을 지녀야 한다는 것이다. 즉, 자신이 받는 자극이나 신호가 바람직한 행동과 일관성이 있어야 한다.[13] 만일 자극과 반응 간에 불일치가 발생하게 되면, 성과는 좋지 않게 되고 사람들은 계속해서 선택오류라는 실수를 범하게 되기 때문이다. 따라서 선택설계사가 선택설계 시 그 설계가 바람직한 행동을 유도할 것이라는 목표와 일치해야만 넛지의 효과가 극대화된다.

탤러와 선스타인은 이와 같은 선택설계가 지녀야 할 기본 전제 하에, 선택설계사가 선택설계를 하는 데 유용한 여섯 가지 원리를 제시했다. 인센티브(iNcentives), 매핑(Understand mappings), 디폴트(Defaults), 피드백(Give feedback), 오류기대(Expect error), 구조화(Structure complex choices)의 여섯 가지 원리인데, 각각의 머리글자를 종합해 넛지(NUDGES) 원리라고 칭했다(Thaler & Sunstein, 2008: 81-100).

첫째, 최소 저항 경로(path of least resistance)를 제공하는 디폴트를 제공해야 한다는 원리이다. 이 원리는 사람들이 범하기 쉬운 습관적 행동 경향이나 현상 유지적 편향 등을 고려해 볼 때, 최소한의 노력이 요구되는 선택설계를 제공해야 한다는 의미이다. 이런 맥락에서 선택 가운데 디폴트 옵션이 있으면 그것이 자신에게 좋건 나쁘건 선택할 가능성이 높은데, 특히 디폴트가 권고 사항으로 주어질 경우에는 이를 선택할 가능성이 더욱 커진다. 이러한 디폴트는 선택 결과가 중대한 영향을 미치는 경우가 많고, 특히 디폴트로 가입자의 정보 공개를 허용할 경우 해당 정보가 범죄에 사용될 개연성이 있기 때문에 중요 사안에 대해서는 디폴트보다는 자율적으로 선택하도록 선택 요구(required choice)나 강제 선택(mandated choice)을 하도록 하는 것이 바람직하다.

둘째, 오류를 예상해야 한다(expect error). 이 원리가 중요한 이유는 사람들은 실수나 오류를 범할 수 있다는 시각에서, 사용자들의 실수를 예상하고 최대한 이에 대응해 바람직하게 만들어진 시스템을 제공해야 한다는 데 있다. 특히 주요 업무를 끝내고 이전 단계에서 행한 사항들을 잊는 경향을 방지하기 위해, 완성 후에 발생하는 오류(post-completion error)를 억제하는 시스템을 강화해야 한다.

셋째, 피드백 장치(give feedback)의 마련이다. 이는 선택 과정에는 항상 오류가 발생

13) 이의 대표적인 예로는 사람들은 신호등에서 빨간색 표지판은 '멈추시오(stop)'라고 표기되어 있을 것을 기대하는데, 만일 '가시오(go)'라고 표기되어 있다면 기대했던 신호와 다른 신호에 맞춰 행동을 해야 할 것이다. 이런 경우 판단에 심각한 혼란이 야기된다.

할 가능성이 있기 때문에 오류의 가능성을 경고해야 한다는 의미이다. 그래서 성과를 개선하기 위해서는 정확한 피드백을 제공하는 것이 중요하다.

넷째, 매핑(mapping)에 대한 이해를 강화할 필요가 있다. 이는 선택 상황이 복잡하고 어려운 경우일수록, 비교하기 쉬운 기준으로 선택 상황을 일목요연하게 정리해 주는 매핑 작업이 요구된다. 예컨대 통신사마다 통신비를 기준에 맞게 쉬운 수치로 제공한다면, 소비자의 입장에서는 통신사 간의 통신비 비교가 더욱 용이해질 것이다.

다섯째, 복잡한 선택을 구조화(structure)해 주어야 한다. 선택의 수가 많아지거나 선택 가능성이 다양해질수록 의사 결정이 어려워지기 때문에, 사람들은 가능하면 단순화하는 전략을 택하는 경향이 있다. 따라서 선택설계사는 선택을 쉽게 할 수 있도록 다양한 선택안을 이해하기 쉽게 조직화하거나 구조화할 필요가 있다.

여섯째, 사람들에게 선택안을 제시할 때 당사자들의 인센티브(incentive)를 고려해야 한다. 특히 비용을 지불하는 사람과 수익을 얻는 사람이 다를 경우 이해 상충이 생기고, 이 경우 정보비대칭 문제와 결부되어 도덕적 해이(moral hazard) 문제가 심각해질 수 있다. 그래서 상호 상치되는 이해관계를 일치시킬 수 있도록 인센티브 시스템(incentive compatible system)을 만드는 것이 중요하다.

이상과 같이 선택설계사가 선택설계를 해야 하는 경우 지켜야 하는 원리는 이 밖에도 여러 가지가 있을 수 있다. 예컨대 넛지는 투명해야 하고 절대로 상대방을 오도해서는 안 된다는 원리가 그것이고, 넛지에 참여하고 싶지 않다면 쉽게 빠져나올 수 있어야 한다. 특히 넛지는 긍정적 효과를 최대화하되 부정적 효과를 최소화할 수 있어, 넛지를 통해 유도된 행동이 그 영향을 받은 사람들의 삶을 더 낫게 만든다고 믿을 만한 충분한 근거가 있어야 한다.

제 3 절 넛지이론의 적실성

1 넛지이론에 대한 비판

탤러와 선스타인의 『넛지(*Nudge*)』가 출간된 이래 이에 대한 대중적 인기는 날로 커지고 있지만, 한편으로 넛지에 가해지는 비판의 강도나 관점은 혹독하고 다양하다. 자유주의에 대한 도전이라는 철학적 · 윤리적 관점에서부터 넛지의 악용 가능성과 효용성에 대한 의문 그리고 종국에는 넛지의 무용론에 이르기까지 매우 다양하다(John et al., 2009; Goodwin, 2012; Leggett, 2014).[14] 넛지에 가해지고 있는 다양한 비판을 범주화하면 이러하다.

첫째 범주에서 가해지는 비판의 요체는, 넛지가 행하는 정책 수단이 개인의 자율적 선택권을 침해함으로써 자유주의의 철학을 훼손한다는 것이다. 넛지가 처음에는 약한 수준으로 개입을 시작하지만, 시간이 지나감에 따라 개입이 점차로 증가해 마침내는 개입주의적 간섭이 심해져 종국에는 자유주의를 훼손할 것이라는 비판이다. 이 범주의 비판은 넛지에 가해지는 가장 기본적인 비판 가운데 하나이기도 한데, 결국 개입주의라는 가면을 착용한 자유주의적 개입주의는 단지 말장난에 불과하다는 입장이다(Mitchell, 2004; Rebonato, 2012). 그래서 넛지이론은 권한 부여(empowerment)나 자유(freedom) 또는 공정성(fairness)과 같은 자유주의가 추구하고자 하는 사상을 훼손하고 있다는 비판이다. 그 결과 넛지는 우리 스스로가 도덕적 선택을 할 수 있게 하는 능력과 자율성을 훼손할 뿐이라는 점이다(Furedi, 2011: 4; Bovens, 2008: 4).

이에 더해 탤러와 선스타인이 제시하고 있는 자유주의적 개입주의는 합리적 설득과 개입주의 간에 구별을 모호하게 할 뿐만 아니라, 개입주의가 넛지와 어떤 관계를 맺고 있는가를 정확하게 설명하지도 못하고 있다는 비판에 직면해 있다(Wilkinson, 2013: 341-355).

둘째 범주로 묶을 수 있는 비판의 요체는 넛지의 악용 가능성이다. 『이코노미스트(*Economist*)』 편집자들의 주장처럼, 자유의 관점에서 보면 넛지가 과도할 경우 심각한 위험이 따를 수 있다는 사실이다. 특히 정치인은 대중의 선택을 틀 짜기(framing)하고 대중의 결정을 소속당의 목적에 맞게 조작하는 기술에 매우 능한 사람들이다. 게다가 로비스트와 음모가 그리고 온갖 유형의 참견쟁이들이 모든 노력을 수포로 돌아가게 할 수도 있다는 지적이 그것이다(리처드 탤러 · 캐스 선스타인, 2009: 351). 특히 넛지를 악한 의도로 이용하는 사람들을 피싱 사기(phishing)라고 칭한 애컬로프(George A. Akerlof)와 실러(Robert J. Shiller)의 지적처럼, 사악한 넛지가 강제력을 독점하고 있는 정부의 정책

14) 이에 더해 영국 상원의 과학기술위원회 뉴버거(Baroness Neuberger) 위원장은 정부가 넛지 전략을 만병통치약처럼 취급해서는 안 된다고 경고했다(*BBC News*, 2011년 7월 19일자).

에 악용될 경우 그 피해는 대단히 위험하다(Akerlof & Shiller, 2015).

이런 비판들은 자유주의적 개입주의가 사회경제 체제를 경사지고 위험한 비탈길에 위치시키는 결과를 초래할 것이라는 비판과 맥을 같이한다(Glaeser, 2006: 153- 154). 다시 말해 정부정책에 약한 개입주의적 요소들이 도입되기 시작하면, 좀 더 강한 개입주의적 요소들이 추가적으로 도입되는 것은 시간 문제일 뿐이다. 따라서 어떤 종류의 개입주의적 요소의 도입도 처음부터 금지시켜야 한다는 극단적인 주장이 이어질 수 있다. 이런 비판에 대해 자유주의적 개입주의자들은 자신들의 추 정책이 보장하는 선택의 자유가 비탈길의 경사를 완만하게 만드는 역할을 한다고 주장하면서, 결국 그 비탈길은 위험하지 않은 비탈길이 될 것이기에 새로운 개입주의는 이전보다 더한 힘을 얻게 될 것이라고 반박하고 있다(홍훈 · 이규상, 2009: 113).

셋째 범주로 묶을 수 있는 비판의 요체는 화폐가치로 환산이 어려운 가치들은 어떻게 반영할 것인가의 문제이다. 넛지가 정책과 규제에 따른 비용과 편익을 분석을 한다고는 하지만 정작 인간의 삶에서 가장 본질적인 문제인 인간의 존엄성이나 평등 또는 공정성과 같은 비물질적 가치를 반영하는 데는 대단히 취약하다. 특히 복지나 분배정책의 경우 그에 따른 비용과 편익을 어떻게 고려해야 할지에 대한 기준이 없다는 비판이 그것이다 (리처드 탤러 · 캐스 선스타인, 2009: 351).

넷째 범주로 묶을 수 있는 비판의 요체는 넛지의 적용 가능성과 관련된 문제로서 이전 비판과 연계된 것이기도 하다. 넛지와 같이 단순히 사람의 인식의 틀만을 바꾸는 수동적인 방식으로, 국가나 사회가 안고 있는 복잡한 문제를 해결할 수 있느냐는 것이다. 따라서 본질적으로 거시적인 제도나 시스템을 수정해야 할 시간에, 사소한 것에 집착하거나 책임을 회피함으로써 문제만 더욱 악화시킨다는 비판이 그것이다(Mols et al., 2015: 81-98). 예컨대 넛지는 사회가 안고 있는 기후 변화나 소득 격차와 같은 큰 문제들(big problems)에 대한 해결에는 전혀 효과가 없다는 것이다(Goodwin, 2012: 85-92).

다섯째 범주로 선택설계사가 올바른 선택을 해낼 만한 능력을 갖추었는가에 대한 회의론과 관련된 비판이다. 이 비판은 정부실패 등을 강조하는 공공선택이론에서 자주 제기되던 반론과 유사하다(Jolls et al., 1998: 1543-1544). 이와 관련해서 넛지이론을 비판하는 부류들은 선택설계사는 누구이며, 자격은 어떤 것이며, 그 권한은 어디서 부여받았는가에 모아지고 있다. 특히 이들이 객관적이고 중립적이지 않을 경우 발생하는 부작용은 예측하기조차 어려울 정도라고 하면서, 선택설계사에 대한 비판의 강도를 높이고 있다. 결국 선택설계사와 관련해서 넛지이론에서 우려되는 것은, 소위 설득과 심리전에 능한 테크노크라트들에 의한 권력의 남용만을 조장할 뿐이라는 비판이다(Rebonato, 2012: 4; Farrell & Shalizi, 2011).

결론적으로 넛지는 일종의 행태주의로의 귀환 현상으로, 심리적 메커니즘들을 활용한 단순한 조작에 불과해서 기껏해야 어두운 곳에서나 작동한다고 비판한다. 그리하여 넛지의 효과는 넛지가 투명해지면 사라질 뿐이라고 혹평한다(Bovens, 2008: 4; Burgess, 2012: 3-16).

2 넛지이론의 적용 가능성

넛지이론에 가해지는 다양한 비판들의 관점이나 우려에 타당성이 없는 것은 아니다. 그것은 넛지이론이 지닌 짧은 역사성과 아직은 이론으로서 정교함이 덜 갖춰진 데 따른 한계일 수도 있다. 그럼에도 넛지이론의 적용타당성은 탤러와 선스타인이 『넛지』에서 밝힌 대로, 넛지의 주된 가정과 목적에 내포되어 있는 함의가 제한된 합리성에 직면해 있는 인간들의 의사 결정 능력을 향상시켜 그들의 삶의 질을 개선해 보자는 데 있기 때문이다. 그래서 넛지이론은 거대이론이나 담론에 치우친 정치철학이나 이데올로기를 지향하는 대신, 사람들의 인식의 틀과 정책 수단에 변화를 줌으로써 삶의 질이 개선될 수 있다는 실용적인 측면에 목표를 두고 있다. 극단적으로 말해 나쁜 넛지(bad nudge)로 인한 사회적 비용이 그래도 폐쇄된 사회에서 이루어지는 사회 검열보다는 비용이 적게 든다는 입장이다.

넛지이론에 가해지고 있는 많은 비판 가운데 넛지의 악용 가능성에 대한 우려에 대해, 정직하고 투명성을 강화하는 방안과 함께 기관들의 도덕적 해이를 억제할 수 있는 강력한 처벌 방안을 마련하면 그래도 어느 정도는 이를 막을 수 있다는 입장이다. 특히 정부가 나쁜 넛지를 악용해서 정책을 수행했다가는 다음번 선거에서 퇴출당할 수도 있기 때문에 이런 우려는 일정 부분 해소될 것으로 보고 있다.

결론적으로 탤러와 선스타인의 주장처럼 넛지 수준 정도에서 충분한 효과를 거둘 수 있는 정책 영역이 존재한다는 점과, 선한 넛지(good nudge)가 사회적 약자들을 보호하기 위한 대책으로 활용되어야 한다는 것을 역설했다는 점에서 넛지이론의 적용 가능성은 있다고 할 수 있다(리처드 탤러 · 캐스 선스타인, 2009; Oullier et al., 2010). 다시 말해, 넛지가 기초하고 있는 자유주의적 개입주의라는 사회철학으로도 많은 일을 할 수 있다는 관점에서, 넛지야말로 새로운 제3의 길(new path)이라는 입장이다. 결국 넛지이론에 가해지는 많은 비난, 즉 반넛지(anti-nudge)라는 것은 말 그대로 시작도 안 해 보고 비판만 하는 것이 아니냐는 이들의 주장에 귀를 기울일 가치는 있다(Thaler & Sunstein, 2008: 10-11).

생각해 볼 문제

■ 넛지이론의 등장 배경

1. 넛지이론이 등장하게 된 환경적 배경에 대해 생각해 보시오.
2. 넛지이론이 기저하고 있는 이론적 배경에 대해 생각해 보시오.

■ 넛지이론의 내용과 특징

1. 넛지이론의 개념 속에 내포되어 있는 자유주의적 개입주의에 대해 생각해 보시오.
2. 넛지이론의 발생 원인에 대해 생각해 보시오.
3. 선택설계사의 역할에 대해 생각해 보시오.

■ 넛지이론의 적실성

1. 넛이론에 가해지고 있는 비판을 정리해 보시오.
2. 넛지이론의 적용 가능성에 대해 생각해 보시오.
3. 한국 행정에 도입된 넛지이론의 사례를 조사해 보고, 이의 적실성에 대해 생각해 보시오.

제 2 편

분석 지향형 행정이론

제 1 장 행태이론

제 1 절 행태이론의 등장 배경

1 행태이론의 등장 배경

행태이론 또는 행태주의(behavioralism)라는 개념은 모호하고 연원도 다양하다. 밀러(James G. Miller)에 따르면 행태(行態, behavior)라는 용어가 과거에도 사용되기는 했었겠지만, 정치학에서는 제1차 세계대전 무렵 미국의 정치학자들에 의해 사용되다가 언론인인 켄트(Frank R. Kent)가 이 용어를 사용해 1928년에 단행본을 출간한 것이 그 시초라고 한다(Varma, 1977: 79).[1)]

그렇지만 미국에서 행태란 용어가 학문적으로 공식 사용되기 시작한 첫 사례는 사이먼(Herbert A. Simon)이 1947년에 출간한 『행정행태론(*Administrative Behavior*)』이었다. 그리고 1949년 이후부터 행태주의(behavioralism) 또는 행태과학(behavioral science)이라는 용어가 사회과학에서 사용되기 시작했다(Somit & Tanenhaus, 1967: 29-31).

행태주의가 정치학에 처음으로 등장하기 시작한 것은 1920년대까지, 정치학의 주된

1) 켄트(Frank R. Kent)가 정치적 행위(political behavior)라는 용어를 사용해서 발행한 첫 저서는 『정치적 행태(*Political Behavior: The Heretofore Unwritten Laws, Customs and Precepts of Politics as Practised in the United States*)』였다.

접근 방법이었던 전통주의(traditionalism)를 대체하면서부터였다. 전통주의는 1920년대까지만 해도 정치학을 지배하던 주된 연구 경향이었다. 다소 지나친 관념론에 치우친 것이 단점이기는 했지만, 사회 현상을 분석하는 데 역사 의식을 기반으로 하고 있었다는 측면에서 전통주의는 확고한 위치를 차지하고 있었다.

그러나 전통주의적 연구 방법은 오늘날 말하는 과학적 연구 방법과는 거리가 먼 것이었다. 전통주의가 주장하는 입장이나 이론은 현대적인 의미에서 말하는 과학적 이론이라기보다는 독단적인 주장일 때가 많았다. 그 결과 전통주의를 대체하는 맥락에서 과학적 이론을 강조하는 행태주의가 등장하게 된 것이다(Varma, 1977: 83-95). 이 같은 맥락에서 정치학에서 행태주의가 폭넓게 확산하게 된 계기는 이러했다(Somit & Tanenhaus, 1967: 47-49).

첫째, 정치학이 지닌 학문 상태에 대한 불만족이 팽배함에 따라 행태주의를 새로운 연구 경향으로 채택·확산시키는 계기가 되었다. 예컨대 정치학자들의 전문성이 정부 관리에 의해 높은 평가를 받지 못했음은 물론, 당시에 지배적인 연구 경향이었던 전통주의는 파시즘(fascism)이나 국가사회주의(national socialism), 그리고 사회주의(communism)와 같은 새로운 체제를 설명하기에는 너무나 무능력했다. 이에 따라 전통주의가 지향하는 기술적(descriptive)인 학문적 특성에 대한 회의적인 분위기가 확산되면서, 행태주의를 새로운 연구 조류로 받아들이게 되었다.

둘째, 제2차 세계대전 이후 미국이 신생국들을 대상으로 한 기술 원조나 경제적 원조 프로그램이 거의 효과를 거두지 못한 데 따른 반성이 행태주의의 도입을 가속화했다. 이에 따라 정치학은 문화횡단적이며 국가횡단적(cross-cultural and transnational)인 규칙성(regularities)을 찾을 것을 요구받고 있었다.

셋째, 1930년대와 1940년대에 걸쳐 미국에 이민 온 유럽 사회학자들의 영향으로 연구 경향에 새로운 변화가 일기 시작했다. 예컨대 행태주의에 지대한 영향을 미친 논리적 실증주의(logical positivism) 등이 이때 수입됨으로써 논리적 실증주의에 입각한 행태주의가 확산되었다. 끝으로 제2차 세계대전 이후 여론조사의 확산과 조사 기법의 발달 등이 행태주의의 확산에 기여했다.

이상과 같이 정치학에 행태주의가 도입·확산된 원인에 반해, 행정학의 경우는 정치학의 그것과 중복되는 부분도 있지만 그 원인은 좀 더 단순했다. 사이먼을 필두로 대두하기 시작한 행태주의는 행정의 과학화에 그 목표가 있었다. 기존의 정통행정학이 신봉해 왔던 원리주의가 검증을 거치지 않은 격언(proverb)에 불과하다는 비판을 가하면서 제기된 행태주의의 도입은 행정학의 과학화 그 자체였던 것이다. 이런 점에서 볼 때 행정학에서 행태주의는 유럽의 경험주의와 실증주의에 영향을 받은 논리적 실증주의에 기초한 과학화운동의 일환으로 전개되었다.

2 행태이론의 전개 과정

정치학의 영역에서 전개된 행태주의의 발전 과정은 세 단계로 진행되었는데, 그 내용을 살펴보면 이러했다(Varma, 1977: 95).[2)]

첫째 단계는 제2차 세계대전이 종료되기 전까지의 시기이다. 이 단계에서는 주로 초기 행태주의라고 할 수 있는 이른바 원시적 행태주의(logical behavioralism)가 등장했다. 당대를 대표한 행태주의의 최초 주자는 정치학자인 라이스(S. Rice)와 고스넬(H. Gosnell)이었다. 이들은 논문에서 양적 데이터를 통한 계량적인 기법을 시도해 통계표를 제시하는 등의 노력을 기울였으나, 분석 기법이 세련되지는 못한 수준이었다. 다만 라자스펠드(Paul F. Lazarsfeld)가 지적했듯이, 이 단계에서 행태주의가 추구한 새로운 방법론은 정확한 기술과 정치학의 지배적인 패러다임의 분석을 가능하게 할 목적으로 이용되었다. 따라서 초기 행태주의의 특성은 분명하고 간결하게 묘사하는 데 목적을 두었다(Lazarsfeld & Rosenberg, 1955: 1-4).

계량적 움직임에 참여해 실체를 지향하던 정치학자들이 인상주의적 표현으로부터 사실주의적 표현으로 옮겨가야 한다는 주장을 하게 된 것도 이즈음이었다. 비실체적 정치학자, 즉 정치이론가들은 초기의 움직임에 참여하지 않았기 때문에 비실체적·비계량적 정치학자는 당시에 없었다고 할 수 있다(김광웅, 1975: 114). 이 시기에 행태주의를 번성시킨 학자는 라스웰(Harold D. Lasswell)로서, 내용분석을 활용했으며 정신분석에도 흥미를 갖고 있었다. 그는 초기 행태주의와 이후의 행태주의 간의 가교 역할을 담당했던 것으로 평가된다.

둘째 단계는 제2차 세계대전이 끝나고 1950년대까지의 시기이다. 이 시기에 들어서

---

2) 소미트와 타넨하우스(Somit & Tanenhaus, 1967: 48-49)는 행태주의의 발달 단계를 세 단계, 즉 제2차 세계대전부터 1949년까지를 첫째 단계, 1950년부터 중반까지를 둘째 단계, 그 이후를 셋째 단계로 나누었다.

면서부터 행태주의는 이론적 돌파구를 마련하기 시작했다.[3] 행태주의 제2기에 나타난 분파를 일컬어 이론적 행태주의(theoretical behavioralism)라고 부른다. 제1기를 단순히 행태주의의 태동기라고 한다면, 제2기에 접어들면서 행태주의는 혁명기에 접어든 것이다.

이 시기에는 아먼드(Gabriel Almond), 달(Robert A. Dahl), 이스턴(David Easton), 도이취(Karl Deutsch) 같은 학자들이 경험적 이론을 구축하기 위해 애를 썼다. 이론 정립을 중시해 가설을 구성해서 이를 검증하는 데 신경을 썼으며, 연구계획서의 작성도 이런 테두리를 염두에 둔 것이었다. 당시의 체제이론, 의사결정이론, 커뮤니케이션이론 등은 종래의 연구 경향을 뒤바꾸어 경험적 이론을 강조하는 계기를 마련해 주었다. 계량적 기법도 이론 정립을 위한 수단으로서 널리 유행했으며, 총체통계분석(aggregate statistical analysis)이나 인과모형(causal modeling)이 이때 보급되었다.

특히 이 시기에 주목해야 할 출판물로 1946년에 발간된 모겐소(Hans J. Morgenthau, Jr.)의 『과학적 인간 대 권력 정치(*Scientific Man vs. Power Politics*)』와 1947년에 발간된 사이먼(Herbert A. Simon)의 『행정행태론(*Administrative Behavior*)』을 들 수 있다. 전자가 과학적 정치학의 사상에 대한 공격이라고 한다면, 후자의 책은 행정의 과학화를 추구하고자 하는 데 초점을 맞추었다. 요약컨대 결론적으로 이 당시의 행태주의자들은 경험적 연구가 전제의 형성을 이끌어야 한다고 믿었는데, 이런 전제는 경험적 연구를 통해 다시 검증되어야 한다고 믿었다. 그러나 이 입장은 실체적 분야이건 비실체적 분야이건, 과거의 이론적 기반이 미약했던 것을 극복하는 데 급급했던 나머지 이론 일변도의 경향을 띠고 말았다(Varma, 1977: 96).

셋째 단계는 1960년대라고 할 수 있다. 이 시기에는 수리 기법, 다변량분석, 양적 전략(quantitative strategies)과 같은 기법이 급성장했다. 이에 따라 분석 기법의 영역은 그런대로 학계에 새로운 활력소를 불어넣어 주었지만, 이론에 집착한 학자들은 여전히 이에 호응하는 데 인색했고 어떤 면에서는 따라가지를 못했다. 이로 인해 전통주의자(traditionalist)와 행태주의자(behavioralists)라는 이분법적 구분이 치유되는 대신, 행태주의자 간에는 새로운 분열이 일어나기 시작했다.

---

3) 1945년에 사회과학연구위원회(Social Science Research Council)는 내부에 정치행태위원회(Committee on Political Behavior)를 설치했다. 이 위원회는 다음 해에 학회지에 '비규범적 정치과학이 가능한 것이며 바람직한 것인가'에 대한 논쟁을 다루었으며, 또한 연례발표대회에서 '정치이론에서 상대주의를 넘어서'라는 주제로 패널을 개최했다.

이에 행태주의자들은 두 개의 학파로 나뉘게 되는데, 기존의 이론적 행태주의자(theoretical behavioralists)와 실증적 행태주의자(positive behavioralists)가 그것이다. 이 중 이론적 행태주의자들은 실체적 결과에 의한 견제 없이 이론의 망(web of theory)을 구축하려고 하는 입장인데 반해, 실증주의적 행태주의자들은 방법에 몰두한 나머지 이론뿐만이 아니라 정치학 자체도 소홀히 하는 것처럼 느껴졌다. 이에 더해 1960년대 말에 이르러서 행태주의자들은 심각할 정도로 분화되었는데, 전통주의자와 행태주의자 간에 이루어졌던 관계보다도 더욱 악화되어 서로 비난하는 입장에 서게 되었다. 이론적 행태주의자가 실증적 행태주의자를 비판하는 이유는 이러했다.

첫째, 이들이 주로 인간 행태의 일반적 또는 규칙적인 속성에만 관심을 갖고 있기 때문이었다.

둘째, 정치 현상에 대한 인상주의적 설명이 갖는 타당성과 효용성을 폄하하고 있기 때문이었다.

셋째, 현실에다가 억지 모형을 부과함으로써 그들 스스로도 연구의 적실성에 대해 속고 있었기 때문이었다.

넷째, 의사 전달을 방해하는 전문적 용어(jargon)를 만들어 내고 있었다.

다섯째, 유용한 정책적 건의를 하는 데 무능력했다(Hass & Becker, 1970: 485-503).

내홍을 겪은 행태주의는 여러 요인으로 인해 1960년대 후반에 이르러서는 퇴조 현상을 보이기 시작했다. 그러면서 학계는 자기 분야에서만 만족해하는 대신, 분과 간에 의사 교류는 단절되고 협조 또한 이루어지지 않는 이른바 국지주의(parochialism) 현상이 나타나게 된다. 크게 보았을 때 전통주의자와 행태주의자 간에 인식론에 대한 논쟁을 할 수 있다는 것을 제외하고는 도대체 공통점이나 공통적 쟁점은 찾아볼 수 없게 되었고, 행태주의 자체 안에서도 국지 현상이 심화되었다.

한편 이론적인 측면에서 과학성과 철학성을 더욱 높이고 방법론을 세련화시켜 국지적 현상을 극복하고자 하는 제3기 행태주의 혁명이 다기방법론(multi-methodologism)이라는 이름으로 1960년대 후반에 등장했다. 이들은 표방하기를 과거의 행태주의가 정책수립에 기여하지 못했던 약점도 극복하고, 지나친 관념과 유희를 불식해 문제 해결력을 높여 보겠다는 것이었다. 그렇지만 학풍이란 늘 도전을 받게 마련이어서 1970년대에 들어서면서 행태주의 전반에 걸친 한계와 더불어 후기행태주의(post behavioralism)의 입장이 만연하게 되었다(김광웅, 1975: 114-116).

제 2 절 행태이론의 내용과 특성

1 행태이론의 의미

달(Robert A. Dahl)은 행태주의를 바라보는 개념적 시각을 두 가지 관점으로 유형화하면서 이에 대한 개념화 작업을 시도했다(Dahl, 1961: 763-772). 행태주의에 대한 두 부류의 개념적 시각은 이러했다.

첫째, 행태주의를 미국의 정치과학 내에서 일고 있는 저항운동(protest movement)의 하나로 보았다. 행태주의를 저항운동으로 본 이유는 그간 미국의 전통적인 정치과학에서 시도되어 왔던 역사적, 철학적, 그리고 기술적·제도적 접근 방법의 성과에 불만을 느끼면서 이에 대한 대안으로 등장했기 때문이다.

둘째, 정치과학을 좀 더 과학적으로 만드는 일련의 시도를 행태주의로 보았다. 이는 정치과학을 더욱 발전시킬 수 있는 새로운 방법론과 접근 방법이 존재할 수 있다는 믿음이, 정치과학의 체계적 이론을 형성하는 데 도움을 줄 수 있다는 데서 출발했다.

달은 이에 따라 행태주의에 대한 두 부류의 시각을 토대로 정치과학의 영역에서 등장한 행태주의의 개념화로, 행태주의란 더 나은 생활을 추구하는 데 목표를 둔 것이 아니라 정치 현상을 현실적으로 묘사하고 이해하며 이를 통해 무엇인가를 예측하고자 하는 데 있는 것으로 정의했다. 한편 달은 행태주의를 이같이 개념화하면서, 과연 행태주의적 접근을 통해 정치학의 연구를 향상시킬 가능성에 대해 기본적인 의문을 제기했는데, 이에 대한 견해는 세 가지로 나뉘었다.

첫째 입장은 1944년과 1945년에 걸쳐 사회과학연구협의회(SSRC) 보고서와 1953년에 출간된 이스턴(David Easton)의 『정치체제론(*Political System*)』의 지지 입장이다. 단적으로 말해 행태주의가 정치학의 연구를 향상시키는 데 기여할 것이라는 견해이다. 특히 이스턴에 따르면 전통주의자들은 제도를 개인으로부터 떨어진 실체로 보고 연구를 진행한 반면에, 행태적 연구는 인간을 연구 관심의 중심으로 끌어들이는 작업이라는 것이다. 이런 관점에서 행태주의는 분위기 그 이상의 의미를 갖는 개념이라고 주장했다.

둘째 입장은 행태주의가 지닌 가능성에 대해 회의적인 그래지아(Alfred de Grazia)의 견해이다. 그는 행태주의를 간학문적(interdisciplinary)인 초점, 계량화(quantification),

새로운 방법론에 대한 노력, 이상주의와 반대되는 현실주의, 연역적 체계와 반대되는 경험주의 등과 같은 의미 이상의 것은 아니라는 입장이다.

셋째 입장은 달에 대해 심정적 동의를 하기는 하나, 행태주의는 단지 학문의 경험적 구성 요소를 좀 더 과학적으로 하자는 시도에 불과하다는 입장이다. 다시 말해, 행태주의란 일반적 규칙과 현대적인 경험적 과학을 통해 정치에 대한 경험적 측면을 설명함으로써 정치에 대한 이해를 높이는 데 목적을 둔 접근 방법에 불과하다는 것이다. 이 견해는 트루먼(David Truman)에 의해 지지를 받았다. 그는 행태주의란 관찰할 수 있거나 관찰되는 인간 행태에 의해, 정부의 모든 현상을 기술하는 데 목적을 둔 하나의 지향성에 불과하다고 보았다.

결론적으로 행태주의가 정치나 행정 연구를 발전시키는 데 의미있는 새로운 조류나 흐름으로 보아야 할 것인지 아닌지에 대해서도 다양한 시각이 존재한다는 측면에서, 행태주의의 성격을 규정하는 것이 어려운 작업임을 알 수 있다. 다만 행태주의의 성격에 대한 다양한 의문에도 불구하고, 이들 간에 공통점은 행태주의의 궁극적 목적이 과학성을 제고하고자 하는 데 있었다는 것만은 의견의 일치를 보고 있다.

2 행태이론의 방향과 내용

1) 행태이론의 지향성

행태주의가 추구하는 방향 내지 지향성(orientation)은 이러하다(Somit & Tanenhaus, 1967: 40-42).

첫째, 행태주의는 예측과 설명이 가능한 과학을 추구한다. 과학의 속성은 물리학이나 화학보다는 생물학과 밀접한 성격을 지닌 것으로, 정치 지식을 발전시키려면 순수한 기술적 연구(descriptive studies)를 회피해야 한다.

둘째, 행태주의는 배타적이 아닌 한 관찰될 수 있는 것이나 이루어진 행위에만 연구의 관심을 둔다. 이런 측면에서 정치과학은 제도적 접근(institutional approach)을 멀리해야 한다.

셋째, 자료는 양적(quantified)으로 정리되어야 하며, 결과는 반드시 양적 자료에 기초해야 한다.

넷째, 연구는 이론 지향적이고 이론 추구적이어야 한다. 행태적 연구의 궁극적 목적은 정치 현상을 정확하게 묘사하고, 현상 간의 관련성을 알 수 있도록 일반화를 시도하는 데 있다.

다섯째, 행태주의는 순수연구(pure research)적 입장을 추구한다. 따라서 행태주의적 정치과학은 구체적인 사회 문제를 해결하는 데 목적을 둔 응용연구(applied research)를 포기해야 한다.

여섯째, 가치 문제에 대한 진위는 과학적으로 검증될 수 있는 것이 아니다.[4] 따라서 가치 문제는 행태주의가 추구하는 영역 밖의 문제라는 입장이다. 그래서 행태주의자들은 거대담론(great issues)에 관여해서는 안 된다.

일곱째, 행태주의는 간학문적(interdisciplinary)인 입장을 추구한다.

여덟째, 행태주의에서는 자기 인식적이며 방법론에 대해 끊임없이 비판적인 입장을 취한다.

2) 행태이론의 구성 내용

행태주의를 구성하는 내용은 시각이나 발전 과정에 따라 매우 다양하므로, 이를 명료하게 기술하기는 어렵다. 왜냐하면 행태주의는 취하는 학자마다 그 내용이 다르기 때문이다. 그러나 행정학에서 행태주의는 일반적으로 사이먼(Simon, 1966)의 논리적 실증주의를 의미하므로, 여기서는 이를 중심으로 행태주의의 구성 내용을 살펴보고자 한다(백완기, 1998).

첫째, 행태주의는 조직구성원의 행동 양식에 연구의 초점을 둔다. 이들은 조직의 구조적인 측면보다는 조직구성원의 행동 양식에 연구의 초점을 둔다. 다시 말해, 행정인의 행동 양식을 통해 행정 현상을 파악하겠다는 것이다. 그러나 행동 양식에 연구의 초점을 둔다고 해서 집단 현상을 무시하거나 소홀히 하는 것은 아니다.

오히려 사이먼 같은 학자는 인간 행위를 규제하는 것은 인간 내부의 심리적인 것보다는, 그가 소속하고 있는 집단의 규범이나 정신이라고 함으로써 집단의 중요성을 강조하고 있다. 단지 이들이 등한시한 것은 인간 행위와 동떨어진 제도와 구조였던 것이다. 이들은 인간의 행위를 설명하는 범위 내에서 조직이나 집단의 역할을 중요시하고 있다.

둘째, 행태주의는 가치(value)와 사실(fact)을 구별하고, 가치를 연구의 대상에서 제외

4) 가치 문제의 예로는 민주주의, 평등, 자유 등을 들 수 있다.

해야 한다고 주장하고 있다. 이들의 주장은 행정학도 자연과학처럼 가치 중립적인 연구 방법을 택함으로써 과학성을 높여야 한다는 것이다. 행정학은 목표가 정해졌으며 그 목표를 성취하는 최선의 방안을 찾아냄으로써 그 실천적 가치를 다하는 것이지, 그 이상의 가치 함축적인 문제는 다룰 수도 없고 다루어서도 안 된다는 입장이다.

행정 현상에서 왜(why)와 어떻게(how)의 문제만 다루면 되었지, 무엇을 해야 한다와 같은 가치적이고 윤리적인 문제를 다루어서는 안 된다는 것이다. 이들의 주장은 어떠한 이론이나 검증 가능성이 있어야 하고, 이것이 없을 때에는 허구이지 이론은 아니라는 것이다. 행정 현상은 철저하게 사실 현상이지, 가치 현상이나 윤리 현상은 아니라는 입장이다.

셋째, 행태주의는 계량적인 접근이나 기법을 선호한다. 흔히 행태론적 접근 방법 하면 계량적인 접근 방법과 동일한 것으로 생각하기 쉬우나, 방법론상 양자가 결합 가능성만 강할 뿐이지 같은 것은 아니다. 본래 행태론적 접근 방법은 개별적인 행위의 집합을 통해 전체를 추적하고 설명하기 때문에 계량적인 접근이나 기법의 사용은 불가피하다. 즉, 개별적인 현상을 집합시킴으로써 전체 현상을 설명하기 때문에 이 과정에서 계량적인 기법은 거의 불가피하다. 특히 행태론적 접근 방법은 이론의 검증성(verifiability)을 강조하고 있는데, 검증성을 가능하게 해주는 것이 계량적 기법이다.

넷째, 행태주의는 인간의 행위 설명에 초점을 두고 있기 때문에 종합과학적인 성격을 다분히 띠고 있다. 인간 행위에 대한 종합적인 설명은 심리학·사회학·문화인류학의 도움을 필요로 하며, 이들 학문과의 상호 의존성을 강조하고 있다. 특히 행태론적 접근 방법은 관료의 의식 구조·행동 양식·사고 방식·가치관·선호성 등에 연구의 초점을 두기 때문에 행정문화를 중요시하고 있다.

다섯째, 행태주의자인 사이먼은 행정 현상을 의사 결정 과정(decision-making process)으로 파악하고 있다. 행정조직은 집합체로서 의사 결정의 단위이며, 행정가도 이 범주 내에서 의사 결정을 수행하고 있다. 개별적인 행정가의 행위도 의사 결정과 모두 연결되어 있다. 여기서 행정조직은 행정가들이 의사 결정을 내리는 결정 상황의 단위로 작용한다. 그리고 모든 행정인의 행위는 대안의 선정 행위와 동일하거나 직결되어 있다. 조직의 과학적 설명이란 조직인이 어떠한 결정을 내리며, 결정을 내리는 데 어떠한 요소가 영향을 주는가에 대한 설명이라는 것이다.

여섯째, 행태주의에서는 행정을 다양한 욕구를 가진 개인 상호간 또는 개인과 집단

간의 상호작용의 동적인 과정(dynamic interplay)으로 파악하고 있다. 이때 인간이 갖는 욕구는 경제적인 욕구도 있고 심리적인 욕구도 있다. 따라서 행정 현상은 늘 갈등을 갖게 마련이며, 복잡한 요소로 뒤얽혀 있다.

3 행태주의의 특성

이스턴(David Easton)이 행태주의 신조(behavioral credo)를 통해 행태주의의 특성을 정리함으로써, 이후 전통주의와 행태주의 간의 지루한 논쟁은 종식되었다(Easton, 1962: 1-25; Varma, 1977: 83-92). 이스턴은 행태주의의 특성으로 규칙성, 입증, 기법, 계량화, 가치, 체계화, 순수과학, 통합성이라는 여덟 가지 요소를 제시했다.

첫째, 행태주의는 규칙성(regularities)을 모색한다. 인간의 행태를 중심으로 한 사회 현상 속에는 일정한 통일성(uniformities)이 있을 것이라는 전제 하에 통일성을 찾아냄으로써 예측성을 높이는 것이다. 다시 말해, 현상을 설명하고 예측할 수 있는 이론이나 일반화(generalization)를 추구해 보자는 것이다. 이에 대해 전통주의자들은 예컨대 정치 현상의 실재란 제각기 독특한 것이지 통일성이 있을 수 없다고 주장한다. 더욱이 인간 행태란 것은 개인적이든 사회적이든 간에 객관적(objectivity)으로 연구될 성질의 것이 아니라는 주장이다.

둘째, 행태주의는 입증화(verification)를 필요 조건으로 한다. 행태주의에서는 지식이란 검증 이전의 명제(proposition)로 구성되는 것이며, 이것은 당연히 경험적으로 검증되어야 한다는 입장이다. 따라서 모든 증거는 관찰 등에 의해 이루어져야 한다. 그러나 실재에 대한 검증이 표면상으로는 어느 정도 가능할지 모르지만, 대부분의 사회 현상은 이면에 좀 더 복잡하고 알기 힘든 요체가 숨겨져 있으므로, 과연 관찰에 의해 알아낼 수 있을지 의문이라는 것이 전통주의자들의 주장이다.

셋째, 행태주의는 기법(techniques)을 필요로 한다. 특히 자료(data)의 타당성, 신뢰성 및 비교 가능성을 보장할 수 있는 기법이 필요하다. 그러나 자료는 흔히 부정확하며 믿을 만한 것이 못 되는 경우가 많기 때문에 문제가 된다. 특히 이에 대해 전통주의자들의 견해는 사회과학에서 자료라고 하는 것이 실은 객관적이지 못하다는 점과, 내용을 희생하고 기법에 의존하는 것이 연구의 질을 향상시키지도 못한다고 비판한다.

넷째, 행태주의는 계량화(quantification)를 속성으로 한다. 복잡한 사회 현상으로부터 분명하고 정확한 지식을 얻기 위해, 때로는 모호한 질적 정보를 양적 정보로 전환할 필요가 있다. 이때에는 물론 엄격한 측정과 자료 조작이 뒤따라야 한다.

그러나 계량화의 문제는 그리 쉬운 대상이 아니다. 계량이 불가능하다든지, 측정이 불가능한 것을 숫자로 만들어 조작·분석해 보았자 그 진의는 이미 마멸되고 말 것이기 때문이다. 따라서 계량성의 문제는 행태주의의 정곡 중의 정곡이면서 가장 조심해야 할 영역이기도 하다. 이 같은 계량화에 대해 전통주의자들은 행태주의자들이 달성할 수 없는 목적을 좇고 있다고 비판한다. 다시 말해, 계량화할 수 없는 것을 계량화하겠다는 것은 헛된 시도일 뿐이라는 것이 이들의 주장이다.

다섯째, 행태주의는 가치중립성(value neutrality)을 추구한다. 과학적 탐구는 원래 객관성을 유지하기 위해 가치의 개입을 철저하게 배제한다. 그러나 현실적으로 실체를 다룰 때 가치에 대한 경향이 개입하지 않을 수 없다는 데 문제가 있다. 그래서 가치중립성의 문제는 전통주의자와 행태주의자 간의 논쟁에서 가장 격렬한 부분이기도 하다.

행태주의자들은 윤리적 평가와 경험적 설명은 서로 다르다는 입장이다. 그래서 사실과 가치는 논리적으로 구분되어야 하며, 과학적 연구란 도덕적 또는 윤리적 문제와는 관계가 없다는 것이다. 이에 반해 전통주의자들은 의미있는 정치적 이슈들이 대저 도덕적·윤리적 이슈를 내포하고 있어, 정치과학이 옳고 그름의 문제에 관한 입장을 표명하지 않는 것을 용납하지 않는다는 입장이다. 이처럼 전통주의자들의 입장은 연구자들이 결코 자신의 연구에서 이 같은 가치 선호를 배제할 수 없다.

여섯째, 행태주의는 체계화(systematization)를 추구한다. 행태주의적 관점에서 볼 때 지식은 체계적 방법으로 얻어진다. 검증 가능한 가설은 이론적으로 연결된 개념과 명제의 구조로부터 연역적으로 도출되어야 하며, 이것이 경험의 세계에서 새로운 증거를 통해 입증되어 이론이 성립한다고 보고 있다. 요약컨대 행태주의적 연구는 이론 지향적이어야 한다는 것이다. 이에 반해 전통주의자들은 가치이론(value theory)을 얘기하고 있으며, 특히 요인이론(causal theory)에 관심을 갖고 있다는 차이가 있다.

일곱째, 행태주의는 순수과학(pure science)을 추구한다. 모든 연구가 실천적 수준에서 즉각적으로 정책에 응용되거나 반영되는 것은 아니라는 입장이다. 응용과학의 기초를 공고히 해주는 순수 지식이 다른 한편에서는 필요할 수 있다는 것이다. 이에 대해 전통주의자들은 이론이라는 것이 사회의 정치 문제에 적용될 수 없거나 해결책을 찾는 데 도움이 되지 않는다면, 그러한 이론은 가치가 없다는 입장이다. 따라서 전통주의자들은 사회과학자들의 고귀한 목적은 사회에 존재하는 어려움을 해결할 수 있는 방도를 찾아내는 데 있다는 것이다.

여덟째, 행태주의는 통합성(integration)을 추구한다. 행태주의는 분과 학문 간의 연관성인 다학문적(multidisciplinary)인 입장을 표방한다. 행태주의자들은 개별 과학의 영역에 한정해서 자신을 구속하지 않고, 다른 분과 학문의 방법과 이론, 그리고 연구에서 얻은 발견 등을 통합하고 활용하려 한다. 통합성에 대해 전통주의자들은 기본적으로 동일한 입장을 취하면서도, 정치과학자들이 지나치게 다른 사회과학에서 발달된 기법이나 방법론을 차용해 오는 것을 달가워하는 입장은 아니다.

4 후기행태주의의 등장과 특성

행태주의의 인식론적 근거는 원래 실증주의(positivism)와 궁극적으로는 영국의 경험주의(empiricalism)에 바탕을 두고 있다. 이러한 인식론적 배경을 가지고 있는 행태주의의 본질에 관해서는 많은 이론이 있어 왔다.[5] 그중 하나가 이스턴의 주장에 따라 등장한 후기행태주의(post behavioralism)이다.

후기행태주의는 행태주의가 논리적 실증주의(logical positivism)와 논리적 경험주의(logical empiricism)를 과신했다고 비판한다. 그렇지만 후기행태주의가 행태주의를 비판했다고 해서, 후기행태주의를 전통주의(traditionalism)와 혼동해서는 안 된다. 전통주의가 행태적 접근 방법의 타당성을 부인하고 정치과학의 고전적 전통에 관심을 쏟을 것을 강조한 반면, 후기행태주의자들은 행태주의 시대의 업적을 인정하고 단지 정치과학을 새로운 지평선으로 밀고 나가려는 시도를 한다는 점에서 차이가 있다.

이스턴이 지적했듯이 후기행태주의는 행태주의를 부정하기보다는 다소 보완적인 입장에서, 미래 지향성을 가미해 정치과학을 새로운 방향으로 추동해 나가려는 운동이다.

---

5) 실증주의와 역사주의(historicism) 간의 논쟁은 후기행태주의보다 선행되어 왔다. 이런 측면에서 역사주의적 입장에서 실증주의를 혹평하는 한 입장에 따르면, 실증주의는 지식을 인격으로부터 완전히 분리시켜 버렸으며 주관에 의존하지 않는 순수한 과학적인 이론을 추구한다고 하면서, 이성적인 행동을 기술로 대체해 버렸고 역사는 다만 박물관에 가두어 버렸다고 주장한다(이규호, 1973: 72). 이처럼 역사주의는 실증주의에 대해 대단히 비판적이다. 그렇지만 행태주의를 비판하기 위해 등장한 후기행태주의자들이 역사주의의 입장을 반드시 수용하고 있다고 볼 수는 없다. 다만 인식론적 논쟁이기에 어디까지나 인간 지식의 본질과 그 구득에 관한 서로 다른 견해가 학문 연구의 추세에 끊임없는 변화를 재촉하고 있을 뿐이다.

그래서 후기행태주의는 반작용(reaction)이 아니라 진실된 혁명이라는 것이다. 다시 말해, 후기행태주의는 보존이 아니라 개혁으로서, 하나의 운동이자 새로운 지적 경향이라고 할 수 있다.

운동으로서 후기행태주의는 두 가지를 요구받고 있는데, 현실적합성(relevance)과 행동(action)이 그것이다. 이스턴은 후기행태주의의 주요한 일곱 가지의 속성(trait)을 열거하면서, 이들을 적실성의 신조(credo of relevance)라고 묘사했다. 이스턴이 제시한 후기행태주의의 속성을 살펴보면 다음과 같다.

첫째, 후기행태주의는 본질(substance)이 기법에 우선해야 한다는 점을 강조한다. 후기행태주의도 섬세한 조사 도구가 필요하다는 데는 동의한다. 그럼에도 이보다 더욱 중요한 것은 추구하는 목적에 관한 문제이다. 과학적 연구가 긴급한 사회 문제를 치유해야 하는데 아무런 의미나 적실성이 없다면 그런 연구는 할 필요가 없다는 입장이다. 그래서 후기행태주의에서 내건 슬로건이 적실성이 없는 정확성보다는 차라리 모호한 것이 더 나을 수도 있다는 것이다.

둘째, 후기행태주의는 행태주의들이 초점을 두었던 사회 보존(social preservation)이 아니라 사회 변동(social change)에 역점을 두어야 한다는 입장이다. 행태주의자들은 그들이 사는 사회의 폭넓은 맥락성을 고려하지 않은 채 점증적인 변동을 통해 보수주의 이데올로기를 강화해 왔는데, 후기행태주의는 이 같은 이데올로기를 포기해야 한다는 주장이다.

셋째, 행태주의는 야수와 같은 정치 현실을 도외시한 채 실험실에서 이루어지는 분석과 같은 행위에만 몰두해 왔다는 것이다. 따라서 정치학자들이 이 같은 현상에 대해 책임을 지지 않는다면, 정치학의 존재 가치는 없다는 입장이다. 이런 점에서 후기행태주의는 정치학의 실천성을 강조한다.

넷째, 행태주의자들도 가치의 역할을 완전히 부인했다고 볼 수는 없지만, 중요한 것은 지식이 올바른 목적을 위해 사용된다면 가치는 이제 연구의 중심적 위치로 돌아와야 한다는 입장이다.

다섯째, 후기행태주의에서는 정치학자들의 지적 역할을 강조한다. 다시 말해, 문명사회에서 인간적 가치를 보호해야 할 책무가 정치학자들에게 있다는 입장이다.

여섯째, 후기행태주의에서는 지식인들이 사회 문제를 이해하고 그들 스스로가 이런 문제 속에 함께 속해 있다고 한다면, 지식인들은 행동(action)으로 이를 해결하기 위해 무엇인가를 실천해야 한다는 것이다. 다시 말해, 안다는 것은 행동으로 옮길 책임을 가지고 있는 것이며, 또한 행동한다는 것은 사회를 재구성하는 데 관여한다는 것을 의미한다.

일곱째, 후기행태주의에서는 직업의 정치화(politicization of the profession)가 필연적일 수밖에 없다는 입장이다. 즉, 정치학자나 대학의 정치화는 피할 수 없는 일이며 바람직한 일이라는 입장이다(Easton, 1970: Ch. XVII).

결론적으로 후기행태주의가 추구하고자 하는 방향은 연구가 사회 문제를 이해하는 데 적실성이 있어야 한다는 입장이다. 이에 더해 사회 문제에 대해 해결 방안을 제시해 줄 수 있어야 하며, 이를 위해 학자들이 바람직한 사회 변동을 야기할 수 있도록 주도적 역할을 담당해야 한다는 점을 강조했다.

제 3 절 행태이론의 적실성

1 행태이론에 대한 비판

행태주의가 지니고 있는 이론적 한계에 대해서는 전통주의자들과 후기행태주의자들에 의해 그간 많은 지적이 있어 왔다. 그래서 여기에서는 행태주의가 지닌 한계나 제약점을 하스와 베커(Hass & Becker, 1970: 486-503)의 설명을 중심으로, 이에 대한 비판 내용을 간략히 살펴보고자 한다.

첫째, 행태주의는 주로 인간 행태의 일반적이고 규칙적인 속성에만 주의를 기울여 왔다는 비판이다. 따라서 인간의 외면상의 객관적 행태를 관찰하고 설명하지만, 그 행태의 진정한 내면적 의미를 파악하는 데 한계가 있다. 특히 가치와 사실을 분리시키고 가치판단을 배제하는 것은 적절하지 않으며, 사회과학자는 그의 연구에서 어떤 선호와 윤리적 입장을 갖지 않을 수 없다는 점에서 더욱 문제가 아닐 수 없다.

둘째, 행태주의가 오히려 사회 현상의 효용성과 타당성을 경감시켰다는 비판이다. 그 결과 행태주의가 객관적으로 존재하는 사실의 세계만을 다루어 왔기 때문에, 경험적 보수주의에 빠져 사회 변동의 문제를 외면해 왔다는 비판이다.

셋째, 행태주의는 융통성 없는 모형을 정립하고 이 때문에 오히려 연구의 적합성을 해치는 경향마저 있다는 비판이다.

넷째, 행태주의자는 전문용어(jargon)를 만들어 내어 의사소통을 방해하는 경향이 있다. 행태주의에서 추구하는 이론은 이론 자체로서는 훌륭하고 또 행정학의 과학성을 높이는 데에는 기여할지 몰라도, 사회 문제를 해결하는 데에는 별로 도움을 주지 못한다는 것이다.

다섯째, 행태주의자는 유용한 정책 기여를 할 수 없다는 비판이다. 행정학이나 정치학이 가치 문제를 다루지 못할 때에는, 어떠한 방향 제시도 처방도 내리지 못하기 때문에 실제 사회 문제를 해결하는 데 도움이 되지 못한다는 지적이다.

2 행태이론의 적용 가능성

행태주의에 가해지고 있는 이상과 같은 비판에도 불구하고, 오늘날 광의의 행태이론은 세련된 방법과 적실성있는 이론으로 스스로의 제약을 극복해 정책 기여에 이바지하려는 노력을 기울이고 있다. 행태주의가 안고 있는 많은 문제점에도 불구하고 학문 영역에서 행태주의가 공헌해 온 것은 사실이며, 그 내용은 시대의 요구에 따라 약간의 수정을 가하면서 앞으로 오랫동안 학문 연구의 사조를 지배할 것이다. 그러나 그것은 행태주의 본래의 모습대로 그러하리라는 뜻은 아니며 많은 탈바꿈을 해야 할 것이다(김광웅, 1975: 121-122).

결론적으로 행태주의의 기여는 두 가지 측면에서 찾을 수 있다. 즉, 행태주의의 성과는 이론 형성과 연구 기법(technique of research)에서 괄목할 만한 성장을 이루어 왔다는 데 있다. 이 중에서 특히 행태주의의 성과는 연구 기법의 영역에서 더욱 가치가 발견된다. 오늘날 사회과학에서 활용되는 많은 연구 기법이 거의 행태주의 성과의 결과라고 보아도 큰 무리는 없다는 점에서 행태주의의 기여도를 가늠해 볼 수 있다.

생각해 볼 문제

행태이론의 등장 배경

1. 행태이론의 등장 배경을 전통주의와 비교해 생각해 보시오.
2. 행태이론의 전개 과정의 특징에 대해 생각해 보고, 그 분파에 대해 조사해 보시오.

■ 행태이론의 내용과 특징

1. 행태주의의 의미 속에 담겨 있는 특징을 생각해 보시오.
2. 행태주의가 지향하는 방향과 그 내용에 대해 생각해 보시오.
3. 행태주의가 갖는 특성들에 대해 생각해 보고, 전통주의의 특성과 비교해 보시오.
4. 후기행태주의가 등장하게 된 원인과 그 특성에 대해 생각해 보시오.
5. 행태주의와 후기행태주의의 차이점을 비교해 보시오.

■ 행태이론의 적실성

1. 행태이론이나 행태주의가 지닌 한계를 생각해 보고, 그 대안을 모색해 보시오.
2. 행태이론이나 행태주의가 한국 행정학에 미친 영향에 대해 생각해 보시오.

제 2 장 체제이론

제 1 절 • 체제이론의 등장 배경

체제이론(system theory) 또는 체제론적 접근 방법(systems approach)의 연원은 정치의 연구 영역 밖에 있던 유사한 두 학파, 즉 사회학적 기능주의(sociological functionalism)와 일반체제이론(general systems theory)에서 연유되었다(Wettman, 1972: 593).

1 체제이론의 모태로서 기능주의

미국 사회학에서 주류의 입지를 확보한 기능주의는 사회학적 사상이라는 측면에서 전체론적 전통(holistic tradition)을 지지해 왔다. 전체론(holism)은 개인의 행태와 상호작용의 측면에서는 전혀 설명될 수 없는, 좀 더 큰 실체(entity)에다가 분석적 우위성(analytical priority)을 부여하는 시각이다. 기능주의적 사회학은 이러한 전통에 기반해서 문제의 초점을 전체 사회에 두고, 생물학적 유기체로부터의 유추를 통해 설명적 개념을 도출했다. 종국적으로 기능주의적 사회학은 초기 유기체설의 진화에 따른 결과였다. 이와 같이 기능주의적 사회학은 사회의 관념을 사회 체제(social system)로 전환시켰다(Martindale, 1965: 144-162).

따라서 기능주의적 사회학에서 분석의 핵심이 되는 용어는 구조와 기능이다. 구조란 사회 체제 안에서의 행동의 유형(patterns of action)으로서, 직접적인 경험의 준거를 가진 일반화(generalization)를 의미한다. 이에 대해 기능(function)은 복잡성을 내포한 용어이다. 기능이라는 개념이 광범위하게 사용되고 있기는 하지만, 정확한 정의는 논란이 되어 온 문제이기도 하다. 기능이란 관찰될 수 있는 것들의 구체적 집합만을 의미하는 것이 아니라, 좀 더 큰 맥락에서 구체적 활동 또는 이를 전체로서의 체제와 관련시켜 이해해야 하는 개념이다. 따라서 기능이라는 개념에는 체제의 지속에 대한 주어진 활동 효과를 판별하고자 하는 의미가 내포되어, 단순한 경험적 일반화보다는 매우 복잡한 개념이다.

사회학에서 발달되어 온 기능주의적 접근법은 이후 정치학자들에 의해서도 활용되기 시작했다. 사회학자들에 의해 제기된 사회 체제, 부수적 구조, 그리고 구조가 체제의 유지를 위해 수행하는 기능 등은 정치 체제를 연구하는 정치학자들에게도 지대한 영향을 미쳤다. 대표적인 학자로서 아먼드(Gobriel A. Almond)를 들 수 있는데, 그는 구조·기능주의적 접근 방법을 정치학 연구에 적용했다.

2 체제이론의 모태로서 일반체제이론

일반체제이론은 생물학에서 발전해 온 이론으로서 1920년 버탈란피(Ludwig von Bertalanffy)에 의해 창시되었다가, 제2차 세계대전이 종료되면서부터 본격적으로 발전하기 시작했다. 일반체제이론이 등장하게 된 이유는 학문들이 지나치게 폐쇄적으로 구획되어 있어, 학문 간의 교류가 차단되고 그에 따른 불필요한 중복 연구가 발생하자 이를 지양하고자 한 데서 출발했다. 일반체제이론은 이처럼 과학의 통합(unification of science)과 과학적 분석을 목표로 한 아카데믹한 운동의 일환이었다.

과학의 통합을 이루기 위한 방향의 모색은 마침내 1949년에 실현되었다. 다양한 학문 분야에 종사하던 학자들이 시카고대학교에 행태과학연구회(Committee on Behavioral Sciences)를 조직함으로써 행태에 대해 경험적인 검증을 제공할 일반이론의 정립 가능성을 시도할 수 있게 되었다.[1] 그 결과 일반체제이론은 인접 과학과 학문에 지대한 영향을

1) 행태과학연구회는 활발한 활동의 결과물로 애시비(William R. Ashby)가 1952년에 『두뇌를 위한 설계(*Design for a Brain*)』와, 1956년에는 『사이버네틱스 입문(*An Introduction to Cybernetics*)』을

미치게 되었다(이용필, 1978: 23-26).

결국 일반체제이론은 과학관에 대한 발상의 전환을 통해 종전에는 간과되었던 사물을 바라보는 방식으로서, 현실에 대한 일반적 측면에 관한 모형이라고 할 수 있다. 이런 의미에서 일반체제이론은 방법론적 교훈으로 철학의 영구적인 문제와 관련되어 있으며, 또한 이에 대해 해답을 주려는 노력의 일환이다(강신택, 1984: 364; 최창현, 2016).

제2절 체제이론의 내용과 특성

1 일반체제이론의 내용과 특성

1) 일반체제이론의 의의

제2차 세계대전이 종료되자 과학과 학문 분야에서는 경험 세계의 일반적 관계를 논의할, 일단의 체제적 이론을 구성해야 한다는 필요성이 강조되기 시작했다. 그 결과 일반체제이론의 탐구라는 결실로 나타났다. 이 같은 필요성에 부응해 등장한 일반체제이론의 핵심은 이론적으로 최적성이 특정 과학에 의해서는 도달될 수 없다는 가정에 있었다. 다만 체제적 이론을 구성한다고 해서, 그것이 특정 학문의 특수 이론을 단일·자족적 일반이론으로 대치시키고자 하는 것을 의미하는 것은 아니었다.

일반체제이론의 목적은 야심과 확신에 의거해서 설정된 것이었다. 고도의 확신과 저수준의 야심에 의거해서 상이한 학문의 이론 구성을 위해 유사점을 추출하고, 적어도 상이한 두 개의 영역에 적용될 수 있는 이론적 모형을 발전시키고자 했다. 이는 저수준의 자신감과 고도의 야심에 의거해서 이론의 스펙트럼(spectrum), 즉 이론 구성에서 게슈탈트(Gestalt)의 기능을 수행할 체제의 체제(a system of systems)와 같은 것을 발전시키려는 시도였다.

일반체제이론은 경제학자 보울딩(Kenneth E. Boulding)의 정의처럼, 수학의 일반화된

출간했다. 그리고 1956년에는 일반체제연구회(Society for the Advancement of General Systems Research)가 조직되어 연구논문집을 발간하게 되었다. 또한 동년에 그린커(Roy R. Grinker)가 편집한 『인간 행태의 통합이론(*Toward a Unified Theory of Human Behavior*)』이 출간되었다.

구성과 전문화된 학문의 특수이론 사이에서, 중간적 위치에 있는 이론적 모형 정립의 수준을 서술하기 위해 사용되는 명칭으로 보는 것이 일반적이다(Boulding, 1968: 3).

2) 일반체제이론의 목표와 가정

(1) 일반체제이론의 목표

일반체제이론은 다양한 학문 분야에서 활용하고 있는 체제(system) 속에 내재된 공통적 원리를 추구하는 데 목적이 있다. 일반체제이론은 이러한 목적을 추구하기 위해, 다음과 같은 경향을 모색하거나 하위 목표를 추구한다(Bertalanffy, 1968: 38).

첫째, 자연과학과 사회과학 분야에서 통합을 추구하고자 하는 일반적 경향이 존재한다.

둘째, 통합은 체제의 일반이론에다 구심점을 두려는 경향이 있다.

셋째, 비물질적인 과학 분야도 정확한 이론을 발달시키는 데 중요한 수단이 된다.

넷째, 개별 과학을 한데 엮을 수 있는 통합된 원리를 발전시킴으로써 과학의 통일이라는 목표에 접근하고자 한다.

다섯째, 이의 결과 일반체제이론은 과학교육에서 요청하는 통합을 추구할 수 있다.

(2) 일반체제이론의 가정

일반체제이론이 목표를 이리 설정하는 이유는, 다음과 같은 가정을 저변에 두고 있기 때문이다.

첫째, 일반체제이론의 핵심적 관념은 원시적 무질서로부터 조직화된 복잡성(organized complexity)이 발생한다는 생각에서 출발한다. 이는 일반체제이론에서 가장 중요한 측면으로, 우주의 화학적 생성이나 생명의 기원 또는 사회적 진화가 이와 유사하다는 생각이다(Berrien, 1968: i). 그리하여 이러한 관념으로부터, 오늘날 과학의 근본 문제가 조직화된 복잡성이라는 생각으로 발전하게 되었다는 입장이다.[2)]

둘째, 조직화된 복잡성을 가져오는 체제의 여러 가지 특성이 상이한 분야에서도 유사하게 나타난다는 사실이다. 체제가 공통적 특성을 갖고 있기 때문에, 상이한 분야에서도 구조적 유사성 또는 구조적 동질성(isomorphism)을 찾을 수 있다는 것이다. 구조적 동질

---

2) 이러한 생각에 따라 전통적인 물리학이 조직, 전체성, 방향성, 목적성(teleology) 및 분화 등을 다루게 되었다.

성으로 인해, 특정 분야에서 발전된 유사한 개념이나 모형 및 법칙을 다른 분야에서도 원용할 수 있는 가능성을 마련해 준다(Bertalanffy, 1968: 33-34).

3) 일반체제이론의 주요 개념

일반체제이론을 구성하고 있는 구성 요소들은 대단히 복잡하다. 특히 일반체제이론에서 사용되는 개념은 상호간에 밀접히 관련되어 있기 때문에, 하나의 개념은 그와 관련된 다른 개념과의 관계에서만 이해될 수 있는 경우가 많다. 여기에서는 일반체제이론에 대한 이해를 돕기 위해 구성 요소를 중심으로 이들의 기본적 개념을 살펴보고자 한다.

(1) 체제

체제(system)를 정의하면 상호 관계(interrelations)를 가진 일련의 요소라고 할 수 있다. 다시 말해 체제는 상호작용을 하는 일련의 구성 요소(components or elements)로 이루어지며, 다른 체제로부터 흘러 들어오는 투입과 다른 체제로 흘러 나가는 산출을 여과시키는 속성을 지닌 경계를 가진다.

(2) 개방 체제

개방 체제(open system)에 대한 가정은 물리학적·생리학적 개념을 토대로 해서 정식화되었다. 개방 체제란 환경과 물질을 교류하는 체제라고 볼 수 있는데, 이 체제가 물질의 투입과 산출의 기능을 대행해서 물질의 구성 요소를 형성하거나 또한 분해한다(Bertalanffy, 1968: 141). 개방 체제의 반대는 폐쇄 체제(closed system)로 이는 환경으로부터 격리된 체제로서, 엔트로피가 증가하고 결국은 과정이 정지되어 버린다. 엔트로피는 확률치인데, 폐쇄 체제는 가장 확률이 높은 분포 상태로 가는 경향을 가지고 있다.

(3) 구성 요소

구성 요소(component)는 체제의 단위로서, 다른 단위와 함께 산출을 만들어 내기 위해 투입을 결합하거나 분리 또는 비교하는 기능을 한다.

(4) 경계

경계(boundary)는 한 체제를 다른 체제로부터 분리시켜 주는 영역이다. 경계의 유무는 구성 요소 간의 관계가 경계 내에 있을 때와 밖에 있을 때에 나타나는 차이로써 식별되는데, 이는 체제의 기본 정의에서 상호 관계가 무엇이냐를 밝히는 것과 관련이 있다.

즉, 어떤 요소 사이에서 상호 관계의 특징에 변화가 나타나는 영역이 체제의 경계이다.

경계는 기호화(encoding)와 해독(decoding)의 속성을 가지고 있어서, 체제에 가해지는 것이 곧바로 체제로 들어가는 것이 아니다. 다시 말해, 경계는 무엇을 체제 내로 받아들이고 체제 밖으로 내보낼 것인가를 결정하는 문이며, 투입과 산출의 흐름 비율을 통제하는 문이다. 따라서 경계는 투입과 산출이 통과하는 영역으로서, 이 경계를 통해 체제와 환경 간에 교환이 이루어진다. 여기서 경계는 물리적 구획만을 지칭하는 것은 아니고 규범과 같은 심리적 속성도 포함된다.

(5) 체제의 상태

체제의 구성 요소는 일정한 시점마다 일정한 유형으로 배열된다고 생각할 수 있는데, 이것이 체제의 상태(state of a system)이다. 체제의 상태는 각 시점마다 다를 수 있다.

(6) 투입

체제로 들어가는 투입(inputs)은 체제가 흡수한 에너지 또는 체제에 도입된 정보를 의미한다. 베리언(Berrien, 1968)은 에너지 또는 정보의 투입을 유지 투입(maintenance inputs)과 신호 투입(signal inputs)으로 분류했다. 이 중 유지 투입은 체제에 활력을 주며 운영을 가능하게 하는 데 도움을 주며, 신호 투입은 처리되어야 할 정보를 체제에 제공하는 기능을 한다. 체제에 대한 유지 또는 지지 투입이 없거나 불충분하면 체제는 파괴되거나 손상을 입게 되는데, 신호 투입과 요구 투입을 처리할 능력이 없어진다는 점에서 대단히 중요하다.

(7) 산출

체제의 산출(outputs)은 체제의 구성 요소가 체제로부터 상위 체제로 내보내는 에너지나 정보 또는 산물을 의미한다. 산출의 경우도 두 종류가 있는데, 하나는 상위 체제에 쓸모가 있는 것과 쓸모가 없는 것이 그것이다. 산출에 대한 구분은 매우 중요한데, 그것은 하위 체제가 상위 체제에 대해 쓸모있는 투입(하위 체제의 산출)을 제공해야만 다 같이 생존할 수 있기 때문이다. 그런데 체제가 받아들일 수 있는 투입은 제한된 것이고 무차별적인 것이 아니다. 쓸모있는 산출이 쓸모없는 산출보다 커야만, 체제와 상위 체제는 성장하고 생존이 지속될 수 있다. 그렇지 않으면 체제와 상위 체제는 해체되어 버릴 것이다.

(8) 환류

환류(feedback)는 산출의 함수로 본 투입의 통제를 말한다. 환류의 개념이 중요한 이유는 이 개념을 사용해야만 체제의 생존과 기능 그리고 목적 지향성을 이해할 수 있기 때문이다. 환류를 가진 체제의 특징은 사전에 알지 못하는 방해 요인을 자동적으로 보상(compensate)할 수 있다. 이러한 환류통제 체제를 설계하려면 예상되는 방해의 범위와 예상되는 극한치를 아는 것으로 충분하다.

환류에는 부(負)의 환류(negative feedback)와 정(正)의 환류(positive feedback)가 있다. 부의 환류에는 산출이 극한치에 이르면 정보가 전달되어 투입의 수준을 감소시키게 되는 조건으로, 부의 환류를 통해 체제가 안정된 상태를 유지하는 것이다. 정의 환류는 이와는 반대의 경우로, 산출이 극한치보다는 적다는 정보가 전달되어 투입이 증가하게 되는 경우를 의미한다.[3)]

(9) 저장과 기억

체제가 투입을 산출로 전환시키려면 최소한의 반응 시간(reaction time)을 필요로 한다. 저장은 최소한의 반응 시간 이상으로 산출을 지연시킬 수 있는 체제의 속성이다. 모든 체제에서 저장(貯藏, storage)이 일어나는 것은 아니다. 그러나 저장이 가능하도록 구성된 체제는 생존하기에 더 적합하다.

저장이 일어나는 이유는 첫째로 체제가 필요로 하는 것보다 더 많은 투입이 이루어지기 때문이며, 둘째로 투입을 처리하는 과정에서 구조상의 수정이 나타나기 때문이다. 이렇게 저장된 에너지는 추후의 투입 처리에 영향을 미친다. 그리고 기억(記憶, memory)은 신호 투입의 저장이라고 할 수 있다.

(10) 적응

체제의 적응(adaptation)은 가변성(variability)과 관련이 있다. 이런 점에서 개방 체제

---

3) 체제이론에서 환류 개념과 함께 살펴볼 것이 사이버네틱스(cybernetics) 개념이다. 사이버네틱스는 기술과 자연에서의 통제 메커니즘에 관한 이론으로 정보와 환류라는 개념에 그 기초를 두고 있는데, 그것은 일반체제이론의 일부분일 뿐이다. 사이버네틱스는 자기규제(self-regulation)를 나타내는 체제의 특수한 예에 해당한다. 사이버네틱스는 개방체제모형과도 차이가 있다. 즉, 개방체제이론은 구성 요소들의 동태적 상호작용에 토대를 두고, 일반화된 동역학 및 열역학 등의 이론으로 일차적 규제 문제를 다룬다. 그러나 사이버네틱스는 환류 주기에 토대를 두고 환류와 정보이론으로 이차적 규제 문제를 다룬다는 점에서 차이가 있다. 사이버네틱스의 개념과 함께 안정된 상태(homeostasis)의 개념 또한 중요하다. 이는 환류에 의해 체제가 안정된 상태를 유지하는 것을 의미하는데, 이때의 안정은 정태적 균형이 아니라 동태적 안정을 의미한다.

의 산출은 확률적(probabilistic)이다. 왜냐하면 개방 체제는 다른 체제들과 상호작용을 하는데 다른 체제도 가변적이기 때문에, 투입과 산출의 연결에서 언제나 일 대 일의 대응 관계가 성립될 수 없기 때문이다. 또한 체제의 구성 요소가 어떤 상태를 만들어 낼 것인가 하는 것이 아주 불확실하기 때문이기도 하다.

그러나 체제의 가변성이 무한한 것은 아니다. 체제 산출의 가변성은 체제의 구성 요소의 구조와 경계에 의해 통제되며, 또한 체제 상태의 수에 의해서도 규제된다. 그리고 체제의 능력은 가변성의 범위라고 할 수 있다. 가변성의 범위가 크면 체제의 능력이 크다고 할 수 있고, 체제의 능력은 가변성이 제약당하는 만큼 제약된다.

체제의 구성 요소(또는 체제 간) 간에 나타나는 조직은 최초에는 두 개 이상의 요소가 우연히 공생 관계(symbiotic relationship)를 이루고 복합 체제 간에 환류 관계가 생겨날 때 형성된다. 이에 따라 체제의 조직은 더 복잡해지고 생성적 특징(emergent characteristics)을 갖게 된다. 생성적 특징이란 한 수준의 체제에서는 찾아볼 수 없는 특징이, 다른 수준의 체제에서 나타나는 특징으로 진화라고도 볼 수 있다. 이와 같이 체제 산출의 가변성과 체제의 복잡성, 불확실성 및 생성적 특징 속에서 체제가 행동과 구조를 수정해 생존 능력을 키우는 것이 적응(adaptation)이다. 결국 체제는 잠재적으로 해로운 투입을 방지, 분산 또는 중립화시킴으로써 적응해 나간다.

(11) 체제의 성장

체제의 성장(growth of systems)이란 모든 부분이 기능적으로 발달되어 있는 체제 규모의 확대를 말한다. 성장은 구조적 변화라고 할 수 있는데, 구조적 변화는 이질적 투입 때문에 일어난다. 즉, 반조직 상태에 있는 체제가 조직되도록 만드는 독특한 투입이 결정적 시점에서 이루어질 때 성장이 시작된다. 이런 점에서 체제의 성장을 가져오는 독창적 생각, 핵심, 요소 또는 특별한 물질은 체제를 유지하거나 체제에 작업 지시를 하는 투입과는 구별된다.

성장과 그에 따라 일어나는 수정 때문에 체제는 생성적 특징을 갖게 된다. 그리고 성장에 의한 수정은 체제를 더 능률적으로 유지할 수 있게 해주기 때문에, 성장 수정을 적응이라고도 볼 수 있다. 그러나 성장에도 제한이 있는데, 성장은 적응 한계와 기억에 의해 제약된다. 또한 체제 하부구조에 담겨져 있는 최초의 계획에 의해서도 성장이 이루어진다는 점이다. 물론 부분적인 전문화에 따라 이 계획이 수정되기는 하지만, 초기의 안(案)이 뒤에도 그 흔적을 크게 남긴다.

학습(learning)은 신호의 투입 때문에 일어나는 구조의 수정이라고 할 수 있다. 많은 정보를 받고서도 아무런 변화가 없으면, 아무것도 배운 것이 없는 것이라고 할 수 있다. 성장과 관련해서 하위 체제와 상위 체제 간에 흥미있는 관계가 성립하는데, 그것은 상위 체제가 하위 체제로부터 생성되고 또한 하위 체제에 의존하게 되지만 점차로 하위 체제를 통제하게 된다. 왜냐하면 성장 때문에 하위 체제의 구조와 기능이 전문화되고, 그 결과 어떤 기능은 상위 체제의 지원을 받게 되고 통제를 받게 되기 때문이다(Bertalanffy, 1968: 17; Berrien, 1968: 14-87; 강신택, 1981: 369-374).

4) 체제의 특성과 기능

(1) 체제의 특성

체제는 상호작용을 하는 요소의 복합체를 다루는 데 세 가지 측면인 수(number), 종류(species), 그리고 요소 간의 관계(relations)에 따라 구별된다. 이 가운데 수와 종류의 경우는 각기 분리될 수 있는 개별적인 요소의 누계 또는 합계로 표현할 수 있으나, 요소 간의 관계는 요소뿐만 아니라 이들 간의 관계가 알려져 있어야 한다. 이때 이들 간의 총체적인 특성을 나타내는 의미로 전자를 누적적(summative), 후자를 구성적(constitutive)이라고 한다.

누적적 특징의 의미는 요소들이 동일한 성질을 가지고 있고, 요소의 특징과 행태의 합계로 나타낼 수 있다. 이에 반해 구성적 특징은 복합체 안에서의 특수한 관계에 의지하고 있다. 따라서 이러한 특징을 이해하려면 부분뿐만 아니라 그것들 간의 관계를 알아야 한다(Bertalanffy, 1968: 55).[4] 이런 점에서 구성적 특징의 핵심인 전체가 부분의 총합 이상이라고 하는 의미는 구성적 특징이 고립된 부분의 특징에 의해서는 설명될 수 없다는 것을 의미한다.

이에 따라 구성적 특징으로 인해 전체성(wholeness)의 가정이 중요하다. 즉, 전체성은 존재하는 요소들이 산만한 집성(diffuse aggregate)을 구성할 때가 아니라, 이들의 상호작용에 의해 결합되는 경우에 성립한다(Nagel, 1963: 138). 전체성의 가정은 통합의 가정(assumption of integration)과 연결된다. 통합의 가정은 요소 간의 관계가 매우 밀접하고 또한 밀접한 관계 유형이 모든 요소에 대해서 특징적인 것이라고 규정하고 있다. 그

4) 예컨대 총합적 특징은 중량이나 분자의 질량, 열(분자운동의 총합이라고 생각할 때)에서, 구성적 특징은 화학적 결합에서 찾을 수 있다.

래서 기능적 전체는 구성 요소 간의 상호 관계가 매우 밀접하고 또한 유기적이어서, 어느 일부분을 변화시킨다는 것이 필연적으로 다른 부분, 때로는 전체를 변화시키게 되는 특징을 가지고 있다(Sztomka, 1974: 59).

결론적으로 체제의 특성은 체제가 지니는 요소의 복합체에 대한 특성, 즉 요소의 복합체는 누적적 성격과 구성적 특성을 지니고 있다는 점이다. 그런데 체제의 특성을 설명할 때 구성적 특성 외에 살펴보아야 할 것이, 바로 전체가 부분의 총합 이상이라는 의미이다. 이 의미는 구성 요소에서는 찾을 수 없는 집합적 특성(aggregate characteristics)을 표현하는 것이다.

(2) 체제의 기능

일반체제이론에서 중요한 출발점은 체제가 투입(input)과 산출(output) 기능을 수행하는 개방 체제(open system)라는 데 있다. 다시 말해, 체제는 환경으로부터 격리된 것이 아니라는 점에서 폐쇄 체제와 구별된다. 모든 행태는 개방 체제 안에서 또는 체제 상호 간에서의 에너지 교류(energy exchange)라고 가정된다. 체제가 수행하는 특수한 기능과 크기는 상대적 척도로 측정할 수 있다. 이 경우 체제 안에 이런 것들이 존재한다면 이를 변수(variables)라고 부르고, 환경 안에 존재한다면 가변상수(parameters)라고 부른다(Miller, 1955).

일반체제이론에서 중요한 또 다른 개념으로 체제 유지(system maintenance)와 체제 규제(system regulation)를 들 수 있다. 체제는 주요한 기능을 수행함으로써 다수의 변수 간의 안정 상태를 유지하려는 경향성을 가지고 있다. 체제는 언제나 균형 상태(equilibrium)에 머물러 있으려고 할 뿐만 아니라, 환경과의 균형(balance)을 투입과 산출에 의거해서 유지하려고 한다. 이 같은 특성을 지닌 체제는 다음과 같은 기능을 수행한다.

첫째, 체제의 적응(adaptation) 기능이다. 이는 체제가 환경으로부터 인적·물적 자원과 정보·자료를 획득하고, 그것을 가공해 배분하는 기능을 의미한다.

둘째, 체제의 목표 달성(goal attainment) 기능이다. 이는 체제가 추구하고자 하는 목표가 무엇인가를 설정하고, 이를 달성하기 위해 환경으로부터 조달된 모든 자원을 체계화하고 활용함으로써 목표를 구체화하는 기능을 의미한다.

셋째, 체제의 통합(integration) 기능이다. 이는 체제를 구성하는 여러 하위 체제 및 구성 요소의 활동을 조정·통합하는 기능을 의미한다.

넷째, 체제의 유지(pattern maintenance) 기능이다. 이는 체제가 기본적인 유형을 유지하고, 자신의 가치와 규범을 계속적으로 창조·재생산해 가는 기능을 의미한다.

2 정치체제이론의 내용과 특성

1) 이스턴의 『정치체제론』 개요

정치학에서 체제 개념을 처음으로 사용한 학자는 이스턴(David Easton)이다.[5] 그는 저서 『정치체제론(*The Political System*)』에서 정치 체제를 전체론으로 보는 입장을 취하면서, 정치학자는 공공 생활에서 야기되는 사건들을 설명할 수 있는 정치행태이론(political behavior theory)을 발전시켜 나가야 함을 주장했다.

이스턴이 강조한 주장의 요체는 이러했다. 첫째로 정치 체제에서 이루어지는 정치 행태는 자연과학에서와 같이 동질적 과정(homologous process)에 의해 지배되는 것이 아니라, 유사적 과정(analogous process)에 의해 지배된다는 가정이다. 둘째로 정치 체제를 분석하는 데 필요한 단위를 탐구해야 한다는 것으로 요약할 수 있다(Easton, 1971). 이스턴은 이처럼 정치분석의 체계화를 위해 체제이론을 본질 문제와 연결시키려는 시도를 했다.

이스턴이 정치분석을 하는 데 가장 중요하게 고려한 문제는 정치 체제의 생동적 과정이 유지되는 이유를 탐구하는 데 있었다. 다시 말해, 시간과 장소를 초월해서 무엇이 체제로 하여금 어떤 수단에 의해 가치를 권위적으로 배분하고 있는가에 주된 초점이 놓여 있었다. 체제를 지속하게 하는 것은 무엇이며, 정치 체제는 그것을 파괴하려고 위협하는 중압에 어떻게 대처하고 있는지, 그리고 정치가 일정 기간을 지나서도 존속할 수 있는 양식이 있다면, 그것은 어떤 조건 하에서 가능한 것인가와 같은 문제가 주된 탐구의 대상이었다(Easton, 1965: 78-79).

이스턴은 정치학자들이 누가, 무엇을, 언제 그리고 어떻게 얻는가 하는 문제 제기와는 다른 각도에서, 정치분석의 준거점을 정립하고자 했다. 이스턴은 이러한 관점에서 정치분석을 시도하기 위해, 투입-산출모형(input-output model)을 정치 본질의 문제들과

---

5) 대부분의 학자들이 이스턴도 구조·기능주의의 계열이라고 분류하고 있으나, 본인 자신은 잘못된 분류라고 강변한다. 그는 일반체제이론보다는 행태과학의 영향을 받았다고 보는 편이 더 나을 것이라고 주장했다.

직결시키는 시도를 통해 정치체제이론을 정립했다. 따라서 그는 체제이론의 범주 속에서, 정치를 사회에 대한 가치들의 권위적 배분(authoritative allocation of values)으로 파악했다(Easton, 1956-1957: 383-400).

2) 기본 가정과 모형

이스턴이 시도한 체제분석은 하나의 일반이론(general theory)으로서, 정치 체제 전체가 기능하고 있는 모습을 밝히고자 하는 데 목적이 있었다. 이스턴도 연역적 체계를 이루는 이론이 좋은 일반이론이라는 것을 인정한다. 그러나 정치이론의 발달 단계로 보아 그런 이론을 정립하기는 어렵기 때문에, 오히려 정치 체제의 분석을 위한 종합적인 개념구조(conceptual structure)를 구성하는 것이 향후 연구를 위해 더 쓸모가 있을 것이라는 생각에서 출발했다(Easton, 1965: 3-16).

이스턴이 제기하는 근본적인 의문은 언급한대로, 어떻게 모든 정치 체제가 안정과 변동의 세계에서 지속해 나가느냐는 것이었다. 이 문제에 대한 해답을 찾는 과정에서 정치 체제의 생애 과정(life processes)을 알 수 있게 되고, 체제가 지탱해 나가는 전형적인 반응 양식을 알 수 있게 되리라는 희망에서였다. 따라서 이스턴은 이런 생애 과정과 반응의 성격 및 조건을 분석하는 것이 정치이론의 중심 문제라고 보았다(Easton, 1965: 17-33).

이와 같은 해석에 담긴 기본 가정은 다음과 같았다. 첫째, 사회 내의 정치적 상호작용들이 행동의 한 체제를 구성한다. 둘째, 정치 체제는 물리적, 생물적, 사회적 및 심리적인 환경에 둘러싸여 있다. 셋째, 정치 체제는 개방 체제이다. 넷째, 정치 체제는 당면하는 상황에 적응할 수 있는 능력을 가지고 있다. 결국 이런 가정 하에서 구성된 것이 정치 체제 모형이라 할 수 있다.

이스턴이 제시한 정치 체제 모형의 내용은 이러했다. 체제는 환경 내에 위치해 있어 환경으로부터 끊임없이 체제의 생존을 위협받고 있다. 그래서 체제가 지속되려면 환경적 영향에 반응할 수 있어야 하며, 환경의 압력을 감당해 나가야 된다. 체제가 반응을 하기 위해서는 환경에서 일어나고 있는 일에 관한 정보를 얻을 수 있어야 한다. 그 결과 이것이 투입으로 나타나며, 이에 따른 정치 체제의 여러 가지 반응 내용이 산출된다는 것이다.

3) 정치 체제 분석을 위한 기본 개념

(1) 정치 체제

체제는 상호 관계를 가진 일련의 요소이다. 이런 측면에서 정치 체제(political system)는 사회를 위해 구성적으로 가치를 배분하는 상호작용의 체제인데, 구성적으로 가치를 배분한다는 점이 정치 체제의 특징이다.

(2) 환경

정치 체제를 둘러싼 환경(environment)은 사회내적 환경과 사회외적 환경으로 나눌 수 있으며, 각각 물리적, 생물적, 사회적 및 심리적인 부분을 가지고 있다. 이때 사회내적 환경이란 특정한 정치 체제가 존재하는 사회의 여러 가지 환경을 말하며, 사회외적 환경은 국제 사회의 환경을 의미한다. 정치 체제를 개방 체제로 간주할 때, 환경에서 일어나는 일들이 정치 체제에 대해 일종의 압박(stress)을 가한다. 환경의 교란(disturbances)이 정치 체제에 대해 압박을 행사하는 것인데, 그렇다면 어느 경우에 정치 체제가 이런 압박을 느끼느냐 하는 문제이다.

정치 체제는 두 가지 기능을 성공적으로 수행해야 한다. 첫째는 사회를 위해 가치를 배분할 수 있어야 한다. 둘째는 대부분의 구성원이 이런 배분을 기속적인 것으로 받아들여야 한다. 두 가지 기능을 잘 수행하는 정치 체제는 성공적인 체제라 할 수 있다. 이런 측면에서 사회를 위한 가치 배분과 순종을 정치 생활의 두 가지 기본 변수라고 말할 수 있다. 결국 이 두 가지 변수에 대해 압박을 가하는 환경의 교란이 정치 체제에 대한 압박이 된다. 그렇다면 환경에서 가해지는 압박이 정치 체제에 어떻게 전달되는가? 환경에서 일어나는 사건들을 모두 정치 체제와 관련시켜 보려고 한다면, 분석은 거의 불가능해진다는 데 문제가 있다.

체제에 대한 환경의 충격을 몇 가지의 지표(indicators)로 요약해 다룰 수 있어야 하는데, 이런 지표가 투입과 산출이다. 투입과 산출은 체제의 경계를 거쳐서 이루어지는 환경 내의 다른 체제와의 교환 또는 거래(transactions)이다. 다른 측면에서 보면 투입과 산출의 체제는 정치 체제와 다른 체제 간의 연계이기도 하다.

(3) 투입지표로서 요구와 지지

정치적 압박으로 나타나는 환경 내의 모든 것을 총괄하는 변수가 투입이다. 투입은 요구(demands)와 지지(supports)로 구분된다. 일반체제이론에서 말한 신호 투입이 요구 투입이고, 유지 투입이 지지 투입에 해당한다. 요구 투입과 지지 투입의 변동을 통해 환경 체제의 영향이 정치 체제에 전달된다. 체제 구성원의 행동을 위해서는 이것을 유지시켜 주는 심리적·물질적인 지원이 필요한데, 지원 투입은 이러한 에너지를 제공한다. 또한 정치 체제가 환경에 대해 쓸모있는 산출을 내보내면, 환경 체제는 정치 체제가 필요로 하는 투입을 증가시켜 주는 관계가 성립한다. 이때 체제 구성원이 어떤 행동을 할 것인가를 알려주는 것이 요구 투입이기 때문에, 이것을 신호 투입이라고 볼 수 있으며 이 투입은 산출로 전환된다.

(4) 산출과 환류

환경 내의 변동을 투입이라는 개념으로 총괄할 수 있듯이, 정치 체제 구성원의 행동으로부터 흘러나오는 결과를 산출(output)이라는 개념으로 총괄할 수 있다. 산출의 의의는 그것이 환경에서 일어나는 사건들(events)에 영향을 미칠 뿐만 아니라, 산출은 정치 체제에 대해 다음 차례의 투입을 결정하는 데 영향을 미친다는 데 있다. 산출의 결과가 투입규제자(input regulators)에게 전달되어 투입량과 비율을 조절하게 되는 것이 환류(feedback)이다. 이러한 환류 루프(feedback loop)를 확인하면, 정치 체제 내의 당국자(authority)들이 환경으로부터 가해지는 압력을 감당해 나가는 방식을 설명할 수 있다.

환류 루프의 구성 부분으로는 ① 당국자에 의한 산출의 생산, ② 산출에 대한 사회 구성원의 반응, ③ 당국자의 반응에 관한 정보의 전달, ④ 당국자에 의한 다음 차례의 행동 등으로 이루어진다. 이후 또다시 새로운 주기가 계속 반복된다. 결국 환류 루프에서 일어나고 있는 일들이 압박을 감당하는 체제 능력에 중대한 의미를 갖는 것이며, 또한 환류와 반응 능력 때문에 체제가 격동하는 환경 속에서도 오래 존속할 수 있다(강신택, 1981: 383-387).

4) 정치 체제의 특성

(1) 체제의 존속

이스턴은 1957년에 발표한 논문인 「정치체제 분석을 위한 접근 방법(An Approach to the Analysis of Political Systems)」과, 이어서 1965년에 발간된 저서인 『정치분석을 위한 준거 틀(*A Framework for Political Analysis*)』과 『정치 생애에 대한 체제분석(*Systems Analysis of Political Life*)』을 통해 정치 체제의 존속 문제를 집중적으로 탐구했다.

이스턴은 이 저술들을 통해 정치학이 당면한 제일의 과제는 현재 움직이고 있는 또는 과정으로서의 정치 체제를 분석하는 것이라고 주장했다. 그는 또한 정치 체제의 존속(persistence of system)을 배분 과정의 주요한 대상으로 보았다. 이러한 입장에서 정치학자는 정치 체제가 어떻게 존속하고 있는가 하는 문제 제기에 입각해 탐구해 나가야 함을 주장했다.

이스턴은 이 같은 문제를 체제적으로 분석할 수 있는 개념적 틀을, 일반체제이론(general systems theory)과 투입-산출분석(input-output analysis)과 연결시킴으로써 정치체제모형을 정립했다. 이스턴이 보는 정치 체제는 스스로가 폭넓은 전환 능력(capacity for transforming itself)이 있다는 점에서, 생물학적 또는 기계적 체제와는 구별된다. 그래서 정치 체제에는 모든 종류의 중압에 대해 대응할 수 있는 창조적 과정이 존재한다. 이처럼 이스턴의 투입-산출모형은 정치 체제를 개방적 · 적응적 체제(open and adaptive system)로 보는 시각에서 출발했다(Easton, 1965: 17-18).

(2) 체제의 동적 반응모형

체제의 동적 반응모형은 대체로 세 가지 단계로 나눌 수 있다.

첫째, 환경은 정치 체제에 대해 다양한 종류의 요구 투입으로 영향을 미친다.

둘째, 체제는 구조와 과정을 통해 요구들이 산출(즉 권위적 결정과 집행)로 변환되도록 투입에 영향을 미친다.

셋째, 산출은 환경의 행동을 통해 체제로 환류된다. 이러한 환류(feedback) 기능은 체제와 환경 간의 동적 관계를 탐구하는 데 중요한 메커니즘이 된다.

체제의 동적 반응모형을 제시한 이스턴의 관심은 체제가 동적 반응을 통해 존속할 수 있느냐 또는 존속할 수 없느냐에 집중되고 있다. 이스턴은 행태과학의 과제가 정치 체제의 과정과 기능이 보존되고 있는 양식을 밝히는 것이라고 주장했다. 예컨대 내란이나 혁명 또는 군사적 패배와 같은 이례적 사건에 의해 중대한 위협을 받고 있음에도 불구하고, 체제는 존속할 수 있는가를 문제로 삼은 것이다. 이러한 문제 제기는 어떤 형태의 정치 체제가 존속할 수 있는가의 문제가 아니라, 계속적인 체제 내외로부터의 중압에 직면하면서도 체제가 어떻게 최소한의 기능을 수행할 수 있는가를 밝히는 것이 체제이론의 핵심 과제이다.

체제의 존속이라는 개념과 연결되는 중심적 문제는 체제의 본질적 변수(essential variables), 즉 이것 없이는 체제가 존속할 수 없으며 또한 체제가 존속하려면 본질적 변수가 일정한 범위 내에서 작동해야 하는 변수들이다. 만일 본질적 변수가 그 범위를 넘어서 작동하는 경우, 이것은 체제가 중대한 수준(critical level)에 놓여 있음을 의미한다. 투입-산출 접근 방법에서 대부분의 분석은 본질적 변수들이 중대한 수준의 한계를 넘어서 파괴될 수도 있는 체제가, 이에 대해 취하는 다양한 규제적 반응을 다룬다(Easton, 1965: 94-96).

다시 말해, 정치 체제는 특수한 형태의 중압과 체계 유지의 장애에 직면하게 될지도 모른다. 그러나 정치 체제는 동시에 중압을 균형적으로 억제하기 위한 전형적인 규제 과정도 가지고 있다는 것을 가정한다. 체제가 작용하고 있는 계기적 국면에 따라 다르긴 하지만, 이미 언급한 상반된 두 가지 과정은 복합적으로 병존하고 있는 것으로 가정한다. 그것은 체제가 중압에 대해 어떻게 반응을 취하느냐에 따라, 계기적 과정의 방향이 설정된다는 것을 의미한다.

그런데 체제의 동적 메커니즘 과정에서, 정치 체제는 단지 기계적으로 투입을 산출로 변환시키는 과정의 집합이 아니라는 점이다. 그것은 자체의 역학적 메커니즘을 갖고, 또한 목적을 지향하는 복합적 순환작용(complex cyclical operation)의 체제라고 보아야 한다. 이와 같은 관점에서 이스턴은 생물학적·물리적 체제에 관한 연구에서 보는 바와 같이, 체제가 검증할 수 있는 정상 상태로 되돌아간다는 균형모형의 가정을 부인한다. 그래서 정치 체제는 주어진 상태에서 그 자체를 유지하려고 하기보다는, 물리적 변화를 위해 가동할 수 있는 능력을 가지고 있다고 가정한다.

(3) 체제에 대한 중압의 근원

이스턴에 따르면, 체제는 두 가지 측면에서 요구들로 인해 중압에 직면하게 된다(Easton, 1965: 80). 하나는 당국자(authority)들이 체제 내 구성원의 요구를 충족시킬 수 없거나, 또는 충족시키려는 의도를 하지 않는 경우에 발생하는데 이를 산출 실패(output failure)라고 한다. 체제는 이러한 산출 실패로 인해 체제에 대한 지지가 저하되고, 이는 다시 특징적 중압으로 나타난다.

또 다른 하나는 요구가 체제를 지지하는 영향력과는 아무런 관계없이 중압을 가져온다. 이 경우 중압은 요구의 과도한 양과 다양성으로 인해 나타나게 된다. 어느 경우나 요구의 충족이 무제한으로 연기될 수 없다는 것을 가정한다면, 체제가 요구를 처리하기에 충분한 시간을 가질 수 없다는 것이다. 이것이 과도한 요구 투입으로 인한 부담으로서의 중압이다(Easton, 1965: 121).

(4) 요구로 인한 중압의 규제

과도한 요구 투입으로 인한 부담으로 발생한 중압이 체제에 가해진다고 해서 체제가 반드시 붕괴되는 것은 아니다. 적어도 체제가 위험스러운 상태에 놓여 있다 하더라도, 계기적 원인의 복합적 영향에 의해 체제는 다시 정상이나 파괴의 방향으로 움직이게 된다. 모든 정치 체제는 대체로 중압에 대응할 수 있는 네 가지 형태의 규제적 메커니즘을 갖추고 있다.

첫째, 구조적 메커니즘에 의한 규제 기능이다. 즉, 체제의 경계에서 체제는 욕구(wants)의 투입과 표출된 요구를 규제한다.

둘째, 문화적 메커니즘에 의한 규제 기능이다. 즉, 사회문화적 규범이 정치적 요구를 표출하는 데 적절한 기준을 설정해 준다.

셋째, 커뮤니케이션 채널들을 확장함으로써 규제 기능을 강화한다. 이는 체제가 잠재적으로 위험스러운 중압에 대응하기 위해 도움이 되는 중요한 기능이다.

넷째, 요구들은 변환 과정의 국면에서 여러 축소 과정(reduction process)에 의해 규제된다. 중압에 대응하는 체제의 능력은 대체로 두 개의 중심적 과정에서 도출된다. 체제 자체의 상태와 환경에 대한 정보가 당국자들에게 전달되기 때문에, 체제는 그들의 행동을 통해 체제 자체가 놓여 있는 조건을 변경 또는 유지할 수 있다.

결론적으로 정치 체제는 환류 기능과 중압에 대해 반응할 수 있는 능력을 갖추고 있다는 가정이다. 이와 같이 체제는 복합적 기능을 수행함으로써 환경에서 적응하거나 존속할 수 있다(Easton, 1965: 85-99, 128-149; 이용필, 1984: 114-119).

제 3 절 체제이론의 적실성

1 체제이론에 대한 비판

1) 체제이론의 근거에 대한 비판

체제이론 또는 체제론적 접근 방법은 이론이 지닌 장점에도 불구하고, 출발점에서부터 비판이 제기되고 있다. 이는 다음과 같이 세 측면에서 살펴볼 수 있다.

첫째, 근본적 입장에서 제기되는 체제이론에 대한 비판으로 체제이론의 바탕을 이루고 있는 과학적 방법(scientific method)에 관한 비판이다. 근본적 입장에서 제기되는 문제는 아직도 과학철학이나 사회과학철학에서 논의되는 것으로, 사회 체제들과 물리학·생물학 간의 유사성들을 비교하는 데 따른 문제라고 할 수 있다. 그 결과 사회 체제가 지니고 있는 비유사성(dissimilarities)은 무시되거나 명확히 규정되지 않는다는 데 체제이론의 심각성이 있다.

다시 말해, 체제이론이 추구하는 분석 방법이 논리적·언어학적 관점에서 강조하는 정확성을 결여하고 있어, 그 결과가 의심스럽다는 비판이다. 따라서 체제이론이 철저한 형식적 체계를 마련하기 전까지는 과학적 연구를 중단해야 한다는 비판이다. 특히 과학적 언어 체계가 은유(metaphor)와 유추(analogy)를 사용하고 있는데, 문제는 은유와 유추가 여러 가지 양식으로 제시되고 있다. 은유와 유추를 사용하기 위해서는 위험 요소를 충분히 제거한 상태에서 사용해야 한다. 그런데 부분적으로밖에 형식화되지 못한 체제이론에서 은유를 사용한다는 것은 방법론적으로 심각한 문제를 안고 있다는 비판이다(최창현, 2016).

둘째, 체제이론에 가해지고 있는 다음 비판은 체제이론에서 제시하는 개념적 틀이 지닌 성질에 관해 집중되고 있다. 현대 정치학이 추구해야 할 체제적 쇄신이란 오래된 문제를 해석하기 위해, 새로운 방법을 탐구하고 연구의 영역을 개척하는 데 있다는 점에서 더욱 그렇다는 것이다. 체제이론이 생물학과 커뮤니케이션이론 분야에서 발전된 체제의 개념과 이론을 정치분석에 도입해서 분석 틀을 정립하려면, 특수한 정치 대상에 한해 적용하는 실험적 자세가 필요하다. 그리고 이 같은 과정을 거친 분석적 틀은 정치 체제 분석에 적절한 가정과 이론적 정향을 통해 정치학의 주제로 통합되어야 함을 강조한다.

셋째, 체제이론에 가해지고 있는 또 다른 비판은 체제적 분석을 채택하는 이유와 관련된 것으로 근본적인 비판과도 관련된다. 예컨대 이스턴은 정치 체제가 실체(entity)로서가 아니라 분석적 단위(analytical unit)로서 파악되어야 함을 강조하는데, 체제라는 개념은 실제 세계에 조응된 대상으로서 설정된 것이 아니라는 점이다. 이는 사회과학의 핵심적 문제인 인지적 이슈와 관련된 문제라고 할 수 있다(박연호, 2003: 63).

2) 체제이론의 현실적 한계

체제이론이 지니고 있는 이론적 근거에 대한 비판 외에도, 체제이론은 현실적·운영적 측면에서 다음과 같은 문제점을 지닌다.

첫째, 모형의 작성 및 적용이 주관과 편견에 의해 결정되기 때문에 모형에 대한 타당성이 크지 않다.

둘째, 상위 체제를 구성하는 서로 다른 수준의 하위 체제를 같은 수준에서 취급하고 있다. 또한 하위 체제의 수에 대한 결정이나 투입 · 전환 과정 · 산출의 한계 규정이 지나치게 자의적이다. 따라서 요소와 요소 간의 관계를 지나치게 거시적으로 다루다 보니 체제의 구체적인 운영이나 행태적 측면을 설명하지 못하고 있음은 물론, 전체 국면을 의미 있는 범주로 나누지도 못한다는 사실이다. 다시 말해, 체제 내용을 구체적으로 분석하고 해부할 수 있는 도구를 가지고 있지 못하다.

셋째, 상위 체제의 유지는 하위 체제 간의 균형을 통해 가능하므로 균형 유지를 추구하는 이론이라고 할 수 있다. 따라서 사회 개혁을 위한 불균형적 전략의 도입이 불가능하다. 그 결과 체제이론은 체제의 생존 상태나 균형 상태에 대해서는 설명을 잘 해도, 목적성을 띤 변화나 발전에 대해서는 설명력이 약하다. 물론 체제이론에서 변화를 다루지 않는 것은 아니다. 그러나 여기서 다루는 변화는 부분을 통한 파급 효과로서 나타난 변화이지 가치지향성을 띤 변화는 아니라는 점이다. 바로 이런 측면에서 체제이론은 보수성과 정태성을 면하지 못하고 있다.

넷째, 체제이론은 체제의 주체적 역할을 경시하고 있다. 예컨대 행정 체제가 이니셔티브를 쥐고 발전의 주도적 역할을 할 때, 이러한 현상에 대해서는 설명을 못하고 있다. 다시 말해, 체제이론은 변수 간의 상호 의존적 역할만 중요시하다 보니, 변수의 독립적 역할을 경시하고 있기 때문이다. 즉, 어떤 변수는 다른 변수에의 의존성이 강한가 하면, 다른 변수는 생래적으로 독립변수적 성격이 강하다는 것을 간과하고 있다.

다섯째, 체제 개념과는 관계없이 구성한 이론들을 체제론에 의해 종합하는 경우 부자연스러운 이론이 되어 결국 체제론의 의의를 상실한다는 지적이다. 즉, 체제이론을 정치나 행정 현상에 적용할 때에, 정작 다루고 싶은 문제를 다루지 못하는 부작용을 낳는다는 것이다. 예컨대 정치나 행정 현상의 기본 내용이란 권력 · 통치술 · 리더십 · 정책 결정 · 능률성 · 합리성 등인데 체제론적 접근 방법은 이러한 문제를 다루는 데 미약하다 (Holt & Richardson, Jr., 1970; Varma, 1977: 186-191; 백완기, 2002; 박연호, 2003).

2 체제이론의 적용 가능성

체제이론은 한계에도 불구하고 이론의 적용 타당성이라는 측면에서 많은 장점을 지니고 있다. 정치사회학적 관점에서 볼 때 체제이론은 여러 가지 부분적 분석 방법(연합이론, 교환이론, 역할이론, 가치 합의 등)을 체제의 존속이라는 광범위한 맥락에서 통합해 주는 편리성을 제공해 준다. 특히 체제이론은 경험적 조작화에 크게 도움이 될 수 있는 개념과 모형의 근원을 제시해 주고 있다. 또한 경험적으로 확인할 수 있는 가설을 설정하기 위해 특수하고도 본질적인 영역에도 적용이 가능하다는 점에서 실용적인 이점이 있다.

결론적으로 체제이론은 다양성을 띤 여러 체제의 비교분석을 하는 경우, 일반적인 기준을 제시해 주기 때문에 보편성을 가진 일반이론을 정립할 수 있다. 또한 체제이론은 연구 대상을 상징으로서 취급하기 때문에 추상적이며, 구조가 중요시되지 않는다는 점에서 전체론적이고, 변동을 다룬다는 점에서 동태적이며, 하나의 과업이나 기능의 수행에 관심을 가진다는 점에서 실제적이다.

그 결과 체제이론은 문제 해결과 의사 결정의 합리화에 기여할 수 있고, 광범한 정보이론의 활용을 통해 행정 행태를 좀 더 정확하게 예측하고 설명할 수 있기 때문에 이론의 과학화에 이바지할 수 있다(Young, 1968: 19; Holt & Richardson, Jr., 1970; Varma, 1977: 186-191; 백완기, 2002; 박연호, 2003).

생각해 볼 문제

체제이론의 등장 배경

1. 체제이론의 모태인 기능주의에 대해 조사해 보시오.
2. 체제이론의 모태인 일반체제이론에 대해 생각해 보시오.
3. 체제이론, 기능주의, 일반체제이론의 성격을 비교해 보시오.

체제이론의 내용과 특징

1. 일반체제이론이 함축하는 의미에 대해 생각해 보시오.
2. 일반체제이론의 추구하는 목표와 가정에 대해 생각해 보시오.
3. 일반체제이론을 구성하는 주요 개념을 열거하고, 각각의 의미와 역할에 대해 생각해 보시오.
4. 일반체제이론에서 체제가 지니는 특성과 기능에 대해 생각해 보시오.
5. 정치체제이론들을 조사해서, 그 차이점과 특성을 비교해 보시오.
6. 이스턴의 정치체제모형을 간략히 구상해 보시오.

7. 이스턴의 정치체제모형이 가정하고 있는 기본 가정에 대해 생각해 보시오.
8. 정치 체제의 특성 가운데 체제의 존속 개념과 동적 반응모형에 대해 생각해 보시오.
9. 일반체제이론과 정치체제이론의 공통점과 차이점을 조사해 보시오.

체제이론의 적실성

1. 체제이론에 가해지고 있는 근거에 대한 비판을 정리하고, 이의 타당성에 대해 생각해 보시오.
2. 체제이론이 안고 있는 현실적인 한계에 대해 생각해 보시오.
3. 체제이론의 이론적 기여와 그 적실성에 대해 생각해 보시오.

제 3 장 공공선택이론

제 1 절 공공선택이론의 등장 배경

공공선택이론(public choice theory)이라는 용어가 현대 사회과학에 등장하기 시작한 때는 1960년대로 볼 수 있다. 1963년 11월 뷰캐넌(James M. Buchanan)과 털럭(Gordon Tullock)이 중심이 되어 주최한 '정치경제학에 관한 회의'에서, 집단적·정치적·사회적인 정책 결정 행위에 경제학적 논의를 적용시켜야 한다는 의견이 주창된 이래, 공공선택이론은 사회과학의 새로운 패러다임으로 등장하기 시작했다(Ostrom, 1964: 62-63; Mitchell, 1969: 103-104; Riker, 1963).[1]

공공선택이론이란 이처럼 경제학에서 보는 인간에 대한 기본 가정이나 접근 방법 등을 통해 정치 제도의 상호작용을 연구하려는 시도이다. 다시 말해, 공공선택이론은 시장의 범주 밖에서 일어나는 결정 행위를 경제학적으로 접근하고자 하는 시각이다. 그래서 인간은 자기 이익(self-interest)을 추구하는 데 철저하게 합리적이라는 전제 하에서, 정치나 행정 영역에서 일어나는 결정 행위를 경제학적으로 분석·파악하는 데 목표를 두고 등장한 이론이다(박해룡 외, 2006: 77).

공공선택이론은 이에 따라 정치와 행정과학 영역에서, 정부나 정치조직이 효율성이

1) 뷰캐넌은 공공선택이론의 창시자로서 이 같은 학문적 공로를 인정받아 1986년도에 노벨 경제학상을 수상했다.

나 형평성(equity)이라는 정치적 기준을 만족시켰느냐를 검증하거나 또는 어떤 이유로 실패했는가를 검증하는 데 주된 관심을 기울여 왔다(Mueller, 1979; Buchanan, 1984: 11-13).

한편 사회과학 영역에서 공공선택이론이 새로운 패러다임으로 등장하고 있을 때, 일단의 정치과학자들은 기존의 정치학은 무엇을 하고 있었으며, 정치학의 전통 속에는 유사한 분석 도구가 없었는가에 대해 강한 반문을 제기하면서, 전통적 정치철학에서 이의 뿌리(root)를 찾는 작업을 추구하기 시작했다(최명 · 김광웅, 1984: 27-35). 그 결과 정치학의 전통 속에도 이미 공공선택이론에서 강조해 온, 유사한 속성이나 공리 등이 내재해 왔다는 사실을 밝혀냈다. 그래서 공공선택이론이라는 것이 방법론상으로 경제학에서만 형성된 독점적 패러다임이 아니라, 일찍이 전통적 정치철학의 발전 과정에서도 그 맥이 형성 · 발전되어 왔음을 강조했다.

그렇지만 전통적 정치철학은 시대적 요구였던 정부나 국가의 형성과 같은 문제에만 관심을 기울여 왔기 때문에, 그러한 조건이 어느 정도 달성되고 난 후에는 자연히 단절될 수밖에 없었다. 결국 공공선택이론은 또 다른 의미에서 시대적 상황의 결과인 정부실패(government failure)가 드러난, 오늘날의 문제를 해결하기 위해 등장한 새로운 패러다임이라고 할 수 있다.

제 2 절 공공선택이론의 내용과 특징

1 공공선택이론의 개념

공공선택이론에 대한 개념, 즉 공공선택이론이 무엇인가를 규정하기란 용이한 작업이 아니다. 공공선택이론에 대한 개념을 규정하기가 어려운 이유는 공공선택이론의 계보나 뿌리가 복잡하기 때문이다. 예컨대 공공선택이론의 뿌리가 정치학에서는 17세기의 정치사상가인 홉스(Thomas Hobbes)로부터 기원하고 있으며(Buchanan & Tullock, 1974: 307-322), 경제학의 경우는 18세기 프랑스 수학자인 보르다(Jean Charles de Borda)의 작품에 뿌리를 두고 있기 때문이다(Arrow, 1973: 92-120).

또한 1963년 11월에 뷰캐넌(James M. Buchanan)과 털럭(Gordon Tullock)이 주관한 '정치경제학에 관한 회의'에 참석했던 일단의 정치학자와 경제학자들도, 끝내는 회의의 주제에 대한 명칭을 정하지 못하고 "이름 없는 회의(no-name conference)"라고 명명하고 폐회했던 사실 또한 공공선택이론의 개념화 작업이 어렵다는 것을 보여주었다(Ostrom, 1964: 62-63).

그러나 공공선택이론의 개념화 작업이 어렵기는 하지만, 학자들 간에 공공선택이론의 성격이 정치과학과 경제과학의 중간쯤(halfway)에 존재하는 것으로 보는 데는 대체적인 합의가 이루어진 듯하다. 이 같은 관점에서 공공선택이론의 개념화 작업을 위해 학자들이 규정하고 있는 내용을 살펴보면 이러하다.

뮤엘러(D. C. Mueller)는 공공선택이론을 비시장적 의사 결정(nonmarket decision making)에 대한 경제적 연구라든지, 또는 정치과학에 경제학을 적용하는 분야라고 규정했다(Mueller, 1979: 1-4). 뷰캐넌의 경우는 경제적 이론에서 발전된 섬세한 접근 방법과 도구를 정치적·정부적 또는 공공경제 부문에 적용해서, 정치 영역 내에서 진행되는 복잡한 제도적 상호작용(institutional interaction)에 대한 이해를 높이려는 실증적 시도로 보았다(Buchanan, 1984: 12-13).

행정학자인 오스트롬(Vincent Ostrom & Elinor Ostrom)은 공공선택이론을 공공기관의 산출물인 공공재에 영향을 미치는 다양한 의사 결정 장치(decision making arrangement)에 관한 이론으로 보았다(Ostrom & Ostrom, 1971: 1-4). 끝으로 김동건은 공공선택이론은 공공 부문에서의 자원 배분에 관한 결정 문제이며, 정부 활동을 경제이론적으로 재편성하려는 것이라고 규정했다(김동건, 1981: 124).

이상으로 여러 학자가 규정하고 있는 공공선택이론의 개념을 살펴보았는데, 이를 종합해 보면 공공선택이론이란 정치·행정과학에 경제적 접근 방법이나 도구 등을 적용해 정치·행정 제도의 상호작용을 연구하려는 일련의 시도라고 볼 수 있다.

2 공공선택이론의 내용적 특성

공공선택이론이 함축하고 있는 주요 내용적 특성을 살펴보면 다음과 같다.

첫째, 공공선택이론은 정치경제학적 성격이 강하다. 그래서 정책이 산출해 내는 공공재(public goods)와 용역(services)을 중시하고 그 공공성을 강조해, 사적 경제 부문에서의 경제 논리를 그대로 적용하는 것에 대해 비판적인 입장을 취한다.

둘째, 공공선택이론에서는 정부실패의 원인을 정부관료제가 공공재의 생산과 공급에서 독점적인 영향력을 행사하는 데서 찾고 있다. 공공 서비스를 독점적으로 공급하는 전통적인 정부관료제는 조직화된 압력단체의 영향 때문에 시민의 요구에 민감하게 반응할 수가 없을 뿐만이 아니라, 오히려 소비자인 시민의 선택을 억압하는 제도적 장치로 전락했다는 시각이다. 그래서 공공 서비스의 제공은 시민 개개인의 선호와 선택을 존중하고, 경쟁을 통해 서비스를 제공함으로써만이 행정의 대응성을 높일 수 있다는 주장이다. 결국 공공선택이론에서는 정부를 공공재의 생산자로서 그리고 시민을 공공재의 소비자로 간주하면서, 공공 부문의 시장경제화만이 비용의 극소화와 시민의 편익을 극대화할 수 있는 서비스의 공급과 생산이 가능하다는 입장이다.

셋째, 공공선택이론은 다양한 공공재와 공공 서비스를 제공하기 위해, 이에 적합한 다양한 조직 배열이 활용될 수 있음을 강조한다. 다시 말해, 다양한 공공재와 용역을 제공하는 일은 다양한 의사결정자의 결정과 장기간에 걸친 정치적 실현 가능성과 밀접하게 연계되어 있다.

오스트롬(Vincent Ostrom)에 따르면 공공재를 공급하는 정부조직체의 경우 다조직적 장치가 유용한데, 이런 제도적 장치에는 기관 간의 다양성을 고려한 합의와 갈등을 해결할 수 있는 메커니즘이 이미 갖추어져 있다고 한다. 그래서 제도적 장치에서 필요한 핵심적인 개념은 권한의 분산과 관할권의 중첩 문제로, 중첩되는 체제가 관련 집단의 이익에 더 잘 부응할 수 있다는 것이다.

이에 따라 공공선택이론을 구성하는 주요 요소는 정치적 의사 결정 과정에 참여하는 투표자 · 정치가 · 관료 · 이익집단 등의 행동 원리와 자원 및 소득의 분배 문제 등이다. 이렇게 볼 때 공공선택이론은 기존의 행정 질서와 행정이론이 보여주는 한계를 극복해 보려는 새로운 시도로서, 시민의 다양한 요구와 선호에 민감하게 부응할 수 있는 제도적 장치를 마련하는 데 관심을 두고 있다.

넷째, 공공선택이론은 정책의 확산 효과(spill-over effects)를 강조한다. 정책의 긍정적 효과란 정책결정자가 당초에 의도하고 예상한 효과로서, 정책이 실현하려고 하는 것들이 현실적으로 이루어지는 것을 의미한다. 그리고 부정적 효과란 의도하지 않은 부차적 결과가 발생하는 것을 말한다(조주행, 2002: 203; 이종수 · 윤영진, 2005: 166-167; 박해룡 외, 2006: 77-78; 박연호 외, 2006: 66-67).

3 공공선택이론의 계보

공공선택이론의 발달사 내지는 발전 과정을 어떻게 분류해 볼 것이냐의 문제 또한 쉬운 일이 아니다. 그것은 공공선택이론의 어의(語義)가 원래는 경제학자들에 의해 출발되었다는 사실과, 이의 발전에 따른 부수적 결과로 그동안 간과되어 왔던 전통적 정치철학에서도 유사한 연원적 근거가 내재해 왔다는 점 등으로 인해 발달사를 고찰하는 데 어려움을 더해 주고 있다. 그래서 여기에서는 경제학적 측면에서 생성되어 온 발전 과정과 정치철학적 관점에서 발전되어 온 양 측면의 계보를 아울러 살펴보면 이러하다.

1) 경제학적 계보

공공선택이론의 경제학적 원류를 고찰하기 위한 준거의 시점은 시장실패가 본격적으로 논의되던 1930년대의 경제공황 때부터라고 할 수 있다. 논의를 이 시점부터 전개해야 하는 주된 이유는 종래의 스미스적(Smithonian)인 자유주의적 재정이론이 한계를 드러냄에 따라, 이에 대한 대안으로 케인스학파(Keynesian)의 등장과 또 다른 형태로 유럽 대륙을 중심으로 한 재정이론이 등장했기 때문이다(김동건, 1984: 69-70).

그런데 공공선택이론의 뿌리를 탐색하는 데 중요시되는 것은 케인스류의 등장이 아니라, 오늘날 공공경제학을 발전시킨 대륙 중심의 공공재에 관한 연구 부류이다. 이들이 제기한 주된 관심 영역은 이러했다. 첫째는 공공재 생산을 위해 어느 정도의 자원이 배분되어야 하느냐와 같은 최적예산이론에 관한 것이었다. 둘째는 공공재 생산을 위해 소요되는 비용을 어떤 방법으로 분담하는 것이 가장 효율적이냐의 문제인, 이른바 재정 당국의 의사 결정에 대한 문제였다.

이 같은 문제를 해결하기 위해 등장한 두 가지의 접근 이론이 후생경제학적 접근(welfare economic approach)과 정치경제학적 측면에서 논의되는 집합 선택론적 접근(collective choice approach)이다(이필우, 1983: 132; 김동건, 1984: 70-71). 그러나 양 접근 방법은 서로 간에 구분이 있기는 하나 혼재된 상태로 발전해 왔다. 결과적으로 볼 때 후생경제학이 경제적 시장과 파레토 최적(Pareto optimality) 사이에 가교를 놓은 반면에, 집합적 선택이론은 후생경제학이 소홀히 했던 비시장적 결정이론에 입각한 정치적 상호작용을 역설하면서 발전해 왔다(Feldman, 1980: 1-8).

(1) 후생경제학적 계보

공공재의 최적 배분을 위한 후생경제학적 연구는 접근 방법상 세 부류로 나뉜다.

첫째, 피구(Arthur C. Pigou)를 중심으로 한 조세의 능력설이 원용되어 발전한 한계비용 접근(marginal utility approach)이다.

둘째, 빅셀(Johan G. K. Wicksell) 등이 중심이 되어 조세의 이익설을 원용해서 발전한 자발적 교환 접근(voluntary exchange approach)이다.

셋째, 개인주의적 접근(individualistic approach)으로서 새뮤얼슨(Paul A. Samuelson)과 머스그레이브(Richard A. Musgrave) 등에 의해 발전한 순공공재모형(pure public goods model)이 그것이다(Feldman, 1980: 89-137; 이필우, 1983: 135-151).

후생경제학적 접근 방법 중에서 현대의 공공선택이론에 영향을 미친 것은 자발적 교환 접근모형이라 할 수 있다. 예컨대 린달(Erik R. Lindhal)은 공공재이론(public goods theory)에 치중했던 반면에, 빅셀은 주로 집합 선택과 공공재정에 치중했다. 특히 빅셀은 정부를 시민들 간에 이루어지는 교환의 보상 과정으로 간주해서, 민주사회에서 자원 배분에 대한 정치적 결정은 개인이 행사하는 투표에 의해 결정되는 것으로 보았다(Lindhal, 1958: 168-176).

그에 따라 가장 이상적인 정치적 결정 방법은 투표의 결과가 절대적 만장일치(absolute unanimity)가 되는 상황이지만, 이는 현실적으로 불가능하므로 차선의 방법으로 2/3 내지는 좀 더 엄격한 5/6 이상을 요구하는 상대적 만장일치(relative unanimity)를 제시했다. 이 결정 방법은 이후 뷰캐넌(James M. Buchanan)과 털럭(Gordon Tullock) 등에게 지대한 영향을 끼쳤다. 또한 공공선택이론 가운데 투표를 통한 결정 방법과 같은 실증적 공공선택이론(positive public choice theory)에도 지대한 영향을 주었다(Mueller, 1979: 263-270).

(2) 집합적 선택이론의 계보

집합적 선택이론도 그 뿌리를 경제학에 두고는 있지만, 이의 발전을 촉진시킨 것은 노이만(John von Neumann)과 모르겐슈테른(Oska Morgenstern) 이래로 발전되어 온 게임이론(game theory)과 거시경제에 기초한 효용이론(utility theory)이었다(Tullock, 1958: 323-326).

집합적 선택이론을 정치적 상호 작용의 맥락 속에 접목시킨 블랙(Duncan Black)에 따르면, 이의 뿌리는 보르다(Jean C. de Borda)를 필두로 현재에 이르렀다고 보고 있다

(Black, 1958: 230–237). 그 후 이러한 입장은 애로(Kenneth J. Arrow)와, 고대의 분석 방법인 방법론적 개체주의를 재현시켜 민주정치가 어떻게 작동하는가에 관한 연역적 모형을 정립해 효용의 극대화 원리를 정치행정에 적용한 다운스(Anthony Downs)로 이어졌다. 이후 합리성(rationality)과 자기 이익(self interest)이라는 관점에서, 집단행동(collective action)의 이론을 설명한 올슨(Mancur Olson)에게로 계승되었다(Downs, 1957: 51–53; Olson, 1977: 1–3; 길정우, 1986: 155–170).

이상과 같은 집합적 선택론자들의 공통적 속성을 애로는 다음과 같이 표현했다. 이들은 주어진 환경 속에서 개인의 선호(preference)를 집약하는 문제, 즉 개인의 선호에 대한 선택을 어떻게 집합적 선택(collective choice)으로 집약할 수 있느냐에 관심을 기울여 왔다는 것이다(Riker, 1961: 900–911; Arrow, 1973: 103).

2) 정치철학적 계보

정치철학사에서 인식론의 입장은 인식의 보편성과 상대성 그리고 인식의 주관자로서 인간 정신에 대한 인식 능력의 관계에 따라, 기계론(mechanismus), 화학론(chemismus), 목적론(teleologie)으로 나뉘어 발전해 왔다(Stace, 1955: 405). 따라서 정치철학에서 인식론적 대립의 역사는 이들 세 가지 인식론의 상호 대립과 통일의 전개 과정이었다 해도 과언이 아니다.

이 가운데서 기계론은 왕권신수설을 옹호하는 신학적·추상적 보편주의에 대항해 등장한 입장이다. 오늘날 논의되는 공공선택이론의 방법론적 요소와 유사한 부문을 가장 많이 공유하는 인식론이다. 기계론은 인간을 자연과 동일시해, 모든 인식은 감각적 경험을 통해서만 확립된다는 상대론적 인식론을 취한다. 그래서 인식 주관과 인식 객관이 동일한 물리적·자연적 법칙에 지배된다는, 자연중심주의·객관주의를 표방한다. 따라서 모든 것은 양적 차이에 지나지 않고, 모든 현상은 자연 현상과 마찬가지로 단순한 반복이 계속되는 불변의 사실이라고 보는 인식론이다(이수윤, 1981: 179–182).

(1) 홉스의 방법론적 개체주의

정치철학사에서 이와 같은 인식론의 선구자는 홉스(Thomas Hobbes)였다. 그는 수리적·기계론적 사회관(mathematico-mechanical view)을 창안해, 도구적 합리성(instrumental rationality)의 개념 하에 방법론적 개체주의(methodological individualism)의 기초를 마련했다(Zagorin, 1979: 481). 홉스의 인식론은 이후 홉스주의자(Hobbist)라 할 수 있는 스피노자(Baruch de Spinoza), 흄(David Hume) 그리고 훔볼트(Willhelm F. von Humboldt) 등에게로 이어져 왔다. 이들의 인식 속에 내재해 온 공공선택이론의 방법론적 뿌리를 살펴보면 이러했다(Tullock, 1973: 323-340; Arrow, 1973: 92-96).

홉스는 도구적 합리성이라는 개념에 입각해 인간 본성에 대한 분석으로부터 이론을 전개했다. 인간에게 올바른 행위란 자기 이익에 일치하도록 하는 행위로서, 자기 이익 중심적인 본능은 모든 인간의 공통적 속성이라는 것이다(Hobbes, 1950: 15). 그 결과 인간의 본능은 인간을 끊임없는 활동의 창조자로 만들어 구체적인 목적을 추구할 수 있게 하는데, 인간이 바라고 추구하는 모든 행위를 선(good)으로 보았다.

이에 반해 인간에게 증오나 공포를 야기하는 행위를 악(evil)이라고 보았는데, 선과 악은 인간의 목적에 따라 다양한 의미를 내포한다. 예컨대 모든 인간은 자신의 선만을 추구하기 때문에, 자신의 의사와는 관계없이도 타인에게 악을 행할 수도 있다. 이로써 인간은 타인에 의해 행해지는 악으로부터 자신을 보호해야 할 필요성과, 선을 추구하려는 열정 내지 욕구 때문에 자연권(natural right)에 관심을 갖게 되었다.

홉스의 인식론적 기초로부터 도출된 자연의 법칙(law of nature)은 불변적(immutable)이고 영구적(eternal)인 성격을 갖는다. 인간은 이를 지키는 것이 자신에게 유리하다는 생각에서 국가와의 계약에 임하게 되었다(Oskshott, 1960: 104; Hobbes, 1950: 301-302, 335). 따라서 홉스의 자연의 법칙은 중세의 신 중심적·우주적 관점에서, 신이 내린 명령이 아니라 인간에 의해서 만들어진 개념이라는 사실을 강조한다(Zagorin, 1979: 484).

결국 홉스는 인식론상 국가의 기본 분석 단위는 개인일 수밖에 없다는 방법론적 개체주의의 입장을 취함으로써 오늘날 논의되는 공공선택이론의 방법론과 맥을 같이한다.

(2) 스피노자의 집합적 의사결정

스피노자의 인식론적 속성은 홉스주의자이면서 데카르트인(Cartesianism)이었다. 스피노자는 데카르트(René Descarte)의 영향을 받아 체계적 정치철학(systematic philosophy)을 발전시켰을 뿐만 아니라, 홉스와 정도상의 차이는 있지만 인간의 본성과 정부의 연구에서 그의 공식에 많은 빚을 졌다(Colie, 1979: 135).

스피노자는 인간에 대한 기본 가정에서 홉스와 유사한 입장을 취했다. 그 역시 인간의 동기 유발은 이익(interest)에 의해 유발되는 것으로, 이때의 유발 요인인 이익이나 욕구(desires)는 인간에게 필수적인 현상으로 보았다(Colie, 1979: 135-136). 또한 그는 정치학자들에게 정치조직의 구조가 어떻게 작동(operate)해야 하느냐, 또는 변동에 대해 어떻게 대처해야 하느냐와 같은 처방적 의미로서 실증적 의무를 강조했다.

특히 그는 정부 수준에서 이루어지는 집합적 의사 결정의 문제에서, 의사 결정의 유형을 헌정적 수준(constitutional)과 운영적 · 일반법 수준(operational level or ordinary law)으로 분류했다. 그리고 의사 결정 방법상 운영적 수준에서는 단순 다수결 원리(simple majority rule)가, 헌정적 수준에서는 전체의 합의를 구하거나 최소한 상대적 만장일치(relative unanimity)가 적용되어야 할 것을 제안했다. 이로써 그는 공공선택이론의 접근 유형인 투표적 접근 방법에 지대한 영향을 끼쳤다(Buchanan, 1984: 313).

(3) 흄의 자연적 · 역사접근법

홉스와 스피노자가 가정했던 자기 이익 중심적인 인간 본성에 대한 인식은 흄에 이르러 더욱 발전되었다. 자연적 · 역사접근법(natural history approach)이라 불리는 흄의 기본 인식은 인간 본성의 원리로서, 이기적 활동 자체를 선이나 덕으로 규정해 이기주의적 원천을 명백히 함으로써 역사의 법칙을 설명하려 했다(Hume, 1965: 8).

흄은 인간이 소비하는 쾌락적 활동의 산물을 열정(passions)으로 보았다. 인간은 열정을 얻고자 하는 본능을 가지고 있는데, 역사란 바로 이런 열정의 집적물이라는 것이다. 따라서 인간의 행복에 대해 다원적인 입장을 취하고 있는 흄은, 개인의 자기 완성(self-fulfillment)을 위한 노력만이 자유로운 사회를 정당화시킬 수 있는 주된 가치라고 보았다. 흄의 개인주의적 · 자기 이익 중심적인 가치는 인식론이나 정치학의 영역뿐만 아니라, 경제철학에도 지대한 영향을 끼쳐 경제 활동의 원동력으로 평가받고 있다(Rotwein, 1955: 21-22).

(4) 훔볼트의 경제적 접근 방법

흄에 이어 계몽주의자인 훔볼트에게서도 공공선택이론의 뿌리를 엿볼 수 있다. 국가에 대한 설명 방식에서 명백히 개인주의적 · 경제적 접근 방법을 채택하고 있는 그의 입장은 국가에 대한 사상에서 살펴볼 수 있다. 국가란 필요악(necessary evil)으로, 국가의 기능은 시민의 생명과 재산에 대해 단순한 보호 역할만 담당하면 된다는 것이다.

이를 경제학적인 접근 방식으로 설명하자면, 국가는 단지 사적 행위의 외부비용(external cost)을 제거하거나 감소시키는 데만 관여해야 한다는 입장이다(백상건, 1984: 84).

그래서 국가에 대한 훔볼트의 접근은 비록 사적 행위에서 기인한 외부 효과의 존재가 있다 해도, 국가는 그들의 범위를 넘어서는 행위를 해서는 안 된다는 입장이다. 훔볼트의 사상은 자유방임적 정치철학과 연계되어 있는데, 국가에 대한 개인의 자유를 강조하기 위해 경제적 접근을 시도했다는 점에서 그 맥을 함께한다.

끝으로 루소(Jean J. Rousseau)의 일반의지(general will) 개념에 대한 반작용으로 등장한 뒤기(Léon Duguit)에게도 이상에서 논의한 여러 특징이 드러나고 있는데, 이는 정치철학의 영역 속에서 공공선택이론이 지향하는 인식론이 존재해 왔다는 사실을 입증한다(Eisenmann, 1979: 305-308).

4 공공선택이론의 기본적 공리

공공선택이론에서 추구하는 기본적 공리나 방법론적 일체성을 규명하기란 쉬운 일이 아니다. 그것은 공공선택이론이란 분야가 아직은 스스로의 관심 대상과 연구의 초점을 점차 확산시켜 나가는 단계에 있기 때문이다. 그렇지만 공공선택이론이 처한 상황에도 불구하고, 방법론상으로 공통적 속성이 내재하는데 방법론적 개체주의(methodological individualism)라는 공리가 그것이다. 방법론적 개체주의라는 공리가 무엇을 의미하고, 실체적 영역 속에서 어떤 기능을 수행하는지를 살펴보면 이러하다.

1) 방법론적 개체주의

하이에크(Fredrich A. von Hayek)에 따르면, 개체주의란 원리적인 면에서 사회적 분석(social analysis)을 거부하는 사회의 주된 이론으로, 인간의 사회적 삶을 결정짓는 원천을 이해하려는 일종의 시도라는 것이다. 그래서 개체주의는 고립되고 자아만을 생각하는 개인을 의미하는 것이 아니라, 사회에서 그들의 존재에 의해 결정되는 인간의 전체적 속성(nature)과 특성(character)에서 출발한다(Hayek, 1949: 6).

개체주의로부터 출발한 방법론적 개체주의는 첫째, 효용을 극대화하고자 하는 주체로서의 개인과 개체 내지는 개인의 속성에 의해 집단을 설명하려는 입장을 취한다. 둘째, 기능주의를 포함한 유기체설이나 화학론을 추구하는 전체주의나 신비주의(holism), 그리고 형이상학적인 집합주의(sociological collectivism) 등과는 상반되는 인식론이다

(Plant et al., 1980: 186-201; 강신택, 1984: 131-140; 황수익, 1985: 35-37).

방법론적 개체주의는 또한 오직 개인에 관한 사실만이 사회 현상을 궁극적으로 설명할 수 있다는 점을 강조한다. 따라서 대규모 사회 현상에 대한 법칙은 개인과 대규모 현상을 관련시켜 주는 구성률(構成律, composition law)이나 일치율(一致律, correspondence rule)을 통해, 개인적 사실에 관한 거시적 법칙으로 원용될 수 있는 것이어야만 설명적 전제로 받아들일 수 있다는 관점이다(Brodbeck, 1968: 286-288; 황수익, 1985: 36). 이러한 사실은 방법론적 개체주의에서 개인이 필수적 요소라는 점인데, 방법론적 개체주의에서 주체가 되는 개인의 속성에 대해 살펴보면 다음과 같다.

2) 방법론적 개체주의에서의 개인

방법론적 개체주의에서 개인은 독립적인 의사결정자(decision maker)로 간주된다. 개인은 사건의 세계에서 기회나 가능성에 직면했을 때, 다양한 의사 결정 법칙과 의사 결정 장치가 제공한 전략적 기회 내에서 상대적인 이익을 추구해 나간다. 따라서 행위의 결과는 효율성이라는 기준에 산출이 일치하느냐 또는 아니냐에 의해 평가된다. 그렇다면 각 개인은 어떠한 가정 하에서 효율성 기준을 만족시킬 수 있는가의 문제가 제기된다. 방법론적 개체주의에서는 다음과 같은 인간 행태에 대한 가정들을 제시하면서, 절차적 가정을 통해 개인은 대표적 개인(representative individual)이 된다고 보고 있다(Ostrom & Ostrom, 1971: 205).

첫째, 개인은 자기 이익 중심적(self interested)이라는 가정이다. 자기 이익 중심적이라는 가정은, 일차적으로 그들이 만든 의사 결정에 영향을 미치는 자신의 선호(preference)를 갖고 있다는 의미이다. 그렇지만 이런 선호는 개인에 따라 다르다.

둘째, 개인은 합리적(rational)이라는 가정이다. 이때 의미하는 합리성이란 전이적 방법(transitive manner)으로, 개인에게 알려져 있는 유용한 모든 대안에 서열을 부여할 수 있는 능력을 뜻한다.

셋째, 개인은 극대화 전략(maximizing strategy)을 채택할 것이라는 가정이다. 극대화 전략이란 개인의 선호에 비추어 가장 높은 순이익을 제공해 주는 전략을 의미한다.

넷째, 개인은 자신에게 부여된 정보 수준에 맞추어 의사 결정을 한다는 가정이다(Ostrom & Ostrom, 1971: 206; Baker, 1976: 44). 개인에게 부여된 정보 수준이란 의사 결정을 둘러싼 환경적 상황으로 확실성의 수준, 위험(risk)한 수준, 그리고 불확실성(uncertainty)의 수준으로 대별된다. 이때 각 개인은 불확실성의 수준에서 극대화 전략을 택하기가 가장 어렵다. 그렇지만 개인은 결국 불확실성의 수단을 감소시킴으로써 다양한 전략을 선택할 수 있다.

대표적 개인으로 합리적인 의사결정자를 가정하는 방법론적 개체주의는 공공선택이론의 실제 영역에서 다음과 같은 역할과 기능을 수행한다(Jones, 1982: 794-795).

첫째, 개인에 의해 이루어진 의사 결정이란 개인의 단순한 선호에 의해서만 결정되는 것이 아니다. 다시 말해, 구조화된 인지(perception)나 동기 유발(motive)에 의해서도 이루어지기 때문에 공공선택이론에서는 합리적 의사 결정만을 창출한다는 입장이다(Ostrom, 1973: 51-52; Furniss, 1978: 399).

둘째, 다양한 제도적 장치 내에서 만들어진 결정의 결과(outcome)는 개인인 시민에게 어떤 영향을 미치느냐에 따라 평가된다. 따라서 집약적 개념(aggregate concepts)인 사회나 국가와 같은 집단에, 어떤 영향을 미치느냐로 평가되는 것은 아니라는 사실이다. 이런 점에서 방법론적 개체주의는 국가와 같은 집단적 실체란 단지 개인에게 효용을 제공하는 수단에 불과하다고 봄으로써 목적으로서의 개인의 역할을 중시한다(Bruno, 1978: 203-220).

3) 공공선택이론의 기본 가정

공공선택이론이 구축하고 있는 기본적인 가정은 다음과 같다.

첫째, 공공선택이론에서 가정하는 개인은 공공재를 최소의 비용으로 향유하려고 할 것이라는 가정이다. 그래서 개인들은 공동으로 사용하는 재화와 용역의 공급과 개선 같은 것에 대해서는 자발적인 의욕을 보이지는 않을 것이다. 동시에 공익 추구를 위해 자발적으로 단체를 구성하지도 않을 것이라는 가정이 그것이다.

둘째, 공공재의 효율적인 공급과 생산은 제도적 장치의 마련을 통해 가능해진다는 가정이다. 이때 의미하는 제도적 장치는 일단의 규칙으로서, 재화와 용역의 생산과 소비에 참여하는 사람들의 행태, 즉 의사 결정에 영향을 미치게 된다. 따라서 전통적인 정부관료제 조직은 공공 서비스의 공급과 생산을 위해 바람직한 제도적 장치로 볼 수 없기에 정부의 수준에 맞는 분권적이고 다양한 규모의 제도적 장치가 마련되어야 한다는 입장이다(이종수 · 윤영진, 2005: 165).

제 3 절 공공선택이론의 적실성

1 공공선택이론에 대한 비판

공공선택이론이 비록 쿤(Thomas S. Kuhn)이 의미하는 패러다임으로서 완전한 단계에 이르지 못해 여러 비판에 직면해 있기는 하지만, 이런 비판의 요체란 것도 살펴보면 그리 큰 문제는 아니다. 다만 공공선택이론에 가해지는 주된 비판은 경제적 합리성을 지나치게 강조함으로써 인간의 비합리적인 측면과 경험들을 제외시켰다는 데 모아지고 있다.[2] 이로 인해 이론적 명제의 타당성을 크게 저해했다는 것으로, 이 같은 비판을 열거하면 이러하다.

첫째, 합리적 측면에 대한 비판이다. 개인주의에 내재하는 도구적 합리성이라는 것이 실제 정치 상황에서는 적용 타당성이 별로 없다는 비판이다. 특히 도구적 합리성을 가지고 사적 시장 상황과 정치 상황을 동일시하려는 가정은 모순이라는 지적이다(Tullock, 1972: 325). 예컨대 공공선택이론은 효용극대화를 추구하는 개인들로 현실 세계가 구성되어 있는 것으로 간주한다. 그 결과 공공선택이론은 인간의 가치나 개인의 자유는 생각하지 않고, 단지 경제적 선택만이 고려된 것으로 보고 있다.

둘째, 정치 상황에 관한 구체적 논의로 정치·헌정적 위기에 책임을 느끼는 일단의 정치학자에 의해 가해지는 비판이다. 예컨대 공공선택론자들이 가정하듯이 투표자와 정치와의 관계모형(relation model)이 그렇게 단순하지만은 않다는 것과, 그들이 내세우는 원리에서 추출된 가설이란 것도 일치성이 별로 없고 응집력있는 방법론적 수단이 아니라는 것이다. 그 결과 공공선택이론에서 제시하는 모형이란 것이, 아직은 지지를 받을 만한 경험적 증거(evidence)가 별로 없다는 비판이 그것이다(Mueller, 1974: 5; Wade, 1972: 17).

셋째, 자유시장의 논리를 공공 부문에 도입하려는 공공선택이론은 시장실패라는 나름의 고유한 한계를 안고 있다. 경쟁시장의 논리는 그 자체가 현상 유지와 균형이론에 집착하는 것이라서 오래전부터 비판을 받아 왔다. 따라서 경쟁시장의 논리에 기초한 공

---

2) 이런 관점에서 등장한 새로운 패러다임이 넛지이론이다. 넛지이론은 인간의 비합리성에 착안해 등장한 행동경제학에 기초하고 있다.

공선택이론의 처방책은 현실적합성이 높지 않을 것이라는 비판이다(이종수·윤영진, 2005: 167).

그러나 이 같은 비판 가운데 합리성에 대해 가해지는 문제에 대해서는 반론의 여지가 있다. 그것은 합리성이란 개념 자체가 여러 측면을 내포해 그 정체가 모호하다는 사실과, 이 개념에 대한 오해가 정치학자와 경제학자 간의 인식 차이에서 올 수도 있는 현상이라는 점을 고려해야 한다. 그렇다면 공공선택이론에서 가정하는 합리성의 개념이 잘못 설정되었다고만 볼 수는 없다(백완기, 1984: 395-414; Tullock, 1972: 329). 특히 경험적인 증거가 부족해서 적용 가능성이 낮다는 것도 경제학에서 발전되어 온 공리의 확산이 역사가 짧기 때문에 그런 것이지, 정치철학의 영역에서 발전된 공리의 적용 결과인 헌정주의의 원리는 그렇지도 않다.

요약컨대 공공선택이론은 경제학적인 의미에서 보면 경제학에서 발전된 공리의 적용을 통해 헌정주의가 예측치 못했던 제도적 장치의 결함을 개선해 인간의 기본권을 완전하게 확보하자는 데서 발달해 왔다. 또한 정치철학적 맥락에서는 권력의 남용으로부터 시민을 보호하려는, 이념적 원리인 계약이론을 부활시켰다는 데서 패러다임적 의미를 찾을 수 있다(이은재, 1986: 463-476; Jong, 1987: 326-337).

2 공공선택이론의 적용 가능성

공공선택이론은 방법론적 개체주의와 경제적 합리성을 기본 가정으로 해서 출발했다. 그 결과 공공재와 공공 서비스의 효율적인 공급을 가져오기 위한 실증적이고 규범적인 설명을 제공하고, 행정의 분권화와 탄력성 및 대응성을 제고함으로써, 민주행정의 실현과 자원 배분의 효율성을 달성할 수 있게 했다는 점에서 그 유용성을 찾을 수 있다. 이 같은 맥락에서 공공선택이론은 특히 행정학 연구에 몇 가지 시사점을 제공한다.

첫째, 민주화의 진전과 지방자치의 실시에 따라 분석 단위로서 개인에 대한 인식이 상당히 달라졌다. 이에 따라 주민 개개인을 대상으로 행정 수요를 파악하려는 움직임이 증가할 것으로 보인다. 특히 지방자치가 실시된 이후 선거가 자주 시행될 뿐만 아니라 표의 등가성(等價性)에 비추어볼 때, 당선을 목표로 하는 정치인들의 투표 획득 극대화 행태는 유권자로서 개인에 대한 관심을 더욱 고조시킬 것이다.

둘째, 지방자치의 실시로 주민들이 구역에 대한 관심이 제고됨에 따라 지방공공재에 대한 인식이 달라지고 있다. 그 결과 공공 서비스의 외부 효과 처리에 대한 문제가 크게 대두할 것이다. 현재도 쓰레기나 산업폐기물 처리와 관련된 님비(NIMBY) 현상이 곳곳에서 나타나고 있고, 이 같은 현상은 더욱 가속화될 전망이다. 이에 따라 문제를 해결하기 위한 방안으로서, 자치단체 간의 협상이나 특정 서비스의 광역화 공급 방안 등은 행정학 연구에서 주요한 과제로 대두할 가능성이 크다.

셋째, 우리 사회는 그간 민주적이라는 미명 하에 많은 집합적 의사 결정이 비합리적으로 행해져 왔다. 지금까지는 시민들이 이러한 집합적 의사 결정의 논리적 근거에 비교적 무관심했던 것 같다. 그렇지만 지방자치가 실시되고 민주화가 진전되어 시민의 참여가 커짐에 따라, 대표성을 확보하기 위한 목적으로 각종 선거나 투표가 실시되고 있다. 이에 맞추어 합리적인 집합적 의사결정규칙에 대한 관심은 고조될 것이다. 좋은 의사결정규칙을 선택한다는 것은 중요한 공공재(public goods)를 확보했다는 의미이기 때문에, 향후 행정학 연구의 주요한 과제로 등장하게 될 것이다.

넷째, 공공선택이론은 연역적·법칙적 설명 방식을 취하고 있어 행정 현상에 관한 추론(reasoning)의 방법을 이해하는 데 유용하다. 따라서 공공선택이론은 행정의 실증적 설명과 규범적 설명을 제공할 수 있기 때문에, 행정이론 및 실제의 보완적 해석에 도움을 줄 것이다. 이와 함께 공공선택이론은 공공재의 전통적인 관념보다는 다소 덜 엄격한 행정행태이론을 제공한다는 점에서 의의를 찾을 수 있다(전상경, 2005: 108; 박해룡 외, 2006: 79; 박연호 외, 2006: 67).

이상에서 보듯이 개체적 개념과 계약이론에 바탕을 둔 공공선택이론이, 우리와 같은 정(情) 중심적이고 교리성이 강하고 가치 정향적인 사회·문화 전통을 지닌 정치·행정문화에 수용될 수 있느냐의 문제는 있다. 그렇지만 우리의 정치·행정문화도 점차 집합주의적인 유교문화에서 서구의 다원적인 개인주의 문화로 전환되어 가는 과정에 있음을 고려한다면, 향후 우리의 정치행정 현상의 이해를 위한 패러다임으로서 공공선택이론의 역할은 증대되어 갈 것이다.[3)]

결국 공공선택이론은 여러 비판에도 불구하고, 헌정주의가 드러낸 제도적 장치의 개

3) 이명석(2016)은 한국 행정학에서 공공선택이론이 좀 더 확산되어야 할 필요성을 강조했다. 이를 위해서는 지나치게 특정 방법론에 의존하지 말고, 다양한 제도가 개인들의 상호작용과 공공 선택에 미치는 영향을 분석할 수 있는 제도분석(institutional analysis)이나 헌정적 공공 선택(constitutional public choice)을 통해 한국의 행정 현상을 적절하게 설명할 수 있는 이론을 개발하기 위한 노력이 요구된다고 주장했다.

선을 위해 등장한 실증적 분야로 볼 수 있다. 공공선택이론이 정치적 구성체에서 중요한 것은 국가와 같은 집합체가 아닌 개체로서의 개인이 분석의 단위가 되어야 함을 강조했다는 것과, 자연권적 권리의 확보에 기여했다는 측면에서 그 의의가 있다(김태룡, 1987: 472).

생각해 볼 문제

공공선택이론의 등장 배경

1. 공공선택이론이 등장하게 된 시대적 배경에 대해 생각해 보시오.
2. 공공선택이론이 등장하게 된 원인인 정부실패의 유형을 조사하고, 그 이유에 대해 생각해 보시오.

공공선택이론의 내용과 특징

1. 공공선택이론의 개념을 설정하기가 어려운 이유에 대해 생각해 보시오.
2. 공공선택이론의 특성을 조사하고, 각 특성을 비교해 보시오.
3. 공공선택이론의 계보 중, 경제학적 뿌리에 이론적 근거를 두고 발전해 온 학파들을 조사해 보시오.
4. 공공선택이론의 계보 중, 정치철학적 뿌리에 이론적 근거를 두고 발전해 온 학파들을 조사해 보시오.
5. 공공선택이론의 양대 계보인 경제학적 뿌리와 정치철학적 뿌리의 공통점과 차이점에 대해 생각해 보시오.
6. 공공선택이론에 내재되어 있는 기본적 공리를 조사하고, 이들의 차이점과 공통점에 대해 생각해 보시오.

공공선택이론의 적실성

1. 공공선택이론에 가해지고 있는 비판을 조사하고, 그 적실성에 대해 생각해 보시오.
2. 공공선택이론의 적용 가능 분야에 대해 생각해 보시오.
3. 한국 행정학에서 공공선택이론의 활용이 부진한 이유에 대해 생각해 보시오.

제 4 장 신제도이론

제 1 절 신제도이론의 등장 배경

신제도이론 또는 신제도주의(new institutionalism)는 1970년대 말부터 정치학에 등장한 새로운 이론적 시각이다. 신제도주의의 어원은 정치 현상을 설명하는 데 법적 측면이나 공식적 조직의 영향력에 치중하는 전통적 연구 방법의 하나였던 법적·제도적 접근을, 새로운 내용으로 재구성한다는 의미에서 '신'제도주의로 불리게 되었다.[1)] 신제도주의가 등장하게 된 배경은 행태주의에 대한 비판적 측면과 구제도주의와의 차별성이라는 양 측면에서 살펴볼 수 있다.

1 행태주의에 대한 비판으로 등장한 신제도주의

1970년대 말에 이르자 정치학에서는 새로운 분위기가 일고 있었다. 정치학계를 지배해 오던 행태주의를 비롯해서, 구조기능주의나 집단이론 등이 지닌 여러 문제점을 극복

---

1) 마치(James G. March)와 올슨(John P. Olsen)은 1984년에 이러한 새로운 움직임을 신제도주의라고 명명하면서, 이의 등장 배경과 이론적 구성 문제 및 향후의 과제들을 정리해서 발표했다. 이후 신제도주의는 하나의 새로운 접근 방법으로서 학계에서 폭넓게 수용되고 있다.

해 보고자 하는 새로운 움직임이 태동하고 있었다. 신제도주의자들은 특히 행태주의적 접근 방법이 지닌 문제점에 주목했다. 그것은 행태주의가 개별 국가의 특수성을 인정하지 않는 입장에서, 정치 현상의 보편성과 객관성을 강조하는 포괄적 이론을 개발하는 데만 주된 관심을 기울여 왔다는 데에 집중되었다.

다시 말해, 행태주의 이론들을 적용하게 되면, 산업화가 이루어진 국가에서 국가별·시기별 정책의 차이나 다양성을 설명하는 데 일정한 한계가 발생한다는 데 문제가 있었다. 이에 따라 산업화된 국가에서 상이한 정책을 채택한 이유가 무엇인지를 찾게 되었는데, 설명 요인으로 각국의 제도적 특성의 차이에 주목하게 되었다. 그리하여 각국이 채택한 정책의 차이를 설명할 수 있는, 독립변수로서의 제도가 다시 관심의 대상이 되었고 제도주의가 부활하게 되었다(김종성, 2004).

마치(James G. March)와 올슨(John P. Olsen)은 미국 정치학계가 처한 문제를 중심으로, 행태주의에 대한 반발로서 등장한 신제도주의의 배경에 대해 다음과 같이 기술했다.

첫째, 정치를 바라보는 행태주의적 시각에 문제가 있다. 다시 말해, 행태주의에서는 정치를 단순히 맥락적(contextual)인 시각만을 반영하는 것으로 봄으로써, 국가가 독립변수가 될 수 있다는 사실을 지나치게 간과하고 있다.

둘째, 행태주의가 지닌 방법론상에 문제가 있다. 행태주의는 정치 현상을 단순히 개인적 행위의 집합(aggregation)으로 간주하려는, 이른바 환원주의적(reductionist) 관점에서 보려고 한다는 것이다. 그 결과 행태주의는 정치적 결과가 개인 행위의 단순한 집합이 아닌, 조직구조(organizational structures)나 행위의 규칙 등에 의해 좌우될 수 있다는 점을 간과했다.

셋째, 인간 행위의 공리주의적(utilitarianism) 측면이 지나치게 부각되고 있다. 공리주의적 관점에서는 인간의 행위를 자기 이익에 따른 계산의 산물로 이해하기 때문에, 정치적 행위가 규칙이나 규범 또는 전통과 같은 제도적 구조에 근거를 두고 이루어질 수 있다는 사실을 외면하고 있다는 비판이다.

넷째, 기능주의적(functionalist) 시각이 갖는 문제이다. 이 시각은 역사를 균형 상태에 도달하는 효율적인 메커니즘(efficient mechanism)으로만 보려고 하기 때문에, 역사 발전에서 또 다른 기능성인 비유일성(non-uniqueness)이나 부적응성(maladaptation)과 같은 기능성에 대해서는 관심을 두지 않는 한계를 드러냈다(March & Olsen, 1984: 735-738).

2 구제도주의와의 차별성을 강화한 신제도주의

신제도주의자들은 행태주의에 대한 비판과 함께, 전통적 제도주의라고 할 수 있는 구제도주의와의 차별성에도 주력해 왔다. 신제도주의자들은 신제도주의와 구제도주의와의 차이점을 다음과 같이 강조했다.

첫째, 구제도주의에서는 행정기관, 의회, 대통령, 법원 등 유형적인 개별 정치 제도가 주된 연구 대상이었다. 이에 반해 신제도주의는 제도의 동태적인 관계나 전체적 패턴을 연구 대상으로 한다는 점에서 차별성이 있다(Skocpol, 1995: 103-104). 예컨대 구제도주의에서 보는 제도의 개념은 법으로 규정된 유형적 정부기관인 반면, 신제도주의에서는 정부 제도와 민간 부문의 제도가 역동적 관계를 포함하는 정치적 네트워크의 개념으로 무형적인 것까지를 포함한다(Ostrom, 1996). 그러므로 제도는 국가(state)나 정체(政體, polity)와 같은 다차원적인 정부 간·조직 간 개념으로 파악되기도 한다(Skocpol, 1995: 104).

둘째, 구제도주의의 연구 방법은 제도에 관한 정태적 기술을 위주로 했다. 반면에 신제도주의에서는 제도를 중심 개념으로, 정책 현상 등 다른 변수와의 인과 관계 분석과 가설 검증을 추구한다는 점에서 차별성이 있다. 구제도주의에서는 헌법을 비롯한 법적 구조, 통치 체제, 행정기구의 차이를 정태적으로 기술함으로써 국가 간의 차이를 설명하려 했다. 그러나 신제도주의에서는 연구 방법으로서, 행태주의자들이 추구했던 엄격한 과학적 방법론을 적용해 인과 관계 분석을 추구한다.

결론적으로 신제도주의는 제도를 중시한다는 측면에서 구제도주의와 유사하지만, 구제도주의와는 달리 제도의 개념을 동태적으로 파악한다는 점에서 차별성이 있다. 그리고 신제도주의는 구제도주의와 달리 제도적 틀을 독립변수로 간주해서 정책 현상의 차이를 밝히고자 하는 인과 관계를 검증하는 분석적 접근을 채택한다는 점에서도 차별성이 있다.

이와 함께 신제도주의를 행태주의와 비교할 때, 주된 연구 대상은 다르지만 과학적 방법이라는 연구 방법을 어느 정도 공유하고 있다는 유사성이 있다. 그렇지만 언급한 것처럼 행태주의가 간과하고 있는 많은 문제를 신제도주의에서는 새로운 고려 대상으로 하고 있다는 점에서 차별성이 있다(Ethington & McDonagh, 1995: 87). 신제도주의는 이같이 특히 행태주의에 대한 비판적 입장에서, 그리고 구제도주의와의 차별성을 강화하는 관점에서 형성·발전되어 왔다(김태룡 외, 2006: 75-76).

신제도주의는 이후 현상에 대한 설명 방식과 이론적 구성에 따라 합리적 선택이론, 역사적 제도주의, 사회학적(또는 조직론적) 제도주의로 분파했다. 이들 학파는 비록 주된 연구 대상인 제도(制度, institutions)의 개념과 연구 방법 등에 관해서는 상당한 견해 차이를 보인다. 그렇지만 사회 현상을 설명하고 이해하는 데 제도가 대단히 중요하다는 인식에서는 공통적인 입장을 취한다는 유사성이 있다.

제 2 절 신제도이론의 내용과 특성

1 신제도주의의 의미

신제도주의는 제도의 다양성으로 인해 이를 단적으로 개념화하기가 어려운 실정이다. 신제도주의의 개념화를 위해 신제도주의의 기본 전제, 신제도주의에서 보는 제도의 개념, 그리고 신제도주의에서 행해지는 제도 분석의 측면으로 나누어 신제도주의가 의미하는 내용을 살펴보면 이러하다.

1) 신제도주의의 기본 전제

신제도주의는 사회 현상에 대한 접근에서 제도의 중요성을 무엇보다도 강조한다. 제도의 중요성을 강조하는 이면에는 다음과 같은 신제도주의가 취하고 있는 기본 전제가 있기 때문이다.

첫째, 정치가 사회로부터 분화되어 있기 때문에 정치 제도(political institutions)는 상대적으로 자율적인 성격을 지닌다.

둘째, 역사적 발전에 대한 인식에서도 비효율성과 비적응성의 가능성을 받아들인다.

셋째, 정치적 행위는 의무나 책임과 같은 비공리적인 요인에 의해서도 좌우될 수 있으며, 정치에서의 의미와 상징적 행위의 역할을 대단히 중시한다.

넷째, 신제도주의에서 가장 강조하는 것으로 인간 행위의 형성에 결정적인 작용을 하는 정치 구조(political structure)의 역할을 들고 있다.[2] 따라서 이러한 구조는 개인이 바뀌더라도 비교적 영구적이며, 개인의 독특한 선호도나 기대감에 대해서도 상대적으로 탄력성을 갖는 것으로 보고 있다(March & Olsen, 1984: 783-789).

이와 같이 신제도주의의 기본 전제는 정치적인 영역의 독립성과 국가의 자율적 성격을 강조하고 있다는 것, 그리고 정치적 사건이나 변화를 설명할 때 제도나 조직이 미치는 영향력을 중요시해야 한다는 데 있다.

2) 신제도주의에서 제도의 개념

신제도주의의 기본 전제에서 보듯이 제도는 신제도주의를 이해하는 데 가장 중요한 요소이다. 이는 행태주의에서 중시하는 개인보다 개인이 처한 환경인 사회적 맥락을 더 중요하게 본다는 의미이다.[3] 이런 점에서 신제도주의는 개인을 둘러싸고 있는 제도의 의미를 파악하려는 구조주의적 관점에 서 있다.

한편 전통적인 제도 연구에서도 제도는 중요했다. 그러나 전통적인 제도 연구에서는 공식적인 사회 제도 자체를 연구 대상으로 해서 주로 제도의 개념과 속성을 분석하는 데 치중했다. 이에 반해 신제도주의는 제도가 개인에게 미치는 영향이나 개인의 유인 체계에 미치는 제약을 분석하는 데 목적을 둔다. 즉, 신제도주의에서 제도는 개인 간의 상호작용에 대한 제약 장치로, 인간에 의해 만들어진 것으로 본다는 측면에서 차이가 있다.

신제도주의에서 강조하는 제도에 대한 시각은 그러나 신제도주의자 간에도 상당한 차이가 있다. 신제도주의자들이 보는 제도에 대한 다양한 시각을 살펴보면 이러하다.

첫째, 제도란 균형(equilibrium)을 이루고 있는 상태를 의미한다. 이는 개인이 상호간에 선호를 이해하고 이에 따라 최적의 행동을 선택한다면, 존재하게 되는 행태의 안정적 유형(stable pattern of behavior)을 의미한다. 따라서 제도는 일정 시간 동안 어느 정도의 안정성(stability)을 전제로 한다.

둘째, 제도란 규범(norm)이나 규칙(rules)이라 할 수 있다. 제도란 공식적 또는 비공식적 권리와, 사람들이 다른 사람의 행동에 대해 공정하고 안정적인 예상을 가능케 하는 규칙과 규범을 의미한다. 이런 점에서 제도는 사회나 정체(政體, polity)의 구조적인 양태

---

2) 정치 구조에서 구조란 제도, 행위 규칙(rules of behavior), 규범(norms), 역할(roles), 물리적 시설물(physical arrangements), 기록보관소(archives) 등의 집합을 의미한다.

3) 물론 환경을 중시하는 이론도 많다. 예컨대 신제도주의가 논의되기 전에도 환경에 초점을 둔 체제이론(system theory)이나 상황이론(contingency theory) 등이 있었지만, 이들은 행태주의적 관점을 바탕에 깔고 있었다고 할 수 있다.

(structural feature)를 지칭한다.[4] 따라서 제도는 개인을 초월해 집단의 성격을 띠게 되며, 집단구성원 간의 유형화된 상호작용을 전제로 한다.

셋째, 제도란 인간의 행동을 인도하는 의미의 준거 틀(frame of meaning)을 제공하는 상징 체계인 문화라고 할 수 있다. 이런 측면에서 제도의 구성원은 가치(values)나 의미(meaning)를 공유하고 있어야 한다는 사실이 중요하다. 제도의 기능 수행과 존속을 위해 구성원이 공유하는 가치와 유인(incentives)이 존재해야 한다는 의미가 된다.

넷째, 제도는 개인의 행위에 영향을 미칠 수 있어야 한다. 제도란 어떤 방법으로든 구성원의 행위를 제약(constrain)하는 면이 있어야 한다. 이때의 제약이란 공식적일 수도 있고 비공식적일 수도 있다.

이상에서 살펴본 제도에 대한 개념이나 시각은 제도의 서로 다른 측면을 강조하지만, 이들 모두 개인과 환경과의 관계에서 사회 제도를 설명하고 있다는 공통점이 있다. 제도에 대한 이러한 개념들은 모두 개인이 선택할 수 있는 기회와 이에 영향을 미치는 제약을 제도라고 정의하면서, 각기 상이한 유형의 기회와 제약에 초점을 맞추고 있다(Peters, 1999: 18-19; 정용덕 외, 1999: 18-19).

그런데 제도에 대한 다의적인 개념으로 인해 실제로 신제도주의를 원용하고자 할 때, 어떤 사회 현상을 제도로 보아야 할 것인가에 대해 쉽게 답하기란 어렵다. 그 이유는 신제도주의에서는 대체로 권력을 다루는 정치 현상과 자원 분배 및 화폐와 관련된 경제 현상을 별개의 것으로 보지 않는데, 그 이유는 두 현상이 모두 제도와 이익을 다루고 있기 때문이다(Lane, 1995: 218; 유종해 · 김문성, 2003). 따라서 이 같은 포괄적인 개념을 실제의 현상 분석에 적용하고자 할 때에는, 좀 더 구체적인 내용으로의 재구성이 불가피한 실정이다.

3) 신제도주의에서 제도에 대한 시각과 범위

신제도주의에서 제도가 지니는 의미와 함께, 분석 대상인 제도에 대한 시각과 범위를 살펴보면 이러하다.

첫째, 신제도주의 연구에서 사용되는 제도의 개념은 광범위성을 지닌 구조라는 개념보다는 다소 한정된 내용으로 구체화된다. 일반적으로 사회학에서 논의되는 구조의 개

4) 이 경우에 구조는 입법부나 관료기구와 같은 공식적(formal)인 것도 있고, 조직체 간의 네트워크나 규범과 같은 비공식적(informal)인 것도 있다.

념은 인간 관계에서 비교적 안정되고 지속적인 유형이라는 넓은 의미로 사용된다. 이에 반해 신제도주의에서 사용되는 제도는 구조(structure)의 개념보다는 다소 한정된 의미로 사용된다.[5)]

제도적 분석을 시도하는 경우 초점은 구조보다는 다소 한정적인 의미를 갖는 제도에 있다. 실제로 신제도주의의 한 분파를 형성하고 있는 역사적 제도주의에서는 계급과 같은 거시적 구조(macro structures)는 제외하고, 대신 정당 체제나 경제적 이익단체인 조합과 같은 중간 수준의 제도(intermediate-level institutions)에 분석의 초점을 맞춘다.

둘째, 신제도주의에서 제도에 대한 분석 초점은 국가(state)보다는 정체(polity)에 두고 있다. 신제도주의 연구에서 국가라는 용어는 등장하지 않는 대신, 국가의 정치 제도적 장치들이 구체적인 제도적 변수(institutional variables)로서 나타난다. 예컨대 행정부와 입법부의 관계, 선거 제도, 정당 체제와 정부 구성 형태, 중앙·주변 관계, 사법부의 역할, 관료의 성격과 역할 등이 중요한 제도적 변수로 등장한다.

국가중심주의자들이 과거에 베버(Max Weber)의 영향을 받아 국가를 중요시한 반면, 신제도주의는 제도적인 측면을 대폭 넓힘으로써 사회적 이해의 대표성(representation)을 크게 반영할 수 있는 방향을 모색했다.[6)] 그 결과 국가 중심의 접근 방법(state-centered approach)에서 이제는 정체 중심의 접근 방법(polity-centered approach)으로 분석의 초점이 이동하고 있으며, 국가라는 용어 대신 정치 제도(political institutions)라는 용어가 선호된다(Pontusson, 1995: 122-123).

셋째, 신제도주의는 제도의 영향력을 중심으로 다양한 이론적 구성을 시도한다. 즉, 제도가 규범으로서 영향력을 발휘하느냐, 아니면 규칙이나 유인으로서 작용력을 발휘하느냐에 따라 이론화 형태가 달라진다. 신제도주의는 이 같은 관점에서 대조적인 두 학파가 형성되었는데, 전자에 해당하는 규범적 제도주의와 후자의 입장을 대변하는 합리적 선택 제도주의가 그것이다.

---

5) 이런 시각에서 보자면 조합, 회사, 정당, 선거 체제 등은 제도에 속한다고 볼 수 있으나, 부(富)의 분배나 사회 각 분야별 고용 분포 등은 제도의 범주에 넣기 힘들다는 주장이 제기될 수 있다(Levi, 1990: 404-405). 그래서 사회학에서와 같이 사회에서 층화 체제(stratification system)의 중심 개념이 되고 있는 계급(class)이나 정치 현상의 분석에서 국가 권력의 집중(centralization of state power)과 같은 문제는 구조적인 성격을 띤다고 보아 제도적 분석의 기본 관심사가 될 수 없다는 견해로 이어질 수 있다.

6) 예컨대 대의민주주의와 관련된 정치 제도들로 정당이나 선거 규칙, 그리고 입법부와 같은 제도적 변수에 관심을 돌리고 있다.

또한 제도와 정책 결정 간의 상호 관계에서 정책 선택(policy choices)이 한번 내려지면 이는 제도적인 구속력을 발생시켜, 이후의 정책 결정에 계속적으로 영향력을 미칠 수 있다는 경로 의존적(path-dependent)인 설명이 가능하게 된다. 이러한 입장을 견지하는 학파로는 역사적 제도주의가 있다.

넷째, 신제도주의에서 이루어지는 제도 분석에서 제도는 개인에 대한 영향력뿐만 아니라 제도가 어떻게 만들어지고 유지되며, 제도의 변화는 어떻게 진행되느냐 하는 동태적인 연구도 이론적 구성의 주요한 관심사이다. 따라서 제도의 형성(formation)과 변화(change)에 관한 문제를 놓고도 다소 상이한 주장이 나올 수 있다(오명호, 2004: 128-133).

2 신제도주의의 유형과 특성

신제도주의는 이상에서 설명한 바와 같이 제도의 영향력이나 형성 발전에 따라 다양하게 분파되어 왔다. 여기에서는 신제도주의의 유형 또는 유파를 규범적 제도주의, 합리적 선택 제도주의, 역사적 제도주의, 사회학적 제도주의, 경험적 제도주의로 나누어 그 특성을 중심으로 신제도주의가 지닌 특징을 살펴보고자 한다.[7]

1) 규범적 제도주의

(1) 기본적 입장

규범적 제도주의(normative institutionalism)는 인간의 행위를 설명할 때, 조직체 내에서의 규범과 가치의 중심적인 역할을 강조하는 입장이다. 마치와 올슨이 이 부류에 속한다(Peters, 1999: 25). 규범적 제도주의에서 의미하는 제도란 반드시 공식적인 구조라기보다는 오히려 규범, 규칙, 이해, 특히 관행과 같은 집합체를 지칭한다.

제도에 대한 이 같은 의미를 원용했을 때, 정치 제도란 역할과 상황 사이의 관계에서 어떤 것이 가장 적절한 행위(appropriate actions)인가를 정하는 상호 연관된 규칙과 관행의 묶음으로 정의할 수 있다. 그리고 이 과정에서 상황이 어떻게 전개되어 가고 있으며, 이때 수행되어야 할 역할은 무엇이며, 그러한 상황 속에서 역할의 의무(obligation)는 무엇인가 하는 것이 결정된다. 이런 측면에서 볼 때 제도는 사람들이 취해야 할 행위

7) 신제도주의의 유형에 대한 설명은 오명호(2004: 133-167)의 논의에 많이 의존했다.

의 모든 절차를 준비해 놓고 있으며, 사람들은 그 가운데서 어떤 것을 선택하느냐 하는 규칙을 사용한다(March & Olsen, 1989: 21-26).

(2) 특징

① 기본 논리와 제도의 형성 과정

규범적 제도주의에서 핵심적인 요체는 적절성의 논리(logic of appropriateness)이다. 이는 제도가 구성원의 행위에 효과적으로 영향을 미칠 수 있게 되면, 구성원은 제도의 규범을 준수하는 것이 가장 적절한 것으로 받아들이게 된다는 것을 의미한다. 따라서 제도는 규범이나 가치의 힘으로 구성원의 동조 행위를 얻어낼 수 있다는 것이 기본 논리이다.[8] 이러한 상황 속에서 이루어지는 개인의 행동과 관련해서는 비록 행동이 의식적인 선택의 결과로 이루어진다 하더라도, 선택 자체는 제도의 지배적인 가치나 규범이 설정하는 맥락 속에서만 가능한 것으로 본다. 특히 제도를 지탱하는 적절성의 논리가 효과를 보기 위해서는, 일종의 강행 장치로서 사회화(socialization) 과정을 통해 적절성의 논리를 터득할 수 있게 된다.[9]

그렇다면 제도는 어떻게 만들어지는가? 다시 말해, 제도를 구성하는 지배적인 규범은 어떻게 형성되는가 하는 문제가 제기될 수 있다. 이에 대해 규범적 제도주의에서는 제도의 규범이 제도가 속해 있는 사회의 지배적인 규범이 배경적 요인으로 등장한다고 본다. 즉, 개인이 제도에 참여하게 될 때, 이미 사회에서 사회화 과정을 거쳐 터득한 규범을 가지고 들어온다는 것이다. 예컨대 공인에게 요구되는 상호주의라든가 정직성 또는 협조심과 같은 규범은 사회화 과정에서 이미 학습된 것이라고 보고 있다.

일단 제도가 형성되면 그 다음부터는 제도를 지탱해 나가는 관행이 자연스럽게 조성될 수 있다. 관행은 제도의 구성원이 상호 거래나 정책 결정에 필요한 비용(costs)을 최소화할 수 있는 방법이 될 수 있기 때문이다. 또한 제도는 관행을 통해 업무의 효율을 증대하고, 환경에서 제기되는 각종 요구를 해결할 수 있다. 어떤 의미에서 모든 조직은 관행을 만들어서 환경의 변화를 추적하고 대응하는 데 적절하게 활용하며, 관행이 잘 확

8) 극단적인 예로 죽음을 각오하고 전쟁터에 임하는 군인은 그러한 행위가 가장 적절하다고 생각하기 때문이며, 소방수의 경우도 그렇게 하는 것이 그들의 역할에 비추어 적절하다고 생각하기 때문이라는 것이다.

9) 중국의 문화혁명 당시의 홍위병들은 자기 비판이라는 수단을 통해 적절성의 논리를 실행했고, 종교집단에서 행해지는 고해성사 같은 것이 이러한 비공식적인 규범의 실행 메커니즘의 예가 될 수 있다.

립되어 좀 더 확실한 의미가 부여되면 조직의 제도화는 그만큼 증진되는 것이다(March & Olsen, 1989: 22-27).

② 제도의 변화 과정

제도의 변화와 관련해서도 규범적 제도주의는 몇 개의 가정을 설정해 놓고 있다. 대체적으로 그것은 제도적 가치나 규범이 대안(alternatives)의 성격을 결정짓는다고 보고 있다. 즉, 제도는 문제가 발생했을 때 적절한 대응 방법과 관련한 처방을 이미 갖추어 놓고 있으나, 여러 대안의 설정 범위를 결정하는 것은 어디까지나 제도적 가치에 의해 좌우된다. 그리고 특히 변화를 가져오는 데는 학습 과정이 제도의 적응을 높이는 데 결정적인 방법이 된다는 것을 강조한다.

이런 점에서 제도는 학습 과정을 통해 변화된 환경 상황을 인지하고 적응할 수 있게 한다. 간혹 제도의 적응적인 변화에서 특수한 지위에 있는 개인의 지도력(leadership)이 상당한 비중을 차지할 수도 있다(Peters, 1999: 33-37).

2) 합리적 선택 제도주의

(1) 기본적 입장

합리적 선택 제도주의(rational choice institutionalism)는 개인의 행위가 자신의 개인적 효용(personal utilities)을 극대화하고자 하는 이기심에 근거를 둔다. 그렇지만 실제로는 제도가 부하하는 제약을 받을 수밖에 없는데, 그것은 제도가 설정하는 규칙 내에서 움직여야 하기 때문이다.

결국 개인은 자기 이익을 극대화하지만 제도의 규칙 내에서만 가능하다는 것이 기본 전제가 된다. 이런 측면에서 규범적 제도주의가 규범의 일방적인 영향력을 크게 부각시키는 데 반해, 합리적 선택 제도주의는 개인의 이기적 측면을 강조하면서도 제도가 미치는 제약적인 면도 아울러 부각시킨다는 면에서 차이가 있다.

(2) 등장 배경

합리적 선택 제도주의가 등장하게 된 배경은 미국의 의회 행태(congressional behavior)와 밀접한 연관이 있다. 국회의원들이 합리적인 선택을 한다고 가정할 때, 서로 다른 개인적 선호도와 복잡한 의정상의 쟁점을 감안하면, 의회의 입법 과정은 안정된 다수(stable majorities)를 확보하기 힘들다. 예컨대 법안의 처리는 수시로 이합집산을 통해 형성되는 다수로 말미암아 복잡한 순환을 거듭할 것이 예상되기 때문이다. 그러나 실제 의회의 입법 과정은 상당한 안정성을 확보하고 있는데, 이러한 역설적인 현상을 설명하기 위해 학자들은 개인의 합리적 선택에 작용하는 제도에 관심을 기울이게 되었다.

합리적 선택 제도주의자들은 의회의 규칙과 위원회 제도가 의원들의 정보와 선택을 좌우한다는 사실을 중시한다. 우선 규칙은 의회의 투표와 관련된 선택의 범위와 순서에 제한을 가함으로써 의안(agenda) 채택의 과정을 규제할 수 있다. 또한 위원회 제도는 중요 쟁점에 대한 의원들의 합의를 유도하고, 의안 통과 협력(logrolling)을 가능하게 할 수 있다. 그래서 일반적으로 의회의 이러한 제도는 의원 간의 거래비용을 감소시켜 상호 이득을 가져다 줄 수 있어 안정된 입법 활동을 보장할 수 있게 된다.

이와 같은 관점에서 등장하게 된 정치학에서의 합리적 선택 제도주의는 조직의 신경제학(new economics of organization)과 만나게 된다.[10] 제도주의적 신경제학의 기본 논리는 거래비용을 줄이기 위한 결과로 나타난 것이 특정한 조직 형태라는 입장인데, 이러한 설명은 정치 제도의 형성에도 그대로 원용된다. 특히 최근 정치학에서는 의회 행태의 연구뿐만 아니라 국가 간의 동맹 체제의 형성, 정치 제도의 형성, 인종 분쟁, 민주주의 이행 과정 등 여러 분야의 연구에 제도주의적 신경제학이 활용되고 있다.

(2) 특징

합리적 선택 제도주의가 지닌 특징을 살펴보면 다음과 같다.

첫째, 합리적 선택 제도주의는 개인의 이기심을 전제로 한 철저히 계산된 행동을 중시한다. 이때 행위자(actors)는 확정된 선호와 취미를 갖고 있으며, 선호의 관철을 극대화하기 위해 수단 지향적으로 행동한다는 가정을 설정한다.

둘째, 합리적 선택 제도주의에서 개인은 자기 이익을 극대화하기 위해 수단적으로 행동하지만, 제도가 부하하는 제약 속에서만 합리적 선택이 가능하다. 그리고 이때의 제도는 매우 포괄적인 성격을 띠는 규칙으로 정의할 수도 있다(Kiser & Ostrom, 1982: 179).[11] 따라서 합리적 선택 제도주의에서 의미하는 규칙은 개인이 조직 내에서 지켜야 할 폭넓

---

10) 경제학에서 조직의 신경제학파는 제도 형성에서 재산권(property rights), 임대 추구(rent-seeking), 거래비용(transaction costs) 등이 중요한 의미를 갖는다고 주장하는 부류이다.

11) 제도란 어떤 결정을 내려야 할 상황에서 누가(who)와 무엇(what)이 포함되어야 하며, 어떻게(how) 정보가 획득되고 어떤 행동이 어떤 순서로 취해지며, 개인의 행동이 어떻게 집단적인 결정으로 취합되는가에 관한 규칙을 말한다. 그런데 이러한 규칙은 공동체를 형성하고 있는 개인들이 공유하는 언어 속에 존재하는 것이지, 외부적 환경의 물리적인 부분으로 이루어지는 것은 아니다.

은 행동상의 기준을 지칭한다.

그런데 이 같은 경우 규범적 제도주의에서 말하는 규범과는 어떻게 구별되느냐 하는 의문이 제기될 수 있다. 사실 규칙이나 규범은 개인이 지켜야 할 준수 기준이라는 점에서는 다를 것이 없다. 그러나 준수 메커니즘(compliance mechanism)에 관한 한 양자는 구별된다. 예컨대 규범의 경우에는 지키는 것이 도덕적인 성격을 띠는 반면, 규칙은 타산적(calculative)인 측면을 갖고 있다. 그뿐만 아니라 규범보다는 규칙이 행위를 규제하는 측면이 두드러진다. 따라서 규칙은 규범에 비해 공식성(formality)이나 강제성(enforceability)이 두드러진다(Peters, 1999: 46-47).

셋째, 합리적 선택을 강조하는 제도적 분석은 정치적 결과를 초래한다. 그것은 결정적으로 작용하는 전략적 상호작용(strategic interaction)을 다루는 데 상당한 기여를 할 수 있다. 개인의 행위는 역사적인 힘에 의해서가 아니라 전략적인 계산에 의해 크게 좌우되는데, 이때의 계산은 자기의 상대자가 어떻게 나올 것인가 하는 기대에도 동일한 영향을 받는다고 전제한다.

이러한 경우에는 제도가 규칙을 통해 상호작용의 틀을 잡아주게 되는데, 제도는 행위자들이 가질 수 있는 대안의 범주와 계기성(sequence)을 정해 주고 상대방 행동의 불확실성을 줄일 수 있는 정보와 강행 메커니즘(enforcement mechanism)을 제공해 준다. 이렇게 함으로써 제도를 통한 전략적 상호작용은 행위자들이 상호 교환(exchange)으로, 무언가 이득을 얻을 수 있고 사회적으로도 이득이 되는 결과까지도 유도해 낼 수 있다.

그러나 전략적 상호작용은 때로는 집단행동에서 예기치 않은 딜레마를 가져올 수도 있다. 개인이 자기의 이익을 극대화하기 위해 취하는 행동이, 집단적으로는 최적이 아닌 결과를 가져올 수도 있다는 것이 밝혀졌다. 이른바 게임이론(game theory)에서 죄수의 딜레마(prisoner's dilemma)가 바로 그것이다. 이런 경우는 집단적인 최적의 결과를 가져오게 만드는 제도적 장치가 마련되지 않은 것이 요인으로 지적되고 있다.

넷째, 합리적 선택 제도주의에서 합리적인 개인은 특정한 목적이나 가치를 달성하기 위해 제도를 고안하며, 개인 간의 교환 관계에서 규칙이나 절차 그리고 강행 메커니즘을 만든다. 다시 말해, 불확실한 관계를 확실한 것으로 만들기 위해 제도가 출현하게 된다는 것이다.[12] 그리고 이러한 제도가 바뀌게 되는 것도 사회적·문화적인 영향력에 의해

12) 예컨대 이혼법이나 시민권(국가에 관한 법)은 개인이 어떤 주어진 상황 속에서, 자기의 권리와 의무를 확인할 수 있는 가장 효과적인 방법이 될 수 있다.

서라기보다는, 어디까지나 특정한 목표를 추구하는 개인들의 합리적 선택의 결과로 보려는 입장이다.

또한 제도의 변화는 현재의 제도적 장치로 덕을 보는 개인의 견제 능력보다는 변화를 추구하는 개인의 세력이 확장될 때에 가능해진다고 본다(Koelble, 1995: 240-241).[13] 제도는 이처럼 불확실한 관계를 확실하게 만들고자 하는 개인의 노력으로 나타나는 것이기는 하지만, 궁극적으로는 개인에게 돌아가는 이득이 있어야 하고 개인 간의 자발적인 합의에 의해 형성된다.

3) 역사적 제도주의

(1) 기본적 입장

역사적 제도주의(historical institutionalism)는 제도가 개인의 행위에 미치는 영향을 비롯해서, 정치학에서 다루는 다양한 정책 결과(policy outcomes)가 역사적 성격을 띠게 됨을 강조한다. 다시 말해 정부의 정책이 결정되면 그것은 이후로도 계속해서 영향력을 미치게 된다는 것이 핵심 논리이다. 정치 제도의 결정적인 영향력을 전제로 하고 있는 이 입장은 정부나 조직체가 프로그램에 착수하게 되면, 당초의 정책적 선택은 계속해서 영향을 미치는 관성적인 경향을 지닐 수 있음을 부각시키고 있다.

(2) 특징

역사적 제도주의와 다른 신제도주의와의 차이점을 통해 역사적 제도주의의 특징을 살펴보면 이러하다.

① 독립변수로서 제도의 중시

역사적 제도주의에서는 독립변수로서 제도를 대단히 중요한 변수로 고려한다. 역사적 제도주의에서는 독립변수로서 제도의 수단적 중요성을 인정하면서도, 새로운 제도의 도입과 정착은 매우 어렵다는 것을 동시에 지적한다. 또한 역사적 제도주의에서는 제도가 단순한 또 다른 변수가 아니며, 제도가 문제라는 입장을 넘어선다.

역사적 제도주의에서는 제도가 행위자들의 전략을 형성하고 그들 사이의 협력과 갈등 관계에 개입함으로써 정치 상황을 구조화하고 정치적 결과에 영향을 미치는 것으로 보고 있다. 그래서 정치행위자들도 제도가 가지고 있는 근본적 영향을 인식하고 있기 때

13) 사회 제도의 예로는 정당이나 조합구조 또는 정당 간의 경쟁, 노동조합의 구조 등을 들 수 있다.

문에 제도를 둘러싼 경쟁은 매우 심하다(남궁근, 2002: 282; 김태룡, 2006: 77). 이와 함께 역사적 제도주의는 제도의 영향력이 개인의 선호나 선택을 압도하는 결정적인 힘이 있음을 강조한다. 이에 역사적 제도주의를 대표하는 스타인모(Sven Steinmo)는 제도를 인간의 행위를 구조화하는 공식적 조직이나 비공식적 규칙 그리고 절차라고 정의하면서 제도가 갖는 심대한 영향력을 강조했다(Steinmo, 1992: 9).

합리적 선택 제도주의와 역사적 제도주의 간의 차이는 이렇다. 합리적 선택 제도주의에서는 제도를 개인이 직면하게 되는 전략적인 맥락을 형성할 뿐, 궁극적인 결정은 개인의 선호와 선택에 좌우되는 것으로 본다. 이에 반해 역사적 제도주의는 개인의 선호나 목표까지도 제도에 의해 형성될 수 있다는 점을 강조한다. 예를 들면 계급적인 이해(interest)에 관해서도 그것이 개인의 선택에 의해서라기보다는 계급적인 지위(position)에 따라 결정되는 것으로 간주한다. 그리고 이러한 이해는 국가나 사회 제도의 매개 과정을 거치면서 강화되거나 완화되는 것으로 보고 있다.

② 이론의 적용 범위: 중범위 수준의 제도분석

역사적 제도주의는 대규모의 공식·비공식적 조직을 다루기보다는 중범위 수준의 제도에 분석의 초점을 두고 있다. 예컨대 계급과 같은 거시적 수준의 사회·경제적 구조보다는 좀 더 하위 수준에 위치하는 정당 체제라든가 노동조합 같은 경제적 이익집단 등에 주된 관심을 두고 있다. 그 이유는 계급과 같은 거시적 수준의 변수가 영향력을 발휘한다 하더라도, 국가나 사회 제도와 같은 중간 수준의 제도적 배열에 의해 그 영향력이 확대될 수 있고 경감될 수도 있기 때문이다. 따라서 역사적 제도주의는 정치적 역사의 진행과 관련된 거창한 유형들을 더 낮은 수준의 정치적 주체, 갈등, 선택 등의 문제들과 접목시킬 수 있는 중범위(middle range) 수준의 이론적 구성을 추구한다(Steinmo et al., 1992: 10-12).

③ 제도적 장치의 영향력

역사적 제도주의는 시간이 경과하면서, 정책 형성에 미치는 제도의 다양한 결과를 비교·연구하는 데 큰 비중을 두고 있다. 이에 반해 비교정치학은 여러 나라를 비교함으로써 일반화된 명제를 찾아내려고 한다. 다시 말해, 역사적 제도주의는 국가의 제도적 장치(institutional arrangements)에 따라 정책 결과가 다르게 나타날 수 있는 것을, 시간의 경과(over time)에 따른 분석으로 입증하고자 한다. 따라서 제도적 영향력을 시간성과 결부시킨다는 측면에서 역사적 제도주의의 특징을 엿볼 수 있다.

또한 전통적 시각에서는 역사적으로 큰 의미를 갖는 사회·경제적 사건은 국가에 상관없이 어디서나 똑같은 결과를 가져온다는 인과론이 지배적이었다. 그러나 역사적 제도주의는 일률적인 가정을 배격하고, 국가의 제도적 장치에 따라 정책 결과는 다르게 나타남을 강조한다. 그 결과 제도는 역사적 진행과 발전을 좌우하는 핵심적인 요인으로 등장했다.

④ 감금 효과와 경로의존성

역사적 제도주의가 보는 제도는 강력한 영향력을 행사할 뿐만 아니라, 정책 형성에 지속력(persistence)을 발휘하는 것으로 간주된다. 정책이 결정되어 채택되면 그 정책은 이익집단이나 일반 대중 그리고 정치적 엘리트 등의 다양한 대상자에게 유인 작용을 하고, 또한 행동상의 편의와 관련되는 자원을 주게 된다.

그런데 이때 영향을 받는 대상자는 정책에서 오는 이득과 작용으로 인해 계속적으로 정책에 대한 이해 관계를 갖게 되고, 그로 말미암아 계속 정책을 지지하게 된다. 사람들이 정책에서 빠져나오지 못하게 되는 이른바 감금 효과(lock-in effects)가 발생하게 된다. 결국 정책 결정→감금 효과→기존 정책의 지지라는 일련의 과정은 정책상의 환류작용(policy feedback)으로 파악할 수 있다. 이처럼 제도가 일단 들어서면 시간이 경과함에 따라 쉽사리 틀이 변화될 수 없다는 특성을 역사적 제도주의는 강조한다(Pierson, 1993: 606-610).

한편 역사적 제도주의는 정책적인 지속성을 설명하기 위해 경로의존성(path dependency) 개념을 만들어 냈다. 정책적으로 내려진 선택이나 결정은 이후의 결정에 계속적으로 작용함으로써 특정한 경로를 이룬다는 논리이다. 크래스너(Stephen D. Krasner)는 한 발 더 나아가 어떤 선택이 비록 하찮고 우연한 것일지라도 일단 이루어지면, 그후로는 다음 단계의 역사적 궤도(historical trajectory)를 좌우할 수 있다고 주장했다. 다시 말해, 경로가 결정되면 그것은 다른 경로가 좀 더 효율적이고 적응성이 높더라도 그 출현을 막아 버린다는 것이다(Krasner, 1988: 83-90).

4) 사회학적 제도주의

(1) 기본적 입장

정치학에서 신제도주의가 등장한 것과는 별도로, 사회학에서도 1970년대 말을 기점으로 신제도주의의 움직임이 본격적으로 전개되었다. 이를 사회학적 제도주의(sociological institutionalism)라고 한다. 주로 조직이론 분야에서 등장한 사회학적 제도주의는 제도의 일반적인 성격은 물론, 제도의 형성 과정에 초점을 둔 이론적 논의를 가져옴으로써 정치학계에서도 각별한 관심을 기울이고 있다.

신제도주의를 표방하고 나선 사회학자들은 베버의 관료제모형에 근거한 근대적 조직이 사용하는 제도적 형태나 절차가, 당면한 과제를 수행하는 데 가장 효율적이기 때문에 채택된 것은 아니라는 입장을 취한다. 단지 사회마다 고안되어 조직 내에 동화된 신화나 의식처럼, 극히 문화적 특성을 지닌 실행(culturally-specific practices)이라는 점을 강조한다. 다시 말해, 근대적 조직은 목적과 수단의 효율성을 증대시키기 위해 만들어졌다기보다는, 문화적 실행을 전달하는 과정의 산물로 이해될 수 있다는 것이다. 심지어는 가장 관료적인 실행이라 할지라도 문화적인 것으로 설명되어야 한다고 주장한다.

이러한 입장에 있는 사회학자들은 근대적 조직이 왜 특정한 제도적 형태나 절차 및 상징성을 지니게 되었으며, 조직상의 실행이 어떻게 조직사회나 여러 나라에 전파되어 나갔는지를 설명하고자 한다. 결국 사회학적 제도주의는 제도의 특성과 형성 과정이 문화적으로 설명될 수 있다는 기본 전제에서 출발했다(Hall & Taylor, 1996: 946-947).

(2) 특징

① 제도의 인지적 측면 강조

사회학적 제도주의자들은 제도의 문화적인 특성을 부각시키는 과정에서, 특히 인지적인 측면을 강조한다. 인지적인 영향력에 역점을 두는 입장에서는 제도가 인간의 행동에 필수적인 인지적 각본(cognitive scripts), 범주(categories), 그리고 모형(models) 등을 마련해 줌으로써, 개인의 행위에 결정적 영향력을 미친다고 보았다. 그것은 인지적인 것이 없으면 개인은 자기를 둘러싼 세계와 타인들의 행위를 해석할 수 있는 길이 없기 때문이다.

이런 측면에서 제도는 개인에게 해야 할 것을 단순히 밝혀줄 뿐만 아니라, 주어진 맥락에서 개인이 무엇을 할 수 있는가를 상상할 수 있는 길도 밝혀줄 수 있다는 입장이다. 따라서 개인의 행동은 사회 생활의 의미 부여와 관련된 해석(interpretation)을 떠나서는 생각할 수 없다. 또한 개인이 어떤 상황에 직면했을 때 그것을 인식하고 대응하는 방법을 찾아야 하는데, 제도가 간직한 인지적 각본이나 형판(templates)들이 과제를 수행하는 방편을 제공할 수 있다고 주장한다. 그래서 사회학적 제도주의는 사회적 구성주의

(social constructivism)의 영향력을 부인할 수 없다는 입장을 취한다.

② 제도의 변환 과정

사회학적 제도주의는 제도적 실행이 어떻게 출발하고 변화하는가의 문제를 다룰 때도 독특한 접근을 보여준다. 예컨대 합리적 선택이론에서는 제도의 발달 과정을, 관련 당사자들이 물질적인 목적을 달성하는 과정에서 얻을 수 있는 효율성으로 설명했다.

그러나 사회학적 제도주의자들은 조직이 새로운 제도적 실행을 받아들이는 것은 그것이 조직의 목적·수단 효율성을 증대시키기 때문이 아니라, 제도적 실행이 조직과 구성원의 사회적 정당성(social legitimacy)을 증대시키기 때문임을 부각시키고 있다. 다시 말해, 사회조직은 제도적 형태나 실행이 문화적 환경 속에서 값진 것으로 여겨지기 때문에 그것을 수용한다는 것이다. 심지어 제도적 관행이 조직의 효율성에 역기능적인 경우에서조차 사회적 정당성이 있으면 그대로 채택될 수 있다는 입장이다.

③ 제도적 동형성

제도적 변환은 일정한 과정을 겪으면서 특정한 형태를 띨 수 있다. 그 하나의 형태가 제도적 동형성(institutional isomorphism)의 개념이다. 흔히 제도적 변환은 조직체의 내부적 요인으로 설명되는 경향이 많다. 그러나 사회학적 제도주의는 조직에 대한 미시적 수준의 설명을 받아들이지 않는다. 조직의 변환을 가져오는 영향력은 조직 내에서 오는 것이 아니라, 전문적 조직이라는 거시적 수준(macro level)에서 비롯되는 것으로 파악한다. 따라서 거시적 수준의 영향력은 모든 조직에 일률적인 변화를 가져와, 결과적으로 제도적 동형성이 이루어질 수 있다.

일반적으로 변화는 강제적일 수도 있고, 모방이나 규범적인 동일성에서 그 근원을 찾아볼 수 있다. 그러나 결과적으로는 놀랍게도 매우 동질적인 형태를 띨 수 있다는 데 있다. 이런 측면에서 제도적 동형성의 논리는 상이한 사회적·정치적 여건 속에서 비슷한 형태의 제도가 왜 출현하는가를 적절히 설명해 준다.

5) 경험적 제도주의

(1) 기본적 입장

기존의 신제도주의는 접근 방법이라는 면에서 다소 추상적이고 이론에 치우친 경향이 있었다. 그래서 제도가 개인의 행위나 정책 형성에 미치는 영향력을 사실에 입각한 경험적인 입증 방법을 통해 밝혀 보고자 하는 노력이 제기되었는데, 이를 경험적 제도주의(empirical institutionalism)라 한다. 다시 말해, 경험적 제도주의란 제도의 영향력을 비교 연구의 관점에서, 특히 계량적인 방법으로 검증하고자 하는 신제도주의라고 할 수 있다.

경험적 제도주의는 주로 대통령 중심제나 의원내각제와 같이 상이한 정치적 제도가 국가마다 다양한 영향을 미치는 사실에 기초해서, 이들의 영향력을 비교해 각각의 특성을 밝혀내고자 하는 데 연구의 초점을 둔다. 경험적 제도주의가 취하는 연구는 방법론적인 측면에서 볼 때 다소 어렵다는 점이 지적된다.[14)]

그러나 방법론상의 문제에도 불구하고 제도의 영향력을 둘러싼 경험적인 연구는 정치학에서 매우 중요한 위치를 차지한다. 그 이유는 아무리 정교한 이론적 명제라 하더라도, 경험적 사실에 입각한 검증을 거치지 않는 한 타당성을 인정받을 수 없기 때문이다. 제도주의에서 제기되는 일반화된 명제들은 이러한 사실적 검증을 거치면서 취사・선택되고, 또한 경우에 따라서는 보완되어야만 좀 더 설득력 있는 이론 체계로 발전되어 나갈 수 있기 때문이다.

(2) 특징

경험적 제도주의는 주로 대통령중심제나 의원내각제와 같은 상이한 정치 제도가 국가마다 달리 미치는 영향력을 비교해 각각의 특성을 밝혀내고자 하는 데 연구의 초점을 두어 왔다. 예컨대 경험적 제도주의에서는 대통령제가 미국에서 성공을 거두고 있기는 하지만, 극히 예외적인 사례로 취급한다. 그러면서 대통령제와 내각책임제의 헌법적 구조에 대한 운영상의 경험이 시사하는 바는, 대통령제보다 내각제가 개발도상국의 민주화에 더욱 긍정적으로 기여할 것이라는 결론을 도출하고 있다.

유사한 맥락에서 민주주의의 실제 운영에 따른 제도적 특성을 다수지배형과 합의형으로 나누었다. 그러면서 선진 민주주의 국가의 경험에 비추어볼 때, 민주주의를 정착시켜 나가고자 하는 개발도상국들은 비례대표제의 합의형 민주주의를 채택하는 것이 바람

14) 우선 여러 나라를 대상으로 하는 경우 헌법적인 틀이 오랫동안 지속되어 왔기 때문에 제도를 바꾸는 데서 오는 영향력을 검증하기 어렵다는 문제가 제기될 수 있다. 원인과 결과를 결부시킬 수 있는 준실험설계(quasi-experimental design)가 어렵기 때문이다. 그뿐만 아니라 설혹 제도의 영향력을 입증하는 경우라 할지라도 개별 국가의 사회와 문화적인 요인을 배제할 수 없기 때문에, 어떤 정책적 결과나 변화가 제도에 기인하는 것인지 또는 사회・문화적 요인 때문인지를 결정할 도리가 없게 된다. 만약 두 가지 형태의 요인이 함께 작용했다면 각각의 비중을 어떻게 볼 것인지, 또는 얼마 되지 않는 표본의 경우 어떻게 처리해야 할지 등 통계상의 여러 가지 까다로운 문제가 수반된다.

직한 대안이 될 수 있음을 강조했다. 또한 권위주의 체제로부터 민주주의 체제로 이행하는 과정에서도 준(準)대통령제가 민주화의 성공적인 이행을 위해 바람직한 해결 방식이 될 수 있다고 주장했다. 이처럼 경험적 제도주의는 사실에 입각한 경험적 자료를 통해 비교 연구라는 관점에서 대안을 찾으려 한다는 데서 특징을 발견할 수 있다.

제 3 절 • 신제도이론의 적실성

1 신제도이론에 대한 비판

신제도주의는 개인의 행위에 초점을 둔 행태주의와 그 연구 방법이었던 방법론적 개체주의의 문제점을 극복하고자 등장한 새로운 움직임이었다. 따라서 신제도주의는 기존 연구방법론과 상당히 다른 시각에서 장점이 많은 것도 사실이나, 이의 시각에 대해 의문이 없는 것은 아니다. 신제도주의에 내재된 기본적 문제점을 살펴보면 이러하다.[15)]

1) 제도의 문제점

신제도주의가 지니고 있는 가장 큰 문제점으로, 신제도주의가 강조하고 있는 제도를 둘러싼 비판이다.

첫째, 신제도주의에서 강조하는 제도에 대한 시각의 문제점이다. 제도가 개인보다 더 중요한가 하는 의문이 그것이다. 신제도주의는 제도가 개인의 선호와 이익에 미치는 영향을 강조한 만큼, 그 반대의 경우는 경시되고 있다는 데 문제가 있다. 정치행위자의 가치는 정치 제도뿐만 아니라, 자신의 신중한 반성과 선택에 의해서도 변화될 수 있기 때

---

15) 신제도주의가 안고 있는 공통적인 문제점 외에 개별적으로 신제도주의에 가해지고 있는 비판의 요체를 살펴보면 다음과 같다. 우선 합리적 선택 제도주의에 대해서는 이 이론이 원자화되고 과소 사회화된 개인을 상정하고 있기 때문에, 사회구조나 사회 관계의 영향력을 과소평가하고 있다는 데 모아진다. 그리고 사회학적 제도주의의 경우는 이 이론이 제도의 개념 범위를 지나치게 확대했다는 데 있다. 즉, 인간의 태도나 가치와 문화까지도 행동에 영향을 미치는 제도의 차원에 포함시킴으로써 문화결정론 내지는 제도결정론을 야기한다는 데 문제가 있다. 끝으로 역사적 제도주의의 경우는 제도라는 개념의 사용에 일관성이 없을 뿐만 아니라 분석적 핵심 개념이 없고, 특히 검증 가능한 일반화된 명제가 없고 제도의 동태적 변화를 설명할 수 있는 모형이 부족하다는 것이 그것이다(김종성, 2004: 27-28; 남궁근, 2002: 284-285).

문이다. 따라서 인간의 결정은 구조적 맥락의 영향을 받기는 하지만, 부분적으로 행위자의 창조적 정치 기술과 판단 또는 예술적 수완에 의한 것이기도 하다. 결국 신제도주의는 개인의 선택을 간과하고 있다는 비판을 면하기는 어렵다.

둘째, 신제도주의의 분석에서 제도란 강행구조를 전제로 한 법적 측면에서 명백한 규칙과 결정 과정을 수반하는 공식적인 장치임이 강조되기 때문에, 사회과학에서 폭넓은 의미로 사용되는 구조의 개념보다는 다소 한정적인 의미를 갖는다. 따라서 계급과 같은 거시적 수준의 영향력있는 변수가 등한시될 수 있다는 약점이 불가피해진다. 비단 계급뿐만 아니라 나라마다 직면하기 마련인 인종적 · 문화적 · 지정학적인 거시적 수준의 요인이 제도적 분석을 보완시켜 나갈 필요가 있다.

셋째, 신제도주의의 연구에서 두드러진 경향은 제도가 정치적 선택이나 정책 형성에 미치는 영향력에 초점을 맞추다 보니, 제도는 언제나 이미 주어진 것으로 분석이 이루어진다는 문제이다. 다시 말해 제도의 영향력에 치중하는 나머지, 제도가 형성되는 근원과 형성 과정 및 변환의 문제가 소홀해진다는 지적이 가능해진다. 그 결과 개인이나 정책결정권자의 행위와 선택에 영향을 미치는 규범이나 가치, 또는 여러 규칙이 어떻게 만들어졌는가 하는 문제가 상대적으로 잘 다루어지지 않고 있다. 따라서 제도로서 모든 것이 설명된다는 이른바 제도결정론이라는 독단에 빠질 가능성이 크다.

2) 방법론상의 문제

신제도주의가 지니고 있는 문제점은 제도를 둘러싼 비판 외에도, 신제도주의가 차용하고 있는 방법론에도 존재한다.

첫째, 신제도주의는 개별 국가의 제도적 특징이 국가 간의 정책적 차이를 효과적으로 설명해 줄 수 있음을 강조한다. 그러나 개별 국가의 특성과 그것이 형성되어 온 사회적 맥락은 매우 다양하기 때문에, 신제도주의 역시 구제도주의와 마찬가지로 역사적으로 형성된 개별 국가의 제도적 차이에 대한 보편적인 분석 방법을 결여하고 있다.

둘째, 신제도주의는 역사적 · 비판분석적 접근 방법에 주로 의존한다. 이와 같은 귀납적 접근 방법은 제도적 특성에 대한 설명을, 자칫 이야기 만들기(storytelling)에 그치고 말도록 할 우려가 있다.

셋째, 신제도주의는 제도 이외에 공공정책에 영향을 미치는 다른 변수를 경시하며, 제도와 행위자 간의 상호작용에 대한 문제를 해결하지 못한다.

넷째, 신제도주의는 정책을 설명하는 독립변수로서 제도의 일관성과 연속성을 가정하고 있기 때문에, 제도 자체의 변화에 대한 문제를 명쾌하게 해결하지 못하는 한계가 있다(염재호, 1993: 30-32).

다섯째, 신제도주의는 정치행위자의 상대적 자율성을 지나치게 주장함으로써 논점을 잃고 모호해질 우려가 있다. 예컨대 국가기구는 경제 관계에 영향을 받지만, 상대적으로 자율적이며 그 역도 성립한다. 정치적·종교적 이데올로기는 법·제도에 영향을 받지만, 상대적으로 자율적이다. 가족구조는 신념 체계에 영향을 받지만, 상대적으로 자율적이다. 다시 말해, 상대적 자율성이 도처에 존재한다. 결국 이러한 설명은 너무 복잡하고, 초점을 잃어버릴 개연성이 너무 크다는 데 문제가 있다. 그 결과 어떤 구조가 더 중요하고 어느 정도로 중요한지를 알 수 없게 한다는 것이다(유종해·김문성, 2003).

2 신제도이론의 적용 가능성

신제도주의는 개인의 행위에 초점을 둔 행태주의와 그 연구 방법이었던 방법론적 개체주의의 문제점을 극복하고자 등장한 하나의 새로운 움직임이었다. 개인의 선택과 행동을 제약하고 정치 현상과 관련된 정책상의 결정을 좌우하는, 제도의 영향력을 규명하고자 하는 것이 신제도주의의 일차적인 과제였다. 그리고 이 새로운 방법론상의 변환은 정치학의 관심과 시야를 넓히고, 분석의 폭을 다양화하고 내실화하는 데 나름대로 큰 기여를 했다.

신제도주의적 접근 방법은 기존 정치·행정이론의 문제점을 비판하고, 정치·행정제도가 사회경제적 변화의 종속변수일 뿐만 아니라 독립변수이기도 하다는 점을 부각시켰다. 또한 제도적 구조가 환경의 변화에 단지 적응하기만 하는 것이 아니라, 자체의 생명력을 가지고 지속하려 한다는 사실을 지적함으로써 이론적 발전에도 크게 공헌했다. 이와 함께 신제도주의는 인간 행동의 지속적 구조가 자원, 규칙, 가치를 단지 주어진 것으로 받아들이지 않고, 이것들을 어떻게 형성했는가 하는 점을 탐구하려고 했다는 측면에서 방법론적 독창성을 인정할 수 있다.

결론적으로 신제도주의는 이상에서 열거한 문제점을 극복하면서, 특히 제도 이외의 결정 요인도 고려하는 신축성있는 입장으로 발전한다면 신제도주의의 분석 논리는 그만큼 설득력을 더해 갈 것이다(오명호, 2004: 160-167).

생각해 볼 문제

■ 신제도이론의 등장 배경

1. 행태주의와 신제도주의의 차이점에 대해 생각해 보시오.
2. 구제도주의와 신제도주의의 차이점에 대해 생각해 보시오.

■ 신제도이론의 내용과 특성

1. 신제도주의에서 가정하고 있는 기본 전제에 대해 생각해 보시오.
2. 신제도주의에서 보는 제도의 개념의 특성에 대해 생각해 보시오.
3. 신제도주의에서 보는 제도의 범위에 대해 생각해 보시오.
4. 신제도주의가 여러 유파로 나뉘게 된 원인에 대해 생각해 보시오.
5. 규범적 제도주의의 특징에 대해 생각해 보시오.
6. 합리적 선택 제도주의의 특징에 대해 생각해 보시오.
7. 역사적 제도주의의 특징에 대해 생각해 보시오.
8. 사회학적 제도주의의 특징에 대해 생각해 보시오.
9. 경험적 제도주의의 특징에 대해 생각해 보시오.
10. 신제도주의의 각 유파들의 특징을 비교해서 차이점과 공통점을 추출해 보시오.

■ 신제도이론의 적실성

1. 신제도주의에 가해지고 있는 비판 중 제도의 문제점에 대해 생각해 보시오.
2. 신제도주의에 가해지고 있는 비판 중 방법론상의 문제점에 대해 생각해 보시오.
3. 행정학에서 신제도주의의 적용 가능성에 대해 생각해 보시오.

제 5 장

현상학이론

제 1 절 현상학이론의 등장 배경

후설(Edmund Husserl)은 1937년 5월 오스트리아의 수도인 빈(Wien)에서 행한, '유럽인의 위기와 철학'이라는 강연을 통해 현대를 위기의 시대로 규정했다.[1]

그는 이 강연에서 현대인은 정신적으로 병들었고 병든 인간에 의해 이루어진 현대 문화 역시 병든 문화이며, 그래서 현대인은 더 이상 참다운 인간으로서 생존 유지가 어려운 위기 상황에 처해 있다는 진단을 내렸다. 후설은 현대인과 현대 문화가 맞이하는 위기의 일차적인 책임은 현대 과학이 병들어서 그 본래적인 기능을 상실하고 있기 때문인 것으로 보았다. 그러면서 후설은 이러한 과학의 위기가 철학의 위기에서 비롯된 것이라고 규정했다.

다시 말해 후설은 모든 것의 뿌리이자 모든 것의 원리를 탐구하는 데 목적을 둔 철학이 20세기에 들어오면서 자신의 고유한 기능을 상실함에 따라 위기에 봉착하게 되었고, 그에 따른 필연적인 결과로 과학의 위기가 초래했다고 본 것이다(Spiegelberg, 1960; 에드문트 후설, 2003; 이남인, 2004). 이에 현상학이 등장하게 된 시대적 배경과 그에 따른 이론적 배경 등을 다음과 같이 살펴보고자 한다.[2]

---

1) 이 강연 내용은 '유럽인의 위기와 철학(Die Krisis des europ ischen Menschentums und die Philosophie)'이라는 제목으로 *Hua,* VI: 314-348에 수록되어 있다.

1 현상학이론의 시대적 배경

19세기 중후반에서 20세기 초에 이르는 시기는 실증적 경험에 기초한 과학이 비약적으로 발전하면서, 헤겔(Georg W. F. Hegel)에 의해 절정에 달했던 독일관념론이 붕괴되고, 이러한 상황에서 철학이 심각한 정체성의 위기에 처하게 된 때였다.

1) 헤겔의 죽음과 실증주의의 등장

1831년 헤겔의 죽음은 거대한 독일관념론이 와해되었음을 의미한다. '이성적인 것이 현실적이다'라는 검증 불가능한 명제 위에 서 있었던 헤겔의 거만한 관념론이 무너지면서, 이에 대한 다양한 반동이 표출되기 시작했다. 이처럼 19세기 중후반에서 20세기 초에 걸친 유럽의 철학적 지형도는 헤겔의 철학을 통해 규정되었다. 헤겔은 모든 철학적 원리를 체계적으로 해명하면서, 이들을 하나로 묶을 수 있는 거대한 철학 체계를 수립하고자 시도했다.[3] 그러나 헤겔의 철학 체계는 결정적인 결함을 지니고 있었는데, 결함이란 바로 그의 체계에는 철저한 철학적 비판정신이 결여되어 있다는 사실이다. 이처럼 철저한 철학적 비판정신이 결여되어 있기 때문에, 헤겔의 철학은 엄밀학으로서의 철학의 이념과는 무관한 철학이라 할 수 있다.[4]

---

2) 이 장에서 논의하는 현상학이론은 주로 후설의 현상학이론에 한정하고자 한다. 현상학이론을 논의하는 데 일반적인 어려움은 후설의 현상학이론이 난해하고, 통일된 용어가 마련되어 있지 않다는 데 있다. 이에 더해 후설의 현상학이론의 경우 평생에 걸친 노력에도 불구하고, 하나의 통일된 체계를 세우지 않았다는 점이다. 더욱이 초기 철학과 후기 철학 간에는 경향성이라든지 표면적인 테마에서 큰 변화가 있기 때문에, 후설의 현상학은 체계적으로 사상을 파악하기가 어렵다는 점도 문제라고 할 수 있다. 그래서 후설에 대한 해석과 이해 사이에는 큰 차이가 있을 뿐만 아니라 서로 반대되는 의견마저 나타나고 있는 실정이다. 특히 독어 원전을 보기 어려운 저자의 경우 영어로 번역된 책에 의존한 까닭에 그 어려움은 더욱 크다. 따라서 많은 부분을 번역서에 의존한 관계로 논의의 정밀성에도 한계가 있음을 미리 밝혀둔다.

3) 이러한 시도를 잘 보여주는 것이 논리학, 정신철학, 자연철학 등 모든 가능한 철학을 하나의 체계 속에서 정리해 놓은 그의 철학백과라고 할 수 있다. 이런 점에서 철학백과로서의 그의 철학 체계는 모든 가능한 철학을 포괄하는 보편적인 철학이라 할 수 있다.

4) 후설의 '엄밀학으로서의 철학'은 19세기 중후반에서 20세기 초 철학이 처한 시대적 상황을 비판적으로 검토하면서, 철학을 엄밀학으로서 정립해야 할 필요성을 역설했다. 그런데 엄밀함으로서의 철학을 의미할 때, 엄밀하다는 것은 첫째, 개념을 통해 그 개념이 지시하는 사상을 다른 사상과 구별하면서 확인할 수 있어야 하고, 둘째, 개념을 이루고 있는 부분적인 요소가 충분히 분절되어 있어야 한다. 다시 말해, 개념이 명석성과 판명성을 지니고 있어야 함을 의미한다. 그러나 이는 수학과 같은 정밀과학에서 요구되는 정밀성과는 구별되어야 한다. 정밀성은 연역 법칙적 설명이 가능함을 의

헤겔의 철학은 이후에 등장한 철학 사조의 전개에 결정적 영향을 미쳤다. 그것은 다름 아닌 실증주의의 복권으로서, 자연주의 철학과 역사주의 철학이었다. 거만한 관념론에 자리를 물려주어야 했던 실증주의는 이제 실증성을 새로운 시대정신의 표상으로 선언하고 철학사에 등장했다. 이처럼 실증주의가 헤겔의 거만한 관념론을 대신하면서, 그 영향력은 모든 영역에 미치기 시작했다(김영필, 1998).

첫 번째 철학 사조는 물리학적 실증주의라 불리는 자연주의였다. 자연주의 철학은 르네상스 시대 이래 비약적으로 발전한 자연과학 중에서도, 특히 수리와 물리학의 성과에 크게 자극받아 물리학적 방법이 모든 학문의 유일한 방법이 될 수 있다고 생각하는 철학적 입장이다. 자연주의는 물리주의(Physikalismus) 혹은 객관주의(Objektivismus)라고도 불린다. 대표적인 예로 물리학을 모범으로 삼아, 사회학조차도 사회물리학으로 정초하고자 했던 콩트(Auguste Comte)의 철학이 이에 속한다.

두 번째 철학 사조는 역사학적 실증주의라 할 수 있는 역사주의였다. 역사주의 철학은 19세기 후반에 비약적으로 발전한, 역사학을 비롯한 제반 정신과학에 편승해 성립된 철학 사조라 할 수 있다. 모든 현상은 역사성을 지니며 따라서 역사적 제약을 벗어날 수 있는 현상은 존재할 수 없을 것이라고 생각하는 철학적 입장을 말한다. 역사학의 철학적 토대를 찾기 위해 노력했던 드로이젠(Johann G. Droysen), 딜타이(Wilhelm Dilthey) 등의 해석학적 철학이 이에 속한다.

마지막으로 들 수 있는 철학 사조는 문헌 중심적 실증주의였다. 독일관념론의 붕괴 이후 철학이 위기에 처하면서, 철학의 고유한 업무는 철학적인 사상(事象, 또는 사태)의 해명에 있는 것이 아니라, 단지 엄밀한 문헌학적 방법을 사용해 과거의 위대한 철학자들의 사상을 정리하는 데 있다는 생각이 만연해 있었다. 이러한 분위기 속에서 특정한 철학자에 관심을 가진 사람들이 모여 하나의 학파를 이루는 경우가 많았는데, 신칸트주의 학파가 대표적인 예이다(에드문트 후설 외, 1997; 이남인, 2006).[5]

2) 철학 이념의 방해물로서 실증주의

자연주의 철학과 역사주의 철학은 모두 현대의 정신적 궁핍과 위기를 낳게 한 장본인

미하지만, 엄밀성은 그렇지 않으며 도리어 그러한 정밀성만을 추구하는 자연주의 탓에 엄밀하지 못한 개념만을 얻게 될 위험성이 있기 때문이다.

5) 신칸트주의 이외에도 신아리스토텔레스주의, 신토마스아퀴나스주의, 신헤겔주의 등 여러 가지 유형의 문헌학적 실증주의가 등장했다.

일 뿐만 아니라, 엄밀학으로서의 철학 이념을 실현하는 데 커다란 방해물이었다. 그것은 자연주의가 엄밀학으로서 철학의 이념을 왜곡시켰기 때문이고, 역사주의는 철학의 이념을 약화시켰기 때문이다(Spiegelberg, 1960; 이남인, 2006).[6]

첫째, 자연주의와 역사주의가 지닌 문제점은 모든 것을 경험적 사실로 환원해 설명하려 하면서 규범적인 모든 존재를 부정한다는 데 있다. 물론 규범적인 존재를 부정하는 것을 무조건 부정적인 시각에서 바라볼 필요는 없다. 규범적인 것의 부정이 경우에 따라 인류를 해방시키는 기능을 하는 경우도 존재하기 때문이다.

그런데 이러한 사실은 규범이 참다운 의미에서 이성적으로 정초되지 못한 경우에 타당하다. 이 경우 규범은 인간을 부당하게 구속하는 역할을 할 수 있다. 그렇지만 이러한 규범은 참다운 규범이라 할 수 없다. 그리고 우리는 참다운 규범 없이는 살아갈 수 없다. 참다운 규범을 찾고, 그것을 이성적으로 정초하는 작업이야말로 철학에 부과된 가장 중요한 과제이다. 이러한 점에서 규범의 존재를 부정하는 자연주의와 역사주의는 철학이 아니라 비철학이라 할 수 있다. 그것은 일종의 신앙, 즉 사실에 대한 신앙에 토대를 두고 있는 것이지 이성에 토대를 두고 있는 것이 아니다.

둘째, 자연주의와 역사주의는 자연, 역사, 정신, 예술, 종교, 본질, 의식 등 그 존재의 인식 구조에서, 서로 구별되는 다양한 사상(事象, 또는 사태) 영역이 있음을 망각하고 있다는 점이다. 따라서 특정의 사상 영역에만 타당한 존재나 인식 원리를 일반화시켜 모든 사상 영역에 무차별적으로 적용할 수 있으리라는 중대한 오류를 범하고 있다. 자연주의와 역사주의는 자연을 파악하는 방식과 역사를 파악하는 방식이, 모든 존재 영역을 파악할 수 있는 방법이 될 수 있으리라고 생각한다.

이런 측면에서 자연주의와 역사주의가 비철학으로 전락하게 되는 또 하나의 이유를 발견할 수 있다. 다시 말해 철학은 존재자 전체에 대한 보편적인 인식을 획득함을 목표로 하는데 반해, 자연주의와 역사주의는 특정한 존재 영역에 대한 인식의 획득에만 만족하고자 하는 철학이기 때문에 비철학이 되고 만다(퀀틴 라우어, 1987).[7]

---

6) 바로 이러한 이유로 후설은 '엄밀학으로서의 철학'에서 자연주의와 역사주의를 체계적으로 검토하면서 비판하고, 이를 토대로 엄밀학으로서의 철학의 이념을 해명하고자 시도했다. 이에 따라 엄밀학으로서의 철학의 본론 부분은 크게 자연주에 대한 비판 부분과 역사주의에 대한 비판 부분으로 나뉜다.

7) 후설에 의하면 철학의 과제는 '철학은 모든 것의 원리, 모든 것의 뿌리에 관한 학(學)이다'라는 전통적인 철학의 이념을 근원적으로 새롭게 부활시켜 참다운 철학을 수립함으로써 현대 과학 일반이 처한 위기, 더 나아가 현대인이 처한 실존적 위기를 극복할 수 있는 토대를 마련하는 데 있다. 바로 이러한 철학이 엄밀학으로서의 철학을 지향하는 현상학이라고 볼 수 있다.

3) 현상학의 등장

19세기 말의 사조는 크게 실증주의와 비합리주의의 두 흐름으로 분류해 볼 수 있다. 전자가 자연과학의 체계에 대한 절대적인 신뢰에서 비롯된 것이라면, 후자는 과학적 체계에 바탕을 둔 사유가 불러온 삶의 모든 국면에 걸친 상실과 파탄에 대한 경악과 절망의 감정에서 비롯한 것이었다.

이런 사상은 19세기와 20세기의 삶의 방식을 반영하는 것이자 선도하는 것이었다. 이 두 흐름은 근대가 지닌 근본적인 문제로서 20세기의 시대상에 비추어볼 때 마땅히 지양되어야 할 것이었다. 이러한 문제 의식에서 현대의 주도적인 철학적 흐름은 형성되었다. 이러한 흐름 중 첫째로 꼽을 수 있는 흐름이 후설이 주창한 현상학이다.[8] 후설은 당대의 철학이 얼마나 많은 선입견에 오염되어 있는가를, 그가 창안한 현상학의 방법을 통해 밝혀내는 데 철학적 작업의 초점을 두었다.[9]

결론적으로 후설이 살았던 시대는 과학적 제국주의가 통일과학의 이념으로 무장된 과학호를 출항시키면서, 철학의 학문성을 철저히 유린했던 시대였다. 학문으로서 철학의 이념이 과학에 유린당하는 것은 바로 인문과학 및 정신과학의 위기요 또한 삶의 위기라고 간주하고, 이런 위기를 극복하고자 등장한 이론이 현상학이다(허버트 스피겔버그, 1992; Bernet et al., 1993; 에드문트 후설 외, 1997).

---

8) 헤겔의 죽음과 더불어 일어난 실증주의의 발흥은 이미 기술한 대로 자연과학의 발전과 밀접한 관련이 있다. 그러나 19세기에 급속도로 발전한 자연과학은 마침내 철학까지도 자연과학 속에 해소시켜 버리려는 극단적인 경향을 띠게 되었다. 이러한 경향에 맞서 일어난 것이 칸트철학의 부활이다. 이러한 사상적 흐름을 신칸트학파라고 부르는데, 신칸트학파는 칸트 철학의 의의가 과학에 올바른 기초를 정립해 주는 데에 있다고 보고 칸트 철학을 부흥시켜 자연과학의 과학주의에 맞서려고 했다. 이러한 움직임은 처음에 랑게(Friedrich A. Lange), 리프만(Otto Liebmann) 등에 의해 주도되다가, 나중에 두 개의 학파로 성립했다. 하나는 코엔(Hermann Cohen), 나토르프(Paul G. Natorp), 카시러(Ernst Cassier) 등이 중심이 된 마르부르크학파이고, 다른 하나는 빈델반트(Wilhelm Windelband), 리케르트(Heinrich Rickert) 등이 중심이 된 서남독일학파(또는 바덴학파)이다. 신칸트학파의 일반적인 특색은 인식론을 기초로 이상이나 가치의 세계를 확보하는 데 있었다. 마르부르크학파는 이러한 목적으로 자연과학 중심으로 전개했었고, 서남독일학파는 역사과학의 방법론을 중심으로 전개했다.

9) 후설을 중심으로 가이거(Moritz Geigers), 라이나흐(Adolf Reinach), 셸러(Max F. Scheler), 하이데거(Martin Heidegger) 등과 같은 학자들의 철학운동이, 『철학 및 현상학적 연구 연보』라는 잡지를 통해 이루어지는데 이들을 현상학파라고 지칭했다. 이 운동은 초기에는 '사상(事象) 그 자체로'라는 표어에서 보는 바와 같이, 의식에 나타난 것(현상)을 사변적 구성을 떠나 충실하게 포착해서 그 본질을 직관에 의해 파악해 기술한다는 공통적인 지향성을 가지고 있었다.

2 현상학의 이론적 배경

수학자였던 후설에 의해 형성된 현상학의 이념은 단번에 완성된 것이 아니라, 그의 나이 40에 이르기까지 점차적으로 완성된 것이다. 후설의 사상은 수학적 사유작용에 대한 기술심리학에 의해 수학을 해석하려는 시도와 함께 시작되며, 이 시도가 부분적으로 실패하면서 심리에서 벗어난 객관주의적인 순수논리학으로 눈을 돌린다.

후설이 심리학주의[10]를 벗어나는 데에는 프레게(Ferdinand L. G. Frege)[11]와 나토르프(Paul G. Natorp),[12] 그리고 볼차노(Bernhard Bolzano)[13] 등의 영향이 컸다(한전숙, 1984; 한정선, 1990). 이러한 반심리학주의와 대상 개념을 넓게 확장시켜 물질적 사물뿐만 아니라 상상 동물, 원, 사각형까지 대상으로 본 마이농(Alexius Meinong)의 대상이론(Gegenstands theorie),[14] 그리고 중세 스콜라철학에서 기인해 브렌타노(Franz C. Brentano)가 도입한 지향성 개념 등이 후설의 현상학의 성립에 주요한 기틀을 형성했다.

다시 말해, 후설의 현상학은 신칸트학파(neo-Kantianer) 가운데 하나인 도이치-오스트리아 학파(deutsche-osterreichische schule)의 전통 속에서 형성된, 선험적 인식철학의 영향을 지대하게 받았다. 그것은 이 학파를 주도적으로 이끌어간 철학자가 바로 오스

---

10) 심리학주의는 논리 법칙이 보편타당한 것이 아니라, 단지 심리적인 강박감에 의해 참으로 간주되는 상대적인 것이라는 입장을 취하는 이론이라 할 수 있다.

11) 프레게는 근대 수학 논리의 기초를 세우는 데 기여했다. 그는 철학과 수학의 경계선(수학의 철학과 수학논리)을 연구해, 근대 논리학 전체를 발달시킨 기초 개념을 창조하는 데 기여했다. 그는 심리작용에 의해 수 개념을 설명하는 태도를 비난하는 입장을 취했다. 그래서 심리적인 것과 논리적인 것, 주관적인 것과 객관적인 것, 참으로 간주함과 참인 것 그 자체를 구별할 것을 강조했다.

12) 나토르프는 논리적 심리학주의가 객관적·논리적 영역을 주관적·심리학적 영역으로 부당하게 이행시킨다고 비판했다. 나토르프는 신칸트학파로서 코엔과 함께 마르부르크학파의 대표자라 할 수 있다. 그는 윤리학, 교육학, 역사철학에서 사회주의의 이상주의화를 주창했다. 즉, 이상주의는 사회주의에 입각해야 하고, 사회주의는 이상주의에 의해 성립되어야 한다고 주장했다

13) 볼차노는 사유 같은 주관적 작용과, 독립적이고 객관적인 명제, 그리고 진리 그 자체가 존재한다고 주장했다.

14) 마이농의 철학은 일반적인 대상들(object in general)을 다루었다는 데 특징이 있다. 마이농에 의하면, 대상은 존재하든 존재하지 않든 간에 상관없이 지적으로 인지 가능한 모든 것을 의미한다. 마이농은 모든 대상에 대해 그리-있음(sosein, being-thus)과 있음(sein, being)을 구분했다. 예컨대 원형의 정사각형은 원과 사각형이라는 두 속성에서 의해 정의되기 때문에 그리-있음을 가진다. 그렇지만 그것은 자기 모순적 성격을 가지며, 그러한 대상이 존재할 수 없기 때문에 '있음'을 가질 수 없다는 것이다. 그러므로 대상의 새로운 장은 현실보다 더 '광범위할' 뿐만 아니라 그 대상 고유의 분리된 차원을 구성한다. 따라서 대상은 그것들의 실재적 실존 또는 단순한 가능성과 상관없이 그 속성, 즉 그리-있음에 의해서만 결정된다. 어떤 의미에서 대상은 현실로부터 '벗어난다.'

트리아의 브렌타노였기 때문이다.

현상학은 이런 측면에서 신칸트학파의 과학주의를 계승하면서도, 신칸트학파의 인식론적 경향과 달리 존재론적 경향 속에서 새로운 방법론을 모색한다는 점에서 특색이 있다. 후설은 신칸트학파가 칸트에서 출발하는 것과 달리, 명제 자체 또는 사상 자체를 주장한 볼차노의 논리 사상과 정신 현상의 지향성을 주장하는 브렌타노나 슈툼프(Carl Stumpf) 등으로부터 심리학을 받아들였던 것이다. 그리고 이를 다시금 아우구스티누스(Aurelius Augustinus)와 데카르트(René Descartes)의 내적 체험 사상과 결합시킴으로써 후설 특유의 현상학을 창시했다(Grossmann, 1984; 에드문트 후설 외, 1997).

후설에 따르면, 현상학이란 의식 현상의 본질을 순수 직관, 즉 본질 직관에 의해 기술하는 본질학이라는 것이다. 이러한 후설의 입장은 언뜻 보면 신칸트학파의 입장과 별반 다를 것이 없다. 그러나 신칸트학파가 순수 사유의 선천적 형식에 의해 대상을 산출한다는 논리주의적 인식론과 달리, 현상학은 대상이 우리 의식에 나타난 것, 즉 사상 그 자체를 탐구한다.

이 점에서 현상학은 대상이 존재하고 있는 그 자체를 문제 삼는 존재론적 성격을 띤다. 이러한 존재론적 성격을 현상학은 '사상 그 자체로(Zu den Sachen Selbst)'라는 슬로건으로 표현한다. 이때 사상 그 자체란 실증주의자들이 말하는 감각소여(sense data)와는 다른 사물의 본질을 가리키는 말이다(Spiegelberg, 1960).

3 현상학의 전개 과정

후설이 현상학을 형성해 간 전개 과정에 대해서는 학자마다 다양한 구분을 하고 있다. 일반적으로는 후설의 사상을 중심으로 두 시기로 나누는데, 전(前)현상학기와 현상학기의 구분이 그것이다. 전현상학기는 후설이 심리학주의에서 벗어나지 못한 상태를 가리키며, 브렌타노의 영향력 아래에 있던 시기이다. 그런데 심리학주의는 후설 스스로의 비판에 의해 반심리학주의로 접어들게 된다. 현상학기는 이와 같이 후설이 반심리학주의의 사상을 정리함으로써 들어서게 된다.

그런데 현상학기는 초기, 중기, 후기의 3기로 나누기도 하고, 전기와 후기의 2기로 나누기도 한다. 현상학기의 구분은 현상학을 기술적 심리학, 심리학적 현상학, 그리고 선험적 현상학으로 구분짓게 한다. 현상학기에서 이러한 구분이 중요한 것은 심리학적 현상학에서 선험적 현상학으로 넘어가는 단계에 이르러서야 선험적 영역으로 들어서는 과정이 되기 때문이다. 즉, 선험적 영역에 이르러서야 현상학의 학문적 이념을 실현하게 되었음을 의미한다(한전숙, 1984; 신귀현, 1977).

이상에서 보듯이 후설이 현상학을 형성해 간 전개 과정에 대해서는 학자마다 다양한 구분이 있기는 하지만, 여기에서는 후설의 현상학의 형성 시기를 다음과 같이 4단계로 나누어 각 단계별로 그 특징을 간략히 살펴보고자 한다.

후설의 현상학에서 1기 현상학 단계는 1901년 『논리연구 1권』과 1902년의 『논리연구 2권』을 완성한 시기로 볼 수 있다. 후설은 『논리연구 1권』에서 자신의 철학을 현상학이라고 지칭했다. 그리고 그 현상학은 근본적으로 인식이 성립할 수 있는 원천, 즉 인식의 근거를 밝히는 것이라고 했다. 따라서 후설의 현상학은 1기부터 인식의 근거를 밝히는 인식론, 즉 인식 철학으로 간주했다. 후설은 『논리연구 1권』에서 심리작용과 심리 현상에 의한 인식의 절차를 가감 없이 기술하는 데 주력했다. 그래서 이러한 현상학을 가리켜 기술적 심리학이라고 부른다. 그러나 이때 그의 현상학은 극단적 심리주의에 빠져 있음을 보여주었다. 이에 더해 그의 현상학은 순수한 사유의 형식을 다루는 논리학마저도 심리작용과 심리 현상을 다루는 심리학에 종속시키고 있었다.

그렇지만 『논리연구 2권』에서는 브렌타노가 제시한 의식의 지향성에 대한 이론을 강력하게 밀고 나감으로써, 심리주의를 극복함은 물론 오히려 심리주의까지 비판하기에 이르렀다. 후설은 여기에서 우리의 의식은 어떤 것에 대한 의식, 즉 어떤 것을 향한 의식임을 강조했다. 그리고 그는 이 지향적 의식의 체험작용에 의한 인식의 절차를 그대로 기술했다. 그래서 후설의 1기 현상학을 통틀어 기술적 현상학이라 부른다. 특히 후설은 이 시기에 인식의 명증성은 지향적 의식의 직관으로부터 얻을 수 있다는 것을 강조했다(강손근, 1983; 김경훈, 2000).

후설의 현상학에서 2기 현상학 단계는 1907년에 『현상학의 이념』과 1913년의 『순수 현상학과 현상학적 철학을 위한 이념』이 완성된 시기로 볼 수 있다. 후설은 1907년의 저서 『현상학의 이념』에서 현상학이 지향해 나아가야 할 이념을 밝혔는데, 역사적 성찰을 통해 철학은 제1철학(Erste philosophie)이 되고자 한다는 것을 천명했다. 후설은 철학이 제일철학일 수 있는 까닭은 선험철학에 있다고 보았다. 그리고 그는 선험철학으로서의 제일철학은 엄밀성에 대한 요구를 충족시켜야 한다는 책무를 감당해야만 한다고 보았다(Osborn, 1934).

후설은 엄밀학으로서의 철학이라고 하는 현상학의 이념을 자세하게 논의해서 이를 1911년 『로고스(*Logos*)』지에 발표했다. 후설은 이 논문에서 엄밀학으로서의 철학이고자 하는 현상학은 인식의 엄밀성에 대한 요구를 충족시켜야만 한다고 주장했다. 그리고 이 인식은 감성적 경험을 근거로 한 과학적 인식이 아니라, 선험적 순수 의식을 근거로 한 선험적 인식을 의미한다. 후설은 선험적 인식의 엄밀성에 대한 첫 번째 조건을 충족시킬 수 있는 방안으로서 현상학적 환원을 제시했다. 현상학적 환원과 환원의 절차는 『데카르트적 성찰』에서 현상학이 본질 직관의 학으로 넘어가는 과정에서 상세하게 논의되었다. 이 시기 후설의 현상학을 선험적 구성 현상학이라고 한다.

후설의 현상학에서 3기 현상학 단계는 1929년에 쓴 『선험적 논리학과 형식논리학』과 1931년의 『데카르트적 성찰』이 완성된 시기로 볼 수 있다. 후설은 『선험적 논리학과 형식논리학』에서 순수 의식의 근거가 되는, 사유하는 자아(ego cogitans)가 따라가야 할 선험적이고 형식적인 논리구조가 무엇인가를 밝혔다. 그리고 『데카르트적 성찰』에서는 선험적 인식의 근거가 되는, 순수 자아의 필증성(Apodikat)을 얻기 위해 데카르트가 수행한 방식을 따라 성찰해 나갔다. 후설은 성찰을 통해 선험적 자아의 필증성을 설명했다. 그래서 이 시기의 그의 현상학을 선험적 자아론이라고 부른다. 후설은 이 저서에서 자신의 현상학을 본질 직관의 학으로서 넘겼다.

후설의 현상학에서 4기 현상학 단계는 후설이 사망하기 2년 전인 1936년에 『유럽 학문의 위기와 선험적 현상학』이 완성된 시기로 볼 수 있다. 후설은 이 저서에서 유럽 학문의 위기는 데카르트(René Descartes) 이래 생겨난 합리주의적 사고와 합리적인 사고를 바탕으로 해서 형성된 뉴턴(Isaac Newton)과 케플러(Johannes Kepler)의 과학적 사고에 의해 우리가 실제로 살고 있는 초월적인 삶의 세계에다 끊임없이 이념의 옷을 입히고, 그 이념에 따라 실제적인 삶의 세계를 수학적, 자연과학적 그리고 기계론적으로 파악하는 데 있다고 보았다. 후설은 이러한 위기를 극복하기 위해 초월적 삶의 세계로 되돌아가야 한다고 강조했다. 이 저서 속에 담긴 현상학을 소위 말기 현상학이라고 부른다(윤명노, 1987; Bernet et al., 1993; 에드문트 후설, 2003).

제 2 절 • 현상학이론의 내용과 특성

1 현상학의 개념

1) 현상학의 어원

현상학은 독일어로는 'phanomenologie', 영어로는 'phenomenology'인데, 이는 현상을 의미하는 그리스어 'phainomena'와 말을 의미하는 'logos'가 합쳐진 합성어에서 유래했다. 현상학이라는 용어를 최초로 사용한 사람은 플라톤(Platon)인데, 그는 현상을 말한다는 의미로 현상학이라는 용어를 사용했다.[15] 따라서 어원상으로 볼 때 플라톤이 사용했던 현상학은 현상에 대해 말한다는 것을 의미하는 것으로 출발했지만, 현상학은 플라톤의 변증법에 밀려 자취를 감추게 되었다.

이후 철학사에서 현상학이라는 용어는 학자들마다 각기 다른 개념으로 사용되어 왔다. 그러다가 1764년 독일의 수학자이며 철학자인 람베르트(Johann H. Lambert)가 저술한 『새로운 유기관(*Neues Organon*)』의 4부에서 소제목으로 다시 등장하게 되었다. 람베르트가 자신의 인식론 일부에 현상학이란 명칭을 사용하면서, 재등장한 현상학은 실체의 외부에 나타나는 현상을 다루는 학문이라는 의미로 사용되었다. 그래서 람베르트는 본체의 본질을 연구하는 본체학과 구별해, 본체의 현상을 연구하는 학문을 현상학이라고 규정했다. 람베르트는 현상학은 여러 가지 현상으로부터 가상을 인식해서 그 가상으로부터 본질을 규정하고, 반대로 본질로부터 가상을 규정하는 인식의 기초적 학문으로 보았다. 람베르트가 현상학이란 용어를 인식론의 일부로 사용하면서, 현상학은 새로운 인식론의 한 영역으로 자리를 잡기 시작했다(Farber, 1943; 박이문, 1992; 장 프랑수아 리오타르, 1989).

람베르트에 이어 칸트(Immanuel Kant)는 1786년에 쓴 논문 「자연과학의 형이상학적 발단의 근거(metaphysische Anfangs grunde der Naturwissenschaft)」에서, 자연철학

15) 플라톤은 현상을 겉으로 볼 수 있는 물질적 현상과 물질 속에 깊이 숨어 있는 예지적 형상으로 구분했다. 그리고 예지적 형상인 이데아를 물질적 현상 속에 속해 있는 초감성적 본질이며, 동시에 불생불멸의 초월적 존재로 설명했다. 플라톤은 이에 적합한 방법으로서 현상학 대신에 변증법 또는 변증술로서 'dialektike'를 택했다고 볼 수 있다.

을 경험적인 현상에 관한 학(學)이라고 규정하면서 현상학이라는 용어를 사용했다.[16] 칸트는 이 논문에서 람베르트처럼 본체와 물질적 현상을 구별하면서,[17] 현상학이란 경험적 실제물들이 보여주는 운동과 정지를 표상의 형식과 표상의 양태에 따라 규정하는 학문으로 규정했다.

그렇지만 칸트는 물질적 현상을 플라톤이나 람베르트처럼 가상이나 환상으로 보지 않고, 감성적으로 경험할 수 있는 경험적 실제물로 보았다는 점에서 차이가 있다. 하지만 람베르트와 칸트가 말한 현상학은 본질이나 정신적 현상을 규정하는 학문이 아니라, 물질적 현상만을 규정하는 학문을 의미하는 것이란 점에서는 공통점이 있다.

이후 헤겔(Georg W. F. Hegel)에 이르러서 현상학은 변증법적 체계 속에서, 하나의 독립된 정신과학으로 등장하기 시작했다. 1807년에 헤겔은 그의 『정신현상학(*Phänomenologie des Geistes*)』에서, 감각적 확실성에서 출발해 절대지(絕對知)에 이르기까지 의식의 발전 과정을 서술하는 의미로 이 용어를 사용했다. 다시 말해, 현상학은 소박한 감성적인 의식에서 출발해 뚜렷한 자기 의식을 통해 절대적 의식에 이르기까지, 인간 의식의 변증법적인 발전을 형이상학적으로 표현하는 것으로 보았다. 그럼에도 불구하고 20세기를 주도했던 현상학은, 후설이 현상에 대한 엄밀한 인식의 학 또는 본질 직관의 학으로서 제시함에 따라 비롯되었다고 할 수 있다(퀀틴 라우어, 1987; 한국현상학회, 1988; 장 프랑수아 리오타르, 1989).

2) 현상학의 개념

현상학이란 의식적으로 경험한 현상을 인과적으로 설명하거나 어떤 전제를 가정하지 않고 직접 기술하고 연구하는 것을 주된 목표로, 후설의 슬로건인 '사상(事象) 자체로(zur sache selbst)'에 동조하는 사조를 총칭한다. 그래서 현상학은 본질 자체에 관한 학이 아니라, 본질을 직관하는 의식에 관한 학(學)이라고 할 수 있다. 다시 말해, 의미나 의의를 탐구하는 본질과학은 기하학과 마찬가지로, 실재적인 존재나 사물이나 사실과는 상관하지 않고 순수한 본질과만 관계한다. 그래서 본질과학에서는 실재하는 사물에 관한 감성

16) 칸트가 '경험적인 현상에 관한 학(學)'이라는 것은 인간이 인식할 수 없는 '물 자체(物自體)'에 관한 학(學)에 대립해서 인간이 경험을 통해 인식할 수 있는 것에 관한 학이라는 의미이다. 칸트는 인식은 감성적인 경험을 통해서만 가능하기 때문에, 학으로서의 형이상학은 성립되지 않는다고 보았다.

17) 칸트가 말하는 본체란 모든 물질적 현상을 밑에서 받치고 있는 기체 또는 실체로서 물 자체를 의미한다. 칸트는 물 자체의 대표적인 예로서 신(Gott), 자유(Freiheit), 영혼(Seele)을 들고 있다.

적인 경험은 우선 일단 배제되고 보류되어야 한다.

그런데 현상학이 내건 '사상(事象 또는 사태) 자체로'라는 슬로건 때문에, 현상학이 객관적인 사물을 경험적으로 분석하고 정리하는 것으로 잘못 이해되는 경우가 있는데, 현상학은 말 그대로 현상 그대로를 연구하는 학문이다. 현상 그대로를 연구하기 위해 현상학의 개념은 전제 요건으로 설명이 없어야 함을 요구한다. 그것은 어떤 사실에 대해 설명을 한다는 것은 그것에 대해 나름대로의 주관적인 판단을 한다는 뜻이 되기 때문이다. 그래서 후설은 모든 사실에 대해 두 가지 제약을 부여했다.

첫째, 판단중지(epoche)라는 제약이다. 이는 사실에 대해서 어떠한 판단도 내리지 않는 것을 의미한다.[18] 현상학적 판단중지는 나에게 존재하는 것으로 주어진 세계를 단순히 그대로 받아들이지 않고, 회의를 통해 명증적으로 진리인 것만을 취하는 것이다. 그래서 판단중지에서는 사실로서의 세계가 배제되고 본질로서의 세계가 남게 된다. 판단중지에서는 자연과 정신 영역, 모든 학문과 신 존재, 그리고 논리학, 기하학, 산술학 같은 본질학도 괄호쳐지지만, 순수 자아의 작용과 순수 자아에 의해 직관된 본질은 괄호치기를 당하지 않는다(신귀현, 1983; 배우순, 1999).

둘째, 괄호치기(einklammerrng)라는 제약이다. 이는 확실하지 않으니 어떤 판단도 부여하지 말고 일단 괄호를 쳐두라는 것을 의미한다.

그러나 후설 스스로도 사실 그 자체로 다가가는 것, 즉 어떠한 선입관도 배제한다는 것이 쉬운 일은 아니라고 보았다. 왜냐하면 인간의 생각 속에는 이미 다음과 같은 세 가지가 들어 있기 때문이다. 첫째는 선견(vor sicht)으로 이는 미리 본 것을 의미한다. 생각을 할 줄 아는 사람이라면 누구든지 과거에 본 것이 있는데, 그런 경험들이 선입관을 만들어낸다는 것이다. 둘째는 선판단(vor urteil)으로 이는 어떤 사실을 대했을 때, 아무리 객관적으로 사실을 보려 해도 무의식적으로 미리 그것을 판단하는 습성이 있다는 것이다. 셋째는 선이해(vor verstehen)로서, 이는 어떤 사실을 대하면 어떻게 할 것이라고 스스로 이해하고 있는 것이라는 점이다.

이에 따라 인간이 선견, 선판단, 선이해를 가지고 있는 한 어떤 상황에도 완전히 선

18) 판단중지는 고대 그리스의 회의론자(懷疑論者)들이 쓰던 용어였다. 원래는 멈춤 또는 무엇인가를 하지 않고 그대로 두는 것을 의미하는 용어였다. 그러나 피론(Pyrrhon)을 중심으로 한 고대 회의론자들이 판단중지라는 뜻으로 사용하게 되었다. 따라서 판단중지는 판단하는 사람이나 그 대상의 입장과 상태·조건 등이 다양하기 때문에 무엇이든 일률적으로 좋다거나 나쁘다 또는 있다와 없다를 판단할 수 없다. 따라서 매사에 대해 판단을 보류하는 수밖에 없고, 또한 마땅히 그래야 한다는 것이다. 후설은 리히터(Roul Richter)로부터 이 용어를 받아들였다.

입관을 배제할 수는 없다는 것이다. 그럼에도 불구하고 최대한 현상에 가깝게 다가가고자 하는 것이 현상학이다. 결론적으로 현상학은 각자의 생각으로 세상을 바라보는 것이 아니라, 최대한 하나로 수렴할 수 있는 사실을 찾아내는 것이 현상학의 목적이다. 즉, 현상학은 그 자체로 하나의 학문적 성격을 지닌다고 보기보다는, 다른 모든 학문을 하는데 하나의 방법론이 되는 학문이라 할 수 있다(한전숙, 1984; 막스 베버, 1989).

2 현상학의 이념

후설은 1911년 『로고스(*Logos*)』에 게재한 「엄밀한 학(strenge Wissenschaft)으로서의 철학」이라는 논문을 통해, 엄밀한 학으로서의 현상학 수립을 필생의 과업으로 설정하면서 이를 위한 현상학적 방법을 제안했다.[19] 따라서 후설은 모든 학문의 기반을 정초하고자 하는 제1철학(Erste philosophie)을 현상학의 이념으로 설정하고 있었다.[20] 즉, 후설의 현상학은 기획의 성격상 처음부터 학문론에 관심을 두고서 출발했다. 그래서 후설의 현상학은 출발에서부터 관심의 초점이 세계의 존재에 주어져 있지 않았다(한전숙, 1984; 에드문트 후설, 1988; 신오현, 1996).

현상학의 학문적 이념에 대한 후설의 이 같은 사고는 그가 1907년 괴팅겐대학에서 행한 강연에서 이미 제시되었다. 즉, 우리의 삶은 세계와의 연관성 속에서만 이해될 수 있기 때문에, 학문이란 인간과 세계를 떠나서는 아무런 의미가 없다는 것이다. 그러므로 학문의 엄밀성을 수행하기 위해서는 그리고 학문이 세계와의 연관성을 끊을 수 없다면, 객관적 세계인 자연주의의 근본 토대와 방법 및 작업 성과에 대해 원리적인 비판을 행하지 않을 수 없다는 것이다. 왜냐하면 엄밀한 학으로서의 보편학은 어떠한 전제도 가지고 있어서는 아니 되기 때문이다.

이런 측면에서 후설에게 철학이란 이념상 보편적이며 엄밀한 학문이자 절대적으로

19) 후설의 현상학의 이념은 『논리연구』에서 보편학(mathesis universalis)으로서 순수 논리의 의미를 정초하기 위한 기술적 심리학으로 전개되었다. 이어서 『이념들 I』에서는 모든 학문이 대상을 다루는 한 반드시 충족해야 하는, 대상성 일반의 본질에 속한 규칙과 원리들을 다루는 형식존재론으로 전개되었다.

20) 아리스토텔레스와 데카르트의 제1철학은 형이상학이었다. 그러나 후설이 이들과 다른 점은 제1철학을 정초의 근본주의, 절대적 무전제성으로의 귀환, 시작하는 자가 스스로 절대적 기반을 확보하게 되는 근본적 방법을 의미한다는 점에서 차이가 있다.

정초된 자기 책임의 학문이었다. 따라서 후설은 이러한 철학의 이념을 현상학에서 실현하고자 했다. 다시 말해, 현상학은 후설에게 여러 철학 중의 하나가 아니라, 철학 그 자체였다. 철학에서의 보편성은 모든 것을 포괄하고 있기도 하며, 모든 것의 원리이기도 하다. 그리하여 현상학이 추구하는 학문의 이념은 모든 학문의 기초학이 되는 보편학이 되어야 하는 것이다.

그런데 철학이 보편학으로서의 역할을 수행하기 위해서는 엄밀성에 관한 문제를 해결해야만 하는데, 학문적 엄밀성은 현상학적 방법에 의해서만 가능하다는 것이 후설의 입장이다. 그것은 현상학이 자신의 학문적 가능성을 자기 자신을 통해 확립하는 학문이기 때문이라는 것이다(박정호 외, 1996). 그리하여 엄밀학으로서의 철학을 정초하기 위해 필요한 것은 올바른 방법을 확보하는 일이었다. 이와 관련해 자연주의와 역사주의가 지니고 있는 문제점은 양자 모두가 특정한 대상 영역에서만 타당한 방법을 모든 대상 영역에 무차별적으로 적용하려 했다는 데 있었다.

현상학적 관점에서 볼 때, 자연주의와 역사주의가 견지하는 이러한 입장은 근본적으로 문제를 안고 있다. 그 이유는 어떤 사상(事象 또는 사태)을 탐구하기 위한 방법은 사상(die Sache)의 본성에 토대를 두고 있어야 한다는 것이 현상학의 근본 입장이기 때문이다. 그리고 어떤 유형의 학문이든지 엄밀한 학문으로 정립하기 위해서는 그 학문이 다루는 사상을 올바로 파악할 수 있는 방법이 필요하다. 물리학 등의 정밀과학이 엄밀학으로 탈바꿈할 수 있었던 이유는 바로, 자신이 다루고자 하는 사상을 해명할 수 있는 적절한 방법을 발견할 수 있었기 때문이다.

이런 측면에서 볼 때 엄밀학으로서 철학의 경우에도 사정은 마찬가지였다. 엄밀학으로서 철학, 즉 엄밀학으로서 현상학을 수립하기 위해 일차적으로 이루어져야 할 작업은 "사상 자체로!(zu den Sachenselbst!)"라는 현상학의 구호가 말해 주듯이, 철학이라는 학문의 정체에 대한 일체의 선입견에 대해 일단 판단중지한 후 선입견에서 벗어나, 철학이 다루고자 하는 다양한 유형의 사상 자체로 회귀하는 일이었다.

후설은 이처럼 현상학의 이념을 실현해 가는 과정에서 선입견이나 전제를 배제했다. 이른바 정초의 근본주의, 절대적 무전제성으로의 귀환, 시작하는 자가 스스로 절대적 기반을 확보하게 되는 근본적 방법 등을 추구하게 되었다. 다시 말해, 지속적으로 존재하는 것으로서 나에게 선여된 세계를 받아들이지 않겠다는 것으로, 세계의 존재와 그 속에 살고 있는 우리의 존재가 후설의 현상학에서 중요한 문제로 파생된다.

특히 이 문제는 후설이 현상학적 환원을 통해 발견해 내는바, 순수 의식의 존재와 상대적으로 부각된다. 부언하면 사상 자체로 귀환하는 작업을 가능하게 해주는 것이 바로 현상학적 환원(phänomenologische Reduktion)이다(신귀현, 1983; 에드문트 후설, 1987; 이남인, 2006).[21]

3 현상학의 방법

현상학은 본질 자체에 관한 학이 아니라, 본질을 직관하는 의식에 관한 학(學)이라고 할 수 있다. 그러므로 현상학의 방법은 본질 직관이다. 현상학이 그 본질을 직관에 두고 있다면, 본질을 직관하는 방법은 다음과 같이 구성된다(신귀현, 1983; 막스 베버, 1989).

첫째, 본질을 직관하는 데 가장 먼저 해야 하는 것은 사물의 본질을 직관하는 데 방해가 되는 요소를 우선 제거하는 일이다. 예컨대 사물을 직관하는 데 방해가 되는 여러 역사적인 요소들, 즉 종래의 철학이나 과학을 통해 지닌 이론이나 가설이나, 종교적 · 사회적 · 윤리적인 전통에서 얻은 선입견이나 이전에 지닌 의견을 배제해야 한다. 이러한 배제를 역사적 배제라고 한다. 이와 함께 실재적인 실존 판단도 모두 배제해야 한다. 그 이유는 현상학은 감성적이고 실재적인 존재가 문제가 아니고, 본질적인 존재가 문제이기 때문이다. 이를 실존적 배제라고 한다.

둘째, 현상학에서 본질을 직관하는 데 방해가 되는 요소를 제거하는 배제법에서 좀 더 중요한 것은 사실과 본질을 구별하는 형상적 환원이다. 그것은 형상적 환원을 통해 사실적인 것으로부터 본질적인 것으로 정신적인 전환이 이루어지기 때문이다. 다음으로 의식 속에 주어져 있는 본질로부터 의식 속에 있는 선험적인 주체성으로 환원하는 선험적인 환원이 마지막이라 할 수 있다.

그렇지만 이상과 같이 본질을 직관하는 방법은 현상학의 기본 원리를 추구하는 길에 불과하다. 이에 따라 현상학이 천착(穿鑿)한 하나의 기본 원리는 주관으로서의 의식과 객관으로서의 대상을 하나로 연결하는 지향성의 원리라고 할 수 있다. 지향성의 원리는

---

21) 보편학으로서 현상학은 다양한 유형의 형식적 존재론과 영역적 존재론, 더 나아가 초월론적 현상학을 포괄하며, 보편학으로서의 현상학이 다루어야 할 사상 영역은 다양하다. 따라서 이처럼 다양한 사상 영역을 그의 영역의 본성에 적합하게 파악하기 위해서는 다양한 유형의 현상학적 환원의 방법이 필요하다.

그래서 후설 철학의 기본 원리가 된다(이남인, 2004, 2006).[22]

그런데 지향성의 원리는 존재자의 존재와 그 의미에 대한 철학적인 의문에서 비롯된 것이다. 그래서 현상학의 중요한 과제는 현상학적인 환원을 통해 선험적인 주관성의 구성적 구조를 드러내는 것이다. 이때 현상학적인 환원이란, 내부 세계를 분석권 외에 남겨두고 외부 세계의 구성만을 문제삼는 심리학적인 환원과는 달리, 지향적으로 구성하는 주관성 자체의 구조를 분석하는 것을 목적으로 한다.

현상학적인 방법에서 가장 중요한 것은 정신적·이념적인 형성체에 비해, 실재성을 갖고 있는 생활세계를 다시 자연스러운 경험 속에서 존재를 구성하는 지향적인 주관성으로 환원시키는 것이다. 그런데 지향적인 주관성은 필연적으로 세계적인 존재를 구성해야 하기 때문에, 그 자신은 세계적이고 선험적이 된다. 이와 같이 세계적이고 선험적인, 말하자면 지향성의 원점에로의 환원으로 현상학적인 방법은 완성된다. 이 방법을 일반적으로 현상학적인 환원이라고 한다.

현상학적인 환원에는 두 가지 단계의 환원이 있다. 첫 단계는 모든 이념적인 형성체로부터 삶의 세계로 환원하는 것이고, 다음 단계는 자연스러운 세계로서 삶의 세계로부터 선험적인 주관성에로 환원하는 것이다. 첫 단계에서는 모든 문화와 더불어 형식적인 법칙과 수리와 공리와 논리 같은 것이 탈락한다. 학문의 운명, 국가, 도덕, 법률, 종교도 마찬가지이다. 둘째 단계에서 환원의 참뜻은 선험적인 주체성과 지향적인 구조로 돌아가는 것이다. 이러한 철저한 환원은 모든 현상의 존재 의미에 대한 절대적인 명증을 얻으려는 요청에 의한 것이다. 현상학적인 환원은 의식의 지향성의 원리를 근거로 한다 (Farber, 1943; Sokolowski, 1970; 에드문트 후설, 1992).

이와 같이 본질을 직관하는 현상학적 방법을 구체적으로 살펴보면 다음과 같다.

1) 환원

현상학 연구의 기본 방법은 후설이 개발하고 이용한 환원이다. 이 방법에 따르면 세계의 존재는 괄호 안에 넣어야 한다. 그것은 현상학의 주제가 세계가 아니라 이 세계에 관한 인식이 생겨나는 양식이기 때문이다.

---

22) 현상학이 특수한 철학적 방법이라 할지라도, 이 방법은 지향성의 원리를 밝히려는 끊임없는 노력에 불과하다. 방법으로서의 현상학은 기본 원리에 이르는 길이다. 그래서 현상학은 방법이 아니고 참다운 우주적인 존재론이라고 후설은 보았다.

(1) 환원의 성격

환원은 엄밀한 학의 기초를 구축하기 위한 학적 방법에 대한 총칭을 의미한다. 환원은 괄호치기(einklammerrng), 배제, 판단중지(epoche) 등으로도 표현된다. 그런데 괄호치기나 배제 등은 판단중지에 부수되는 상황으로 간주할 수 있으며, 환원에 대해 부정적이며 파괴적인 기능을 수행한다.

예컨대 판단중지는 자연적 태도가 대상 세계의 존재에 대해 갖는 확신을 배제하거나 괄호치기를 함으로써 타당성을 무효화하기 때문이다. 다만 이때 타당성을 무효화한다는 것은 사실적인 대상 세계를 부정하는 것이 아니라 일단 그것을 괄호 속에 묶어두고, 그것에 관한 주관적인 신념만을 부정하고 파괴한다는 것을 의미한다. 이에 따라 환원의 긍정적인 기능은 부정적인 기능에 의해 일상적인 신념을 배제한 다음에 수행된다. 이와 같은 환원에 의해 배제되거나 배제되지 않는 것을 살펴보면 이러하다.

의식의 영역 안에 존재하는 것을 내재(內在, Immanenz)라고 하며, 의식의 영역 밖에 존재하는 것을 초재(超在, Transzendenz)라 한다. 내재는 사유작용을 총괄하는 순수 자아와 순수한 사고작용(noesis), 그리고 순수한 사유작용에 의해 명증적으로 직관된 본질(noema)로 구분된다. 이때 전자를 내실적 내재라고 하고, 후자를 지향적 내재라고 한다. 이에 반해 초재에는 순수 초재와 내실적 초재가 있다. 순수 초재는 자연 대상이나 수학 또는 논리학 등에서 대상으로 하는 본질이나, 신과 같은 절대적 존재를 포함한 우리의 의식 영역 밖에 있는 모든 대상을 지칭한다. 내실적 초재는 내재와 초재의 일부로 의식의 내실적 구성 요소는 아니다.

그런데 이때 환원의 범위에 포함되는 것은 내실적 초재이다. 자연적 태도에서 현상학적인 태도로 이동하는 문제, 이것이 동시에 현상학적 환원의 문제이며 선험적 의식 현상으로 나아가는 단계적 소급인 환원의 성격을 취한다. 이것은 우리로 하여금 선험적 주관성으로 향하도록, 그리고 주관성 속에서 구성의 원천을 볼 수 있도록 동기를 부여해 준다(이남인, 2006; 배우순, 2009).

(2) 환원의 절차

환원의 구체적인 절차는 형상적 환원과 분석·기술, 선험적 환원과 본질 직관으로 구분된다(Michael, 1991; 이남인, 2006).

환원의 첫째 단계는 주어진 모든 것을 의식으로 인식한다는 의미에서, 현상으로 바꾸는 현상학적 환원(phenomenological reduction)이다. 후설이 직관을 중시한 까닭은 직관이 어떤 것을 물리적 현상에서 직접 파악하는 행위이고, 따라서 직관은 다른 모든 것의 토대가 되는 일차적으로 주어진 행위이기 때문이다.

둘째 단계는 형상적 환원(eidetic reduction)이다. 형상적 환원은 사물을 명증적으로 인식하기 위해 우선 본질을 찾아내는 절차라고 할 수 있다. 다시 말해 형상적 환원이란 사실의 세계로부터 본질, 즉 형상의 세계로의 전환을 의미한다. 이때 본질이란 어떤 사물을 바로 그 사물이게끔 하는 것, 그것 없이는 그 사물과 같은 것을 도저히 생각할 수 없는 필연적 형식을 의미한다.

형상적 환원을 위해 사물의 경험적 현상에 관한 판단을 중지하고, 그것에 관해 우리가 가지고 있는 존재 확신을 괄호 속에 보류한다. 이렇게 한 다음 사물에 관해 자유 변경(free variation)이란 일종의 사유 실험을 진행한다.[23] 형상적 환원은 이와 같이 판단중지, 자유 변경, 분석·기술을 통해서 사물의 본질을 찾아내는 절차이기 때문에 본질적 환원이라고도 한다. 본질적 환원이라고도 하는 형상적 환원에서 중요한 개념은 자유 변경인데, 이의 특징은 임의성에 있다. 이때 임의성이란 ① 변경의 출발점이 임의적인 것이고, ② 이 임의의 원상을 변경해서 다양한 모상을 만들어 갈 때에도 임의로 형성해 간다는 것을 의미한다.

환원의 마지막 완성 단계는 선험적 환원(transcendental reduction)이다.[24] 선험적 환원은 형상적 환원을 통해 얻은 본질을 다시 의식 내재화하는 절차이다. 형상적 환원에 의해 파악된 본질은 경험적인 현실성을 가진 대상과 그의 존재 근거가, 의식 속에서 아직 명증적으로 정초되지 못하고 있다. 그러므로 본질을 우리의 의식 속에 명증적으로 근거짓기 위해서는, 일단 의식의 내면으로 끌어들여야 한다. 초재적인 본질을 이와 같이 의식 내재화하는 절차가 선험적 환원이다. 이렇게 의식 내재화된 본질을 명증적으로 직

---

23) 예컨대 삼각형이란 한 기하학적 도형의 본질을 찾기 위해 삼각형을 그려놓고 그 형태를 임의로 변경시켜 본다든지, 혹은 단순히 머릿속에서 상상력을 통해 변경할 수도 있다. 이러한 자유로운 변경을 진행하면서 변경되는 것과 변경되지 않는 것을 분석한다. 삼각형의 예에서 보면 그 크기와 형태 등은 무한히 변하나 그 면의 수와 내각의 총합은 결코 변하지 않는다. 이러한 요소를 분석해 내는 동시에 같은 성질을 가진 요소를 분류해서 그것을 체계적으로 정리하고 서술하는 것이 기술(記述)이다. 이때 불변의 구조를 후설은 지향된 사물의 본질, 즉 에이도스(eidos)라 했다.

24) 칸트와 후설 간의 '선험적'인 의미의 차이점은 다음과 같다. 칸트에서는 대상의 선천적인 인식 방식에 관한 인식에만 국한되는데 반해, 후설은 대상 자체에 관계하는 인식도 그 근원을 인식의 인식작용으로 되물어 들어가는 한에서는 모두 선험적이 된다. 즉, 후설에서의 선험적은 반드시 선천적일 필요가 없다. 다만 우리의 시선을 대상으로부터 대상을 형성하는 주관의 의식작용으로 돌이키기만 하면 그것은 곧 선험적이다. 따라서 인식 형성의 원천으로 되물어 가려는 동기는 모두 다 '선험적'이다.

관해야 한다. 후설은 이러한 본질 직관을 경험적 현실성을 가진 사물을 직관하는 감성적 직관과 구별해 범주적 직관이라고 했다.

하지만 선험적 환원에서 선험적 태도가 지니는 의미를, 단지 대상에서부터 주관으로의 방향 전환이라는 의미로만 해석해서는 안 된다. 즉, 대상으로부터 시선을 돌리는 인식 주관이란 단순한 표상작용을 하는 주관에 그치는 것이 아니라 대상을 형성하는 주관이기도 하다. 의식 주관은 판단중지에서 모든 초월적인 것이 배제되고 남는 현상학적 잔여에 그치지 않고, 좀 더 적극적으로 대상을 존재하게 하는 생산적 기능을 가진 존재이다. 그래서 생산적 기능이 바로 선험적이라는 개념의 핵심이 된다(김준연, 1990).[25)]

2) 지향성

현상학의 기본 개념은 지향성(intentionalitat)이다. 지향성은 의식의 성격 또는 의식의 본질을 의미한다. 모든 의식은 언제나 어떤 대상에 관한 의식이자 어떤 대상을 의미하고, 어떤 대상을 지향한다는 것이다. 이런 관점에서 인간의 의식은 반드시 무엇에 관한 의식이라는 의미를 갖는다(에드문트 후설, 1997; 이남인, 2006).[26)] 이때 대상과 이를 향한 의식으로서 지향성은 서로 무관하게 독립적으로 존재하는 것이 아니라, 양자 사이에는 본질 구조에서 독특한 상관 관계가 있다. 그러나 실제로는 의식이 더 강조된다.

그런데 무엇을 의미한다는 것 또는 무엇을 지향한다는 것이 현실에서는 일종의 체험을 말하는데, 이 체험 속에서 의식이 구체화하고 명확해진다. 후설은 모든 종류의 지향적인 체험은 이론적인 것과 가치판단을 포함한 의지적인 것으로 보고, 전자를 자연적인 행위, 후자를 인격적인 행위로 분류했다.

또한 지향적인 체험에서 자연적인 행위의 성취를 인식이라고 하는데, 인식을 통해 대상으로서의 존재자는 순수하게 밝혀진다. 인격적인 행위의 성취는 만족인데, 이를 통해

---

25) 후설은 죽을 때까지 선험적 환원을 명료하게 밝히려고 노력했다. 그 뒤 선험적 환원에 관한 이론이 전개되면서 현상학운동은 갈라져 이 방법을 거부하는 학파가 형성되었다.

26) 지향성 개념은 후설의 스승인 브렌타노에서 유래했다. 본래 중세 스콜라철학의 개념이던 지향성은 브렌타노가 발견해 심리학의 기본 개념으로 도입했다. 스콜라철학에서 지향성 개념은 물리 현상과 심리 현상을 구분하기 위해 사용되었다. 즉, 물리적 현상과는 달리 모든 심적 현상은 자기 속에 어떤 대상을 간직하고 내포하고 있다. 스콜라철학에서 지향성은 이와 같은 내재성의 의미였으나, 브렌타노는 의식은 언제나 대상에 관한 의식이라는 관계적 의미로 지향성을 규정한다. 브렌타노에게서도 지향성은 아직 의도나 목표 추구가 아니라 단지 어떤 것이 대상으로서 의식 속에 내재함을 의미한다(한전숙, 1984).

존재자의 선악이 결정된다. 현실에 대한 이 같은 체험을 통해 현실의 계층적인 구성이 생긴다. 여기서 가장 기본적인 계층으로서 자연과 정신이 있고, 이들은 다시 여러 가지 계층이 생겨난다.[27]

지향성에 대한 모든 관찰은 지향적인 체험으로부터 출발해서 체험의 생성 과정을 분석해야 한다. 지향적인 체험을 관찰하면, 이는 어떤 대상에 관한 감성적인 감각과 이 감각을 통해 얻은 재료의 정신적인 처리가 된다. 후설은 대상을 대상으로 형성하는 작용을 노에시스(noesis, 형성작용)라고 불렀는데, 노에시스는 감각을 통해 얻은 자료를 지향된 존재자의 현상으로서 파악한다. 그것은 지향성의 구조가 감성과 정신의 양극 사이의 대립적인 통일 관계이기 때문이다. 후설이 말하는 정신과 감성은 상호 의존적이지만, 정신은 감성을 통해서만 현실성을 갖게 된다. 지향성은 이 양극을 통일하고 통합한다.

그런데 이때 노에시스는 언제나 적극적이고, 무엇을 구성하려고 하고 의미를 주는 원리라고 볼 수 있다. 이에 반해 감성은 수동적으로 주어져 있는 것으로서, 노에시스의 기반이자 자료라고 할 수 있다. 그러나 수동성과 적극성의 대립은 결코 절대적인 대립이 아니고 단계적인 의존 관계라고 할 수 있다.

한편 체험은 본질적으로 체험이 지향한 대상을 가지고 있다. 지향된 대상인 세계는 체험의 구조 속에 어떻게든지 관련되어 있다. 왜냐하면, 세계는 모든 지향적인 체험 속에 함께 들어 있기 때문이다. 따라서 세계는 곧 지향적인 체험의 일부분이다. 그리고 지향된 대상으로서의 존재자는 그것을 지향하는 체험의 한 요소이다. 이는 사실적인 요소가 아니라 이념적인 요소이다. 세계와 존재자들은 여기서는 주관성으로 말미암아 구성된 의미체, 즉 의식의 지향작용에 의해 형성된 대상은 노에마(noema, 형성체)이다. 지향된 존재자는 지향적인 체험이 구성한 노에마라는 것이다. 이 지향적인 체험 속에 존재자가 존재하고 또한 세계가 존재한다. 이런 의미에서 존재하는 세계는 곧 현상이다. 그러므로 현상학적으로 어떤 존재자를 문제 삼을 때는, 그것은 자존하는 실체가 아닌 언제나 노에마적인 존재를 의미하는 것이다.

후설은 이처럼 의식을 정적으로 관찰하고 감성과 노에시스와 노에마로 분석했지만,

---

27) 이러한 현실 속에서 경험하는 나에게도 자신의 주체가 나타난다. 나 자신의 주체도 역시 다른 존재자와 마찬가지로 선험적인 주관성 안에서 구성된 것이기 때문이다. 그리고 나 자신의 주체도 하나의 지향적인 계층구조가 된다. 그것은 나도 자연과 인격적인 정신의 통일로 구성되기 때문이다. 자기 자신을 경험하고 이를 통해 자기를 세계 안에 있는 인간으로 구성하는 이러한 주체는 시간적이고 역사적이다.

이를 동적인 관찰로 보충했다. 모든 체험은 하나의 동적인 과정(process)이고, 체험은 그 본질이 동적인 과정이라는 것이다. 이 동적인 과정은 성취를 목표로 한 끊임없는 그리고 복잡한 구조의 움직임이라 할 수 있다. 동적인 과정으로서의 지향성은 필연적으로 하나의 시간적인 구조를 갖고 있다.[28)]

이런 측면에서 지향성이란 하나의 동적인 과정으로서 고유의 목적이 내포되어 있는데 그것이 성취이다. 이 성취가 바로 진리로서 다음과 같은 이중적인 뜻에서 실현된다. 하나는 지향된 대상으로서 존재자 자체가 자기를 나타내는 성취이고, 다음으로는 지향행위 자체의 성취이다. 전자의 경우는 존재자로서 진리이고, 후자는 이성으로서 진리이다.

이렇게 해서 지향성의 세 가지 구성 요소가 나타난다. 수동적인 자료로서 감성, 이를 적극적으로 구성하는 노에시스, 지향적이고 이념적인 구성체로서 노에마이다.[29)] 이 세 구성 요소는 지향성에서 변증법적인 통일체를 이룬다. 후설의 지향성의 성격은 정적으로만 관찰되고 규정될 것이 아니라, 이들은 사실 동적인 요소여서 생산적인 과정으로서 관찰되고 규정되어야 한다(신귀현, 1983; 한전숙, 1984; 에드문트 후설, 1989; 에드문트 후설, 1997).

결국 이 지점에서 후설의 유명한 '모든 의식은 어떤 것에 대한 의식일 뿐이다(Toute conscience est conscience de quelque chose)'라는 명제가 생겨난다. 의식이 어떤 고유의 물질성을 갖고 있다고 생각하는 고전적 철학자들과는 달리, 후설은 그것 자체로는 아무것도 아닌 텅 빈 상태이며 대상이 주어질 때만 존재하는 것이 의식이라고 주장한다. 이처럼 의식이 자기 아닌 어떤 것에 대한 의식으로서만 존재하는 것을 후설은 지향성(志向性, intentionalitat)이라고 명명했다.

---

28) 후설은 초기 철학에서 지향성의 시간성을 부인했으나, 후기에서는 하나의 기본 성격으로 자리 잡는다. 감성의 수동성이라고 할 때 이 수동성은 과거적인 성격을 가지고 있다. 여기서 과거성은 지향적인 구성과 연결된다. 말하자면 지향적인 의식 속에 주어져 있는 것은 언제나 과거 혹은 전통에 의해 획정된 경험의 지평 안에 있다. 모든 새로운 것이 나타날 수 있는 광장 그 자체는 과거의 전통을 통해 이미 주어져 있는 것이다. 이와 반대로 적극적인 노에시스의 시간성은 미래이다. 왜냐하면 노에시스의 목적인 성취라는 것은 현재의 시점을 넘어서는 미래적인 시점을 가지고 있다. 따라서 자연스러운 시간은 그 자체가 지향적인 구조를 가지고 있다.

29) 자료(Hyle)란 그 자체로서는 아무런 의미도 아무런 지향성도 갖지 않는 것이다. 말하자면 잡다한 소재에 불과하다. 이에 대해 노에시스란 이런 잡다한 여건들(Dten)에 작용해서 대상적 통일을 이루는 대상 구성의 기능을 말한다. 후설은 이렇게 구성된 대상을 노에마(noema)라고 칭했다. 그리고 노에시스 작용이 자료에 혼을 넣어서 노에마를 형성하는 과정을 구성(Konstitution)이라고 한다.

4 생활세계

1) 생활세계의 의미

현상학은 모든 하나의 존재와 또한 세계가 어떻게 나타나며, 어떻게 구성되는가를 묻는다. 이러한 물음에 모든 과학이 해답을 제시하고 있다고 말할지 모르나, 과학이란 존재의 근거를 묻지 않고 다만 과학적인 개념만을 내세울 뿐이다. 그래서 과학적 개념은 언제나 2차적인 형성체에 불과하다. 이러한 과학적인 것을 나타나게 하는 본원적인 기반을 후설은 생활세계라고 했다.

다시 말해, 생활세계란 일상적이고 상식적인 세계로서, 자연적 태도에서 체험되는 일상적인 세계를 말한다. 특히 이것은 앞에서 언급한 것처럼 자연과학적 사고의 색안경으로 본 세계가 아니라, 우리에게 직접 주어지고 느껴지는 자연을 가리킨다. 그래서 생활세계란 자연과학주의에 물들지 않은 원초적 지각에 나타나는 세계, 즉 모든 이론과 논리에 앞서 우리의 감각에 최초로 직접적으로 나타나는 세계이다. 생활세계와 더불어 나타나는 새로운 과제들 곧 역사성, 상호주관성 그리고 언어 문제는 후설이 그의 후기에 심혈을 기울인 문제들이다(한전숙, 1984; 한국현상학회, 1992).

그런데 후설이 의미하는 생활세계가 이처럼 간단하지는 않다. 왜냐하면 생활세계란 것이 수학과 자연과학에 의해 이념화된 세계나 일반적 의미의 일상세계가 아니기 때문이다. 생활세계는 논리 이전에 이미 주어진, 그리고 유형을 통해 친숙하게 잘 알려진 선술어적(先述語的) 경험세계이다. 심리학주의, 자연주의, 역사주의, 세계관 철학에 대한 인식 비판과 소박한 형식 논리에 대한 경험 비판을 통해, 후설이 일관되게 강조한 '사상 그 자체'로 되돌아가서 직접 체험하는 직관의 세계 이외에 다른 것이 아니기 때문이다. 그래서 생활세계에 대한 후설의 분석이 그리 간단하지는 않다.

2) 생활세계에 대한 시각

생활세계에 대한 후설의 분석이 간단하지 않은 이유는 경험세계를 세속적·사언적 의미의 생활세계(경험세계)와, 선험적 의미의 생활세계(선험세계)를 동일한 명칭으로 다루고 있기 때문에 그러하다. 후설의 생활세계에 대한 이러한 시각을 살펴보면 다음과 같다(이남인, 2004).

첫째, 자연적 의미의 생활세계, 즉 방법론으로서 현상학이 그것이다. 객관적 학문의 세계는 구체적 경험을 통해 직관할 수 있는 생활세계에, 추상적 이념과 상징의 옷을 입힌 것이다. 따라서 실증적 자연과학이 추구하는 객관적 인식(Episteme)은 그 자체의 존재가 아니라, 그것에 이르는 하나의 방법에 불과하다. 그래서 주관적 속견(Doxa)은 객관적 인식이 그 타당성 의미와 정초 관계상 되돌아가야 할 궁극적 근원이라고 할 수 있다.

그런데 후설은 생활세계가 구체적 경험에 의해 이미 주어진 토대(Boden)로, 또한 주관이 구성한 형성물(Gebilde)로서 관심의 세계라고 보았다. 따라서 실재론적 해석도 관념론적 해석도 가능할 수 있다. 하지만 이러한 주장은 서로 배척되는 것이 아니라 부단히 상호작용한다. 일단 형성된 의미는 문화와 기술, 도구 등 보편적 언어의 형태로 생활세계 속으로 흘러들어가 침전된다. 이것은 지속적 타당성을 지닌 습득성(토대)으로서 복원되거나 수정되면서 다시 그 의미가 풍부하게 형성되는 개방된 나선형의 순환구조를 지닌다. 그것은 상호 주관적으로 경험되며 언어적으로 논의하고 해석할 수 있는, 우리 모두에게 공통적인 동일한 역사적 환경세계이다.

둘째, 선험적 의미의 생활세계, 즉 철학으로서 현상학이 그것이다. 후설은 이전에 열거한 생활세계로 되돌아가는 것은 세계가 미리 주어져 있음을 소박하게 전제하는 자연적 태도이기 때문에, 그것이 왜 그렇게 주어질 수밖에 없는가를 되돌아가 묻는 선험적 태도가 필요하다고 주장한다.

이렇게 철저한 선험적 태도로 돌아가 물으면, 다양한 생활세계가 모든 상대성에도 불구하고 그 자체가 상대적이지는 않은 보편적 본질 구조와 유형이 드러난다. 이것은 선험적인 것(혹은 선험성) 또는 주관적인 것으로도 부르는 선험적 (상호)주관성이자, 주관과 객관의 불가분적 상관 관계를 뜻하는 의식의 지향성에 대한 심층적 표현이다. 그리고 이것을 밝히는 생활세계적 존재론은 곧 다른 전통과 문화세계를 이해할 수 있고, 자신의 생활세계를 발전시킬 수 있는 근거가 된다.

후설은 이와 같이 생활세계의 근원적 의미의 연관과 정초(定礎) 관계를 밝힘으로써 객관적 인식만을 추구하는 실증적 자연과학이 고향을 상실하고, 또한 본래의 의미가 소외되어 야기된 학문의 위기를 극복하고자 했다. 따라서 현대의 총체적 위기를 진정으로 극복(진단인 동시에 처방)하기 위해서는, 생활세계를 분석하는 경험적 현상학(방법)에 머물 수 없고, 선험적 주관성을 해명하는 선험적 현상학(선험철학)에 도달해야만 한다고 역설했다.

그렇다면 후설은 어제는 선험적 현상학에, 오늘은 생활세계적 현상학에 두 집 살림을 차렸는가? 후설이 생활세계를 문제 삼은 것은 오직 선험적 현상학(목적)에 이르기 위한 하나의 길(방법)이었기 때문이다. 다시 말해, 생활세계적 현상학은 학문 세계와 논리 세계에 앞서서 있는, 선(先)논리적 세계로 귀환하려는 시도이다. 동시에 생활세계의 배후에서 체험을 주도하는 순수 의식 또는 이성적 주관으로 눈을 돌리려는 시도라고 할 수 있다. 이에 따라 생활세계적 현상학은 선험적 현상학의 시도와 다시 합류하게 되는 것이다(한전숙, 1984; 김준연, 1990; 한국현상학회, 1992).

제 3 절 현상학이론의 적실성

1 현상학이론에 대한 비판

후설의 과학문명에 대한 비판과 이에 대한 극복책은 오늘날에도 절실하게 요청되는 철학이다. 즉, 과학이 만들어낸 객관주의에 저항하고자 했던 후설은 이 같은 객관주의가 유럽 학문의 위기는 물론이고 유럽 자체의 위기를 불러왔다고 보았다. 후설은 이러한 유럽 학문의 위기를 선험적 현상학으로 구제하려고 했다.

다시 말해, 후설의 현상학이 가지는 의의는 언어로 표현되기 이전의 좀 더 근원적인 생생한 경험의 지평구조를 통해, 소박한 일상의 경험이나 실증과학의 경험과는 비교가 되지 않을 정도로 깊고 풍부한 의미의 생활세계를 드러내 주고자 했던 것이다. 이를 위해 철저한 자기 성찰과 궁극적 자기 책임에 입각해서, 자기 자신과 세계를 이해하고 부단히 새롭게 형성해 나갈 인격적 주체로서의 선험적 자아를 강조했다.

그렇지만 후설의 현상학적 방법은 해석학에서 결실이 풍부한 것으로 드러난 반면, 존재론적 접근에서는 한계를 노출하고 있다는 문제를 안고 있다. 그것은 현상학이 본질 직관의 학문으로 한 현상의 원형적 본질을 추론하는 데는 뛰어난 능력을 보이지만, 존재로서의 존재를 다루는 방법론이 되기에는 문제가 있기 때문이다. 예컨대 현상학은 행위의 목적성과 의도성을 탐구하고자 했지만, 탐구 방법에 대해서는 역지사지(易地思之)와 감정이입에 의한 사회적 행위의 이해라는 극히 주관적인 논의를 하는 데 머물렀기 때문이다. 이러한 한계는 방법론상 연구 대상이라는 측면에서 조직 내의 개별적 행위에 대해서는 설명이 가능하나, 조직의 전체성을 파악하는 데는 일정한 한계를 표출할 수밖에 없다.

특히 이성의 성격 규정과 관련해 현상학적 방법론은 과학적 방법론과 유사하게 이성의 일원화(一元化)라는 수단을 통해 실현하고자 했다. 과학적 방법론이 전제하는 이성은 도구적 이성이며, 현상학적 방법론의 경우는 해석적 이성이다. 이러한 이성의 성격 규정은 이성의 부분적인 한 측면을 강조하는 것으로 이해될 수 있다는데 문제가 있다. 따라서 이성의 일원화에서 나타나는 문제는, 이성의 한 측면을 이성의 전체인 것처럼 확대해서 그 이성에 절대성을 부여하는 데 있다. 다시 말해 과학적 방법론이든 현상학적 방법론이든 이성의 한 측면을 절대화해서 인간의 의지적 선택지를 크게 축소시키는 문제를 야기할 위험이 있다는 의미이다(임의영, 1995: 1146-1148).

끝으로 후설의 현상학이 지나치게 사변적이서 주관적 철학의 범주를 벗어나기 어렵다는 점도 한계로 지적된다. 이는 진리의 상대성을 주장하는 포스트모더니즘이 현실의 많은 부분을 지배하고 있다는 측면에서 볼 때, 20세기 초반의 철학적 경향을 지배했던 현상학이 안고 있는 시대적 한계가 아닌가 한다(박이문, 2004).

2 현상학이론의 적용 가능성

후설의 현상학은 인간의 삶의 세계의 본질에 대한 체험을 철저한 분석의 대상으로 삼고, 하나의 과학적인 철학을 세우고자 했다. 이러한 후설의 현상학은 일부 영미 계통의 철학을 제외하고는 거의 모든 현대 철학자에게 영향을 끼쳤다. 그뿐만 아니라, 인문사회과학의 전 분야에까지 그 영향을 끼쳤는데, 이에는 특히 셸러(Max Scheler)의 공이 크다. 그는 현상학을 가치 영역에 적용시킴으로써 인문사회과학에서 현상학을 직접 이용할 수 있게 하는 데 크게 기여했다. 또한 셸러를 통해 삶의 철학과 상통하는 점들을 갖게 되었다는 것도 주목할 만한 사실이다(이양호, 1999).

사회과학 연구에서도 현상학이 경험적 관찰을 지나치게 한정시키기보다는, 일상생활의 상식적인 생각 속에서 인간 행위를 이해하고 그 이면에 깔린 동기나 목표로서 설명되는 '경험의 형식'까지도 포함시킨다면, 훨씬 더 풍부한 인간 행위를 이해하는 데 기여할 것이라고 생각된다.[30] 하몬(Michael M. Harmon)의 행위이론(action theory)에서 볼 수 있듯이, 현상학은 근본적으로 행정가의 일상적인 실제적 측면을 강조하는, 미시적 관점으로의 방향 전환을 시도하는 데 도움을 줄 수 있다. 그리고 거시적인 문제들은 인간의 상호작용과 이해를 통해 해결하는 데 도움이 될 수 있다.

이에 더해 현상학의 유용성은 인간의 주관적 관념, 의식 및 동기 등의 의미를 더 적절하게 다루고 이해할 가능성을 제시해 줌으로써 연구의 적실성을 높일 수 있다. 또한 조직 문제를 파악할 때 폭넓은 철학적 사고 방식과 준거 틀을 제공해 줄 수 있다(이종수·윤영진 외, 2009).

현대 사회의 여러 가지 문제에 대한 해결력이 있는가 여부는 이제 분석 기법의 계량화, 정교화에 의존한다기보다는 시민의 생활세계를 얼마나 잘 이해하고, 재현하며, 반영할 수 있는가에 달려 있다. 즉, 과학적 연구가 지향하는 가치 중립적인 연구에서, 가치 비판적이고 가치평가적인 연구를 할 수 있게 함으로써 정책 연구에도 기여할 수 있다. 후설의 현상학은 이런 점에서 대단히 유용한 대안이 될 수 있으며, 행정학에 적용하는 후설의 초월 학문을 '생활세계의 행정학'이라 명명할 수 있다(오수길 외, 2009).

이상과 같이 현상학은 과거와 현재의 철학 문제를 새롭게 조명하고, 과학이 너무 사적이고 주관적이라고 포기한 인간의 생활세계의 역할을 재발견했다는 데 의의가 있다. 또한 인간의 여러 경험 단계에 접근하는 길을 열었다는 점에서 과학과 삶에 깊은 토대를 제공했다.

생각해 볼 문제

현상학이론의 등장 배경

1. 헤겔의 학문상의 기여에 대해 조사해 보시오.
2. 헤겔 이후 등장한 실증주의 운동에 대해 조사해 보시오.
3. 실증주의와 현상학의 등장과의 상관성에 대해 조사해 보시오.
4. 현상학의 전개 과정에 대해 설명해 보시오.

현상학이론의 등장 배경

1. 헤겔의 학문상의 기여에 대해 조사해 보시오.
2. 헤겔 이후 등장한 실증주의 운동에 대해 조사해 보시오.
3. 실증주의와 현상학의 등장과의 상관성에 대해 조사해 보시오.
4. 현상학의 전개 과정에 대해 설명해 보시오.

30) 사회과학에서 현상학적 연구 방법은 후설과 베버의 논의를 발전시킨 슈츠(Alfred Schutz)의 현상에 근간을 두고 있다(임의영, 1995).

■ 현상학이론의 내용과 특성

1. 현상학의 개념에 대해 정리해 보시오.
2. 현상학이 추구하는 이념을 설명해 보고, 구체적인 방법에 대해 생각해 보시오.
3. 현상학에서 강조하는 본질 직관에 대해 조사해 보시오.
4. 환원의 개념에 대해 조사해 보시오.
5. 생활세계의 구체적 양태를 조사해 보시오.

■ 현상학이론의 적실성

1. 현상학이론이 지닌 한계에 대해 조사해 보시오.
2. 현상학이론이 행정학에 적용된 사례를 조사해 보고, 그 적실성에 대해 생각해 보시오.
3. 최근 한국 행정학계에서 현상학에 대한 관심이 높아가고 있는데, 그 이유에 대해 생각해 보시오.

제 6 장 포스트모더니티이론

제 1 절 포스트모더니티이론의 등장 배경

1 포스트모더니티이론의 등장 배경

1) 포스트모더니티의 등장

프랑스의 『르몽드(*Le Monde*)』지는 1981년 10월 '포스트모더니즘이라는 유령이 유럽에 출몰하고 있다'는 제목의 칼럼을 게재했다. 포스트모더니즘이라는 용어는 이 칼럼이 암시하는 바와 같이, 마법적인 위력을 가지고 우리의 생활 전반에 침투해 왔다. 이에 포스트모더니즘이라는 용어는 건축을 비롯한 예술에서 철학, 문학, 사회학, 경제학, 정치학, 행정학, 자연과학 심지어는 종교학에 이르기까지 무차별적으로 확산되고 있다.

마법과 같은 위력을 지닌 포스트모더니즘의 개념은 20세기 초에 태동해 새로운 건축 양식의 출현을 가져왔다. 그것은 근대성이 상징하는 거대한 계획에 의한 정형적인 양식에서 벗어나, 분절적이고 상호 중첩된 비정형적인 건축 양식의 출현을 의미하는 것이었다. 계몽주의적 기획에 반대하는 징후들이 건축 양식, 예술과 문학의 영역, 그리고 철학의 영역에서도 유사하게 나타났다. 포스트모더니즘은 이렇게 점차 그 의미가 확산되면서, 각 분야에서 통일되지 않은 다양한 의미를 내포한 개념으로 발전해 나갔다.

이와 같이 1960년대 말에는 모더니즘(modernism)의 핵심적 요소인 근대성에 대한 비판이 거세게 일기 시작했는데, 이는 일단의 반(反)모더니티운동으로 지칭되었다. 이 운동은 제도화된 권력을 비판하고, 과학적 이성과 합리성에 대한 회의를 품게 만들었고, 전체주의보다는 다원주의적 지향을 추구했으며, 소수자에 대한 문제나 여성에 대한 차별 등을 의제화하는 데 주력했다. 이러한 운동은 미국과 프랑스를 중심으로 학생운동, 여성운동, 흑인인권운동, 제3세계운동 등의 사회운동과 전위예술, 그리고 해체(deconstruction) 혹은 포스트구조주의 사상으로 시작되어 1970년대 중반에 정점을 치닫다가 이후 반성을 거쳐 오늘에 이르게 된다.

이성에 기반을 둔 모더니즘은 19세기부터 20세기에 이르러, 앞에서 열거한 역사적 사건들에 의해 심각한 도전을 받게 되었다. 이러한 도전은 자연과학에서도 유사하게 일어났다. 하이젠베르크(Werner K. Heisenberg)의 불확정성의 원리로 불리는 양자역학과, 아인슈타인(Albert Einstein)에 의해 체계화된 상대성 원리가 고전 역학의 개념을 무력화시켰다. 즉, 양자역학과 상대성이론 등에 의해, 근대적 논리 개념에 대한 재고의 필요성이 심각하게 요구되었다(조인래, 1992). 그리고 철학에서도 예외 없이 고전적 결정론을 비판하며 비결정론을 주장할 수 있는 사실적 증거로서 영향을 끼쳤다.

이성을 토대로 하는 모더니즘에 결정적으로 충격을 준 것은 20세기 두 차례에 걸친 세계대전이었다. 다시 말해, 포스트모더니즘은 제1차 세계대전 이후 유럽의 지성인들 사이에 팽배해 있던 근대주의적 이상에 대한 환멸에서 비롯되었다. 두 차례의 전쟁을 겪은 유럽인들은 그 파괴에 몸서리를 쳤고 이념과 냉전의 분쟁 속에서 전대미문의 문화적, 정치적, 사회적 혼란을 경험했다. 이로 인한 도덕적 쇠퇴와 과학의 한계에 대한 좀 더 분명한 인식 그리고 환경 문제 등에 부딪히면서, 이성에 대한 회의를 넘어 위기 의식마저 느끼게 된 것이다.

그 결과 근대주의가 산출한 규격적이고 합리적인 것에 싫증을 느끼고, 새로운 것을 추구하고자 하는 분위기가 일기 시작했다. 중세의 암흑을 이성이라는 빛으로 밝게 비추려던 모더니즘의 시도는 이처럼 커다란 위기에 봉착하게 되었다. 그래서 모더니즘과 전혀 다른 관점에서 역사와 문명을 바라보려는 분위기가 조성되었고, 새로운 사조로서 포스트모더니즘이 등장하게 된 것이다(이진우, 1993).

한편 포스트모더니즘은 1960년대와 1970년대를 거치면서 사회과학 분야에서도 큰 반향을 일으켰다. 이러한 반향이 포스트모더니티(postmodernity)라는 유사하면서도, 어

느 정도는 다른 개념을 형성하게 되었다(신승환, 2003; 이진경, 2007).[1)]

2) 모더니즘

포스트모더니즘의 등장 배경에는 모더니즘에 대한 반발 내지는 반모더니즘(anti-modernism)적 성격이 놓여 있다. 포스트모더니즘에 대한 등장 배경을 이해하기 위해서는 모더니즘에 대한 이해가 전제되어야 하는데, 모더니즘에 대한 특징을 간략히 살펴보면 이러하다.

서구에서 근대 혹은 모던 시대라고 하면 18세기 계몽주의로부터 시작된 이성중심주의 시대로서, 종교나 외적인 힘보다는 인간의 이성에 대한 믿음이 더욱 중시되던 시대였다. 서구의 역사에서 모더니즘은 데카르트(René Descartes)로부터 시작되었다. 데카르트의 사상은 자아 존재의 확실성이라는 단일 원리 위에서 출발했다. 그가 모든 학문적 탐구에 가장 근본적인 것이라고 강조한 것은 사람은 이성적 능력을 소유하며, 이런 능력을 바로 사용하면 자신과 세계에 대한 진리를 찾을 수 있다는 신념이었다. 다시 말해, 인간이 명석 판명하게 인식하는 것은 참이며 확실하다는 것이다.

데카르트의 이러한 생각은 이성(reason)에 대한 무한한 신뢰를 기반으로 하는, 18세기 계몽주의 사상에서 분명하게 엿볼 수 있다. 근대성의 기본 이념을 축약해서 보여주는 계몽주의의 이념적 특징은, 첫째로 이성에 대한 믿음, 둘째로 자연을 하나의 유기체로 보는 자연관, 셋째로 진보의 교의 등을 들 수 있다. 데카르트의 사상은 이처럼 중세 기독교의 영향 아래 억눌려 있던 인간 이성의 회복이라는 목표를 지향했던 것이다. 그의 사상은 이후 펼쳐지게 될 새로운 시대의 커다란 시발점이 되었다.

모더니티는 이와 같이 인간이라는 주체(subject)가 세상의 중심에 있는 시대이다. 인

---

1) 포스트모더니티(postmodernity)와 포스트모더니즘(postmodernism)의 두 개념은 흔히 구별되지 않거나 유사한 의미인 것처럼 쓰인다. 두 개념은 구체적인 성격에서 다소 차이를 보이나, 중요한 것은 포스트모더니티는 포스트모더니즘으로부터 파생된 개념이라는 사실이다. 그것은 포스트모더니즘의 사상적 기반을 통해 사회 현상을 이해하려는 시도가 포스트모더니티이기 때문이다. 즉, 포스트모더니즘의 흐름이 전반적인 학문 영역에 영향을 끼쳐 사회과학적 분야에서 사용되었을 때, 이를 포스트모더니티라고 볼 수 있나. 이 경우 포스트모더니티는 포스트모더니즘이 발생한 시기의 득히 사회·경제적 접변 현상만을 의미한다. 따라서 사회과학적인 용어로서는 포스트모더니티라는 개념이 포스트모더니즘에 비해 적절하다고 할 수 있다. 그러나 이 두 용어는 실제적으로 그 경계가 모호해서 명확히 대별하기가 어렵고 실익도 별로 없기 때문에, 학자들 사이에서도 공통된 용법으로 사용하지 않고 혼용하는 경우가 많다(Harvey, 1989; 신승환, 2003; 이진경, 2007). 여기에서도 두 개념을 구별하는 입장보다는 혼용하는 입장에서 논의를 전개하고자 한다.

간의 이성이 인간의 무한한 발달을 가능하게 하는데, 그 중심적 특징은 합리성(rationality)이었다. 그리고 '미신'으로부터 해방됨에 따라 자아(self)라는 자율성을 갖게 되었다.

3) 모더니즘과 포스트모더니즘

모더니즘에 대한 반발로 그리고 반모더니즘적 성격을 지닌 포스트모더니즘의 신봉자들은 종종 포스트모더니즘이 특수한 경제·사회적 상황의 결과로서 도출되었다고 주장한다. 그들이 말하는 '특수한 경제·사회적 상황'이란 후기자본주의와 언론 매체의 성장 등을 의미하는데, 이러한 상황이 당시 사회를 새로운 역사적 시기로 진입하게 했다는 것이 이들의 주장이다.[2)]

그러나 많은 사상가와 저술가는 이러한 주장에 대해 포스트모더니즘은 단지 모더니즘의 확장일 뿐이지, 그 자체로 새로운 시대나 사상을 의미하는 것이 아니라고 말한다.[3)] 예컨대 포스트모더니즘이 20세기 초에 대두된 다다이즘(dadaism)이나 초현실주의 또는 미래파를 포함한 아방가르드(avan-garde) 예술운동을 포함해, 흔히 모더니즘으로 지칭되는 문학과 예술의 특징을 대부분 그대로 수용한 것이 그 반증이라는 것이다. 즉, 모더니즘의 기본 입장을 거의 그대로 받아들여 극단적인 형태로 발전시키면서, 다른 측면에서는 모더니즘과 상충되는 입장을 보이기도 한다.

포스트모더니즘과 모더니즘의 공통점은 전통과의 단절, 불확정성, 파편화, 반리얼리즘, 전위적 실험성, 비역사성, 비정치성 등을 들 수 있다. 이에 반해 포스트모더니즘을 모더니즘과 구분시켜 주는 특징으로서는 자아와 주관성에 대한 새로운 입장, 행위와 참여, 임의성과 우연성, 주변적(周邊的)인 것의 부상, 탈장르화, 자기 반영성 등을 들 수 있다. 이상의 논의에서 볼 수 있듯이 포스트모더니즘은 모더니즘에 뿌리를 두고 발전한 조류이자, 모더니즘에 대한 논리적 연속이면서 동시에 그에 대한 비판적 반작용의 결과이다(이진우, 1993).

그런데 포스트모더니즘을 조심스럽게 취급해야 할 필요성이 있는데, 그 이유는 포스

---

2) 이들은 주로 미국계 비평가로서 피들러(Leslie A. Fiedler), 하우(Irving Howe)와 같은 사람이다.

3) 예컨대 김욱동(1994)은 포스트모더니즘의 정의를 다음과 같이 시도한다. 즉, 19세기 중엽에 확립된 서구 세계의 합리주의가 붕괴하면서 대두한 새로운 역사적 시기를 기술하기 위한 표현이었으며, 1980대에 이르러서는 새로운 사상으로서 유럽을 휩쓸면서 하나의 획기적인 사조로 자리를 잡은 것이 포스트모더니즘이다. 따라서 이같이 포스트모더니즘을 하나의 사상이나 시대적 정신으로 격상시키는 개념화는 문제가 있다는 것이다.

트모더니즘이 비판하는 이른바 근대성은 아직도 우리가 그 속에 살고 있는 인식과 행위의 틀이기 때문이다. 우리가 살고 있는 시대는 아직도 상당 부분 근대성이 지배하는 시대라는 사실이다. 따라서 포스트모더니즘적 비판은 그 자체가 근대성의 범주 안에 속해 있으면서, 근대가 이미 끝이 났다는 식의 사망 신고를 하는 모순을 안고 있다(신승환, 2003; 김욱동, 2004; 이진경, 2007).

2 포스트모더니티의 이론적 배경

포스트모더니즘이 등장하게 된 이론적 배경을 살펴보는 것은 만만한 작업이 아니다. 그것은 포스트모더니즘의 등장 배경이 매우 복잡할 뿐만 아니라, 성격 또한 명료하지 않기 때문이다. 특히 포스트모더니즘은 모더니즘에 뿌리를 두고 발전한 조류이며, 모더니즘에 대한 논리적 연속이면서 동시에 그에 대한 비판적 반작용이라는 점에서 더욱 그러하다. 이런 관점에서 포퍼(Karl Popper)의 열린 사회와 니체(Friedrich W. Nietzsche)의 생철학은 포스트모더니즘을 탄생시키는 데 초석을 놓은 이론적 배경이었다.

1) 포퍼의 열린 사회

합리성에 대한 논쟁의 출발이 포스트모더니즘의 이론적 배경이 될 수 있다고 전제한다면, 이를 대표하는 학자는 포퍼였다. 그는 합리성에 대한 실증주의 논쟁에서 소위 비판적 합리성이라는 개념으로 도전했다. 그는 반증 원리를 주장하면서, 기존의 논리 실증주의적 검증주의를 반박했다(칼 포퍼, 1998).

포퍼에 따르면, 보편 명제로 구성되는 과학적 법칙은 경험적 관찰에 의해서는 완전하게 검증할 방법이 없다고 주장한다. 그 이유는 보편 명제가 미래에 발생할지도 모르는 단 한 건의 부정적인 것에 의해서도 반박될 수 있기 때문이다. 그래서 포퍼는 과학적 지식은 귀납적 지식에 의해서는 형성되지 않으며, 반증에 의해서만 가능하다고 결론지었다. 그의 의도는 일반적으로 인식의 확실성이나 인식의 확고한 근거를 마련해야 한다는 전통적 인식론의 견해와 엄격히 구분하는 것이기도 하다. 이런 측면에서 포퍼의 반증 원리는 인식론에서 획기적인 시도였다(Burke, 1983).

이와 함께 포퍼의 사상을 대변하는 개념이 열린 사회(open society)이다. 포퍼가 의미하는 열린 사회는 철저하게 자율적 이성에 기초한다. 포퍼는 개인주의에 대립되는 전체주의를 비판하면서, 전체주의가 역사를 전체로 보는 역사주의에서 온 것임을 밝히고 있다. 포퍼는 역사를 하나의 전체로 보는 통합적 관점을 포기한 것이다. 이런 측면에서 포퍼의 열린 사회는 존재론적으로 개인주의를 지향하고, 인식론적으로는 인간 이성의 오류 가능성을 받아들이고 있다.

열린 사회에서는 기존의 것과는 다른 새로운 지식의 진보를 막지 않는다. 오히려 불완전한 새로운 지식은 그 자체가 열림이라고 하는 특징을 갖는다. 포퍼의 열린 사회의 개념은 이처럼 모더니즘을 뿌리째 비판하면서, 역사의 우연성을 중요시했다. 그 결과 다양한 인식의 병립을 가능하게 하는, 즉 포스트모더니즘에 이르는 초석을 놓았다고 평가받고 있다(Kekes, 1977: 36-61; 칼 포퍼, 2006).

2) 니체의 생철학

포퍼와 함께 포스트모더니즘의 초석을 놓은 또 다른 학자는 니체였다. 포스트모더니즘이 생성되는 데 니체의 생철학(Lebensphilosophie)은 지대한 영향을 미쳤다. 니체는 이런 맥락에서 데카르트 이후 근대 철학을 지배해 온 의식철학, 이성주의, 주제철학 등을 비판했다. 예컨대 니체는 권력 의지가 낳은 진리에 대한 불신을 강조했다는 점이 그러하다.

니체는 동일성의 철학으로서 형이상학에 대한 거부뿐만 아니라, 권력 의지의 또 다른 산물로서 인식론에 반기를 들어 전통적인 철학의 종언을 선언했다. 이와 함께 니체는 인과성을 부인하면서, 역사에서 연속성을 거부하는 반역사주의적 주장들도 만들어 냈다. 이것들은 모두가 닫힌 정신 구조에 대한 환멸의 결과이자, 철학적 전통에 대한 강한 불신과 경멸의 표시였다.

니체는 그 대신 개방된 사유 구조를 주장했는데, 그의 철학적 지향점이라고 할 수 있는 영원 회귀가 바로 그것이다(프리드리히 니체, 1997; Allison, 2000; Best & Kellner, 1997: 72- 73). 니체 철학의 지향점인 영원 회귀는 이후 포스트모더니즘의 공통 기반이 되고 있는 밖으로의 사고 모형을 형성하는 데 지대한 영향을 미치는데, 특히 이는 순환의 인상을 강화시키는 데 기여했다(Gillespie, 1996; 레지날드 J. 홀링데일, 2004).

제 2 절 포스트모더니티이론의 내용과 특성

1 포스트모더니티이론의 내용과 특성

1) 포스트모더니티의 개념

(1) 포스트모더니티의 어원과 확산 과정

포스트모더니즘은 1960년대부터 미국에서 본격적으로 사용되기 시작한 이래 서구 전체로 확산되면서, 여러 분야에서 광범위하게 사용되고 있다. 이에 포스트모더니즘은 새로운 시대정신이나 패러다임의 개념으로까지 발전해 가고 있는 양상이다. 다만 포스트모더니즘이란 용어는 절대적인 의미와 권위를 갖던 고전주의나 낭만주의 그리고 모더니즘 등과는 달리 어색하고 세련되지 못한 상태로서, 의미론적으로도 불안정해 학자들 사이에도 일치된 견해나 접근 방식은 존재하지 않는 실정이다(Parker, 1992: 1-6).

하산(Ihab Hassan)에 따르면, 포스트모더니즘이란 용어는 1934년에 출간된 『스페인과 남아메리카 시선집』에서 최초로 사용되었다고 한다. 특히 포스트모더니즘과 유사어인 'Postmodernisimo'는 1934년에 마드리드에서 출간된, 오니스(Frederixo de Onis)의 시집인 『현대 라틴아메리카 시선집(*Anthology of Contemporary Latin-Americana*)』에서 처음으로 사용되었다. 오니스는 당시 이 용어를 "이미 그 안에 내재되어 있던 모더니즘에 대한 미미한 반응"으로 사용했다고 한다. 이후 서구에서 문학과 관련해 포스트모더니즘에 관한 최초의 중요한 논의가 시작된 것은 1950년대 말에 미국에서였는데, 당시 포스트모더니즘에 대한 논의는 오늘날과는 달리 부정적인 성격을 내포하고 있었다.

그러나 1960년대 초에 들어오면서부터 포스트모더니즘은 호의적이며 다양한 평가와 관심을 받기에 이른다. 부정적이고 비관적인 의미를 함축하던 포스트모더니즘은 1950년대 미국 문화계에서 전후의 위기 의식을 나타내는 의미로 간헐적으로 등장한 이후, 1960년대부터는 점차 낙관적 의미의 대항문화(counter culture)로 그 의미가 변질되어 가기 시작했다(Hassan, 1993, 2001: 1-13).[4)]

---

4) '포스트모던(postmodern)'이라는 용어는 1947년 토인비(Arnold J. Toynbee)가 『역사의 연구(*A Study of History*)』를 요약해서 출판했을 때 제1권에서 사용되었다. 토인비는 이 책에서 포스트모던이라는 용어를 시기적으로는 1875년부터 시작된 서구 문명의 사회적 불안, 전쟁과 혁명 그리고 산업

표 6-1 모더니즘과 포스트모더니즘의 비교

모더니즘	포스트모더니즘
Romanticism/Symbolism	Pataphysics/Dadaism
Form (conjunctive, closed)	Antiform (disjunctive, open)
Purpose	Play
Design	Chance
Hierarchy	Anarchy
Mastery/Logos	Exhaustion/Silence
Art Object/Finished Work	Process/Performance/Happening
Distance	Participation
Creation/Totalization	Decreation/Deconstruction
Synthesis	Antithesis
Presence	Absence
Centering	Dispersal
Genre/Boundary	Text/Intertext
Semantics	Rhetoric
Paradigm	Syntagm
Hypotaxis	Parataxis
Metaphor	Metonymy
Selection	Combination
Root/Depth	Rhizome/Surface
Interpretation/Reading	Against Interpretation/Misreading
Signified	Signifier
Lisible (Readerly)	Scriptible (Writerly)
Narrative/Grande Histoire	Anti-narrative/Petite Histoire
Master Code	Idiolect
Symptom	Desire
Type	Mutant
Genital/Phallic	Polymorphous/Androgynous
Paranoia	Schizophrenia
Origin/Cause	Difference-Differance/Trace
God the Father	The Holy Ghost
Metaphysics	Irony
Determinancy	Indeterminancy
Transcendence	Immanence

노동자들의 반이성과 무정부주의를 표방하는 의미로 이를 포스트모던 시대로 명명하면서, 서구 역사를 일촉즉발의 한계 상황에 처해 있는 개념으로 규정했다. 그리고 1950년대에 들어와서는 올슨(Charles Olson)이 포스트모더니즘이란 말을 문학에서 자주 사용하면서 용어의 사용 범위를 확산시키는 데 기여했다.

한편 1960년대 미국은 기존 사회 체제에 대한 도전과 미학적 전통의 권위를 획득한 모더니즘에 대항하는 새로운 전위운동에 직면하게 되었다. 이는 문화적·사회적 대중화와 긴밀한 연관을 맺고 있었는데, 이 같은 대중화의 조류에 따라 예술과 사회구조에서는 중대한 변화가 초래되었다. 이 당시 하산(Ihab Hassan)과 피들러(Leslie A. Fiedler)는 모더니즘의 종말을 진단하면서, 반이성적이고 낭만적이며 무책임하고 묵시적인 새로운 대중문화가 출현했다고 선언했다(Fiedler, 1965: 505-515).

1970년대에 들어서는 모더니즘이 안고 있는 엘리트주의에 반대하는 새로운 문화의 대중성에 관심이 집중되기 시작했다.[5] 1970년대 포스트모더니즘 논의에서 가장 큰 공로자는 하산이었다. 그는 기술 만능과 비인간화 그리고 도시화 등을 배경으로, 반권위적이고 무정부주의적인 포스트모더니즘을 주장했다. 특히 그는 1980년대 들어와 모더니즘과 포스트모더니즘의 속성을 구별하는 비교를 앞의 〈표 6-1〉과 같이 제시했다(Hassan, 1993: 280).

미국의 문화 영역에서 논의되던 포스트모더니즘이 유럽으로 전해지게 된 것은 프랑스의 『르몽드』 기사에서 보듯이 1970년대 말경이었다. 프랑스에서는 리오타르(Jean-François Lyotard)와 크리스테바(Julia Kristeva)가, 독일에서는 하버마스(Jürgen Habermas)가 포스트모더니즘의 개념을 받아들이면서 포스트모더니즘은 전 세계적으로 확산되기 시작했다(Hassan, 1985: 119-121).

(2) 포스트모더니티의 개념

포스트모더니티의 개념적 논의를 하는 데 용어의 출현이나 확산 과정과 함께 살펴보아야 할 것이 접두사로서의 포스트(post)를 어떻게 보아야 할 것이냐의 문제이다. 이에 대해 젠크스(Charles Jencks)는 포스트모더니즘이라는 용어에 대해, 어느 정도 합의된 포스트모더니즘의 개념이 형성되기 이전에도 'post'라는 접두사가 붙은 용어는 많이 사용되었다고 한다. 다만 이렇게 사용된 용어들 중의 일부가 포스트모더니즘을 이루는 데 기여했다고 주장한다. 따라서 이때 사용된 'post'는 연대기적 의미의 후기라는 뜻과, 초월한다는 의미의 '탈(脫)'의 두 가지 의미가 복합적으로 사용된 것으로 보고 있다(Jencks, 2007: 34-54).

포스트(post)에 대한 해석은 이 처럼 두 가지 관점에서 접근할 수 있다. 다시 말해,

---

5) 대표적인 비평가나 이론가로는 피들러(Leslie A. Fiedler), 하산(Ihab Hassan), 손탁(Susan Sontag)을 들 수 있다.

하나는 일종의 시기 구분으로서 모더니즘 이후(post)의 시기로 규정하는 접근과, 또 다른 하나는 포스트모더니즘을 단순한 시기 구분 및 시간적 흐름 이상의 의미를 갖는 것으로 해석할 수 있다(Chia, 1995; Alvarado, 1996; 이윤희, 1996; 원숙연, 2002: 3-4).

전자와 같이 보는 경우 포스트모더니즘은 모더니즘과 근본적인 단절이라기보다는 모더니즘 이후 또는 모더니즘적 사상을 창조적으로 발전·계승했다는 것을 의미한다. 이 경우 포스트모더니즘은 후기모더니즘의 의미를 갖는다. 다시 말해, 포스트(post)라는 말이 이후라는 시간을 의미하는 접두어이므로, 포스트모더니즘을 흔히 시간적으로 모더니즘에 후속하는 하나의 사조로 이해하는 입장이 그것이다.

예컨대 리오타르는 1979년에 발간된 『포스트모던 조건(*The Postmodern Condition*)』의 말미에 실린 「질문에 답하며: 포스트모더니즘이란 무엇인가?」라는 짧은 논문에서, 포스트모던적 상황이란 오늘날 문화 전반에 나타나는 거대한 움직임이라고 설명했다. 또한 그는 포스트모더니즘은 모더니즘과 연속적인 관계에 있으며, 포스트모더니즘이란 모더니즘 안에서 표현할 수 없는 것을 표현하고, 그 자체로 나타나는 것이라고 답하고 있는 데서 그 일단을 엿볼 수 있다(Bennington & Massumi, 1993).[6)]

베이스(Gene E. Veith, Jr.)도 저서 『포스트모던 시대(*Postmodern Times*)』에서 우리가 사는 세계는 기존의 문화가 그 토대부터 무너진 시대라고 했다. 16세기 이후 4세기 동안 지속되던 근대(modern)가 무너지고 그 이후의 시대, 즉 '포스트(post)' 모던 시대가 도래했다는 것이다(Veith, 1994). 명칭에서 볼 수 있듯이 포스트모더니즘은 근대와 관련해서 이해하는 것으로 보아야 한다.

이에 반해 후자의 입장에서 보는 경우에는 포스트모더니즘의 출현 동기가 모더니즘의 계승이라기보다는, 기술적 합리성에 근간을 둔 기존의 모더니즘적 사유 및 정향성과

---

6) 리오타르는 포스트모던적 관점에서 과학을 비판한 대표적 학자이다. 리오타르는 특권적 지위가 부여되어 성찰적 담론을 방해하는 과학적 지식에 대한 비판을 하면서, 동의(consensus)보다 의견 차이(dissension)가 강조되어야 함을 주장했다. 즉, 거대설화(meta narrative)에 대한 불신과 그것에 대한 거부를 통해 모더니티에 대해 반대하는 포스트모더니티를 강조했다. 다시 말해 근대 과학은 특권적인 지위를 지니고 있었다. 이성과 합리성에 바탕을 둔 과학을 통해 계몽과 진보가 가능하리라는 기대가 바로 그것이다. 그런데 과학은 신뢰성을 입증받기 위해서는 필연적으로 거대설화에 호소해야 한다. 그래서 거대설화는 인간 해방에 관한 계몽주의의 전망에 토대를 두고 진보의 미래상을 포함한다. 즉, 서사를 거대설화에 복종시키는 것이다. 그러나 리오타르에게 이러한 과학의 특권적 지위는 인정될 수 없는 것이었다. 그는 이를 위해 설화(narrative)라는 개념을 사용했다. 설화는 실재 사람들의 사회적 세계와 가까운 표현의 한 형태를 의미하는 것으로, 소규모 집단의 구술(oral) 역사와 비슷한 것으로 성찰적인 것이라고 볼 수 있다(Lechte, 1994; 곽동훈·김시무, 1995; Miles, 2001; 정태환, 2001; 박형신·정헌주, 2003).

구분되거나 근본적인 단절로 보는 시각이다. 따라서 이 경우에는 '탈(또는 반)현대주의'로 보는 것이 타당하다(이윤희, 1992: 245). 이런 시각에서 볼 경우 포스트모더니즘을 근대성에서 벗어난 전혀 새로운 것으로 보거나 또는 극단적 비판운동으로 보기도 한다. 이 경우 20세기 중반 이래 나타난, 서구 문화 전반의 폭넓은 변화 추세에 대한 막연한 지시어로 사용하기도 한다.

결론적으로 포스트모더니즘에 놓여 있는 'post'가 함축하는 의미는 이성 중심주의에 대한 근본적인 회의를 내포하고 있는 사상적 경향이기도 하며, 동시에 역사학적 구분에서 근현대에 스쳐간 수많은 것을 포함하는 것으로 보아야 할 것이다. 그래서 포스트모더니즘은 정의를 둘러싸고 극한 논쟁이 일고 있는 개념이기도 하다.

포스트모더니즘에서 'post'가 함축하는 의미와 함께, 모더니즘과의 합성어로서 포스트모더니즘에 대한 개념을 이해하기 위해 포스트모더니즘이 함축하고 있는 정향성을 통해 그 개념을 살펴보면 이러하다(원숙연, 2002: 3-4).

첫째, 포스트모더니즘은 거시이론(meta-theory)이나 거시설화(meta narrative)에 기저하고 있는 모더니즘의 근본주의(fundamentalism) 인식론을 비판하는 입장을 취한다. 모더니즘은 절대적인 진리와 보편성의 근원에 관심을 갖고, 복잡한 사회 현상을 구성하고 움직이는 보편적 원리나 역사적 법칙이 존재한다는 가정에 기초해 있다. 이에 반해 포스트모더니즘은 모더니즘적 가정을 비판하고 해체를 주장한다. 즉, 초월적인 담론을 부정하거나 지역적 이해(localized under standing)를 강조하는 포스트모더니즘적 입장은 불가산(不可算, incommensurability)이라는 의미에서 엿볼 수 있다. 예컨대 리오타르(Lyotard, 1984)에 따르면 포스트모더니즘적 사유는 차이(difference)에 민감해서, 어떤 것도 같은 기준으로 비교하거나 평가할 수 없다는 소위 불가산을 인정해야 한다는 점을 강조했다.

둘째, 포스트모더니즘은 계몽주의 시대 이래 강조되어 온 이성(reason)과 이를 통한 진보(progress)를 가정하는 모더니즘적 경향성에 비판적인 입장을 취한다. 포스트모더니즘은 칸트식의 이성과 합리성에 대한 모더니즘적 강조가, 오히려 사회에 대한 지식은 물론 사회의 진보에 부정적으로 작용한다고 문제를 제기했다. 이는 포스트모더니즘이 비판의 대상으로 삼는 체계적 모더니즘(systemic modernism)과 맥을 같이한다(Cooper & Burell, 1988; Hassard, 1988).[7] 즉, 포스트모더니즘은 모더니즘에서 강조하는 통제기술

7) 체계적 모더니즘이란 이성의 지배와 그에 따른 도구의 합리성으로 표상되며, 이러한 도구적 합리성

을 통한 진보가 오히려 억압과 지배의 형태로 구현되고 이를 영속화시키는 결과를 낳았다고 본다. 따라서 포스트모더니즘의 시대에서 요구되는 새로운 경향성으로는 분산, 다양성, 분권화, 유연성, 무작위성 등이 중시되고 있다.

셋째, 포스트모더니즘은 모더니즘에서 보듯이 소위 과학적·객관적 방법을 통해서는 현실에 대한 지식을 획득할 수 없다는 입장이다. 그래서 포스트모더니즘은 사회적 현실이란 특정의 사회·문화적 맥락 속에 배태되어(embed) 있는 것이기 때문에 지식이란 중요한 개념인 표상(representation)을 통해서만 이해가 가능하다는 입장이다.

포스트모더니즘에서 보는 지식이란 모더니즘적 사유가 주장하듯이, 경험적인 방법을 통한 사물 간의 사실적 관계 또는 인과 관계의 규명이라기보다는 언어나 이미지를 통한 현실에 대한 표상이라는 것이다. 그래서 포스트모더니즘은 실증주의적 사고와 접근 방법을 배격하면서, 상대주의나 다원주의적 세계관을 기본 관점으로 특정한 사회적 맥락에 따라 현실에 대한 해석은 달라질 수 있다고 본다. 심지어는 같은 맥락 속에서도 현실에 대한 해석은 다양할 수 있음을 강조한다(김동원, 2005: 2-4).

이상과 같이 포스트모더니즘이 함축하고 있는 정향성을 통해 볼 때, 포스트모더니즘이란 모더니즘 속에 살면서 모더니즘적 가치를 비판하는 사유운동이자, 시기적인 구분만은 아닌 상상력의 특수한 유형학이다. 따라서 포스트모더니즘이란 불확정성 세계관 속에서, 모더니즘의 보편주의적 인식론에 대한 해체와 회의, 극복의 성격을 가진 것으로 탈모더니즘적 성격을 갖는 새로운 접근 양식으로 볼 수 있다.

2) 포스트모더니티의 특성

포스트모더니즘이 지닌 다양한 개념에 대한 이해를 높이고, 이 개념이 함축하고 있는 본질을 이해하기 위해 포스트모더니즘이 지닌 특성을 살펴보면 다음과 같다. 포스트모더니즘에 대한 특성에 대해서는 많은 학자에 의해 논의되어 왔다. 이 중 하산은 1986년에 발표한 논문인 「포스트모더니즘적 관점에서 다원주의(Pluralism in Postmodernism Perspective)」에서, 포스트모더니즘의 특성으로 다음과 같이 여덟 가지를 제시했다(Hassan, 1987: 17-40).

첫째, 불확실성(indeterminacy)을 들 수 있다. 하산은 오히려 불확실성보다는 불확실

을 성취하기 위해서는 고도로 프로그램화된 기술이 요구되며, 이러한 기술의 궁극적인 목적은 사회의 통제에 두고 있다는 것이다.

성들(indeterminacies)이라고 표현하는 것이 정확하다는 입장이다. 이를 반증하듯 갤브레이스(John K. Galbrath)가 제2차 세계대전 이후의 서구 세계를 '불확실성의 시대'로 규정지은 이래, 자연과학 분야에서 하이젠베르크(Werner K. Heisenberg)의 불확실성의 원리, 쿤(Thomas S. Kuhn)의 패러다임, 페이어라벤드(Paul Feyerabend)의 과학의 다다이즘 등 사회 각 분야에서 상대주의적이고 불확정적인 세계관이 주류를 이루고 있는 것이 이를 보여준다.

둘째, 단편화(fragmentation)는 불확실성에서 기인한다. 포스트모더니즘은 사회적·인식론적 종합을 거부하면서, 총체성을 불명예스러운 것으로 생각한다. 예컨대 리오타르(Lyotard, 1983: 341)는 이러한 총체성에 선전 포고를 해야 한다고 주장하는데, 대신 차이(difference)를 활성화해 이의 명예를 높여주어야 한다고 주장했다. 이에 따라 포스트모더니즘의 시대에서는 확신, 차이, 변증의 시대가 도래되며, 몽타주 수법, 콜라주 등과 같은 기법이 중요한 자리를 차지하게 된다. 또한 은유와 환유가 중요시되고 역설, 병렬 결합 등과 같은 것이 자주 등장하는 정신분석적 시대가 도래할 것이라는 주장이다.[8]

셋째, 탈경전화(decanonization) 현상을 들 수 있다. 이는 리오타르가 지적하듯이, 현대 사회를 지배해 왔던 거대설화(meta narrative)가 붕괴되고 대신 소수 담화나 소설화가 그 자리를 차지하는 것을 의미한다. 예컨대 이러한 탈경전화 현상으로 인해 서구의 전통적인 형이상학 체계인 진리, 주체, 초월적 이성 등과 같은 개념이 거부되고 대신 이 영역을 참여와 비평이 유도한다는 것이다.

---

8) 이런 점에서 눈여겨볼 학자가 보드리야르(Jean Baudrillard)이다. 그는 문화적 포스트모더티니 이론의 대표적인 학자라고 할 수 있다. 보드리야르는 'simulation'과 'simulacrum'라는 개념을 사용해 광고의 이미지를 설명했다. 보드리야르에 따르면, 현대 사회는 더 이상 생산이 지배하는 사회가 아니라, 재생산과 이를 위한 코드(code)가 지배하는 사회라는 것이다. 따라서 이런 사회에서는 사용가치와 교환가치의 구별은 무의미하며, 코드가 어떻게 재생산의 동력을 제공하는지가 중요할 뿐이다. 따라서 코드에 의해 재생산되는 상품과 원본의 차이는 부수적인 것이 되고, 코드는 이를 통해 사회적 그물망 전체를 관통하게 된다. 그런데 이런 사회는 자체적으로 폭발(imploding, 내파)할 위험이 매우 높은 폐쇄적 체계가 된다. 그래서 코드가 지배하는 사회에서 의미와 현실은 붕괴되고, 이미지(image)가 지배하게 되는 것이다. 이 같은 상황을 개념화한 것이 'simulation'과 'simulacrum'이라는 개념이다. 보드리야르는 'simulation'을 실재를 이미지화하는 과정으로 보고, 'simulacrum'은 이 과정을 통해 형성된 실재가 사라진 껍데기를 의미했다. 보드리야르는 이 사회가 'simulation'으로 메워져 있다고 보고 있다. 그래서 실재보다 더 실재 같은 'simulacrum'이 사회의 전반에 위치하게 되는데, 이른바 초실재(hyper-reality)가 그것이라는 것이다. 이렇게 실재와 기호 사이의 단절을 촉진하는 것이 광고인데, 광고의 이미지는 실재를 반영하지만 동시에 변형되어 부재를 감추는 'simulation'의 과정을 통해 'simulacrum'이 된다는 것이다(Lechte, 1994; 곽동훈·김시무, 1995; Miles, 2001; 정태환, 2001; 박형신·정헌주, 2003).

넷째, 재현불가능성(unrepresentability) 현상을 들 수 있다. 예컨대 리오타르는 동시 상황은 재현이 불가능하다고 보고, 이에 대처하기 위해서는 헤겔의 변증법적인 종합적 분석 대신 칸트의 숭고미(sublime) 개념을 중시해야 한다는 것이다. 이에 따라 장르가 붕괴되고 혼합되는 양상을 보일 뿐만 아니라, 모방이 거부되고 한계를 추구하며 소모를 즐기게 된다. 즉, 재현(representation) 양식을 문제시하는 반리얼리즘의 성격을 띤다는 것이다.

다섯째, 대중주의(populism) 현상을 들 수 있다. 이는 고급문화와 모더니즘에 대한 적대감의 표현으로 이에 대한 반발로 대중문화에 대해 관심을 보이게 된다.

여섯째, 포스트모더니즘은 직접 행위와 대중의 참여를 유도하며 행위로 연출되기를 기대하는 행위(performance)와 참여(participation)를 강조한다. 예컨대 예술에서 여러 가지 경향을 관통하는 인식의 틀은 '놀이'라는 개념을 근간으로 한다. 이런 점에서 예술가들은 엄격한 통제와 인간관계의 틀을 버리고, 우연의 작용을 신봉하게 되었다. 그 결과 예술에서도 구도보다는 과정이 더 중요한 것이 되었고, 존재하고 의미하기보다는 작용하게 되는 현상이 이를 반증한다.

일곱째, 혼성모방(hybridization)의 특성을 들 수 있다. 이는 다원적이고 확산적이며, 논리가 무시되는 유동적인 현 상황에 적응하기 위한 전략의 한 차원이다. 이런 혼성적 특성을 통해 현재와 과거의 동시성을 획득할 뿐만 아니라 공간 상호성 즉 병렬적, 수평적, 평등적 공간의 확산을 통한 공동체 의식이 야기된다. 예컨대 이런 혼성모방의 예로 장르 의식의 붕괴와 혼합을 들 수 있다.

여덟째, 무변성(immensity)을 들 수 있다.[9] 무변성은 불확실성의 분산과 확산에 따라 야기된 경향이다. 무변성의 경향은 상호작용, 의사소통, 상호 의존, 상호 침투 등과 같은 개념에 의해 드러나는데, 이러한 개념 속에서 가치관의 세계화와 보편화의 경향을 들 수 있다. 이 개념은 토인비(Arnold J. Toynbee)의 영혼화의 개념에서 엿볼 수 있는데, 이 같은 상징을 통해 인간의 정신 자체를 일반화하려는 정신적인 능력은 점점 커지고 있다. 그래서 무변성으로 인해 인간은 새로운 통신 수단과 전자매체, 그리고 새로운 기술을 통해, 의식과 정신의 끊임없는 확장을 경험하게 된다.

9) 원래 무변성은 하나님의 속성을 가리키는 전통적인 신학 용어로서, 하나님의 본질은 어느 장소에도 제한되지도, 둘러싸이지도, 포함되지도 않고, 모든 공간을 꿰뚫으며 채운다는 뜻에서 기원한 의미이다.

2 포스트모더니티 행정이론의 내용과 특성

1) 포스트모더니티 행정이론의 개념

기존 사회과학에 대한 회의와 동일한 맥락에서, 합리주의적 행정학에 대한 새로운 대안을 모색하려는 노력의 하나를 포스트모더니티의 행정이론이라고 할 수 있다. 그렇지만 포스트모더니티의 속성상 정치·경제사회적 상황을 반영하는 지배적인 패러다임을 가진 행정이론이 있는 것은 아니다. 다만 여러 가지 견해가 있을 뿐이다. 그것은 지배적인 패러다임을 거부하는 것이 바로 포스트모더니즘의 특징 중 하나이기 때문이다(강신택, 2002: 34-35). 이와 함께 행정학에서 아직은 포스트모더니티적 논의가 활발하지 않은 것도 한 이유가 된다.

포스트모더니티 행정이론에 대한 개념적 논의에서도, 포스트모더니즘에서 논의되던 전제가 동시에 적용된다. 다시 말해 접두사로서의 포스트(post)를 어떻게 볼 것인가의 문제가 그것이다. 그래서 포스트모더니티 행정이론에서도 이전에 논의된 젠크스(Charles Jencks)의 시각이 반영되어야 한다. 연대기적 의미에서 후기라는 뜻과 초월한다는 의미의 '탈(脫)'이라는, 시간적 흐름 이상의 두 가지 의미가 동시에 내포된 것으로 보아야 한다(Jencks, 2007: 34-54). 포스트모더니티 행정이론을 주장하는 학자들도 이와 같은 포스트(post)적인 요소를 갖추고 있다. 예컨대 포스트모더니티 행정이론에서 강조되는 핵심적인 요소로 반실증주의 입장이라든가 행정의 정당성 위기를 극복하기 위한 담론 등이 그것이다. 이들은 모두 포스트모더니티적 인식론을 공유하고 있는 것들이다.

하지만, 포스트모더니티 행정이론을 주장하는 학자들의 인식론이 유감스럽게도 모더니스트적 행정이론에도 상당 부분을 의존하고 있다는 사실이다(Fox & Miller, 1995). 따라서 포스트모더니티 행정이론은 시간상으로는 모더니티 행정이론의 연속선상에서, 인식론상으로는 모더니티 행정이론의 위기를 극복하기 위한 사조로 보는 것이 좋을 듯하다.

포스트모더니티 행정이론은 포스트모더니즘과 유사하게 또한 모더니티 행정이론의 연속선상에서, 모더니티 행정이론의 한계나 문제에 대한 인식과 이에 대한 비판에서 출발했다. 이런 측면에서 모더니티 행정이론과 포스트모더니티 행정이론이 추구하는 정향성을 중심으로, 양자 간의 사유 방식의 차이를 설명하고자 하는 논의는 여러 학자에 의

해 이루어져 왔다.[10)]

포스트모더니티 행정이론을 강조하는 학자들은 모더니스트 행정이론의 문제점을 다음과 같이 지적하고 있다. 예컨대 파머(David J. Farmer)는 기본 전제로 행정 언어는 한 가지 방식으로만 구성되는 것은 아니라는 점을 강조했다(Farmer, 1995; 강신택, 1992). 그래서 모더니스트 행정이론의 가정에 기초한 행정이론의 주요 명제들이 이제 한계에 도달했다고 지적하면서, 이를 극복하기 위해 성찰적 언어 패러다임(reflexive language paradigm)이 요구된다고 주장했다.[11)]

유사한 맥락에서 원숙연(2002)은 다소 범위를 좁혀 쿠퍼와 버렐(Cooper & Burrell, 1988), 클레그(Clegg, 1990), 알바르도(Alvardo, 1996) 등에 의해 이루어진 모더니티 조직이론의 특징을 제시하면서, 포스트모더니티 행정이론이 지향해야 할 정향성을 제시했다.

첫째, 모더니티 조직이론은 객관성이나 객관화 가능성에 가치를 부여하는 물질성(materiality)을 강조해 왔다.

둘째, 모더니티 조직이론은 조직 현상을 설명하기 위한 인과 관계의 규명을 위해 특히 선험적 합리성(linear rationality)을 강조해 왔다.

셋째, 모더니티 조직이론은 조직이 추구하는 합리성의 근본으로, 능률성(efficiency)에 기초한 진보(progress)의 추구를 강조해 왔다.

포스트모더니티 행정이론은 이와 같이 모더니티 조직이론의 정향성을 극복하는 데 있다고 보면서, 포스트모더니티 조직이론이 추구해야 할 정향성으로 다음을 제시했다.

첫째, 조직의 존재론적 전제가 모더니티에서 강조되던 실재론(realism)에서 벗어나야 한다. 이를 위해 구체적이고 객관적이며 경험적인 실존체(being)에서 조직 구성원 간의 상호작용에 따라 상이하게 규정될 수 있고 지속적으로 재규정되어 가는 하나의 과정, 즉 '되어가는 과정(becoming)'으로 전환되어야 한다.

둘째, 모더니티 조직이론이 근거했던 인식론과 방법론적 전제의 변화가 요구된다. 모더니티 조직이론이 근저했던 실증주의 인식론의 한계를 극복하기 위해 간주관적인 의미의 해석과 적극적인 참여자로서 '조직 현실을 창조하는(from finding to making)' 방향으

---

10) 예컨대 쿠퍼와 버렐(Cooper & Burrell, 1988), 클레그(Clegg, 1990), 파머(Farmer, 1995), 그리고 알바르도(Alvardo, 1996), 폭스와 밀러(Fox & Miller, 1996) 등에 의해 이루어져 왔다.

11) 파머는 모더니스트 행정이론의 특징으로 특수주의(particularism), 과학주의(scientism), 기술주의(technoloism), 기업과 기업가정신(enterprise and entrepreneurship) 등을 들고 있다. 따라서 계몽주의 시대의 모더니즘에 기초한 이론들이 지닌 한계를 극복하는 대안이 포스트모더니티 행정이론이라는 것이다. 이에 대한 구체적인 논의는 파머(Farmer, 1995), 강신택(2002)을 참조.

로 인식론과 방법론이 변화되어야 한다.

결론적으로 포스트모더니티 행정이론은 모더니티 인식론과 방법론이 지닌 한계를 극복하기 위해, 포스트모더니즘에서 강조하는 정향성을 통해 모더니티 행정이론의 한계를 극복하려는 사조로 볼 수 있다.[12)]

2) 포스트모더니티 행정이론의 특성

포스트모더니티 행정이론을 모더니티 인식론과 방법론이 지닌 한계를 극복하기 위한 새로운 사조 내지는 인식론적인 것으로 규정할 때, 포스트모더니티 행정이론의 속성이나 특성은 매우 다양하다. 그것은 포스트모더니즘에서 살펴보았듯이 포스트모더니즘은 그 획일성을 거부하고 있기 때문이다. 그럼에도 불구하고 포스트모더니티 행정이론에는 몇 가지 특성을 엿볼 수 있다. 이러한 특성을 파머(David J. Farmer)와 폭스(Charles J. Fox) 및 밀러(Hugh T. Miller)의 논의를 중심으로 살펴보면 다음과 같다.[13)]

(1) 상상

포스트모더니티 행정이론의 특성 가운데 상상(想像, imagination)을 들 수 있다. 상상이라는 말은 포스트모더니티의 주된 특징을 묘사하기 위해 사용하는 말이다. 이는 단순히 마음속으로 오감을 활용해 형상화하는 것이 아니라, 보는 관점에 따라 다양한 가능성(possibilities)을 염두에 둔 의미이다(김동원, 2005). 따라서 그 특징은 베버(Max Weber)의 관료제적 구조가 강조하는 합리적 모형의 특성과는 거리가 있다.

모더니티에서는 합리화가 수행한 역할에 상응하는 촉매적 역할을, 포스트모더니티에서는 상상이 수행하리라고 기대한다. 다시 말해, 모더니티의 전형인 베버의 관료제모형에서는 합리성이 인간 사고의 촉매적 역할을 하듯이, 포스트모더니티에서는 상상이 인간 사고의 촉매적 역할을 대신할 수 있다(Farmer, 1995: 158-177).

---

12) 버렐과 모간(Burrell & Morgan, 1982: 1-9)도 유사한 맥락에서 포스트모더니즘 사회과학이 지닌 철학적 가정을 다음과 같이 유형화하면서 그 특징을 묘사했다. 첫째, 존재론적 성격이라는 측면에서 유명론(nominalism)에 가깝다. 둘째, 인식론적 성격이라는 면에서는 반실증주의(antipositivism)를 지향한다. 셋째, 인간의 속성에 대해서는 결정론(determinism)적 입장을 부정하고, 인간의 의지대로 환경을 통제할 수 있다는 전제를 부인하기는 하나 어느 정도 자발론적 존재(voluntarism)로 본다. 넷째, 방법론적으로는 체계적인 경험적 관찰의 가능성을 신뢰하지 않으며 인과성에 기초한 연구는 불가능하다는 관점에서 표의적 접근 방법(ideographic approach)을 지향한다.

13) 포스트모더니티 행정이론의 특성에 대한 기술은 강신택(2002)의 논의에 많은 부분을 의존했음을 밝혀둔다.

사회와 학문에서 자율적 영역들이 내파(內破, implode)됨에 따라, 상상이 갖는 지배적 위치는 미학적인 것에 국한되지 않고 과학과 규범적인 영역에 이르기까지 확대되고 있다. 그간 모더니티에서 이차적인 역할을 수행했던 상상은, 포스트모더니티에서는 일차적인 역할을 수행하고 합리화는 이차적인 역할을 수행할 것이다.

이런 측면에서 상상은 행정학에서도 중요한 역할을 수행할 것으로 보인다. 예컨대 부정적으로 보았을 때 상상은 규칙에 얽매이지 않는 행정의 운영을 의미하지만, 긍정적으로 보았을 때 상상은 문제의 특수성을 인정하는 것이 되기 때문이다. 따라서 상상이란 단순히 상상력을 배양하는 의미 이상으로 이미지를 다루는 능력을 신장하는 것을 의미하기 때문에, 행정에서 상상의 의미가 차지하는 공간은 확대될 것이다(강신택, 2002: 35).

(2) 해체

포스트모더니티 행정이론의 특성 가운데 해체(解體, 脫構成, deconstruction)를 들 수 있다. 해체는 원래 데리다(Jacques Derrida)의 핵심 개념이다(Derrida, 1978). 요컨대 그의 회의론(scepticism)에 입각한 해체의 개념은 포스트모더니즘의 핵심적 요소인 최종적 또는 진리적 정의(final or true definitions)라는 것이, 가능하지 않다는 것을 설명하기 위한 것이다(Butler, 2002: 20).

포스트모더니티에 관한 생각들이 난해한 점이 많지만, 해체라는 생각을 단적으로 이해하기란 쉬운 일이 아니다. 예컨대 해체는 '하나의 방법도 아니고 작업도 아니며, 그것은 하나의 분석도 아니고 비판도 아니다'라는 식의 말은, 모더니티적인 마음가짐을 가진 사람들에게는 그저 납득하기 어려울 뿐이다(Farmer, 1995: ch. 11; 강신택, 2002: 35-37). 포스트모더니즘에서 해체가 활용되는 대표적 예는 연구전략에서 엿볼 수 있다. 즉, 포스트모더니즘은 전략상 패러다임 간의 대조 영역과 연결 영역을 '모두 동시에 인정' 하는 모순적인 입장을 취함으로써 패러다임 간의 교차(interplay)를 시도하는 데서 찾을 수 있다. 다시 말해, 포스트모더니즘에서 추구하는 접근은 모더니티적 패러다임을 모두 부정하거나, 또는 어느 하나를 인정하고 다른 하나를 부정하는 것이 아니라는 입장을 견지한다.

포스트모더니즘에 입각한 연구전략은 패러다임 간의 공약불가능성(incommensurability) 입장도 수용하지 않으며, 패러다임 간의 통합(paradigm integration) 입장도 받아들이지 않는다. 대신에 포스트모더니즘적 접근은 패러다임 간의 공약불가능성과 통합 모두를 반대하는 제3의 메타이론적 입장을 취한다. 즉, 패러다임의 교차(paradigm crossing) 가능성을 모색하는 한편, 패러다임의 경계에 도전해 이를 넘으려고 한다는 데 있다(최성욱, 2008: 2). 그래서 패러다임 간의 교차 관념을 고취하는 것이 포스트모더니즘인데, 포스트모더니티의 생각은 모더니티의 입장에서 보자면 난해하기가 그지없다.

철학과 문학에서 사용하는 해체라는 생각을 이해하기 위해서는 몇 단계의 논의가 필요하다. 그 첫 단계가 우선 자아의 정체성과 객관적 지식이 확실한가에 대한 의문에서 출발해야 한다. 자기의 정체성과 존재를 확인할 수 있다고 하지만, 이런 것은 자기가 아닌 타자, 존재가 아닌 부존재의 흔적을 구분해야만 알 수 있다. 가령 밝은 것을 알려면 어두운 것을 알아야 하는 것과 같은 이치이다. 이렇듯 현존재(presence)는 부존재(absence)에 의존한다.

이러한 이유 때문에 어떠한 형태가 되든 간에, 순수한 존재를 찾는 일은 전혀 실현될 수 없으므로 계속해서 연기되어야 한다. 여기서 데리다는 유명한 차연(差延, diffarance)이라는 어려운 말을 만들어 냈다. 차연은 쉽게 말하면 '차이와 연기', 즉 프랑스어의 차이(différence)와 연기(difement)를 결합한 말이다. 프랑스어에서 차연(diffarance)과 차이(différence)는 말로 했을 때는 발음상 구분이 안 되고, 글로 썼을 때는 a와 e의 차이가 구별될 수 있을 뿐이다.

철학이나 문학에서 다루는 해체에 관한 생각은 이같이 이해하기가 어렵다. 다만 행정학의 이론을 해체한다는 말은 다음과 같이 이해할 수 있을 것 같다. 우선 포스트모더니스트들이 말하는 해체라는 것은 텍스트(언어, 몸짓, 이야기, 설화, 이론)의 근거를 파헤쳐 보는 것이다. 이러한 해체는 일종의 해독(解讀, decoding)인데, 맞는 해석을 제공하는 것도 아니고 틀린 해석을 제공하는 것도 아닌 특별한 해독이다. 해체라는 생각을 행정학에 적용해 보면, 그것은 모더니티 행정이론과 실제뿐만 아니라 포스트모더니티에서 구성한 설화들(narratives)을 해체하는 데도 사용할 수 있다.[14] 그래서 설화를 당연한 것으로 받아들이지 않고 해체해 보면, 설화의 근거가 불확실하면서도 동시에 설화를 더 잘 이해할 수 있다.

해체는 포스트모던이라는 특정한 상황 하에서 텍스트를 이해하는 데 도움을 준다. 이때 말하는 포스트모던적 상황이란 현실과 외형적 현상이 내파되고, 관료제는 이미지와 외형적 현상의 소용돌이 속에서 일부가 되며, 생산의 세계는 매혹의 세계에 의해 대체되

14) 해체의 대상인 설화의 예를 들어보면, '합리화가 인간의 진보와 같다'라든지 '경제 발전이 역사 발전의 원동력이다'라는 식의 거창한 말들이다. 또한 '행정은 객관적으로 연구될 수 있다'라는 말이나, '행정의 실무는 능률적이어야 한다'는 것도 하나의 설화이다.

고, 공공정책은 쇼비즈니스처럼 운영되는 상황이다. 그래서 준거물이 없는 매혹물, 이미지, 그리고 지칭 대상이 없는 기호들이 포스트모던적 행정세계를 구성한다.

해체는 이처럼 텍스트가 다양하게 해석될 수 있는 복합 방식을 드러내는 체계적 분석전략이다. 마틴(Martin, 1990: 355)은 해체에서 사용되는 분석전략의 예를 〈표 6-2〉와 같이 들고 있다(최성욱, 2008).

표 6-2 해체에서 사용되는 분석전략

1. 이분법이 거짓 구분(false distinction)이라는 것을 밝힌다. (예: 공(公)과 사(私)의 대립 구도)
2. 언급되지 않는 것, 즉 침묵을 조사한다. (예: "우리"라는 대명사의 사용에 의해 누가 또는 무엇이 배제되는지를 주목함.)
3. 텍스트가 의미를 만드는 데 실패하는 곳인, 분열(disruptions)과 모순(contradictions)에 주의를 기울인다. (예: "filling in to create a void)
4. 묵시적 금기(taboos)를 해독하는 수단으로서, 텍스트 또는 맥락에 가장 이질적인 요소에 초점을 맞춘다. (예: 남성 지배적 관료조직에서 임신한 고위공무원)
5. 복합적 의미의 원천으로서 메타포(metaphors)를 해석한다.
6. 두 가지 뜻으로 해석될 수 있는 말(double-entendres)을 분석한다.
7. 텍스트를 어법의 반복 대입으로 재구성함으로써(reconstructing), 해당 집단에 고유한 편견의 특수적 원천과 집단과 상관없는 편견의 일반적 원천을 분리한다.
8. 사소한 정책 변화가 갖는 태생적 한계와 예기치 못한 결과들을 탐색한다.
9. 기득권의 지속성과 좀 더 야심찬 변화 프로그램의 필요성을 설명하기 위해 재구성(reconstruction)에 의해 밝혀진 한계점을 활용한다.

결국 온통 이미지의 표상으로 둘러싸인 세상에서, 그리고 보이는 것이 진실이 아닌 상황에서, 파머는 모더니티 행정이론들이 객관성과 합리성에 바탕을 두고 실증주의를 추구하는 것이 어떤 의미가 있는가를 반문한다. 포스트모더니스티적 관점에서 보자면 이 같은 설화는 해체되어야 한다. 대신에 행정이 어떻게 작동하는지, 그리고 어디에 위치해 있는지를 알기 위한 새로운 인식론으로서, 상황의 맥락성(context)을 파악하는 것이 무엇보다도 중요함을 암시한다(Farmer, 1995: 199-201).

(3) 탈영역화

포스트모더니티 행정이론의 특성으로 탈영역화(脫領域化, 領域解體: deterritorialization)를 들 수 있다. 탈영역화는 지식과 학문의 영역 간에 경계가 사라지는 것을 의미한다. 이에 따라 포스트모더니티에서의 모든 지식은, 성격과 조직에서 원래 가지고 있었던 고유 영역이 해체된다. 지식의 경계가 사라진다는 것으로, 행정학의 경우도 마찬가지이다.

그런데 탈영역화는 사유의 성격(character of thinking)이 변해야만 가능해진다는 데 그 특징이 있다. 즉, 포스트모더니티적인 상황으로 진입하는 것이 우리의 사고와 연구에 어떤 함축성을 의미하는가를 인정하게 되면, 탈영역화가 이루어질 수 있다는 것이다. 따라서 사유의 성격이 변하려면 모더니티 행정이론이 그동안 누려 왔던 지위를 포기해야 한다. 예컨대 실증주의가 인식론적으로 우월한 정보를 제공해 왔다는 믿음 때문에 고수할 수 있었던 지위를 버려야 한다. 또한 모든 과학도 수많은 담론 중 하나에 불과하다는 믿음이 자리를 잡았을 때 비로소 이러한 탈영역화가 가능하다. 다시 말해 포스트모던적 상황에서는 어떤 과학적 연구도 정보 제공에서 인식론적으로 우월적 지위를 갖지 않는 상황이 야기된다(Farmer, 1995: 211-218).

탈영역화 과정은 사고의 작업(business of thinking)이 변할 때 더욱 진보한다. 포스트모더니티 상황에서는, 모더니즘 하에서 형성되었던 인위적인 학제 간의 경계가 막을 내리고, 학문 내에서 자율성은 종말을 고하게 된다. 조직에서 학문 분과의 변화는 탈영역화로 더욱 가속화가 이루어질 것이다. 탈영역화로 인해 학문 분과의 영역 간 장벽이 무너짐에 따라 행정학의 구조도 붕괴되고 있지만, 그렇다고 해서 이것이 학제적 통합으로 간다는 것을 의미하지는 않는다.

그 이유는 여러 가지 지식이 공통의 뿌리를 가지고 있으면서, 계층제적인 방식으로 줄기와 가지로 분할되어 있는 것이라고 생각하는 모더니스트적인 나무 모양의 사고 방식과는 다르기 때문이다. 이에 반해 포스트모더니티는 정보를 분산시키고 뿌리를 파괴하며, 차이와 다중성을 만들어 내는 근경적 모형(根莖的模型)을 인정하는 입장이다. 이상과 같은 탈영역화가 시사하는 것은 지금까지 행정학의 고유 영역이라고 생각하던 지식의 성격이 변화하고, 행정조직도 비계층적·탈관료제화된 모습으로 탈바꿈하게 될 것이라는 점이다(Farmer, 1995: 218-225; 강신택, 2002: 37-38).

(4) 타자성

포스트모더니티의 행정이론의 특성으로 타자성(他者性, alterity)을 들 수 있다. 포스트모더니티에서 의미하는 타자성의 개념은 인격체로서 존중받아야 할 도딕적 타인(moral other)을 강조한다. 따라서 포스트모더니티에 강조하는 타자성은 윤리와 무관하지 않다. 이에 반해 모더니티 하에서 형성된 철학과 과학은 사물에 관한 객관적 진리를 발견하고, 이를 표현할 수 있다고 생각해 왔다. 이러한 사고에는 이분법적 사고가 내포되어 있다. 예를 들면 동일성과의 차이, 존재와 부존재, 자연과 문화, 남성과 여성 등이 그것이다.

그러나 객관적이라고 주장되는 이분법은 다음 단계에서 규범적인 계층을 만들어 낸다. 차이보다는 동일성, 부존재보다는 존재, 문화보다는 자연, 여성보다는 남성이 특권적 지위를 갖는다고 생각하게 된다. 차이, 부존재, 미친 것, 여성 등 무엇인가 다른 것은 변두리에 밀리고 가치가 저하된다. 만일 서양과 동양을 구분하고 서양을 중심에 놓으면, 동양은 서양과 다른 것이기 때문에 비하된다. 이것이 서구의 인종 중심적인 사고의 원천이다(강신택, 2002: 38). 결국 포스트모더니티에서 타자성이 갖는 의미는 잘못된 이분법을 배척하고, 모든 것이 인격체로서 존중받아야 할 도덕적 타인을 상정한다는 데 있다.

유사한 맥락에서 행정에서는 관료 중심적인 사고 방식이 널리 펴져 있다. 그런데 포스트모더니티적 입장에서와 같이 행정에서 타자성을 인정하게 되면, 그것은 그대로 반행정(反行政, anti-administration)의 성격을 띠게 된다. 즉, 포스트모더니티 하에서 행정이론은 타자성에 입각해 반행정의 길을 가게 된다는 것이다. 포스트모더니티에서 의미하는 반행정은 네 가지 특성으로 나눌 수 있다.

첫째, 타인에 대한 개방성이다. 타인에 대한 개방성은 모더니티에서와 같은 권위주의적인 행정 실무가 아니라, 반권위주의적인 방향으로 나가야 한다는 것을 의미한다. 이에 따라 행정은 봉사 지향적이며, 의사결정권은 지역공동체에 개방되고, 나아가 지역공동체의 참여를 장려하는 미시적 정치의 발전을 장려해야 한다. 관료적 텍스트의 범주는 타인에게 부과하지 말아야 한다.

둘째, 다양성에 대한 선호이다. 다양성에 대한 선호란 다른 것에 비해 어떤 특권적 지위를 누리는 의미가 없다는 것을 인정하는 것이다. 다시 말해, 다양한 관점을 수용한다는 것 외에도, 관료의 분류 방식에 따라 사람들을 분류해 놓고 범주를 규격화하거나 고정시키지 말아야 한다.

셋째, 거대설화(meta narratives)에 대한 반대이다. 이는 거대설화에 대한 비현실적인 근거를 해체하는 것을 의미한다. 다시 말해, 반행정으로서 거대설화에 대한 반대는 정의의 근거를 찾을 수 없다는 것과, 근본적인 도덕적 장악이 있을 수 없다는 것을 의미한다. 예컨대 행정이 원래부터 권위를 가졌다는 신화적 믿음과 같은 거대설화를 해체하는 것이다.

넷째, 기존 질서에 대한 반대를 들 수 있다. 타자성은 기존 제도에 대해 반대할 것을 요구한다. 대부분의 행정인은 성격상 기존의 행정 제도를 선호하는 경향이 있는데, 타자성을 인정하게 되면 행정의 반행정적 방법을 개발할 수 있는 가능성이 있다.

포스트모더니티는 이처럼 행정의 모든 사업에서 변화가 일어나야 함을 강조한다. 그러나 문제는 포스트모더니티의 행정 하에서는 뚜렷한 처방도 내릴 수 없는데, 그 이유는 이러한 처방조차도 포스트모더니티에서는 해체의 대상이 된다는 딜레마에 봉착하기 때문이다(Farmer, 1995: 227-245).

제 3 절 포스트모더니티이론의 적실성

1 포스트모더니티이론에 대한 비판

포스트모더니즘은 단순히 모더니즘에 후속하는 사조가 아니다. 오늘날 포스트모더니즘의 영향이 지대한 것만은 사실이지만, 모든 영역이 포스트모던화되어 있는 것도 아니다. 포스트모더니티의 담론이 최근 들어 급격히 영향력을 잃고 있는 현실을 고려할 때, 포스트모더니즘에 대한 비판 또한 강력하게 대두되고 있는 실정이다. 포스트모더니즘에 대한 비판은 대체로 두 측면에서 이루어지고 있다.

첫째, 포스트모더니즘이 비판하는 것이 근대주의적 계몽주의이므로, 포스트모더니즘에 대한 비판은 주로 계몽주의적 전통에 속해 있는 학자들에 의해 주로 이루어지고 있다. 대표적으로 신계몽주의(neo-enlightenment)로 불리는 프랑크푸르트학파에 의해 주창되어 온 비판이론(critical theory)적 관점을 들 수 있다. 이들이 포스트모더니즘에 가하고 있는 비판의 요체는 모더니즘이 지닌 객관주의와 과학기술 문명의 폐해를 인식하면서도, 모더니즘에 대한 포스트모더니즘의 극단적이고도 파괴적인 비판에 대해 비판적인 입장을 취한다.

둘째, 포스트모더니즘이 지닌 한계에 대한 비판이 그것이다. 과학에 대한 포스트모더니즘의 지나친 비판은 진보와 계몽의 가능성을 제거해, 자칫 좌절과 무기력으로 흐를 수도 있다는 것이다. 즉, 포스트모더니즘은 보편적 이론을 주장하지도 않고 일정한 정설이 있는 것이 아니기 때문에, 바로 사용할 수 있는 방안이 마땅하지 않다.

특히 무엇보다도 포스트모더니스트들이 너무 과장된 강한 주장을 함으로써, 실재하는 세계의 모습을 온전히 담아내지 못한다는 측면에서 비판의 대상이 되고 있다. 예컨대 거대설화에 대한 부정 자체가 그 자체로 특정한 세계관을 강화하는 역할을 하는 또 하나의 거대설화로 등장하는 것도 문제이다(강신택, 2002; 신승환, 2003).

2 포스트모더니티이론의 적용 가능성

포스트모더니티는 모더니티가 지니고 있는 문제에 대한 대안적 성격이 짙다. 그렇기에 모더니즘의 사회가 안고 있는 문제에 대해 해결책을 제시해 준다는 점에서 긍정적인 평가가 가능하다. 근대 과학으로부터 시작된 계몽적 기획으로 인해 모더니티 사회는 전체주의적 풍조가 만연했다. 포스트모더니티는 이런 모더니티에 대해 비판을 통해 소수자의 문제를 환기했고, 이미지에 압도되는 현실에 대해 비판적 시각을 제공했다. 현실 사회에서 적용 가능 여부를 차치한다면 이러한 시도는 충분히 가치있는 대안으로 볼 수 있다.

포스트모더니즘이 추구하는 이상적 사회란 단순히 해체와 분열을 추구하는 곳이 아니다. 대신에 개인적 경험을 통해 현실이 주관적으로 해석되고, 이는 다시 담론을 통해 집단적으로나 조직적 단위로 공유되면서 공감대가 형성되는 곳이다. 같은 맥락에서 포스트모더니티 행정이론은 향후 행정이론에 다음과 같은 기여가 가능하다. 예컨대 행정학계 내부에 담론을 촉발시키고, 공직자에게는 정부와 시민 간에 새로운 시각을 가지고 접근하게 하며, 공무원 교육의 개혁을 주도하는 데 도움이 될 것이다(김동원, 2005: 19-20).

생각해 볼 문제

포스트모더니티이론의 등장 배경

1. 포스트모더니티이론의 등장 배경이 다양한 이유에 대해 설명해 보시오.
2. 포스트모더니티이론의 이론적 배경을 포퍼와 니체 외에 다른 학자의 이론을 조사해 보시오.

포스트모더니티이론의 등장 배경

1. 포스트모더니티이론의 등장 배경이 다양한 이유에 대해 설명해 보시오.

2. 포스트모더니티이론의 이론적 배경을 포퍼와 니체 외에 다른 학자의 이론을 조사해 보시오.

■ 포스트모더니티이론의 내용과 특성

1. 모더니티와 포스트모더니티를 비교해 보고 그 차이점을 설명해 보시오.
2. 포스트모더니티의 개념과 특성을 정리해 보시오.
3. 포스트모더니티 행정이론의 특성을 설명하고, 적용 사례를 조사해 보시오.

■ 포스트모더니티이론의 적실성

1. 포스트모더니티이론을 비판하는 대표적 학파인 프랑크푸르트학파에 대해 조사해 보시오.
2. 포스트모더니티이론의 적용상의 한계에 대해 설명해 보시오.
3. 포스트모더니티이론이 행정학에 적용되었을 때 그 가능성에 대해 설명해 보시오.
4. 한국 행정에서 나타나고 있는 포스트모더니티 현상을 조사해 보고, 그 이유에 대해 생각해 보시오.

제 7 장 카오스이론

제 1 절 카오스이론의 등장 배경

신과학(new science)이라 불리는 이론들이 최근 들어 패러다임의 새로운 영역을 구축해 나가고 있다.[1] 예컨대 양자역학이론, 포스트모더니즘, 카오스이론, 복잡성이론(complexity theory) 등이 그것이다. 특히 이 가운데서도 혼돈이론(chaos theory)[2]은 전환기의 사회 현상을 설명하는 패러다임으로 급성장하고 있다(Overman, 1996).

1 카오스이론의 시대적 배경

중세가 몰락하고 17세기에 접어들자, 신(神) 중심의 절대적 가치관이 퇴조한 자리를 합리적 사고 방식이 대체하기 시작했다. 이에 따라 자연과학의 영역에서는 뉴턴(Issac

1) 신과학이란 뉴턴의 과학이론으로 설명되지 않는 부분에 대한 반발로, 이를 규명하고자 등장한 이론 영역을 의미하는 용어이다. 한편 최창현(2016)에 따르면, 최근 대두되고 있는 신과학운동은 그동안 간과되어 온 혼돈(chaos)과 복잡성(complexity) 개념에 초점을 두고 있다고 한다.
2) 우리의 경우 번역된 혼돈이라는 용어보다는 카오스(chaos)라는 원어 자체를 그대로 사용하는 경우가 대부분이다. 여기에서는 이런 현상을 반영해 혼돈이론이라는 번역된 용어보다는 카오스이론으로 사용하고자 한다.

Newton) 등이 미분방정식을 도입해 물체의 운동을 정량적으로 표현하고자 했다. 그 결과 뉴턴역학의 산물이자 선형과학의 진수가 되는 결정론적 과학(deterministic science)이 탄생했다. 이로 인해 과학자들은 비선형 방정식으로 표현되는 자연 현상을, 근사화(近似化)한 방정식의 해법으로 이해하려는 결정론적 사고의 틀 속에서 학문적 노력을 기울이게 되었다.

다시 말해, 과학사적으로 뉴턴의 고전물리학 이후, 우주적 질서의 발견과 이를 통해 우주 안의 모든 운동에 대한 예측 가능성에 대한 확신은 확고해져 갔다. 이를 반증이나 하듯이 18세기에 프랑스 수학자이자 천문학자인 라플라스(Pierre S. Laplace)는 현재의 상태만 알 수 있다면, 앞으로 전개될 모든 과정과 변화를 이해하고 예측할 수 있다고 주장하기에 이르렀다.

결정론적인 우주관은 이처럼 과학철학 분야에서 오랫동안 핵심적인 관심사였다. 지난 3세기에 걸쳐 과학자들은 물질을 지배하는 물리적 법칙들을 발견하려고 노력해 왔다. 그것은 과학적 지식과 법칙이 갖는 중요한 함의가 일련의 현상들 간의 인과 관계를 밝히고, 이 지식을 이용해 다른 사실로부터 어떤 사실을 예언하는 데 있었기 때문이다. 그래서 미래에 일어날 현상을 예언하기 위해서는 충분한 양의 정보를 모으고, 그것을 처리하는 것이 필수적이라고 생각했다(Peterson, 1993).

그러나 선형 방정식의 해법으로 비선형 방정식을 해석하려는 방식은, 근본적으로 비선형 방정식이 내포한 비선형성(nonlinearity)을 간과하는 우를 범할 수밖에 없었다. 그리하여 이에 대한 문제들이 간헐적으로 지적되어 왔지만, 선형 해법에 익숙한 과학자들의 견고한 인식 틀과 비선형 방정식이 내포한 해석적 난해성에 부닥쳐 좌절되곤 했다. 따라서 선형성의 산물인 결정론적 사고 체계는 우연성의 과학인 카오스과학이 들어설 여지를 허용하지 않았다.

하지만 난해한 비선형의 속성은 컴퓨터의 발달에 힘입어 그 모습을 드러내기 시작했다. 그것은 비선형 방정식을 근사화해 선형 방정식의 해법으로 해(解)를 파악하는 방식이 아니라, 비선형 방정식의 해를 수치 해석적 방법으로 직접 구해 근사화 과정에서 잃어버린 정보를 파악할 수 있게 되었다. 이와 같은 움직임이 1962년 MIT에서 기상학과 교수인 로렌츠(Edward E. Lorenz)에 의해 태동했다. 로렌츠가 초보적인 컴퓨터를 사용해 공기의 대류운동을 나타내는 간단한 비선형식을 계산하던 중에, 우연히 나비 효과(butterfly effect)를 발견함에 따라 황량한 사막에 카오스 과학의 종자가 파종된 것이다.[3]

이후 다양한 분야의 과학자들이 간단한 비선형계에서 선형적 근사 방식으로는 전혀 예상하지 못했던 카오스 현상을 발견하게 되었다. 이에 따라 계를 나타내는 비선형 운동 방정식에 기인해 나타나는 혼돈 현상을 결정론적 카오스(deterministic chaos)라 부르게 되었다. 그리고 기체나 액체의 입자들에서 나타나는 무작위성에 기인한 카오스적인 운동 현상을 복잡성의 과학(science of complexity)이라 명명함으로써, 결정론적 카오스와 복잡성의 과학은 카오스 과학의 핵심을 이루는 양대 기반이 되고 있다. 이와 같이 카오스 과학은 혼돈 현상에 내재된 규칙성을 파악해 원인을 규명하고 순치해서, 자연 현상을 좀 더 적절히 파악하고자 하는 노력의 산물이라 할 수 있다(박배식, 2007: 162-164).

2 카오스이론의 이론적 배경

카오스이론이 과학철학의 발달 과정에서 새로운 것은 아니다. 그 연원은 고대 그리스의 철학자 헤라클리투스(Heraclitus)까지 거슬러 올라갈 수 있기 때문이다. 그리고 현대에 이르러 부활된 사회적 카오스이론은 헤겔(Georg W. F. Hegel)의 역사철학과 마르크스(Karl H. Marx)와 엥겔스(Friedrich Engels)의 변증법에서 엿볼 수 있다. 이와 함께 프리고진(Ilya Prigogine)이 언급한대로 콩트(August Conte), 뒤르켐(Émile Durkeim), 스펜서(Herbert Spencer), 소로킨(Pitirim Sorokin), 파레토(Bilfredo Pareto)도 전환이론으로서 카오스이론을 연구한 사회과학자들이었다(Sorokin, 1966).

여기서는 과학철학의 입장에서 카오스의 발견이라는 맥락으로 범위를 좁혀 카오스의 이론적 발달 과정을 살펴보고자 한다. 카오스의 개념은 1875년부터 1925년에 걸쳐 푸앵카레(Jules-Henri Poincare), 파투(Pierre Fatou), 줄리아(Gaston Julia) 등 프랑스 수학자들의 연구에서 처음으로 등장했다. 이 가운데 특히 카오스를 이론적 관점에서 접근한 학자는 푸앵카레였다. 그는 뉴턴의 법칙을 이용한 수학적 공식이 세 개 또는 그 이상의 행

---

3) 카오스이론으로 발전하는 계기가 된 나비 효과는 로렌츠가 발표한 이론이다. 나비 효과란 처음에는 작고 사소한 사건 하나가 나중에는 커다란 효과를 유발한다는 의미로 사용되고 있다. 이 이론은 로렌츠가 「결정론적인 비주기적 유동(Deterministic Nonperiodic Flow)」이라는 논문에서 나타난 개념으로, 결정론적 카오스의 개념을 세상에 알린 계기가 되었다. 미세한 차이가 엄청난 결과를 초래한다는 나비 효과는 처음에는 과학이론에서 발전했으나, 점차 경제학을 포함한 사회과학 등에서 광범위하게 사용되었다. 예컨대 1930년대의 대공황이 미국의 한적한 시골 은행의 부도로부터 시작되었다고 가정한다면, 바로 이것이 나비 효과의 예가 된다.

성의 운동에서, 주기성과 예측 가능성뿐만 아니라 불규칙성과 예측 불가능성까지를 포함하고 있음을 증명했다. 그리고 중력(重力)의 영향을 받고 있는 세 천체의 운동이 극도로 복잡하다는 사실도 입증했다.

푸앵카레의 발견은 오늘날 카오스라고 불리는 현상을 최초로 밝혀낸 것으로, 무작위성을 내포하지 않은 단순한 모형이 매우 규칙적인 행동을 산출하고 있음을 설명한 것이었다(Crutchfield et al., 1986: 46-57). 푸앵카레는 이를 통해 결정론적인 체계가 때로는 예측하기 어려운 행동을 보일 수도 있음을 상당 부분 밝혀냈다(Pointcare, 1952). 다만 푸앵카레는 이러한 탁월한 기여에도 불구하고, 이론과 실재의 물리적 세계와를 관련지어 설명하거나 시각적인 도구로 표현해 내는 데는 한계가 있었다.

이후 푸앵카레의 논의와 업적을 잇는 작업은 한동안 중단되었다. 그러다가 20세기 초반 아이슈타인(Albert Einstein)의 상대성이론과 하이젠베르크(Werner Heisenberg)의 양자역학이론이 등장함으로써 선형성의 산물인 결정론(determinism)은 심각한 타격을 받게 되었다. 마침내 1960년대에 이르자 미국의 기상학자인 로렌츠와 프랑스 수학자인 맨델브로트(Benoit Mandelbrot)의 획기적인 발견으로, 질서정연한 우주에 대한 표상을 완전히 흔들어 놓은 카오스이론이 등장하게 되었다(Mandelbrot, 1990; Peterson, 1993; Lorenz, 1993; 김종백, 2005; 이재황, 2007).[4)]

제 2 절 • 카오스이론의 내용과 특성

1 카오스이론의 내용과 특성

1) 카오스이론의 개념

혼돈이론(chaos theory) 또는 카오스이론은 기상학, 생물학, 화학을 포함한 자연과학에서 전환 과정을 설명하는 이론으로서 급속한 발전을 해 나가고 있다. 그리고 사회과학에서도 자연과학에서 발전시킨 카오스이론을 도입해, 전환기의 사회 현상을 설명하는

4) 이들의 획기적 발견의 핵심적 주제는 나비 효과와 프랙탈 기하학이었다.

새로운 패러다임으로 활용하고 있다(노화준, 1998).

혼돈 또는 카오스란 용어는 1970년대를 지나면서 새로운 과학적 의미를 갖게 되었다. 1975년 메릴랜드대학교 수학과 교수인 요크(James A. Yorke)가 과학(수학) 용어로 카오스(chaos)란 단어를 처음 사용하면서 새로운 과학적 개념을 갖는 과학 용어로 거듭나게 되었다. 요크는 카오스의 개념을 과학 결정론적인 비선형계에서 나타나는 불규칙하고 예측 불가능한 현상이나 운동으로 정의했다. 그래서 요크는 카오스 과학을 복잡하고 무작위적으로 보이는 현상에 내재하고 있어 선형과학적 방법으로는 파악할 수 없는 질서를 찾아 이해하고자 하는 과학적 노력으로 보았다. 즉, 무질서 속에서 질서(order within disorder)를 찾고자 하는 과학이라는 것이다(박배식, 2007: 161-162).

그런데 카오스 패러다임의 필요성을 이해하고 이론 발전의 가능성을 탐색하기 위해서는 기본적 용어에 대한 개념적 정의가 선행되어야 한다. 언급한 바와 같이 카오스라는 용어는 완전히 질서가 없는 혼돈 상태, 즉 대혼란 상태를 일컫는 용어이지만 카오스이론에서 다루는 카오스는 결정론적 카오스 상태이다. 여기서 결정론적 카오스란 결정론에 따르지만, 불규칙하고 난잡한 거동을 나타내는 경우를 의미한다.

다시 말해, 카오스는 폭발적 불안정성이 아니라 제한된 범위 내에서의 불완전성이다. 따라서 완전한 혼돈과는 다르고, 일정한 법칙에 의해 발생하는 현상들을 염두에 둔다. 그래서 카오스는 불규칙적이긴 하지만, 자기유사성을 갖고 지속적으로 나타나는 일정한 형태 유형을 지닌 역설(paradox)들의 조합이다. 예컨대 체제(system)가 일정한 법칙에 따라 변화하고 있음에도 불구하고, 나타나는 양상은 매우 복잡하고 불규칙해서 미래의 상태를 예측할 수 없는 상태를 카오스라 할 수 있다(랄프 D. 스테이시, 1996; 김용운, 1999).

카오스 현상 가운데 중요한 성격의 하나는 초기치 민감성(sensitive dependence)이다. 어떤 현상을 설명하는 일련의 방정식에서 처음에 입력하는 데이터를 초기치 또는 초기 조건이라고 하는데, 이 초기치를 약간 바꾼 것만으로 그 결과가 큰 폭으로 변할 때 이를 초기치에 민감하다고 한다.[5] 이와 같이 초기의 조건이 조금만 달라져도, 그 이후의 결과가 엄청나게 달라지는 것은 바로 초기 조건의 민감성 때문이다. 그 결과 오랜 시간이 흐른 후의 상태에 대해서는 전혀 예측을 할 수 없게 되는 것이다.

카오스이론은 이처럼 외견상 혼돈스러운 형태로부터, 질서와 패턴이 드러나는 복잡

5) 전형적인 예로 일기예보의 이론식을 들 수 있는데, 로렌스가 이 현상을 발견함으로써 카오스이론이 발전하는 단초를 제공했다.

하고도 동태적인 연구이다. 그래서 카오스이론은 속성상 복잡하고, 비결정적이며, 비선형적이고, 동태적 체제에 대한 연구이다. 결론적으로 카오스이론의 핵심에는 복잡성과 동태성이 놓여 있다(Prigogine & Strengers, 1984; Kellert, 1993).

2) 카오스이론의 특성

카오스를 규정짓는 두 요소는 복잡성과 동태성에 있다. 카오스의 관점에서 대부분의 실체는 질서정연하고, 안정적이며, 균형적인 것이 아니라 변화와 무질서로 이루어져 있다. 카오스는 비정상적이거나 예외적인 것이 아니라 정상적인 것이다. 이에 따라 카오스이론의 패러다임은 불확실성, 불안정성, 비예측성이 자연의 창조 과정에서 본질적인 것임을 강조한다.

그렇지만 카오스는 역설적이게도 표면적으로는 결정론적이고, 우연의 요소가 없이 분명한 규칙에 의해 산출된다. 기하학적 형태로서 카오스의 움직임은 외견상 무작위성을 산출하지만, 무질서의 움직임을 기저에 두는 카오스도 질서를 가지고 있다. 사실상 카오스는 고도의 질서를 형성하기 위한 필연적 전조인 것이다(Thietart & Forgues, 1995: 19-31). 다시 말해, 복잡계의 공통적 특징은 비선형적 형태이고, 카오스이론은 이런 비선형 체계가 시간에 따라 어떻게 변화하는지에 대한 연구라 할 수 있다. 이러한 맥락에서 카오스이론의 특징을 살펴보면 다음과 같다.

첫째, 카오스이론은 결정론적이다. 이는 카오스계가 결정론적인 물리 법칙을 따르고 있음을 의미한다. 표면적으로 볼 때 카오스계는 체계가 없고 무질서해 보이지만, 사실은 그렇지 않다. 대신에 무질서적인 행동 저변에는 체계가 있고 유형이 있다. 그래서 진정한 무작위적 체계는 카오스적이라고 할 수 없다.

둘째, 카오스이론은 비선형 환류고리(nonlinear feedback loops)를 강조한다. 결정론적 과학은 비례적 변화를 강조한 선형성을 가정하고 있어, 미래는 과거에 의해 결정되는 것으로 보고 있다. 그러나 현실에서는 작은 불확실성이 확대되기 때문에, 비록 단기간의 행동은 예측이 가능하다 해도 장기간에 걸친 행동은 예측이 불가능하다. 이는 미세한 초기 조건의 민감성과 비신형 환류고리가 결과치에 커다란 영향을 미침을 의미한다. 카오스계는 초기 조건에 매우 민감해서, 시작하는 시점의 가벼운 변화가 엄청나게 다른 결과를 초래할 수 있다. 그 결과 카오스를 예측 불가능하게 만든다(김종백, 2005).

셋째, 카오스이론은 자기조직화(self-organization)를 추구한다. 이는 외부의 간섭 없이 구성 요소 간에 복잡한 상호작용을 통해 질서가 연속적으로 만들어지는 것을 의미한다. 다시 말해, 체제가 지속적으로 자신을 새롭게 만들며, 자기 구조의 통합성을 유지하는 방식으로 과정을 규제해 나가는 것이다(김영평, 1996). 따라서 자기조직화 현상은 복잡 적응 체제에서 작용하는 보편적 법칙이라 할 수 있다.

넷째, 카오스이론은 공진화(共進化, coevolution)를 추구한다. 공진화에서 중심적 개념은 상호인과성(mutualcausality)으로, 환류(feedback)와 상호작용이 전제가 된다. 그래서 적자생존의 진화가 아닌, 개체가 전체를 진화시키고 전체가 개체를 진화시키는 상호 진화에 관심을 갖는다. 또한 공진화 원리는 요소를 중심으로 하는 관점이 아니라, 체제들이 서로 연결되어 진화하는 자기조직화의 과정으로 이해하는 개념이다. 따라서 카오스이론에서는 역설적(paradox) 상황을 무시하거나 예외로 보지 않고, 이를 중요한 원리의 하나로 간주한다(이광모 · 최창현, 2002).

2 카오스 행정이론의 내용과 특성

1) 카오스 행정이론의 의미

사회 현상이 복잡해지고 변화가 급격하게 비선형적으로 이루어짐에 따라 불안정과 불균형이 오히려 정상적인 것으로 인식되는 혼돈의 시대가 도래하고 있다. 이에 따라 종래의 뉴턴적인 패러다임으로는 이러한 사회 현상을 설명하는 데 어려움을 느끼게 되었을 뿐 아니라 현상에 대한 진단과 처방이 타당성과 신뢰성을 상실하기에 이르렀다. 유사한 맥락에서 행정 현상의 급격한 비정상성 또한 뉴턴적 패러다임을 넘어서 새로운 패러다임을 요구하고 있다.

이런 관점에서 고전적 행정학은 뉴턴의 질서 정연하고 예측 가능한 결정론적 세계관에 의존한 통제 중심의 관리철학이었다. 고전적 패러다임들은 지시와 통제를 통해 질서 정연하고 안정적인 조직 운영을 유지하는 것을 바람직한 것으로 보는 대신, 불안정성이나 혼돈은 해로운 상태로 인식했다. 그래서 고전적 행정학은 통제 과정을 통해 카오스를 막고 규칙을 회복해, 균형과 안정을 추구하는 것을 관리 활동의 핵심적 덕목으로 간주해 왔다.

그렇지만 고전적 행정학은 혼돈으로부터 새로운 조직구조와 질서가 나타나고, 변화와 개혁이 이루어질 수 있다는 핵심적 측면을 간과했다. 이런 측면에서 카오스 행정이론은 행정의 복잡성과 행정 업무의 질적 변화, 그리고 행정관리의 위협 요인으로 간주했던 불안정성, 무질서, 변이 등을 이해하는 데 새로운 시각을 제공해 줄 수 있다.

예컨대 카오스 행정이론은 카오스와 복잡성을 적절하게 관리하면, 행정학습과 개선의 기회가 됨은 물론 창의력을 촉발하는 동인이 될 수 있음을 시사한다. 즉, 행정에서 카오스와 복잡성은 통제의 원인이 되기보다는 진화와 창조의 기회가 되고, 리더십과 통찰력을 발휘할 기회라는 긍정적인 세계관을 제공하고 있다(최성두, 2000: 598).

2) 카오스 행정이론의 지향성

카오스 행정이론은 전통적 행정학에서 위협 요인으로 간주했던 불안정성, 무질서, 변이 등과 같은 현상을 새롭게 이해하는 데 전환적인 사고를 제공한다. 이런 관점에서 프리고진(Ilya Prigogine)은 카오스 행정이론의 지향성에 지대한 영향을 끼쳤다. 그것은 카오스 행정이론이 지향하는 소산구조(dissipative structures)와 자기조직화(self organization) 이론이, 프리고진의 학문 세계의 핵심을 이루고 있는 데서 그러하다. 여기에서는 프리고진의 이론에서 핵심을 구성하는 소산구조와 자기조직화에 대해 살펴보고, 이어서 프리고진의 관점에서 카오스 행정이론의 발전 단계를 설명한 얀치(Erich Jantsch)의 논의를 살펴보고자 한다.

(1) 카오스 행정이론의 지향성으로서 소산구조

카오스 행정이론에 영향을 끼친 프리고진 이론의 핵심적 주제는 소산구조와 자기조직화 개념이다. 프리고진의 주장이 있기 이전부터 열역학에서 다룬 것은 평형계(平衡界, equilibria)였다. 시간은 대칭성을 가지고 있고, 가역적이라는 전제가 그것이다.[6] 그러나 프리고진은 우주에는 평형계보다 열린 비평형계가 더욱 일반적이며, 시간은 비가역적이라고 보았다.

열린 비평형계의 대표적인 예로 생명체를 들 수 있다. 생명체는 환경으로부터 물질과 에너지를 교환하면서, 외부의 엔트로피를 증가시켜 내부를 더욱 질서정연하게 만든다.

---

6) 예를 들어 일정한 온도 하의 물은 시간적으로 변화가 없는 안정된 평형 상태에 있다. 이 물을 얼렸다가 다시 가열해 주면 처음과 같은 상태의 물로 다시 돌아가는데, 이런 과정을 가역 변화라고 한다. 그러나 물에 잉크를 떨어뜨리면 잉크는 물 전체로 퍼져나가서 새로운 평형 상태에 이르게 되는데, 처음 상태로는 다시 돌아가지 못한다. 이렇게 한쪽 방향으로만 가능한 과정을 비가역 변화라고 한다.

그렇지만 이러한 상태는 평형이 아니라 비평형 상태이며, 실제 평형 상태로부터 매우 멀리 떨어져 있다. 비평형계에서는 생물학적·진화적 특성의 원인이 되는 불안정성과 요동(搖動)이 일어나는데, 열린 비평형계는 미시적(微視的) 요동(fluctuations)으로 인해 무질서한 환경으로부터 에너지를 얻고, 거시적으로 안정된 새로운 구조의 생성을 통해 엔트로피를 감소시켜 나간다.

프리고진은 이렇게 생성된 새로운 구조를 소산구조로, 그리고 자발적으로 이루어지는 질서구조의 과정을 자기조직화라고 정의했다. 따라서 소산구조는 개방 체제(open system)가 어떻게 작동하는가를 다룬 개념으로서, 카오스로부터 질서를 가져다주는 메커니즘이자 생명 현상을 풀어가는 실마리로 소산구조와 자기조직화를 제시했다. 한편 프리고진은 소산구조와 자기조직화를 이해하는 데 비가역성의 중요성을 들고 있다. 그에 따르면 시간에 대해 가역적인 현상은 특별한 예외일 뿐, 오히려 비가역적 현상이 더 일반적인 것이라는 것이다. 그래서 비평형 상태에서 생겨나는 새로운 형태의 질서구조인 소산구조는 환경과 연계해서만 존재한다.

요약컨대 평형 열역학(平衡熱力學)에서는 물의 변화의 예에서와 같이 안정된 상태인 '있음(being)'에 초점을 맞추어 왔으며, 잉크가 퍼짐과 같은 '됨(becoming)'의 상태는 단순히 일시적인 현상으로 간주해 왔다. 그러나 프리고진은 자연에서 열역학적인 '있음'의 상태는 예외적인 경우이고, 오히려 비평형의 '됨'의 상태가 더욱 일반적임을 강조했다. 결론적으로 프리고진이 주장한 복잡계의 과학은 비평형 상태에서 일어나는 비가역적, 비선형적 변화를 설명하는 데 초점을 맞춘 것이었다(Prigogine, 1977, 1984; 이덕환, 1997; 김승환, 2008).

(2) 카오스 행정이론의 패러다임

프리고진의 소산구조와 자기조직화 이론은 행정학의 패러다임에 지대한 영향을 미치고 있다. 그것은 고전적 행정학이 열역학에서 강조되는 평형계와 뉴턴의 결정론에 기저하고 있어, 급격한 환경 변화에 직면해 적실성을 상실하고 있기 때문이다. 이런 관점에서 얀치는 프리고진의 이론에 근거해 카오스 행정이론이 지향해야 할 방향을 모색했다.

얀치는 행정학에서 패러다임의 전이 과정을 결정론적 변동 단계(determistic change), 균형 추구적 변동 단계(equilibrium-based change), 소산적/변형적 변동 단계(dissipative or transformational change)로 분류했다. 그러면서 소산적/변형적 변동 단계가 향후 행정학이 추구해야 할 패러다임의 방향으로 제시했다(Jantsch, 1979).

첫째, 결정론적 패러다임(determistic paradigm)이 지배하는 단계이다. 이 단계에서는 뉴턴의 결정론에 의존해 우주를 질서있고, 안정적이며, 예측 가능한 것으로 본다. 그러므로 변동(change)은 결정론적이고, 영구적이며, 예측 가능한 경로를 따르는 것으로 가정한다.

뉴턴의 결정론적 패러다임은 베버(Max Weber)의 이념형 관료제에 지대한 영향을 끼쳤다. 이에 따라 관료제는 결정론적 체제의 일종으로 간주되면서, 변동은 억제되거나 통제된다. 설혹 변동이 일어난다 해도 점증적인 변동만이 허용되기 때문에 체제는 결정론적일 수밖에 없다. 한편 기계론적 관료제조직은 결정론에 입각해, 미래에 발생할 결과를 예측하거나 결정할 수 있다는 입장을 견지한다. 이처럼 베버의 기계론적 조직은 불확실한 세계에서 확실성을 찾고자 하지만, 단순성으로 인해 복잡성의 도전에 직면해 있다.

둘째, 균형 추구적 패러다임이 지배하는 단계이다. 이 모형은 체제론적 관점(systematic perspective)에 주로 의존하고 있어 유기체적 행동모형으로 간주되고 있다. 적응적 체제(adaptive system)는 질서를 추구하기 때문에 안정성과 균형은 조직의 정상적 상태로 간주된다. 다만 이 단계에서도 변동과 불확실성은 있지만, 이는 일상적 조건으로 간주하지 않는다. 그래서 적응적 조직은 변형과 근본적 변화를 회피하며 또한 무질서, 변이, 불균형 등을 역기능적인 것으로 간주한다. 그 결과 균형 추구적 패러다임은 총체적인 변화와 질적 변화가 요구될 때, 적응적 속성으로 인해 기능적인 면에서 심각한 문제를 드러낸다.

셋째, 소산적/변형적 패러다임이 지배하는 단계이다. 전통적인 기계론적 패러다임은 행정의 세계를 기계적이고 질서정연한 것으로 간주했기 때문에 조직에서 존재하는 역동성과 가능성을 보는 데는 한계를 드러낼 수밖에 없었다. 또한 급변하는 행정환경은 적응적 균형모형을 넘어서는 역동성과 변동성을 요구한다. 이에 새로운 패러다임은 고전적 행정 패러다임에서 강조된 조직 형태와 구조를 파괴해야 함을 주장한다. 이에 더해 균형 추구 조직에서 보는 것과 같이 이전의 균형 상태로 되돌아가기보다는, 환경에 맞서 새로운 형태의 질서와 방식으로 자기조직화를 추구해야 한다는 것이다.

소산적/변형적 패러다임이 지배하는 조직은 변동을 준비하도록 하는 역동적 불균형 상태에서 번창한다. 이때 역동적 불균형성은 조직이 변화의 압력에 대응하면서, 기본 구조를 변화시키도록 만든다. 그래서 역동적 조직에서는 무질서, 불안정, 변이는 위협이 아니라, 긍정적 변화를 일으키는 내재적 요소로 간주된다. 특히 역동적 조직에서 불확실성은 변동 과정의 본질적 요소로 간주된다. 이 단계에서 조직은 목표 달성을 위한 새로운 방법을 완전하게 모색할 때까지 혼란과 질서 간의 변동 과정을 지속적으로 바꾸어가면서 유지한다.

3) 카오스 행정이론의 전략

키엘(Douglas Kiel)도 얀치와 유사한 맥락에서 행정에 카오스적 패러다임(chaotic paradigm)을 도입할 것을 주장했다. 특히 그는 카오스 상황에 적응할 수 있는 정부조직을 구축하는 데 요구되는 전략적 차원에 초점을 두었다. 키엘이 고려하는 카오스적 행정이론의 기본 전제는 이러하다. 행정환경이 갈수록 비선형화하기 때문에, 행정관리에서 이상적인 거대이론(grand theory)은 기대할 수 없다는 입장이다. 그래서 카오스 상황에 대처하기 위해서는 행정, 리더, 관리자의 수준에서 종래와는 다른 패러다임적 접근이 요구된다는 것이다.

카오스 상황에 대처하기 위해 요구되는 새로운 패러다임의 방향으로, 행정은 자기쇄신과 개혁을 지속할 수 있는 자기조직화기관을 창조해 나가야 한다.[7] 또한 리더의 역할과 자질로 긍정적 요동이 발생했을 때, 기존의 균형과 방식들을 파괴할 에너지와 잠재력을 소유해야 한다. 특히 이를 위해 리더는 탐색과 학습에 초점을 두면서 다양한 전략을 구사하는 촉매적(catalytic) 관리자이자 해방자(liberator)가 되어야 한다는 것이다. 이와 함께 비선형적인 행정환경에 적응하기 위해 자기조직화의 방법을 가장 잘 아는 관리자들이 조직쇄신과 변형적 변동을 스스로 도모해야 함을 강조했다.

이에 따라 키엘은 정부조직을 변형시키는 데 필수적인 요소로 무질서(disorder)를 도입할 것을 제안했다. 이때 키엘이 제안하는 무질서는 파괴적 무질서가 아니라 조직 업무와 행정 서비스를 개선시킬 가능성을 창출하도록, 사람과 조직을 해방시키는 창조적 무질서(creative disorder)를 의미한다. 카오스적 패러다임의 관점에서, 정부조직의 변화를 도모하기 위한 전략적 차원 내지 대안을 살펴보면 이러하다(Kiel, 1994: 156-157).

첫째, 조직문화를 변화시키기 위해 무질서를 도입한다. 조직문화는 본질적으로 항상성과 균형성을 띠며, 불안정이나 변화의 징조들을 금지하고 조직 변화를 억제한다. 이에

---

7) 키엘은 자기조직화기관이 갖추어야 할 조건으로 ① 창조적 쇄신의 원천으로서 카오스와 불안정성을 인정하고, ② 영구적인 쇄신 상태를 추구해야 하며, ③ 균형 파괴를 허용하는 내부 능력을 소유해야 하고, ④ 내외 환경으로부터 지속적인 환류를 해 나갈 것을 들고 있다.

더해 긍정적 변화를 억제하는 문화적 폐쇄성 때문에 창조적 변화에 필요한 다양성과 변화는 제약된다.

그러나 카오스적 상황에 직면해서 조직문화는 변화되어야 한다. 새로운 요구에 혁신적인 대응을 할 수 있도록 조직문화는 불균형을 포함한 한정된 불안정성(bounded instability)을 허용해야 한다. 이때 한정된 불안정성의 허용이란 정부조직의 책임성을 확보하는 데 필요한 일상적인 제약은 유지하되, 제약의 범위 내에서 새로운 업무 개선을 자극할 수 있도록 불안정성의 요소들을 해방시키는 것을 의미한다.

둘째, 조직구조에 무질서를 도입한다. 키엘은 무질서를 도입하는 방식으로 계층 수를 줄이는 방식을 제안했다.[8] 다시 말해, 전통적인 계서제 질서를 포기하고 이를 완화하는 무질서를 도입함으로써 행정정보의 처리 능력을 개선하고 조직효율성과 시민에 대한 대응성을 향상시켜야 한다.

셋째, 시민 참여를 강화해야 한다. 과거 통제 중심적 행정에서는 시민과의 안정적 경계선을 유지함으로써 복잡성을 회피해 왔다. 그러나 미래의 행정은 시민 참여를 통해 반응성과 책임성이 있는 행정을 수행해야 하고, 시민 참여를 허용함으로써 야기될 수 있는 요동, 카오스, 개방의 결과를 준비해야 한다.

다만 의사 결정 과정에 시민을 참여시키는 것이 행정의 불안정성과 복잡성을 창출하고, 행정의 의도성을 변질시킬 요동의 잠재적 증가를 야기할 수는 있다. 이런 면에서 민주주의는 카오스와 복잡성을 야기하는 제도일 수 있다. 그렇지만 정부 업무에 대한 시민들의 접근 요구는 민주주의에서 회피할 수 있는 성질의 것이 아니라 지극히 당연한 시민의 권리이다.

넷째, 인구학적 속성을 다양화해야 한다. 인력 다양화의 숨은 전제는 다양한 인구학적 구성이 조직의 역동성에 주요한 영향을 줄 수 있다는 데 있다. 다시 말해, 다양한 인력 구성은 조직관리에서 긍정적 환류와 강화의 잠재성을 증가시켜 준다. 또한 이질적인 인력 구성은 행정정보를 증가시키고, 조직의 창조적 문제 해결이나 불확실성에 대한 대응에 좀 더 효과적일 수 있다는 입장이다.[9]

8) 계층 수를 줄이는 데는 다음과 같은 목적이 내재되어 있다. 첫째는 자기 이익을 위해 정보를 조작하거나 늦추는 사람 수를 줄여 정보 흐름을 원만히 해서 조직효율성을 개선할 수 있다. 둘째는 고객과의 거리를 좁혀 실천 가능한 의사 결정을 하도록 분권적 의사 결정 구조를 만든다는 데 있다.

9) 대표적인 예로 대표관료제(representative bureaucracy)를 들고 있다.

제 3 절 카오스이론의 적실성

1 카오스이론에 대한 비판

카오스적 세계관은 많은 학자에게 혼란을 초래해 왔다. 특히 카오스이론이 예측 불가능성을 주장하는 것은, 학문적인 엄밀성이나 과학에서 요구되는 학문성을 충족하지 못한 반증이라는 것이다. 그래서 카오스이론은 엄밀한 이론이 아니라거나, 심지어는 신비주의에 근거한 신과학이라는 오명을 받기도 했다.

뉴턴의 역학적 관점에 비추어보면 카오스이론은 과학이론이 갖추어야 할 가장 중요한 조건인 예측 가능성을 충족시키지 못하므로, 학문성(Wissenschaftlichkeit)을 충족시키지 못한다고 여겨질 수도 있다. 그러나 어떠한 예측 가능성을 갖느냐의 문제는 해당 자연 현상의 본성과 관련된 문제이지, 일방적으로 만족해야만 하는 이론의 당위적인 규범은 아니다(나정민, 2005: 85-86). 이런 관점에서 최성두(2000)는 카오스이론의 행정학적 유용성에 초점을 두고, 제기될 수 있는 의문점과 비판을 다음과 같이 열거했다.

첫째, 카오스이론이 제공하는 방법의 구체성에 관한 의문이다. 이는 카오스이론이 조직을 개혁하고, 행정 업무를 개선하며, 행정 체계를 재정비하는 데 필요한 구체적인 방법을 관료들에게 어떻게 더 제공해 줄 수 있는지에 대해 가해지고 있는 비판이다.

둘째, 카오스 행정이론이 제안하는 전략적 대안의 참신성 문제이다. 예컨대 키엘이 창조적 무질서의 활용을 제안했지만, 과연 이런 대안이 전통적 행정이론의 그것과 어떤 차별성이 있는가에 대한 의문이다. 그것은 카오스이론이 방법면에서 용이하게 적용 가능한 공식을 발견하기가 어렵다는 점에서 기인한다. 그래서 카오스 행정이론이 아직은 방법론적으로 초보 수준에 머물러 있음을 의미한다.

셋째, 카오스 행정이론에서 주장하는 자기조직화기관의 실현 가능성에 대한 비판이다. 자기조직화기관은 리더와 관리자 모두에게 지나치게 이상적인 것을 요구하고 있다. 자기조직화기관의 개념은 결코 현실적으로 이루기 어려운 조직 형태라는 점에서 이상론에 불과하다는 비판에 직면해 있다. 예컨대 카오스이론에서 내세우는 조직의 인간관은 창조성, 쇄신성, 변화지향성, 균형파괴성, 개혁성의 능력을 가진 이상적 인간형을 추구한다. 그 결과 현실적인 조직 인간형과는 상당한 괴리를 초래할 수 있다는 비판이 그것이다.

2 카오스이론의 적용 가능성

카오스이론을 통해 밝혀진 자연의 새로운 성질은 법칙적이고, 결정적이나 무질서적이다.[10] 이러한 자연의 본질에 대한 새로운 과학적 발견은 기존의 뉴턴적 세계관에서 보여주는 예측 가능성과 양립할 수 없다. 그래서 새로운 자연에 대한 속성은 새로운 예측 가능성의 패러다임을 요구한다. 이런 의미에서 뉴턴역학이나 카오스이론은 모두 과학이론이라는 측면에서는 동등한 위치에 있지만, 내용적으로는 자연의 상이한 측면을 설명하고 있다.

카오스이론은 장기적인 예측의 불가능성이라는 새로운 패러다임을 통해 자연 현상은 그중에서도 특히 창발적인 성질은 인간이 통제하거나 예측할 수 없다는 사실을 '학적(學的)'으로 주장했다.[11] 다시 말해, 카오스이론은 학적으로 왜 창발적 성질들은 불완전한 예측 가능성을 보일 수밖에 없는가를 보여주면서, 우리에게 예측 가능성의 패러다임에 대한 전환을 제시해 주었다(나정민, 2005: 85-86). 이런 시각에서 카오스 행정이론의 적용 가능성으로는 다음을 고려해 볼 수 있다

첫째, 행정에 대한 예측 가능성을 향상시킬 수 있다. 이로 인해 행정에 팽배한 불확실성에 대한 불신감, 억압, 통제의 반복 행태로부터 벗어나는 데 도움이 된다. 그래서 카오스 행정이론은 다양한 통제 과정을 통해, 새로운 균형점과 질서를 찾아나가는 과정으로서 행정관리에 대한 인식의 변화를 가져오는 데 도움이 될 것이다.

둘째, 정부 간여의 지침을 향상시킬 수 있다. 리더십이 직면하는 큰 문제는 카오스가 일어나는 것을 예방하거나, 이미 일어난 카오스를 경감시키거나 해결하는 일이다. 따라서 이러한 문제를 해결하기 위해서는 언제, 어디에서, 어떻게 정부가 간여해야 하는지를 알아내야 한다. 이런 점에서 카오스이론은 방대한 양의 자료들을 이해할 수 있는 형태로 축소하는 데 도움이 된다. 그 결과 문제에 대한 의사 전달을 단순화함으로써 신속하고 효과적인 정부 간여를 가능토록 하는 데 도움이 된다.

---

10) 이때 의미하는 자연은 적어도 카오스이론에서 다루는 복잡계를 의미한다.
11) 사실 이는 획기적이지도 않을뿐더러, 일상의 우리가 생각하는 자연에 부합되는 극히 상식적인 자연관일 수도 있다.

셋째, 카오스이론은 카오스적 행동이 부분적으로는 불안정하지만, 결국 전체적으로는 안정적일 수 있다는 인식을 강화하는 데 도움을 준다. 정부조직은 새로운 환경 여건에 따라 변화하고, 또한 변화를 위해 불안정성에 의존해야 한다. 역설적이지만 행정의 안정성 유지는 불안정성을 통해 이루어진다. 더구나 행정은 국가의 전체적인 안정성 유지를 위해, 카오스의 한가운데서 안정화 세력의 역할을 본질적 임무로 하고 있다. 예컨대 정권이 바뀔 때마다 국가 수호의 최후 보루로서 행정은 안정성을 유지하는 중심체 역할을 수행한다.

넷째, 행정의 제약 조건을 인식하는 계기를 통해 겸손을 촉진시킬 수 있다. 여기서 겸손이란 행정세계의 불확실성과 역동성을 수용하고 활성화시키는 용기를 의미한다. 그래서 겸손은 권위적 문제 해결보다는 참여적 문제 해결의 가능성을 높일 수 있는 이점이 있다(Levy, 1994: 167-178; 노화준, 1998: 16-17; 최성두, 2000: 603- 604).[12)]

결론적으로 뉴턴의 세계관은 질서정연하고 예측 가능한 균형과 안정을 추구하고, 선형적이며 결정적인 인과 관계를 강조했다. 이에 반해 카오스이론은 복수의 합리성과 모순을 허용하고, 비선형적이고 비가역적인 생성적 관계와 혼돈과 무질서를 강조했다는 점에서 차별적 의미가 있다.

생각해 볼 문제

카오스이론의 등장 배경

1. 카오스이론이 등장하게 된 시대적 배경에 대해 생각해 보시오.
2. 카오스이론의 이론적 배경을 조사해 보고, 사회적 카오스이론과 자연과학에서 발달한 카오스이론과의 차이점을 생각해 보시오.

카오스이론의 내용과 특징

1. 카오스이론의 개념과 여타 유사 개념과 비교해 보시오.
2. 카오스이론의 특성을 유형별로 비교해 보시오.
3. 카오스 행정이론의 의미가 갖는 차별성을 생각해 보시오.
4. 카오스 행정이론이 추구하는 지향성과 전략을 조사해서, 그 적실성을 생각해 보시오.

12) 특히 카오스이론적 접근으로 종래에는 이해하기 어려웠던 복잡한 상황을 인간의 이해가 가능한 것으로 축소시켜 줌으로써 전문가와 비전문가 사이의 격차를 연결해 줄 수 있다. 또한 공감대를 넓혀 줌으로써 합동 해결이 가능한 새로운 방법을 제공해 줄 수 있다.

■ 카오스이론의 적실성

1. 카오스이론에 가해지고 있는 비판에 대해 생각해 보시오.
2. 카오스 행정이론에 가해지고 있는 비판에 대해 생각해 보시오.
3. 카오스 행정이론이 한국 행정을 개선하는 데 기여할 수 있는 방안에 대해 생각해 보시오.

제 8 장 사회자본이론

제 1 절 사회자본이론의 등장 배경

퍼트남(Robert D. Putnam)류(類)의 사회자본론이 전 세계에 확산되면서, 사회자본이론(social capital theory)은 국가나 사회가 안고 있는 문제를 해결할 수 있는 핵심적 요소로 간주되고 있다. 예컨대 거의 모든 학문 분야에서 사회자본의 개념이 활용되고 있다거나, 세계은행이 개발도상국의 개발사업에 사회자본의 개념을 주도적으로 활용하고 있는 것 등이 그것이다.[1)]

사회자본이 이처럼 국가나 사회가 안고 있는 문제에 대한 해결사적 역할이 커져감에

---

1) 사회과학에서 발달된 개념들이 정치나 행정에서 회자되는 현상이 낯선 일은 아니다. 한국의 정치나 행정에서도 길게는 박정희 정부에서 근대화 개념이 등장한 이래, 전두환 정부에서는 사회적 정의가, 김대중 정부에서는 신관리주의나 신공공관리론이, 노무현 정부에서는 거버넌스 개념이 접목되거나 운위되었다. 박근혜 정부에서도 이런 현상은 유사한데, 사회자본의 개념이 그것이다. 그런데 아이러니한 현상은 사회자본의 개념은 이미 노무현 정부에서 활용되었다는 사실이다. 예컨대 2002년 대통령 후보 출정식에서 '신뢰와 사회적 자본 축적을 통한 선진국 진입'을 출마를 위한 대의명분으로 내세웠고, 임기 말인 2007년에는 차기 지도자의 자질론을 언급하면서 "많은 사람들은 경제라고 하는데 경제정책은 차별화가 거의 불가능하니 이제는 사회적 자본……을 갖고 전선이 이루어져야 한다"고 언급했다. 노무현 정부에서 선점했던 사회자본의 개념이 어찌된 연유에서인지 동 시대에서는 거의 주목을 받지를 못하다가, 박근혜 대통령이 당선자 시절에 "선진국 마지막 관문은 사회적 자본을 쌓는 일"이라고 언급하면서 이 개념은 시대적 화두가 되기 시작했고 주된 정치적 가치로 등장하기 시작했다(김태룡, 2014).

따라, 사회자본이론에 대한 연구 영역 또한 초기의 정치학이나 사회학의 분야를 넘어 거의 모든 학문 분야로 확산되어 가고 있다. 이런 측면에서 사회자본이론이 등장하게 된 배경을 학문적 연원과 이론적 형성 과정의 두 측면으로 나누어 살펴보면 이러하다.

1 사회자본이론의 학문적 연원

사회자본에 대한 학문적 연원(root)을 거슬러 그 형성 과정의 흔적을 찾는다는 것이 쉬운 일은 아니다. 다만 하니펀(Lynda J. Hanifan)이 사회자본이라는 개념을 처음으로 주창했다는 데는 학자들 간에 대체적으로 의견의 일치를 보는 듯하다. 그녀는 신뢰, 우정, 호혜적 감정 등을 사회자본의 구성 요소로 보면서, 지역사회의 교육에서 참여가 지닌 중요성을 강조했다(Hanifan, 1916). 그렇지만 그녀의 노력은 큰 빛을 보지 못한 채 사회자본이라는 용어는 한동안 사라지게 된다.

사회자본에 대한 논의가 재등장하게 된 때는 1970년대 말경이었다. 이때부터 사회자본에 대한 논의가 경제학이나 사회학, 그리고 정치학 등에서 활발하게 전개되면서, 1990년대에 이르러서는 거의 모든 학문 분야에서 활용되기 시작했다. 사회자본의 형성 과정이 다학문적 성격을 지닌 관계로 통일된 사회자본의 개념을 찾기 어렵고, 또한 방법론적 다양성으로 인해 혼란스럽기까지 한 이유가 이에 있다. 이런 까닭으로 사회자본의 배경에 대한 논의는 특정 영역이나 학자에 한정되어 논의될 성격의 것이 아니라는 사실이다. 다만 여기에서는 모든 학문을 아우르는 대신 경제학과 사회학, 그리고 정치학 분야에서 발전되어 온 사회자본의 형성 과정에 한정하고자 한다.

정치학의 영역에 등장한 사회자본의 발달 과정은 시민사회(civil society)와 직접적 연관을 맺고 있다. 고전적 정치경제학자들의 논의에서 출발한 시민사회론은 중상주의적 국가에 대한 비판의 정당성 확보와, 국가에 대한 시장과 사회의 자율성 논리를 개발하고자 하는 의도에서 등장했다(Chanddhoke, 1995). 이런 맥락에서 사회자본론은 원초적으로 자유주의적 시민사회론의 연장선상에 있는 개념이라고 할 수 있다(Edwards et al., 2001: 7).

그렇지만 시민사회론은 이후 정치학의 주된 관심사에서 멀어져 있다가, 1980년대에 접어들면서 재등장하는데 그 이유는 이러했다. 하나는 동유럽권과 아시아권 국가 등에서 시민사회의 압력으로, 독재와 권위주의 체제가 붕괴된 데서 시민사회의 재등장을 찾을 수 있다. 또 다른 한편에서의 재등장은 영미를 중심으로 한 거대국가가 지닌 비효율성이나 국가 실패에 대한 반성과 함께, 고전적인 작은 정부로 회귀하려는 움직임이 일기 시작한 데서 엿볼 수 있다. 다시 말해, 시민사회가 국가 영역을 일정 부분 대신할 수 있다는 관심의 대상으로 부각하기 시작했다.

그 결과 새로이 재등장한 시민사회는 국가를 감시하고 통제할 수 있는 자율적이고 권리 의식적인 시민의 연대를 의미하게 되었다. 동시에 시민사회는 국가가 잘못되거나 여력이 없거나 혹은 담당할 수 없는 일을 대신하는 기능을 갖는 것으로 간주되기 시작했다. 이에 따라 정치학 영역에서 시민사회의 잠재력을 측정할 수 있다는 관점에서, 사회자본이론에 대한 논의가 활성화되었다(Putnam, 1993; 박형 · 김학노, 2003: 3-4).

한편 정치학의 영역에서 사회자본이 시민사회와 밀접한 관련을 맺으면서 발달해 온 데 반해, 사회학의 영역에서는 신고전학파의 경제학이 사용하는 개념 틀(reference of conception)이 인간 관계나 사회 관계라고 하는 사회학적 연구 주제로 침투해 들어오면서 등장했다. 이는 신고전학파 경제학(neoclassical economics)에서 생산 요소의 하나로 불리던 전통적 의미의 자본 개념이 확대되어 사회자본이 되었다는 입장이다(황준성, 2005).

그런데 경제학계의 주류인 신고전학파와 도전 세력인 신제도주의학파는 일견 대립되어 보이지만, 사실은 이론적 근거를 공유하고 있다. 신제도주의학파는 신고전학파가 비효율적으로 생각해 여백으로 남겨 놓았던 불완전 시장 상황과, 신고전학파가 자신의 이론 영역이 아닌 것으로 간주했던 비시장적 상황에 대한 해석을 공리주의적인 한계효용이론 개념으로 완성시켰을 뿐이다. 신고전학파가 완전 시장 상황으로 이론적 설명 범위를 제한했다면, 신제도주의나 신효용주의 학파는 이를 인간 생활의 전면으로 확장한 것에 불과하다.

사회자본에 대한 개념을 논의할 때, 경제주의적 해석자들의 학문적 계보에 신고전학파와 신제도주의학파의 학맥(學脈)이 혼재되어 있음은 이러한 까닭이다. 이런 점에서 사회자본의 개념은 신고전학파의 한계효용이론을 인간 관계와 사회 제도에 적용시킨 신효용주의(neo-utilitarianism)와 신제도주의(neo-institutionalism)이론에서 비롯되었다(Coleman, 1990a).

결국 사회자본이론을 논의하는 데 인적 자본과 문화자본에 대한 개념을 도입해야 하는 중요한 이유는, 이 개념들을 통해 자본 개념이 순수한 경제적 영역을 넘어서서 사용되기 시작했기 때문이다. 또한 전통적 경제학의 울타리를 일단 뛰쳐나온 자본이라는 개념이 도달할 지점은 사회자본일 수밖에 없었기 때문이기도 하다. 그것은 사회가 가장 포괄적인 사회과학적 개념이기에 그러하다(Knack & Keeper, 1997: 1251-1288; Zak & Knack, 2001: 295-321; 김상준, 2004: 66-67).[2]

2 사회자본이론의 형성 배경

사회자본이론은 학문적 성격에 따라 초점을 달리하면서 다양하게 발전해 온 관계로 그 특성을 파악하기가 용이하지는 않다. 다만 사회자본이론의 발달 과정이나 경향을 고려할 때, 이론적 경향에 따라 두 부류로 나누어 볼 수 있다. 한 부류는 거시적인 관점에서 주로 공동체나 집합체의 정치문화나 조직적 특성에 초점을 두는 경향이 그것이고, 또 다른 부류는 미시적인 관점에서 개인이나 집단이 형성하는 관계 유형에 초점을 두는 경향이다(Burt, 1992; Putnam, 1993; Lin, Cook, & Burt, 2001).

여기에서는 다양한 사회자본이론 가운데 거시적인 관점에서는 부르디외(Pierre Bourdieu)의 논의를, 그리고 미시적 관점에서는 콜먼(James S. Coleman)과 퍼트남(Robert D. Putnam)의 논의를 중심으로 이론 형성 과정의 대강을 살펴보고자 한다. 사회자본이론의 발전 과정을 주로 부르디외와 콜먼, 그리고 퍼트남의 입장을 통해 살펴보고자 하는 이유는, 이들의 입장이 여러 유사점에도 불구하고 특징적인 차이가 존재하고 있기 때문이다. 이들의 구체적인 특성을 논의하기 전에, 우선 그 차이를 간략히 정리하면 다음과 같다.

첫째, 사회자본의 발생과 귀속에 관한 시각 차이이다. 부르디외는 사회자본이 개인에게 귀속된다고 본 반면, 콜먼은 사회자본은 개인 간의 관계에서 생성하는 것으로 보았다.

둘째, 사회자본의 경험적 분석 단위에 대한 차이이다. 부르디외와 콜먼이 개인을 분석 단위로 삼은 반면, 퍼트남은 분석 단위를 지역사회나 국가 등을 설정한 데서 차이가 있다.

셋째, 사회자본을 보는 시각의 차이이다. 사회자본을 현상 그 자체로 볼 것인지, 아니

---

2) 한편 사회학의 영역에서 다루어진 사회자본의 개념을 경제학 영역에 도입해 연구가 시작되기 시작한 것은 최근의 일로서, 1990년대 이후 일부 서구 경제학자들에 의해 연구가 진행되고 있다.

면 공공선의 창출과 같은 결과를 낳는 기능적 측면으로 볼 것인가의 차이이다. 이에 대해 부르디외와 콜먼은 사회자본이 개인에게는 경쟁적인 이점을 제공하는 것으로 보았으나, 이런 개인적 이점이 사회적으로 반드시 긍정적인 결과를 수반하는 것으로는 보지 않았다. 이에 반해 퍼트남은 사회자본이 지역사회나 국가에 긍정적 효과를 수반하는 것으로 보았다(Winter, 2000: 25-27).

1) 거시적 관점에서 사회자본이론

거시적 관점에서 사회자본이론을 전개한 대표적 학자는 부르디외였다. 그는 1986년에 발표한 『자본의 형태』라는 저서에서 자본을 경제자본, 문화자본, 사회자본이라는 세 가지 형태로 구분했다. 그러면서 자본으로서 이 세 형태가 기능을 발휘하기 위해서는 다소간의 비용을 치르면서 각기 다른 형태의 자본으로 변형되는 것으로 간주했다.

이에 반해 사회자본은 일정한 조건만 갖추어진다면 문화자본과 같이 경제자본으로 변환될 수 있으며, 이런 과정을 거쳐 경제자본이나 문화자본으로 변형이 가능한 것으로 보았다. 다만 사회자본은 장기적 투자에 의해 형성될 수 있는 것이기에, 경제자본과 같이 동등하고 동시에 이루어지는 교환이 아니라 시차를 가진 자본의 교환이 전제되어야 함을 강조했다.

부르디외는 사회자본의 구조적인 측면에서 핵심적인 내용으로 네트워크를 들면서, 이를 사회자본의 가장 기본적인 원천으로 보았다. 그래서 네트워크가 존재하지 않으면 사회자본은 발생하지 않는 것으로 간주했다. 이때 네트워크를 발생시키고 유지하는 데는 끊임없는 노력과 투자가 필요하며, 이를 감당할 능력이 없는 사람은 네트워크에 접근할 수조차 없음을 강조했다(Bourdieu, 1980; Portes, 1998; 김정란, 2004).

부르디외는 초기에는 문화자본의 개념을 발전시켜 나가다가, 이후 사회자본이라는 개념을 도입하기에 이른다. 그가 사회자본이라는 개념을 도입하게 된 동기는 사회 내에 존재하는 계급적 차별이 어떻게 재생산되고 순환되고 있는가에 대한 의문 때문이었다. 그가 이러한 의문을 갖게 된 이유는 현대 사회에서 계급적 차등이 문화적 또는 교육적 가치의 차등적 전수를 통해 재생산되고 있는 과정에 주목하고 있었기 때문이다. 그는 차별 문제가 단순히 물적 자본의 소유 여부만으로는 판단할 수 없다는 인식에 따라 이데올로기적·상징적 차원의 차별을 개념화하기 위해 사회자본을 도입한 것이다.

부르디외의 사회자본이론에는 그래서 사회 체제에 대한 비판적 성격이 내포되어 있는데, 경제결정론적인 마르크스의 영향을 받은 것으로 보인다(Calhoun, 1993). 이런 관점에서 부르디외는 사회자본이 이미 존재하는 계급, 권력 및 지위 관계의 재생산에 결정적인 역할을 한다고 주장했다. 그는 자본주의 사회에서 자본가 계급이 구체적으로 보이지 않는 문화자본이나 사회자본을 통해 자본 축적을 도모하고 있음을 비판하기도 했다(정광호, 2005). 이로 인해 부르디외의 사회자본은 집단 간·계급 간에 발생하는 힘의 불균형을 해소하고자 할 때 특히 주목을 받는다(한상미, 2008).

한편 부르디외의 자본이론은 한계효용의 극대화라는 경제적 패러다임을, 경제 외적인 영역으로 확장하고자 했던 합리적 선택이론과 형태론적으로 합치되고 있다. 다만 그의 자본이론이 갖는 정치적 동기가 이와 다소 상이할 수는 있겠지만, 형태상으로 이론이 지향하는 방향은 동일하다. 이에 따라 부르디외와 합리적 선택이론은 자기이익(self-interest)이나 이익이 경제적 영역만이 아닌, 모든 영역에서 궁극적인 행위의 동기가 된다는 가정을 공유한다(김상준, 2004: 71-72).[3]

2) 미시적 관점에서 사회자본이론

(1) 콜먼의 사회자본이론

부르디외보다 다차원적인 관점에서 사회자본을 다룬 학자는 콜먼이었다. 부르디외가 사회자본을 정의하는 데 기원과 효과를 제외했던 반면, 콜먼은 사회자본의 효과와 기능까지를 포함했다. 그래서 콜먼은 사회자본과 신뢰를 분명하게 연관시켰으며, 물적 자본이나 인적 자본과의 대비를 통해 사회자본을 정의하고자 했다.

콜먼은 기능주의적인 관점에서 사회자본을 접근했는데, 그에게 사회자본은 하나의 실체가 아니라 다음과 같은 두 가지 특징을 갖는 복합적인 실체이다. 하나는 사회구조 내에서 개인의 특정 행위를 촉진시킨다는 점이며, 다른 하나는 인적 자본이나 물적 자본과 마찬가지로 사회자본 또한 특정 목적의 달성을 가능하게 한다는 점에서 생산적인 개념으로 간주했다(Coleman, 1990b).

콜먼(Coleman, 1988)은 또한 사회자본이 무형의 형태로 존재하며 복종(의무감)과 기대라는 신뢰의 차원, 정보 채널(사회망), 개인의 이기심을 넘어 공공선을 고양하기 위한 인정과 규범이라는 세 가지 형태를 가진 것으로 간주했다. 이에 따라 사회자본은 행위자 간의 관계 구조에서 기인하고, 기능에 의해 정의되며, 서로 다른 다양한 실체 간의 구조

---

3) 김상준(2004)은 이 같은 이론적 동형구조를 묶어 자기 이익의 단일동기론으로 규정했다.

와 관련되어 있다는 것이다. 부르디외가 비판적 예각으로 사회자본의 개념을 부활시킨 공로가 있다면, 미국 사회학계에서 합리적 선택이론의 진영을 이끌었던 콜먼은 비교적 현상의 설명에 치중하는 사회자본이론을 전개했다는 데서 의미를 찾을 수 있다.

콜먼이 제시한 사회자본의 개념은 사회교환이론의 연속선상에서, 사회적인 것이 어떻게 개인으로부터 도출될 수 있는가의 문제로부터 시작되었다(Coleman, 1990b: 347). 콜먼은 이를 위해 경제학에서 사용하는 합리적 행위라는 개념에 주의를 기울였다. 그런데 그는 경쟁적인 상황 속에서, 개인을 집단(aggregation)으로 이동시키는 것을 가능케 하는 분석적 도구인 합리적 행위 개념이 사회학의 영역에서는 적절하지 않다는 점을 인식했다.

그는 집합적 결과가 개인적 최적화(individual optimization)와 동일하다고 간주하는 경제학과는 달리, 대상이 사회적인 경우에는 이 개념만으로는 설명이 충분하지 않다고 보았다. 그래서 개인적 최적화와 동시에, 그것이 개인이 몸담고 있는 사회구조의 재생산과 어떻게 일치하는지를 보여주어야 한다고 생각했다(Coleman, 1990a: 360). 그에게 일치성이 중요했던 것은 개인적 이해와 사회적 차원에서의 통제 사이에 균형을 유지하는 것이 무임승차(free riding)를 방지하는 문제와 직결되었기 때문이다. 결국 이는 사회적 제도(arrangement)가 개인 속으로 어떻게 내면화되느냐의 문제와 연결되며, 이는 곧 행위규범과 연결되는 문제였기 때문이다(Fine, 2001: 74).

결론적으로 부르디외와 유사한 시각에서, 콜먼도 효용의 최대화를 목적으로 하는 행위와 관계의 생산성에 주목하는 합리적 선택이론의 입장을 취했다고 볼 수 있다. 모든 행위의 유형은 행위자의 이익 실현(actor's realization of interests)을 증가시킨다는 단일한 목적 속에서 이루어진다는 것이 그것이다(Coleman, 1990a: 32).[4] 이에 따라 콜먼의 합리적 선택이론은 사회자본 논의를 주도한 경제사회학자들에게 지대한 영향을 끼쳤다.[5] 이후 이들은 네트워크 분석을 통해 개인이나 조직 또는 사회에 미치는 신뢰의 영향을 분석하거나, 개인들 간의 신뢰가 소속집단의 네트워크적 특성에 따라 어떻게 변화하

4) 콜먼은 신뢰를 위험한 조건 하에서의 효용의 극대화(maximization of utility under risk) 전략으로 보았다. 따라서 그의 신뢰에 대한 시각은 득실 개념에 입각한 경제적 투자 개념의 한 형태로 신뢰를 비유로 들어 적용한 것이라고 할 수 있다. 이를 그가 제시한 설명 방식으로 표현하자면 p/(1-p)L/G의 상황에서 이루어지는 결정이란 것이다. 이때 p=이득을 획득할 확률, G=기대이득, L=기대손실을 의미한다(Coleman, 1990a: 99-104).

5) 이 밖에도 윌리엄슨을 중심으로 한 신제도주의 경제학도 사회자본이론에 지대한 영향을 미쳤다고 할 수 있다.

는가를 탐구하는 데 영향을 끼쳤다(박찬웅, 1999, 2000; 김용학, 2003).[6]

(2) 퍼트남의 사회자본이론

콜먼이 사회자본을 포괄적이고 사회적 상호작용의 측면에서 다루면서 현상의 설명에 치중하는 이론적 경향성이 높은 이론가였다면, 퍼트남은 사회자본을 적용하는 데 치중한 이론가이다. 다시 말해, 부르디외와 콜먼이 사회자본을 주로 개인적인 특성으로 다루었지만, 퍼트남은 지역사회의 특성으로 사회자본의 개념을 발전시켰다는 점에서 차이가 있다.

퍼트남(Putnam, 1995)은 사회자본의 개념을 참여자들이 협력하도록 함으로써, 공유한 목적을 좀 더 효과적으로 성취하도록 만드는 신뢰, 규범, 네트워크와 같은 사회조직의 특징으로 정의했다. 사회자본에 대한 이러한 개념 정의는 그의 다른 연구(Putnam, 1993a)에서도 유사하게 나타난다. 즉, 협력 행위를 유발함으로써 사회의 효율성을 높여줄 수 있는 네트워크, 규범, 신뢰와 같은 사회생활의 특징으로 사회자본을 규정한 것이 그것이다.

퍼트남의 사회자본에 대한 개념 정의에서 볼 수 있듯이, 사회자본의 구성 요소들은 다른 시민의 신뢰성(trustworthiness)에 대한 정보비용을 감소시켜 주고 협력을 가능하게 한다는 것을 강조했다. 그는 이처럼 다른 어떤 것보다 사회자본이 가진 협력을 촉진시키는 능력을 중요하게 여겼다. 이와 같이 사람이 협동한다면 더 잘될 수 있다는 그의 주장은 경제적으로 차이가 있는 이탈리아 두 지역에 대한 사례 연구를 통해 제시되었다.

퍼트남은 이에 따라 건전한 사회를 위한 시민 하부구조(civic infrastructure)의 구성과 집합적 행동의 딜레마를 극복하기 위해, 집합체들(collectives)이 가지는 자원이라는 관점에서 사회자본을 인식했다. 다시 말해, 집합적 행위의 딜레마를 극복하거나 자기 스스로 기회주의를 배격할 수 있느냐는, 한 사회가 갖고 있는 사회자본의 양에 달려 있다고 보았다.

한편 퍼트남(Putnam, 1993a)은 민주주의 맥락 속에서 사회자본이 어떤 역할을 하는가에 관심을 가지기도 했다. 예컨대 사회자본이 축적된 공동체에서는 주민 참여 네트워크가 구성원 상호간에 신뢰를 증진시키고 상호 호혜성의 규범을 제고해 나감으로써 의사

---

6) 호혜성(reciprocity)의 경우는 사회자본의 중요한 요소임에도 불구하고, 신뢰의 그것과는 달리 경제사회학자들의 논의에서 거의 소홀히 다루어져 왔다. 그 이유는 모든 영역이 시장경제의 원리에 따라 구성되는, 현대 사회의 특성과 긴밀하게 연관되어 있기 때문으로 보인다(정병은·장충권, 2006: 13).

소통을 활성화하고, 나아가 지역사회 공동체의 문제 해결을 용이하게 한다는 점에서 그 역할을 부여했다.

퍼트남은 사회자본을 적용하는데 주로 콜먼으로부터 차용한 사회자본의 개념을, 토크빌(Alexis de Tocqueville)의 자치 규범에 대한 논의와 연결시키는 데 주력했다(Tocqueville, 1984). 그리고 비교사회론적 관점에서 이탈리아 지방자치 제도의 경과에 이를 적용하는 논의를 전개하기도 했다.[7] 특히 그는 부르디외와 콜먼이 적절하게 설명하지 못했던 사회자본의 개념과 공적·정치적 영역과를 연결시킴으로써 이론적 측면에서 많은 기여를 했다(Cohen, 1999: 208-210).

다시 말해, 퍼트남은 주로 콜먼의 사회자본 개념을 수용하면서, 루소-토크빌의 공화주의적 시민사회론-자유주의적 시민사회론을 가미해 사회자본이론을 정치문화의 영역으로까지 확장했다.[8] 그 결과 퍼트남의 사회자본이론에는 토크빌류(類)의 시민사회론과 콜먼식의 사회자본론이 정치학적 차원에서 교묘하게 조합됨으로써 상이한 두 전통이론이 동거하는 양상을 띠게 된다.[9]

사회과학의 이론 모형에서 다양한 입장의 동거와 일정한 절충이 반드시 부정적인 것만은 아니다. 그 결과는 긍정적일 수도 있는데, 그러기 위해서는 상이한 입장이 절충될 수 있는 이론적 근거가 명확하게 정리되어 있어야 한다. 다만 퍼트남이 제안한 사회자본의 개념에는 그러한 작업이 존재하지 않는다. 이런 점에서 부르디외와 콜먼의 사회자본 개념이 나름대로 선명한 이론적 일관성을 유지하는 반면, 퍼트남의 경우는 그렇지 못한 한계가 있다(김상준, 2004: 68).[10]

---

7) 퍼트남의 사회자본이론에서 가장 핵심적인 측면은 사회자본이론의 논의 틀 속에서 신뢰 개념을 국가 간의 비교사회론적 연구로 발전시켰다는 데 있다. 이러한 논의에 기반을 둔 사회자본으로서 신뢰 개념은 세계은행의 야심찬 기획에 따라 전 세계적으로 확산되는 계기가 되기도 했다(Fine, 2001).

8) 이에 따라 퍼트남이 정치문화 또는 시민문화의 전통 속에서 사회자본을 이해함으로써 사회자본을 독립변수로 사용하는 것이 가능해졌다(Foley & Edwards, 1998; Jackman & Miller, 1998).

9) 두 가지 전통이론이란 토크빌이 강조한 정체 우선주의이고 또 다른 것은 콜먼이 강조한 개인 우선의 경제주의를 의미한다.

10) 다만 콜먼이 신뢰 규범을 구조와 행위의 매개 현상으로 간주한 반면, 퍼트남은 신뢰 규범을 일차적으로는 미시적 차원의 비공식적인 개인 간(impersonal)의 신뢰로 보았다는 점에서 차이가 있다. 이와 함께 사회자본의 여러 구성 요소 가운데 특히 네트워크에 대한 시각으로 콜먼이 이를 어떤 종류이든 간에 인간관계망으로 본 반면에, 퍼트남에게 중요한 것은 구체적인 결사체 망이라는 점이다. 퍼트남은 이에 대해 사회자본이 각 개인의 도덕성이나 시민적 덕목(civic virtue)이라는 개념과 관계가 있기는 하지만, 이와는 다르다는 입장을 취하고 있다. 왜냐하면 시민적 덕목은 호혜적인 긴밀한 사회 관계의 망 속에서 가장 효과적으로 작동하기 때문이라는 것이다(Putnam, 2000: 19). 예컨대 높은 시민적 덕목이나 의식을 가지고 있으나 고립적인 사람들로 구성된 사회가 반드시 사회자본이

제 2 절 • 사회자본이론의 내용과 특성

1 사회자본에 대한 개념적 시각

사회자본이란 용어는 사회자본이론의 발달 과정에서 살펴본 바와 같이 매우 다의적이어서 이를 단적으로 개념화하기란 쉽지 않다(Woolcock & Narayan, 2000: 151-208; 소진광, 2004). 사회자본에 대한 개념화가 어려운 것은 이 개념이 대상 학문이나 학자마다 다양하게 정의되어 왔기 때문이다. 그래서 여기에서는 사회자본의 개념을 둘러싼 학문 간 또는 학자 간의 시각이나 관점을 다음과 같이 네 부류로 유형화해 살펴보고자 한다.[11)]

첫째, 사회자본을 공동체적 관점(communitarian view)에서 보는 시각이다. 이는 지역사회 내에 있는 클럽이나 결사체와 같은 집단의 밀도와 수를 중시하며, 기본적으로 사회자본을 긍정적인 것으로 또한 많을수록 좋은 것으로 보는 관점이다. 다시 말해, 이 시각에서는 지역사회가 동질적인 실체로 간주되며, 혜택은 모든 구성원에게 자동적으로 부여되는 것으로 가정한다.

그러나 이 관점은 폐쇄적인 지역사회나 네트워크가 고립되어 있는 곳에서 나타나는 사회자본의 역기능적 측면을 간과했다는 비판에 직면해 있다(Rubio, 1997: 805-816). 예컨대 발전도상국에서 보는 바와 같이, 높은 수준의 사회적 유대를 지니고 있거나 비공식적 집단이 반드시 경제적 번영을 가져오는 것만은 아니라는 것이 이 같은 부정적 단면을 보여준다.

둘째, 사회자본을 네트워크 관점(networks view)에서 보는 시각이다. 이는 수평적 결

풍부하다고 할 수는 없다는 것이다. 이런 점에서 사회학자와 정치학자가 갖는 네트워크의 의미나 강조점이 서로 다를 수 있다는 추론이 가능하다(Putnam, 2000; 이선미, 2004: 203).

11) 사회자본의 개념을 둘러싼 학문 간의 논의는 크게 두 측면에서 전개되어 왔다(최영출, 2004). 하나는 사회학자를 중심으로 전개되어 온 개념으로 사회자본을 개인이 다른 사람과 관계를 맺음으로써 획득할 수 있는 자원, 예컨대 정보, 아이디어, 지원 등으로 보려는 시각이다. 그래서 사회적 자원 또는 자본들은 물리적 자본이나 인적 자본과는 달리 사람과 사람 간의 관계를 통해 얻을 수 있다는 점에서 사회적이라고 할 수 있다. 두 번째 개념 정의 방법은 정치학자들을 중심으로 전개되어 온 개념으로 다양한 비공식적 네트워크와 공식적 시민조직에 관여하는 정도와 성격과 관련해 사회자본의 개념 정의를 시도하는 입장이다. 이러한 방법은 주어진 지역사회 내의 주민이 상호작용하는 다양한 방법을 특징짓기 위해 사회자본이란 개념을 정의하는 것이다. 이렇게 이해하는 경우, 지역사회의 단체생활 내지 조직생활의 지도를 그릴 수 있게 만들며, 나아가서 이를 통해 해당 지역사회 시민들의 건전성 상태를 나타낼 수 있다고 보는 것이다.

사체와 마찬가지로, 수직적 결사체의 중요성을 강조하는 입장이다. 네트워크 관점은 두 개의 가정에 의해 특징지어진다. 그것은 사회자본이 양날을 가진 칼이라는 것이다. 사회자본이 구성원에게 가치있는 서비스를 제공하기도 하지만, 반면에 복종과 몰입을 요구함으로써 부정적인 결과를 초래할 수도 있다는 것이 그것이다(Portes & Sensenbrenner, 1993).

네트워크 관점은 경험적 증거와 평가를 기초로 정책 논의에 참여하려 한다는 장점을 지니고 있는데 반해, 집단활동과 같은 사회집단의 공공재적 본성을 극소화하는 단점을 지니고 있다. 그래서 지역사회가 수행하는 제도적 성과를 형성하고 특히 실증적인 국가 사회 관계를 형성하는 데 지역사회의 역할이 무시되는 한계가 있다.

셋째, 사회자본을 제도적 관점(institutional view)에서 보는 시각이다. 이는 지역사회의 네트워크와 시민사회의 생명력이 주로 정치적 · 법적 · 제도적 환경의 산물이라고 보는 입장이다. 그래서 공동체적 관점과 네트워크 관점이 사회자본을 독립변수로 취급하는 데 반해, 제도적 관점은 사회자본을 종속변수로 취급한다.

제도적 관점에서는 집단적 이익에 따라 행동하는 사회집단의 능력은 그들이 축적한 공식적 제도의 능력에 달려 있다고 본다(North, 1990). 또한 국가나 기업의 성과는 내적 응집력, 신뢰성, 능력, 그리고 시민사회에 대한 외적 책임성에 달려 있다고 한다. 그래서 사회자본에 대한 시민사회와 정부의 투자는 정형적인 자본 축적에 대한 투자와 보완 관계에 있다.

이와 같이 거시경제적 정책을 강조하는 제도적 관점은 장점에도 불구하고, 역시 다른 시각과 마찬가지로 취약점을 가지고 있다. 그것은 미시경제적인 구성 요소를 결여하고 있다는 데 모아진다. 즉, 제도적 관점에서 보자면 사회자본의 축적 과정에는 자유나 권리와 같은 개념이 중요한데, 이런 개념이 정부에 의해 확보되어야 한다는 것이 문제이다. 더욱이 관료제가 이들을 구축하는 데는 수십 년이 걸릴 수 있다는 데 문제의 심각성이 있다.

넷째, 사회자본을 상승적 관점(synergy view)에서 보는 시각이다. 이는 네트워크 관점과 제도적 관점을 통합한 관점이라 할 수 있다. 이 시각은 좋은 거버넌스와 높은 수준의 연결 사회자본(bridging social capital)을 지닌 사회 간에는 보완성이 존재하며, 또한 경제적 번영과 사회적 질서 간에도 보완성이 존재한다고 보는 입장이다(Berry, 1993).

이 시각은 발전적 상승 효과가 나타난 나라들을 조사한 세계은행이 강조하는 입장이기도 하다. 세계은행에 따르면 상승 효과가 큰 국가들은 다양한 형태의 지역사회 능력과 국가 능력이 결합해서 발전을 촉진했다는 것이다(Woolcock, 2000). 특히 국가, 기업, 시민사회가 공통된 목적을 달성하기 위해 구성된 협의체가 발전을 촉진시키는 원동력이 되었다는 것도 조사의 한 결과이다.

이상과 같이 사회자본을 바라보는 시각이나 관점은 학문이나 학자에 따라 매우 다양하다. 이에 따라 여기에서는 사회자본에 대한 개념을 총체적인 시각에서 다음과 같이 보고자 한다. 사회자본이란 공동체적인 환경 속에서, 상호간에 네트워크를 구축하면서 제도와 영향을 주고받는 관계를 통해 좋은 거버넌스를 구축하는 원동력이다.

2 사회자본의 구성 요소

사회자본에 대한 개념은 학문마다 또는 학자마다 매우 다양하게 정의되어 왔다. 그럼에도 이들의 개념 속에는 다음과 같은 특성이 공통적으로 내재되어 왔다. 첫째, 인간의 활동을 통해 축적되고, 둘째, 개인과 사회의 공식·비공식적인 모든 활동과 가치관에 영향을 주며, 셋째, 사회의 규범과 신뢰, 그리고 네트워크를 형성하고, 넷째, 사회의 발전과 퇴보에 영향을 주며, 다섯째, 사회의 변화에 따라 변화되고 축적될 수 있다는 공통점이 놓여 있다(박희봉, 2005). 그래서 OECD(2000)에서는 사회자본의 특성에 입각해 사회자본을 집단 내 혹은 집단 간의 상호 협력을 촉진하는 네트워크, 규범, 가치, 이해라고 규정한 바 있다(홍영란, 2005).

그런데 OECD와 같이 규범, 신뢰, 네트워크, 호혜성 등을 단순히 사회자본의 개념이라고 보기에는 다소 무리가 있다. 그것은 이들이 어디까지나 구성 요소에 해당되기 때문이다. 따라서 종종 개념의 일부나 전체로서 개념을 대신해서 등장하거나 사용되고 있는 이들 구성 요소의 본질은 무엇이며, 어떤 역할과 작용을 하고 있는지에 대해 살펴볼 필요가 있다.

예컨대 사회자본 개념의 대중화에 기여한 퍼트남(Putnam, 1995)은 사회자본이란 상호 이익을 위해 조정과 협동을 용이하게 만드는 네트워크, 규범, 사회적 신뢰와 같은 사회조직의 특성이라고 정의하면서, 이와 같은 구성 요소를 강조한 바 있다. 유사한 맥락에서 나하피트와 고셜(Nahapiet & Ghoshal, 1998)도 사회자본을 신뢰, 규범, 네트워크라는 구성 요소로 구분해 설명했다.

김태룡(2006)은 이 같은 맥락에서 학자들이 제시한 사회자본의 구성 요소를 분류했는

데, 〈표 8-1〉에서와 같이 사회자본의 구성 요소로 제안된 범주는 1차원에서 8차원에 이르고 있다. 표에서 보듯이 사회자본의 구성 요소는 다양한 차원으로 이루어져 있으며,

표 8-1 사회자본의 차원과 구성 요소

	1차원	2차원	3차원	4차원	5차원	6차원	7차원	8차원
구성 요소	신뢰	신뢰	신뢰	신뢰	신뢰	신뢰	신뢰	신뢰
	네트워크	네트워크	네트워크	네트워크	네트워크	네트워크	네트워크	네트워크
		참여	참여	참여	참여	참여	참여	참여
		호혜성	호혜성	호혜성	호혜성	호혜성	호혜성	호혜성
			규범		규범		규범	규범
		결사체	결사체	결사체		결사체		
		사회적 지지			사회적 지지			
						권한 부여		권한 부여
			안전	분위기 조성				정치 효능
		사회 보호	정치 참여	가치 동화		정보와 의사전달		정치 지식
		후원제도		상호이익과 재정적 연계	지역에 대한 시각	지지구조		안전
				조직 인프라			집단 특성	소속감
				공유된 비전	집단적 협력	이타심	사회성	시민적 의무
				행정 참여	지역사회에 대한 애착	집단적 협력		결사체 활동
			멤버십	공공 분야에 대한 관심	지역에 대한 친밀도	박애정신		정치 관심도
				수동적 행정 과정		자원봉사		삶에 대한 가치

자료: 김태룡(2006).

또한 차원별로 혼재되어 있거나 다양한 차이를 보이고 있다. 그럼에도 사회자본을 구성하는 요소로 신뢰, 네트워크, 참여, 호혜성 등은 2차원 이상의 경우에는 모두 포함되어 있는 것으로 나타났다. 여기에서는 2차원 이상에 포함되어 있는 사회자본의 구성 요소 가운데 네트워크, 신뢰, 호혜성의 요소를 중심으로 이들이 지닌 구체적 성격을 다음과 같이 살펴보고자 한다(류석춘 외, 2008).

1) 네트워크

네트워크(network, 연결망)는 사람 사이의 유대를 기반으로 연결된, 개인이나 집단 등 행위자 간의 전반적인 연계 형태를 의미하는 관계구조라 할 수 있다(Adler & Kwon, 2000).[12] 사회자본의 구조적 측면에서 핵심적 요소인 네트워크는 사람 간의 상호작용을 통해 형성되며, 공동체를 유지하고 사회구조를 구성하는 데 필수적이다. 이를 위해서는 네트워크를 발생시키고 유지하기 위한 끊임없는 노력과 투자가 필요하다. 즉, 사회자본을 획득하기 위해서는 관계를 만들고 유지하는 데 필요한 상당한 투자가 요구된다.

그런데 부르디외는 네트워크의 발생과 유지를 위한 노력과 투자 및 이를 감내할 능력이 없는 사람이 네트워크에 접근한다는 것은 매우 어려운 것이라고 언급한 바 있다. 다시 말해 네트워크는 신뢰를 그 기반으로 하며, 신뢰는 단기적 시각에서 형성되는 것이 아니기 때문이다.

네트워크는 행위자들의 구체적인 관계를 보여준다는 점에서 신뢰구조가 가지는 미시적 기반을 보여준다. 신뢰구조가 사회자본의 형성에 관여하는 방식도 신뢰의 사회적 네트워크를 통해 가능하다. 사람 간의 지속적이고 반복적인 관계는 유형화할 수 있고, 이는 특정 네트워크를 구성하게 되는데, 사회자본이 주는 이익은 바로 이 네트워크로부터 비롯된다. 이런 측면에서 퍼트남은 수직적인 네트워크보다는, 시민적 참여의 수평적이고 거미줄 같은(web-like) 네트워크가 사회의 더 넓은 범위를 포괄할 가능성이 높아 공동체 수준에서의 협력의 기초가 된다고 했다(Putnam, 2000; 구혜정, 2006).

한편 사회자본의 축적에 유리한 네트워크를 판단할 때, 문제는 어떤 기준으로 비교할 것인가로 귀결된다. 기존 집단의 정체성을 유지하면서 사회자본을 확대하려면 강한 유

12) 버트(Burt, 1992)는 사회자본의 개념을 설명할 때 네트워크라는 구성 요소를 활용했다. 이때 네트워크는 시간의 양과 서로 주고받는 서비스와 같은 인지적 성격과 정서적 강도와 친밀성과 같은 정서적 성격을 조합한 것으로 보기도 하고(Granvetter, 1973), 빈번한 상호작용의 관계로 연결되어 인지적 성격과 애정과 같은 정서적 성격이 내포된 하나의 조합으로 보는 경향도 있다(Krackhardt, 1992).

대가 필요하고, 기존 집단의 정체성 유지가 필요 없다면 약한 유대가 사회자본의 확대에 좀 더 강력한 수단이 될 수 있다. 그것은 집단이 폐쇄적이냐 개방적이냐의 정도에 따라 집단 내 또는 집단 간의 교류에 집중하게 되기 때문이다.

끝으로 네트워크는 여러 기준에 의해 구분되는데, 결속적 네트워크/가교적 네트워크, 맹아적 네트워크/귀속적 네트워크/성취적 네트워크, 강한 유대/약한 유대 등의 형태로 구분할 수 있다.

2) 신뢰

신뢰(trust)는 타인이 행위를 할 때 나의 이해와 관심을 고려할 것이라는 기대로 정의하고 있으며, 배신의 가능성이 있음에도 불구하고 그 위험을 무릅쓰고 상대방에게 호의를 베푸는 것으로 정의한 바 있다(Mayer, Davis, & Schooman, 1995; Lin, 2001). 구성원 간의 신뢰는 협력과 매우 긴밀한 관계를 가지며, 자발적인 협력을 가능하게 한다(Knez & Camerer, 1994; Krameret et al., 1996; Nahapiet & Ghoshal, 1998). 즉, 신뢰는 시민사회의 공동체 성원 간의 믿음과 정직으로 내부의 연대감(solidarity)과 신용도를 확장시키며, 장기간 상호작용을 통해 형성된 대인 관계이며 구성원 간의 관계를 강화한다.

그런데 신뢰의 영향은 긍정적으로 기능하기도 하지만, 경우에 따라서는 부정적으로 기능하기도 한다. 만약 신뢰가 없다면 조직구성원 간의 관계에서 정보가 원활하게 전달되지 못하며, 기회주의적인 행동으로부터 비용이 발생한다. 또한 이런 문제를 해결하기 위해 협상비용이 발생하고, 도덕적 위험 및 역선택으로 손실이 발생할 수도 있다(Burt, 1992; Uzzi, 1997). 그래서 신뢰가 공동체의 사회자본으로서 긍정적인 가치를 지니기 위해서는 개별 구성원이 가진 이익뿐 아니라 조직 목표 달성과 공동 이익을 추구하는 공공재로서의 특성이 추가되어야 한다.

한편 신뢰는 네트워크의 밀도가 높거나 혹은 폐쇄된 네트워크 내에서는 신뢰에 의존하거나 신뢰를 증진시키는 호혜적인 관계를 더욱 돈독하게 하기도 한다. 예컨대 이는 유유상종의 원리가 적용되는 것으로 이해할 수 있다. 이러한 경우 네트워크에 더 깊이 개입하고 상호작용을 지속할수록 서로를 신뢰할 개연성이 높아진다.

일반적으로 개인은 비공식적 네트워크 안에서 특별한 신뢰를 갖는다. 반면에 공식적인 네트워크 안에서의 신뢰는 기관에 대한 신뢰라고도 하는데, 개인에게 초점이 맞춰진 것이 아니라 기관에 초점이 맞춰져 있어 일반화된 신뢰와 비슷하다(Giddens, 1990; Hughes, 2001; Stone, 2001). 따라서 비공식적 네트워크 내에서 또는 공식적 네트워크 내에서 형성되는 신뢰는 사적 신뢰와 공적 신뢰라는 개념과 일맥상통한다.

이러한 관점에서 사적 네트워크를 공적 네트워크로 발전시키는, 즉 사적 네트워크를 공적 네트워크로 어떻게 조직화·구조화해 낼 수 있는가에 관심을 갖는데, 이 과정에서 신뢰의 역할은 매우 중요하다. 다시 말해 사적 영역에서 개인들 간의 신뢰는 지속적인 상호작용과 공동체적 일체감에 기반을 두기 때문에 단기적으로 깨지지 않는 속성이 있다. 반면에 공적 영역에 대한 신뢰는 제도에 근거한 신뢰라는 점에서 신뢰의 효율성을 인식하는 데 상당한 시간이 필요하고 신뢰의 형성이 쉽지 않다(박길성 외, 2003).[13] 신뢰는 대체적으로 다음과 같은 세 단계를 거치면서 발전해 나간다.

첫째 단계는 신뢰를 어길 경우의 불이익이 신뢰를 유지함으로써 얻게 되는 이익을 초과해 신뢰를 지키는 타산적 신뢰(calculus based trust) 단계이다.

둘째 단계는 상호 교류가 증가하면서 상대방에 대한 경험과 자료가 축적되어 상대방의 행동에 대한 예측 가능성이 높아져, 상대방을 믿게 되는 지식의 신뢰(knowledged based trust)가 형성되는 단계이다.

셋째 단계는 서로의 목표, 규범, 가치 등이 일치하는 것이 확인되며, 서로를 대신할 수 있고 나 이상으로 상대가 나를 대변해 줄 것으로 믿는 동일화의 신뢰(identification based trust)로 발전하는 단계이다.

요약컨대 마지막 세 번째 단계까지의 신뢰가 축적되면, 개인은 그 공동체의 규범과 기대 가치를 내면화해서 목표 달성을 좀 더 원활하게 이룰 수 있게 된다(Lewicki & Bunker, 1996).

끝으로 신뢰에 가해지고 있는 구성 요소로서의 한계에 대한 비판으로, 신뢰 자체는 사람 사이의 관계를 특징짓는 속성일 뿐 그 자체가 사회적으로 긍정적인 것은 아니라는 것이다(이재열, 2001). 따라서 한 개인이 맺는 신뢰는 관계 대상의 양뿐만 아니라, 중첩성이나 질적인 측면도 고려해야 하는 이유가 여기에 있다.

---

13) 다시 말해 집단의 신뢰에는 파그덴(Pagden, 1988)이 제시한 구성원이 갖는 조직에 대한 신뢰인 공적 신뢰와 구성원 상호간의 신뢰인 사적 신뢰가 공존해야 한다. 여기서 공적 신뢰는 사회 내의 정보 배분과 통제에 밀접하게 연계되어 있으며(Giddens, 1984), 조직 내의 공적 신뢰의 정도는 제도적 구분의 투명성과 함께 정보의 개방성 정도를 보여준다. 이에 반해 사적 신뢰는 협력과 매우 긴밀한 관계를 가지고 있기 때문에, 집단 구성원이 가진 사적 신뢰와 공적 신뢰 정도에 따라 사회자본의 가치가 다르게 나타날 수 있다(안우환, 2005).

3) 호혜성

호혜성(reciprocity)은 일반적으로 주어야 하는 의무, 받아야 하는 의무, 되돌려 주어야 할 의무가 서로 얽혀 있다는 것으로 규정되는 개념이라 할 수 있다. 이러한 호혜성은 개인과 집단의 목적을 성취하는 것을 촉진시키는 것으로, 제한된 호혜성(균형 잡힌 호혜성)과 일반화된 호혜성, 부정적 호혜성으로 구분될 수 있다(Polanyi, 1945).

호혜성에 제일 먼저 관심을 가진 학자는 말리노프스키(Bronislaw K. Malinowski)이지만,[14] 호혜성 개념을 재분배 및 시장 교환과 함께 경제적 통합 형식의 하나로 개념화한 학자는 폴라니(Michael Polanyi)였다. 그가 제시한 호혜성은 행정적 위계질서를 통한 재분배도 아니고 시장을 통한 교환도 아닌, 제3의 원칙이라 할 수 있는 가치와 규범을 공유함으로써 나타날 수 있는 규범적 통합(normative integration)에 바탕을 둔 교환 유형이었다.

호혜 관계가 중요한 이유는 공리주의적 자기 이익이라는 요소로부터, 서로 경의를 표하는 동료와의 접촉에서 발생하는 훈훈한 경험과 만족감이라는 요소로 관심을 이동하게 하기 때문이다. 호혜 관계는 동료와 객관적인 신분(공식적 요소)과 개인적 친교(비공식적 요소)라는 관계로 맺어져 있으며, 호혜성의 핵심 중 하나는 규범적이라는 점을 강조한다.[15]

그러나 애들로프(Adloff, 2006)는 완전히 규범적이거나 완전히 실용적인 이분법적 구분에 반대하고, 두 관점을 혼합해서 보아야 한다고 주장한다. 그는 현대 사회에서 절대적 호혜는 존재하지 않기 때문에, 절대적으로 순수한 의도도 순수한 호혜도 존재하지 않

---

14) 그는 원시사회에서는 교환이 호혜성에 근거해 이루어졌으며, 이러한 관계가 유지되었던 것은 이들 간에 서로 빚져 있다는 의무감이 존재했기 때문이라고 주장했다. 한편 마우스(Mauss, 1990) 역시 호혜성은 받은 선물의 가치가, 즉각적이든 아니면 시간적으로 후에 발생하게 되든, 상대방에게 되돌려주어야 하는 도덕적 의무를 수반한다고 주장했다. 그에 따르면, 단순히 경제적인 면이 아니라 주로 사회적이고 문화적으로 이러한 호혜적 선물 주기를 통해 호혜성은 다시 재생산된다고 보았다. 개인은 호혜성을 내재화하고 그것을 따르기 때문에 규범적이라는 것이며, 자발적으로 주고 다시 자발적으로 되돌려주는 사회적 의무에 기초하기 때문에 노력이라고 보았다(Adloff, 2006).

15) 결속적 네트워크가 가교적 네트워크보다 일반화된 호혜성이 더 강하게 나타날 수 있는데, 이는 결속적 네트워크가 좀더 친밀한 사람들과의 관계이기 때문이다. 즉, 이들 간의 관계에서는 서로에 대한 신뢰가 강하기 때문에 즉시 똑같은 보답을 기대하지 않으면서 자발적으로 상대방에게 자원, 도움을 제공할 수 있게 된다. 한편 이러한 일반화된 호혜성이 가교적 네트워크에서 나타날 때, 업무를 중심으로 하는 네트워크는 더욱 활발해지고 네트워크에서 추구하는 목표를 달성하는 데 훨씬 용이할 것이다. 따라서 결속적 네트워크뿐 아니라 업무를 중심으로 하는 가교적 네트워크에서도 신뢰와 호혜성은 반드시 필요한 요소라고 할 수 있다.

는다고 주장했다.

한편 한 집단에서 호혜성이 어떻게 나타나는가는 매우 중요한 의미가 있다. 그 이유는 레비스트로스(Claude Levi-Strauss)의 주장처럼, 일반화된 호혜성이 제한된 호혜성보다 더 지배적인 집단에서 높은 수준의 연대성(solidarity)이 나타나기 때문이다. 그래서 폴라니(Polanyi, 1977)는 부족 경제의 상황에서는 집단 내의 통일이 좀 더 원칙적으로 유지되어야 하는데, 이때 집단 내의 적대감과 다툼을 감소시키고 그 대신에 연대감을 조성하기 위해 호혜성과 같은 통합 수단이 사용된다고 보았다.

3 사회자본의 기능

사회자본에 대한 연구는 주로 순기능에 초점을 맞추어 진행된 경우가 많다. 퍼트남의 주장과 같이 사회자본이 무언가를 좀 더 효율적으로 이루어지게 한다는 것을 전제로 한 경우가 많았다. 그러나 사회자본은 순기능과 역기능이 거의 함께 작용한다고 보는 것이 합리적인 논리라 할 수 있다. 그것은 사회자본이 어떤 사람에게 유용한 반면에 다른 사람에게는 해로울 수 있으며, 어떤 상황에서는 긍정적으로 작용하고 다른 상황에서는 역기능적으로 작용할 수 있기 때문이다(김태룡, 2009a).

1) 사회자본의 순기능

사회자본의 형성이 정책적・경제적 성과로 이어진다는 사실은 여러 실증적 연구에서도 발견된다. 사회자본의 긍정적 효과는 결속력(bounded solidarity), 거래비용의 감소, 규범의 강화(rule enforcement), 제재력의 강화, 강화되는 신뢰(enforceable trust) 등으로 요약할 수 있다(Coleman, 1993; Putnam, 1993; Knack, 2002; 이미정, 2002; 박희봉, 2009). 이와 같은 관점에서 사회자본의 순기능을 살펴보면 다음과 같다.

첫째, 신뢰를 통해 거래비용을 감소시키는 효과이다. 예컨대 퍼트남(Putnam, 1993)은 조밀한 사회적 연결망이 신뢰를 강화하고 거래비용을 낮추며, 정보와 혁신을 가속화함으로써 경제 발전을 촉진한다고 주장했다. 후쿠야마(Fukuyama, 1997)도 비공식적 규범이 거래비용을 줄이고, 혁신과 집단 적응을 촉진하며, 건강한 시민사회를 창조하는 데 기여한다고 보았다.

둘째, 사회적 관계에 내재하는 정보원으로서 잠재력이다. 정보는 행동을 하기 위한 토대가 되지만, 정보의 획득에는 많은 비용이 든다. 그러나 특정한 이슈에 대해 지속적이고도 심층적인 관심을 유지하는 전문가를 알고 있는 경우, 필요할 때 즉각적으로 전문가의 견해를 활용할 수 있어 정보를 축적할 때 발생하는 노력과 비용을 절감할 수 있다.[16)]

한편 사회적 관계에 내재하는 정보원으로서 잠재력이나 효과적인 사회적 제재력의 기능 등도 무시할 수 없지만, 무엇보다 사회자본은 정보가 흐르는 통로를 제공한다는 측면에서 의미가 있다. 그 결과 정책 이슈에 대한 정보원을 쉽게 찾을 수 있고, 정보의 품질 또한 신뢰성이 있어 대응이 용이할 수 있게 된다. 특히 자본시장에서 자본을 획득하기 위해 정보의 흐름이 공정하지 않으면, 정보를 독점한 행위자에 의해 지대 추구 행위가 발생한다는 것은 자명한 일이기 때문에 더욱 그러하다.

셋째, 규범 혹은 효과적인 사회적 제재력으로 드러난다. 이는 사회자본이 사회적 제재 메커니즘을 제공한다는 의미이다. 예컨대 구성원 간 상호작용에서 규범이나 신뢰를 해치는 행위가 발생할 때, 이를 제재하는 기능을 제공하며 상호간 소망스러운 행위를 유도한다는 것이다.

집합행동의 논리를 따르자면, 사회적인 규범이 강화되면 규칙을 따르지 않는 사람에게 부정적인 제재를 가하는 효과를 낳는다. 시민적 규범이 효과적으로 기회주의를 재제할 수 있게 되면, 감시비용과 계약 이행을 감독하는 비용을 절약할 수 있어 다양한 투자와 경제적 거래의 효과를 높일 수 있게 된다. 또한 사회자본은 시민적 도덕감을 증대시켜, 유권자로 하여금 공직자의 업무 수행에 대한 감시를 강화함으로써 집합 행위의 어려움을 극복할 수 있게 해준다.

2) 사회자본의 역기능

사회자본의 개념이 다양한 만큼 사회자본의 기능도 매우 다양하다. 이러한 기능은 순기능만 있는 것이 아니며, 역기능 또한 무시할 수 없다. 그러나 문제는 사회자본의 순기능과 역기능이 각각 독립적으로 작용하는 것이 아니라, 거의 언제나 서로를 동반해 작용

---

16) 실제로 한 연구에 의하면, 전문 직종의 구직자 중 폭넓고 얕은 안면 관계를 유지해 온 사람이 좁고 깊은 인간 관계를 유지한 사람에 비해 훨씬 빠르게 일자리를 구할 수 있었다는 것이다. 또한 조직 내부에서 사회자본을 많이 축적한 사람일수록 승진의 속도가 빨라진다는 결과도 제시되고 있다.

한다는 데 있다. 즉, 어떤 사람에게는 유용한 반면에, 다른 사람에게는 해로울 수가 있다는 것이다(Coleman, 1990). 또한 어떤 상황에서는 긍정적으로 작용하는 반면, 다른 상황에서는 부정적으로 작용할 수 있다.

최근 부정적 사회자본이라 할 수 있는 결속적 사회자본이 부패를 증가시키는 요인으로 작용할 수 있음을 실증적으로 분석한 해리스(Harris, 2007)의 연구를 계기로, 사회자본에 대한 균형적 관점의 연구 필요성이 대두되고 있다. 이런 맥락에서 사회자본의 부정적 측면이나 역기능에 대해 살펴보면 다음과 같다.

첫째, 폐쇄성을 들 수 있다. 포테스(Portes, 1998)는 집단구성원에게 혜택을 가져오는 강한 유대는 한편으로, 외부인에게는 접근을 강하게 제한하는 벽이 될 수 있음을 지적했다. 그는 이러한 폐쇄성으로 인해 집단 내 구성원에게는 심각한 무임승차로 인한 갈등 유발과 함께 하향 평준화의 폐단과 사적 자유에 대한 지나친 제한으로 나타날 수도 있다고 주장했다.

집단 구성원에게는 이와 같이 긍정적인 효과를 가져오는 강한 유대가, 외부인에게는 접근을 강하게 제한하는 폐쇄성과 제한된 결속력(bounded solidarity)으로 나타날 수 있다. 다시 말해, 신뢰에 의해 형성된 사회자본이 집단의 경제적 성과에 핵심적인 역할을 수행하지만, 반면에 지역사회 구성원 간의 경제적 교환의 편의성과 능률성을 신장시키는 사회적 관계가 외부 사람들을 암묵적으로 배제하는 작용으로 나타날 수 있다는 것이다(Waldinger, 1995).

둘째, 지역사회와 집단에의 참여는 반드시 동조성(conformity)에 대한 요구를 창출한다. 동조성이 강조되는 상황에서 사회통제는 강력하지만, 개인의 사적 자유는 제한될 수밖에 없다. 즉, 사회자본이 개인의 행동이나 선택을 제한하게 될 수도 있다는 문제이다. 사회학에서 지역사회의 결속력과 개인의 자유 사이의 갈등은 전통적으로 논란을 거듭해 온 주제이다. 과거에는 일반적으로 개인의 사적 자율성과 책임이 강조되었다. 그렇지만 오늘날에는 사회통제를 회복하기 위해 좀 더 강한 지역사회 네트워크와 규범의 강제가 필요하다고 주장하는 사람들이 늘고 있는 추세이다(Portes, 1998). 이런 맥락에서 사회자본의 신봉자들의 근거를, 즉 지나친 개인의 자율성을 어느 정도 억제하고 공동의 규범을 수립해야 한다는 주장으로 이해할 수 있다.

셋째, 집단의 결속력(solidarity)이 주류 사회(mainstream society)에 대한 적대감이나 반대에 대한 공통적 경험에 의해 공고화되는 상황이 존재하기도 한다. 이러한 상황에서 개인의 성공 이야기는 집단의 응집력을 침식하고, 결국 규범의 하향 평준화(downward leveling norms)에 이르게 된다. 규범의 하향 평준화는 특정 집단의 이동성(mobility)이 외부의 차별에 의해 억제되는 과정에서 오랜 시간에 걸쳐 형성된다. 그리고 이 같은 역사적 경험으로 인해 주류 사회에 대한 저항적 입장이 출현하게 되고, 열등감(subordination)에 대한 공통적 경험에 기초한 결속력을 강화시킨다.

그 결과 제한된 결속력과 신뢰가 어떤 집단에서는 사회경제적 향상과 기업가적 발전을 위한 원천으로 작용하는 반면에, 다른 집단에서는 전혀 반대의 방향으로 작용한다. 다시 말해 사회성(sociability)은 양면성을 띠게 된다. 즉, 공공재(public goods)의 원천이 될 수도 있는 반면에, 공공의 악(bads)이 될 수도 있다는 의미이다. 예컨대 마피아조직, 매춘과 도박집단 등 사회구조에 내재화된 사회자본이 사회적으로 바람직하지 못한 목적으로 돌변하는 것이 대표적 실례이다(Portes, 1998).

결론적으로 사회자본의 부정적 측면과 관련해 주의해야 할 점은 부정적 효과를 완전히 제거할 수 있는 방법은 없다. 따라서 어떠한 방법으로 사회자본이 긍정적이고 효과적으로 작용할 수 있게 만들 수 있는가에 대한 고민이 따라야 할 것이다. 지역사회의 네트워크, 사회통제, 집단적 규범 등의 이점만을 강조할 것이 아니라, 엄밀한 경험적 분석을 통해 효용성과 부정적 효과를 구별하는 지혜가 요구된다(박우순, 2004).

제 3 절 사회자본이론의 적실성

1 사회자본이론에 대한 비판

사회자본에 대한 연구 영역이 확산되면서, 사회자본이 지닌 본래의 의미가 변질되거나 모호해져 가고 있다는 데서 사회자본이론의 적실성은 위기에 처해 있다. 그 결과 사회자본을 둘러싼 이의 유용성과 적실성에 심각한 의문이 제기되고 있다. 사회자본의 개념을 둘러싼 이론적 엄밀성에 대한 비판에서부터 개념에 대한 근본적인 이데올로기적 비판에 이르기까지 비판의 범위는 대단히 광범위하다(Platteau, 1996: 799). 그래서 사회자본의 효용성에 지나치게 몰입한 나머지 사회자본이 갖고 있는 부정적인 측면을 간과하고 있다는, 소위 사회자본에 대한 '낭만적 애정'이 자칫하면 그 유용성을 놓쳐버릴 수 있다는 우려마저 제기되는 실정이다(박우순, 2004: 82-83).

사회자본의 개념에 대한 비판은 사회자본이 안고 있는 원초적 한계에서 비롯된다. 그 결과 사회자본의 개념이 개인과 공동체 사이에서 어떠한 특성을 의미하는지에 대한 불명료성과 함께, 이로 인해 개념을 정확하게 측정할 수 있는 척도의 부재와 부적합성 등의 혼란을 야기한다(Portes, 1998: 1-24). 이의 연장선상에서 제기되는 문제로 비공식적 네트워크의 무시라든지, 가치나 태도 등 문화적 차원(cultural dimension)에 대한 분석의 부재 등이 부각되고 있다.[17]

또한 사회자본의 개념이 다양한 측면 중 일부분만이 취사선택되어 제한적으로 사용되는 경우를 들 수 있다. 그럼에도 이 모든 것이 사회자본이라 지칭되기 때문에 서로 다른 부분에 관한 논의를 하면서도 동일한 것을 지칭하는 것처럼 보여 개념을 이해하는 데 혼란을 가중시키고 있다. 사회자본이 지칭하는 대상이 지나치게 광범위하고 다양한 현상을 포괄하다 보니, 오히려 개념의 명확성이 훼손되고 적실성이 제한된다는 것이다(이준웅 외, 2006: 138).

이와 함께 생각해 보아야 할 또 다른 문제로, 사회자본에 대한 논의가 지나치게 사회중심적 접근 방식(society-centered approach)에서 이루어지는 데 따라 파생하는 폐해이다. 이 같은 접근 방식을 강요함에 따라 시장 영역은 비대해지는 반면, 국가 영역은 지나치게 축소되는 왜곡된 이데올로기에 매몰될 가능성이 크다는 것이다. 그리하여 사회자본이론이 탈심리적 세대의 시민적 충성을 유도하기 위한 보수적 논리라는 비판에 직면해 있기도 하다. 다시 말해 지나치게 보수주의적 정치사상과 맥을 같이하는 것이 아닌가 하는 의심마저도 받고 있는 형편이다(Cohen, 1999: 240-241).

유사한 맥락에서 제기되는 것으로 사회자본 개념의 대중적 성공을 둘러싼 이념적 함의에 대한 비판이다. 예컨대 자본주의의 지배력이 사회 관계 전반으로 확장되어 가는 현상을, 윤리적으로 정당화하기 위해 사회자본이 등장했다고 보는 시각이다. 사회자본이란 자본주의를 옹호하기 위해 등장한 새로운 변종에 불과하다는 것이 그것이다. 그 결과 사회

17) 사회자본을 둘러싼 일반적인 논쟁을 몇 가지로 요약해 볼 수 있다. 첫째, 사회자본이론이 모든 차원에서 적용이 가능하다는 분석 수준의 혼란 내지는 일반론적 논의가 갖는 문제이다. 둘째, 사회자본에 대한 개념화가 통일되지 않은 채 자의적으로 이루어지고 있다. 셋째, 사회자본의 적용 영역, 예컨대 경제 발전의 주요 변수라고 하는 이론적 모델에 대한 검증이 충분하지 않다. 넷째, 시민사회의 역할에 대한 과장 등을 들 수 있다(박우순, 2004; 허철행·허용훈, 2007).

자본이란 서방 자본의 이데올로기를 개발도상국에 강요하려는 신자유주의 프로젝트의 문화적 무기라는 비판에 이르기까지, 사회자본을 둘러싼 이데올로기적 비판의 수준도 만만치 않은 실정이다(Cohen, 1999; Fine, 2001; 김상준, 2004).

이런 측면에서 특히 퍼트남류(類)의 논의에 기반한 사회자본이론이 세계은행 등에 의해 세계적으로 확대되고, 거버넌스를 지지하는 국가들에 의해 강력한 지지를 받고 있다는 점을 고려할 때 문제의 심각성은 더욱 크다(Fine, 2001).[18] 그것은 퍼트남류의 자유주의적 시민사회론의 한계가 그대로 사회자본 개념의 문제로 전이된다는 데 있다(Edwards & Foley, 1998; Scott et al., 2002).

특히 파인(Fine, 2001)의 지적처럼 퍼트남류의 사회자본이론이 세계은행 같은 미국 중심의 기제를 통해 자본주의의 지배력을 윤리적으로 정당화하려는 시도라는 점에도 유의할 필요가 있다. 그래서 역사적 발전 과정과 시민사회의 생성 과정이나 특성이 달라, 사회자본의 내용과 질적인 차이가 서구 특히 미국과 이질적인 환경에 있는 우리의 상황에 적용하는 데는 좀 더 심각한 문제 의식과 한계에 대한 고려가 수반되어야 한다(김태룡, 2009b).

2 사회자본이론의 적용 가능성

사회자본이론은 이제 하나의 독립된 학문적 산업을 형성할 만큼 성장했다. 거의 모든 학문이 사회자본이론을 다룰 뿐만 아니라, 실제 생활에서도 사회자본이란 용어를 듣는 것이 낯설지 않을 만큼, 사회자본은 그 어떤 개념보다 강력한 영향력을 미치고 있다.

부르디외와 콜먼을 거치면서 퍼트남에 이르러 세계적으로 확산되기 시작한 사회자본의 위치는 국가나 사회가 안고 있는 문제를 해결하는 데 만능 열쇠에 해당할 정도의 위력을 지니고 있다. 세계은행이 발전의 잃어버린 고리(missing link)로 지목하면서 사회자본에 대해 급격히 관심을 가지게 된 것도 이를 반증한다. 세계은행 등을 통한 사회자본의 개념에 대한 사회적 부각은 발전론에서 패러다임의 전환을 배경으로 하고 있다(Harris, 2003; 안현효, 2004: 74-82).

18) 퍼트남의 사회자본이론에서 가장 문제가 되는 지점은 네트워크와 규범/가치를 아무런 체계적 논의 과정 없이 연계시켰다는 데에 있다. 그 결과 개념적 명확성을 상실한 것 이상으로 더 심각한 문제는 행위자의 상실이라고 할 수 있다(Newton, 1999: 7; 이선미, 2004: 186-188).

이런 측면에서 사회자본 개념의 출현은 민족국가가 지녔던 공공성과 효율성이 그 힘을 잃고 있는 역사적 사실과 밀접하게 연관되어 있다. 특히 1970년대 이래로 지속되고 있는 서구 자본주의의 축적 위기와, 개발도상국의 저발전에 대한 또 다른 원인으로 지목하면서 사회자본 개념이 확산되고 있다는 사실이다. 환언하면 사회자본이 발전에 필수적인 사회적 재생산의 안정성을 보장하고, 경제적으로 불확실한 상황에서 위기 해법을 모색하는 데 필수적인 협동을 강화하는 데 기여할 것이라는 믿음이 확산되어 가고 있다는 데 있다.

또 다른 시각에서 볼 때 사회자본 개념의 확산은 국민국가적 정치를 회피하는 대신, 지방정부나 NGO와 같은 시민단체의 역할을 강조함으로써 탈정치화된 사회자본(depoliticized social capital)을 강화하고자 한 의도도 암묵적으로 내포되어 있다. 이에 따라 사회자본 개념의 효과는 이제 거의 무제한적으로 그 적용이 가능해지는 상황에 이르렀다(Evans, 1996; Fine, 2001: 97; 김상준, 2004).

생각해 볼 문제

사회자본이론의 등장 배경

1. 사회자본이론의 학문적 배경에 대해 생각해 보시오.
2. 사회자본이론의 형성 배경을 정리해 보시오.
3. 사회자본이론을 대표하는 부르디외, 콜먼, 퍼트남이 주장하는 이론의 차이점에 대해 비교해 보시오.

사회자본이론의 내용과 특징

1. 사회자본의 개념에 대한 학자들의 시각이 어떻게 다른지를 비교하고, 그 이유에 대해 설명해 보시오.
2. 사회자본의 구성 요소가 다양한 이유에 대해 생각해 보시오.
3. 사회자본의 기능을 설명하고, 한국에서 사회자본이 지닌 기능의 특수성에 대해 생각해 보시오.

사회자본이론의 적실성

1. 퍼트남의 사회자본이론이 갖는 한계와 문제점에 대해 생각해 보시오.
2. 사회자본이론의 행정학에 적용 가능성에 대해 생각해 보시오.
3. 한국 사회에서 형성된 사회자본의 특성에 대해 생각해 보시오.

제 9 장

딜레마이론

제 1 절 딜레마이론의 등장 배경

1 딜레마이론의 등장 배경

행정은 일이 완성되어 가게끔 하는 기술이며, 그것은 항상 의사 결정 과정과 동시에 전개된다(Simon, 1976: 1-19). 행정의 영역과 영향력이 확대될수록 정부의 결정이 중요한 의미를 갖지만 결정은 그만큼 힘들어진다. 주어진 선택 상황에서 결정자들이 겪는 어려움을 학자들은 다양한 이론으로 설명해 왔다. 이러한 다양한 이론 가운데 하나가 이도저도 못하는 양자택일의 상황에서, 의사결정자에게 부닥친 선택의 어려움을 표현하는 딜레마 상황에 대한 이론이다.

딜레마(dilemma)는 원래 논리적 추론의 한 방법으로 양도논법, 즉 두 개의 칼날 중 어떤 칼날을 피할 것인가 혹은 두 개의 소뿔 가운데 어떠한 뿔을 피할 것인가로 번역된다(윤견수, 2005). 이처럼 논리학과 수사학에서 논의되었던 딜레마의 개념을 행정과 정책의 영역에 도입해, 선택 상황에 처한 의사결정자의 어려움을 설명해 보려는 움직임이 행정학자들 사이에서 있었다(이종범 외, 1992, 1994; 김동환, 1994; 소영진, 1994; 윤견수 외, 2000; 이종범 외, 2004).[1)]

딜레마이론 또는 모형이라는 이름으로 등장한 이 이론은 한국의 정책이나 조직 현상을 설명하는 데, 기존 이론이나 모형으로는 설명이 불충분하거나 어려운 상황에 적용해 새로운 설명을 모색하려는 시도라고 할 수 있다.[2] 딜레마이론을 주창한 이종범 외(1993: 3-6)에 따르면, 딜레마이론 내지는 모형을 제시하게 된 이유는 이러했다. 첫째, 기존의 조직이론이나 정책이론모형에서 언급하지 않았던 현상을 보완 설명하기 위해서이다. 둘째, 딜레마모형이 설명(explain)할 수 있거나 서술(account)이 가능한 의미 있는 연구 주제(puzzles)를 제시함으로써 이 분야 연구의 활성화를 꾀하고자 하는 데 목적이 있다는 것이다.

2 딜레마이론의 이론적 배경

딜레마이론 내지는 모형이 출발하게 된 이론적 배경은 정책이론과 조직이론이 지닌 한계를 보완하고, 제한된 시간 내에 선택을 내려야 하는 의사결정자의 상황을 설명하는 데 좀 더 적실성을 가질 수 있도록 하자는 동기에서 출발했다. 이런 측면에서 딜레마이론은 기존의 정책이론과 조직이론이 지닌 한계를 지적하면서 이에 대한 보완적 성격으로서 제시되었다.

1) 정책결정이론의 한계

정책 결정은 단일의 가치 내에서 특정 상태를 선택하는 것은 물론, 상이한 가치 간의 우선순위를 결정하는 선택 행동이라 할 수 있다. 하지만 상충되는 가치가 선택 상황 속

1) 이종범 외(1994: 12)에 따르면, 딜레마에 대한 공동 연구는 매우 단순한 동기에서 비롯되었다고 진술하고 있다. 그것은 딜레마라는 현상을 정책과 조직 현상의 곳곳에서 찾아볼 수 있었기 때문이라는 것이다. 이에 따라 공동 연구가 시작되어 1990년 6월부터 8명의 참여자가 첫 번째 모임을 갖고 이른바 '딜레마 세미나'를 진행시켜 온 이래로, 공동 연구의 부산물로 탄생한 것이 딜레마이론이다. 이후 이 연구는 활발한 활동을 전개해 1994년에는 딜레마 개념의 정립을 통해 연구에 시동을 건 『딜레마이론』, 2000년에는 딜레마의 형성 요인과 제도 변화 특히 중간집단이란 연구 대상을 발굴하는 데 기여한 『딜레마와 행정』, 2009년에는 딜레마 상황을 미리 방지하거나 약화시키는 제도적 장치가 무엇인가에 대한 심도있는 논의를 담은 『딜레마와 제도의 설계』를 출간하면서, 딜레마이론의 정치성과 질적 수준을 높여가고 있다(임도빈, 2010).

2) 이런 측면에서 한국의 행정 현상을 설명하고자 등장한 또 다른 이론으로 시차이론 또는 시차적 접근방법을 들 수 있다.

에 동시에 표현되면, 결정 단위는 선택상의 어려움에 직면하게 된다. 현실적으로 정책결정 가운데 많은 부분이 비교 불가능한 대안이나 가치 간의 피할 수 없는 선택 상황에서 이루어지는 경우가 그것이다.

그렇다면 딜레마 상황과 관련된 선택 행동은 정책결정이론에서 어떠한 형태로 취급되고 있는가를 살펴보자. 기존의 정책결정모형은 결정에 필요한 정보의 완전성(完全性)에 대한 가정에서 출발했다. 예컨대 정보의 완전성에 대한 가정에 따라서 결정모형을 분류할 때 그 가정을 가장 엄격히 적용시킨 선택모형이 합리모형이고, 순서에 따라서 만족모형, 점증모형, 우연모형 등으로 범주화시킬 수 있다. 이때 우연모형은 정보의 불완전성이 가장 높은 선택 상황을 가정했을 때의 선택모형(예: 쓰레기통모형)이라 할 수 있다.

그런데 문제는 정책결정모형을 정보의 완전성에 대한 가정에 따라 분류하면, 딜레마 상황 속에서 선택 행동은 어떤 범주 속으로도 편입시킬 수 없다는 문제가 발생하게 된다. 따라서 딜레마를 정책결정모형에 첨가시키기 위해서는 다른 가정이 필요한데, 그것은 선택의 곤란성과 관계가 있다. 즉, 선택의 곤란성은 대안 사이의 비교·선택 가능성에 초점을 맞추는 것이기 때문에 정보의 완전성과는 독립적인 차원임에도 불구하고, 지금까지는 선택의 곤란성이 마치 정보의 불완전성(모호성 포함) 때문에 나타난 것으로 간주했던 것이 관행이었다.

이와는 또 다른 측면에서 정보의 완전성에 대한 가정과는 달리, 대안의 비교·선택에 초점을 두는 선택의 곤란성에 대한 가정은 대안이 초래할 기회 손실의 개념과 밀접한 관련이 있다. 확실한 상황(위험 상황 포함)일지라도 대안을 비교하는 과정에서 한 대안의 선택이 초래할 기회 손실이 크다면 선택은 어려움에 직면할 수밖에 없다.

모호한 상황 자체도 기회 손실의 정도에 따라 여러 범주로 구분할 수 있다. 예컨대 개략적인 기회 손실마저 추산하기 어려운 순수한 모호성 상황이 있는가 하면, 결정의 중요 변수를 중심으로 개략적인 수준에서 기회 손실은 알 수 있는 모호성 상황이 있다. 이때 후자의 모호성은 다시 기회 손실이 큰 경우와 그렇지 않은 경우의 두 범주로 나눌 수 있는데, 기회 손실이 큰 경우는 딜레마 상황으로 취급하는 것이 타당하다는 것이다. 그 이유는 대안 각각에 대한 평가 기준이 전혀 없다(모호성)는 것과, 평가 기준은 존재하되 그것에 따라 대안을 평가했을 때의 기회 손실이 크다(딜레마)라는 것은 구별할 필요가 있기 때문이다. 이런 측면에서 딜레마모형은 정보가 완전한 경우나 모호한 경우에 상관없이, 최종적으로 나타날 수 있는 기회 손실이 크기 때문에 선택이 어려운 경우를 설명하는 이론모형이다.

2) 조직이론의 한계

조직이론 분야에서도 모순, 상충성, 역설, 변증법적 관계 등의 개념을 통해 딜레마와 유사한 문제를 다루려는 경향이 증가하고 있다. 그렇지만 합리적 조직관이 갖는 약점을 지적하면서 대두된 이들 이론은, 상충되는 요구가 있을 때 그것이 과연 해결해야 할 문제인지 아니면 어떻게 해결해야 하는지 등의 질문에만 관심을 두고 있을 뿐이다. 이들 이론의 공통점은 양자를 동시에 고려할 수 있는 조직이, 그렇지 못한 조직보다 우월하다는 규범적 처방을 제시하는 것이 대부분이었다.

규범과 당위만을 앞세우고 과학적 근거가 결여된 처방을 제시하는 이론은 탁상공론에 그칠 우려가 높다. 과학적 처방을 위해서는 체제 내에 상충되는 요구가 있을 때, 체제는 어떤 식의 반응을 보일 것인가라는 징검다리를 먼저 건너가야 한다. 이런 점에서 조직 내의 상충되는 요구를 원활하게 수렴하기 위해서는 우선적으로 조직이 당면한 딜레마 상황과 그에 대한 대응 행동 간의 관계를 설명하고 이해할 필요가 있다.

다시 말해, 상충되는 요구와 관련된 문제를 해결 가능한 것과 불가능한 것으로 먼저 구분하고, 그에 따라 상이한 대응 방법을 찾아야 한다는 것이다. 이처럼 딜레마는 두 대안에 개재된 기회 손실과 비교 불가능성에 초점을 둔다는 의미에서 과학적 처방을 위한 징검다리 역할을 할 것이다.

제 2 절 • 딜레마이론의 내용과 특성

1 딜레마의 개념

딜레마 상황이란 관련 참여자, 선택 기회, 문제 등의 모호성 여부와는 상관없이 대안에 표상된 가치들을 서로 비교할 수 없기 때문에 선택이 어려운 상황에 처해 있는 상태를 의미한다. 이 같은 딜레마 상황에서 나타나는 특징은 이러하다(이종범 외, 1993: 7). 첫째로 주어진 맥락에서 선택을 전제로 하며, 둘째로 상충되는 가치가 선택 상황 속에서 동시에 나타나고 그것이 대안으로 표상될 수 있으며, 셋째로 대안과 비교가 불가능하지만(가치 간의 교환 함수가 존재하지 않음) 그 중요성이 비슷하기 때문에, 넷째로 대안의 선택이 곤란한 상황이라는 점이다.[3)]

딜레마 상황이 지닌 특징을 고려할 때, 딜레마란 두 개의 상충된 대안 중에서 어느 하나를 선택해야 하는 상황에 직면해 있는 상태를 의미한다. 즉, 하나를 선택하면 다른 대안의 포기에서 오는 기회 손실이 너무 크기 때문에, 어느 쪽도 선택하기 어려운 상황을 의미한다(이종범, 1990: 369). 다시 말해, 딜레마란 의사 결정을 해야 할 정책결정자가 선택을 하지 못하고 있는 곤란한 상황, 이럴 수도 저럴 수도 없는 상황 또는 두 개의 똑같이 매력적인 대안 중에서 하나만을 선택해야 하는 상황에 처해 있는 상태를 의미한다(Cameron & Quinn, 1988: 2).

행정에서 직면하는 정책 결정의 어려움은 여러 방향에서 다차원적으로 발생할 수 있다. 그러나 딜레마 개념에는 의사결정자의 결정 능력의 한계에서 오는 문제나, 부족하거나 정확하지 못한 정보에서 비롯되는 경우는 포함시키지 않는다. 딜레마 상황이란 순수하게 대립적인 가치 간의 갈등과 대립으로 의사 결정이 곤란한 경우만을 대상으로 한다. 두 가지 대안에 개재된 기회 손실과 비교 불가능성의 논의에 초점을 둔다는 의미에서, 딜레마이론은 정책 결정을 돕는 고도의 과학적 처방을 위한 징검다리라고 할 수 있다.

2 딜레마의 구성 요소와 조건

1) 딜레마의 일반적 구성 요소

일반적으로 딜레마 상황을 구성하는 요소로는, 첫째로 두 개의 대안이 서로 충돌해야

3) '딜레마 세미나'를 통해 형성된 딜레마론의 발전 가운데 특징적인 면은 개념 정의의 변화에서 찾아볼 수 있다. 이 세미나 초에 제시된 딜레마에 대한 개념 정의는 주어진 맥락에서의 선택을 전제로 하며, 대안의 비교가 불가능하지만 그 중요성이 비슷하기 때문에 선택이 불가능한 상황으로 엄격하게 규정했었다. 그러나 이 같은 엄격함은 논리적 엄밀성은 높아지는 반면, 연구 대상의 폭을 제한하는 결과를 초래해 이에 대한 개념 정의를 다소 느슨하게 정의하는 변화를 시도했다는 점이다. 이에 따라 재량성을 높인 딜레마에 대한 개념 정의로 주어진 선택 상황에서 대안들이 초래할 결과 가치가 엇비슷하기 때문에 선택이 곤란한 상황으로 재개념화가 되었다(윤견수 외, 2000: 9-10). 그럼에도 임도빈(2010)은 딜레마 상황에 대한 재개념화에도 불구하고, 이 이론이 적용될 딜레마 상황은 실제로 더 보편적이지 못할 것이라고 주장한다. 이에 따라 딜레마에 대한 저자들의 개념 정의가 이론의 적용범위를 축소하는 결과를 극복하기는 어려울 것으로 보고 있다.

하고, 둘째로 각 대안의 정당성을 주장하는 상충적인 가치가 존재해야 하며, 셋째로 각 대안을 지지하는 행위자가 갈등 상황에 놓여 있어야 한다(이종범 외, 1992; 윤견수, 1992, 1993; 이종범 외, 1994).

딜레마를 구성하는 조건을 구체적으로 살펴보면 이종범 외(1992, 1994)는 시간의 제약, 두 개의 대안, 표상화된 대안,[4] 대안 간의 단절성, 대안 간의 비교 불가능성, 어느 정도의 기회 손실, 선택의 곤란성[5] 등을 제시했다. 또한 소영진(1993, 1994, 1999)은 딜레마 상황이 되기 위한 형식적 조건으로 개념의 모호성을 수정해 대안의 단절성, 대안 간의 상충성, 대안이 가져올 결과 가치의 균등성, 선택의 불가피성 등을 들고 있다. 따라서 딜레마 상황이 설정되기 위해 요구되는 이러한 구성 요소들을 설명하면 이러하다.

첫째, 딜레마의 구성 요소로 불가피한 선택적 상황이 있어야 한다. 선택 행동을 회피할 수 있거나 우회할 수 있다면 딜레마 상황이 발생될 여지는 처음부터 없어진다. 딜레마는 궁극적으로 대립하는 두 가지 대안을 모두 만족시킬 수 있는 절충안이 부재해 어느 한쪽을 선택할 수밖에 없는 상태에서 발생한다. 이와 함께 딜레마는 주어진 상황에서의 선택을 전제로 성립된다.

딜레마는 그래서 선택 상황의 한 유형이라 할 수 있으며, 일정 기간 내에 선택이 내려져야 한다는 것을 의미한다. 딜레마가 존재하고 그것을 인지한다는 것은 특정 시점에서의 선택을 전제로 하기 때문에, 딜레마 상황이란 기간(period)의 의미보다는 특정 시점(point)이라는 의미가 강하다.

둘째, 딜레마의 구성 요소로 가치 간의 충돌이 있어야 한다. 딜레마가 성립되기 위해서는 우열을 판단하거나 호(好)·불호(不好) 및 능률성이나 효과성, 또는 장래의 가치와 현실적 이익 중 어느 것을 선택하기가 어려운 가치 간의 상충·충돌·대립이 있어야 한다. 가치 간의 충돌이란 비교가 가능하기는 하지만, 그것이 갖는 중요성은 유사해서 차별화하기가 어려운 상황을 의미한다. 대안의 비교가 불가능하다는 의미는 대안에 표현

4) 대안으로 표상화된다는 것은 가치나 이념 혹은 이해 관계 등의 추상적 개념이, 법이나 프로그램의 형태로 구체화되어 가는 상태를 의미한다. 만약 표상화하지 않는다면 굳이 딜레마라는 개념을 사용하지 않고 기존의 이론들을 갖고도 충돌 현상을 설명할 수 있다.

5) 딜레마 상황을 아주 엄격하게 정의하면 선택이 불가능한 상황이 된다. 하지만 이러한 정의는 주어진 선택 상황 혹은 결정 상황이라는 딜레마의 상황 조건에 위배된다. 즉, 어떠한 결정이든 내려야 한다. 한편 선택 상황을 전제로 했기 때문에 아무런 결정을 하지 않는 상태는 역설적으로 현재 상태의 선택이라고 할 수 있다. 그리고 논리적으로는 선택이 불가능하지만 실제로는 선택을 내리는 것이 현실의 결정 상황이다. 이러한 이유에서 선택이 곤란한 상황이라고 했다.

된 가치 간의 우선순위를 매길 수 없거나 가중치를 부여할 수 없는 경우는 물론, 문화 등의 차이로 인해 가치의 상태를 다른 가치의 상태로 치환할 수 없는 상태도 포함된다.

딜레마 상황에서는 한 대안이나 가치의 선택으로 인한 이익보다 선택되지 않은 대안으로 인한 기회 손실이 크기 때문에 저항이 생기게 마련이다. 결과적으로 다른 선택 기회가 주어지면 정책의 비일관성이나 실패로 인해 반대의 선택을 할 수 있는 가능성이 높아지거나, 또는 형식주의로 인해 선택된 정책을 유지하더라도 그대로 집행되지 않고 원안과 상이한 집행을 할 가능성이 증대한다.

셋째, 딜레마의 구성 요소로 현실적인 판단 기준이 존재하지 않아야 한다. 딜레마란 대안에 표현된 가치 간의 우선순위나 그에 따른 가중치를 부여할 수 없다는 것을 의미하거나, 또는 한 가치의 상태를 다른 가치의 상태로 치환할 수 없는 상태를 의미한다. 따라서 두 가지 가치 간의 우열을 비교하기 불가능하다는 것은 대안 자체의 고유한 속성 때문인 경우도 있고 선택 상황의 조정자가 대안을 비교하는 과정에서 나타나기도 한다.

대안 간의 중요성이 비슷하다는 것은 특정 대안의 선택이 초래할 기회 손실이 임계 영역(threshold level)에 들어갈 때를 의미한다. 정책 상황에서는 어느 대안을 택하든 다른 대안에 내재된 가치가 가져올 기회 손실이 존재하게 마련이다. 어느 대안을 선택하든 그 이익에 비례하는 기회 손실이 발생한다.

넷째, 딜레마의 구성 요소로 선택이 불가능한 상태여야 한다. 선택이 불가능한 상태란 상반된 대안 중의 어느 한쪽을 선택함으로써 입게 될 기회비용이 매우 크고, 그것들의 비중이 비슷하기 때문에 양자택일할 수밖에 없는 상황이라고 할 수 있다. 이런 상황에서는 어느 쪽을 선택하더라도 만족한 해결책이 되지 못하기 때문에 딜레마 상황은 계속될 것이다.

선택이 불가능한 상태는 여러 차원의 문제가 복합적으로 나타나는 문제로 선택 행위자의 주체성에 관한 문제이다. 또한 선택이 불가능하다는 것은 선택 행위가 정지된 상태에서의 문제가 아니라, 분명한 선택 불가능이라는 상황에서 고도의 긴장과 갈등을 내포한다(조주행, 2002; 466-468).[6]

다섯째, 딜레마의 구성 요소로 두 개의 대안이 가져올 결과 가치의 크기가 균등

---

6) 선택이 불가능한 사유가 발생하게 되는 상황은 대개 다음의 네 가지 경우로 요약할 수 있다. 첫째로 어떤 대안이 있는지 모를 때, 둘째로 대안은 알지만 선택의 결과가 어떻게 될지 모를 때, 셋째로 선택의 결과는 알지만 각 대안과 결과 간의 인과 관계를 모를 때, 넷째로 선택의 결과도 알고 대안과 결과 간의 인과 관계도 알지만 두 개의 결과가 모두 만족스럽지 못할 때 선택이 불가능해진다.

(equal)해야 한다. 결과 가치가 불확실하거나 모호하더라도 결정자가 어느 하나를 선택할 근거를 찾지 못하는 상태가 균등한 상태이다. 이때 결과 가치는 대안의 선택이 의사결정자에게 가져다줄 미래의 편익을 뜻하며, 여기에는 인식과 감정 등의 심리적 상태가 포함된다. 정책으로 인한 이득과 손실의 규모가 산술적으로 같은 크기여야만 딜레마 상황이 되는 것은 아니다(김동환, 1994: 150).

여섯째, 딜레마의 구성 요소로 제한된 시간 내에 결정해야 한다. 만약 결정하지 않아도 된다면 상황이 변하면서 결정의 어려움이 줄어들 수도 있다. 그런데 딜레마 상황은 시간의 제약(time limit)이 존재하기 때문에 어떤 식의 결정이든 해야 하는 상황이다. 선택을 하지 않고 현재 상태를 유지하는 것 역시 하나의 대안을 선택하는 것이다. 이미 상황이 결정자의 결단을 요구하는 상황으로 바뀌어 버렸기 때문이다.

2) 딜레마 상황을 구성하는 현실적 조건

선택이 곤란한 모든 상황이 딜레마는 아니다. 불확실한 상황이 아니더라도, 그리고 모호한 상황이 아니더라도 선택이 어렵다는 이유 때문에 그것이 곧바로 딜레마가 되는 것은 아니다. 의사결정자의 입장에서는 그것이 일정 수준의 임계치를 벗어나야 한다. 문제의 성격이나 상황에 따라 임계치가 달라지겠지만 적어도 다음과 같은 조건이 존재한다면 상황이 딜레마로 구성될 가능성이 높아지고, 이미 딜레마 상황인 경우 선택의 어려움이 증가된다. 즉, 딜레마의 강도(strength)가 커지거나 딜레마의 발생 확률이 높아진다는 것이다.

(1) 문제 상황의 특성

만약 상황이 딜레마라면 그것은 어느 경우가 되었건 다음과 같은 그림으로 표현할 수 있다. 하나는 현재의 상태 S와 새로운 상태 N 간의 충돌이나 S와 N_1 혹은 N_2 간의 충돌로 인해 생기는 딜레마이며, 다른 하나는 두 개의 새로운 상태 N_1과 N_2 사이의 충돌에서 생기는 딜레마이다.

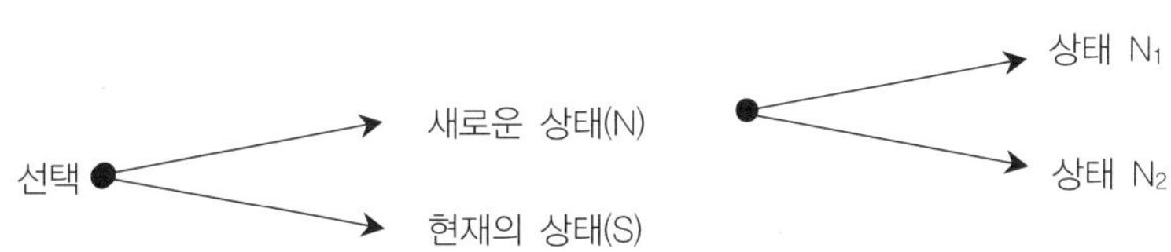

그런데 앞의 딜레마와 뒤의 딜레마는 차이가 있다. 전자의 경우는 현재의 시스템에 변화를 가져올 수도 있는 상황과 관련된 딜레마이기 때문에 변화에 대한 인식이 대단히 중요한 반면, 후자의 경우는 이미 현재 상태의 변화를 전제로 하기 때문에 변화의 대상인 대안 간의 우선순위에 대한 인식이 더 중요하다. 이때 앞의 경우는 그것을 선택할 것인가 말 것인가의 질문과 관련된 존재론적 딜레마이며, 뒤의 경우는 둘 가운데 어떤 것을 선택할 것인가의 질문과 관련된 인식론적 딜레마라고 할 수 있다(윤견수, 2003).[7]

이 두 가지 상황 가운데 의사결정자에게 더 큰 부담이 되는 딜레마는 존재론적 딜레마 상황이다. 그 이유는 변화된 상태와 현재 상태를 비교하는 것보다는 변화된 상태를 비교하는 것이 더 쉽기 때문이다. 다시 말해 이미 변화를 마음속으로 받아들이고 있기 때문이다. 따라서 존재론적 딜레마 상황이 이처럼 더 고민스러운 것은 다음과 같은 이유 때문이다.

첫째, 매몰비용(sunk cost)에 따른 효과 때문이다. 인식론적 딜레마의 경우에는 이미 현재 상태의 변화를 전제로 하기 때문에, 현재 상황을 만들기까지 투자된 비용을 매몰비용으로 생각하지 않는다. 설령 매몰비용으로 생각한다 하더라도 그것이 결정에 미치는 영향은 극히 미미하다. 그러나 존재론적 딜레마의 경우에는 현재 상태를 포기하고 새로운 상태를 선택했을 때의 기회비용(혹은 기회 손실)을 생각해야 하기 때문에 언제나 매몰비용이라는 것이 중요한 고려 사항이 되며 이로 인해 결정의 어려움이 가중된다.

둘째, 전경과 배경 효과(figure & ground effect) 때문이다. 존재론적 딜레마는 대부분 새로운 대안을 채택할 것인가 아닌가의 문제 상황으로 구성된다. 이 경우 새로운 대안은 전경(figure)처럼 두드러지고 채택되지 않은 상황은 배경(ground)이 되어 가라앉는다. 채택하지 않은 상황을 선택한다는 것은 현재 상태(status quo)를 유지하는 것인데, 현재 상태라는 것은 엄격한 의미에서 대안이라기보다는 새로운 상황을 반대하는 모든 이유나 근거를 종합해 놓은 상태라고 할 수 있다.

현재 상태를 뒷받침하는 근거나 논리 혹은 현재 상태를 지지하는 행위자들이 광범위하게 퍼져 있는 상태이다. 그래서 존재론적 상황에서는 두 가지 고민이 함께 존재한다. 하나는 현재 상황과 새로운 상황의 비교이며, 다른 하나는 새로운 상황 간의 비교이다.[8]

---

7) 예컨대 존재론적 딜레마는 행정수도를 건설할 것인가 말 것인가, 고속철도를 건설할 것인가 말 것인가의 문제로 상황이 구성되는 것을 들 수 있다. 이때 인식론적 딜레마는 행정수도를 A지역에 건설할 것인가 B지역에 건설할 것인가, 고속철도를 A지역을 통과하게 할 것인가 B지역을 통과하게 할 것인가의 딜레마 상황이다.

(2) 대안이 가지고 있는 성격

대안의 상충성을 강화하는 요인은 그 대안이 상징성을 강하게 띠고 있을 때라고 할 수 있다.[9] 대안이 상징성이 높으면 대안이 가지고 있는 여러 가지 특성 가운데 한두 개의 특성만 은유적으로 부각된다(Mumby, 1989: 9). 그 결과 다양한 평가 기준이 무시되고 각자가 생각하는 기준만 가장 중요한 기준으로 등장하게 된다(Smircich, 1983: 231-234). 따라서 대안을 이해하고 평가하는 정보 처리의 과정이 순식간에 발생하고, 그에 비례해 감정의 개입 수준이 높아진다.

집단이 어떤 상징을 공유하고 있으면 집단 구성원은 그 상징을 통해 세상을 이해하고, 그 상징과 관련된 행동에 헌신적이다(Elder & Cobb, 1983). 상징은 인지와 정서, 그리고 행동을 어느 한 곳으로 몰고 나가는 힘이 있다. 따라서 어떠한 상징에 대한 찬성과 반대의 입장이 갈리면 그 입장은 양극화되는 경향이 있다. 그리고 대안이 가지고 있는 단절적인 성격을 강화시키며, 범주 간의 타협과 조정이 힘들게 된다.

(3) 결과 가치의 성격

결과 가치는 대안이 가져올 미래 상태, 즉 대안의 채택으로 인해 시스템이 얻게 될 편익을 의미한다. 준거이론(frame theory)에서는 상황을 유리하게 보는가 아니면 불리하게 보는가 하는 관점의 차이에 따라 행동 양식이 달라진다. 예컨대 현재의 상황이 이익이라고 생각되면 모험을 회피하는 결정을 하고, 손실이라고 생각하면 모험을 감수하는 결정을 할 가능성이 높아진다(Kahneman & Tversky, 1979, 1984; Tversky et al., 1990). 이것은 동일한 문제 상황이라고 해도 그것을 이익으로 규정하는가, 손해로 규정하는가의 여부에 의해 정반대의 결론을 내린다는 것을 의미한다.

이와 함께 결과 가치의 부정성 못지않게 딜레마의 강도에 영향을 미치는 것은 결과 가치의 절대성이다. 가치 중에는 다른 가치와 맞교환할 수 없는 보호된 가치(protected

---

8) 예컨대 방사성폐기물처리장을 부안에 설치할 것인가 말 것인가 하는 딜레마 상황은 왜 방사성폐기물처리장을 건설해야 하는가의 질문과, 왜 다른 지역이 아니라 부안 지역인가라는 두 가지 질문이 결합되어 있다.

9) 예컨대 대기업 출자총액 제도를 개정하는 과정에서 총액을 제한해야 한다는 입장과, 그래서는 안 된다는 입장이 강하게 부딪힌 것은 과학적인 논거와 객관적인 분석이 토대가 된 것이 아니라, 공정거래위원회를 비롯한 경제민주화운동연합과 재정경제부 및 재벌을 비롯한 자유시장옹호연합 간의 상충적인 정책 신념 때문이었다. 즉, 제도 개정 과정에서 가장 중요한 변수로 작용했던 것은 제도가 가지고 있는 상징성, 즉 '우리가 여기서 무너지면 모든 것을 다 뺏긴다'라는 상징성이었다(장지호, 2005).

value)가 존재한다(Baron, 1997). 보호된 가치는 특히 경제적 가치와 교환이 안 된다는 특징을 가진다. 이러한 가치는 팔려고 하지 않기 때문에 아무리 많은 돈을 주어도 양보하려고 하지 않는다. 그래서 보호된 가치는 양이 많고 적음과 무관하며, 가치의 결과보다는 그 가치를 주장하는 행위자에 상대적이다(Lim & Baron, 2005).

보호된 가치를 가지고 있는 사람은 다른 사람이 그 가치에 복종해야 한다고 믿으며, 만약 그렇지 않을 경우 그들이 가지고 있는 이해 관계 때문이라고 해석한다. 만약 다른 사람이 그 가치를 위반하면 정서적으로 민감하게 반응하며 분노하기까지 한다. 이렇게 볼 때 보호된 가치는 다른 가치를 파생시키거나 그것의 토대를 이루는 가치가 된다. 예컨대 인간의 생명을 보호하는 가치, 사유 재산을 보호하는 가치, 공동체의 선(善)을 추구하는 가치, 행복을 추구할 권리, 헌법을 수호하는 가치 등은 다른 어떤 가치보다 근원적이다.

그런데 딜레마로 구성된 상황을 대변하는 대안이 이와 같이 보호된 가치 간의 충돌을 토대로 할 때, 다른 어떤 딜레마보다 강도가 크다(김동환, 2002). 예를 들어 약자의 권익을 보호하는 행위와 자유를 제한하는 행위, 공동체의 행복을 보장하는 행위와 사유재산의 행사를 제한하는 행위 등은 보호된 가치 간의 딜레마라고 할 수 있다.

(4) 행위자의 성격

딜레마의 강도를 크다고 느끼는 것은 대안이 가져올 결과 가치의 크기가 결정자의 인지 범위 안에 들어왔기 때문이다. 인식론적 딜레마보다는 존재론적 딜레마 상황에서, 그리고 결과 가치가 부정적으로 인식되거나 그것들의 성격이 맞교환하기 힘든 본질적인 특성이 있을 때 결과 가치를 크게 느낀다.

그런데 현실의 딜레마 상황에서 이러한 것에 영향을 주는 요인으로 행위자를 들 수 있다. 대립집단이 가지고 있는 응집력은 현실의 정책 상황을 딜레마로 빠지게 하고, 또한 딜레마의 강도를 크게 하는 중요한 변수이다. 다시 말해, 대립집단의 응집력이 강할수록 요구의 내용이 구체적이며, 정책결정자에게는 운신의 폭을 좁게 하기 때문에 결정의 어려움이 커진다(소영진, 1999). 딜레마 상황에서 내려진 결정이 특정의 고객집단에 큰 영향을 줄 때, 그 고객집단이 조직화되어 있을 때, 그리고 결정자(그것이 개인이건 기관이건 혹은 시스템의 조정자이건)가 고객집단과 밀접한 관련이 있을 때, 딜레마의 강도가 거세지고 내려진 결정에 대한 집행이 형식화되기 쉽다. 그 이유는 결정은 했지만, 딜레마 상황이어서 그대로 집행할 수만은 없기 때문이다(박통희 · 김동환, 1994; 윤견수, 2005).

3 딜레마의 유형

딜레마의 유형으로는 첫째로 주어진 딜레마를 주관적으로도 딜레마로 설정하는 일치된 딜레마, 둘째로 반대로 주어진 딜레마를 주관적으로 딜레마로 파악하지 않는 무시된 딜레마, 셋째로 딜레마가 아닌 상황을 딜레마로 파악하는 의사 딜레마로 나누어 볼 수 있다. 그런데 딜레마의 유형이 중요한 이유는 딜레마 유형에 따라서 문제가 상이하고 대응 행동도 상이하며, 나아가서 딜레마에 대한 처방도 달라진다는 데 있다(이종범 외, 1993: 15).

1) 일치된 딜레마

일치된 딜레마 상황에서는 선택으로 인한 기회비용이 크기 때문에 부담이 커지는 경향이 있다. 이에 따라 일치된 딜레마 상황에 부딪히게 되면 일차적으로는 의사 결정을 유보하거나, 또는 선택 행동을 지연시키거나 아니면 문제를 재규정하는 등의 방법으로 대응한다.[10] 다시 말해, 일치된 딜레마 상황에서 조직의 구성원은 한 대안을 선택함으로써 초래할 기회 손실을 예상해 가능하다면 선택 행동을 하지 않는다. 구성원은 현재의 대안을 유지하면서 정책 문제의 결정을 지연시키거나, 상징적 행동을 통해 비결정으로 인한 비난을 약화시키는 행동을 하려 할 것이다. 또한 대안을 선택하는 경우에도 완전한 집행보다는 불완전한 형식주의적 집행을 하거나 비일관적인 정책 대응을 하려 할 것이다.

그 결과 일치된 딜레마 현상에서는 선택 지연과 선택을 위한 다양한 상징에 대한 해석, 반응으로서 선택 행동의 형식, 이해관계자 집단의 의사결정자(조정자)에 대한 신뢰성의 정도 및 의사결정자의 상징 조작 기술에 따라 대응 행동의 유형이나 특성이 달라진다.

2) 무시된 딜레마

무시된 딜레마(neglected dilemma)란 의사결정자가 개인적인 판단으로 딜레마 상황을 딜레마가 아닌 것으로 인지 · 해석하는 경우의 유형이다. 의사 결정 상황에 포함된 가치

---

10) 예컨대 딜레마의 성격이 가까운 시일 내에 바뀔 가능성이 있는 경우라면 선택을 지연시키는 것이 합리적일 것이다. 그러나 가까운 시일 내에 행정행위의 맥락이 변화할 가능성이 없는 경우에는, 선택 지연으로 인한 이익을 얻을 수는 없다. 그래서 이 경우에는 문제를 재규정하거나 부득이하게 어느 한쪽으로 의사 결정을 할 수밖에 없다.

중 일부를 선택하기가 어려운 상황 속에서, 선택권자가 심각한 기회 손실을 무릅쓰면서도 대안을 선택하고 의도적으로나 비의도적으로 다른 대안을 무시해 대상에서 배제시키는 상태를 의미한다. 무시된 딜레마는 의사결정권자가 갖고 있는 가치의 우선순위, 의도, 이해 관계, 인지상의 오류 등으로 상황 변화를 무시하거나 인식하지 못함으로써 딜레마를 딜레마가 아닌 것으로 오해하는 데서 문제가 발생한다.

대안의 선택을 둘러싼 의견이 팽팽하게 맞서게 되는 것은 근거를 두고 있는 전제 가치 간의 가중치 때문이다. 가중치 또는 가중치 간의 우선순위를 변동시킬 수 있다면, 두 개의 단절적 대안으로 주어지는 딜레마 상황은 아닌 것으로 설정될 수 있다. 그러나 이러한 가중치의 변동이 결정자의 내부 의식에서만 일어난다면, 그것은 이해 관련 집단이 갖고 있었던 가치의 우선순위를 전혀 변동시키지 못하기 때문에 기회 손실은 여전히 그대로 남는다.

무시된 딜레마의 경우 의사결정자가 딜레마 상황을 딜레마로 인정하지 않음으로써 계속해서 의사 결정에 실패하는 악순환에 빠지거나, 또는 과거의 성공에 대한 환상에 빠져서 현재와 미래의 의사 결정에서 실패하는 경우도 발생할 수 있다. 이러한 무시된 딜레마는 외부 압력이나 정보의 성격, 과거의 성공이나 실패, 조직의 비학습 성향, 표준운영절차(SOP) 등의 요인으로 인해 발생한다(Starbuck, 1983: 91-92).

3) 의사 딜레마

의사 딜레마(pseudo dilemma)란 현재의 문제 상태가 딜레마 상황이 아님에도 불구하고, 딜레마 상황으로 인식하는 경우를 말한다. 예컨대 현실 상황이 딜레마 상황은 아니지만 불확실성이 높거나 모호성이 높기 때문에 대안이 초래할 결과를 잘 모르거나, 또는 이해 관련 집단이 이 대안을 둘러싸고 강한 대립 관계가 형성되는 경우에 대부분의 구성원은 이를 딜레마로 설정할 가능성이 높아진다. 이에 따라 불필요한 긴장 상태가 조성되어 행정 기능이 왜곡될 가능성이 증가하게 된다.

의사 딜레마는 상황에 대한 의사결정자의 인지 능력의 한계로 인해 발생하는 불가피한 착오인 경우나 의사결정자가 의도적으로 딜레마 상황을 창출하는 경우에 발생한다. 이 중 전자는 의사결정자가 정보의 한계나 정보 처리 기술상의 문제로 인해 문제를 복잡하다고 판단하는 것으로 사태의 맥락을 제대로 읽지 못해 발생하는데 무시된 딜레마와는 전혀 다른 방향에서 함정에 빠지는 경우이다.[11] 후자는 전체적 관점에서 볼 때 딜레마가 아닌 것을 분명하게 알면서도 개인적 이해 관계 때문에 딜레마 상황으로 조작하거나 왜곡하는 행위가 있을 수 있다.[12]

그런데 의사 딜레마가 의사결정자의 결정 능력의 한계로 발생하는 경우에는 사회 문제를 인식하는 인식의 틀을 전환함으로써 어느 정도 극복이 가능하다. 또 하나의 전략으로 폐쇄 체계 전략과 개발 체계 전략의 조화를 들 수 있다. 상호 모순된 두 전략을 환경 특성이나 계층제의 수준에 따라 상이한 방식으로 취급하면 이 문제는 딜레마가 아닌 것으로 치환될 수 있다(Morgan, 1986).

4) 일치된 비딜레마

일치된 비딜레마는 현실에 존재하는 딜레마를 정확하게 있는 그대로 인식해서 문제 상황에 효과적으로 대처해 효율적으로 해결하는 것을 의미한다. 다만 문제 상황에 대한 인식과 해결 방법의 효율성에 대한 평가는 기준에 따라 달라질 수 있다. 이 같은 기준에는 합리적 기준, 만족 기준, 사회적 합의 등이 있다. 그렇지만 기준에 대한 사실 합치성의 정확성이나 효율성이 어느 수준의 만족도를 보이느냐 하는 문제는 별개라고 할 수 있다. 기준 간의 오차가 클 수도 있어 오히려 모호성이나 불확실성이 증가할 경우도 있다(조주행, 2002: 475-481).

4 딜레마에 대한 대응 형태

조직이나 시스템이 딜레마 상황에 처해 있을 때, 혹은 조직이나 시스템의 방향을 정하는 책임이 있는 결정자나 조정자가 딜레마 상황에 빠졌을 때, 어떤 식의 대응이 가능한가? 딜레마 개념의 속성을 통해 딜레마는 두 개의 대안을 동시에 선택할 수도 없고, 그 중 한 개의 대안을 선택하기도 힘들지만, 어떤 결정인가를 내려야 하는 상황이라고 정의했다. 그래서 딜레마 상황에서 내려지는 결정은 언제나 불안하다. 주어진 시간 내에 어떤 선택인가를 해야 하기 때문에 딜레마 상황에서는 어떤 행동이든 정당화된다. 논리

11) 과거의 성공이 실패를 초래하거나 또는 실패가 계속적인 실패를 초래할 가능성을 높이는 경우를 예상할 수 있다.

12) 우리나라가 OECD에 가입하면서 수입자유화 조치를 서둘러 단행하는 무역정책 선택이 정부의 입장에서는 불가피하다고 변명하지만 국회의 입장에서는 반대할 수밖에 없었을 것이다.

적으로 크게 두 가지 범주를 생각해 볼 수 있다. 선택을 하지 않는 것과 선택을 하는 것이 그것이다(이종범 외, 1994: 225-233; 조주행, 2002: 481-483; 윤견수, 2005).[13)]

1) 딜레마에 따른 일반적 대응 형태

(1) 소극적 대응

소극적 대응은 대안을 선택하지 않는 반응 양식을 말한다. 대안을 선택해야 하는 선택 상황 자체를 무시해 버리고, 정책 결정 상황의 변화를 기대하면서 비결정(non decision) 또는 지연으로 대응하는 것이다. 따라서 선택 상황 자체를 무시해 버리고 시간의 흐름에 따라 새로운 상황이 전개되면, 딜레마 상황에 대한 비중이 변하게 될 것을 예견해 대응하는 전략적 행위를 의미한다.

그런데 존재론적 딜레마의 경우에는 비결정이 곧 현재 상태의 선택을 의미할 수 있기 때문에, 비결정이라는 것은 주어진 시간 내에 결정자가 의사 표시를 하지 않는 상황이라고 이해해야 한다. 비결정의 범주에는 크게 결정 시점의 지연(delay)과 결정 책임의 포기(escape)를 들 수 있다.

지연(시간벌기 혹은 시간끌기)은 딜레마 상황의 가장 큰 제약 조건인 주어진 시간을 늘리는 방안으로서 딜레마에 대한 잠정적 해결 방안이 될 수 있다. 최근 우리 사회에서 논란거리가 되었던 많은 국책사업은 대부분 지연 과정을 겪었다. 모두 약속한 결정 시점을 넘겼던 정책들이다. 지연이 장기화된다면 상황의 변화를 통해 딜레마가 자연스럽게 해소될 수도 있다. 하지만 그것은 결정의 책임과 결정자에 대한 신뢰를 약화시킬 수 있기 때문에 소극적이고 잠정적인 수단일 수밖에 없다.

포기는 결정 상황에 대한 압력을 버티지 못하고 결정자가 스스로 그 상황을 벗어난

---

13) 딜레마학파들은 이후 유사한 내용이기는 하지만 딜레마에 대한 합의된 대응 형태로 첫째, 결정을 지연하는 방법, 둘째, 책임을 다른 행위자나 제도에 전가하는 방법, 셋째, 형식주의적으로 외형적 조건만 만족시키는 방법, 넷째, 무마용 자원을 확대하는 방법을 제시했다(소영진 외, 2009). 그런데 임도빈(2010)에 따르면, 이와 같은 대응은 모두 딜레마의 정의인 단절성, 상충성, 등가치성 등을 정면으로 해결하는 것이 아니라, 소극적으로 회피하는 권위주의적 관료들이 흔히 택하는 방식이라고 비판했다. 그래서 민주화가 진행되면서 이런 소극적인 방법은 조만간 또 다른 벽에 부딪치고마는 임시적이고 방편적인 것이기 때문에, 민주화 사회에서 관료들이 딜레마 상황을 적극적으로 돌파하는 방법을 제시할 필요가 있다고 주장한다. 하여 소영진 외(2009)는 이에 대한 대안으로 위원회, 재판이나 대체적 분쟁 해결 제도, 국회 등 제3의 기관이나 기구를 활용하는 방법을 제시하는데, 이런 대안들조차도 여전히 저자들이 의미하는 적극적 대응인지 아니면 소극적 대응인지의 문제는 여전히 남아 있는 것으로 보고 있다.

것을 의미한다. 캐스팅 보트(casting vote)를 쥐고 있는 의장이 갑자기 사라졌다거나 사표를 쓰고 물러났다는 것은 결정에 대한 책임의 포기를 뜻한다. 결정의 권한을 다른 행위자에게 넘겨주는 상황, 즉 결정 책임의 전가 역시 결정자의 입장에서는 포기가 된다. 집단적인 결정 체제를 도입하면서 결정의 책임을 위원회가 공유하게 하거나(윤견수, 1997), 자신이 가지고 있던 재량권을 상급자에게 넘기는 행위 등이 이에 해당한다.

지연과 포기는 딜레마 상황에서 오는 어려움을 줄일 수는 있지만, 그것이 되풀이되거나 장기화될 경우 결정 체제에 대한 불신을 초래할 수 있다. 따라서 잠정적이며 제한적인 반응에 불과하다. 불확실성 상황이나 갈등 상황과는 달리 딜레마 상황에서 결정자들이 상황을 지연하거나 결정권을 포기하는 것보다 선택을 하는 이유는 결정자로서 책임과 권한에 대한 자각이 다른 상황보다 크기 때문이다.

(2) 적극적 대응

적극적 대응이란 딜레마 상황의 변화를 유도하거나 현재 당면한 딜레마 상황을 벗어나기 위해 새로운 딜레마 상황을 조성하거나 일단 결정을 내린 후 이를 번복·수정·왜곡 집행하는 순환적 결정을 말한다. 상이한 성격의 정책을 동시에 선택함으로써 딜레마 상황을 회피하거나, 장기적인 면에서 보면 정책의 포기나 변질이지만 단기적인 면에서 보면 순환적인 결정으로 보이는 변형도 나타난다. 정책의 비일관성과 정책 대응으로 인한 딜레마 현상은 순환적 정책 결정 과정에서 자주 나타난다.

그런데 이 상황에서 고려해야 할 것은 딜레마 상황에서 결정했다고 해서 어려움이 사라지는 것은 아니라는 데 있다. 선택되지 않은 다른 대안에 대한 미련이 있고, 그 대안을 지지하는 사람들에 대한 저항 때문에 결정자는 여전히 곤란한 상황에 처하게 된다. 대안을 선택하는 과정에서 예상되는 행동의 범주로는 다음의 세 가지를 들 수 있다.

첫째, 선택된 대안의 정당성을 높이기 위한 상징적인 행동이다. 와익(Weick, 1979)에 따르면, 인간은 미래에 대한 계획을 먼저 세우고 나중에 행동을 하는 존재가 아니라, 우선 행동을 하고 나중에 행동의 원인을 구성하는 존재라는 것이다. 즉, 전망적(prospective) 합리성을 추구하는 것이 아니라, 사후적(retrospective) 합리성을 추구하는 존재라고 했다. 그러므로 딜레마 상황에서 어떤 결정을 내리는 것은 정보 처리나 지식의 습득이라기보다는, 사회심리적인 만족감을 만들어 내는 행위와 밀접한 관련이 있다. 이와 같은 만족감과 밀접한 관련이 있는 것이 상징적 행동이다.

예컨대 깎아내리기나 명분쌓기 등의 인상 관리와 상징을 통해 특정 대안을 반대하는 행위자들의 관심 구조를 바꿀 수 있고, 대안 선택의 명분이 되는 가치 체계를 변화시켜 나갈 수 있다. 제3의 범주를 도입하거나, 대안 선택의 준거 틀을 바꾸어(reframing) 나가거나, 특정 범주를 대변할 수 있는 사례를 등장시키는 방법은 상징을 통해 딜레마 상황이 가지고 있는 선택의 어려움을 줄일 수 있는 방안들이다(이종범, 1992; 윤견수, 1992, 1993).

둘째, 결정된 대안을 현실 세계에서 적용할 때, 즉 정책 결정의 결과를 집행할 때 형식적으로 집행하는 것이다. 딜레마 상황에서는 제도를 집행하면 기회 손실이 발생한다. 반대로 제도를 집행하지 않아도 배제된 가치 때문에 기회 손실이 발생한다. 제도의 집행으로 인한 기회 손실의 인지 가능성이 높아질수록, 그 기회 손실이 고객집단에게 중요할수록, 기회 손실을 부담할 고객집단이 조직화되어 있을수록, 또한 그 집단이 집행기관과 밀접한 관련이 있을수록 손실 경보를 울릴 가능성이 높아지고 제도는 형식적으로 되기 쉽다.[14]

셋째, 내려진 결정에 대한 재검토와 철회이다. 기회 손실이 관련 행위자의 용인 수준을 벗어났을 때, 다시 말해 특정 대안의 선택이 가져올 기회 손실 때문에 반발하는 행위자의 저항 수준이 아주 높아질 때, 결정을 재검토하며 심한 경우 철회(撤回, withdrawal)까지 하게 된다. 결정의 철회나 재검토는 인식론적 딜레마보다는 존재론적 딜레마 상황에서 더 많다.

최근 우리 사회에서 보듯이 큰 문제가 되었던 대규모 국책사업은 상당 부분 딜레마 상황이 주는 압력을 견디지 못하고 재검토되고 철회되었다. 이처럼 재검토와 철회가 주기적으로 되풀이되면 정책은 가다 서다를 되풀이하는 비일관적 정책이 될 수밖에 없다(염재호 · 박국흠, 1992).

2) 딜레마의 유형에 따른 대응 행태

(1) 일치된 딜레마에 대한 정책 대응

일치된 딜레마 상황에서 이루어지는 가장 일반적인 행동은 선택으로 인한 기회 손실

14) 이와 관련해 소영진 · 안성민(2011)은 집행 과정의 형식주의가 딜레마로 인한 사회적 비용을 감소시키는 순기능적인 역할을 할 수 있고, 사회적 비용을 낮출 수 있는 집행 과정의 형식주의는 정책 결정 과정에서의 딜레마인지 또는 정책 집행 과정서의 딜레마 경보의 인지를 통해 가능하다고 한다. 따라서 딜레마 상황에서는 집행 과정에서의 형식주의를 적절히 활용하고 유지하는 것이 바람직할 수 있고, 이를 위해서는 딜레마 상황의 인지가 중요하다는 입장이다.

과 결정에 따른 위험 부담이 크기 때문에, 일차적으로는 비결정이나 선택의 지연 또는 문제의 재규정 등 대응 행동이 나타난다. 만약 선택 지연에 의해 딜레마의 성격이 바뀔 수 있다면, 결정자가 결정이나 선택을 지연하는 것은 합리적이다. 그러나 맥락의 변화가 장기간을 요하는 경우에는, 지연이 크게 결정자에게 도움을 주지 못하고 결국은 문제를 재규정하거나 선택 결정을 할 수밖에 없을 것이다.

일치된 딜레마의 행동 유형으로는 지연과 선택을 중심으로 전개되는 상징적 행동의 분석이나, 단독 선택 혹은 회의체 구성이나 선택 행동 투표에 의한 선택 등의 선택 행동 유형이 있다. 또한 이해 관계 집단의 결정자 또는 조정자를 신뢰하는 정도나 결정자의 상징 조작 유형 등과 연결해 대응 행동을 분석하는 일 등이 있다.

(2) 무시된 딜레마의 정책 대응

문제 상황을 주관적으로 인지·해석하는 과정에서 딜레마 상황을 딜레마가 아닌 것으로 설정하는 무시된 딜레마에서는 정책 결정 상황에 포함된 가치 중의 일부를 의도적 또는 비의도적으로 무시해 대안에 포함시키지 않는 방식을 택하게 된다. 무시된 딜레마는 결정자 자신이 갖고 있는 가치, 의도, 이해 관계 또는 인지상의 오류로 인해 상황의 변화를 무시하거나 인식하지 못함으로써 딜레마를 딜레마가 아닌 것으로 설정하는 경우가 가장 일반적이다. 이런 경우에는 외부의 압력이나 정보의 성격, 조직의 비학습 성향, 표준운영절차(standard operating procedure: SOP) 등이 무시됨으로써 딜레마를 발생시키고 지속시키는 요인이 된다.

무시된 딜레마로 인해 상황 설정이나 대응 행동과 선택이 비교 불가능한 경우, 가치에 가중치를 부여해 대안 간의 교환함수(trade-off function)를 만들어 내는 일이 필요하다. 딜레마의 한쪽 가중치에 0의 값을 부여하고 전혀 그 가치를 고려하지 않음으로써 기대치를 비교할 수 있는 문제로 바꾸어 딜레마 상황에서 벗어나는 방법도 생각할 수 있다. 이 방법은 딜레마 상황을 근본적으로 해결하기보다는 합리적인 상황으로 치환하는 것에 불과하기 때문에 선택 행동 이후에도 계속해서 많은 논란이 지속될 개연성이 있다. 또 다른 해결책으로는 딜레마의 시간 및 공간상의 동시성을 조작해 대응하는 방법으로서 대부분의 상황 적응 논리가 이에 해당된다(Poole & Van de Ven, 1989: 562-578). 예컨대 동시성 대신에 시차 개념을 도입하거나, 동시에 두 개의 집단에 똑같은 정책이 아니고 서로 모순되는 정책을 느슨한 연결 또는 분리하는 등의 대응 행동이 있다.

그런데 딜레마가 무시되는 경우 정책결정자는 계속적인 실패의 함정에 빠지는 행위나 유사한 인과 관계가 반복되는 악순환이 일어날 수도 있다. 또한 과거 성공의 환상을 헤어나지 못하고 현재의 상황에 대처함으로써 실패하거나 장래 예측에 오류를 범하는 경우도 발생할 수 있다. 이처럼 정책결정권자들에게 무시된 딜레마가 반복되는 원인으로는 권위주의 스타일로 인한 부하와의 의사소통 두절, 조직의 비학습적 환경 특성, 복습 회로보다는 단일 회로 학습을 더 선호하는 조직 형태 등을 들 수 있다.

(3) 의사 딜레마의 정책 대응

딜레마 상황이 아님에도 불구하고 정책결정자가 딜레마로 인식하는 경우에는 불필요한 긴장과 시간적 지체가 발생할 수 있다. 의사 딜레마는 정책결정자의 정보 수집 능력의 한계, 정보분석 및 파악 능력의 한계에서 오는 인지상의 착오로 발생할 수도 있으며, 의도적으로 유사 딜레마 상황을 조성하는 경우도 있다.

정책결정자의 판단 착오는 정책결정자가 맥락의 흐름을 파악하지 못해서 단순한 문제를 복잡하게 인식하는 경우가 대부분이며, 무시된 딜레마와는 다른 측면에서 함정에 빠지는 경우가 있다. 이렇게 되면 과거의 성공이 실패를 초래하거나 또는 실패가 계속적인 실패를 초래할 가능성이 높다.

정책결정자가 의도적으로 의사 딜레마 상황을 조성하는 경우로는 정책 반대자나 시민의 저항을 다른 국면으로 유도해 무력화시키려고 하는 전략·전술을 이용하는 사례를 들 수 있다. 예컨대 권위주의적 정치행정 체제에서는 시민의 민주화 요구나 정부실패에 대한 비난 여론이 거세게 일어나는 상황이 전개될 때, 안보 위기를 조작해서 이들의 요구나 여론을 무력화시킴으로써 정책실패의 책임을 모면하려는 전술을 선택하는 경우가 이에 해당한다.

5 딜레마의 예방과 관리

의사결정자가 결정을 내리지 못하고 시간을 끌거나 결정 책임을 회피하는 것은 바람직하지 않다. 또한 결정된 정책을 형식적으로 집행하거나 집행을 앞두고 있는 정책을 재검토하고 철회하면 정책의 비일관성이 초래될 수도 있다. 딜레마 상황이 장기화하면 사회적 갈등이 높아지고 불필요한 비용이 추가된다. 따라서 딜레마를 예방하거나 비록 발생하더라도 그 피해를 최소화할 수 있는 장치가 필요하다. 딜레마를 예방하고 관리할 수 있는 방법을 살펴보면 이러하다.

첫째, 정책결정자의 개인적 이익이나 판단으로 인해 시스템 전체가 딜레마로 빠지지 않도록 하는 것이다.

둘째, 행위자들이 가지고 있는 이익으로 인해 문제 상황이 영향을 받지 못하도록 해야 한다. 정책결정자의 자의적 판단이 개입되지 못하도록 하는 것처럼, 이해관계자들의 이익이 가치로 변질되는 것을 예방할 수 있어야 한다.[15] 그것은 많은 경우 행위자들이 자신의 이익을 가치로 전환해 자신들 행위의 정당성을 주장하기 때문이다. 이익과 가치의 혼합은 대부분의 갈등 사례에서 발견되는 것들이다. 특히 갈등 당사자들 간의 감정 대립이 심할 때, 행위자들은 자신의 이익을 가치로 표방하는 경향이 있다. 여기서 문제가 되는 점은 이익이나 손해는 교환함수가 존재하고 서로 절충이 가능하지만, 가치 갈등으로 표현되기 때문에 마치 타협할 수 없는 것처럼 간주된다는 사실이다.

그런데 이런 상황은 실제로는 딜레마가 아닌데 마치 딜레마인 것처럼 상황이 구성된 것이다. 더구나 감정적인 행동이 되풀이되면서 그러한 상황을 더욱 악화시킨다(김상돈, 2004). 이해관계자가 정책결정자에게 직접적인 영향력을 행사하지 못하게 하는 여과 장치(예: 행정계층)를 제대로 설계하는 것이 딜레마의 관점에서는 좋은 대안이 될 수 있는 이유를 여기에서 찾아볼 수 있다(김동환, 1994).

셋째, 딜레마를 예방하기 위한 궁극적인 방법은 제도를 정비하는 데 있다. 딜레마를 궁극적으로 예방하기 위해서는 토론 장치의 설계에서 그 대답을 찾아야 한다. 관련되는 행위자(혹은 이해관계자)는 말할 것도 없고, 시스템의 결정을 책임지는 결정자까지 토론 과정에 참여하고 자신의 견해를 합리적으로 밝힐 수 있어야 한다(유민봉, 1994; 이종범, 1999). 공정하고 개방된 토론은 가능한 절차의 설계를 통해 불확실성 상황이나 모호성 상황과는 달리 딜레마 상황이 가지고 있는 독특한 특성, 즉 서로의 가치가 충돌하기 때문에 결정의 어려움이 생기는 현상을 어느 정도는 예방하고 관리가 가능하다(이종범, 1999, 2004).

또한 대립 집단 간의 갈등을 힘의 충돌이 아니라 서로 다른 가치나 입장이 토론을 거

---

15) 딜레마의 초기 연구에서는 이 두 가지 상황을 구분해서 설명했다. 앞의 것을 사실은 딜레마가 아닌데 딜레마로 설정하는 가짜 딜레마(혹은 의사 딜레마) 상황이라고 했고, 뒤의 것을 본래는 딜레마인데 딜레마가 아닌 것으로 설정하는 무시된 딜레마 상황이라고 구분했다(이종범 외, 1992). 그런데 이러한 입장은 객관주의 입장에서 의사 결정 상황을 바라보았을 때 가능한 논리이다. 구성주의(construction) 시각에서 보면 행위자들의 상호 주관적 상호작용을 거쳐 나타난 결과가 딜레마 상황이면, 그것은 설정된 상황이자 곧 본래의 상황이다.

치며 경쟁할 수 있는 상황으로 구성하기 위해서는 합리적인 제도의 설계가 필요하다(김동환, 1999). 공공 의사 결정과 집행 상황에서는 참여자들이 자신의 견해를 밝히고, 상호작용을 통해 이견이 조정되며, 그것이 공개적인 검증을 거쳐 합의안 형태로 정리되고, 일단 합의안을 수용한 후에는 승복하는 과정이 제도화되어야 한다. 절차적 합리성이 지켜지면 다원적인 가치들을 인정하게 되고 극단적인 범주로 대안이나 가치가 나뉘는 것을 예방할 수 있다(윤견수, 2005).

예컨대 노사정위원회와 같이 전문성과 권위를 확보하거나 혹은 이해관계자들이 받아들일 수 있는 구성원의 정통성에 기반한 조직의 구축이 필요하다. 딜레마 상황을 해결할 수 있는 대안으로 위원회, 재판이나 대체적 분쟁 해결 제도, 국회 등과 같은 기구를 활용하는 방법이 그것이다. 다만 위원회 같은 제도의 설계에서 고려되어야 하는 것은 딜레마에 대한 근본적 해결책으로 상황에 대한 인식의 전환이 절대적 요소라는 측면이 고려되어야 한다(소영진 외, 2009).

제 3 절 딜레마이론의 적실성

1 딜레마이론에 대한 비판

딜레마이론은 아직도 생성 과정에 있기 때문에 이론으로서 완벽한 위치를 점유하고 있다고 보기는 어렵다. 딜레마이론을 둘러싼 비판 내지 문제점은 대체로 두 가지 측면에서 제기된다.

첫째, 이론적 측면에서 가해지고 있는 문제점이다. 예컨대 딜레마이론과 기존의 선택이론과의 차별성 문제이고, 또 다른 것은 딜레마이론을 구성하는 구성 요소나 정의와 관련된 문제이다.

딜레마이론과 기존의 선택이론과의 차별성 문제로, 특히 갈등이론과의 차별성 문제이다. 이에 대해 딜레마이론에서는 갈등이론과의 차별화를 시도하고는 있다. 그러나 딜레마 상황이 나타나게 되는 근본 원인이 두 개의 대안 간의 갈등을 전제로 하기 때문에 딜레마가 넓은 의미의 갈등에 포함되는 것으로 치환될 가능성이 전혀 없는 것은 아니라는 데 문제가 있다. 현재로서는 딜레마와 갈등의 차이를 정책결정자의 위치에 의해 구분하고 있지만, 아직도 개념상의 차이에서 불명료한 것만은 사실이다.

딜레마를 둘러싼 정의와 관련된 문제로, 딜레마를 정의하는 경우 딜레마의 조건 중에서 시점(point)과 관련된 문제이다. 딜레마 상황이 한 시점에 존재한다고 규정하는 것이 다소 자의적인 판단일 수 있다. 그리고 딜레마 상황이 지속되면서 그 성격이 다소 특이할 경우 어디까지를 딜레마로 보아야 하는가의 문제가 남는다. 특히 딜레마의 원인을 제공하는 변수가 객관적인 조건으로 존재하기보다는, 상황에 따라 상이하게 작용하기 때문에 전체적인 맥락에서 이해해야 하는 어려움이 따른다.

그리고 딜레마를 유형화하면서 주관적 딜레마와 객관적 딜레마로 구분하는 시도도 그 구분이 모호할 수 있다는 점에서 문제가 있다. 이와 관련해서 딜레마이론이 이론화의 발전 과정에서 이러지도 저러지도 못하는 이론 자체의 딜레마 상황에 직면하고 있다는 문제로서, 모든 딜레마 상황을 포괄할 수 있는(comprehensive) 유형화 작업이다(임도빈, 2010).[16]

둘째, 딜레마의 경험적 연구와 관련된 문제로서 딜레마의 척도에 대한 합의가 마련되어 있지 못하다는 점이다. 그리고 이 같은 척도를 분석할 분석 방법에 관한 합의가 충분하게 마련되어 있지 못한 것도 딜레마이론이 안고 있는 문제이다(이종범 외, 1994: 259-270). 다만 최근 들어 딜레마를 실증적으로 측정하는 도구를 개발하려고 모색하고 있다. 심리학에서 사용하는 가상적 시나리오에 대해 응답자가 선택하게 함으로써 그 사람이 갖는 딜레마의 인식 정도를 측정하고자 한 시도가 그것이다(소영진 외, 2009).[17]

2 딜레마이론의 적용 가능성

딜레마이론이 안고 있는 문제점에도 불구하고, 딜레마이론이 지닌 장점은 확장성에 있다. 딜레마이론은 행정과 정책 현상에 도입하는 경우 선택이나 결정 상황에 대한 이론

16) 예컨대 딜레마 상황에서 행위자들이 반응하는 유형 중 '결정을 지연하는 방법'은 딜레마의 조건인 '결정 시한의 시급성'과 배치된다. 즉, 무의사 결정 혹은 결정을 지연할 수 있는 상황이라면 이미 진정한 딜레마가 아닐 것이라는 주장이 그것이다.

17) 딜레마의 인식 정도를 측정하기 위해 마련된 측정지표의 내용은 이러했다. 옳다고 믿는 절대적 가치를 측정하는 지표로서 보호된 가치지표(protected value index)를 측정한 후, 딜레마 상황에 대한 대응 유형을 측정해 양자간의 관련성을 조사하는 방식이다.

을 세련화시킬 수 있다는 이론의 확장성을 들 수 있다. 다시 말해, 현실의 결정 상황에는 기존의 정책결정모형과 공통적인 영역이 존재하면서 동시에 그것과는 다른 영역이 존재한다는 점이고, 딜레마이론이 그와 같은 제3의 영역의 일부를 차지할 수 있다는 가능성이다.

딜레마이론은 이런 점에서 실제의 선택 상황이라는 드러난 상황과 그 존재의 다양한 모습을 간접적으로 확인할 수는 있지만, 존재 그 자체는 드러나지 않는 상황 간의 가교 역할을 해줄 수 있다. 궁극적으로는 인식론에서 출발한 연구가 존재론에 이르게 되는 길잡이 역할을 해줄 수 있다는 것이다.

끝으로 현실적인 측면에서 딜레마 연구는 더욱 세련되어야 한다는 전제가 수반되기는 하지만, 중간집단의 생존 방식이나 전략에 대해 더 많은 처방을 제공해 줄 수 있을 것이다. 특히 변화와 개혁 문제에 적용시킴으로써 정책의 처방적 해결에 기여할 수 있다는 점에서 딜레마이론의 효용 가능성이 있다.

생각해 볼 문제

■ 딜레마이론의 등장 배경

1. 딜레마이론의 등장 배경에 대해 생각해 보시오.
2. 딜레마이론의 이론적 배경을 정책결정이론과 조직이론의 한계라는 측면에서 생각해 보고, 이 밖에도 또 다른 측면에서 기초한 이론적 배경으로는 무엇이 있는지를 조사해 보시오.
3. 딜레마이론의 발전 단계를 조사해 보고, 그 차이점에 대해 생각해 보시오.

■ 딜레마이론의 내용과 특징

1. 딜레마의 개념을 생각해 보고, 유사 개념과 비교해 보시오.
2. 딜레마의 일반적 구성 요소에 대해 생각해 보시오.
3. 딜레마 상황을 구성하는 현실적 조건들을 살펴보고, 각 조건이 가져오는 딜레마 상황을 생각해 보시오.
4. 딜레마의 유형을 나누어 각 유형에 따른 특징을 조사해 보시오.
5. 딜레마에 대한 일반적 대응 형태에 대해 조사해 보시오.
6. 딜레마의 유형에 따른 대응 행태를 조사하고, 각 특징에 대해 생각해 보시오.
7. 딜레마 상황을 예방하고 관리할 수 있는 방안에 대해 생각해 보시오.

■ 딜레마이론의 적실성

1. 딜레마이론에 가해지고 있는 비판에 대해 생각해 보고, 이의 해결 방안을 모색해 보시오.

2. 딜레마이론의 행정 영역에서의 적용 가능성에 대해 생각해 보시오.
3. 최근 한국을 둘러싼 주변 환경이 대단히 복잡하다. 딜레마이론을 적용해 외교적 문제를 해결할 방안을 생각해 보시오.

제 10 장 시차이론

제 1 절 시차이론의 등장 배경

시차이론 또는 시차적 접근 방법은 한국에서 도입된 각종 정부 개혁이 효과를 보지 못한 이유를 파악하려는 데서 출발했다.[1] 다시 말해, 우리나라 행정 개혁의 실패 현상을 설명할 수 있고, 개혁의 효과성을 올릴 수 있는 처방적 방안을 연구하는 과정에서 착상한 것이 시간이라는 차원에서 행정에 접근하고자 한 시차이론이다.

그동안 개혁에 대해서는 많은 연구가 진행되어 왔다. 그래서 개혁을 좌우하는 요인은 대강 밝혀져 있다. 그런데 이렇게 많은 내용이 밝혀져 있음에도 불구하고, 실제의 개혁이 적지 않게 실패로 평가되고 있다는 데는 많은 이유가 있을 것이다. 특히 중요하면서도 우리가 흔히 망각해 온 이유로서, 개혁 내용과 맥락과의 불일치를 극복하기 위해 현실에서 실제로 추구하는 전략이 잘못되었기 때문이다.

---

1) 이 장에서 다루는 시차론적 접근 방법이나 앞 장에서 다룬 딜레마이론을 이론으로 표현하기에는 다소 문제가 있을 수 있다. 그러나 과학에서 의미하는 이론이라는 엄밀한 정의를 투영시킬 경우 과연 사회과학에서 어느 정도의 이론이 존재하고 있을까 하는 의문이다. 따라서 제1부에서 논의한 대로 이론과 접근 방법 간의 차이를 크게 고려하지 않는다는 입장에서 보면 큰 무리는 없을 성싶다. 그리고 여기에서 소개되고 있는 대부분의 이론이 서구에서 만들어진 반면, 시차이론과 딜레마이론은 한국적인 행정 상황을 이해하고 개선하고자 하는 목적에서 개발·형성된 이론이라는 의미에서 그 중요성을 지닌다. 이 같은 시차 연구를 최종원(2003)은 시차이론으로, 정정길(2002)과 이달곤(2005)은 시차적 접근 방법 등으로 표현하고 있다.

그런데 이 부분에 대한 자세한 연구가 너무나 부족했다. 특히 개혁 전략의 시차적 성격을 연구한 경우는 거의 없었다. 이런 측면에서 우리나라의 행정 개혁이 목소리는 큰데 비해, 그 성과가 지지부진한 점을 이해하려는 시도의 하나로서 잃어버린 시간을 찾아야 할 필요가 있었다. 바로 이러한 개혁 과정의 실패 요인을 좀 더 이론적으로 해석하고 실천적으로 새로운 접근법을 제시하기 위해 시차(time difference 혹은 time lag)라는 접근법이 제시되었다(이달곤, 2005). 시차이론의 등장 배경에 해당하는 필요성에 대해 시차이론을 주창한 정정길(2002a: 2)은 다음과 같이 기술했다.

> 행정학도나 정책학도 모두에게 시차적 접근 방법이라는 생소한 이름으로 제기하는 이유는 절박한 실천적 문제의 해결에 행정이나 정책 연구가 좀 더 기여했으면 하는 바람 때문이다…….

시차이론은 이처럼 현시적 문제의 원인 분석을 토대로 해결책을 추구하고자 하는 실천적 함의를 중시한다.[2)]

제 2 절 시차이론의 내용과 특성

1 시차이론의 의미

시차이론은 하나의 정형화된 이론모형으로 존재하고 있지는 않다. 시차이론을 구성하고 있는 주된 내용이 지속적으로 확대되고 있어, 이론의 내용을 한정짓기가 어렵다. 여기에서는 시차이론이 한국의 행정 개혁의 비효과성에 초점을 맞추고 출발했다는 배경을 고려해 논의를 전개하고자 한다.[3)]

---

2) 시차이론을 연구하는 과정에서 여러 차례의 세미나를 거쳐, 2005년에는 그간의 성과를 정리한 『행정의 시차적 접근』을 출간했다. 다만 시차이론이 한국 행정학에서 자생이론으로서 학문사적 의미와 성과를 갖고는 있지만, 아직까지도 이론적 발전은 정체되어 있는 상태라고 평가하고 있다(김태승, 2015). 정체의 주된 이유로 첫째는 신제도주의와 시차이론 간에 존재하는 시간 변수에 대한 이론적 갈등을 완전히 해결하지 못하고 있으며, 둘째로는 시차이론의 제도 변화에 대한 단순한 설명구조에서 기인하는 인과적 설명력의 한계 때문이라는 것이다.

3) 시차이론에 대한 내용적 범위는 혼동을 피하기 위해 가능한 정정길(2002a, 2002b)의 논의에 초점을

시차이론의 논의는 제도적 요소의 도입 순서 또는 선후 관계가 달라짐에 따라 그 결과에는 엄청난 차이가 있다는 사실에서 출발한다. 예를 들어 총액예산 제도는 그 취지가 운영기관의 장이 자율성을 가지고 기관의 생산성을 높이려는 의도로 도입된 제도였다. 그런데 문제는 기관장의 자율성을 보장한다는 총액예산 제도는 그 취지가 무색하게, 예산 배정을 상세하게 규제하는 규정들로 가득 차 있다는 점이다.

이 예에서 세 가지 측면을 생각해 볼 수 있다. 하나는 무엇 때문에 자율성을 보장한다는 총액예산 제도에다가 오히려 자율성을 침해하는 규정을 다시 부과시켜, 기관장의 자율성을 봉쇄하고 있는가의 문제이다. 또 다른 하나는 자율성을 부여한다고 해놓고 규제를 가하는 것이 이들을 신뢰할 수 없기 때문이 아닌가의 문제이다. 끝으로 이 같은 상황에서 기관의 자율성이 성장할 수 있으며, 궁극적으로 기관을 도입할 때 의도했던 생산성의 제고가 이루어질 수 있는가의 문제가 제기된다.

문제 제기에 대한 정답은 이렇다. 총액예산 제도를 도입하려면 무엇보다도 먼저 선행 조건으로서 법치행정의 기반이 확고하게 구축되어 있어야 한다. 법치행정의 기반이 약하고 행정윤리도 원시적인 상태, 즉 선행 조건이 충족되지 못한 상태에서 총액예산 제도를 도입하게 되면 예산 낭비와 횡령 등 예산상의 혼란을 초래할 수밖에 없다. 이같이 실제적으로는 선행 조건으로서 법치행정이 구축되어 있지 않기 때문에, 자율성을 부여한다고 해놓고 이를 신뢰할 수 없기에 각종 규제를 부과하게 된 것이다. 그 결과 이러한 규제의 부과는 자율성을 침해하게 되고, 원초적으로 의도했던 자율성의 바탕에서 생산성을 높이고자 도입했던 기관의 효과성은 기대할 수가 없게 된다.

모든 발전이 그러하듯이 개혁에도 작업이나 조치의 시간적 순서가 극히 중요하다. 그러나 이 간단한 원리가 실천적으로는 물론이지만, 이론적 차원에서도 흔히 망각되었다는 데서 시차이론이 출발한다는 데에 의미가 있다. 그래서 선행 조건의 충족 없이 추진되는 개혁이 실패하는 경우에도, 이를 이론적으로 규명한 경우는 매우 드물다. 개혁에는 선행되는 기반이나 조치가 필요한데, 그 점을 망각하고 단순한 개혁 조치만을 주입시킬 때 개혁이 제대로 될 리가 없다는 것이 시차이론의 주장이다.

다음으로 결과변수에 영향을 미치는 원인변수가 많이 있을 때에도, 원인변수의 작동 순서가 인과 관계 자체를 변화시킨다. 예컨대 성과의 측정 방법이 먼저 고안되고 다음에 성과주의 보수 제도가 도입되는 경우와, 순서가 뒤바뀐 경우를 비교하면 명백해진다. 정

두고 전개하고자 한다.

확한 성과의 측정 방법을 고안하는 것은 시간이 걸리므로, 방법의 고안 과정과 보수 제도가 동시에 도입되는 경우에도 혼란으로 이어질 가능성이 높다.

최근 행정 개혁 추진 과정에 성과급을 다시 거두어서 균등하게 배분하는 등의 문제가 발생하거나, 성과급제 자체에 대한 회의를 가지는 구성원이 늘어나면서 개혁에 냉소적인 세력으로 등장하는 것과 같은 혼란과 사회적 손실은 심각한 문제로 보아야 한다(이달곤, 2005). 다시 말해, 개혁적 제도를 도입하는 경우 시차이론은 무엇보다도 먼저, 주도적 가치와 부수적 가치를 구분할 것을 필요로 한다. 그리고 제도의 핵심적 요소가 추구하는 주도적 가치가 부수적 가치에 비해 시대적으로 절실하다면, 그 가치를 실현시킬 수 있는 제도의 핵심 요소를 우선적으로 도입한 후 부수적인 가치를 지향하는 보완적 요소(선행 조건이나 보상 조건)를 나중에 도입한다. 그러나 만약 부수적인 가치도 주도적 가치 못지않게 중요하다면, 보완적 요소를 먼저 또는 최소한 동시에 설치해야 한다는 논리이다(최종원, 2003: 292-293).

결론적으로 시차이론 또는 시차적 접근이란 사회 현상을 발생시키는 주체(개인, 집단, 조직, 사회 또는 국가)의 속성이나 행태가, 주체에 따라 시간적 차이를 두고 변화되는 사실을 사회 현상 연구에 적용하는 연구 방법을 의미한다(정정길, 2002a; 2).[4)]

2 시차이론에서 보는 시각의 관점

1) 시차에 대한 시각

시차이론에서 보는 시차에 대한 시각 내지는 관점(time perspective)을 살펴보면 이러하다. 사회 현상이 동일한 시점에서 시작해 동일한 방향으로 동일한 속도로 전개된다면 시간의 차이, 흐름, 간격, 지체는 별로 중요한 의미를 가질 수 없다. 아마도 기존의 정태론적 연구로서도 대부분의 설명이 가능하다.

그러나 현실은 그렇지 않다는 데 문제가 있다. 변화의 출발점이 중요한 의미를 가지는 경우가 허다하고, 방향이나 속도 그리고 다른 변수와의 관계가 시간에 따라서 변하는 것은 물론이고 많은 경우 복잡한 양상을 띤다. 이에 더해 변화의 주체나 객체를 추가하

4) 시간적 차이는 첫째로 변화 시작의 시간적 차이로서 변화의 시간적 선후 관계, 둘째로 변화 지속의 시간적 차이로서 변화 지속의 장단(長短)을 의미한다.

는 경우 문제는 더욱 복잡해진다. 그들이 정보를 획득하고 인식의 변화를 일으키며, 유인 체제를 감안해 대응하는 행동을 취하는 시간이 다 달라지기 때문이다. 또한 변화에 영향을 미치는 또 다른 요소로 역사적 또는 맥락적 요소를 추가하는 경우, 변화에 대한 종합적 시각을 가지는 것은 대단히 어려워진다. 따라서 시간의 차원에서 문제를 파악하지 않으면 중대한 인과 관계를 파악하기가 어려워진다.

이상의 논의에서 보듯이 변화의 출발점이나 속도는 시간적 차이(time difference)로 전환시킬 수 있고, 변화의 출발점은 시간의 선후 관계나 작동 순서(sequence)로써 파악되며, 속도는 시간적 길이(time length), 효과는 시간적 소요(지연: time lag) 등으로 대치될 수 있다. 이를 모두 묶어서 시차라는 차원으로 칭할 수 있다.

2) 인지에 따른 시차

정책 주체나 객체의 인식상의 문제도 함께 포함되어 연구된다. 현실에서 중요한 시차 문제는 인간이 사회 현상을 발생시키는 주체의 속성이나 형태만이 아니다. 이러한 속성이나 행태를 인지하는 행위 그 자체도 주체에 따라 많은 시간적 차이를 나타낸다. 상수도의 수원지에 버리는 쓰레기가 많아지면 주변의 마을 사람들이 먼저 인지하지만, 이를 행정기관이 인지하기까지는 많은 시간이 걸리고, 이 사실이 환경부의 고위 관료에게 인지되려면 엄청난 시간이 소요되는 것과 같다.

인지상의 시차 문제는 개인이 현상을 인지하는 경우에도 발생해 사태를 더욱 복잡하게 만든다. 하나의 현상에 대해 먼저 인지한 내용이 강한 이미지를 형성해 그 이후에 인지한 내용을 거부하는 경우도 있고, 반대로 최근에 인지한 것을 가장 중요한 정보로 생각하려는 경우도 있다. 자신이 대학 생활을 할 때 알게 되었던 대학 교수의 행동에 대한 이미지가 40여 년이 지나 60세가 넘어서도 그대로 유지되는 경우는 전자에 해당되는 전형적인 예이다.

인지상의 시차와 유사한 것이 기억이나 관심의 지속성에서 보이는 시차이다. 이해 관계가 많은 집단의 끈질긴 행동이나 관심은, 일반 시민의 그것과 시간적 지속 측면에서 엄청난 차이가 있다. 이러한 인지상의 시차 문제는 정책결정자나 집행자들은 물론이고, 정책 과정의 참여자 간에 다양하게 나타나기 때문에 많은 복잡한 문제를 발생시킨다. 이들을 탐색하는 것도 시차접근법의 중요한 과제이다.

3) 행정에서의 시차

행정학에서 흔히 논의되는 주제를 가지고 문제를 보는 경우에도 같은 생각을 할 수 있다. 조직에서 권위주의적 리더십이 갑자기 민주적 리더십으로 전환되었을 때 생산성이 즉시 향상되지는 않는다. 조직구성원이 권위주의 리더십에 익숙해져 있을 경우에는 더욱 그러하다. 그렇지만 민주적 리더십이 생산성을 높인다는 인과 법칙은 일반적으로 수용되고 있다.

이와 같이 원인이 결과를 산출하기까지는 적당한 숙성 기간이 필요한데, 인과 법칙은 이러한 상당한 시간적 여유가 경과되는 것을 전제로 한다. 만일 이러한 시간적 차이를 무시하면, 인과 법칙은 성립되지 않는다. 투자사업이든, 정부 개혁이든, 사회 개혁이든 어떤 사회적 변화가 일으키는 충격은 시간의 흐름에 따라 다르다. 대규모 투자사업에서는 초기에 많은 비용이 투입되지만, 효과는 장기에 걸쳐 서서히 나타난다. 그러므로 어느 시점에서 비용과 효과를 포착하느냐에 따라 그 결과가 크게 달라진다. 정부 개혁이나 사회 개혁도 도입되어 안정기를 지나면서 효과를 나타내는 데는 적지 않은 시간이 걸린다.

일반적으로 원인이 작동해 결과가 산출될 때까지는 시간이 흘러야 한다. 그렇다면 다음과 같은 이론적 문제가 등장한다.

첫째, 원인이 변한 후 얼마만큼의 시간이 경과된 후의 결과를 인과 관계에서 고려해야 하는가?

둘째, 원인과 결과변수가 계속 변화되고 있을 때, 원인변수의 작동 시점이 달라지면 인과 관계는 어떻게 되는가?

셋째, 다수의 원인이 있을 때, 원인변수의 작동 순서가 결과에 어떤 영향을 미치는가?

이러한 질문의 공통적인 측면은 인과 관계에 시간적 차이가 개입한다는 사실이다. 더욱 근본적으로 보면 원인이나 결과 등의 사회 현상의 변화에 시간적 차이가 있기 때문에 사회 현상 간의 인과 관계에 시간적 차이가 개입한다. 시간적 차이는 우선 크게 두 가지로 나눌 수 있다. 변화 시작의 시간적 차이(선후 관계, time difference, lag, sequence)와 변화 지속의 시간적 차이(시간적 장단, time length, duration)가 그것이다. 이를 변화의 시차라고 명명할 수 있다. 그래서 시차이론은 이 같은 관점에서 사회 현상을 발생시키는 주체의 속성이나 행태가, 시간적 차이를 두고 변화되는 사실을 통해 사회 현상에 대한

연구를 시도하는 접근 방법이다(이달곤, 2005).5)

3 시차이론에서 핵심 요소와 특성

새로운 제도의 도입이나 또는 행정 개혁을 시도해 소기의 성과를 거두는 경우도 있지만, 이것이 실패하거나 오히려 상태를 더 악화시키는 경우도 흔히 발생한다. 그 이유는 행정 제도의 개혁에는 여러 가지 다양한 요소가 영향을 미치기 때문이다. 영향을 미치는 요소에는 제도의 내적 요인도 있을 수 있고 동시에 외적 요인도 영향을 미칠 수 있다. 행정 제도의 개혁은 이러한 다양한 변수의 영향 속에서 진행되는 것이다.

개혁이 성공하기 위해서는 개혁 제도의 내용을 잘 구성하는 것도 중요하지만, 개혁에 영향을 미치는 다양한 요소의 시간적 배열 또는 우선순위와 같은 시차적 요소를 고려해야 한다. 새로운 제도의 도입을 위해서는 그 제도의 핵심적 내용에 선행해서 또는 적어도 동시에 추진되어야 할 조건이 있다. 이러한 조건이 충족되지 못할 경우에는 제도 개혁이 성공적으로 시행될 수 없다는 점을 인식해야 한다. 시차이론은 이같이 새로운 제도의 도입이나 행정 개혁을 성공적으로 정착시키기 위해서는 시간적 메커니즘을 이해할 필요가 있다.

제도나 정책 변화에 내재하는 시차적 요소와 그에 따른 특징적 내용을 살펴보면 이러하다(정준금, 2002a).

1) 시간에 대한 전제

제도 개혁의 성과가 개혁 제도의 도입과 동시에 나타나는 경우는 드물다. 어느 제도이건 새로운 제도의 도입이 소기의 성과를 가져오기 위해서는 일정한 시간이 흘러야 한다. 이와 같이 제도 개혁을 통한 현상의 변화에는 본질적으로 시간이라는 요소가 내재

---

5) 이달곤 교수는 2007년에 한국행정학회에서 발표된 「행정의 시차연구: 중간 점검」에서, 시차의 개념을 좀 더 명확하게 하고 연구 방향을 다소 수정할 필요가 있음을 제안했다. 새로운 방향성으로 첫째, 시간적 순서를 세분화하고 특히 어떤 변수의 시간적 흐름에 영향을 미치는 맥락들의 변화를 중심으로 파악할 수 있는 맥락 순서(contextual order)에 대한 고려 필요성이다. 둘째, 다른 변수나 환경과의 상호작용을 중심으로 연구하는 분야로서 리듬(rhythm), 입법 과정의 흔들림과 흐름(chance of legislation), 집중성(intensity), 주기(cycle) 등과 관련된 시간의 동태성(dynamism)을 독립적으로 구분해 연구할 필요가 있다는 것이다.

한다.

새로운 제도의 도입과 유지에는 다양한 시간적 메커니즘이 존재하며, 이들 메커니즘의 정확한 파악은 성공적인 제도 정착을 위해 매우 중요하다. 따라서 시간적 메커니즘에서 전제되어야 할 문제는 제도 변화에서 시간에 대한 가정이 어떻게 형성되어 있느냐에 따라 의사결정자가 제도의 도입과 관련된 자원 배분, 시기, 개혁 전략 등을 선택하는 것이 달라질 수 있다.

첫째, 새로운 제도의 도입 시 고려하는 시간관(時間觀, time perspective)이 장기적인가 아니면 단기적인가 하는 문제이다. 이것은 제도 개혁의 목표를 달성하기 위해 어떠한 접근을 시도하는가를 좌우하는 중요한 요소가 된다. 이는 개혁 추진자가 고려하는 시간 영역(temporal zone)의 범위를 의미하는 것으로서, 이 범위의 넓이에 따라 제도 개혁의 목표와 전제 등이 달라지며, 결국 제도 개혁을 통한 변화의 내용, 변화의 시기, 순서, 변화 과정 등의 선택이 달라진다(Albert, 1995; Beer & Nohria, 2000).

둘째, 개혁 대상이 되는 문제의 본질을 파악하고 문제의 해결 방안을 모색하는 데 영향을 미치는 것으로 제도 개혁이 어떤 시간 개념을 전제로 추진되는가 하는 점이다. 이는 두 가지로 구분되는데, 하나는 양적 시간(quantitative time) 개념이고, 또 다른 것은 질적 시간(qualitative time) 개념이다(Ancona et al., 2001).[6]

2) 제도 개혁에 영향을 미치는 시차적 요소

새로운 제도나 정책을 도입하는 과정을 정확하게 파악해 적절한 전략을 수립·추진하기 위해서는 제도화 과정에서 작용하는 시간적 요소의 영향을 분석할 필요가 있다. 제도 개혁에 영향을 미치는 시차적 요소로는 변화에 소요되는 시간, 인과 관계의 시차성, 변화의 속도와 안정성, 숙성 기간, 선후 관계 등을 들 수 있다.

(1) 장기적 변화 요소와 단기적 변화 요소

이는 제도 도입을 통해 변화시키고자 하는 변수 또는 제도 관련 변수를 변화에 소요되는 시간의 장단에 의해 구분하는 것이다. 제도 관련 변수 중에는 상대적으로 단기간 내에 변화 가능한 것이 있는 반면, 변화에 장기간이 소요되는 것도 있다. 따라서 단기적

6) 양적 시간은 시간을 균등하게 분할할 수 있으며, 측정 가능하고 표준화할 수 있는 것으로 보는 것이다. 이에 반해 질적 시간은 사람이나 조직에 따라 다양한 해석과 의미를 부여할 수 있는 시간으로 주관적 시간이라고 할 수 있다.

인 시간을 고려할 때는 단기적 변화 요소는 조작 가능한 변수(controllable)가 될 수 있지만, 장기적 변화 요소는 상황적 변수로서 제도 도입 과정의 제약 요소(constraints)로 작용하게 될 것이다.

하지만 장기적인 시간을 고려할 때는 단기적 변화 요소는 물론 상황변수의 장기적 변화 요소도 변화하므로, 이 경우에는 두 가지 요소 모두 조작 가능한 변수가 될 것이다. 이와 같이 고려하는 시간의 장단에 따라 제도 도입 과정에 영향을 미치는 요소가 다르기 때문에 파악해야 할 변수가 달라진다(정준금, 2002b: 276-278).

(2) 인과 관계의 시차적 성격

원인변수로서 정책 수단이 실현되면 결과변수인 정책 목표의 달성이 이루어진다. 이때 나타나는 정책 효과로 인해 사회 문제가 해결된다는 것이 정책학의 기본적인 인과 관계에 대한 가정이며, 정책 연구의 대부분은 이러한 가정에 근거해서 이루어지고 있다. 그러나 현실적인 정책이나 제도의 도입 과정을 살펴보면, 정책 수단이 실현된 후에 나타나는 결과 상태가 당초 정책 도입을 통해 달성하려고 기대했던 것과는 차이가 나는 경우가 많다. 이러한 현상을 설명할 수 있는 시각은 다양하지만, 그동안 간과되어 온 것이 바로 인과 관계의 시차적(time lag) 측면을 고려해야 한다는 것이다.

인과 관계 추정 시에 시간적 요소를 고려해야 할 필요성은 다음과 같이 두 가지로 정리할 수 있다.

첫째, 인과 법칙대로 문제 해결이 이루어지기 위해서는 시간이 경과해야만 한다. 정책 수단이 실현되자마자 정책 목표가 달성되는 경우도 있을 수 있지만, 대부분의 경우(정책에 따라 정도의 차이는 있겠지만) 어느 정도 시간이 경과해야만 효과가 발생하게 된다. 그것은 정책이 만들어지고 실현되는 정책 과정에 일정 기간이 소요되기 때문이다.

둘째, 정책을 적용하는 대상이나 문제의 상태, 그리고 이에 대한 영향 요인도 시간의 흐름에 따라 변화한다는 점이다(정정길, 2002b: 259-260; 정준금, 2002b: 279-280).

(3) 숙성 기간

이는 특정 제도나 정책의 도입이 완전히 정착되어 소기의 효과를 내기 위해서는 일정 기간의 숙성을 거쳐야 한다는 점을 강조하는 개념이다. 제도나 정책 도입의 초기에는 제도의 효과보다는 제도의 정착에 소모되는 대가가 더욱 크기 때문에, 제도의 효과가 나타나지 않거나 오히려 악화되는 경우도 발생할 수 있다.

그러나 일정 시간이 흘러 새로운 제도가 완전히 정착된 이후에는 새 제도의 효과가 제도의 도입에 따른 비용보다 커져서 제도 도입의 목표가 달성될 수 있다. 이와 같이 새로운 제도가 도입되어 소기의 효과를 낼 수 있을 정도로 효과를 발휘하는 데는 일정한 시간이 흘러야 하는데 이를 숙성 기간(maturation)이라고 한다. 따라서 제도 도입의 성공 여부나 효과를 판단하는 경우, 제도 도입 이후 어느 시점에서 평가를 하느냐에 따라 그 결과는 완전히 달라질 수 있다. 적어도 정책이나 제도의 효과는 숙성 기간이 경과한 이후에 평가하는 것이 합리적이다.7)

(4) 변화의 속도와 안정성

제도 도입 과정의 속도(pace)는 새로운 제도가 조직이나 개인에게 확산되는 데 소요되는 시간으로, 이는 정책의 내용과 상황 조건 등에 따라 매우 다양하다. 새로운 정책 도입은 정책 관련 요소와 상황적 변수의 영향에 따라 완만하거나 빠른 진도를 보일 수 있다. 또한 제도의 안정성(stability)은 제도화가 완료된 이후, 그 제도가 안정적으로 지속되면서 영향력을 발휘하는 시간을 의미한다. 즉, 제도의 시간적 안정성을 의미하며, 이 또한 제도의 내용과 상황에 따라 서로 다르게 나타날 가능성이 크다(Lawrence & Winn, 2001).

어떤 제도는 일정한 시간이 흐르면 소기의 성과를 거두지 못하고 원래대로 회귀할 수도 있고, 다른 정책은 높은 안정성을 가지고 장기간 지속될 수도 있다. 새로운 정책을 도입할 때 우리는 흔히 정책 추진 주체의 중요성을 강조하는 경우가 많다. 대통령과 같은 고위 정책결정자가 강력히 정책을 추진하면 성공한다고 믿는 것이 그것이다. 하지만 이 경우 정책 도입의 진도는 빠를지 모르지만, 대통령의 관심이 사라지면 정책도 동시에 사라지게 되어 정책의 안정성이 낮아질 수 있다.

(5) 선후 관계 · 적시성 · 시간 규범

개혁이 성공하기 위해서는 개혁 제도의 내용을 잘 구성하는 것도 중요하지만, 개혁에 영향을 미치는 다양한 요소의 시간적 배열 또는 우선순위 등을 고려하는 것이 필요하다.

---

7) 이 결과 숙성 기간은 새로운 제도나 정책 도입에 대한 정부와 일반 시민의 엇갈린 평가의 원인이 되기도 한다. 정부가 특정한 제도를 도입하는 경우 정부가 생각하는 효과가 나타날 시기(숙성 기간)와 일반 시민이 생각하는 숙성 기간에 차이가 날 경우에는(특히 시민은 단기간의 성과를 기대하고, 정부는 장기간의 효과를 기대하는 경우) 시민의 단기적인 시각 때문에 장기적으로 상당한 성과를 거둘 수 있는 제도임에도 불구하고 단기적으로는 긍정적인 평가를 받기가 힘들어진다.

이와 함께 정책이나 제도를 어느 시기에 도입해야 하느냐 하는 점과, 제도의 도입 이후 변화 과정에서 어느 시점에 변경을 시도해야 바람직한 결과를 얻을 수 있느냐 하는 적시성이 대단히 중요하다. 그것은 제도나 정책의 일부를 변화시키기 위한 충격을 어느 시기에 하느냐에 따라 결과가 완전히 달라질 수 있기 때문이다(정정길, 2002a: 4-5).

이러한 적시성(適時性, timing)의 개념에는 변화를 추진하기 위한 다양한 전략을 변화 과정의 적절한 시점에 맞게 선택하는 것도 포함된다. 예컨대 변화에 대한 저항이 상당한 변화가 요구되는 초기에 사용할 전략과 제도가 안정화에 들어선 시기에 사용할 전략을 시기에 맞게 적절히 선택하는 것이 중요하다.

끝으로 시간 규범(timing norms)은 시간적으로 조절된 행동의 패턴으로서, 조직구성원이 공유하고 기대하며 경험하는 시간 행동 패턴이다(Lawrence, 2001). 한 조직에는 다양한 시간관을 가진 사람들이 복합적으로 구성되어 있는데, 이의 적절한 조절 여부는 조직 전체의 성과 달성에 큰 영향을 미칠 수 있다. 이때 시간 규범은 다양한 시간관을 가진 구성원의 관계를 조정하는 역할을 한다. 다양한 시간관을 가진 사람들이 한 조직에서 일하면서, 동의할 수 있는 수준의 시간 규범을 형성하고 이를 통해 서로 다른 시간관을 조정하는 것이다(정정길 · 정준금, 2003: 182-196).

제 3 절 • 시차이론의 적실성

1 시차이론에 대한 비판

그동안 사회과학 연구는 시간을 일정한 것으로 가정하거나 부차적인 것으로 취급해 온 것이 사실이다. 이런 측면에서 시차이론 내지 시차적 접근 방법은 이 같은 관습에 반기를 들고, 시간을 주요한 설명변수로 격상시키고자 하는 의도적인 노력을 시도했다는 점에서 의의를 찾을 수 있다(김준한, 2002: 295). 그렇지만 시차이론은 아직 생성 단계에 있다는 점에서 상당한 비판에 직면해 있기도 하다. 이러한 시차이론에 가해지고 있는 비판 내용을 살펴보면 다음과 같다.[8]

8) 시차적 접근 방법이 갖는 한계를 안코나 외(Ancona et al., 2001a: 512-529, 2001b: 645-663)는

1) 시간의 개념을 둘러싼 비판

시차이론에 대한 비판 가운데 주종을 이루고 있는 것이 시차이론의 핵심을 형성하고 있는 시간의 개념을 둘러싼 비판이다.

첫째, 시차이론에서 제시하는 시간이라는 개념 자체가 다의적인 개념을 함축하고 있다. 따라서 시간 개념을 도입해 현상을 설명하려고 할 경우 각각 다른 역할을 한다는 데 문제가 있다. 이런 측면에서 과연 시차라고 하는 다의적인 개념을 시차이론이나 시차적 접근 방법이라는 하나의 틀 속에 모두 포용될 수 있느냐는 문제가 발생한다. 따라서 이들을 구분해 현상에 대한 설명과 처방에서 수행하는 역할이 무엇인가를 밝히는 작업이 선행되어야 한다.

둘째, 사회 현상을 설명하는 데 시간이라는 변수 하나만으로는 불충분하다는 비판이다. 대부분의 경우 다른 변수를 도입해야만 의미있는 이론 구성이 가능할 것이라는 측면에서, 시간 개념이 중요하기는 하지만 유용성에는 한계가 있을 것이라는 점이다.

셋째, 시간 개념을 도입해서 사회 현상의 복잡성을 분석한다 하더라도 크게 나아질 것이 없을 것이라는 비판이다. 시간이라는 개념 자체가 이제껏 사용되던 상황 개념과 크게 다르지 않고, 또한 새로운 이론 개발의 가능성을 열어주지도 않을 것이라는 비판이다. 시간이라는 개념이 신제도주의에서 언급하고 있는 제도나 제도화라는 개념의 유용성을 뛰어넘는 공헌을 하고 있다고 판단하기 어렵다는 비판이다.

결론적으로 시차이론 또는 시차적 접근 방법의 유용성은, 이 접근 방법이 현실을 분석하기 위한 좀 더 적절한 렌즈(lens)를 제공해 줄 수 있느냐에 달려 있다는 점에서 회의적이다. 다시 말해, 시간 개념의 도입에 따른 이론적 유용성은 그것이 이제까지 해오던 사회 현상의 설명 또는 처방에 얼마나 많은 진전을 가져오느냐에 달려 있다. 이런 점에서 시간이라는 개념은 신제도주의이론에서 사용되는 주요 개념, 특히 맥락, 제도, 역사, 제도화, 경로 의존 등과 같은 개념을 완전히 대체하기는 힘들다는 것이 시차이론에 모아지고 있는 비판의 요체이다(하연섭, 2002: 299-302; 김준한, 2002: 295-297).

네 가지를 들고 있다. 첫째, 단순한 방식으로 시간적 렌즈를 사용하기가 어렵다. 둘째, 복잡한 시간 현상들을 측정하는 데 요구되는 방법론을 정치하게 갖추지 못하고 있다. 셋째, 시간적 변수의 선택 방법을 충분히 이해하고 있을 만한 경험이 지식이 적다. 넷째, 시차적 접근 방법의 지닌 이론적 토대의 취약성으로 연구자들이 기피하는 경향이 많아 축적된 연구가 별로 없다. 따라서 시차이론에 가해지고 있는 비판의 범주도 대저 이와 크게 다르지는 않다.

2) 실용적 측면에서 비판

실용적 측면에서 가해지는 비판으로 시차이론 내지 시차적 접근 방법이 지닌 한계로 인해 실제로 시차이론을 적용하는 데 따른 어려운 점을 들 수 있다.

첫째, 시간 연구의 핵심 개념에 대한 이론적 토대가 부족하다. 예컨대 정책결정자가 지닌 의사 결정의 전제를 바꾸어야만 시간에 대한 관념(즉, 할인율)이 바뀔 수 있다는 점에서, 특히 시간은 직접적 고려 사항이 아니라 제도적 맥락에 의해 달라지는 종속변수의 의미를 지닌다(하연섭, 2002; 김준한, 2002; 염재호, 2005). 따라서 시간이 영향변수도 될 수 있고 종속변수로도 되는 가변성이 너무 심하다.[9] 또한 장기적 변화와 단기적 변화 또는 숙성 기간과 변화 기간 등에서 개념 간의 차이가 불분명하다. 따라서 전술한 시간적 요소를 관통하는 일관성있고 종합적·체계적인 시차이론의 정립이 아직은 미흡한 실정이다.

둘째, 시간 현상의 영향을 실제로 측정(measurement)하는 데 필요한 방법론이 구비되어 있지 않다는 비판이다. 예컨대 인과 관계의 변화가 시차로 인한 원인변수와 결과변수의 성숙 효과에 의한 것인지, 아니면 상황변수의 변화에 의한 것인지, 또는 양자의 상호작용에 의한 것인지를 구분되어야 한다. 그러나 현실적으로 시차의 영향을 변수별로 구분해서 실증적으로 입증하기는 쉽지 않다.

특히 시간이 흐르면서 원인변수와 결과변수만 변화하는 것이 아니라 이와 관련된 거의 모든 변수가 변화하므로, 변화하는 변수의 영향을 하나씩 구분해서 측정하는 것은 불가능에 가까울 것이다. 이뿐만 아니라 시간에 따른 신념의 변화를 어떠한 방법으로 측정할 것인가 하는 문제도 제기될 수 있다.

셋째, 시간적 접근을 시도하려고 해도 연구 대상에 따라 어떤 시간 변수를 어떻게 선택할 것인가를 알려줄 수 있을 정도로 연구 경험이 축적되어 있지 않다. 따라서 연구자는 시행착오적인 시도를 피하기 어렵다(이달곤, 2005). 다시 말해, 시차적 접근 방법을 적용하기 위해서는 다양한 수단을 가지고 사례를 오랜 시간에 걸쳐 검토 분석해야 하는데, 대부분의 현장 연구에서 이를 충족시키기가 쉽지 않다. 또한 실험실적 연구의 대부

9) 이에 대해 김태승(2013)은 인식론적 관점에서 시간이 독립변수가 되기 위해 필요로 하는 구체적 조건과, 그 조건에 부합하는 독립적 실체로서의 시간 개념을 도출하고는 시도를 했다. 그 결과 실체적 피리어드(substantial period time)란 시간 개념을 추출해 낼 수 있었고, 이를 통해 시간 변수의 성립이 가능하다는 주장을 전개했다.

분도 매우 단기적인 설계로 시도되는 바, 단기적 설계로는 시간적 연구가 어렵다.

넷째, 시차이론의 실천적 한계점은 새로운 개혁 전략을 불가피하게 할 개연성이 높다는 점에서 문제가 있다. 즉, 개혁의 성공적 추진을 위해 불균형적 돌파이론이나 폭발적이거나 혁신적(big bang) 이론의 탐색을 불가피하게 만들 수 있다는 것이 그것이다.

2 시차이론의 적용 가능성

시차이론 또는 시차적 접근 방법은 그동안 큰 관심을 기울이지 않았던 시차적(또는 시간적) 요소를 중요한 분석 시각으로 하고 있다는 데 그 특징이 있다. 그러나 시차이론이 안고 있는 한계에도 불구하고, 시차이론의 기본적인 전제는 제도와 정책 변화는 기본적으로 동태적인 성격을 가지고 있다는 데에서 출발한다. 따라서 이 같은 제도와 정책 변화를 제대로 파악해서 성공적인 제도 개혁의 전략을 마련하기 위해서는 시간적 요소를 고려하는 시차적 접근을 시도하는 것이 도움이 되리라는 가정이다.

이와 함께 시차적 접근은 변화를 추진하는 변화담당자 또는 조직의 책임자들이 지적 능력과 정치적 능력뿐만 아니라 시간적 리더십(temporal leadership)을 가질 필요가 있음을 제시한다. 적절한 조직관리와 변화 추진을 위해 조직관리자들은 변화에 대한 다양한 시간 개념과 시간적 요소(선후 관계, 시기, 진도, 숙성 등)를 분명히 이해하고 있어야 하며, 이들 요소를 구분해 적절한 변화 전략을 선택하고 이를 실현시킬 수 있는 능력을 구비할 것을 요구하고 있다는 점에서 시차이론의 중요성이 있다.

이에 따라 제도 개혁을 시차적 관점에서 접근하면, 다른 접근 방법에 의해서는 파악할 수 없는 다양한 이론적·실천적 시사점을 발견할 수 있다. 제도 개혁과 관련된 조직행태를 설명하고 이해하는 데 새롭고도 중요한 분석 틀을 제시해 줄 수 있을 뿐만 아니라,[10] 인과 관계 추정의 방법론을 더욱 정교하게 해줄 수 있다(정준금, 2002a: 196–198).

결론적으로 시차적 시각은 시간의 다양한 측면을 활용해서 각종 행정 과정을 좀 더 정교하게 설명하고자 하는 것으로, 시간과 관련된 각종 개념이 단순한 맥락이나 상황이

10) 예를 들면 새로운 정보기술 체계의 도입이 어느 조직에서는 잘 작동되는데 다른 조직에서는 잘 작동되지 않은 이유에 대한 설명으로서, 정치적 관점에서는 구성원 간의 합의 여부를, 문화적 관점에서는 조직문화의 변화 수용 가능성을 중요한 요소로 해서 설명할 것이다. 그러나 시간적 차원을 고려하면, 새로운 제도 도입의 시기(timing)나 CEO의 시간관 등 새로운 관점에서 이 현상을 설명할 수 있을 것이다.

라는 포괄적 개념보다 더욱 정교한 설명력을 발휘하는 데 유용성이 있다. 따라서 시차라는 관점을 추가적으로 도입해서 사회 변화의 인과 법칙에 동태적 측면을 강조한 것이 시차이론이라 할 수 있으며, 시간을 활용할 때 기존의 가설이나 이론은 또 다른 연구의 창을 열게 할 수 있을 것으로 보인다.

결론적으로 향후 시차이론이 이론적 틀을 정교하게 가다듬고 이를 현실 정책 사례에 적용한다면, 타당성과 적용 가능성이 높은 개혁 전략을 제시할 수 있는 이론으로 정착될 것이다.

생각해 볼 문제

시차이론의 등장 배경

1. 시차이론이 등장하게 된 환경적 배경에 대해 생각해 보시오.
2. 한국적 현실에서 시차이론이 등장하게 된 문제 의식에 대해 생각해 보시오.

시차이론의 내용과 특징

1. 시차이론의 의미를 생각해 보고, 여타 유사 개념과 비교해 보시오.
2. 시차이론에서 보는 시각의 관점을 유형별로 비교해 보시오.
3. 시차이론에서 강조되고 있는 핵심적 요소들을 설명해 보시오.
4. 시차이론에서 강조되고 있는 핵심적 요소들이 지닌 특성에 대해 생각해 보시오.

시차이론의 적실성

1. 시차이론에 가해지고 있는 비판에 대해 생각해 보시오.
2. 시차이론에 대한 비판을 극복할 수 있는 방안에 대해 생각해 보시오.
3. 시차이론이 한국 행정을 개선하는 데 기여할 수 있는 방안에 대해 생각해 보시오.

참고 문헌

국내 문헌

강상욱 (2001).「우리나라 NGO의 성장에 관한 연구: 시민단체를 중심으로」. 서울대학교 대학원 박사학위 논문.

강손근 (1983). 후설의 심리학주의 비판에 관한 연구.「동의논집」. 8.

강신택 (1971). 한국행정학사 서설.「한국정치학회보」. 4.

——— (1981).「사회과학연구의 논리: 정치학 · 행정학을 중심으로」. 서울: 박영사.

——— (1987). 행정학 연구방법의 변천 과정과 앞으로의 방향.「한국행정학보」. 21(1).

——— (2002). 포스트모더니티의 행정이론. 김태룡 · 윤영진(2002).「새행정이론」. 서울: 대영문화사.

——— (2005).「한국 행정학의 논리」. 서울: 박영사.

강용배 (2003). 지역사회 정체성과 사회자본 형성 요인 분석.「한국정책과학학회보」. 7(2).

강은숙 · 김종석(2014). 인간의 비합리성에 대한 고려와 공공정책에의 함의.「한국행정논집」. 26(2).

강재호 · 박국흠 (1992). 정책의 비일관성과 딜레마.「한국행정학보」. 25(4).

고혜원 · 이철순 (2004). 외국인 고용허가제 도입 과정.「한국정책학보」. 13(5).

곽현근 (2003). 동네 관련 사회자본의 영향 요인에 관한 연구.「한국사회와 행정연구」. 14(3).

구혜정 (2006).「사회적 자본의 형성과 대안적 평생교육」. 한국학술정보.

권경득 (1996). 한국 행정학의 연구 경향에 관한 실증적 분석.「한국행정학보」. 30(4).

김경훈 (2000).「심리학주의에 대한 후설의 비판」. 영남대 대학원 박사학위 논문.

김광웅 (1975). 후기행태주의론: 실증주의, 역사주의 및 현상학적 방법론.「행정논총」. 13(2).

———(1979). 행정학의 성격과 범위. 「한국행정학보」. 13.
———(1980). 「사회과학연구방법론」. 서울: 박영사.
———(1983). 「행정과학서설」. 서울: 박영사.
———(1986). 「관료와 발전」. 서울: 평민사.
———(1997). 신행정학 서설: 왜 정부학이어야 하는가. 「행정논총」. 35(1).
김규정(1983). 「비교행정론」. 서울: 법문사.
———(1987, 2000). 「행정학원론」. 서울: 법문사.
김근배(2005). 「마케팅조사론」. 서울: 청람.
김길수(2004). 정책집행 과정에서 주민저항 사례연구. 「한국정책학보」. 13(5).
김동원(2005a). 자원봉사지원 네트워크에 대한 참여 동기. 「한국행정학보」. 39(2).
———(2005b). 행정학의 규범이론을 위한 포스트모더니즘의 인식론적 함의. 「한국행정학보」. 39(3).
———(2016). 관리론. 「2016년 한국행정학회 60주년 하계공동학술대회 및 국제학술대회」.
김동현(1991a). 한국의 사회변동과 행정의 역할. 김번웅 외. 「현대한국행정론」. 서울: 박영사.
———(1991b). 행정학의 성격과 범위. 「한국행정학보」. 13.
———(1994). 정책결정의 합리성과 딜레마. 이종범 외. 「딜레마이론: 조직과 정책의 새로운 이해」. 서울: 나남.
———(1999). 인과지도를 활용한 정책딜레마 분석: 김대중 대통령의 IMF 대처 방안을 중심으로. 「한국행정학보」. 33(4).
———(2000). 김대중 대통령의 시스템 사고. 「아산재단 연구총서」. 66. 서울: 집문당.
———(2002). 보호된 가치와 정책딜레마. 「한국정책학회보」. 11(1).
김문성(2005). 「행정학. net」. 서울: 박영사.
김번웅(1987). 한국 행정이론의 토착화. 「행정논집」. 16. 동국대학교 행정대학원.
김번웅 · 김동현 · 김판석(1997). 「한국행정개혁론」. 서울: 법문사.
김범수 외(2004). 「자원봉사의 이해」. 서울: 학지사.
김병섭(1996). 기업가적 정부혁신의 길. 「한국정책학회보」. 5(2).
———(2005). Charles T. Goodsell의 관료제의 옹호. 오석홍 편. 「행정학의 주요 이론」. 서울: 법문사.
김병섭 · 박광국(1999). 행정조직의 조직발전에 관한 사례연구. 「행정논총」. 37(1). 서울대학교 행정대학원.
김병섭 · 박광국 · 조경호(2003). 「조직의 이해와 관리」. 서울: 대영문화사.
김봉식(1968). 한국인의 사고방식을 통해 본 한국 행정문화. 「한국행정학보」. 2.
김상돈(2004). 딜레마 상황에서의 악순환적 행위에 관한 연구: 부안 방사성폐기물 처리장 입지정책을 중심으로. 「한국지방자치학회보」. 16(1).
김상돈 · 정광섭(2004). 위험시설 입지정책의 딜레마 상황구조와 행위에 관한 연구: 안면도와 부안사례의 비교연구. 「한국행정연구」. 13(4).
김상준(2004). 부르디외, 콜만, 퍼트남의 사회적 자본 개념 비판. 「한국사회학」. 38(6).
김석준(1990). 국가 발전과 국가 능력. 「한국행정학보」. 24(2).
———(2000). 한국 국가재창조와 뉴 거버넌스: 새로운 패러다임의 모색. 「한국행정학보」. 34(2).
김석태(2005). Emanuel S. Savas의 민간화이론. 오석홍 편. 「행정학의 주요 이론」. 서울: 법문사.
김선혁(2003). 시민사회론과 행정학: 행정학적 시민사회론. 「한국행정학보」. 37(4).
김세진 · 라영재(2003). 한나 아렌트(Hannah Arendt)의 정치이론과 그 행정학적 함의. 「한국행정학회 2003년도 동계학술대회 발표논문집」.
김수현(1998). 비정부민간단체의 과제와 자기진단. 「지방자치」. 116.
김승현(2006). 사회적 신뢰의 결정 요인에 관한 비교역사적 연구. 「국제 · 지역연구」. 15(4).
김승환(2008). 「프리고진의 과학」. 서울: 사랑산.
김시윤 · 김정렬 · 사득환(2003). 발전지향적인 정부-기업관계의 제도화 방안. 「한국정책과학학회보」. 7(2).
김영래(1997). 한국 비정부단체(NGO)의 세계화 전략연구. 「국제정치논총」. 37(1).
———(1999). 비정부조직(NGO)과 국가와의 상호작용 연구: 협력과 갈등. 「국제정치논총」. 39(3).
김영평(1988). 민주주의의 인식방법론. 「한국행정학보」. 22(2).
———(1991). 「불확실성과 정책의 정당성」. 서울: 고려대학교출판부.
김영필(1998). 「현상학의 이해」. 울산: 울산대학교출판부.
김영호(2005). 청소년 자원봉사활동 참여 형태에 따른 만족도와 지속성에 관한 연구. 「청소년학연구」. 12(1).
김영호 외(2006). 「자원봉사의 이론과 실제」. 서울: 창지사.
김왕배 · 이경용(2002). 사회자본으로서의 신뢰와 조직몰입. 「한국사회학」. 36(3).
김용운(1999). 「카오스의 날갯짓」. 서울: 김영사.
김용학(2003). 「사회연결망이론」. 서울: 박영사.
김욱동(1994). 「모더니즘과 포스트모더니즘」. 서울: 현암사.
———(1996). 「포스트모더니즘의 이해」. 서울: 문학과지성사.
김운태(1969). 한국 행정학의 반성과 진로: 영역과 방법. 「한국행정학보」. 3.
김익식(2005). Deil Wright의 정부간관계론. 오석홍 편. 「행정학의 주요 이론」. 서울: 법문사.
김재희(1994). 「신과학 산책」. 서울: 김영사.
김정렬(2000). 거버넌스의 구현과 정부간 관계의 미래: 지방 중심 경제발전모형의 탐색. 「한국행정학보」. 32(1).
김정수(2004). 스크린쿼터제: 한국 영화 의무상영제도. 「한국정책학보」. 13(5).

김종백 (2005). 카오스의 발견과 이해에 대한 분석적 검토: 사회적, 인지적 측면을 중심으로. 「한국과학교육학회지」. 25(7).
김종성 (2004). NGO와 정부간 관계에 대한 신제도주의적 접근. 「한국사회와 행정연구」. 14(1).
김종순 (1999). 한국 NGO의 실태와 발전 방향. 「한국행정연구」. 8(1).
김종희 (2005). 「신행정학」. 서울: 범론사.
김준기 (2000). 비영리부문의 성장과 정부와의 관계에 관한 연구. 「정부와 NGO」. 한국행정학회 2000년도 기획세미나 발표논문집.
―――(2006). 「정부와 NGO」. 서울: 박영사.
김준연 (1990). 「Husserl의 현상학에 있어서 선험적 인식에 관한 연구」. 충남대 박사학위 논문.
김준한 (1996). 행정부와 대체적 분쟁해결제도. 「한국행정학보」. 30(4).
―――(2002). '시간' 개념의 유용성에 대한 검토. 「한국정책학회보」. 11(2).
―――(2004). 사회적 자본과 사회적 기업에 관한 고찰. 「한국사회」. 5.
김진영 · 신용덕 (2011). 행동경제학 모형과 그 정책적 응용에 관한 시론적 연구. 「한국정책학회보」. 20(1).
김태길 (1995). 「철학개론」. 서울: 서울대학교출판부.
김태룡 (1987). 공공선택모형과 Hobbes의 정부관의 유관성. 「한국행정학보」. 21(2).
―――(2000). 행정학의 신패러다임으로서 신공공관리모형의 적실성에 관한 연구: 한국지방자치단체의 적용 사례를 중심으로. 「한국행정학보」. 34(1).
―――(2003). 「한국의 정부개혁」. 서울: 집문당.
―――(2005). 시민단체가 사회자본의 형성에 미치는 영향에 관한 연구. 「한국행정학보」. 40(3).
―――(2009a). 「사회자본의 형성을 위한 자원봉사의 영향」. 아산재단연구보고서.
―――(2009b). 사회자본론의 적실성에 관한 비판적 함의. 「한국거버넌스학회보」. 16(4).
―――(2014). 사회적 자본의 성격과 함의: 박근혜 정부의 정치적 가치를 중심으로. 「한국거버넌스학회보」. 21(1).
김태룡 · 윤영진 (2000). 「지방정부 개혁」. 서울: 대영문화사.
―――(2002). 「새행정이론」. 서울: 대영문화사.
김태룡 외 (2006). 「새한국정부론」. 서울: 대영문화사.
―――(2010). 「현대사회와 NGO」. 서울: 대영문화사.
김태승 (2013). '시간'은 독립변수가 될 수 있을까?: 시간 개념 연구를 통한 시차이론의 변론. 「한국행정학보」. 47(4).
―――(2015). 시차이론의 숙성기에 대한 연구. 「2015년도 한국행정학회 하계학술대회」.
김태영 (2004). 행정수도 이전에 대한 찬반 논의 사례연구. 「한국정책학보」. 13(5).

김태우 (2005). 산업지구에서의 사회적 자본 형성. 「사회경제평론」. 24.
김형효 (1993). 포스트모더니즘의 철학. 「철학과 현실」. 가을호.
김혜란 (2001). 사회자본과 여성정책. 「지방자치, 지방거버넌스, 지역발전」. 한국행정학회 2001년도 하계학술대회 발표논문집.
김호기 외 (1995). 「시민사회와 시민운동」. 서울: 한울.
김호섭 (1991). 행정가치 갈등의 해소에 관한 논리적 소고. 「한국행정학보」. 23(2).
김호정 (1999). 신뢰와 조직몰입. 「한국행정학보」. 33(2).
김훈기 (2004). 한국 생명윤리법, 윤리보다 생명공학 육성 중시. 「한국정책학보」. 13(5).
나정민 (2005). 카오스이론에서의 예측가능성. 「철학연구」. 70.
나태준 · 최순영 (2003). 공공조직 구성원의 조직신뢰와 향상 방안에 관한 연구: 서울시 사례를 중심으로. 「한국행정학보」. 37(1).
남궁근 (1984). 신행정론의 가치 지향: 사회적 형평을 중심으로. 「한국행정학보」. 18(1).
——— (2002). 역사적 제도주의. 김태룡 · 윤영진. 「새행정이론」. 서울: 대영문화사.
——— (2003). 「행정조사방법론」. 서울: 법문사.
노정현 · 박우서 외 (1992). 「지방자치시대의 도시행정」. 서울: 도서출판 나남.
노화준 (1998). 카오스 이론이 정책연구에 주는 시사점 분석. 「행정논총」. 36(1).
대한민국학술원 (2004). 「한국의 학술연구: 인문사회과학 편 제5집 행정학」.
데이비드 슈만, 박기영 옮김 (1986). 「관료제와 조직 및 행동」. 서울: 대영문화사.
도모노 노리오(2007). 「행동경제학: 경제를 움직이는 인간 심리의 모든 것」. 서울: 지평.
랄프 D. 스테이시, 최창현 옮김 (1996). 「카오스 경영」. 서울: 한언.
레지날드 J. 홀링데일, 김기복 외 옮김 (2004). 「니체 그의 삶과 철학」. 서울: 이제이북스.
로버트 스콜호브스키, 최경호 옮김 (1992). 「현상학적 구성이란 무엇인가」. 서울: 이론과실천.
리처드 탤러 · 캐스 선스타인, 안진환 옮김 (2009). 「넛지: 똑똑한 선택을 이끄는 힘」. 서울: 임프린드 리더스북.
류기형 외 (1999). 「자원봉사론」. 서울: 양서원.
류석춘 외 (2003). 「사회자본」. 서울: 도서출판 그린.
——— (2008). 「한국의 사회자본」. 서울: 백산출판사.
마르틴 하이데거, 전양범 옮김 (1989). 「존재와 시간」. 서울: 시간과공간사.
막스 베버, 이길우 옮김 (1989). 「현상학」. 서울: 서광사.
메를로 퐁티, 오병남 옮김 (1983). 「현상학과 예술」. 서울: 을유문화사.
모니카 M. 랭어, 임양혁 외 옮김 (1992). 「메를로-퐁티의 지각의 현상학」. 서울: 청하.
문태현 (1992). 정책분석과 비판이론: Habermas의 의사소통 능력이론을 중심으로. 「한국행정학보」. 26(2).
미셸 푸코, 김부용 옮김 (1991). 「광기의 역사」. 서울: 도서출판 인간사랑.
박광국 · 도운섭 · 박선희 (1999). 조직신뢰도의 결정 요인에 관한 연구: 대구광역시를 중심으로. 「한국정책학회보」. 8(3).
박기남 (2002). 관리직 여성의 사회적 자본과 성별 직무 분리. 「한국사회학」. 36(6).
박덕병 (2002). 시민사회, 사회적 자본의 형성을 위한 지역사회개발 프로젝트로서 그린 투어리즘. 「지역사회개발연구」. 27(1).
박동서 (1967). 한국 행정이론 서설. 「행정논총」. 5(1).
——— (1968). 한국 행정학의 현황과 역할. 「한국정치학회보」. 2.
——— (1972). 「한국행정론」. 서울: 법문사.
——— (1978). 행정학 연구의 현황과 평가. 「한국정치학회보」. 12.
——— (1983a). 「한국행정론」. 서울: 법문사.
——— (1983b). 21세기를 향한 한국의 정치 · 행정과 인간 개발의 과제. 「한국행정의 발전」. 서울: 법문사.
——— (1988). 한국 행정연구의 사적 편찬. 「행정논총」. 26(2).
——— (1992). 한국 행정의 과제와 행정학의 재정향. 「한국행정학보」. 26(4).
——— (2004). 국가 성격의 변화와 행정이론. 대한민국학술원. 「한국의 학술연구 : 인문사회과학 편 제5집 행정학」.
——— (2004). 행정연구의 회고와 과제. 대한민국학술원. 「한국의 학술연구: 인문사회과학 편 제5집 행정학」.
박동서 · 김광웅 · 김신복 (1982). 「비교행정론」. 서울: 박영사.
박동서 외 (1974). 「발전행정론」. 서울: 법문사.
박문옥 (1969). 한국 행정학의 발전 과정: 경향, 문제점 및 전망. 「한국행정학보」. 3.
박배식 (2007). 21세기과학, 카오스(CHAOS). 「한국논단」. 55.
박상규 (1991). 「미학과 현상학」. 서울: 문예출판사.
박상필 (2000). 이익집단 갈등과 사회자본: 경실련 한약분쟁조정 사례연구. 「한국행정학보」. 34(2).
박성복 (2002). 행정의 개념과 행정학의 연구 대상. 「한국행정논집」. 14(3).
박성진 · 맹보학 (2000). 정책집행 네트워크에서의 신뢰와 협력 생성에 관한 시스템 다이내믹스 연구. 「한국 시스템다이내믹스 연구」. 1(2).
박숙미 (2002). 「신뢰구조의 동학과 사회자본의 형성」. 이화여대 대학원 박사학위 논문.
박연호 외 (2006). 「행정학개론」. 서울: 박영사.
박우서 · 안용식 · 이왕재 외 (2001). 「새내기를 위한 행정학」. 서울: 대영문화사.
박우순 (2004). 사회자본의 낭만적 애정에 대한 비판적 견해. 「한국조직학회보」. 1(2).
박은진 (1995). 포퍼의 인식론. 「철학과 현실」. 봄호.
박응격 (1984). 「행정학강의」. 서울: 박영사.
박이문 (1979). 「현상학과 분석철학」. 서울: 일조각.
——— (1992). 「현상학」. 서울: 고려원.

———(2004). 「사유의 열쇠: 철학」. 서울: 산처럼.
박정호 외(1996). 「현대 철학의 흐름」. 서울: 동녘.
박종민(2003). 사회자본과 민주주의: 집단 가입, 사회신뢰 및 민주시민성을 중심으로. 「정부학연구」. 9(1).
———(2006). 한국 행정이론을 위한 비판적 성찰. 「한국 행정학 오십년 1956-2006」. 서울: 한국행정학회.
———(2016). 한국행정학보를 통해 본 한국의 행정연구 반세기: 인과이론 형성의 시각에서. 「한국행정학보」. 50(3).
박종민 · 김왕식(2006). 한국에서 사회 신뢰의 생성: 시민사회와 국가제도의 역할. 「한국정치학회보」. 40(2).
박종민 · 정무권(2009). 「한국행정연구」. 서울: 박영사.
박찬웅(1998). 사회의 위기와 사회적 자본. 「1998년 한국사회학회 발표논문집」.
———(1999). 경쟁의 사회적 구조: 기업 내 신뢰의 사회적 연결망과 개인의 조직 내 성과. 「한국사회학」. 33(4).
———(2000). 사회적 자본, 신뢰, 시장: 시장에 대한 사회학적 접근. 「한국사회학회 2000년 춘계 특별 심포지엄」.
박천오(1997). 고객지향적 행정: 실천상의 의문점과 한국 관료의 시각에 관한 탐색적 연구. 「한국행정학보」. 31(2).
박철민 · 김대원(2003). 조직공정성이 상관신뢰와 공직몰입에 미치는 영향. 「한국행정학보」. 37(4).
박통희(1999). 신뢰의 개념에 대한 비판적 검토와 재구성. 「한국행정학보」. 33(2).
박통희 · 김동환(1992). 딜레마와 형식주의. 「한국행정학보」. 25(4).
박해룡 외(2006). 「현대행정학」. 서울: 삼우사.
박형 · 김학노(2003). 사회자본과 지방자치: 대구 수성구와 경북 봉화군 비교. 「대한정치학회보」. 11(1).
박홍식(1990). 「현대행정이론: 사상과 정책」. 서울: 민영사.
———(2005). 한국 행정학 토착화의 실체와 의미. 한국행정학회. 「kapa@포럼」. 111.
박희봉(2001). 사회자본과 지방정부 경쟁력. 「한국행정학회 세미나 발표논문집」.
———(2002). 사회자본이론의 논점과 연구 경향. 「정부학연구」. 8(1).
———(2002a). 지방거버넌스와 사회자본. 박종민 · 이종원 편. 「한국 지방민주주의의 위기: 도전과 과제」. 서울: 나남출판.
———(2002b). 조직 내 사회자본 형성 요인에 관한 연구. 「지방정부연구」. 6(1).
———(2009). 「사회자본」. 서울: 조명문화사.
박희봉 · 김명환(2000). 지역사회 사회자본과 거버넌스 능력: 서울 서초구와 경기 포천군 주민의 인식을 중심으로. 「한국행정학보」. 34(4).

박희봉 · 이희창 · 김동욱(2003). 한국인 삶의 만족 영향 요인 분석: 경제 · 사회적 요인인가? 사회자본의 산물인가?. 「동북아시대의 정부 역할」. 2003년도 한국행정학회 동계학술대회 발표논문집.

박희봉 · 이희창 · 김동욱 · 김철수 · 박병래(2003). 한국인의 신뢰 수준 및 영향 요인: 단체참여 및 개인의 사회 · 경제적 배경과 대인신뢰, 단체신뢰, 대중매체 신뢰. 「한국정책학회보」. 12(2).

박희봉 · 이희창 · 조연상(2003). 우리나라 정부신뢰 특성 및 영향 요인 분석. 「한국행정학보」. 37(3).

배병룡(2005). 공공조직 사회자본의 영향 요인과 효과. 「한국사회와 행정연구」. 15(4).

배순영(2008), 행동경제학의 논거가 소비자정책에 주는 시사점. 「월간 소비자정책동향」. 4. 서울: 한국소비자원.

배우순(1983). 현상학적 환원과 그 철학적 함의. 한국현상학회 편. 「현상학이란 무엇인가」. 서울: 심설당.

———(1999). E. 후설의 현상학적 주관성 문제. 「철학연구」. 72.

백완기(1975). 한국 행정의 근대화에 대한 문화심리학적 접근법. 「한국행정학보」. 9.

———(1978). 한국 행정의 학문적 정립문제: 과학주의 입장에서. 「한국정치학회보」. 12.

———(1984). 합리성에 대한 소고. 「한국정치학회보」. 17.

———(1987). 한국적 행정이론의 성립 가능성 모색. 「한국정치학회보」. 21(2).

———(1995). 「한국의 행정문화」. 서울: 고려대학교출판부.

———(1998). 「행정학」. 서울: 박영사.

———(2003). 행정학사: 행정학과 공공정책. 한국정치학회 편. 「한국정치학회 50년사: 1953－2003」.

———(2005). 「한국 행정학 50년」. 서울: 나남.

서순탁(2001). 사회자본 접근 방법의 정책적 함의: 도시계획을 중심으로. 「한국행정학회 2001년도 하계학술대회 발표논문집」.

서진완 · 박희봉(2003). 인터넷 활용과 사회자본: 사이버 공동체의 사회자본 형성 가능성을 중심으로. 「한국정책학회보」. 12(1).

소영진(1993). 「정책딜레마와 조직의 대응: 한국의 산업안전보건정책을 중심으로」. 고려대학교 행정학 박사학위 논문.

———(1999). 딜레마 발생의 사회적 조건. 「한국행정학보」. 33(1).

———(2004). 행정학에 있어서 현상학적 방법의 가능성 탐색. 「한국정치학회보」. 38(4).

소영진 · 안성민(2011), 형식주의의 재해석: 딜레마 측면에서. 「한국행정학보」. 45(3).

소영진 · 이영철 · 윤견수 · 하민철(2009). 「딜레마와 제도의 설계」. 서울: 나남출판.

소진광(2000). 지방자치와 사회적 자본. 「한국지방자치학회보」. 12(4).

———(2004). 사회적 자본의 측정지표에 관한 연구. 「한국지역개발학회지」. 16(1).

손봉호(1991). 포스트모더니즘 비판. 「목회와 신학」. 7월호.
손재식(1991). 「현대지방행정론」. 서울: 박영사.
송동건(1983). 자연과학적 방법론의 수용. 29-44. 김동일 편. 「사회과학방법론 비판」. 서울: 도서출판 청람.
송희준(2004). 정부산하기관 경영평가의 제도화 분석. 「한국정책학보」. 13(5).
신국원(1996). 종로에 출몰한 포스트모더니즘. 「빛과 소금」. 1월호.
신귀현(1977). E. Husserl의 심리학주의에 대한 비판. 「철학회지」. 6.
———(1983). 현상학적 환원과 그 철학적 의의. 한국현상학회 편. 「현상학이란 무엇인가」. 서울: 심설당.
신무섭(2005). Allen Shick의 체제예산론. 오석홍 편. 「행정학의 주요 이론」. 서울: 법문사.
신승환(2003). 「포스트모더니즘에 대한 성찰」. 서울: 살림.
신오현(1987). 「자아의 철학」. 서울: 문학과지성사.
———(1996). 현상학적 철학 개념(Ⅰ): Husserl의 제일철학 이념. 「철학」. 46.
안문석(2001). 「정부와 기업 그리고 시민사회: 지식정보화 사회의 행정과 규제개혁」. 서울: 박영사.
안병영(1979). 한국의 행정 현상과 행정학 연구의 주체성. 「한국정치학회보」. 13.
———(1983). 한국 행정학의 탈정치적 접근과 문화적 편향성. 「사회과학」. 20. 성균관대학교 사회과학연구소.
———(1994). 한국 행정론에 관한 저서들에 대한 서평. 「한국행정학보」. 28(1).
———(2005). 행정학의 <토착화>, <한국화>, 그리고 <세계화>. 「kapa@포럼」. 111.
안성민(2000). 제도의 변경과 딜레마. 윤견수 외. 「딜레마와 행정」. 서울: 나남.
안성호 · 곽현근(2002). 동네 수준의 사회자본에 관한 탐색적 연구. 「지방정부연구」. 6(4).
안우환(2005). 「가족 내 사회적 자본과 학업 성취와의 관계」. 경북대 대학원 박사학위 논문.
안해균(1983). 「현대행정학」. 서울: 다산출판사.
안현효(2004). 사이버 경제에서의 공공성 개념의 확립을 위해: 시장실패의 경우. 「경제와 사회」. 64.
양현모(2006). 「독일정부론」. 서울: 대영문화사.
에드문트 후설, 신오현 옮김(1992). 「현상학적 심리학 강의」. 서울: 민음사.
에드문트 후설, 이영호 · 이종훈 옮김(1988). 「현상학의 이념: 엄밀한 학으로서의 철학」. 서울: 서광사.
에드문트 후설, 이종훈 옮김(1989). 「서양의 위기와 현상학」. 서울: 경문사.
———(1993). 「유럽 학문의 위기와 선험적 현상학」. 서울: 이론과실천.
———(1997). 「경험과 판단: 논리학의 발생 연구」. 서울: 민음사.
———(2003). 「유럽 학문의 위기와 선험적 현상학」. 서울: 한길사.
에드문트 후설 외 엮음, 최경호 옮김(1997). 「순수 현상학과 현상학적 철학의 이념들: 순수 현상학의 입문 일반」. 서울: 문학과지성사.
염재호 (1993). 국가정책과 신제도주의. 「사회비평」. 11.
——— (2005). 정책연구에서 시간 개념 도입의 유용성. 「한국행정학보」. 39(4).
염재호 · 박국흠 (1992). 정책의 비일관성과 딜레마: 제6공화국의 정책대응을 중심으로. 「한국행정학보」. 25(4).
오경민 · 박흥식 (2002). 정부신뢰 수준의 측정과 비교에 관한 연구. 「한국정책학회보」. 11(3).
오명호 (2004). 「현대정치학이론Ⅱ」. 서울: 박영사.
오석홍 (2005a). 「조직이론」. 서울: 법문사.
——— (2005b). 「한국의 행정」. 서울: 법문사.
오수길 · 신충식 · 이광석 (2009). 생활세계의 행정학과 현상학적 접근 방법의 적용 가능성 검토. 「한국행정학회 동계학술대회논문집」.
오철호 (2001). 정보통신기술, 사회자본 그리고 전자민주주의: 하나의 연구설계. 「지방자치, 지방거버넌스, 지역발전」. 한국행정학회 2001년도 하계학술대회 발표논문집.
오효근 · 김욱 (2008). 대학생 자원봉사활동의 지속성 결정 요인에 대한 경로분석. 「사회복지정책」. 35.
원숙연 (2001). 「지역주의가 상관의 부하에 대한 신뢰에 미치는 영향에 관한 연구: 중앙정부 공무원을 대상으로」. 이화여자대학교 대학원 행정학과 박사학위 논문.
——— (2002). 포스트모더니즘 조직연구: 인식론적 정향성과 대안으로서의 가능성. 「한국행정학보」. 36(2)
유민봉 (1994). 정책분석틀로서 정책논변모형. 「한국행정학보」. 28(4).
——— (2005). 「한국행정학」. 서울: 박영사.
유병국 (2004). 이동전화 번호이동성 정책 변경의 사례. 「한국정책학보」. 13(5).
유병욱 (2005). Aaron Wildavsky의 비교예산이론. 오석홍 편. 「행정학의 주요 이론」. 서울: 법문사.
유재원 (2000). 사회자본과 자발적 결사체. 「한국정책학회보」. 9(3).
——— (2003). 시민참여의 확대 방안: 참여민주주의의 시각에서. 「한국정책과학학회보」. 7(2).
유팔무 (1999). NGO와 한국의 시민운동. 「한국사회에서 국회와 NGO의 역할」. 1999년 한국정치학회 월례발표논문집.
유평준 (2005). Verne B. Lewis의 예산이론. 오석홍 편. 「행정학의 주요 이론」. 서울: 법문사.
유현석 (1999). 한국의 실업문제와 NGO: NGO와 국가와의 관계를 중심으로. 「한국 사회에서 국회와 NGO의 역할」. 1999년 한국정치학회 월례발표논문집.
유홍림 (1996). 포스트모더니즘의 자유주의. 「사회비평」. 16.
유 훈 (1978, 1982, 1993). 「행정학원론」. 서울: 법문사.
윤견수 (1991). 「상징 체계를 통해 본 조직의 변화 과정」. 고려대학교 대학원 행정학과 박사학위 논문.
———(1992). 조직 은유의 변화를 통해 본 조직의 변동 과정. 「행정과 정책」. 창간호.
———(1993). 조직의 딜레마에 대한 상징적 반응. 「한국행정학보」. 26(4).
———(1997). 정당성의 논리와 중간조직의 딜레마. 「한국행정학보」. 31(1).
———(1998). 텍스트 분석과 조직이론의 새로운 가능성. 「충주산업대학교 논문집」. 33(1): 341–364.
———(2001a). 선택 상황의 구성 방식과 의사결정자의 딜레마. 「한국정책학보」. 10(1).
———(2001b). 약자의 설득전략: 어느 하위직 지방공무원의 개혁활동에 대한 현상학적 보고서. 「한국행정학보」. 35(1): 143–160.
———(2005). 공공 의사결정 상황을 이해하기 위한 개념적 장치로서 딜레마 이론이 가지는 의미. 「한국행정학회 추계 학술발표대회논문집」.
윤견수 · 소영진 · 김동환 · 이종범 외 (2000). 「딜레마와 행정」. 서울: 나남.
윤견수 · 하민철 (2005). 전자정부의 딜레마: 정책의 메타포와 스토리텔링의 관점에서. 「한국조직학회보」. 2(1).
윤광재 (2009). 사르코지 정부와 이명박 정부의 행정개혁에 관한 비교연구. 「한국행정학보」. 43(2).
윤두섭 외 (2007). 사회적 자본이 지방정부 외부 역량에 미치는 영향. 「행정논총」. 45(1).
윤명노 (1987). 「현상학과 현대철학」. 서울: 문학과지성사.
윤우곤 (1973). 한국 관료의 행태론적 분석. 「한국행정학보」. 7.
윤재풍 (1987). 한국의 행정학교육: 대학 행정학과 학사과정을 중심으로. 「한국행정학보」. 21(1).
———(1989). 「조직학원론」. 서울: 박영사.
———(1999). 행정학이론. 대한민국학술원 편. 「학술총람 제54집: 정치학 · 행정학 · 사회학 편(1945–1997)」. 서울: 학술원.
윤평중 (1996). 「푸코와 하버마스를 넘어서」. 서울: 교보문고.
이강현 (2002). 자원봉사의 의미와 가치. 「도시와 빈곤」. 57.
이경묵 (1996). 사회적 자본의 형성과 활용. 「노사관계연구」. 7. 서울대학교.
이경희 · 권순만 (2004). 의약분업정책: 이익집단의 영향과 정책과정의 교훈. 「한국정책학보」. 13(5).
이광래 (1991). 미셸 푸코–언어, 지식 그리고 권력. 「포스트모더니즘과 포스트구조주의」. 김욱동 편. 서울: 민음사.
이광모 · 최창현 (2002). 도가사상과 카오스이론 비교연구. 「한국지방자치학회보」. 14(2).
이규상 · 홍훈 (2009), 자유온정주의와 자유방임주의. 「경제학연구」. 57(3).
이규호 (1973). 사회과학 방법론의 철학적 반성 재론. 이규호 외 편. 「사회과학의 방법론」. 서울: 현암사.

이길우 (1986). 선험적 자아의 존재와 동일성. 「철학연구」. 42.
이남인 (2004). 「현상학과 해석학」. 서울: 서울대학교출판부.
———(2006). 후설 엄밀학으로서의 철학. 「철학사상」. 7(17).
이달곤 (2002). 행정의 시차론적 접근에 관한 연구. 「한국행정학회 추계학술발표대회논문집」.
———(2004). 「한국지방정부론」. 서울: 박영사.
———(2007). 행정의 시차연구: 중간점검, 「2007년도 한국행정학회 동계학술대회」.
이명석 (2002). 거버넌스의 개념화: '사회적 조정'으로서의 거버넌스. 「한국행정학보」. 36(3).
———(2016). 행정학 패러다임별 연구: 공공선택론. 「2016년 한국행정학회 60주년 하계공동학술대회 및 국제학술대회」.
——— 외 (2008). 재난대응 거버넌스 분석: 민간자원봉사 네트워크를 중심으로. 「한국정책학보」. 17(3).
이문영 (1968). 우리나라에서의 적용을 위한 행정개혁의 이론 모색. 「고대법률행정논총」. 5(1).
———(1980). 「한국행정론」. 서울: 일조각.
이미정 (2002). 사회자본(social capital)을 통한 공공부문 IT아웃소싱의 조직내-조직간 relationship 개선 방안. 「한국행정과 신뢰」. 한국행정학회 2002년도 동계학술대회 발표논문집.
이민창 (2008). 우리나라 자원봉사 연구의 경향 분석. 「지방정부연구」. 12(1).
———(2005). 정책갈등 현상의 제도론적 분석: NIMBY 사례를 중심으로. 「한국정책학보」. 14(1).
이병철 (1996). 「현대 행정학의 이해」. 울산: 울산대학교출판부.
———(2005). 「행정의 역사와 이론」. 부산: 금정.
이상안 (2004). 「현대 사회봉사론」. 서울: 박영사.
이선미 (2004). 푸트남의 사회자본론 비판과 비교사회론적 함의: 신뢰를 중심으로. 「사회와 이론」. 4.
이성록 (2000). 「새로운 공동체@영역 제4섹터」. 한국사회복지협의회 & 미디어숲.
이성우 (2013). 「정책분석론: 이론과 기법」. 서울: 조명문화사.
이수윤 (1981). 「정치철학: 인식과 실천의 통일」. 서울: 법문사.
이승종 (2005). Theodore Lowi의 정책유형론. 오석홍 편. 「행정학의 주요 이론」. 서울: 법문사.
이시영 · 이효찬(2010). 행동경제학적 접근을 통한 국제 경제 현상의 분석. 「무역학회지」. 35(2).
이양호 (1999). 「막스 셸러의 철학」. 서울: 이문출판사.
이영균 (1994). 행정학 연구의 변천에 관한 소고: 박사학위 논문 분석을 중심으로. 「한국행정학보」. 28(4).
이영찬 (2007). 기업의 사회적 자본 측정지표 개발. 「지식연구」. 5(1).

이영현 (2006). 「사회적 자본과 인적자원 개발」. 한국직업능력개발원.
이용필 (1978). 「정치체계론」. 서울: 대왕사.
―――(1984). 「현대정치이론」. 서울: 박영사.
이윤식 (2002). Carol H. Weiss의 정책평가연구의 정치적 성향론. 오석홍 편. 「정책학의 주요 이론」. 서울: 박영사.
이윤희 (1992). 포스트모더니즘에 대한 비판적 고찰. 「사회학연구」. 7.
이재열 (1998). 민주주의, 사회적 신뢰, 사회적 자본. 「계간사상」. 1998(여름).
이재황 (2007). 카오스로서의 세계: 니체의 카오스론. 「현대예술 및 문화」. 서울: 한국브레히트학회.
이재혁 (1998). 신뢰, 거래비용 그리고 연결망. 「한국사회학」. 30.
이종범 (1977). 행정학의 토착화에 관한 논거. 「한국행정학보」. 11.
―――(1979). 한국 행정학 연구의 방향과 과제: 문화적 차이의 개념을 중심으로. 「한국정치학회보」. 13.
―――(1986). 「국민과 정부관료제」. 서울: 고려대학교출판부.
―――(1992). 정책딜레마와 상징적 행동: 딜레마 상황에 대한 정책대응을 중심으로. 이문영 · 이종범 외. 「작은 정부를 위한 관료제」. 서울: 법문사.
―――(1995). 기업형 정부의 구축 방안. 「한국행정연구」. 4(1).
―――(1996). 딜레마 확률과 제도적 대응: 서울시 도시재개발 사업을 중심으로. 「한국행정논집」. 7(2).
―――(1999). 개혁의 딜레마와 조직의 대응: 행정쇄신위원회의 조직화 규칙과 전략. 「정부학연구」. 5(1).
―――(2003). 행정이론의 토착화의 재음미: 국민과 정부관료제에 대한 비판적 성찰. 「한국사회와 행정」. 14(2).
―――(2005). 불확실성, 모호성과 딜레마 상황에서 절차적 합리성의 탐색. 「행정논총」. 43(3).
이종범 · 안문석 · 이정준 · 윤견수 (1992). 정책분석에 있어서 딜레마 개념의 유용성. 「한국행정학보」. 25(4).
이종범 · 윤견수 (2000). 정부의 딜레마에 대한 제도적 해결 장치의 연구: 노동위원회의 분쟁조정제도의 변천을 중심으로. 「한국정치학회보」. 34(3).
이종수 (1999). 정부조직 개편과 행정개혁: 한국적 개혁론의 모색. 「한국정책학회 1999년도 추계학술대회 발표논문집」.
이종수 · 윤영진 외 (2005, 2009). 「새 행정학」. 서울: 대영문화사.
이종원 (2005). 방법론적으로 재해석한 거버넌스의 이해. 「한국행정학보」. 39(1).
이준웅 · 김은미 · 문태준 (2005). 사회자본 형성의 커뮤니케이션 기초: 대중 매체 이용이 신뢰, 사회 연계망 활동 및 사회정치적 참여에 미치는 영향. 「한국언론학보」. 49(3).

———(2006). 사회자본과 커뮤니케이션 품질. 「사이버커뮤니케이션학보」. 19.
이준형(2005a). Herbert A. Simon의 행정 원리에 대한 비판. 오석홍 편. 「행정학의 주요 이론」. 서울: 법문사.
———(2005b). Robert A. Dahl의 과학으로서의 행정학. 오석홍 편. 「행정학의 주요 이론」. 서울: 법문사.
이진경(2007). 「모더니티의 지층들」. 서울: 그린비.
이진우(1993). 「포스트모더니즘의 철학적 이해」. 서울: 서광사.
이필우(1983). 「재정학개론」. 서울: 법문사.
이한구(1995). 열린 사회의 철학. 「철학과 현실」. 봄호.
이한빈(1968). 「사회변동과 행정」. 서울: 박영사.
———(1969). 「국가 발전의 이론과 전략」. 서울: 박영사.
———(1970). 법학에서 행정학으로: 해방 후 한국 행정학의 수립 과정에 관한 고찰. 「한국행정학보」. 4.
——— 외(1969). 「한국 행정의 역사적 분석」. 서울: 한국행정문제연구소.
이헌수(1999). 국민의 행정신뢰에 관한 영향요인 분석. 「한국행정학보」. 33(2).
일리야 프리고진, 이덕환 옮김(1997). 「확실성의 종말」. 서울: 사이언스북스.
임도빈(1994). 「지방화시대의 국가행정」. 서울: 장원.
———(2010). (서평) '딜레마 학파'의 딜레마. 「한국행정학보」. 44(4).
임성만 · 김명언(2000). 조직에서의 신뢰: 개관. 「한국심리학회지」. 13(2).
임의영(1995). 과학적 방법론과 현상학적 방법론의 이질동형성(isomorphism) 비판. 「한국행정학보」. 29(4).
장수찬(2002a). 한 사회의 대인신뢰 수준을 결정하는 요소들: 국가 간 비교를 중심으로. 「정부학연구」. 8(1).
———(2002b). 한국 사회에 나타난 악순환의 사이클: 결사체 참여, 사회자본, 그리고 정부신뢰. 「한국정치학회보」. 36(1).
———(2004). 변동사회의 NGO와 사회자본: 한국의 경우. 「2004년도 한국NGO학회/한국비영리학회 춘계학술대회논문집」.
장 프랑수아 리오타르, 김연숙 · 김관오 옮김(1989). 「현상학이란 무엇인가」. 서울: 까치.
장지호(2004). 출자총액제한제도의 변동 연구: 공정거래위원회와 재정경제부의 상반된 신념 체계를 중심으로. 「한국정책학보」. 13(3).
전상경(2005). Vincent Ostrom과 Elinor Ostrom의 공공선택론. 오석홍 편. 「행정학의 주요 이론」. 서울: 법문사.
전종섭(2000). 시민사회의 뉴거버넌스. 김영섭 외. 「위대한 사회를 위하여」. 서울: 법문사.
정광호(2005). 사회자본과 지방정부 역량의 관계: 이론 틀과 경험적 논의. 「2005년 한국행정학회 춘계학술대회논문집」.

정병은 · 장충권 (2006). '노가다'의 사회자본 형성과 한계: 건설일용근로자의 연결망, 신뢰, 호혜성. 「사회연구」. 통권 12호.
정성호 (2001). 한국 행정학의 근대성: 담론분석. 「정부학연구」. 7(2).
―――(2004). 한국의 행정언어와 정부간 인사 교류의 딜레마: Jacques Lacan의 정신분석학을 통한 인사교류 담론 분석. 「한국행정학보」. 38(4).
정승화 · 이경묵 (1998). 전략적 제휴에 있어 핵심 역량과 사회적 자본의 역할: 미국 증권산업을 중심으로. 「경영학연구」. 27(1).
정용덕 (1996). 한국 행정학 발전의 동인. 「한국행정학보」. 30(4).
―――(2016). 서언, 「한국행정포럼」. 통권 154호.
정용덕 · 권순만 외 (1999). 「합리적 선택과 신제도주의」. 서울: 대영문화사.
정용덕 외 (1996a). 한국 행정학 발전의 동인. 「한국행정학보」. 30(4).
―――(1996b). 한국 행정학 발전의 동인: 시론적 고찰. 「한국 행정학의 회고와 전망」. 한국행정학회 국제학술대회.
―――(1999). 「신제도주의연구」. 서울: 대영문화사.
―――(2001). 「현대국가의 행정학」. 서울: 법문사.
정재각 (2012). 「행정환경과 정부 특성 비교연구 V: 독일의 행정과 공공정책」, KIPA 연구보고서 2012-25. 서울: 한국행정연구원.
정정길 외 (1988). 「정책결정론」. 서울: 대명출판사.
―――(1994). 「대통령의 경제 리더십」. 서울: 한국경제신문.
―――(2002a). 행정과 정책연구를 위한 시차적 접근 방법; 제도의 정합성 문제를 중심으로. 「한국행정학보」. 36(1).
―――(2002b). 정책과 제도의 변화 과정과 인과 법칙의 동태적 성격: 시차적 접근 방법(Time Lag Approach)을 위한 제언. 「한국정책학보」. 11(2).
―――(2005). 「행정의 시차적 접근」. 서울: 박영사.
정정길 · 이달곤 (1997). 「한국 행정의 연구」. 서울: 박영사.
정정길 · 정준금 (2003). 정책과 제도 변화의 시차적 요소. 「행정논총」. 41(2).
정준금 (2002a). 정책과 제도 변화의 시차적 요소. 「한국행정학회 동계학술발표대회논문집」.
―――(2002b). 시차적 접근을 통한 정책과정의 동태적 이해: 환경정책을 중심으로. 「한국정책학회보」. 11(2).
정철현 (2005). 「행정이론의 발전: 베버에서 오스본까지」. 서울: 다산출판사.
정홍익 (1981). 형식주의의 이론적 분석. 「행정논총」. 19(2). 서울대 행정대학원.
조경호 · 주재복 (1994). 딜레마적 정책결정 상황하의 정부의 전략적 대응과 선택에 관한 연구: 쌀시장 개방정책을 중심으로. 「한국행정연구」. 3(1).
조명래 (1997). NGO를 매개로 한 환경행정 참여. 「지방자치」. 통권 102호.
조석준 (1980). 「한국행정학」. 서울: 박영사.

———(1981). 행정학과 학풍의 조성. 「한국행정학보」. 15.
———(1986, 1992). 「한국행정학」. 서울: 박영사.
조셉 블라이허, 권순홍 옮김(1983). 「현대 해석학」. 서울: 한마당.
조인래(1992). 현대 양자 역학과 철학. 「철학과 현실」. 가을호.
조주행(2002). 「행정이론: 21세기 지식정보화 사회의 정부경영학」. 서울: 도서출판 인간사랑.
조창현(1993). 「지방자치론」. 서울: 박영사.
———(2006). 포스트모더니즘, 패러다임, 합리화 그리고 정부혁신. 「한국행정학회 학술발표대회논문집」.
조휘일(1995). 「청소년 자원봉사활동 실천과 활성화 방안」. 한국 청소년단체협의회.
주선미(2003). 환경정의운동과 지역정책 과정: 공론장 모형에 의한 사례분석. 「한국행정학보」. 37(3).
주선미·한인숙(2002). 공론장과 지방정치: 고양시 러브호텔 건립 저지 사례를 중심으로. 「한국행정학보」. 36(1).
최덕경 외(2005). 「자원봉사론」. 서울: 공동체.
———(2004). 정책 과정에서의 NGO 역할에 관한 실증적 연구. 「한국정책학회보」. 13(1).
최병선(1992). 「정부규제론」. 서울: 법문사.
최성두(2000). 카오스 행정론의 유용성 평가. 「한국행정논집」. 12(4).
최성욱(2008). 포스트모더니즘에서 본 관료조직. 「한국행정학회 춘계학술대회논문집」.
최영종(2002). 한국과 일본의 경제구조 개혁 비교: 정치제도와 사회자본의 역할을 중심으로. 「아세아연구」. 45(2).
최영출(2004a). 지역주민과 공무원 간 신뢰 수준에 관한 연구. 「지방정부연구」. 7(2).
———(2004b). 지역의 사회자본 측정지표 설정. 「한국지방정부학회」. 8(3).
최종덕(2007). 사회자본 형성을 위한 시민교육의 방향. 「시민교육연구」. 39(4).
최종렬(2004). 신뢰와 호혜성의 통합의 관점에서 바라본 사회자본: 사회자본 개념의 이념형적 구성. 「한국사회학」. 38(6).
최창수(2000). 사회자본의 형성을 위한 지방정부의 역할: 미국의 교훈. 「한국지방행정연구」. 14(1).
최창현(2016). 행정학에서 체제이론이 연구동향: 복잡체제이론과 시스템 다이내믹스를 중심으로. 「2016년 한국행정학회 60주년 하계공동학술대회 및 국제학술대회」.
최창호(2002). 「새행정학」. 서울: 법문사.
최평길(2002). 「대통령학」. 서울: 박영사.
최 협(1983). 계량적 접근과 질적 접근. 김동일 편. 「사회과학방법론 비판」. 서울: 도서출판 청람.
칼 포퍼, 이한구 옮김(2006). 「열린 사회와 그 적들 1」. 서울: 민음사.
칼 포퍼, 이명현 옮김(1998). 「열린 사회와 그 적들 2」. 서울: 민음사.

퀸틴 라우어, 최경호 옮김(1987). 「현상학-그 발생과 전망」. 서울: 경문사.
포스트모던 사상가, 「빛과 소금」. 1996년 4월호.
폴 케네디, 이일수 · 전남석 · 황건 옮김(1996). 「강대국의 흥망」. 서울: 한국경제신문사.
프리드리히 니체, 강수남 옮김(1997). 「권력에의 의지」. 서울: 청하.
하민철 · 윤견수(2004). 행위자들의 양면적 상황 설정과 딜레마 그리고 제도화: 노사정위원회의 제도화 과정을 중심으로. 「한국행정학보」. 38(4).
하버마스와 가다머의 포스트모더니즘 비판. 「빛과 소금」. 1996년 5월호.
한국행정학회(1996). 「한국행정학회 연혁」.
한국현상학회 편(1988). 「현상학의 전개」. 서울: 양서원.
———(1992). 「생활세계의 현상학과 해석학」. 서울: 서광사.
한배호(1983). 「비교정치론」. 서울: 법문사.
한상미(2007). 사회복지사들의 사회자본 측정도구 개발. 「사회복지연구」. 33(2).
한인숙(2000). 포스트모더니즘, 복지정책 그리고 여성. 「한국행정학보」. 34(4).
한전숙(1984). 「현상학의 이해」. 서울: 민음사.
———(1986). 「현상학과 개별 과학」. 서울: 대학출판사.
한정선(1990). 프레게의 "산술 철학 비평"이 후설에게 미친 영향. 한국현상학회 편. 「후설과 현대철학」. 서울: 서광사.
한혜경(1996). 「자원봉사의 활성화를 위한 방향 모색」. 보건복지포럼 창간호.
허버트 스피겔버그, 최경호 옮김(1992). 「현상학적 운동」. 서울: 이론과실천.
허철행 · 허용훈(2007). 한국 사회자본의 한계와 전망. 「한국행정논집」. 19(1).
홍두승(1987). 「사회조사분석」. 서울: 다산출판사.
홍연숙(2008). 제주지역 청소년의 자원봉사 참여 실태와 미래 지속 의도 분석. 「청소년복지연구」. 10(2).
홍영란(2007). 국가 발전을 위한 사회적 자본 형성전략 연구. 「교육개발」. 34(3).
홍훈 · 이규상(2009). 행동경제학의 규범적 분석과 합리성, 「사회경제평론」. 제32호.
황영호 · 박종관(2004). 충청 · 호남지역의 사회자본의 실태와 형성전략에 관한 연구. 「한국사회와 행정연구」. 14(4).
황인정(1970). 「행정과 경제 발전」. 서울: 서울대학교출판부.
황준성(2005). 사회적 자본으로서의 신뢰와 한국경제. 「신뢰연구」. 15(2).

국외 문헌

Abzug, Rikki & Joy K. Turnheim (1998). Bandwagon or Band-Aid? A Model of Nonprofit

Incorporation by State. *Nonprofit and Voluntary Sector Quarterly*. 27(3).
Adler, Paul S. (1993). Time and Motion Regained. *Human Business Review*. 71.
Adler, Paul S. & S. Kwon (2002). Social Capital: Prospects for a New Concept. *Academy of Management Review*. 27.
Adloff, F. (2006). Religion and Social-Political Action: The Catholic Church, Catholic Charity and the American Welfare State. *International Review of Sociology*. 16(1).
Akerlof, George A. & Robert J. Shiller (2015). *Phishing for Phools: The Economics of Manipulation & Deception*. New Jersey: Princeton University Press.
Albert, S. (1995). Toward a Theory of Timing: An Archival Study of Timing Decisions in the Persian Gulf War. *Research in Organizational Behavior*. 17.
Albrow, Martin (1970). *Bureaucracy*. London: Pall Mall Press.
Allison, David (2000). *Reading the New Nietzsche*. Lanham, Maryland: Rowman & Littlefield Publishing.
Almond, Gabriel A. & Sidney Verba (1965). *The Civic Culture: Political Attitudes and Democracy in Five Nations*. Boston: Little Brown.
———(1980). *The Civic Culture Revisited*. Boston: Little Brown.
Althusser, Louis (1965). *For Marx*. London: New Left Books.
Alvarado, F. (1996). Concerning Postmodernity and Organizations in the Third World: Opening a Debate and Suggestions for a Research Agenda. *Organization Science*. 7(6).
Alvesson, M. (1993). The Play of Metaphors. 114-131. *Postmodernism and Organizations*.
Alvesson, M. & D. Karreman (2000). Varieties of Discourse: On the Study of Organizations through Discourse Analysis. *Human Relations*. 53(9).
Ancona, D., G. Okhuysen, & L. Perlow (2001a). Taking Time to Integrate Temporal Research. *The Academy of Management Review*. 26(4).
Ancona, D., B. S. Lawrence, & M. L. Tushman (2001b). Time: A New Research Lens, *The Academy of Management Review*. 26(4).
Andrew, K. R. (1987). *The Concept of Corporate Strategy*. Homewood, Illinois.: Dow Jones-Irwin.
Anheier, Helmut K. & Lester M. Salamon (1998). *The Nonprofit Sector in the Developing World*. London: Manchester University Press.
Appleby, Paul H. (1949). *Policy and Administration*. Alabama: University of Alabama Press.
Argyris, Chris & Donald Shoen (1978). *Organizational Learning*. Reading: Addison-Wesley.
———(1980). Making the Undiscussable and Its Undiscussability Discussable. *Public Administration Review*. 40.

Aribib, M. A. & Mary B. Hesse (1986). *The Construction of Reality.* Cambridge, Mass.: Cambridge University Press.

Ariely, Dan, G. Lowenstein, & Z. Carmon (2003). Summary Assessment of Experiences: The Whole Is Different from the Sum of Its Parts, in G. Loewenstein, D. Read, & R. Baumeister (eds.). *Time and Decision.* New York: Russell Sage.

Ariely, Dan, G. Loewenstein, & D. Prelec (2003). Coherent Arbitrariness: Stable Demand Curves Without Stable Preferences. *Quarterly Journal of Economics.* 118(1).

Arnold, Peri E. (1995). Reform's Changing Role. *Public Administration Review.* 55(2).

Arrow, Kenneth J. (1963). *Social Choice and Individual Values.* New Haven and London: Yale University Press.

———(1973). The Theory of Discrimination, in O. Ashenfelter & A. Rees (eds.). *Discrimination in Labor Markets.* New York: Princeton University Press.

Ashby, William R. (1997). Principles of the Self-Organizing System. Modern Systems Research for the Behavioral, *Scientist.* 108.

Astley, W. (1985). Administrative Science as Socially Constructed Truth. *Administrative Science Quarterly.* 30.

Bader, John B. (1996). *Taking the Initiative: Leadership Agendas in Congress and the "Contract With America."* Washington, DC: Georgetown University Press.

Baily, Stephen K. (1968). Objective of the Theory of Public Administration, in James C. Charlesworth(ed.). *The Theory and Practice of Public Administration: Scope, Objective and Methods.* Monograph 8. Philadelpia: The American Academy of Political and Social Science.

Baker, Keith G. (1976). Public-Choice Theory: Some Important Assumptions and Public-Policy Implications, in Robert T. Golembiewski (eds.). *Public Administration.* Chicago: Rand McNally.

Baker, Wayne (1990). Market Networks and Corporate Behavior. *American Journal of Sociology.* 96.

Baldock, C. V. (1990). *Volunteers in Welfare,* Sydney: Allen and Unwin.

Balfour, Danny L. (1997). Reforming the Public Service: The Search for a New Tradition. *Public Administration Review.* 57(5).

Bardach, Eugene (1977). *The Implementation Game.* Cambridge, Mass.: MIT Press.

Baron, Jonathan (1997). Biases in the Qualitative Measurement of Values for Public Decisions. *Psychological Bulletin.* 112(1).

Baum, F., R. Bush, C. Modra, E. Cox, R. Cooke, & R. Potter (1999). Volunteering and Social Capital: An Adelaide Study. *Australian Journal on Volunteering.* 4(1).

Baumann, Z. (1988). Viewpoint: Sociology and Post－Modernity. *Sociological Review*. 36(4).
Beck, Paul Allen (1997). *Party Politics in America* (8th ed.). New York: Longman.
Becker, Gary (1964). *Human Capital*. Chicago: University of Chicago Press.
Beer, M. & C. G. Rogers (1997). *Hewlett Packard's Santa Rosa Systems Division*, Case No. 9－498－011. Boston: Harvard Business School Case Services.
Beer, M. & N. Nohria (2000). Cracking the Code of Change. *Harvard Business Review*. 78(1).
Bell, Daniel (1967). *Toward the Year 2000: Work in Progress*. Boston, Mass.: Beacon Press.
———(1976). *The Coming of Post－Industrial Society*. New York: Basic Book.
———(1977). The Future World Disorder: The Structural Context of Crisis. *Foreign Policy*. 27(Summer).
Bellone, Carl J. (1980). Introduction: Some Theoretical Perspective, in C. J. Bellone (ed.). *Organization Theory and the New Public Administration*. Boston, Mass.: Allyn and Bacon, Inc.
Bellone, Carl J. & George Frederick (1992). Reconciling Public Entrepreneurship and Democracy. *Public Administration Review*. 52(2).
Bendix, Reinhard (1956). Arbeiter, Management, Mitbestimmung. *Industrial and Labor Relations Review*. 10(1).
Bennington, Geoffrey & Brian Massumi (1993). *The Postmodern Condition: A Report on Knowledge*. Minnesota: University of Minnesota Press.
Bennis, Warren G. (1966). *Changing Organizations*. New York: McGraw-Hill.
———(1973). Organizational Development and the Fate of Bureaucracy, in F. A. Kramer (ed.). *Perspectives on Public Bureaucracy*. Cambridge, Mass.: Winthrop.
———(1984). Transformative Power and Leadership, in Thomas J. Sergiovanni & John E. Corbally(ed.). *Leadership and Organizational Culture*. Urbana: University of Illinois Press.
Bennis, Warren G. & Philip E. Slater (1968). *The Temporary Society*. New York: Harper & Row.
Benson, J. (1977). Organization: A Dialectical View. *Administrative Science Quarterly*. 22.
Benton, T. (1975). *Philosophical Foundations of the Three Sociologies*. London: Routledge and Kegan Paul.
Berger, P. & T. Luckmann (1967). *The Social Construction of Reality*, Garden City, New York: Anchor.
Bernet, Rudolf, Iso Kern, & Eduard Marbuch (1993). *An Introduction to Husserlian Phenomenology*. Evanson, Illinois: Northwestern University Press.

Berrien, F. Kenneth (1968). General and Social Systems. Englewood Cliffs, New Jersey: Rutgers University Press.

Bertalanffy, Ludwig von (1968). *General Systems Theory: Foundation, Development, Applications*. New York: George Braziller.

Best, Steven & Douglas Kellner (1997). *The Postmodern Turn*. New York: The Guilford Press.

Blalock. Jr., Hubert M. (1969). *Theory Construction: From Verbal to Mathematical Formulation*. Englewood Cliffs, New Jersey: Prentice-Hall, Inc.

Blanchflower, David G. & Andrew Oswald (2000). *Well-Being over Time in Britain and the USA*. National Bureau of Economic Research. Working Paper 7487.

Blau, Peter M. (1956). *Bureaucracy in Modern Society*. Chicago: University of Chicago Press.

——— (1963). *Dynamics of Bureaucracy*. Chicago: University of Chicago Press.

Blau, Peter M. & W. Richard Scott (1962). *Formal Organizations: A Comparative Approach*. San Francisco: Chandler Publishing Co.

Bluedorn, A. C. & R. B. Denhardt (1988). Time and Organizations. *Journal of Management*. 14.

Boje, D. (1991). The Storytelling Organization: A Study of Story Performance in an Office-Supply Firm. *Administrative Science Quarterly*. 36: 106-126.

Boulding, Kenneth E. (1956). General System Theory: The Skeleton of Science. *Management Science*. 2(April).

——— (1968). General Systems Theory: The Skeleton of Science, in Walter Buckley & Anatol Rapoport(eds.). *Modern Systems Research for the Behaviral Scientists*. Chicago: Aldine Publishing Co.

Bourdieu, Pierre (1967). Systems of Education and Systems of Thought. *Social Science Information*. 14(3).

——— (1986). The Forms of Capital, in J. G. Richardson(ed.). *Handbook of Theory and Research for the Sociology of Education*. New York: Greenwood.

Bovens, Luc (2008). The Ethics of Nudge, in Till Grüne-Yanoff & Sven O. Hansson (eds.). *Preference Change: Approaches from Philosophy, Economics and Psychology*, Berlin and New York: Springer, Theory and Decision Library A.

Brehm, John & Wendy Rahn (1997). Individual-Level Evidence for Causes and Consequences of Social Capital. *American Journal of Political Science*. 41(3).

Briggs, Xavier de Souza (1998). Brown Kids in White Suburb: Housing Mobility and the Multiple faces of Social Capital. *Housing Policy Debate*. 9(1).

Bromiley, P. & L. L. Cummings (1995). Transaction Costs in Organizations with Trust. *Research on Negotiation in Organizations*. 5.

Brown, Eleanor & James M. Ferris (2007). Social Capital and Philanthropy: An Analysis of the Impact of Social Capital on Individual Giving and Volunteering. *Nonprofit and Voluntary Sector Quarterly*. 36(1). San Francisco.

Brudney, J. L. (1990). *Fostering Volunteer Programs in the Public Sector*. San Francisco: Jossey-Bass Inc., Publishers.

Buchanan, James M. (1984). Politics without Romance: A Sketch of Positive Public Choice Theory and Its Normative Implications, in James M. Buchanan & Robert D. Tollison(ed.). *The Theory of Public Choice–II*. Ann Arbor, Michigan: The University of Michigan Press.

Buchanan, James M. & Gordon Tullock (1974). *The Calculus of Consent: Logical Foundations of Constitutional Democracy*. Ann Arbor, Michigan: University of Michigan Press.

Buckley, Walter (1967). *Sociology and Modern Systems Theory*. Englewood Cliffs, New Jersey: Prentice-Hall.

Burgess, Adam (2012). Nudging Healthy Lifestyles: The UK Experiments with the Behavioural Alternative to Regulation and the Market, *European Journal of Risk Regulation*. 3(1).

Burke, T. E (1983). *The Philosophy of Popper*. Manchester: Manchester University Press.

Burns, James McGregor (1978). *Leadership*. New York: Harper and Row.

Burrell, W. & G. Morgan (1979). *Sociological Paradigms and Organizational Analysis*. London: Heinemann.

———(1982). *Sociological Paradigms and Organizational Analysis: Elements of the Sociology of Corporate Life*. Burlington, VT: Ashgate Publishing Limited.

Burt, R. S. (1992). *Structural Holes: The Social Structure of Competition*. Cambridge: Harvard University Press.

Butler, C. (2002). *Postmodernism: A Very Short Introduction*. Cambridge: Oxford University Press.

Butler, R. (1995). Time in Organizations: Its Experience, Explanations and Effects. *Organization Studies*. 16.

Caiden, Gerald E. (1971). *The Dynamics of Public Administration: Guidelines to Current Transformations in Theory and Practice*. Hinsdale, Illinois: Dryden Press.

———(1979). Administrative Reform: A View from the Field. *Policy Studies Journal*. 8(3).

———(1982). *Public Administration*(2nd ed.). Pacific Palisades, CA: Palisades Publishers.

Camerer, C. F., G. Loewenstein, & M. Rabin (2003a). *Advances in Behavioral Economics*. Princeton: Princeton University Press.

Camerer, C. F., S. Issacharoff, G. Loewenstein, T. O'Donoghue, & M. Rabin (2003b). Regulation for Conservatives: Behavioral Economics and the Case for "Asymmetric Paternalism." *University of Pennsylvania Law Review*. 151.

Calhoun, Craig (1993). Habitus, Field, and Capital: The Question of Historical, in Craig Calhoun, Edward Lipuma, & Moishe Postone(eds.). *Bourdieu: Critical Perspective*. Chicago: University of Chicago Press.

Cameron, Kim S. (1986). Effectiveness as Paradox: Consensus and Conflict in Conceptions of Organizational Effectiveness. *Management Science*. 32.

Cameron, Kim S. & R. E. Quinn (1988). Organizational Paradox and Transformation, in Robert E. Quinn & Kim S. Cameron (eds.). *Paradox and Transformation: Toward a Theory of Change and Management*. Cambridge: Ballinger Publishing Company.

Cannella, Jr., A. & R. Paetzold (1994). Pfeffer's Barriers to the Advance of Organizational Science: A Rejoinder. *AMR*. 19(2).

Carroll, James D. (1995). The Rhetoric of Reform and Political Reality in the National Performance Review. *Public Administration Review*. 55(3).

Carroll, James D. & Alfred Zuck (1985). *The Study of Administration Revisited: Report on the Centennial Agendas Project*. Washington, DC: American Society for Public Administration.

Chanddhoke, Neera (1995). *State and Civil Society: Exploration of Political Theory*. New Delhi: Sage Publications.

Chia, R. (1995). From Modern to Postmodern Organizational Analysis. *Organization Studies*. 16(4).

Chilton, P. & M. Illyin (1993). Metaphor in Political Discourse Analysis: The Case of the 'Common European House.' *Discourse and Society*. 4(1).

Chin, R. & K. D. Benne (1994). General Strategies for Effecting Changes in Human Systems, in W. L. French, C. H. Bell, & R. A. Zawacki (eds.). *Organization Development and Transformation: Managing Effective Change*. Boston: Irwin.

Choi, H. S. & Yoon Gyonsoo (1997). Decision Making under Dilemma: A Neglected Dimension. *Proceeding Paper Presented to the 58th ASPA Conference*(Phil. USA).

Christoplos, Ian (1999). Public Services, Complex Emergencies and the Humanitarian Imperative: Perspectives from Angola, in Martin Minogue, Charles Polidano, & David Hulme (ed.). *Beyond the New Public Management: Changing Ideas and Practices in Governance*. Northampton, MA: Edward Elgar Publishing, Inc.

Church, C. H. (1981). *Revolution and Red Tape: The French Ministerial Bureaucracy 1770–1850*. Oxford: Clarendon.

Clegg, S. (1990). *Modern Organizations*. London: Sage Publications.

Cohen, Jean (1999). Trust, Voluntary Association and Workable Democracy: the Contemporary American Discourse of Civil Society, in Mark E. Warren (ed.). *Democracy & Trust*. Cambridge: Cambridge University Press.

Cohn, Daniel (1997). Creating Crises and Avoiding Blame: The Politics of Public Service Reform and the New Public Management in Great Britain and the United States. *Administration & Society*. 29.

Coleman, James S. (1988). Social Capital in the Creation of Human Capital. *American Journal of Sociology*. 94(Supplement).

——— (1990a). *Foundations of Social Theory*. Cambridge: Harvard University Press.

——— (1990b). James S. Coleman, in R. Swedberg (ed.). *Economics and Sociology, Redefining Their Boundaries: Conversations with Economists and Sociologists*. Princeton: Princeton University Press.

——— (1998). Social Capital in the Creation of Human Capital, in P. Dasgupta & I. Serageldin (eds.) (2000). *Social Capital: A Multifaceted Perspectives*. World Bank.

Colie, Rosalie L. (1979). Spinoza, in David L. Sills (ed.). *International Encyclopedia of the Social Sciences*. 15. New York: The Macmillan Company & The Free Press.

Collier, David & Ruth Collier (1991). *Shaping the Political Arena*. Princeton, New Jersey: Princeton University Press.

Common, Richard (1998). The New Public Management and Policy Transfer: The Role of International Organizations, in Martin Minogue, Charles Polidano, & David Hulme (ed.). *Beyond the New Public Management: Changing Ideas and Practices in Governance*. Northampton, MA: Edward Elgar Publishing, Inc.

Cook, Brian J. (1998). Politics, Political Leadership, and Public Management. *Public Administration Review*. 58(3).

Cooper, R. & G. Burrell (1988). Modernism, Postmodernism and Organizational Analysis: An Introduction. *Organizational Studies*. 9(1).

Coser, Lewis A. (1968). Conflict: Social Aspects. *International Encyclopedia of Social Sciences*, 3. New York: Crowell Collier and Macmillan, Inc.

Couch, L. L., J. M. Adams, & W. H. Jones (1996). The Assessment of Trust Orientation. *Journal of Personality Assessment*. 67.

Cowan, D. A. (1990). Developing a Classification Structure of Organizational Problems: An Empirical Investigation. *Academy of Management Journal*. 33(2).

Crutchfield, J. P., J. D. Farmer, N. H. Packard, & R. S. Shaw (1986). Chaos. *Scientific American*. 255.

Currall, S. & T. Judge (1995). Measuring Trust between Organizational Boundary Role Person. *Organizational Behavior and Human Decision Process.* 64(2).

Cutler, Loyed N. (1998). Some Reflections About Divided Government. *Presidential Studies Quarterly.* 17.

Cyert, Richard M. & James G. March (1963). *A Behavioral Theory of the Firm.* Englewood Cliffs: Prentice-Hall.

Dahl, Robert A. (1947). The Science of Public Administration. *Public Administration Review.* 7(1).

——— (1961). The Bahavioral Approach in Political Science: Epitaph for a Monument to a Successful Protest. *American Political Science Review.* 55.

Dahrendorf, Ralf (1959). *Class and Class Conflict in Industrial Society.* Stanford, CA: Stanford University Press.

Das, T. K. (1993). Time in Management and Organization Studies. *Time and Society.* 2.

de Souza Briggs, Xavier (1997). Social Capital and the Cities. *National Civic Review.* 86(2).

Denhardt, Robert B. (1981). *In the Shadow of Organization.* Lawrence, KS: Regents Press of Kansas.

——— (1993). *The Pursuit of Significance.* Pacific Grove, CA: Wadsworth.

Denhart, Robert B. & Janet Vinzant Denhart (2000). The New Public Service: Serving Rather than Steering. *Public Administration Review.* 60(6).

Denhardt, Robert B. & Joseph E. Gray (1998). Targeting Community Development in Orange County, Florida. *National Civic Review.* 87(3).

Diamant, Alfred (1964). Bureaucracy in Developmental Movement Regimes: A Bureaucratic Model for Developing Societies. *CAG Occasional Papers.* Oct.

Diani, Mario (1997). Social Movements and Social Capital: A Network Perspective on Movement Outcomes. *Mobilization.* 2.

Dimock, Marshall E. (1937). *Modern Politics and Administration.* New York: American Book Company.

——— (1975). W. G. Willoughby and the Administrative Universal. *Public Administrative Review.* 35.

Dorothy, Ridings (1997). Philanthropy in Action: Building Community. *National Civic Review.* 86(4).

Dowding, Keith (1995). *The Civil Service.* New York: Routledge.

Downing, B. (1992). *The Military Revolution and Political Change: Origins of Democracy and Autocracy in Early Modern Europe.* Princeton, New Jersey: Princeton University Press.

Downs, Anthony (1957). *An Economic Theory of Democracy.* New York: Harper & Row.

Dror, Yehezkel (1967). Policy Analysis: A New Professional Role in Government Service. *Public Administration Review.* 27.

———(1968). *Public Policymaking Re–Examined.* Scranton, PA.: Chandler Publishing Company.

Drucker, Peter F. (1969). *The Age of Discontinuity: Guidelines to Our Changing Society.* New York: Harper and Row.

———(1990). *Managing the Non–Profit Organization: Principles and Practices.* New York: Harper Collins.

Dubnick, Melvin J. (1994). A Coup against King Bureaucracy, in John J. DiIulio, Jr. (ed). *Deregulating the Public Service: Can Government Be Improved?.* Washington. DC: The Brookings Institution.

Duncan, R. B. (1972). Characteristics of Perceived Environments and Perceived Environmental Uncertainty. *Administrative Science Quarterly.* 17.

Dunleavy, Patrick J. (1991). *Democracy, Bureaucracy & Public Choice.* Hemel Hempstead: Harvester Wheatsheaf.

Dunn, P. C. (1995). *Volunteer Management. National Association of Social Workers. Encyclopedia of Social Work*, Washington, DC: NASW Press.

Dunsire, A. (1973). *Administration: The World and The Science.* London: Martin Robertran.

Dunsire, A. & C. Hood (1989). *Cutback Management in Public Bureaucracies.* Cambridge: Cambridge University Press.

Durston, John (2004). Social Capital: Part of the Problem, Part of the Solution. How It Can Perpetuate or Deter Poverty in Latin American and the Caribbean, in Raul Atria & Marcelo Siles (eds.). *Social Capital and Poverty Reduction in Latin America and the Caribbean.* Sangiago, Chile: United Nations Publication.

Duverger, Maurice (1980). A New Political System Model: Semi–Presidential Government. *European Journal of Political Research.* 8.

Eastis, C. M. (1998). Organizational Diversity and The Production of Social Capital. *The American Behavioral Scientist.* 42(1).

Easton, David (1956~1957). An Approach to the Analysis of Political System. *World Politics.* 9.

———(1962). Introduction: The Current Meaning of Behavioralism in Political Science, in James C. Charlesworth (ed.). *Limits of Behavioralism in Political Science.* Philadelphia: American Academy of Political and Social Science.

———(1965). *A Framework for Political Analysis.* Englewood Cliffs, New Jersey: Prentice-

Hall, Inc.
———(1970). The New Revolution in Political Science, in Michael Haas & Henry S. Kariel (ed.). *Approaches to the Study of Political Science.* Scranton, Penn.: Chandler Publishing Co.
———(1971). *The Political System* (2nd ed). New York: Alfred A. Knopf.
Edwards Ⅲ, George C. (1980). *Implementing Public Policy.* Washington, D.C.: Congressional Quarterly Press.
Edwards, Bob & John D. McCarthy (2004). Strategy Matters: The Contingent Value of Social Capital in the Survival of Local Social Movement Organizations. *Social Forces.* 83(2).
Edwards, Bob & Michael W. Foley (1998). Civil Society and Social Capital beyond Putnam. *The American Behavioral Scientist.* 25(2).
Edwards, Bob, Michael W. Foley, & Diani Mario (eds.) (2001). *Beyond Tocqueville: Civil Society and the Social Capital Debate in Comparative Perspective.* Hanover and London: Tufts University Press.
Edwards, Bob & Sam Marullo (1995). Organizational Mortality in a Declining Social Movement: The Demise of Peace Movement Organizations in the End of the Cold War Era. *American Sociological Review.* 60.
Eisenhardt, K. & M. J. Zabaracki (1992). Strategic Decision Making. *Strategic Management Journal.* 13.
Eisenmann, Charles (1979). Duguit, Leon, in David L. Sills (ed.). *International Encyclopedia of the Social Sciences.* 4. New York: The Macmillan Company & The Free Press.
Eisenstadt, Shanuel N. (1963). Problems of Emerging Bureaucracies in Developing Areas and New State, in B. F. Hoselitz & W. E. Moore (eds.). *Industrialization and Society.* UNESCO.
Eisman, Milton J. & Norman T. Uphoff (1984). *Local Organizations: Intermediaries in Rural Development.* Ithaca: Cornell University Press.
Elder, Charles D. & Roger W. Cobb (1983). *The Political Uses of Symbols.* New York: Longman Inc.
Ellis, S. J. & K. H. Noyes (1990). *By The People: A History of Americans as Volunteers.* San Francisco: Jossy-Bass Publishers.
Esman, Milton J. (1966). The Politics of Development, in John D. Montgomery & William J. Siffin (eds.). *Approaches to Development, Politics, Administration and Change.* New York: McGraw-Hill.
Ethington, Philip J. & Eileen L. McDonagh (1995). The Common Space of Social Science Inquiry. *Polity.* 28(1).

Etzioni, Amitai (1964). *Modern Organizations.* Englewood Cliffs, New Jersey: Prentice-Hall.
Evans, Peter (1996). Government Action, Social Capital and Development. *World Development.* 24(6).
Famer, David John (1995). *The Language of Public Administration: Bureaucracy, Modernity, and Postmodernity.* Tuscaloosa, Alabama: The University of Alabama Press.
Farrell, Henry & C. Shalizi (2011). Nudge Policies are Another Name for Coercion. *New Scientist.* Issue 2837.
Farber, Marvin (1943). *The Foundation of Phenomenology.* Boston, Mass.: Harvard University Press.
Farmer, David J. (1995). *The Language of Public Administration–Bureaucracy; Modernity, and Postmodernity.* Tuscaloosa, Alabama: The University of Alabama Press.
Faucault, Michell (1980). *Power and Knowledge.* New York: Pantheon Books.
——— (1986). Subject and Power. *Beyond Structuralism and Hermeneutics.* Brington: The Harwerster Press.
Fayol, Henri (1949). *General and Industrial Management,* trans. by Constance Storrs. London: Sir Issac Pitman & Sons.
Feldman, Allan (1980). *Welfare Economics and Social Choice Theory.* Boston: Martinus Nijhoff Publish.
Ferlander, Sara & Duncan Timms (2001). Local Nets and Social Capital. *Telemaics and Informatics.* 18.
Ferlie, Ewan, Ashburner Lynn, Fitzgerald Louise, & Pettigrew Andrew (1996). *The Public Management in Action.* Oxford: Oxford University Press.
Fesler, James W. (1975). Public Administration and the Social Sciences: 1946 to 1960, in Frederick C. Mosher (ed.). *American Public Administration: Past, Present, Future.* Alabama: University of Alabama Press.
——— (1980). *Public Administration: Theory and Practice.* Englewood Cliffs. New Jersey: Prentice-Hall, Inc.
Fiedler, Leslie (1965). The New Mutants. *Partisan Review.* 32(4).
Figueras, Javier Díaz-Albertini (2004). Social Capital, Grassroots Organizations and the State: Reclaiming the Missing Links of Sociability, in Raul Atria & Marcelo Siles (eds.). *Social Capital and Poverty Reduction in Latin America and the Caribbean.* Sangiago, Chile: United Nations Publication.
Fine, Ben (2001). *Social Capital versus Social Theory.* London and New York: Routledge.
Fiorina, Morris (1991). *Divided Government.* New York: Macmillan.
Fisher, C. (1992). *America Calling: A Social History of the Telephone to 1940.* Berkeley, CA:

University of California Press.

Fisher, Frank (1995). *Evaluating Public Policy.* Chicago: Nelson-Hall Publishers.

Fisher, Jule (1998). *Non-Governments: NGOs and the Political Development of the Third World.* West Hartford, CT.: Kumarian Press.

Fisher, J. A. & K. M. Cole (1993). *Leadership and Management of Volunteer Programs.* San Francisco: Jossey-Bass Pub.

Flanagen, W. & E. Fogelman (1967). Functional Analysis, in J. C. Charlesworth (ed.). *Contemporary Political Analysis.* New York: Free Press.

Foley, Michael W. & Bob Edwards (1996). *The Paradox of Civil Society. Journal of Democracy.* 7(3).

——— (1998). Beyond Tocqueville. *American Behavioral Scientist.* 42(1).

Forrest, Ray & Ade Kerns (2001). Social Cohesion, Social Capital and the Neighborhood. *Urban Studies.* 38(12).

Fox, Charles J. & Hugh T. Miller (1995). *Postmodern Public Administration: toward Discourse.* Thousand Oaks, CA: Sage Publications.

Francis, R. G. & R. C. Stone (1956). *Service and Procedures in Bureaucracy.* Minneapolis, Minnesota: University of Minnesota Press.

Frederickson, Horace G. (1971). Toward a New Public Administration, in Frank Marini (ed.). *Toward a New Public Administration: The Minnowbrook Perspective.* Scranton: Chandler Publishing Co.

——— (1980). *New Public Administration.* Alabama: The University of Alabama Press.

——— (1997a). Comparing the Reinventing Government Movement with New Public Administration. *Public Administration Review.* 56(3).

——— (1997b). *The Spirit of Public Administration.* San Francisco: Jossey-Bass

Frederickson, Horace G. & Jocelyn M. Johnston (ed.) (1999). *Public Management Reform and Innovation: Research, Theory, and Application.* Tuscaloosa and London: The University of Alabama Press.

Freese, Lee (1980). The Problem of Cumulative Knowledge, in Lee Freese (ed.). *Theoretical Methods in Sociology: Seven Essays.* Pittsburgh, PA.: University of Pittsburgh Press.

Frege, G. (1977). Review of Dr. E. Husserl's Philosophy of Arithmetic, in Mohanty (ed.) (1977). *Reading on Edmund Husserl's Logical Investigations.* Martinus Nijhoff: The Hague.

Fried, Amy (2002). The Strange Disappearance of Alexis de Tocqueville in Putnam's Analysis of Social Capital, in S. L. McLean, A. S. Davis, & M. B. Steger (eds.). *Social Capital–Critical Perspectives on Community and 'Bowling Alone.'*

Fukuyama, Francis (1995). *Trust: The Social Virtues and the Creation of Prosperity*. New York: Free Press.

——— (1997). *The End of Order*. London: The Social Market Foundation.

——— (1999). *The Great Disruption*. New York: The Free Press.

Furedi, Frank (2011). "Defending Moral Autonomy against an Army of Nudgers, available on the Internet at:http//www.spilked−on−line. com/index.php/site/article/10102.

Gadamer, Hans G. (1982). *Truth and Method*, New York: The Crossroad Publishing Company.

Galbraith, Jay R. (1973). *Designing Complex Organizations*. Massachusetts: Addison-Wesley Publishing Company.

Galbraith, John Kenneth (1977). *The Age of Uncertainty*. Boston, Mass.: Houghton Mifflin Co.

Gambetta, A. (1990). *The Sicilian Mafia*. Oxford: Oxford University Press.

Gant, George (1979). *Development Administration: Concept, Goals, Methods*. Madison, Wisconsin: University of Wisconsin Press.

Gardner, W. L. & M. J. Martinko (1990). Impression Management in Organization. *Journal of Management*. 14(2).

George, J. M. & G. R. Jones (2000). The Role of Time in Theory and Theory Building. *Journal of Management*. 26.

Gergen, K. (1992). Organization Theory in the Postmodern Era. 207−226, in M. Reed & Hughes (eds.). *Rethinking Organization*. London: Sage.

Gerth, H. H. & C. W. Mills (1958). *From Max Weber: Essays in Sociology*. New York: Oxford University Press.

Giddens, Anthony (1979). *Central Problems in Social Theory*. Berkeley: University of California Press.

——— (1994). *Beyond Left and Right: The Future of Radical Politics*. Oxford: Blackwell Publishers Ltd.

Gillespie, Michael (1996). *Nihilism Before Nietzsche*. Chicago: University of Chicago Press.

Ginsburg, Benjamin & Martin Shefter (1990). *Politics by Other Means*. New York: Basic Books.

Gioia, D. & E. Pitre (1990). Multiparadigm Perspectives on Theory Building. *AMR*. 15(4): 584−602.

Gladden, E. N. (1972). *A History of Public Administration*. Vol. 2. London: Frank Cass.

Glaeser, Edward L. (2006). Paternalism and Psychology. *The University of Chicago Law Review*. 73.

Glaeser, Edward L., David I. Laibson, Jose A. Scheinkman, & Christine L. Soutter (2000). Measuring Trust. *Quarterly Journal of Economics*. 115.

Glasser, R. S.(1986). *The Economics of Nonprofit Enterprise*. Lanham: University Press of America.

Glucksmann, Miriam (1974). *Structuralist Analysis in Contemporary Social Thought: A Comparison of the Theories of Claude Lévi-Strauss and Louis Althusser*. London: Routledge & Kegan Paul.

Goffman, E. (1959). *The Presentation of Self in Everyday Life*. Garden City, New York: Doubleday Anchor.

Golembiewski, Robert T. (1977). Public Administration as a Developing Discipline. Part 1. *Perspective on Past and Present*. New York: Marcel Dekker, Inc.

Goodman, P. (2000). *Missing Organizational Linkages: Tools for Cross-Level Research*. Thousand Oaks, CA: Sage.

―――(2001). Understanding Time Lag. *Academy of Management Review*. 26(4).

Goodsell, Charles (1985). *The Case for Bureaucracy: A Public Administration Ploemic*. Chatham, New Jersey: Chatham House Publishers.

―――(1992). The Public Administrator as an Artisan. *Public Administratin Review*. 52(3).

Goodwin, Tom (2012). Why We Should Reject 'Nudge'. *Politics*. 32(2).

Gouldner, Alvin W. (1954). *Patterns of Industrial Bureaucracy*. Glencoe, Ill.: The Free Press.

Graicunas, Vytautas A. (1937). Relationship in Organization, in L. Gulick & L. Urwick (eds.). *Papers on Science of Administration*. New York: Institute of Public Administration, Columbia University Press.

Gray, Virginia & David Lowery (1996). A Niche Theory of Interest Representation. *The Journal of Politics*. 58(1).

Gress, Jennfer (2004). Sowing the Seeds of Social Capital. *Journal of American Planning Associations*. 70(2).

Grootaert, Chrisiaan (1998). *What is Social Capital?*. The World Bank Resource Paper.

―――(1999). *Social Capital, Household Welfare, and Poverty in Indonesia. Local Level Institutions*. Working Paper 6. Washington, D.C.: World Bank, Social Development.

Grootaert, Christiaan & Deepa Narayan (2000). *Local Institutions, Poverty, and Household Welfare in Bolivia*. Working Paper 9. Washington, D.C.: World Bank, Social Development.

Grootaert, Christiaan & Thierry Van Bastelaer(eds.) (2002). *Understanding and Measuring Social Capital—A Multidisciplinary Tool for Practitioners*. Washington, D.C.: The World Bank.

Grossmann, R. (1984). *Phenomenology and Existentialism*. London: Routledge and Kegan Paul.

Gulick, Luther & Lyndall Urwick (eds.)(1937). *Papers on Science of Administration*. New York: Institute of Public Administration, Columbia University Press.

Haas, Michael & Theodore L. Becker (1970). The Behavioral Revolution and After, in Michael Haas & Henry S. Kariel (ed.). *Approaches to the Study of Political Science*. Scranton, Penn.: Chandler Publishing Co.

Habermas. Jürgen (1992). 모더니티 - 미완성의 계획, 「포스트모더니즘론」. 정정호 · 강내희 편. 서울: 도서출판 터.

Haggett, P. (1996). New Modes of Control in the Public Services. *Public Administration*. 74(2).

Hall, Calvin S. & Garener Lindzey (1978). *Theories of Personality*. New York: John Wiley & Sons.

Hall, Peter A. (1996). *Governing the Economy: The Politics of State Intervention in Britain and France*. Cambridge: Polity Press.

Hall, Peter A. & R. Taylor (1996). The Role of Nonprofit Enterprise. *Yale Law Journal*. 89.

Hammond, Michael, Jane Howarth, & Russell Keat (1991). *Understanding Phenomenology*. Oxford: Basil Black,

Handerson, A. M. & Talcott Parsons (1947). *The Theory of Social and Economic Organization*. New York: Oxford University Press.

Hanifan, Lynda J. (1916). The Rural School Community Center. *Annals of the American Academy of Political and Social Science*. 67.

Hansen, Pelle Guldborg & A. M. Jespersen (2013). Nudge and the Manuplation of Choice - A Framework for the Responsible Use of the Nudge Approach to Behavior Change in Public Policy. *The European Journal of Risk Regulation*. 1.

Hansmann, Henry (1987). Economic Theories of Nonprofit Organization, in Walter W. Powell (ed.). *The Nonprofit Sector: A Research Handbook*. New Haven: Yale University Press.

Harmon, Michael (1981). *Action Theory for Public Administration*. New York: Longman.

Harmon, Michael M. & R. T. Mayer (1986). *Organization Theory for Public Administration*. Boston: Little & Brown.

Harris, Jose(ed.) (2003). *Civil Society in British History: Ideas, Identities, Institutions*. Oxford: Oxford University Press.

Harvey, David (1985). The Culture of Postmodernism. *Theory, Culture & Society*. 2(3).

———(1987). Pluralism in Postmodernism Perspective, in Matei Calinescu & Douwe

Fokkema (ed.). *Exploring Postmodernism*. Paris: International Comparative Literature Association.
———(1989). *The Condition of Postmodernity*. 구동회 · 박영민 옮김 (1994). 「포스트모더니티의 조건」. 서울: 한울.
———(1989). *The Condition of Postmodernity*. New York: Blackwell Pub.
———(1993). Toward a Concept of Postmodernism, in Joseph Natoli & Linda Hutcheon (eds.). *A Postmodern Reader*. Albany, New York: State University of New York Press.
———(2001). Postmodernism to Postmodernity: The Local/Global Context Philosophy and Literature. *Philosophy and Literature*. 25(1).
Hassan, Ihab (1985). The Culture of Postmodernism. *Theory, Culture, and Society*. 2.
———(1993). Toward a Concept of the Postmodern, in J. Natoli & L. Hutcheon (eds.). *A Postmodern Reader*. Albany, New York: State University of New York Press.
———(2001). From Postmodernism to Postmodernity: The Local/Global Context. *Philosophy and Literature*. 25(1).
Hassard, J. (1988). Overcoming Hermeticism in Organization Theory: An Alternative to Paradigm Incommensurability. *Human Relations*. 41(3).
———(1991). Multiparadigms and Organizational Analysis: A Case Study. *Organization Studies*. 12(2).
———(1993). Postmodernism and Organizational Analysis: an Overview, in J. Hassard & M. Parker (eds.). *Postmodernism and Organizations*. New York: Sage.
Hatch, M. J. (1997a). *Organization Theory: Modern Symbolic and Postmodern Perspectives*. Oxford: Oxford University Press.
———(1997b). Irony and the Social Construction of Contradiction in the Homor of a Management Team. *Organization Science*. 8.
Heady, Ferrel (1962). Comparative Public Administration: Concerns and Priorities, in Ferrel Heady & Sybil L. Srokes (eds.). *Papers in Comparative Public Administration*. Ann Arbor, MI: Institute of Public Administration, University of Michigan.
———(1966). *Public Administration: A Comparative Perspective*. Englewood Cliffs, New Jersey: Prentice-Hall.
———(1979). *Public Administration: A Comparative Perspective*. New York: Marcel Dekker, Inc.
Hearn, J. & P. Parkin (1992). Gender and Organizations: A Selective Review and a Critique of a Neglected Area, in Mills & Tancred (ed.). *Gendering Organizational Analysis*. New York: Sage.
Heclo, Hugh (1974). *Modern Social Policies in Britain and Sweden: From Relief to Income*

Maintenance. New Haven: Yale University Press.

Heller, Frank (1998). Playing the Devil's Advocate: Limits to Influence Sharing in Theory and Practice, in Frank Heller,. Eugen Pusic, George Strauss, & Bernhard Wilpert. *Organizational Participation: Myth and Reality*. Oxford: Oxford University Press.

Heller, Walter P., Ross M. Starr, & David A. Starrett (1998). *Uncertainty, Information, and Communication*. Cambridge: Cambridge University Press.

Helliwell, John F. (2001). Social Capital, The Economy and Well-Being, in Keith Banting (ed.). *The Review of Performance and Social Progress*. Montreal: The Institute for Research on Public Policy.

Henderson, Keith M. (1966). *Emerging Synthesis in American Public Administration*. London: Asia Publishing House.

———(1969). Comparative Public Administration: The Identity Crisis. *Journal of Comparative Administration*. 1(1).

———(1983). *The Study of Public Administration*. Lantham: University Press of America.

Henry, Nicholas (1975). Paradigms of Public Administration. *Public Administration Review*. 35(4).

———(1986). *Public Administration and Public Affairs*. Englewood Cliffs, New Jersey: Prentice-Hall.

Heracleous, L. & J. Hendry (2000). Discourse and the Study of Organization: Toward a Structurational Perspective. *Human Relations*. 53(10).

Hirshman, Albert O. (1970). The Search for Paradigms as a Hindrance to Understanding. *World Politics*. 22(3).

Hobbes, Thomas (1950). *Leviathan*. New York: Dutton.

Holms, J. G. (1991). Trust and the Appraisal Process in Close Relationships, in W. H. Jones & D. Perlman (eds.). *Advances in Personal Relationships*. London: Jessica Kingsley Pub.

Holt, Robert T. & John M. Richardson, Jr. (1970). Competing Paradigms in Comparative Politics, in R. T. Holt & J. E. Turner (eds.). *The Methodology of Comparative Research*. New York: The Free Press.

Homans, George C. (1961). *Social Behavior: Its Elementary Forms*. New York: Harcourt, Brace and World.

———(1975). What Do We Mean By Social Structure?, in Peter M. Blau (ed.). *Approaches to the Study of Social Structures*. New York: The Free Press.

Hood, Christopher (1986). *Administration Analysis*. Hempel Hempstead: Harvester Wheatsheaf.

———(1987). Public Administration, in V. Bogdanor (ed.). *The Blackwell Encyclopedia of*

Political Institutions. Oxford: Basil Blackwell.

———(1990). Public Administration: Lost an Empire, Not Yet Found a Role?, in A. Leftwich (ed.). *New Developments in Political Science*. Aldershot: Edward Elgar.

———(1991). A Public Management for All Seasons? *Public Administration*. 69(1).

———(1994). *Explaining Economic Policy Reversals*. Buckingham, UK: The Open University Press.

———(1995). Emerging Issues in Public Administration. *Public Administration*. 73.

Hooghe, Mare & Dietlind Stolle (eds.) (2003). *Generating Social Capital: Civil Society and Institutions in Comparative Perspective*. New York: Palgrave.

Hugh, Owen E. (1994). *Public Management and Administration: An Introduction*. New York: St. Martin's Press.

Hutchinson, Judy (2004). Social Capital and Community Building in the Inner City. *Journal of American Planning Associations*. 70(2).

Huy, Q. N. (2001). Time, Temporal Capability, and Planned Change. *The Academy of Management Review*. 26(4).

Hyneman, Charles S. (1950). *Bureaucracy in Democracy*. New York: Harper & Row.

Ilsley, P. J. (1990). *Enhancing the Volunteer Experience*. San Francisco: Jossey-Bass Publishers.

Inglehart, Ronald & Hans-Dieter Klingemann (2000). Genes, Culture, Democracy, and Happiness, in Ed Diener & Eunkook M. Suh (eds.). *Culture and Subjective Well-Being*. Cambridge: The MIT Press.

Ingraham, Patricia W. & Barbara S. Romzek (1994). *New Paradigms for Government: Issues for the Changing Public Service*. San Francisco: Jossey-Bass Publishing.

Jackman, Robert W. & Ross A. Miller (1998). Social Capital and Politics. *Annual Review of Political Science*. 1.

Jacobs, Jane (1961). *The Life and Death of Great American Cities*. New York: Random House.

———(1965). *The Death and Life of Great American Cities*. London: Penguin.

Jacobson, Gary (1991). The Persistence of Democratic House Majorities, in Cary Cox & Samuel Kernell (eds.). *The Politics of Divided Government*. Boulder CO: Westview Press.

Jacques, E. (1982). *The Form of Time*. New York: Crane, Russak.

James, E. & S. Ross-Ackerman (1983). How Nonprofits Grow: A Model. *Journal of Policy Analysis & Management*. 2(3).

———(1986). *The Nonprofit Enterprise in Market Economics*. London: Harwood Academic

Publishers.

James, O. (1995). Explaining the Next Steps in the Department of Social Security: The Bureau-shaping Model of Central State Reorganization. *Political Studies*. 43.

Jantsch, Erich (1979). *The Self-Organizing Universe: Scientific and Human Implications of the Emerging Paradigm of Evolution*. Oxford: Pergamon.

Jeffcutt, P. (1993). From Interpretation to Representation, in J. Hassard & M. Parker (eds.). *Postmodernism and Organizations*. New York: Sage.

―――(1994). From Interpretation to Representation in Organizational Analysis: Post-modernism, Ethnography and Organizational Symbolism. *Organization Studies*. 15(2).

Jencks, Charles (2007). *Critical Modernism: Where is Post-Modernism Going? What is Post-Modernism?* (5th ed.). San Francisco, CA: Wiley.

Jessop, Bob (1990). *State Theory*. Cambridge: Polity.

John, D. J., D. F. Kettle, B. Dyer, & W. R. Lovan (1994). What Will New Governance Mean for the Federal Government? *Public Administration Review*. 54(2).

Jolls, C., C. R. Sunstein, & R. Tahler (1998). A Behavioral Approach to Law and Economics, *Stanford Law Review*. 50(5).

Jonathan, Isham, Jane Kolodinsky, & Garrett Kimberly (2006). The Effects of Volunteering for Nonprofit Organizations on Social Capital Formation: Evidence from a Statewide Survey. *Nonprofit and Voluntary Sector Quarterly*. 35(3).

Jones, R. et al. (2013). Psychological Governance and Behaviour Change. *Policy and Politics*. 41(2).

Jun, Jong S. (1986). *Public Administration: Design and Problem Solving*. New York: Macmillan.

―――(1997). Interpretive and Critical Perspectives: An Introduction. *Administrative Theory and Praxis*. 19(2).

Kaboolian, Linda (1998). The New Public Management: Challenging the Boundaries of the Management vs. Administration Debate. *Public Administration Review*. 58(3).

Kahn, Herman (1976). *The Next 200 Years*. New York: Morrow.

Kahneman, Daniel & Amos Tversky (1979). Prospect Theory: An Analysis of Decision under Risk. *Econometrica*. 47(2).

―――(1981). The Framing of Decisions and the Psychology of Choice. *Science*. 211.

―――(1984). Choices, Values, and Frames. *American Psychologist*. 39(4).

―――(2000). *Choices, Values, and Frames*. Cambridge: Cambridge University Press.

Kaplan, Abraham (1964). *The Conduct of Inquiry: Methodology for Behavioral Science*. San Francisco, CA: Chandler Publishing Co.

Katz, Daniel & Robert L. Kahn (1966). *The Social Psychology of Organization*. New York: Wiley.

Katz, Saul M. (1971). Exploring a System Approach to Development Administration, in F. Riggs (ed.). *Frontiers of Development Administration*. Duke University Press.

Kekes, J. (1977). Popper in Perspective. *Metaphilosophy*. 8.

Kellert, Stephen H. (1993). *In the Wake of Chaos*. Chicago: University of Chicago Press.

Kerlinger, Fred N. (1973). *Foundations of Behavioral Research*. New York: Holt, Rinehart and Winston.

———(1986). *Foundations of Behavioural Research*. New York: Holt, Rinehart and Winston.

Kerns, Ade & Ray Forrest (2000). Social Cohesion and Multilevel Urban Governance. *Urban Studies*. 37(5-6).

Kessler, J. F. (1985). *L' ENA, La Societe, l'Etat*. Paris: Berger Levrault.

Kettl, Donald F. (1994). Deregulating at the Boundaries of Government: Would It Help?, in John J. DiIulio. Jr. (ed.). *Deregulating the Public Service: Can Government Be Improved?*. Washington. DC: The Brookings Institution.

———(2000). Public Administration at the Millenium: The State of the Field. *Journal of Public Administration Research and Theory*. 10(1).

———(2000). The Transformation of Governance: Globalization, Devoltion, and the Role of Government. *Public Administration Review*. 60(6).

Kettl, Donald F. & H. Brinton Milward (eds.) (1996). *The State of Public Management*. Baltimore. MD: Johns Hopkins University Press.

Kettl, Donald F. & Jon J. DiIulio (eds.) (1995). *Inside the Reinvention Machine*. Washington, DC: The Brookings Institution.

Kettl, Donald F, Patricia W. Ingraham, Ronald P. Sanders, & Constance Horner (1996). *Civil Service Reform: Building a Government that Works*. Washington, DC: The Brookings Institution.

Keyes, Langley, Alex Schwartz, Avis Vidal, & Rachel Bratt (1996). Network and Nonprofits: Opportunities and Challenges in an era of Devolution. *Housing Policy Debate*. 7(2).

Kiel, L. Douglas (1994). *Managing Chaos and Complexity in Government: A New Paradigm for Managing Chaos, Innovation and Organizational Renewal*. San Francisco, CA: Jossey-Bass Publishers.

Kim, Bun Woong & Gerald E. Caiden(eds.)(1991). *A Dragon's Progress: Development Administration in Korea*. West Hartford: Kumarian Press.

Kirlin, John J. (2001). Big Questions for a Significant Public Administration. *Public Admin-*

istration Review. 61(2).

Kitschelt, Herbert P. (1986). Political Opportunity Structures and Political Protest: Anti-Nuclear Movements in Four Democracies. *British Journal of Political Sociology*. 16.

Knack, S. & P. Keefer (1997). Does Social Capital Have an Economic Payoff? A Cross-county Investigation. *The Quarterly Journal of Economics*. 21(3).

Knott, J. H. & G. J. Miler (1987). *Reforming Bureaucracy: The Politics of Institutional Choice*. Englewood Cliffs, New Jersey: Prentice-Hall.

Kollman, Ken (1998). *Outside Lobbing: Public Opinion and Interest Group Strategies*. New Jersey: Princeton University Press.

Krasner, Stephen D. (1988). Sovereignty: An Institutional Perspective. *Comparative Political Studies*. 21(2).

Krishna, Anirudh (2002). *Active Social Capital: Tracing the Roots of Development and Democracy*. New York: Columbia University Press.

Krishna, Anirudh & Elizabeth Shrader (1999). *Social Capital Assessment Tool. Social Capital Initiatives*. Working Paper 22. Washington, DC: World Bank, Social Development Department.

Krishna, Anirudh & Norman Uphoff (1999). *Mapping and Measuring Social Capital. Social Capital Initiative*. Working Paper #13. Washington, DC: The World Bank.

Kuhn, Thomas S. (1962). *The Structure of Scientific Revolution*. Chicago, Ill.: The University of Chicago Press.

——— (1970). *The Structure of Scientific Revolutions*(2nd ed.). Enlarged, Chicago: The University of Chicago Press.

Landman, J. P. (2004). Social Capital: A Building Block in Creating a Better Global Future. *Foresight*. 6(1).

Lane, Jan-Erik (1995). *The Public Sector Concepts, Models and Approaches*. London: Sage Publications.

Lane, L. (1986). Karl Weick's Organizing: The Problem of Purpose and the Search for Excellence. *Administration and Society*. 18(1).

LaPalombara, Joseph (1963). *Bureaucracy and Political Development*. Princeton, New Jersey: Princeton University Press.

Lappe, Frances M. & Paul Martin Du Bois (1997). Building Social Capital Without Looking Backward. *National Civic Review*. 86(2).

Lash, S. (1990). *Sociology of Postmodernism*. London: Routledge.

Law, K. & Chi-Sum Wong (1999). Miltidimensional Constructs in Structural Equation Analysis: An Illustration Using the Job Perception and Job Satisfaction Constructs.

Journal of Management. 25(2).

Lawrence, B. (2001). Timing Norms: The Rhythm of Interaction. *The Academy of Management Review.* 26(4).

Lawrence, T., M. Winn, & D. Jennings (2001), The Temporal Dynamics of Institution-alization. *The Academy of Management Review.* 26(4).

Lazarsfeld, Paul F. & Morris Rosenberg (eds.) (1955). *The Language of Social Research.* Glencoe, Ill.: Free Press.

Leana, Carrie R., Van Buren III, & J. Harry (1999). Organizational Social Capital and Employment Practices. *Academy of Management Review.* 24(3).

Leary, M. R. & R. M. Kowalski (1990). A Literature Review and Two-Component Model. *Psychological Bulletin.* 107(1).

Lechte, John (1994). *Fifty Key Contemporary Thinkers*, Routledge; 곽동훈 · 김시무 옮김 (1995). 「한 권으로 보는 현대 사상가 50」. 서울: 현실문화연구.

Lee, Hahn-Been (1968). *Korea: Time, Change, and Administration.* Hawaii: East-West Center Press.

Leftwich, A. (1993). Governance, Democracy and Development in the Third World. *Third World Quarterly.* 14.

Leggett, W. (2014). The Politics of Behavior Change: Nudge, Neoliberalism and the State. *Policy and Politics.* 42(1).

Lesser, Eric L. (2000). *Knowledge and Social Capital: Foundation and Applications.* Boston: Butterworth Heinemann.

Levy, David (1994). Chaos Theory and Strategy: Theory, and Managerial Implication. *Strategic Management Journal.* 15. Special Issue.

Levi, Margaret (1990). A Logic of Institutional Change, in K. S. Cook & M. Levi (ed.). *The Limits of Rationality.* Chicago: University of Chicago Press.

Levine, Charles H. (1978). Organizational Decline and Cutback Management. *Public Administration Review.* 38(3).

Lijphart, Arend (1994). Democracies: Forms, Performance, and Constitutional Engineering. *European Journal of Political Research.* 25.

Lin, Nan (1976). *Foundations of Social Research.* New York: McGraw-Hill Book Co.

——— (2002). *Social Capital: A Theory of Social Structure and Action.* Cambridge: Cambridge University Press.

Lin, Nan, Karen Cook, & Ronald Burt (eds.) (2001). *Social Capital Theory and Research.* New York: Aldine De Gruyter.

Linstead, S. (1993). Deconstruction in the Study if Organizations. 49-70, in J. Hassard & M.

Parker (eds). *Postmodernism and Organizations*. London: Sage.

Linz, Juan J. (1994). Presidential or Parliamentary Democracy: Does It make a Difference, in Juan J. Linz & A. Valenzuela (eds.). *The Failure of Presidential Democracy*. Baltimore: Johns Hopkins University Press.

Lorenz, E. N. (1993). *The Essence of Chaos*. Seattle, WA.: University of Washington Press.

Loury, Glen (1987). A Dynamic Theory of Racial Income Differences, in P. A. Wallace & A. LeMund (eds.). *Woman, Minorities, and Employment Discrimination*. Lexington: Lexington Books.

Lowi, Theodore J. (1964). American Business, Public Policy, Case Studies and Political Theory. *World Politics*. 16.

——— (1976). *American Government: Incomplete Conquest*. Hinsdale, Ill.: Dryden Press.

——— (1979). *The End of Liberalism*. New York: W. W. Norton and Company.

Lynn, Lawrence E. (1996). *Public Management as Art, Science, and Profession*. Chatham, New Jersey: Chatham Houes.

Lyotard, Jean-François (1979). *The Postmodern Condition: A Report on Knowledge*, in translation by Geoff Bennington & Brian Massumi (1993). Minneapolis: University of Minnesota Press.

——— (1984). *The Postmodern Condition: A Report of Knowledge*, in M. Parker (1992). Postmodern Organizations or Postmodern Organization Theory?. *Organization Studies*. 13(1).

Mainzer, David (1994). Public Administration in Search of a Theory. *Administration and Society*. 26(3).

Maloney, William, Graham Smith, & Gerry Stoker (2000). Social Capital and Urban Governance. *Political Studies*. 48.

Mandelbrot, B. (1990). Fractals－A Geometry of Nature. *New Scientist*. September.

March, James G. (1978). Bounded Rationality, Ambiguity, and the Engineering of Choice. *Bell Journal of Economics*. 9.

March, James G. & John P. Olsen (1976). *Ambiguity and Choice in Organizations*. Bergen, Norway: Universitietforlaget.

——— (1984). The New Institionalism: Organizational Factors in Political Life. *American Political Science Review*. 78.

——— (1989). *Rediscovering Institutions*. New York: The Free Press.

——— (1995). *Democratic Governance*. New York: The Free Press.

March, James G. & Herbert A. Simon (1958). *Organizations*. New York: John Wiley & Sons.

Marini, Frank (ed.) (1971). *Toward a New Public Administration: The Minnowbrook*

Perspective. Scranton: Chandler Publishing Co.

Martin, J. (1990). Deconstructing Organizational Taboos: The Suppression of Gender Conflict in Organizations. *Organization Science*. 1(4).

Marx, Fritz Moretein (1957). *The Administrative State: An Introduction to Bureaucracy*. Chicago: The University of Chicago Press.

Mascarenhas, R. C. (1993). Building an Enterprise Culture in the Public Sector: Reform of the Public Sector in Australia, Britain, and New Zealand. *Public Administration Review*. 53(4).

Mathews, David R. (1991). *Divided We Govern*. New Haven: Yale University Press.

——— (1994). *Politics for People: Finding a Responsible Public Voice*. Urbana, Illinois: University of Illinois Press.

McBride, A. (1998). Television, Individualism, and Social Capital. *Political Science and Politics*. 31(3).

McCarthy, John & Mayer N. Zald (1977). Resource Mobilization and Social Movement – A Practical Theory. *American Journal of Sociology*. 82.

McCourt, Willy (1998). Civil Service Reform Equals Retrenchment? The Experience of Right–Sizing and Retrenchment in Ghana, Uganda and the UK, in Martin Minogue, Charles Polidano, & David Hulme (ed.)(1999). *Beyond the New Public Management–Changing Ideas and Practices in Governance*. Northampton, MA: Edward Elgar Publishing, Inc.

McCurdy, Howard E. (1972). *Public Administration: A Bibliography*. Washington, DC: The American University Press.

McKevit, David (1998). *Managing Core Public Services*. Oxford: Blackwell Publisher.

Merton, Robert K. (1940). Bureaucratic Structure and Personality. *Social Forces*. 19.

——— (ed.)(1952). *Reader in Bureaucracy*. Glencoe, Illinois: The Free Press.

Meyer, John W. & Brian Rowan (1977). Institutionalized Organizations: Formal Structure as Myth and Ceremony. *American Journal of Sociology*. 83.

Mierlo, Hans van (1998). Lessons from the Experience of OECD Countries, in Janet Vinzant & Lane Crothers (1998). *Street–Level Leadership: Discretion & Legitimacy in Front–Line Public Service*. Washington, DC: Georgetown University Press.

Miles, R. E. & C. C. Snow (1992). Cause of Failure in Network Organizations. *California Management Review* (Summer).

Miles, Steven (2001). *Social Theory in the Real World*. New York: Sage Publications; 박형신 · 정헌주 옮김 (2003). 「현실 세계와 사회이론」. 서울: 일신사.

Milgrom, Paul & John Roberts (1990). Bargaining Costs, Influence Costs and the Organization of Economic Activity, in James Alt & Kenneth Shepsle (eds.). *Perspectives on Political Economy*. Cambridge: Cambridge University Press.

――― (1992). *Economics, Organization and Management*. New York: Prentice-Hall.

Miller, D. & P. H. Friesen (1984). *Organizations: A Quantum View*. Englewood Cliffs. New Jersey: Prentice-Hall.

Miller, Eugene F. (1972). Positivism, Historicism, and Political Inquiry. *American Political Science Review*. 26(3).

Miller, James G. (1955). Toward A General Theory for the Behavioral Science. *The American Psychologist*. 10(Sep.).

Mills, A. (1992). Organization, Gender, and Culture, in Mills & Tancred (ed.). *Gendering Organizational Analysis*. London: Sage.

Mills, A. & P. Tancred (ed.)(1992). *Gendering Organizational Analysis*. London: Sage.

Minkoff, Debra C. (1997). Producing Social Capital: National Social Movements and Civil Society. *American Behavioral Scientist*. 40(5).

Minogue, Martin (1998). Changing the State: Concepts and Practice in the Reform of the Public Sector, in Martin Minogue, Charles Polidano, & David Hulme (ed.) (1998). *Beyond the New Public Management: Changing Ideas and Practices in Governance*. Northampton, MA: Edward Elgar Publishing, Inc.

Minogue, Martin, Charles Polidano, & David Hulme (ed.) (1998). *Beyond the New Public Management: Changing Ideas and Practices in Governance*. Northampton, MA: Edward Elgar Publishing, Inc.

Mintzberg, Henry & J. Lampel (1999). Reflecting on the Strategy Process. *Sloan Management Review*. 40(3).

Minvielle, Etienne (2006). New Public Administration a la Francaise: The Case of Regional Hospital Agencies. *Public Administration Review*. 66(5).

Mitchell, Gregory (2004). Libertarian Paternalism is an oxymoron, *Northwestern University Law Review*. 99(3).

Mitchell, William C. (1969). The Shape of Political Theory to Come: From Political Sociology to Political Economy, in Seymour M. Lipset (ed.). *Politics and the Social Sciences*. Oxford: Oxford University Press.

――― (1971). *Public Choice in America*. Chicago: Markham Publishing Company.

Mitchell, T. & L. James (2001). Building Better Theory: Times and the Specification of When Things Happen. *The Academy of Management Review*. 26(4).

Moe, Ronald (1994). The 'Reinventing Government' Exercise: Misinterpreting the Problem, Misjudging the Consequences, *Public Administration Review*. 54(2).

Mols, Frank, S. A. Haslam, J. Jetten, & N. K. Steffens (2015). Why a Nudge is not enough: A Social Identity Critique of Governance by Stealth, *European Journal of Political Research*. 54.

Montgomery, J. D. (1986). *Aftermath: Tarnished Outcomes of American Foreign Policy*. Dover, Mass.: Auburn House.

Mooney, James D. & Alan D. Reiley (1931). *Onward Industry*. New York: Harper & Row.

Morgan, Gareth (1980). Paradigms, Metaphors, and Puzzle Solving in Organization Theory. *Administrative Science Quarterly*. 25.

———(1983). *Beyond Method*. Beverly Hills. CA: Sage.

———(1984). Opportunities Arising From Paradigm Diversity. *Administration and Society*. 16(3).

———(1986). *Images of Organization*. London: Sage.

———(1986). *Images of Organization*. Beverly Hills: Sage: 오세철 · 박상언 옮김 (1989). 「조직사회학」. 서울: 현상과인식.

Morrow, Raymond & David Brown (1994). *Critical Theory and Methodology*. London: Sage.

Mosakowski, E. & P. C. Early (2000). A Selective Review of Time Assumptions in Strategy Research. *Academy of Management Review*. 25.

Mosher, Frederick C. (1968). *Democracy and the Public Service*. New York: Oxford University Press.

Mosher, William E. & J. Donald Kingsley (1936). *Public Personnel Administration*. New York: Harper & Bros.

Mouzelis, Nicos. P. (1967). *Organization and Bureaucracy: An Analysis of Modern Theories*. Chicago: Aldine Publishing Company.

———(1975). *Organization and Bureaucracy*. London: Routledge and Kegan Paul.

Mueller, Dennis C. (1979). *Public Choice*. New York: Cambridge University Press.

Mumby, Dennis K. (1988). *Communication and Power in Organizations: Discourse, Ideology, and Domination*. Norwood: Ablex Publishing Corporation.

Nagel, Ernest (1963). Wholes, Sums, and Organic Unities, in Daniel Lerner (ed.). *Parts & Wholes*. New York: The Free Press.

Nagel, Jack H. (1997). Radically Reinventing Government: Editor's Introduction. *Journal of Policy Anaysis and Management*. 16(3).

Nakamura, Robert T. & Frank Smallwood (1980). *The Politics of Policy Implementation*. New York: St. Martin's Press.

Narayan, Deepa (1997). *Voices of the Poor: Poverty and Social Capital in Tanzania. Environmentally Sustainable Development*. Monograph 20. Washington, DC: World

Bank.
———(1999). *Bonds and Bridges: Social Capital and Poverty.* World Bank.
Narayan, Deepa & Michael F. Cassidy (2001). A Dimensional Approach to Measuring Social Capital. *Current Sociology.* 49(2).
Narayan, Deepa & Lant Pritchett (1999). Cents and Sociability: Household Income and Social Capital in Rural Tanzania. *Economic Development and Cultural Change.* 47.
Nathan, Richard (1975). *The Plot That Failed: Nixon and the Administrative Presidency.* New York: John Wiley & Sons.
Newton, Kenneth (1999). Trust, Social Capital, Civil Society, and Democracy. *International Political Science Review.* 22(2).
Nigro, Feliz A. & Lloyd G. Nigro (1980). *Modern Public Administration* (5th ed.). New York: Harper & Row.
Niskanen, William A. (1971). *Bureaucracy and Representative Government.* Chicago: Aldine-Atherton.
Nofsinger, J. R. (2016). *The Psychology of Investing.* New York: Routledge.
Nohria, Nitin & Berkely (1994). The Virtual Organization: Bureaucacy, Technology and the Implosion of Control, in C. Heckscher & Donnellon (1994). *The Post–Bureaucractic Organization: New Perspectives on Organizational Change.* Sage Publications.
North, Douglas C. (1990). *Institutions, Institutional Change and Economic Performance.* New York: Cambridge University Press.
North, Robert C. (1968), Conflict: Political Aspects. *International Encyclopedia of Social Sciences.* 3. New York: Crowell Collier and Macmillan, Inc.
Novick, David (1968). The Origin and History of Program Budgeting. *California Management Review.* 11(1).
Oakshott, Michael (1960). *Hobbe's Leviathan.* Oxford: Basil Blackwell.
OECD (1995). *Governance in Transition: Public Management Reforms in OECD Countries.*
———(2012). *Together for Better Public Services, Partnering with Citizens and Civil Society,* OECD Public Governance Reviews, OECD Publishing.
O'Leary, Rosemary & David M. Van Slyke (2010). Introduction to the Symposium on the Future of Public Administration in 2010. *Public Administration Review.* Supplement.
O'Neil, Michael (1989). *The Third America.* San Francisco: Jossey-Bass.
Olson, Mancur (1977). *The Logic of Collective Action.* Massachusetts: Harvard University Press.
———(1982). *The Rise and Decline of Nations.* New Haven: Yale University Press.
Ophus, William (1977). *Ecology and the Politics of Scarcity.* San Francisco: Freeman.

Osborn, Andrew D. (1934). *The Philosophy of Edmund Husserl: In Its Development From His Mathematical Interests to His First Conception of Phenomenology in Logical Investigations.* New York: Columbia University Press.

Osborne, David & Ted Gaebler (1992). *Reinventing Government: How the Entreprenurial Spirit is Transfoming the Public Sector.* New York: Addison-Wesley.

Osborne, David & Peter Plastrik (1997). *Banishing Bureaucracy.* Reading, MA: Addison-Wesley.

Ostrom, Elinor (1996). Institutional Rational Choice: An Assessment of the IAD Framework. *A Paper Presented at the 1996 Annual Meeting of the American Political Science Association.*

Ostrom, Vincent (1964). Developments In The "No-Name" Fields of Public Administration. *Public Administration Review.* 24(1).

——— (1974). *The Intellectual Crisis in American Public Administration.* Tuscaloosa: The University of Alabama Press.

Ostrom, Vincent A. & Elinor Ostrom (1971). Public Choice: A Different Approach to the Study of Public Administration. *Public Administration Review.* 13(2).

Ouattron, George A. & Amos Tversky (1988). Contrasting Rational Psychological Analysis of Political Choice. *American Political Science Review.* 82(3).

Oullier, Olivier, C. Robert, Richard H. Thaler, & S. Mullainathan (2010). Improving Public Health Prevention with a Nudge, in Supervised by Olivier Oullier & S. Sauneron. *Improving Public Health Prevention with Behavioral, Cognitive and Neuroscience,* Rapports et Documents. Paris: Centre d'Analyse Stratégique.

Overman, E. San (1996). The New Sciences of Administration: Chaos and Quantum Theory. *Public Administration Review.* 56(5).

Page, Richard S. (1969). A New Public Administration? *Public Administration Review.* 29(3).

Parker, M. & G. McHugh (1991). Five Texts in Search of an Author: A Response to John Hassard's Multiple Paradigms and Organizational Analysis. *Organization Studies.* 12(3).

Pateman, Carole (1970). *Participation and Democratic Theory.* Cambridge: Cambridge University Press.

Paxton, Pamela (1999). Is Social Capital Declining in the United States? A Multiple Indicator Assessment. *American Journal of Sociology.* 105(1).

——— (2002). Social Capital and Democracy: An Interdependent Relationship. *American Sociological Review.* 67(2).

Perrow, Charles (1973). The Short and Glorious History of Organizational Theory. *Organi-*

zational Dynamics. 2.

Peter, John (2005). The Contribution of Volunteering, Trust, and Networks to Educational Performance. *Policy Studies Journal.* 33(4).

Peters, B. Guy (1999). *Institutional Theory in Political Science: The 'New Institutionalism.'* London & New York: Pinter.

Peters, B. Guy & John Pierre (1998). Governance Without Government? Rethinking Public Administration. *Journal of Public Administration Research and Theory.* 8(2).

Peterson, I. (1993). *Newton's Clock: Chaos in the Solar System.* New York: W. H. Freeman and Company.

Pfeffer, J. (1993). Barriers to the Advance of Organizational Science: Paradigm Development as a Dependent Variable. *AMR.* 18(4).

Pierson, Paul (1993). When Effect Becomes Cause: Policy Feedback and Political Change. *World Politics.* 45(4).

Platteau, Jean-Philippe (1996). Behind the Market Stage Where Real Societies Exist. *Journal of Development Studies.* 30.

Pollitt, Christopher (1993). *Managerialism and the Public Services.* Oxford: Blackwell Publishers Ltd.

Pontusson, Jonas (1995). From Comparative Public Policy to Political Economy: Putting Political Institutions in Their Place and Taking Interests Seriously. *Comparative Political Studies.* 28(1).

Poole, Marshall Scott & Andrew H. Van de Ven (1989). Using Paradox to Build Management and Organization Theories. *Academy of Management Review.* 14(4).

Portes, Alejandro (1998). Social Capital: Its Origins and Applications in Modern Sociology. *Annual Review of Sociology.* 24.

Portes, Alejandro & Julia Sensenbrenner (1993). Embeddedness and Immigration; Notes on the Social Determinants of Economic Action. *America Journal of Sociology.* 98.

Portney, Kent E. & Jeffrey M. Berry (1997). Mobilizing Minority Communities: Social Capital and Participation in Urban Neighborhood. *American Behavioral Scientist.* 40(5).

Powell, W. W. (1990). Neither Market Nor Hierarchy: Network Forms of Organization, in B. M. Staw & L. L. Cummings (ed.). *Research in Organizational Behavior.* 12. Greenwich, CT: JAI.

Prewitt, Kenneth (1983). Scientific Illiteracy and Democratic Theory. *Daedalus.* 112(2).

Prigogine, Ilya & G. Nicolis (1977). *Self-Organization in Non-Equilibrium Systems.* New York: Wiley.

Prigogine, Ilya & Isabelle Strengers (1984). *Order out of Chaos.* New York: Bantam Books.

Putnam, Robert D. (1993a). *Making Democracy Work: Civic Tradition in Modern Italy*, Princeton, New Jersey: Princeton University Press.

———(1993b). The Prosperous Community: Social Capital and Public Life. *The American Prospect*. 13.

———(1996). Turning In, Turning Out: The Strange Disappearance of Civic America. *American Prospect*. 24.

———(2000). *Bowling Alone: the Collapse and Revival of American Community*. New York: Simon & Schuster.

Quinn, Robert E. (1988). *Beyond Management: Mastering the Paradoxes and Competing Demands of High Performance*, San Francisco: Jossey-Bass.

Qizilbash, M. (2011). Sudgen's Critique of Sen's Capability Approach and the Dangers of Liberal Paternalism. *International Review of Economics*. 58(1).

Quinn, Robert E. & Kim S. Cameron(eds.) (1988). *Paradox and Transformation: Toward a Theory of Change in Organization and Management*. Cambridge: Ballinger Publishing Company.

Rahn, Wendy M. & John E. Transue (1998). Social Trust and Value Change: The Decline of Social Capital in American Youth, 1976–1995. *Political Psychology*. 19(3).

Raphaeli, Nimrod (1967). *Readings in Comparative Public Administration*. Boston: Allyn & Bacon.

Rebonato, Riccardo (2012). *Taking Liberties - A Critical Examination of Libertarian Paternalism*. New York: Palgrave Macmillan.

Reid, Elizabeth J. (1999). *Nonprofit Advocacy and Political Participation. Nonprofit and Government*. Washington, DC.: Urban Institute.

Rhodes, R. A. W. (1986). Power–Dependence' Theories of Central–Local Relations: A Critical Assessment, in M. J. Goldsmith (ed.). *New Research in Central–Local Relations*. Aldershot: Gower.

———(1996). From Institutions to Dogma: Tradition, Eclecticism and Ideology in the Study of British Public Administration. *Public Administration Review*. 56(2).

———(2000). Governance and Public Administration, in Jon Pierre (ed.). *Debating Governance*. Oxford: Oxford University Press.

Riggs, Fred W. (1957). Agraria and Industria, in W. J. Siffin (ed.). *Toward the Comparative Study of Public Administration*. Bloomington: Indiana University Press.

———(1960). Prismatic Society and Financial Administration. *Administrative Science Quarterly*. 5.

———(1961). Trends in the Comparative Study of Public Administration. Mimeo. *American*

Society for Public Administration. 21(2).
———(1962). Trends in the Comparative Study of Public Administration, *International Review of Administrative Science.* 23(1).
———(1964). *Administration in Developing Countries: The Theory of Prismatic Society.* Boston: Houghton Mifflin.
———(1965). Relearning and Old Lesson: The Political Context of Development. *Public Administration Review.* 25(1).
———(1994). Conceptual Homogenization of a Heterogeneous Field: Presidentialism in Comparative Perspective, in Mattei Dogan & Ali Kazancigil (eds.). *Comparing Nations: Concepts, Strategies, Substance.* Oxford: Blackwell.
Ritzer, George (1973). *Sociology: A Multiple Paradigm Science.* Boston: Allyn and Bacon.
Rodgers, Robert & Nanette Rodgers (2000). Defining the Boundaries of Public Administration: Undisciplined Mongrels versus Disciplined Purists. *Public Administration Review.* 60(5).
Rodrik, Dani (1998). *Where Did All the Growth Go? External Shocks, Social Conflict, and Growth Collapses.* NBER Working Paper No. 6350. Cambridge: National Bureau of Economic Research.
Rogers, E. M. (1995), *Diffusion of Innovation.* New York: The Free Press.
Rosenbloom, D. (1994). *The Government Performance and Results Act: Early Implementation, The Context of Management Reforms. Post Symposia Information.* Washington, D.C.: Institute for Effective Public Management, Washington Public Affairs Center.
Rosenfeld, Richard, Steven F. Messner, & Eric P. Baumer (2001). Social Capital and Homicide. *Social Forces.* 80(1).
Ross, Catherine E., John Mirowsky, & Shana Pribesh (2001). Powerlessness and the Amplication of Threat. *American Sociologiacal Review.* 66.
Rubio, Mauricio (1997). Perverse Social Capital: Some Evidence from Colombia. *Journal of Economics Issues.* 31(3).
Rudner, Richard (1966). *Philosophy of Social Science.* Englewood Cliffs, New Jersey: Prentice-Hall, Inc.
Ryan, M. (1988). Postmodern Politics, in Featherstone(eds). *Theory, Culture and Society.* Special Issue.
Sabatier, Paul A. & Hank C. Jenkin-Smith (1993). *Policy Change and Learning: An Advocacy Coalition Approach.* Boulder, CO: Westview Press.
Salamon, Lester M. (1995). *Partners in Public Service: Government–Nonprofit Relations in*

the Modern Welfare State. Baltimore, MD: Johns Hopkins University Press.

———(1997). *Holding the Center*. New York: Nathan Cummings Foundation.

Salamon, L. M. & H. Anheier (1992). *In Search of the Nonprofit Sector: Questions & Definitions*, Baltimore: Institute for Policy Studies, Johns Hopkins University.

Sampson, R. J., S. W. Raudenbush, & F. Earls (1997). Neighborhoods and Violent Crime. *Science*. 227.

Sanders, P. (1982). Phenomenology: A New Way of Organizational Research. *AMR*. 7.

Savas, Emanuel S. (1982). *The Privatizing The Public Sector: How to Shrink Government*. New Jersey: Chatham House Publishers, Inc.

———(1987). *Privatization: The Key to Better Government*. New Jersey: Chatham House Publishers, Inc.

Sayre, Wallace S. (1957). Main Stages in the Development of the Study of Public Administration in the United States. *Special Paper on Seminar*. Columbia: Teachers College of Columbia University.

Schachter, Hindy Lauser (1995). Reinventing Government or Reinventing Ourselves: Two Models for Improving Government Performance. *Public Administration Review*. 55(6).

Scherer, A. & H. Steinmann (1999). Some Remarks on the Problem of Incommensurability in Organization Studies. *Organization Studies*. 20(3).

Schick, Allen (1966). The Road to PPB: The Stages of Budget Reform. *Public Administration Review*. 26(4).

———(1969). Systems Politics and Systems Budgeting. *Public Administration Review*. 29(2).

———(1975). The Trauma of Politics: Public Administration in the Sixties, in Frederick C. Mosher (ed.). *American Public Administration: Past, Present, Future*. Alabama: University of Alabama Press.

———(1978). The Road from ZBB. *Public Administration Review*. 38(2).

Schiro, James Jr. (1996). *The Paradox Principles—How High Performance Companies Manage Chaos, Complexity, and Contradiction to Achieve Superior Results*. Chicago: Irwin.

Schneider, Ben Ross & Syovia Maxfield (1997). Business, the State and Economic Performance in Developing Countries, in Sylvis Maxfield & Ben Ross Schneider (eds.). *Business and the State in Developing Countries*. Ithaca: Cornell University Press.

Scholzman, Key L. & T. John Tierney (1986). *Organized Interest and American Democracy*. New York: Harper & Row.

Schultz, M. & M. Hatch (1996). Living With Multiple Paradigms: The Case of Paradigm Interplay in Organizational Culture Studies. *AMR*. 21(2).

Scott, W. (1981). *Organizations: Rational, Natural, and Open Systems*. New Jersey: Prentic-Hall.

Seely, John R., Alexander R. Sim, & Elizabeth W. Loosely (1956). *Crestwood Heights: A Study of the Culture of Suburban Life*. New York: Basic Books.

Self, Peter (1993). *Government by the Market: The Politics of Public Choice*. London: The Macmillan Press.

Selznick, Philip (1949). *TVA and the Grass Roots*. Berkeley: University of California Press.

Serageldin, Ismail & Christriaann Grootaert (2000). Defining Social Capital, in Partha Dasgupta & Ismail Seragedin (eds.). *Social Capital*. Washington, DC: World Bank.

Shafritz, J. M. & A. C. Hyde (1987). *Classics of Public Administration*. Chicago, Illinois: The Dorsey Press.

Shah, D. V., N. Kwak &, R. L. Holbert (2001). "Connecting" and "Disconnecting" with Civic Life: Patterns of Internet Use and the Production of Social Capital. *Political Communication*. 18.

Sharkansky, Ira (1973). *Public Administration: Policy Making in Government Agency*. New York: Rand McNally.

Shaw, T. M. (1990). Popular Participation in Non-Governmental Structures in Africa: Implications for Democratic Development. *Africa Today*. 37(2).

Shultz, T. W. (1961). Investment in Human Capital. *American Economic Review*. 51.

Siffin, William J. (1957). Toward the Comparative Study of Public Administration, in W. J. Siffin (ed.). *Toward the Comparative Study of Public Administration*. Bloomington, Indiana: Indiana University Press.

Simon, Herbert A. (1947). *Administrative Behavior*. New York: Macmillan, Inc.

Simon, Herbert A., Donald W. Smithburg, & Victor A. Thompson (1973). *Public Administration*. Alfred A. Knopf.

Skocpol, Theda (1995). Why I Am an Historical Institutionalist. *Polity*. 28(1).

Skocpol, Theda & M. Fiorina (eds.)(1999). *Civic Engagement in American Democracy*. Washington, DC: Brookings Institute Press.

Smircich, Linda (1983a). Concepts of Culture and Organizational Analysis. *Administrative Science Quarterly*. 28.

———(1983b). Implications for Management Theory, in Linda L. Putnam & Michael E. Pacanowsky (eds.). *Communication and Organizations: An Interpretative Approach*. Beverly Hills, CA: Sage Publishers.

Social Capital Initiative (1998). *The Initiative on Defining, Monitoring and Measuring Social Capital*. World Bank.

Sokolowski, R. (1970). *The Formation of Husserl's Concept of Constituion.* Martinus Nijhoff: The Hague.

Somit, Albert & Joseph Tanenhaus (1967). Political Science as a Learned Discipline: Behavioralism, in Albert Somit & Joseph Tanenhaus. *The Development of American Political Science: From Burges to Behavioralism.* Boston: Allyn and Bacon.

Spiegelberg, Herbert (1960). *The Phenomenological Movement.* Mrtinus Nijhoff: The Hague.

Stace, W. T. (1955). *The Philosophy of Hegel.* New York: Dover Publication Inc.

Starbuck, William H. (1983). Organizations as Action Generations. *American Sociological Review.* 48.

Steinmo, Sven, Kathleen Thelen, & Frank Longstreth (eds.) (1992). *Structuring Politics: Historican Institutionalism in Comparative Analysis.* Cambridge: Cambridge University Press.

Stepan, Alfred & Cindy Skach (1993). Constitutional Frameworks and Democratic Consolidation: Parliamentarianism versus Presidentialism. *World Politics.* 46.

Stillman, Ⅱ., Richard J. (1973). Woodrow Wilson and the Study of Administration: A New Look at an Old Essay. *American Political Science Review.* 67.

———(1976). Professor Ostrom's New Paradigm for American Public Administration: Adequate or Antique? *Midwest Review of Public Administration.* 10.

———(1984). *Public Administration: Concepts and Cases* (3rd ed.). Boston, Mass.: Hougton Mifflin Company.

Stolle, D. & C. Welzel (2001). Social Capital, Communitarianism, and Human Development: How Threatening is Rising Individual Self-Expression to Social Capital?. *Paper at the 2001 Annual Meeting of the American Political Science Association.* San Francisco. Aug. 30

Stolle, Dietlind & Thomas R. Rochon (1998). Are All Associations Alike? Member Diversity, Associational Type and the Creation of Social Capital. *American Behavioral Scientist.* 42(1).

———(2002). Are All Assoications Alike? Member Diversity, Associational Type and the Creation of Social Capital, in Bob Edwards, Michael W. Foley, & Mario Diani (eds). *Beyond Tocqueville.* Hanover: Tufts University Press.

Stone, Deborah A. (1989). *Policy Paradox and Political Reason.* Glenview, Illinois: Scott, Foresman and Company.

———(2002). *Policy Paradox: The Art of Political Decision Making.* New York: W.W. Norton & Company, Inc.

Stone, Wendy & Jody Hughes (2000). *Social Capital Measurement Validity.* Australian

Institute of Family Studies.
Suchman, Edward (1967). *Evaluative Research*. New York: Russel Sage Foundation.
Sundquist, James L. (1995). The Concept of Governmental Management: Or What's Missing in the Gore Report. *Public Administration Review*. 55(4).
Sunstein, Cass R. & Richard H. Thaler (2003). Libertarian Paternalism, *The American Economic Review*. 93(2).
Svara, James H. (1998). The Politics–Administration Dichotomy Models as Aberration. *Public Administration Review*. 58(1).
Sztompka, Piotr (1974). *System and Function Toward a Theory of Society*. New York: Academic Press.
Tarrow, Sidney (1996). Making Social Science Work Across Space and Time: A Critical Reflection on Robert Putnam's Making Democracy Work. *American Political Science Review*. 90(2).
Taylor, Frederick W. (1911). *The Principles of Scientific Management*. New York: Harper & Brothers.
Temple, J. W. & P. A. Johnson (1998). Social Capacity and Economic Growth. *Quarterly Journal of Economics*. 113(3).
Tendler, Judith (1997). *Good Government in the Tropics*. Baltimore and London: Johns Hopkins University Press.
Terry, Larry D. (1995). *Leadership of Public Bureaucracies*. Thousand Oakes, CA: Sage Publications, Inc.
Thaler, Richard H. & Cass R. Sunstein (2003). Libertarian Paternalism is Not an Oxymoron, *University of Chicago Law Review*. 70(4).
——— (2003). Libertarian Paternalism. *The American Economic Review*. 93(2).
——— (2008). *Nudge: Improving Decisions about Health, Wealth & Happiness*. New Haven, CT: Yale University Press.
Thietart, R. A. & B. Forgues (1995). Chaos Theory and Organization. *Organization Science*. 6(1).
Thomas, R. (1978). *The British Philosophy of Administration*. London: Longman.
Thompson, Fred (1977). Book Reviews. *Journal of Policy Analysis and Management*. 1–2.
Thompson, Victor A. (1977). Bureaucracy and Bureaupathology, in B. L. Hinton & H. J. Reitz (eds.). *Groups and Organizations: Integrated Readings in the Analysis of Social Behavior*. Belmont, California: Wadsworth Publishing Co.
Tocqueville, Alexis de (1984). *Democracy in America*, renewed by Richard D. Heffner. New York: New American Library, A Division of Penguin Books.

Toffler, Alvin (1990). *Power Shift: Knowledge, Wealth and Violence at the Edge of 21st Century*. New York: Boston Books.

Tullock, Gordon (1984). *Theoretical Forerunners*, in James M. Buchanan & Robert D. Tollison (ed.). *The Theory of Public Choice–II*. Ann Arbor, MI: The University of Michigan Press.

Turner, Jonathan H. (1997). *The Structure of Sociological Theory*. New York: Wadsworth Publishing Company: 정태환 외 옮김 (2001). 「현대 사회학 이론」. 서울: 나남출판.

Turner, Mark (1998). Central–Local Relations in the Asia–Pacific: Convergence or Divergence?, in Martin Minogue, Charles Polidano, & David Hulme (ed.) (1999). *Beyond the New Public Management–Changing Ideas and Practices in Governance*. Northampton, MA: Edward Elgar Publishing, Inc.

Tversky, Amos, Paul Slovic, & Daniel Kahneman (1990). Causes of Preference Reversal. *The American Economic Review*. 80(1).

Uphoff, Norman (2000). Understanding Social Capital: Learning from the Analysis and Experience of Participation, in Dasgupta & Serageldin (eds.). *Social Capital*. Washington, DC: The World Bank.

Urban, Wilbur Marshall, 한기욱 옮김 (1988). 상징 체계의 일반이론. 김용직 편. 「상징」. 서울: 문학과지성사.

Van de Ven, Andrew H. & Marshall Scott Poole (1988). Paradoxical Requirement for a Theory of Organizational Change, in Robert E. Quinn & Kim S. Cameron (eds.). *Paradox and Transformation: Toward a Theory of Change in Organization and Management*, Cambridge: Ballinger Publishing Company.

Varma, S. P. (1977). *Modern Political Theory*. New Delhi: Vikas Publishing House Pvt Ltd.

Veenstra, Gerry & Jonathan Lomas (1999). Home is Where the Governing is: Social Capital and Regional Health Governance. *Health & Place*. 5.

Veith, Jr., Gene Edward (1994). *Postmodern Times: A Christian Guide to Contemporary Thought and Culture*. Illinois: Crossway Books.

Ventriss, C. (1989). Toward a Public Philosophy of Public Administration. *Public Administration Review*. 49(2).

Verheijen, Tony & David Coombes (1998). *Innovation in Public Management–Perspectives from East and West Europe*. Northampton, MA: Edward Elgar Publishing, Inc.

Vinzant, Janet (1998). Where Values Collide: Motivation and Role Conflict in Child and Adult Protective Service. *American Review of Public Administration*. 28(4).

Vinzant, Janet & Lane Crothers (1998). *Street–Level Leadership: Discretion & Legitimacy in Front–Line Public Service*. Washington, DC: Georgetown University Press.

Waldo, Dwight (1948). *The Administrative State*. New York: The Ronald Press Company.

———(1952). Development of Theory of Democratic Administration. *American Political Science Review*. 46.

———(1955). *The Study of Public Administration*. New York: Doubleday & Co., Inc.

———(1965). Administrative State Revisited. *Public Administration Review*.

———(1968a). Public Administration, in David L. Sills(ed.). *International Encyclopedia of the Social Science*. New York: College and Macmillan, Inc.

———(1968b). Scope of the Theory of Public Administration, in James C. Charlesworth (ed.). *The Theory and Practice of Public Administration: Scope, Objective and Methods*. Monograph 8. Philadelpia: The American Academy of Political and Social Science.

———(1971). *Public Administration in a Time of Turbulence*. Scranton, PA: Chandler Publishing Co.

———(1972). Developments in Public Administration. *Annals of the American Academy of Political and Social Science*. 404.

———(1980). *The Enterprise of Public Administration*. Novato, CA: Chandler & Sharp Publishers, Inc.

———(1984). *The Administrative State: A Study of the Political Theory of American Public Administration* (2nd ed.). New York: Holmes & Meier Publishers.

Wamsley, Gray L. & Mayer N. Zald (1973). *The Political Economy of Public Organizations*. Bloomington: Indiana University Press.

Weaver, G. & D. Gioia (1994). Paradigms Lost: Incommensurability vs Structurationist Inquiry. *Organization Studies*. 15(4).

Weick, Karl E. (1979). *The Social Psychology of Organizing* (2nd ed.). Reading: Addison-Wesley.

———(1990). Technology as Equivoque: Sensemaking in New Technologies, in P. Goodman, L. Sproull, & Associates. *Technology and Organizations*. New York: Jossey-Bass.

Weick, Karl E. & R. Quinn (1999). Organizational Change and Development, *Annual Review of Psychology*. 50.

Weidner, Edward W. (1962). Development Administration: A New Focus For Research, in Ferrel Heady & Sybil L. Strokes (eds.). *Papers in Comparative Public Administration*. Ann Arbor: Institute of Public Administration, The University of Michigan.

———(ed.) (1970). *Development Administration in Asia*. Durham, NC: Duke University Press.

Weir, Margaret & Theda Skocpol (1985). State Structures and the Possibilities for Keynesian Responses to Great Repression in Sweden, Britain, and the United States, in Peter B. Evans, Dietrich Rueschemeyer, & Theda Skocpol (eds.). *Bringing the State Back In*. Cambridge: Cambridge University Press.

Weiss, Carol H. (1972). *Evaluation Research*. Englewood Cliffs, New Jersey: Prentice-Hall.

Wettman, John J. (1972). The Processes of Systemicist. *The Journal of Politics*. 34(2).

White, Leonard D. (1926). *Introduction to the Study of Public Administration*. New York: The Macmillan Co.

Wick, A. & R. Freeman (1998). Organization Studies and the New Pragmatism: Positivism, Anti-positivism, and the Search for Ethics. *Organization Science*. 9(2).

Wildavsky, Aaron B. (1964). T*he Politics of the Budgetary Process*. Boston: Little, Brown.

Wilensky, Harold L. & Charles N. Lebeaux (1965). *Industrial Society and Social Welfare*. New York: Free Press.

Wilkinson, T. M. (2013). Nudging and Manipulation, *Political Studies*. 61.

Williams, Walter, et al. (1975). *Studying Implementation: Methodological and Administrative Issues*. Chatham, New Jersey: Chatham House.

Williamson, John (1989). What Washington Means by Policy Reform, in John Williamson (ed.). *Latin American Readjustment: How Much Has Happened*. Washington: Institute for International Economics.

——— (1990). What Washington, D.C., Means by Policy Reform, in J. Williamson (ed.). *Latin American Adjustment: How Much Happened?*. Washington, DC: Institute for International Economics.

Williamson, Oliver (1975). *Markets and Hierarchies*. New York: Free Press.

Willoughby, William F.(1927). *Principles of Public Administration*. Baltimore: The Johns Hopkins Press.

——— (1929). *Principles of Judicial Administration*. Washington, DC: Brookings Institution.

——— (1936). *Principles of Legislative Organization and Administration*. Washington, DC: Brookings Institution.

Wilson, James Q. (1994). Can the Bureaucracy Be Deregulated? Lessons from Gevernment Agencies, in John DiIulio, Jr. (ed.). *Deregulating the Public Service: Can Government Be Improved?*. Washington, DC: The Brookings Institution.

Winter, Ian (2000). Towards a Theorized Understanding of Family Life and Social Capital. Australian Institute of Family Studies. *Working Paper*. 21.

Wittgenstein, Ludwig (1963). *Philosophical Investigations*, trans. Anscombe, Oxford: Basil Blackwell.

Wolpert, Julian (1993). Applying the National Taxonomy of Exempt Entities: Geographical Profiles, *Voluntas*. 4(2).

Woolcock, Michael & Deepa Narayan (2000). Social Capital: Implications for Development Theory, Research, and Policy. *The World Bank Research Observer*. 15(2).

World Bank (2001). *World Development Report 2000–2001. Attacking Poverty*. Washington, DC.

——— (2004). *Measuring Social Capital: An Integrated Questionnaire*. World Bank Working Paper. 18.

Wright, Deil S. (1983). *Understanding Intergovernmental Relations*. Pacific Grove, California: Brooks/Cole Publising Co.

Young, Oran R. (1968). *Systems of Political Science*. Englewood Cliffs, New Jersey: Prentice-Hall.

Zaheer, S., S. Albert, & A. Zaheer (1999). Time Scales and Organizational Theory. *Academy of Management Review*. 24.

Zagorin, Perez (1979). Hobbes, Thomas, in David L. Sills (ed.). *International Encyclopedia of the Social Sciences*. 6. New York: The Macmillan Company & The Free Press.

Zak, P. & S. Knack (2001). Trust and Growth. *The Economic Journal*. 111(April).

Zerubavel, E. (1981). *Hidden Rhythms: Schedules and Calendars in Social Life*. Chicago: University of Chicago Press.

Zey–Ferrell, M. (1981). Criticism of the Dominant Perspective on Organization. *The Sociological Quarterly*. 22.

吉富重夫 外 (1982). 「行政の理論」. 東京: 東京大學出版會.

西尾勝 (1993). 「講座 行政學」. 東京: 有斐閣.

찾아보기

[인 명]

ㄱ

[사 항]

ㄱ

ㅇ

ㅈ

ㅊ

ㅋ

ㅌ

저자 소개

김태룡(金泰龍)

서울대학교 대학원에서 행정학 박사학위를 취득하고, 현재는 상지대학교 행정학과에서 교수로 재직하고 있다.

주요 학문 관심 분야는 정부개혁, 행정이론, 한국정부와 행정 등이다.

주요 저서로는 『새 한국행정론』(대영문화사, 2017), 『새 한국정부론』(공저, 대영문화사, 2014), 『현대사회와 NGO』(공저, 대영문화사, 2013), 『사회자본과 자원봉사』(공저, 집문당, 2011), 『한국의 정부개혁: 이론과 실제』(집문당, 2003), 『새 행정이론』(공저, 대영문화사, 2002), 『지방정부 개혁』(공저, 대영문화사, 2001) 등이 있다. 『한국행정학보』를 비롯한 주요 학회보에 다수의 논문을 발표했다.

학회 봉사 활동으로는 한국행정학회 회장(45대)과 서울행정학회 회장을 역임했다. 사회봉사 활동으로는 부패방지입법시민연대 공동대표와 경실련 상임집행위원장을 역임하고, 현재는 경실련 아카데미 대표와 유보통합운동본부 공동대표로 있다. 정부와 각종 기구에서 봉사활동으로는 국무총리실과 행정안전부 등에서 자문위원과 채용선진화제도추진위원회 위원장을 역임하고, 현재는 인사혁신처에서 규제심사위원장과 행정자치부 등에서 정책자문위원과 공익기금심의위원회 위원으로 있다. 행정고시를 비롯한 각종 고시에서 출제위원을 역임했다.

인지
도서출판 대영문화사

4정판
행정이론

펴낸날 제1판 제1쇄 2007년 7월 30일
제2판 제1쇄 2010년 2월 20일
제3판 제1쇄 2014년 2월 10일
제4판 제1쇄 2017년 2월 10일
제4판 제2쇄 2022년 8월 25일

지은이 김태룡
펴낸이 임춘환
펴낸곳 도서출판 대영문화사
주소 (본사) 사무실: 경기도 고양시 일산서구 주화로 70
우신프라자 307호 (우) 10387)
(본사) 물류센터: 경기도 고양시 일산서구 덕산로
107번길 68-50 (우) 10205)
등록 1975년 12월 26일 제3-16호
전화 (031) 913-3062, (031) 914-3884~5
팩스 (031) 913-3839
홈페이지 http://www.dymbook.co.kr

ISBN 978-89-7644-583-4
값 35,000원